Angela Stent

# Putins Russland

Aus dem Englischen von Ursula Pesch, Andreas Thomsen,
Karsten Petersen und Thomas Pfeiffer

ROWOHLT

Die amerikanische Originalausgabe erschien 2019 unter dem Titel
*Putin's World: Russia Against the West and with the Rest*
bei Twelve, einem Imprint von Grand Central Publishing/
Hachette Book Group, Inc., New York.

1. Auflage Mai 2019

Satz Questa bei Pinkuin Satz und Datentechnik, Berlin
Druck und Bindung CPI books GmbH, Leck, Germany
ISBN 978 3 498 06088 6

Für Danny, Alex, Rebecca und Jessica

# INHALT

# EINLEITUNG

Im Juli 2018 zeigte Russland der Welt als Gastgeber der Fußball-Weltmeisterschaft sein freundlichstes Gesicht. Bei der lebhaften Eröffnungsfeier waren Bären, Drachen und malerische Zwiebeltürme zu bewundern. Im ersten Spiel gewann das russische Team, das man für eines der schwächsten gehalten hatte, gegen Saudi-Arabien und blieb immerhin bis zum Viertelfinale im Turnier, bevor es sich gegen Kroatien geschlagen geben musste. Aber selbst diese Niederlage konnte die überall vorherrschende – und unerwartet – gute Stimmung nicht beeinträchtigen. Einen Monat lang war Russland ein begeisterter und sportlicher Gastgeber für Fußballfans aus aller Welt. In den Städten feierten die Russen und ihre Gäste ausgelassen bis in die frühen Morgenstunden, von Kaliningrad im Westen bis hinüber nach Jekaterinburg im zweieinhalbtausend Kilometer entfernten Sibirien. Selbst die sonst eher grimmig dreinschauenden russischen Polizisten setzten für die Feiernden ein freundliches Lächeln auf. Der russische Präsident Wladimir Putin drückte es so aus: «Die Menschen haben gesehen, dass Russland ein gastfreundliches Land ist, das alle, die herkommen, willkommen heißt.» Und weiter: «Ich bin sicher, dass fast alle Menschen, die als Gäste zu uns gekommen sind, gut gelaunt und voller schöner Erinnerungen an unser Land heimkehren und noch oft wiederkommen werden.»[1]

Die WM stellte für Präsident Putin einen großen Erfolg dar. Bevor die Spiele begannen, waren kritische Fragen laut geworden – so zum Beispiel, ob Russland die Sportanlagen rechtzeitig fertigstellen könne, ob es bei den Ausschreibungen für die Bauarbeiten zu Korruption gekommen sei und wie Russland seine internationalen Besucher empfangen werde. Außerdem fand die Weltmeisterschaft in einer politisch aufgeladenen Atmosphäre statt; die russischen Beziehungen zum Westen waren noch nie so schlecht

Nordatlantik
Reykjavik
ISLAND
Grönland
(zu DÄNEMARK)
Jan Mayen
(zu NORWEGEN)
Grönlandsee
Färöer-Inseln
(zu DÄNEMARK)
Europäisches
Nordmeer
Shetlandinseln
Spitzbergen
(zu NORWEGEN)
Nordp
Franz-Josef-Land
IRLAND
Dublin
Belfast
Edinburgh
Leeds
Birmingham
GROSS-
BRITANNIEN
London
Nordsee
FRANKREICH
Paris
Brüssel
NIEDER-
LANDE
Amsterdam
BELGIEN
LUXEMBURG
DÄNEMARK
NORWEGEN
Oslo
SCHWEDEN
Barentssee
Kara
Hamburg
Kopenhagen
Stockholm
Frankfurt
DEUTSCHLAND
Berlin
Bottnischer Meerbusen
Murmansk
Nowaja
Semlja
SCHWEIZ
Bern
LICHT.
Vaduz
München
Prag
Posen
Danzig
Ostsee
FINNLAND
Helsinki
ITALIEN
Venedig
TSCHECHISCHE REPUBLIK
POLEN
Łódź
Tallinn
ESTLAND
Weißes
Meer
ÖSTER-
REICH
Wien
Kaliningrad
Riga
Sankt Petersburg
Archangelsk
SLOW.
Bratislava
Warschau
LITAUEN
LETTLAND
Ladoga-
see
Onega-
see
KROATIEN
Zagreb
SLOWAKEI
Krakau
Brest
Vilnius
Nördlicher Polarkreis
Workuta
Sarajevo
BOSNIEN
UND
HERZEGOWINA
Budapest
UNGARN
Minsk
Adria
Belgrad
Lwiw
WEISS-
RUSSLAND
Smolensk
Wolga
Jaroslawl
SERBIEN
UND
MONTENEGRO
Moskau
Tirana
ALBANIEN
RUMÄNIEN
Kiew
UKRAINE
Nischni Nowgorod
Kirow
RUSSLAND
MAZE-
DONIEN
Sofia
Bukarest
Chişinău
Donau
Thessaloniki
BULGARIEN
Charkiw
Woronesch
Kasan
Perm
GRIECHEN-
LAND
Odessa
Dnepr
Kama
Athen
Sewastopol
Donezk
Saratow
Samara
Ufa
Jekaterinburg
Ob
Istanbul
Asowsches
Meer
Rostow
Tscheljabinsk
Irtysch
Izmir
Schwarzes Meer
Noworossijsk
Wolgograd
Magnitogorsk
TÜRKEI
Ankara
Omsk
Nowosibirsk
Konya
Aqtöbe
Bar
Mittel-
meer
Nikosia
ZYPERN
Adana
GEORGIEN
Tiflis
Grosny
Kaspisches Meer
Astana
KASACHSTAN
Karaganda
Semei
Gaziantep
ARMENIEN
Jerewan
Aralsee
LIBANON
Beirut
Aleppo
Van-
see
ASERBAID-
SCHAN
Tel Aviv-Jaffa
Damaskus
ISRAEL
Jerusalem
SYRIEN
Mossul
Täbris
Baku
Syrdarja
ÄGYPTEN
Amman
Erbil
JORDANIEN
Kirkuk
Balchaschsee
USBEKISTAN
Bagdad
IRAK
Kermānschāh
Teheran
TURKMENISTAN
Taras
Taschkent
Almaty
Bischkek
Ghom
Aschgabat
Samarkand
Andijon
KIRGISIEN
Amudarja
Maschhad
Duschanbe
TADSCHIKISTAN
Kaxgar
Isfahan
Basra
Abadan
Medina
SAUDI-
ARABIEN
Kuwait
KUWAIT
IRAN
Herat
von Indien
beansprucht
Dschidda
Schiras
Kabul
Mekka
Manama
BAHRAIN
Kerman
AFGHANISTAN
Riad
Nördlicher Wendekreis
KATAR
Doha
Kandahar
Islamabad
Grenzlinie
von 1972
faktische
Grenzlinie
Rotes Meer
Persischer
Golf
Bandar Abbas
Quetta
Lahore
Abu Dhabi
PAKISTAN
INDIEN
VER. ARAB.
EMIRATE
Golf von
Oman
Indus
Brahmaputra
Neu-Delhi
NEPAL
Sanaa
JEMEN
Maskat
OMAN
Arabisches Meer
Karatschi
Jodhpur
Ganges
Kathmandu

Eurasien
Maßstab 1:9000000
0 250 500 750 1000 km
250 500 750 1000 Seemeilen
250 500 750 1000 Meilen
USA
Nunivak
Tschuktschensee
Sankt-Lorenz-Insel
Wrangel-insel
Anadyr
Beringmeer
meer
Ostsibirische See
Neusibirische Inseln
Laptewsee
Nordpazifik
Petropawlowsk-Kamtschatski
Magadan
Lena
Ochotskisches Meer
Kurilen
Jakutsk
Wiljui
Aldan
1945 von der Sowjetunion besetzt, durch Russland verwaltet, von Japan beansprucht
Amur
Komsomolsk
Chabarowsk
Sapporo
Angara
Baikalsee
Argun
Krasnojarsk
Chita
Jenissei
Irkutsk
Ulan-Ude
Harbin
Wladiwostok
Japanisches Meer
JAPAN
Tokio
Changchun
NORD-KOREA
Nagoya
Ulaanbaatar
Shenyang
Wŏnsan
Osaka
MONGOLEI
Pjöngjang
Seoul
Demarkationslinie
SÜD-KOREA
Busan
Kitakyūshū
Peking
Tianjin
Gelbes Meer
Baotou
Shijiazhuang
Qingdao
Jinan
Taiyuan
Ostchinesisches Meer
Ryūkyū-Inseln
Okinawa
CHINA
Gelber Fluss
Zhengzhou
Nanjing
Shanghai
Hefei
Lanzhou
Xi'an
Hangzhou
Golmud
Nördlicher Wendekreis
Wuhan
Jangtsekiang
Nanchang
Taipei
Chengdu
Changsha
Fuzhou
Mekong
Chongqing
TAIWAN
Philippinensee
Xiamen
Lhasa
Guiyang
Administration Region Hongkong (Sonderverwaltungszone)
Guangzhou
INDIEN
BHUTAN
Westfluss
Macau (Sonderverwaltungszone)
MYANMAR
Kunming
PHILIPPINEN

gewesen, seit sich 1992 das postkommunistische Russland gebildet hatte. Die ohnehin schon belasteten Beziehungen zwischen Putins Russland und dem Westen hatten sich durch Russlands Besetzung der Krim, den Krieg im Südosten der Ukraine, Russlands Cyber-Einmischungen in Wahlkämpfe in den USA und Europa, seine Unterstützung für Baschar al-Assad in dem grausamen Bürgerkrieg in Syrien sowie das scharfe Vorgehen gegen Regimegegner im eigenen Land – und die entsprechenden Reaktionen aus den USA und der EU – noch weiter verschlechtert.

Nach der Weltmeisterschaft reisten die ausländischen Fans mit positiven Eindrücken von ihren Gastgebern wieder nach Hause. Viele waren mit Vorurteilen über unfreundliche, in einem rückständigen Land lebende Russen angereist, berichteten dann aber, erstaunt festgestellt zu haben, wie «normal» Russland und seine Menschen ihnen erschienen waren. Das größte Fan-Kontingent war aus den Vereinigten Staaten angereist, obwohl dessen Team sich nicht für die Teilnahme qualifiziert hatte. Westliche Journalisten betonten, dass man zwischen der russischen Regierung (die sie kritisierten) und dem russischen Volk (das gastfreundlich sei) unterscheiden müsse. Die Russen waren daran gewöhnt, dass ihre staatlich kontrollierten Medien die Menschen aus dem Westen ständig diffamierten, doch eine nach der Weltmeisterschaft durchgeführte Umfrage zeigte, dass sich die Ansichten der russischen Bevölkerung über US-Amerikaner und Westeuropäer deutlich aufgehellt hatten.[2] Die Spiele hinterließen schöne Erinnerungen und positive Gefühle, obwohl den Russen durchaus klar war, dass sie die Nächte nicht mehr würden durchfeiern können, wenn die Ausländer erst einmal wieder abgereist waren. Die russische Mannschaft mochte zwar verloren haben, aber für Wladimir Putin war die WM eindeutig ein Sieg.

Die Fußball-Weltmeisterschaft stellte einen Höhepunkt des Projekts dar, an dem Putin seit fast zwei Jahrzehnten gearbeitet hatte: die Rückkehr Russlands auf die globale Bühne als eine

Großmacht, die respektiert, gefürchtet und auch – wie die Weltmeisterschaften gezeigt hatten – gemocht und sogar bewundert wird. Russlands wiedergefundene Rolle als ein wichtiger Akteur, der weit über seine unmittelbare Nachbarschaft hinaus Macht geltend machen kann, war unerwartet und durchaus bemerkenswert, wenn man seine begrenzten wirtschaftlichen Ressourcen bedenkt: ein kleineres Bruttoinlandsprodukt (BIP) als Italien, Bevölkerungsrückgang, eine verfallende Infrastruktur und die negativen Auswirkungen mehrerer Wellen westlicher Sanktionen als Reaktion auf Russlands Vorgehen. Einige Jahre zuvor hatte Präsident Obama Russland als «Regionalmacht» bezeichnet.[3] Aber Putin bewies das Gegenteil – Russlands Einflusssphäre ist heute eindeutig global.

Dies ist die neue russische Realität, wie sie sich entwickelt hat, seit Putin im Jahr 2000 in den Kreml einzog. Damals kam Russland nach einem Jahrzehnt des politischen Chaos und wirtschaftlichen Niedergangs allmählich wieder auf die Beine. Damals waren manche Beobachter sogar so weit gegangen, zu sagen: «Russland ist erledigt.»[4] Als der kranke Boris Jelzin die Zügel der Macht an einen weitgehend unbekannten ehemaligen KGB-Führungsoffizier übergab, war noch nicht abzusehen, wie das junge postkommunistische Russland sich entwickeln würde. Rückblickend wird jedoch klar, dass Putin von Anfang an entschlossen war, nicht nur eine resolute Kontrolle des Staates über die russische Gesellschaft wiederherzustellen, sondern auch Russland erneut als Großmacht zu etablieren. Bemerkenswerterweise ist es ihm gelungen, beide Ziele zu erreichen, Russlands wirtschaftlichen und militärischen Einschränkungen zum Trotz.

Es ist wichtig zu verstehen, wie und warum Russland auf das internationale Parkett zurückkehren konnte. Inzwischen ist es wieder in Bereichen aktiv, aus denen es sich zurückgezogen hatte, nachdem die UdSSR zerfallen war, und sein neuerliches Erscheinen auf der globalen Bühne hat sich auf die Möglichkeiten der Vereinigten Staaten und ihrer Verbündeten ausgewirkt, ihre eigene

Außenpolitik wirkungsvoll umzusetzen. Diese neue Realität macht es notwendig, den zukünftigen Umgang mit Russland zu überdenken.

In Putins Welt sind die Beziehungen zu den Vereinigten Staaten und vielen Ländern Europas konfrontativ. Und in dieser Welt baut Russland seine Partnerschaft zu China aus, spielt eine immer einflussreichere Rolle im Nahen Osten und ist in Regionen der Welt zurückgekehrt, aus denen es sich nach dem Niedergang der Sowjetunion hatte zurückziehen müssen. Darüber hinaus haben Sitz und Vetorecht im Sicherheitsrat der Vereinten Nationen Moskau in die Lage versetzt, einen weltpolitischen Einfluss geltend zu machen, der weit über das hinausreicht, was seine aktuellen Möglichkeiten würden vermuten lassen. Russlands Fähigkeit, die Interessen des Westens zu durchkreuzen, haben es auch in die Lage versetzt, seine eigenen Interessen international voranzutreiben. Die Versuche des Westens, Russland nach der Annexion der Krim zu isolieren, sind fehlgeschlagen. Außerdem haben die zunehmende Unordnung im transatlantischen Bündnis seit dem Amtsantritt von Donald Trump, der Brexit sowie die neuen Herausforderungen, die sich der EU stellen, Putin unerwartete Gelegenheiten geboten, die Interessen Russlands voranzutreiben – und diese Möglichkeiten hat er geschickt genutzt.

Dieses Buch zeigt, wie es Russland unter Putin gelungen ist, als Global Player zurückzukehren, und was diese neue Rolle bedeutet. Es wird untersucht, warum Moskaus Beziehungen zu den Vereinigten Staaten und vielen – wenn auch nicht allen – europäischen Ländern sich verschlechtert haben, warum so viele andere Länder ein positives Bild von Russland haben und warum sie auf verschiedenen Ebenen produktiv mit Moskau zusammenarbeiten. Und es werden die Ursprünge und die Entwicklung des russischen Nationalbewusstseins nachgezeichnet, das sich in den knapp zwei Jahrzehnten seit Putins Machtübernahme konsolidiert hat und heute die russische Politik antreibt. Es wird gezeigt, wie wichtig es ist zu verstehen, wie und warum Russland wiederauferstanden ist und welche Strategie gegenüber Moskau in dieser neuen und turbulenten globalen Realität am ehesten Erfolg verspricht.

Häufig werden die Russen für talentierte Schachspieler mit einer übergeordneten Strategie gehalten, aber Putins Sport ist Judo – und das hat ihm eine besondere Perspektive vermittelt, um sich gegen Konkurrenten und Gegner behaupten zu können. Als er in der Nachkriegszeit in ärmlichen Verhältnissen in Leningrad aufwuchs, veränderte der Kampfsport sein Leben und bot ihm die Möglichkeit, sich gegen größere und brutalere Jungen zu behaupten. «Es war ein Mittel, um mich in der Gruppe durchzusetzen.» Im Mai 1976 stellte das Leningrader Abendblatt den 24-jährigen Meister-«Judoka» der Stadt als jemanden vor, der «bis jetzt unter Spezialisten oder Fans noch nicht sonderlich bekannt ist», was sich aber «bald ändern wird».[5] Beim Judo kann ein vermeintlich schwächerer Kämpfer auf seine innere Stärke und Willenskraft bauen, um einen größeren und aggressiveren Gegner zu besiegen. Eine grundlegende Technik ist dabei, den Gegner aus dem Gleichgewicht zu bringen und sich dann seine momentane Unsicherheit zunutze zu machen, um einen entscheidenden Griff anzusetzen. Putin hat sich als sehr geschickt darin erwiesen, Chancen zu nutzen, die sich ihm durch die Unordnung im Westen und die Unentschlossenheit mancher westlicher Politiker präsentieren.

Putins Welt wurde durch den Verschleiß des transatlantischen Bündnisses befördert. Die anfängliche Euphorie über den Kollaps des Kommunismus und das Ende des Kalten Kriegs hat der nüchternen Erkenntnis Platz gemacht, dass die Konsolidierung eines «ganzen und freien» Europas, das Mantra der 1990er Jahre, kaum vorankommt. Rückschläge der demokratischen Verfasstheit in Zentraleuropa, Russlands erneute Herausforderung seiner Nachbarn, das anhaltende «postsowjetische Syndrom» in allen ehemaligen Sowjetstaaten und große Wellen von Migranten, die an Europas Küsten anlanden, haben zum Aufstieg populistischer

Strömungen und wachsenden Zweifeln am europäischen Projekt – einer EU, die dafür sorgt, dass europäische Konflikte fortan vermieden werden – geführt, das nach dem Krieg ein so großer Erfolg war. Der Wahlsieg Donald Trumps, sein «America-First»-Mantra und die damit einhergehenden wirtschaftlichen und politischen Zielsetzungen haben den Bestand des 70 Jahre alten NATO-Bündnisses und des US-Engagements für die Sicherheit Europas in Frage gestellt. Diese Entwicklungen haben einem russischen Regierungschef in die Hände gespielt, der – wie die meisten seiner Vorgänger – versucht hat, sich die transatlantischen Spannungen zunutze zu machen, und es lieber mit einem gespaltenen Westen zu tun hat.

Putins Welt ist aber auch ein Ergebnis planvoller russischer Politik. Seit dem Georgienkrieg 2008 hat Russland sich darauf konzentriert, sein Militär auszubauen und diverse Mittel einzusetzen, um seine Macht auszudehnen. Zudem hat es sich Schwächen der offenen westlichen Gesellschaften zunutze gemacht und Gelegenheiten genutzt, die sich durch die zunehmende Verbreitung der sozialen Medien boten. Auf Russlands Einmischung in westliche Wahlen, seine Unterstützung für EU-feindliche und separatistische Bewegungen in Europa und diverse Gruppen auf beiden Seiten des politischen Grabens in den USA war der Westen nicht vorbereitet. Und bislang hat er auch keine angemessene Reaktion auf den Einsatz dieser «hybriden» Taktiken in einem Informationskrieg gezeigt, dessen Ende nicht abzusehen ist.

Beim Betrachten der Entstehung von Putins Welt nimmt dieses Buch die Schwerpunkte der russischen Außenpolitik in den Blick: die USA, Europa, die postsowjetischen Staaten, China, den Nahen Osten sowie Japan. Russland wendet sich auch wieder Lateinamerika und Afrika zu, die jedoch bis jetzt für den Kreml von untergeordneter Bedeutung waren.

Die russische Außenpolitik wird – wie in jedem anderen Land auch – vor allem von innenpolitischen Aspekten bestimmt. Für die jetzigen Machthaber im Kreml und ihr näheres Umfeld muss die Außenpolitik ihrem vorrangigen Ziel dienen, an der Macht zu bleiben. Während Putin seine laut Verfassung letzte Amtszeit antritt, inmitten zunehmender Spekulationen über denkbare Nachfolger ab 2024, könnte die russische Außenpolitik eine Schlüsselrolle spielen, entweder bei der Konsolidierung des von ihm geschaffenen Systems oder in einem potenziellen Machtkampf zwischen den verschiedenen Gruppen, die nach vorn drängen.

Wie sollte der Westen auf das neue Russland reagieren, das in mancherlei Hinsicht immer noch der Sowjetunion ähnelt? Im Jahr 1961 veröffentlichte George F. Kennan – der begabteste und kenntnisreichste US-amerikanische Historiker, Diplomat und Russlandkenner des 20. Jahrhunderts – sein Buch *Sowjetische Außenpolitik unter Lenin und Stalin.* Im Rahmen seiner Betrachtungen über das schwierige Erbe der Zeit zwischen den Weltkriegen hielt er dem Westen vor, die Motive der Außenpolitik des Kremls und der militanten und universalistischen Sowjetideologie, welche die Sicherheit des Westens bedrohe, nicht verstanden zu haben. Er kam zu dem Schluss, dass «wir unsere Beziehungen zur Sowjetunion, wenn wir sie richtig einschätzen wollen, nicht an irgendeinem Zustand absoluter Interessenharmonie messen dürfen, den es gar nicht gibt, sondern sie im normalen Rahmen von Widerspenstigkeit, purer Dickköpfigkeit und Unvernunft sehen müssen, denen wir überall im Verhalten der Staaten begegnen und die auch unser Staat, davon bin ich überzeugt, zuweilen an den Tag legt.»[6]

Heute lässt sich sagen, dass der Westen die Mentalität der Machthaber im Kreml, die entschlossen waren, Russland wieder auf den Rang in der Weltordnung zu befördern, der ihm ihrer Meinung nach zusteht, nur ganz allmählich verstanden hat. Viele Russen führen die wirtschaftlichen und gesellschaftlichen Verwerfungen im Russland der 1990er Jahre weitgehend auf eine fehlgeleitete westliche Agenda zurück, die darauf abzielte, das postkommunistische Russland umzugestalten. Die damals im Westen vorherrschende Annahme – dass nämlich das postkommunistische Russland ganz erpicht darauf sei, sich dem Westen anzuschließen – stellte sich als abwegig heraus; Putins Russland strebt ein anderes Modell an. Im Unterschied zur Sowjetära befördert der Kreml keine universalistische Ideologie mehr, die darauf abzielen würde, andere Staaten zur eigenen Gesellschaftsordnung zu bekehren. Vielmehr hat Putin das Konzept eines russischen Exzeptionalismus kultiviert, die Vorstellung einer schicksalhaften Bestimmung Russlands im eurasischen Raum; von einem Land, das von Europa bis nach Asien ausgreift, als Zentrum einer neuen, multipolaren Weltordnung, in der Moskau Beziehungen zu Regierungen jeglicher politischen Couleur unterhält.

Russland und der Westen sehen sich als Konkurrenten, als Gegner und als gelegentliche Partner. Nach dem Kalten Krieg ist es ihnen bis jetzt nicht gelungen, einen dauerhaften Modus Vivendi zu finden. Der Westen ist nach wie vor hin- und hergerissen zwischen dem hoffnungsvollen Versuch, Russlands Verhalten durch Kooperation moderieren zu können, auf der einen und einer Politik der Eindämmung auf der anderen Seite. Bis jetzt hat keine dieser Strategien funktioniert. Dies ist die besondere Herausforderung, vor die Putins Welt die Vereinigten Staaten und ihre Verbündeten stellt.

So weit es den Rest der Welt betrifft, ist Russland ein großer autoritärer Staat mit einem Regierungschef, mit dem man sich arrangieren kann. Andere Länder mögen vielleicht ein gewisses Misstrauen gegen die Methoden hegen, die Moskau einsetzt, um seine Ziele zu erreichen, aber die russische Innenpolitik interessiert sie nicht. Sie akzeptieren, dass Russland eine Einflusssphäre in seiner Nachbarschaft anstrebt, und geben sich damit zufrieden, mit Moskau zu kooperieren, ohne seine Ambitionen eindämmen zu wollen.

Im ersten Kapitel dieses Buches werden die historischen Entwicklungen betrachtet, die das russische Selbstverständnis und die Sicht der eigenen Rolle in der Welt geprägt haben. Kapitel 2 zeigt, dass Putins Russland sich zunehmend auf eine neue Deutung seiner Geschichte konzentriert hat, um zu rechtfertigen, wie und warum Russland auf die Weltbühne zurückgekehrt ist und erneut den ihm aus seiner Sicht zustehenden Rang als Großmacht in Anspruch nimmt, und warum es sich gegen Versuche des Westens wehrt, dieses Selbstverständnis zu untergraben.

In Kapitel 3 geht es um Russlands Beziehungen zu anderen Mächten, allen voran seine lange und ambivalente Beziehung zu Europa, dem es nach wie vor sowohl politisch als auch wirtschaftlich eng verbunden ist. Gleichwohl wurden diese Beziehungen seit dem Ausbruch der Ukrainekrise immer stärker belastet. Europa ist zutiefst gespalten über den Umgang mit Russland, und Moskau hat sein Bestes getan, aus dieser Uneinigkeit Vorteile zu ziehen. Kapitel 4 zeigt, dass diese Spannungen nirgendwo deutlicher zutage treten als in dem Verhältnis zwischen Russland und Deutschland, einer langen und vielschichtigen Beziehung, die immer wieder zwischen Freundschaft und Feindschaft pendelte. Durch den Ausbruch der Ukrainekrise und den Wahlsieg Donald Trumps sah Deutschland sich veranlasst, seine Politik sowohl gegenüber Russland als auch den Vereinigten Staaten zu überdenken. Zum ersten Mal in seiner Geschichte fällt es Deutschland schwer, eine «Amerika-Strategie» – die es vorher noch nie gebraucht hatte – zu entwickeln, während es zugleich seine Beziehungen zu Russland neu konfiguriert. In Kapitel 5 wird gezeigt, dass Russlands Beziehungen zu Europa und zum transatlantischen Bündnis von Putins unbeirrbarer Sicht der NATO als «Hauptfeind» geprägt werden. In den 1990er Jahren versuchten der Westen und Russland, eine euroatlantische Sicherheitsarchitektur unter Einbeziehung Russlands zu entwickeln, was jedoch nicht gelang. Das führte zu wachsenden Ungewissheiten über Russlands Beziehungen zur NATO und in jüngerer Vergangenheit zu einem neuerlichen Ausbau des Militärs in Europa als Antwort auf russische Aktionen.

In Kapitel 6 geht es um das komplexe Geflecht der russischen

Beziehungen zu den ehemaligen Sowjetrepubliken. Der Kreml betrachtet diese Nationen nicht als eindeutig ausländische Staaten, sondern vielmehr als Bestandteile seines «Nahen Auslands», die aus Russlands Sicht nur eingeschränkte Souveränität haben sollten. In Kapitel 7 werden Russlands angespannte Beziehungen zur Ukraine untersucht. Der Krieg im Donbass, der Region im Südosten der Ukraine, verdeutlicht die konträren Auffassungen über Geschichte, Identität und territoriale Ansprüche zwischen Russland und der Ukraine und bildet das Schlachtfeld für einen neuartigen Konflikt, die hybride Kriegsführung.

Russlands immer engere Beziehungen zu China stellen eine große Erfolgsgeschichte der Ära Putin dar und sind in Anbetracht der lange von Feindschaft geprägten Geschichte zwischen den beiden Ländern höchst bemerkenswert. In Kapitel 8 wird der Wandel einer Beziehung betrachtet, die kein Bündnis ist, sondern vielmehr eine immer stabilere Zweckpartnerschaft, die es Russland ermöglicht hat, der Isolation zu entgehen, in die der Westen es nach 2014 treiben wollte. Im Jahr 2018 haben chinesische Truppen sogar an der größten russischen Militärübung seit 1981 teilgenommen. Dagegen sind Russlands Beziehungen zu Japan, seinem anderen großen Nachbarn im Fernen Osten, nach wie vor belastet, weil die beiden Länder es nicht schaffen, ihren Disput über Gebietsansprüche auf vier unwirtliche Inseln beizulegen, der auf die Zeit nach dem Ende des Zweiten Weltkriegs zurückgeht. Das Buch untersucht, warum es so schwierig war, die Beziehungen weiterzuentwickeln.

In Kapitel 10 wird Russlands Präsenz im Nahen Osten thematisiert, die andere außenpolitische Erfolgsgeschichte der Ära Putin. Russland ist als die einzige Großmacht in den Nahen Osten zurückgekehrt, die mit allen Protagonisten und Antagonisten in allen größeren regionalen Konflikten reden kann – mit dem Iran, den sunnitischen Staaten, mit den Israelis, Palästinensern und Kurden.

In den beiden abschließenden Kapiteln 11 und 12 geht es um das große Dilemma der immer konfliktträchtigeren Beziehungen zwischen den Vereinigten Staaten und Russland, die sich immer mehr zu einem neuen Kalten Krieg entwickeln, der, so die Befürchtung mancher Beobachter, zu einem heißen Krieg werden könnte. Warum ist es so schwierig gewesen, einen dauerhaften Rahmen für produktive Beziehungen zwischen den beiden Ländern aufzubauen? Unrealistische Erwartungen auf beiden Seiten und unterschiedliche Auffassungen über die Triebkräfte der internationalen Politik haben zu einer Abwärtsspirale geführt. Darüber hinaus ist «Russland» in den Vereinigten Staaten nach den Präsidentschaftswahlen von 2016 zu einem toxischen Thema geworden.

Was wird die Zukunft für Putins Russland bringen? Im letzten Kapitel dieses Buches werden Putins sieben Grundpfeiler für die Restaurierung Russlands als Großmacht beschrieben und die innenpolitischen Einschränkungen, die Russlands künftige Entwicklung bestimmen werden. Der Westen wird in seiner Reaktion auf Putins Welt eine Kombination aus Realismus, Standhaftigkeit und strategischer Geduld brauchen.

★ 1 ★

# DAS GEWICHT DER VERGANGENHEIT

*Immer wieder wurde versucht, die Russen ihrer historischen Erinnerungen zu berauben, selbst ihrer Sprache, und sie einer erzwungenen Assimilierung zu unterwerfen … Kurzum, wir haben viele gute Gründe für die Annahme, dass die infame Eindämmungspolitik des 18., 19. und 20. Jahrhunderts heute fortgesetzt wird. [Die westlichen Länder] versuchen ständig, uns in eine Ecke zu drängen, weil wir eine unabhängige Position haben, weil wir daran festhalten und weil wir die Dinge beim Namen nennen, ohne zu heucheln.*

**Ansprache Wladimir Putins zur Annexion der Krim am 18. März 2014**[1]

*Wir müssen darauf hinarbeiten, autark zu werden, zumal Russland eines der wenigen Länder ist, denen Gott, die Natur, ihre Vorfahren und die Geschichte diese Autarkie garantiert haben.*

**Außenminister Sergej Lawrow bei einer Rede vor einem Jugendforum am 24. August 2015**[2]

Am 7. Februar 2014 trat ein strahlend selbstbewusster Wladimir Putin auf die Bühne und begrüßte viele tausend Sportler und Zuschauer zur Eröffnung der Olympischen Winterspiele in Sotschi. Nach einer schwierigen und umstrittenen Bewerbung hatte Russland die Spiele für diesen malerischen Badeort mit seinem subtropischen Klima am Schwarzen Meer gewonnen. Es waren zahlreiche Gerüchte im Umlauf, wie Russland sich die Spiele gesichert habe und was sie kosten würden oder über Baumängel an den Sportanlagen und neu errichteten Hotels. Nach einem Terroranschlag auf einen Bahnhof und der Androhung weiterer Attacken waren die Sicherheitsvorkehrungen äußerst streng. Fast alle westlichen Staatsgäste hatten wegen Menschenrechtsverletzungen und Repressionen der Regierung gegen politische Dissidenten ihren Besuch abgesagt, doch aus China und Japan waren hochrangige Gäste anwesend. Chef der US-Delegation war eine ehemalige Bundesministerin, die inzwischen zur Leiterin der University of California berufen worden war. Die Sportler waren an diesem ersten Abend trotz aller Misstöne voller Begeisterung, und die Fernsehzuschauer in aller Welt warteten gespannt auf die Eröffnungsfeier, die Russland die Gelegenheit bieten würde, seine einzigartige Geschichte zu präsentieren – und dem Kreml eine Bühne, um seine Sicht der Welt zu propagieren.

Die aufwendig produzierte Eröffnungsfeier war ein fesselnder Parforceritt durch Russlands Geschichte, bemerkenswert nicht nur in dem, was gezeigt, sondern auch dem, was weggelassen wurde. Die Erzählerin, ein junges Mädchen namens Liuba, schwebte durch Raum und Zeit und präsentierte die Höhepunkte der Vergangenheit Russlands anhand der Buchstaben des Alphabets. Jeder Buchstabe stand für eine große Figur der tausendjährigen Geschichte Russlands, denen sie auf ihrer Reise begegnete: Zar Peter der Große, der die Hauptstadt Sankt Petersburg auf einem Sumpfgebiet errichten ließ; Katharina die Große, die deutsche Prinzessin, unter deren Herrschaft Russland seine Grenzen erheblich ausweitete; der Komponist Peter Tschaikowski; der Dichter Alexander Puschkin; der in Frankreich lebende Künstler Marc Chagall, der Geiger auf den Dächern seiner Heimatstadt Witebsk zu malen liebte; der Filmregisseur Sergej Eisenstein; Leo Tolstoi und Fjodor Dostojewski, Titanen der Literatur; und schließlich der Kosmonaut Juri Gagarin. Russlands enorme Weiten, seine wunderschönen verschneiten Landschaften, seine arbeitsame Landbevölkerung und malerischen Dörfer wurden gezeigt, untermalt mit Musik der großen russischen Komponisten. Die Revolution der Bolschewiki und die Jungpioniere der Sowjetunion mit ihren unverkennbaren roten Schals und ihrem Motto «Allzeit bereit» hatten einen Auftritt. Es gab Sowjet-Nostalgie zu sehen in Form der großen Triumphe im Weltraum und der etwas seltsam anmutenden Hipster der 1960er

Jahre. Bemerkenswert war aber auch, was weggelassen wurde: Die Gorbatschow-Ära mit ihrer Perestroika («Umgestaltung») und der bald darauf folgende Niedergang der Sowjetunion fehlten ganz, ebenso wie die schwierigen 1990er Jahre unter Boris Jelzin. Die Eröffnungsfeier für die Olympischen Winterspiele in Sotschi waren extravagant, ein Loblied auf die russische Geschichte mit all ihren Triumphen und Tragödien. Hier konnte sich Russland von seiner grandiosen, seiner besten Seite zeigen, als Land, das alle Schwierigkeiten meistert und sich immer auf seine reichen Naturschätze und abgehärteten Menschen verlassen kann, die ohne Hilfe von außen sämtliche Widrigkeiten durchstehen und zuletzt überwinden. Dies war das Russland, das Wladimir Putin dem eigenen Volk wie der Außenwelt präsentieren wollte.

Aber noch während der Spiele wurden im Kreml, weit entfernt von der Begeisterung und dem sportlichen Wettkampf, Pläne geschmiedet, die bald darauf den Olympischen Geist abrupt stören würden. Drei Tage nachdem die Hauptspiele zu Ende gegangen waren, begannen in Sewastopol und anderen Städten auf der Krim «kleine grüne Männer» – nicht näher identifizierte Militärs aus Russland – aufzutauchen. Die Krim-Halbinsel, nur 500 Kilometer nordwestlich von Sotschi und auch an der Schwarzmeerküste gelegen, hatte zu Russland gehört, seit Katharina die Große sie 1783 dem Osmanischen Reich und den dort heimischen Krimtataren entrissen hatte.

Seit über 200 Jahren hatte die Krim eine ganz besondere Stellung im russischen Bewusstsein eingenommen. Sie war ein beliebtes Urlaubsziel für russische Bürger, Anton Tschechow hat ihr in seinen Kurzgeschichten ein Denkmal gesetzt. Viele außerhalb der Sowjetunion lebende Menschen haben von Jalta gehört, weil dort kurz vor Ende des Zweiten Weltkriegs Josef Stalin mit Franklin D. Roosevelt und Winston Churchill im Liwadija-Palast zusammentraf, um über eine Nachkriegsordnung zu verhandeln. Sewastopol war ein wichtiger, ganzjährig eisfreier Hafen für die sowjetische Marine. Die Krim hatte zum Zarenreich gehört und

Weltkrieg zu zerfallen begannen. Dieses Mal war keines der beiden Länder in einem Krieg besiegt worden, doch die wirtschaftliche Bürde des Imperiums und der Freiheitsdrang der Untertanen in den Kolonien – und der eigene Verlust an Selbstbewusstsein und Glauben an eine imperiale Mission – führten dazu, dass beide Imperien sich auflösten, angefangen 1947 mit der Unabhängigkeit Indiens. Zudem unterstützten die Vereinigten Staaten, die sich nach 1945 als stärkste Macht erwiesen, aktiv die Unabhängigkeitsbestrebungen der Kolonialländer. Dennoch dauerte es sowohl für Großbritannien als auch Frankreich etliche Jahrzehnte, den Verlust ihres imperialen Status zu verarbeiten.

Doch Russland war ein völlig anders gelagerter Fall. Die Sowjetunion war nicht in einem Krieg besiegt worden, sondern zerfiel infolge ihrer inneren Schwäche und ihrer Unfähigkeit, mit dem Drang ihrer ethnischen Minderheiten nach mehr Autonomie und Unabhängigkeit fertigzuwerden. Nach einem Jahr ständiger Spannungen zwischen dem Kreml unter Michail Gorbatschow, dem letzten Staatspräsidenten der Sowjetunion, und den 15 Sowjetrepubliken traf sich Boris Jelzin, der erste Präsident der Russischen Republik, am 8. Dezember 1991 mit seinen Kollegen aus der Ukraine und aus Weißrussland in einer Jagdhütte im Nationalpark Beloweschskaja.

Dort unterzeichneten sie ein Abkommen, das später als Vereinbarungen von Beloweschskaja Puschtscha bekannt wurde und mit dem eine lose Gemeinschaft postsowjetischer Staaten gegründet wurde, die die Auflösung der Sowjetunion besiegelte und der Präsidentschaft Gorbatschows die Grundlage entzog. Die widersprüchlichen Berichte über die Geschehnisse dieser langen Nacht haben das Entstehen verschiedener ausgefallener Theorien über den Zerfall der UdSSR provoziert und eine postsowjetische Generation hervorgebracht, die zu der Annahme neigt, die UdSSR sei aufgrund ominöser Einflüsse von außen kollabiert. Mit anderen Worten: Sie sei durch ein Komplott der Vereinigten Staaten und ihrer sogenannten «Spezialdienste» mit einem Dolchstoß in den war nach Gründung der UdSSR ein Teil der Russischen Republik innerhalb der Sowjetunion geworden. Im Jahr 1954 hatte der sowjetische Regierungschef Nikita Chruschtschow aus Anlass des 300. Jahrestages der Vereinigung der Ukraine mit Russland beschlossen, der Sozialistischen Sowjetrepublik Ukraine die Krim zu «schenken». Wie Putin es im Oktober 2014 sagte: «Im Jahr 1954 beschloss Chruschtschow – der auch gerne mal das Rednerpult der Vereinten Nationen mit seinem Schuh bearbeitete – aus irgendeinem Grund, die Krim an die Ukraine zu übertragen.»[3] Damals hatte diese Geste kaum etwas bedeutet, da beide Republiken zur UdSSR gehörten. Nachdem allerdings die Sowjetunion Ende 1991 zerfallen war, hatte dieser Verwaltungsakt weitreichende Folgen: Durch einen Zufall der Geschichte war die Krim zu einem Bestandteil einer unabhängigen Ukraine geworden. Doch die Russen und ihre politischen Führer ärgerten sich über das, was aus ihrer Sicht eine historische Travestie war. Außerdem lag die sowjetische Schwarzmeerflotte nach wie vor in Sewastopol, inzwischen allerdings nur zur Pacht. Spätestens 2014 war der Kreml entschlossen, diesen Missstand aus der Welt zu schaffen. Einige Wochen nachdem die kleinen grünen Männer aufgetaucht waren, organisierte Russland eine Volksbefragung, bei der die Mehrheit der auf der Krim lebenden Bürger dafür stimmte, sich von der Ukraine abzuspalten und sich Russland anzuschließen.[4] Gut einen Monat nach der Eröffnungsfeier in Sotschi hatte Russland die Krim offiziell annektiert und damit die 1994 und 1997 mit der Ukraine geschlossenen Abkommen gebrochen, mit denen es sich verpflichtet hatte, die Souveränität und territoriale Integrität der neuen Ukraine zu respektieren. Russlands Beziehungen zum Westen begannen den Niedergang in ihre miserabelste Phase, seit am Weihnachtstag 1991 die rote Fahne mit Hammer und Sichel über der Krim eingeholt und durch die rot-weiß-blaue Fahne der neuen Russischen Föderation ersetzt worden war.

## UNANGEBRACHTE ERWARTUNGEN

Das Jahr 2014 war für den Westen in vielerlei Hinsicht ein Wendepunkt in seinen Beziehungen zu Russland. Die Annexion der Krim und der russische Einmarsch in den Südosten der Ukraine veranlassten den Westen, die Grundlagen seiner Einschätzungen und Erwartungen in Bezug auf Wladimir Putins Russland in Frage zu stellen. Die Obama-Administration hatte erkannt, dass die «Reset»-Politik, die sie seit 2009 gegenüber Russland verfolgt hatte, endete, als Putin 2012 in den Kreml zurückkehrte, nachdem er in einem vier Jahre langen Intermezzo mit Dmitri Medwedew die Plätze getauscht hatte. Aber Deutschland, Russlands anderer wichtiger Partner im Westen, reagierte anders. Immerhin hatte Deutschland weitreichende wirtschaftliche Beziehungen zu Russland und importierte beträchtliche Mengen an russischem Erdgas. Außerdem empfand Berlin eine nachdrückliche historische Verantwortung, enge Beziehungen zu Russland zu unterhalten, nicht nur wegen der 27 Millionen sowjetischen Toten, die Deutschlands Kriegsführung 1941 bis 1945 gefordert hatte, sondern auch aus Dankbarkeit gegenüber Michail Gorbatschow, der Ost- und Westdeutschland eine friedliche Wiedervereinigung ermöglicht hatte. Aber durch die Ukrainekrise änderte sich das alles für Kanzlerin Angela Merkel. In Ostdeutschland aufgewachsen, konnte sie sich mit Putin auf Russisch wie auf Deutsch unterhalten und war sein wichtigster Gesprächspartner im Westen. Sie kam zu dem Schluss, dass er sie mehrfach hinters Licht geführt hatte, als es um die Ukraine ging, und zwar vor allem nach dem Abschuss eines Flugzeugs der Malaysia Airlines über der ukrainischen Donbass-Region im Juli 2014, an dem beteiligt zu sein der Kreml stramm dementierte. Russlands Aktionen in der Ukraine veranlassten Deutschland, seine Ostpolitik zu überdenken – also die Politik einer Kooperation mit Russland –, und führte zu mehr Solidarität zwischen den Vereinigten Staaten und vielen ihrer wichtigen europäischen Verbündeten. Das war sicherlich nicht das, was Putin erreichen wollte, als er seine Truppen auf die Krim und in den Südosten der Ukraine schickte.

Die meisten westlichen Regierungschefs mussten sich eingestehen, dass die Erwartungen, die sie nach dem Niedergang der Sowjetunion gehegt hatten, nicht angebracht waren. Sie hatten gehofft, ein postkommunistisches Russland werde begeistert die Ketten einer dysfunktionalen Ideologie des 20. Jahrhunderts, des Kommunismus, abwerfen und sich bereitwillig der modernen, demokratischen und kapitalistischen Welt anschließen. Das hätte auch bedeutet, dass die Russen eine konfrontative, gegen die Interessen des Westens gerichtete Außenpolitik aufgegeben hätten. Präsident Bill Clinton und seine Regierung glaubten, dass Demokratien keine Kriege gegeneinander führen, und sie arbeiteten darauf hin, einen demokratischen Wandel in Russland zu fördern, um dem Land zu helfen, ein weniger aggressiver Staat zu werden, bereit, mit dem Westen zu kooperieren.

Doch die Amerikaner und in gewissem Maße auch die Europäer erkannten nicht, welch ein Gefühl der Demütigung viele Millionen Russen angesichts des Verlusts ihres inneren und äußeren Imperiums – der postsowjetischen Staaten und Osteuropas – empfanden. Es fiel den Russen schwer, sich damit abzufinden, dass sie fortan nicht mehr das natürliche Recht haben sollten, ihre Nachbarschaft zu dominieren und auch jenseits ihrer Grenzen Einfluss auszuüben. Zweifellos verstanden die Deutschen das vor dem Hintergrund ihrer düsteren Geschichte im 20. Jahrhundert besser als die Amerikaner, und sie warnten die Vereinigten Staaten, dass Russland viele Jahrzehnte brauchen würde, um den Verlust seines Imperiums und Großmachtstatus zu akzeptieren. Aus russischer Sicht hatte eine zweifache Demütigung stattgefunden: durch den Verlust der postsowjetischen Staaten sowie durch den Umstand, dass die Vereinigten Staaten und ihre Verbündeten eine Weltordnung geschaffen hatten, an die sich zu halten sie von Russland erwarteten. Es war in der Tat ein außergewöhnlicher unipolarer Vorstoß, mit dem die Vereinigten Staaten ihre Dominanz bekräftigten und Russland seine Fähigkeit verloren hatte, auf globaler Ebene Macht auszustrahlen. Kein Wunder also, dass es versuchte, Macht und Einfluss wiederzuerlangen, sobald es konnte.

Aber nicht alle Länder hatten die gleichen Erwartungen wie die Vereinigten Staaten und Europa. China, Indien und einige Länder im Nahen Osten, in Lateinamerika und Afrika sahen Russland aus einer anderen Perspektive. Sie waren weniger daran interessiert, ob Russland zu einer Demokratie werde, als dass sie befürchteten, die Vereinigten Staaten – die sie mit mehr oder weniger Argwohn betrachteten – könnten sich nach der Auflösung der Sowjetunion zu einer noch dominanteren Weltmacht entwickeln. Das zeigte sich, als die Generalversammlung der Vereinten Nationen im März 2014 die Resolution verabschiedete, die Annexion der Krim durch Russland zu verurteilen. Während die westlichen Staaten für diese Resolution stimmten und außer Russland nur eine Handvoll Länder – darunter Venezuela, Syrien und Nordkorea – sie ablehnten, enthielten sich viele andere der Stimme, etwa China, Indien, Brasilien und Südafrika. Diese Länder glauben, dass Russland historisch gesehen immer seine Nachbarschaft dominiert hat und das unweigerlich auch in Zukunft versuchen wird. Und sie glauben, es sei nicht ihre oder sonst jemandes Aufgabe, einem Russland westliche Demokratie aufzudrängen, die sie nicht zu wollen scheint.

Versucht man zu verstehen, warum Russland sich so anders entwickelte, als der Westen es angestrebt und erwartet hatte, ist es verlockend, die Antwort an Personen festzumachen: Es sei alles auf Wladimir Putin und seine kleine Clique von Kreml-Insidern zurückzuführen. Putin ist in der Tat eine beeindruckende Persönlichkeit, die schon seit Jahren von westlichen Publikationen immer wieder zum mächtigsten Mann der Welt ausgerufen wurde. Ob er nun mit bloßem Oberkörper zu Pferde sitzt, eine antike Amphore aus einem See birgt, in einem U-Boot auf den Grund des Schwarzen Meeres sinkt oder auf einer Harley-Davidson mit den Nachtwölfen (einem russischen Motorradclub) durch die Gegend fährt – stets macht er eine imponierende Figur. In einem undurchschaubaren

System, in dem nur ein einziger Mann die Entscheidungen zu treffen scheint, ist es verlockend, alles auf den Willen des Präsidenten zurückzuführen. Doch das ist eine zu stark vereinfachte Sicht der Art und Weise, wie Russland regiert wird. Hinter dem neuen Zaren steht ein tausend Jahre alter Staat mit Traditionen und Vorstellungen von sich selbst, die weit in die Zeit vor Putin zurückreichen und ihn sicherlich überdauern werden. Er sieht sich als den Verteidiger von Russlands historischem Erbe und ist entschlossen, Russland auf den ihm zustehenden Platz in der Welt zurückzubringen – ganz gleich, ob das anderen Ländern gefällt oder nicht.

Wenn man Putins Welt verstehen will, muss man mit der Geschichte und Geographie und auch der Kultur anfangen, die sie geformt haben. Diese Faktoren können erklären, wie es Russland gelungen ist, seine vielfältige Bevölkerung zu vereinen, indem es ein überzeugendes historisches Narrativ entwickelte und propagierte, das den Westen in erster Linie als Feind darstellt. Und mittlerweile ist Russland auf diese Darstellung angewiesen, um sich selbst zu legitimieren.

## VERLORENE UND WIEDERGEWONNENE IMPERIEN

Einen Monat nachdem Wladimir Putin bei der Eröffnung der Olympischen Winterspiele in Sotschi jene epische Reise durch die russische Geschichte präsentiert hatte, hielt er am 18. März 2014 in der reichverzierten großen Halle des Kremls vor einem bewundernden Publikum eine Ansprache, um zu verkünden, dass Russland die Krim annektiert habe. Seine Rede war voller historischer Bezüge auf Russlands Größe und seine lange Beziehung zur Krim, unterfüttert mit Anschuldigungen, der Westen wolle versuchen, Russland zu schwächen, und habe mehrfach Moskaus Interessen missachtet. Diese Kombination aus Ressentiments,

Kritik am Westen und Lobpreisungen der Größe Russlands war eine klassische Putin-Rede, und für Russlands westliche Partner betonte sie eine unbequeme Wahrheit. Im Gegensatz zu den Hoffnungen und Erwartungen der Vereinigten Staaten und ihrer Verbündeten hatte Russland den Verlust seines Imperiums nicht akzeptiert. Nach einem 70 Jahre anhaltenden Experiment, einen Sozialismus im sowjetischen Stil aufzubauen, war Moskau daran interessiert, mit dem Westen zu kooperieren – aber nur zu seinen eigenen Bedingungen, nicht nach Vorgaben aus Washington oder Brüssel.

Doch vielleicht hätte der Westen intensiver nachdenken sollen über Russlands historisches Erbe, bevor er annahm, die Russen und ihre politische Führung würden den langen und schmerzlichen Abschied von ihrem imperialen Anspruch nehmen und bereitwillig eine neue Position als Juniorpartner des dominanten Westens akzeptieren. Welche historischen Vergleiche entsprechen am ehesten der Lage, in der Russland sich befand? War das Jahr 1918 relevant? Der Erste Weltkrieg hatte drei Imperien vernichtet: das Osmanische Reich, das Deutsche und das Österreich-Ungarische. Ein viertes, das Russische, war von einer Revolution hinweggefegt worden, doch nach einem drei Jahre andauernden blutigen Bürgerkrieg hatte sich daraus das neue Sowjetische Imperium erhoben. Wie das Russische und das Sowjetische Imperium waren auch das Osmanische und das Österreich-Ungarische Reich großflächige Vielvölkerstaaten, die von einer dominanten ethnischen Gruppe regiert wurden. Doch im Gegensatz zur UdSSR waren sie in Kriegen besiegt worden und wurden bei und nach den Versailler Friedensverhandlungen im Jahr 1919 zerschlagen. Wegen ihrer militärischen Niederlagen hatten sie kaum eine andere Wahl, als den Friedensvertrag zu akzeptieren; aber selbst danach brauchten ihre politischen Eliten viele Jahre, um den Verlust ihrer Reiche zu akzeptieren.

Eine andere denkbare Analogie sind die überseeischen Kolonialreiche Großbritanniens und Frankreichs, die nach dem Zweiten

Rücken zu Fall gebracht worden. Vielleicht wäre es einfacher gewesen, den Kollaps der Sowjetunion zu akzeptieren, wenn es eine militärische Niederlage gegeben hätte. Doch das eigentliche Rätsel von 1991 bleibt: Wie konnte eine nukleare Supermacht, die sich über ein Neuntel der Landmasse des Planeten erstreckte, sich einfach auflösen? Da es kein bestimmtes Ereignis gab, das als Erklärung hätte dienen können, grassierten Verschwörungstheorien, die es den Russen erschwerten, den Verlust des «Nahen Auslands» zu akzeptieren. Dies ist wie gesagt der Begriff, den die Russen für die postsowjetischen Staaten verwenden, im Gegensatz zu den ausländischen Staaten, die sie das «Ferne Ausland» nennen.

Die UdSSR bezeichnete sich natürlich als sozialistischen Staat, nicht als Kaiserreich. Tatsächlich war sie jedoch die sowjetische Variante der jahrhundertelangen territorialen Expansion Russlands in alle Himmelsrichtungen. Die Vorstellung, ein Gebiet wieder aufzugeben, das Russland einst beherrscht hatte, war ein Anathema für Zaren, Generalsekretäre und postsowjetische Präsidenten gleichermaßen. Fast sofort nach dem Zerfall der Sowjetunion begannen einige Mitglieder der neuen russischen Führung – wenn auch nicht Boris Jelzin selbst –, darüber nachzudenken, wie die verlorenen Gebiete wiedererlangt werden könnten. Es gibt kein Beispiel in der russischen Geschichte, dass Gebietsverluste akzeptiert worden wären, sondern immer nur Beispiele der territorialen Expansion. Was ist die treibende Kraft hinter diesem russischen Expansionsdrang?

Eine Person, die Russlands Dilemma verstanden hatte, war Katharina die Große, die deutsche Prinzessin, die im 18. Jahrhundert zur Herrscherin Russlands wurde. Sie eroberte die Gebiete, die heute der Schauplatz des kriegerischen Konflikts in der Ostukraine sind. Im Alter von 15 Jahren reiste die junge evangelisch-lutherische Prinzessin nach Russland und heiratete ihren Cousin zweiten Grades Zar Peter III., der ihr allen historischen Berichten zufolge zutiefst zuwider war. Das Gerücht will es, dass die Ehe nie vollzogen wurde. Aber bald entwickelte Katharina großes politisches Geschick, das ihr half, sich im Labyrinth der höfischen Intrigen zurechtzufinden. Als Peter einem Mordanschlag zum Opfer fiel, trat Katharina seine Nachfolge auf dem Zarenthron an. Mittlerweile war sie zum russisch-orthodoxen Glauben konvertiert, und trotz ihrer Vorliebe für die Philosophen der französischen Aufklärung übernahm sie die traditionelle Rolle der Zaren und Zarinnen, ihre Untertanen mit eiserner Hand zu regieren. Darüber hinaus war sie eine kluge Außenpolitikerin, deren Armeen sich in Kriegen gegen das Osmanische Reich und Persien erfolgreich schlugen und riesige Gebiete im Südosten des Imperiums eroberten, darunter die Krim und ein Gebiet, das heute als Noworossija oder Neurussland bekannt ist. Sie kam zu der Überzeugung, dass es für Russland nur einen Weg gebe, seine fließenden Grenzen zu verteidigen: «Was aufhört zu wachsen, beginnt zu verrotten», sagte sie einmal, «Ich muss meine Grenzen erweitern, um mein Land in Sicherheit zu halten.»

Seit dem 15. Jahrhundert, als Russland endlich das seit dreihundert Jahren drückende mongolische Joch abwarf, hat es ständig zwischen territorialer Expansion und Rückzug gewechselt.[5] Ohne natürliche Grenzen und anfällig für Invasionen aus dem Süden, Osten und Westen, konnte Russland nur dann sicher sein, wenn es die benachbarten Gebiete eroberte. Sicherheit bedeutete für Russland: defensive Expansion. Gelegentlich schrumpfte Russland auch – infolge von Invasionen aus dem Ausland oder heimischen Umwälzungen –, aber stets kam es wieder zu Kräften und «sammelte die [umliegenden] Länder» wieder ein. Putin sieht sich nicht als der «Einsammler» von russischem Land, nachdem Gorbatschow große Gebiete der früheren Zaren- und Sowjetreiche «verloren» hatte, aber trotzdem versucht er, den russischen Einfluss auf diese Gebiete zu restaurieren. Wie sieht er die russische Geschichte und Russlands Beziehungen zu seinem «Nahen und Fernen Ausland»? Welche Paradigmen und Gründungsmythen haben das Bild der Russen von ihrem Platz in der Welt beeinflusst?

Eines der Dilemmata, die sich jedem Russlandkenner ständig stellen, ist die Versuchung, jede Aktion des Kremls auf das überwältigende Gewicht der Vergangenheit zurückzuführen. Aus dieser Sicht ist Kontinuität der wichtigste der Faktoren, die erklären, warum der Kreml tut, was er tut. Die sieben Jahrzehnte des sowjetischen Kommunismus waren danach nur ein weiterer Akt in einem Jahrtausend von repressiven Autokratien, heimlichtuerischen Regierungen, schwachen Persönlichkeits- und Eigentumsrechten und expansionistischer Außenpolitik. Die Jahre unter Gorbatschow und Jelzin stellten eine kurze Periode reformerischer Erholung dar, bevor Russland unter Putin erneut zum Autoritarismus zurückkehrte. Je mehr die Dinge sich ändern, desto mehr bleiben sie unverändert, und es ist eine Illusion zu glauben, dass Russland sich im 21. Jahrhundert deutlich verändern wird. In dieser Perspektive haben die anderen Länder keine Wahl, sie müssen ihren Umgang mit Russland radikal neu ausrichten und ihre Erwartungen korrigieren.

Gewiss, Wladimir Putin beruft sich ständig auf Russlands einzigartige Geschichte, um seine Sicht der Welt zu rechtfertigen. Obwohl er den amerikanischen Exzeptionalismus kritisiert hat, preist er immer wieder eine Politik an, die letztlich auf russischen Exzeptionalismus hinausläuft.[6] Wie sieht Russland selbst seine eigene Geschichte? Eine alte sowjetische Redensart besagt, die Vergangenheit sei schwierig vorherzusehen. In der Sowjetära – und auch wieder unter Wladimir Putin – haben sich die Tatsachenbehauptungen über das, was geschehen ist, und dessen Interpretation immer wieder geändert, je nach der aktuellen politischen Agenda des Regimes. Die Kontroversen über die Gestaltung der Feierlichkeiten zum 70. Jahrestag des Endes des Zweiten Weltkriegs zeigten das sehr anschaulich. Zu Sowjetzeiten wurde der 1939 geschlossene deutsch-sowjetische Nichtangriffspakt – und die Existenz des geheimen Zusatzprotokolls, hier bezeichneten die Vertragspartner «für den Fall einer territorial-politischen Umgestaltung» ihre «Interessensphäre» in Polen und im Baltikum, wodurch die

Sowjets die baltischen Staaten und das heutige Moldawien besetzten und sich zwei Jahre lang aus dem Krieg heraushalten konnten, wurde überhaupt und vehement bestritten – damit gerechtfertigt, dass er eine Reaktion auf die ablehnende Haltung des Westens gegenüber Moskaus Initiative für eine militärische Allianz gegen das Naziregime gewesen sei.[7] Unter Gorbatschow hat der Kreml dann allerdings eingeräumt, dass die Protokolle zum Hitler-Stalin-Pakt existieren, und Stalin dafür kritisiert, den Pakt unterzeichnet zu haben. Im Jahr 2015 verteidigte Putin den Pakt allerdings wieder und machte Ausflüchte über die Existenz der Protokolle.[8]

Die offizielle Linie zu Josef Stalin wurde in dem Vierteljahrhundert seit dem Zerfall der Sowjetunion tatsächlich mehrfach revidiert. In den 25 Jahren, die Stalin an der Macht war, ließ das NKWD (Innenministerium der UdSSR) während der Großen Säuberungen in den 1930er und 1940er Jahren Schätzungen zufolge mindestens 16 Millionen Sowjetbürger umbringen.[9] Andere Schätzungen gehen von insgesamt 20 Millionen Todesopfern aus, durch Kollektivierung, Hungersnöte und die Großen Säuberungen.[10] Stalin führte Russland im Zweiten Weltkrieg, in dem mindestens 27 Millionen Sowjetbürger ums Leben kamen, zum Sieg und industrialisierte das Land von oben, was einen katastrophalen Blutzoll forderte.

Unmittelbar nach dem Zerfall der Sowjetunion kam es zu breitangelegten Anstrengungen, Stalins Verbrechen aufzuklären und sich dieser Periode der sowjetischen Geschichte zu stellen. Die Nichtregierungsorganisation Memorial International setzt sich in Russland für die Einhaltung der Menschenrechte und die Aufdeckung der Wahrheit über Stalins Verbrechen ein. Sie hat beeindruckende Arbeit geleistet und unter anderem zahlreiche versteckte Gräber seiner Opfer gefunden. Doch als Putin Präsident geworden war, begann sich die offizielle Haltung zu Stalin erneut zu ändern: Ungeachtet seiner Verbrechen sei er ein «effizienter Manager» und «Patriot» gewesen.[11] Im Jahr 2015 wurde der Status von Memorial als NGO in Frage gestellt, und seither wird die

Organisation ständig mit Schikanen überzogen. In Schulbüchern wurde Stalin nach und nach als großer Führer rehabilitiert, der die Welt gelehrt habe, die UdSSR zu respektieren und zu fürchten.

Wladimir Putins Version der Vergangenheit – mit der er den Patriotismus der Russen und ihre Unterstützung für ihn fördern will – hat durchaus Wirkung gezeigt. In allen Ländern lassen sich Regierung und Bevölkerung im Hinblick auf ihre Rolle in der Welt von der Geschichte inspirieren. Doch in Russland verfolgt die Vergangenheit die Gegenwart in höherem Maße als in vielen anderen Ländern, was daran liegen könnte, dass Russland noch kein nationales Selbstverständnis entwickelt hat, dem seine Bevölkerung sich ganz verschreiben könnte. Seit Jahrhunderten hat die Diskrepanz zwischen Russlands Selbstverständnis als Großmacht und seinen realen – sowohl natürlichen als auch menschengemachten – Möglichkeiten sein Potenzial eingeschränkt, jene Rolle in der Welt zu spielen, die ihm vermeintlich vorherbestimmt ist. Diese Fähigkeiten haben Russlands Interaktionen mit der Welt bestimmt.

## PERMANENTE FAKTOREN, DIE RUSSLANDS AUSSENPOLITIK BEEINFLUSSEN

### Größe und Klima

Russlands Vorstellung von seiner Rolle in der Welt beginnt mit einer fundamentalen geographischen Realität. Seit dem 16. Jahrhundert ist Russland das flächengrößte Land der Welt, das einen strategisch wichtigen Streifen im Herzen Eurasiens einnimmt, auf zwei Kontinente ausgreift und sich über 11 der 24 Zeitzonen der Welt erstreckt. Es hat nur eine einzige natürliche Grenze, nämlich das Nordpolarmeer; in alle anderen Himmelsrichtungen musste es seine Grenzen ständig neu definieren. Russlands geographische Größe als einziger vereinigter Staat, der jahrhundertelang überlebt und Eroberungsversuchen widerstanden hat, verschafft ihm eine einzigartige Rolle in der Weltgeschichte. Aus dem Osten, Süden und Westen rückten Invasoren heran, die zuletzt zurückgeschlagen wurden. Und es gibt kaum einen Aspekt des russischen Lebens, auf den seine enorme Größe sich nicht ausgewirkt hat.[12] Sie hat dem Land zweifellos geholfen, sich gegen Eroberungen durch äußere Mächte zur Wehr zu setzen, sie hat aber auch seine Fähigkeit gehemmt, sich zu modernisieren. Durch die riesigen Entfernungen war die Kommunikation schwierig.

Neben Russlands Größe spielt auch die enorme Vielfalt seines extremen Klimas eine wichtige Rolle. Große Teile des Landes waren im Winter praktisch unzugänglich, die Vegetationsperiode war kurz, und es gab nur wenige ganzjährig eisfreie Häfen. Zwar liegen Russland und Kanada auf derselben geographischen Breite, doch die meisten Kanadier leben an der Südgrenze ihres Landes. Dagegen siedelten russische Herrscher zahlreiche Menschen ihrer Bevölkerung im unwirtlichen hohen Norden an, weil dort ein großer Teil der natürlichen Rohstoffe des Landes zu finden ist. Aber die Tatsache, dass die Straßen und Flüsse dort für einen Großteil des Jahres gefroren waren, hemmte die wirtschaftliche Entwicklung. Davon abgesehen ist Russland schon immer ein relativ dünn besiedeltes Land gewesen. Es ist reich an Bodenschätzen, an Erdöl und -gas, Edelmetallen und Holz, doch die meisten Russen leben weit entfernt von den Gebieten, wo diese reichhaltigen Rohstoffvorkommen zu finden sind, und es war schon immer eine besondere Aufgabe, sie optimal auszubeuten.

Etliche sowjetische Machthaber siedelten zahlreiche Menschen nach Sibirien um, weil sie Russlands Naturschätze abbauen sollten, was aber einen hohen Preis an Menschenleben und Material kostete. Die in den 1930er Jahren gegründete Stadt Norilsk ist ein extremes Beispiel für diese Entwicklung. Sie liegt nördlich des Polarkreises, ist die nördlichste Stadt der Welt, hat 175 000 ständige Einwohner und wurde ursprünglich als Teil des Gulag gegründet, Stalins System von Arbeitslagern. Die Stadt ist 250 Tage im Jahr eingeschneit und hat Temperaturen, die zwischen −50 °C im Winter und 25 °C im Sommer schwanken. Dort werden wertvoller Nickel und andere Rohstoffe gefördert, doch die Lebensbedingungen können sehr mühsam sein.[13]

## Wirtschaftliche Rückständigkeit

Russlands Größe, seine schwierigen klimatischen Bedingungen und seine relativ spärliche Besiedlung waren seit Jahrhunderten eine Herausforderung für die Herrscher des Landes, als sie dessen wirtschaftliche Entwicklung vorantreiben wollten. Doch die im Vergleich zu Europa fortwährende wirtschaftliche Rückständigkeit war auch eine Folge politischer Entscheidungen. Die Zaren befürchteten, durch das Entstehen einer Mittelschicht könnte die absolute Monarchie gefährdet werden, und zögerten daher, die Entwicklung einer kapitalistischen Wirtschaft zu fördern. Stalin erzwang die Industrialisierung und die landwirtschaftliche Kollektivierung der sowjetischen Bevölkerung von oben, um die UdSSR aus ihrer Rückständigkeit zu ziehen. Er schaffte ab, was noch an privaten Eigentumsrechten geblieben war, er trieb unwillige Kleinbauern in landwirtschaftliche Kollektive, zwang einige, in die Industriestädte zu ziehen, und war verantwortlich für den Tod von unzähligen anderen. Doch letzten Endes erwies sich das dysfunktionale sowjetische Wirtschaftssystem als unfähig, mit dem Westen Schritt zu halten, als die Epoche der modernen Technologien anbrach.

## Der Imperativ von Zentralherrschaft und Russifizierung

Doch die vielleicht wichtigste Folge der Größe Russlands war die Art und Weise, wie Zaren und Generalsekretäre ihr Volk regierten. Ob nun Sankt Petersburg oder Moskau die Hauptstadt war, das Problem war stets, wie ein so riesiger Vielvölkerstaat regiert werden kann, der sich von West nach Ost über fast 10 000 Kilometer erstreckt (bei den Vereinigten Staaten sind es nur gut 4000 Kilometer). Als der russische Staat ab dem 16. Jahrhundert immer weiter expandierte, eroberte er Gebiete sehr unterschiedlicher Völker. Als gegen Ende des 19. Jahrhunderts die Expansion abgeschlossen war, lebten im Zarenreich über 100 ethnische Gruppen, die sich in sehr unterschiedlichen Stadien ihrer gesellschaftlichen und wirtschaftlichen Entwicklung befanden. Manche von ihnen – vor allem Polen und Tschetschenen – widersetzten sich der russischen Herrschaft und rebellierten ganz offen. Wiederholte Versuche, die Macht Sankt Petersburgs durch eine Politik der Russifizierung von rebellischen nichtrussischen Volksgruppen zu konsolidieren, waren nur zum Teil erfolgreich. Und so war es kein Wunder, dass Lenin das Russische Imperium der Jahrhundertwende ein «Völkergefängnis» nannte.

Die Tschetschenen haben sich seit Anfang des 19. Jahrhunderts der russischen Herrschaft widersetzt. Leo Tolstois um die Jahrhundertwende entstandene Erzählung *Hadschi Murat*, eine Geschichte der Kriege Russlands gegen Tschetschenien, ist ein Zeugnis des fortgesetzten Kampfes mit den islamischen Volksgruppen des Nordkaukasus. Andere – etwa die verschiedenen Nomadenstämme in Zentralasien – begegneten dem Russischen Reich entgegenkommender. Doch der Zar und später die Sowjets erkannten, dass Russland immer ein Problem mit seiner inneren Sicherheit haben würde. Die Lösung war, von der Hauptstadt aus mit eiserner Hand zu regieren und in der Länge und Breite Bürokraten auszusenden, um die Steuern einzutreiben und die Gesetze durchzusetzen. Stets befürchteten die Herrscher Aufruhr und Verrat. Seit Jahrhunderten werden Kritik am Zar oder an der autokratischen Zentralregierung streng bestraft. Das Strafgesetzbuch von 1649 sah für jeden, der den Zar in Wort und Tat *(slowo i delo)* kritisierte, die Todesstrafe vor, was bedeutete, dass ein Bauer, der in einer Taverne zu viel getrunken hatte, seine Zunge hüten musste bei Äußerungen über den Herrscher, wenn er nicht riskieren wollte, angezeigt zu werden.

## DER UNWAHRSCHEINLICHE «START-UP»

In vielerlei Hinsicht war Russland ein unwahrscheinliches Land. Seine natürlichen Attribute – seine Größe, sein extremes Klima, die häufig unpassierbaren Straßen und seine riesige Entfernung von den Zentren des Welthandels und der Zivilisation (sowohl von den Handelsrouten des Altertums durch Persien und China als auch den moderneren atlantischen Routen) – trugen alle dazu bei, seine Entwicklung in Richtung Moderne zu bremsen. «Russland war weit abgelegen in Zeit und Raum ... ein ‹Start-up›, der Hunderte von Kilometern vom Rest der Zivilisation entfernt in einem riesigen Wald gegründet wurde.»[14] Aber seine geographische Lage half ihm zu überleben. Russland war vom Meer aus nicht zugänglich, und es gelang ihm, mehrere Wellen europäischer Eroberungsversuche abzuwehren. Und dann war da ja auch noch das Klima. Die Redensart, «General Winter» habe Napoleon wie Hitler besiegt, als sie Russland erobern wollten, ist ein beredtes Zeugnis der Fähigkeit der Russen, durchzuhalten und eisernen Widerstand zu leisten, bis der Feind von Kälte und Eis besiegt war. Gern erinnert Putin die Welt daran, dass diese Feinde die Fähigkeiten der Russen unterschätzt hatten, nicht nachzugeben und Zeiten der Not zu überstehen.

In vielerlei Hinsicht blieb Russland unberührt vom Mainstream der europäischen Zivilisation – Renaissance, Reformation und Aufklärung gingen weitgehend an ihm vorüber. Aus seiner Geschichte sind kollektive Erinnerungen von Exzeptionalismus, Durchhaltevermögen, Widerstand gegen Invasionen, aber auch Verwundbarkeit erwachsen. Das Fehlen natürlicher Grenzen und die vielfache Bedrohung durch Invasoren stärkten Russlands Entschlossenheit, kein Territorium zu verlieren und das Land gegen künftige Versuche zu wappnen, seine Souveränität zu beschneiden. Wenn Putin dem Westen vorwirft, er wolle Russland «spalten» und eine Agenda durchsetzen, die den wahren Interessen des Landes zuwiderlaufe, appelliert er an das doppelte Erbe von Überlegenheitsgefühlen und Minderwertigkeitskomplexen, die seit Hunderten von Jahren Russlands Sicht seiner Rolle in der Welt geprägt haben.[15] Dieses historische Erbe hat es einer Reihe von Autokraten ermöglicht, ihre brutale Herrschaft durch Warnungen vor inneren und äußeren Feinden zu rechtfertigen, und es hat Russland zu einem furchterregenden militärischen Gegner gemacht. Putin besteht darauf, dass Russland ein (wie er es nennt) absolut souveränes Land sei, mit dem uneingeschränkten Recht, sein eigenes Schicksal zu bestimmen. Damit spricht er vielen Russen aus dem Herzen, die glauben, ihr Selbstbestimmungsrecht werde ständig vom Westen in Frage gestellt. Was sie alle zusammenhält, ist die «Russische Idee».

★ 2 ★

# DIE RUSSISCHE IDEE

*Es kann keine Allianz zwischen Russland und dem Westen geben, sei es Interessen zuliebe oder Prinzipien zuliebe. Es gibt kein einziges Interesse, keinen einzigen Trend im Westen, der nicht gegen Russland konspiriert, vor allem gegen seine Zukunft, und nicht versucht, ihm zu schaden. Daher muss für Russland die einzige natürliche Politik gegenüber dem Westen sein, nicht etwa eine Allianz mit westlichen Mächten anzustreben, sondern sie zu entzweien und zu spalten. Nur dann werden sie sich uns gegenüber nicht feindselig verhalten, natürlich nicht aus Überzeugung, sondern aus Unvermögen.*

**Fjodor Tjuttschew, Dichter und Slawophiler, 1864**[1]

Was treibt die Kreml-Elite an? Was hält Russland zusammen? Zu Sowjetzeiten wurde die Bevölkerung durch eine Mixtur aus Ideologie und Nationalismus zusammengeschweißt. In den frühen kommunistischen Jahren mögen noch viele Menschen an den Marxismus-Leninismus geglaubt haben, doch im Laufe der Zeit wurden sie immer zynischer, weil sie allmählich den Unterschied sahen zwischen den kommunistischen Slogans über Gleichheit und Diktatur des Proletariats und der Realität einer Gesellschaft, in der die Elite der Kommunistischen Partei (etwa acht Prozent der Bevölkerung) wesentlich besser lebten als Bürger, die nicht in der Partei waren. Gegen Ende der UdSSR hatte sich die offizielle sowjetische Nationalidentität zu einem Gemenge aus Patriotismus und dem Glauben an die Überlegenheit des sozialistischen Systems entwickelt. Sie war allerdings von Michail Gorbatschow immer mehr in Frage gestellt worden, dem aus der Provinz stammenden Ideologiesekretär der Kommunistischen Partei, der 1985 zum Generalsekretär der KPdSU aufstieg. Ihm war klar, dass er das verkümmerte Sowjetsystem reformieren musste:

> Stellen Sie sich ein Land vor, das in den Weltraum fliegt, Sputniks abschießt, einen solchen Verteidigungsapparat aufbaut, aber das Problem nicht lösen kann, dass es zu wenig Damenstrumpfhosen gibt. Es gibt keine Zahnpasta, kein Waschpulver, es fehlt an allem, was für die Grundbedürfnisse des Lebens gebraucht wird. Es war unglaublich und beschämend, in einer solchen Regierung zu arbeiten.[2]

Seit dem Zerfall der Sowjetunion waren die Russen auf der Suche nach einer neuen Identität. 25 Jahre später gibt es immer noch keinen Konsens, und es ist klar, wo die ethnischen Minenfelder liegen. Was bedeutet es, russisch zu sein? Seit Jahrhunderten hat diese Frage Kontroversen provoziert, und sie ist nie erschöpfend beantwortet worden. Ist es ein ethnisch exklusives Konzept, russisch zu sein? Zu Sowjetzeiten war die «fünfte Spalte» in jedem sowjetischen Personalausweis die Nationalität. Mit Erreichen des 16. Lebensjahrs mussten alle Bürgerinnen und Bürger die eigene Nationalität angeben, die dann großen Einfluss auf die berufliche Laufbahn hatte. Die erstrebenswerteste und beruflich förderlichste Kategorie war, russisch zu sein. Dann kam ukrainisch, dann Zugehörigkeiten zu anderen slawischen Volksgruppen. Jüdisch zu sein – was als nichtrussische Nationalität definiert war – bedeutete in vielen Fällen, von den namhaftesten akademischen Institutionen und von Parteiposten ausgeschlossen zu sein. Wenn eine Person kasachisch, usbekisch, tschetschenisch oder aserbaidschanisch war, konnte auch das problematisch sein. Hier ist also eine exklusive Definition, was es bedeutet, russisch zu sein: zur privilegierten Nationalität in einem Vielvölkerstaat zu gehören. Seit dem Zerfall der Sowjetunion hat es Versuche gegeben, die «Russländischheit» auf eine inklusivere, staatsbürgerlichere Weise zu definieren – als Bürgerin oder Bürger Russlands, ungeachtet der Volksgruppenzugehörigkeit. In den 1990er Jahren versuchte die Regierung, statt «russisch» den inklusiven Begriff *Rossijanin* («Bürger von Russland») einzuführen, als Ersatz für die ethnische Bezeichnung *Russki*. Dieses Wort konnte sich jedoch nicht durchsetzen, und in der Putin-Ära wurde der ethnisch exklusive Ausdruck wieder allgemein gebräuchlich. Tatsächlich hat Putin 2017 einmal gesagt, die russische Sprache sei der «geistige Rahmen» des Landes, «unsere Landessprache», die «durch nichts zu ersetzen ist».[3]

Nach 74 Jahren kommunistischer Herrschaft und dem Verlust der nichtrussischen Sowjetrepubliken war nicht klar, was die neue Nationalidentität Russlands bilden soll, und auch nicht, wer nun eigentlich Russe sei. Also richtete Boris Jelzin 1996 eine Kommission mit einer ganz besonderen Aufgabe ein: Sie sollte sich eine neue «Russische Idee» ausdenken. Er berief einen Beirat unter dem Vorsitz von Georgi Satarow, einem Assistenten für politische Angelegenheiten im Kreml, und in der Regierungszeitung wurde der Person, die den besten Essay von höchstens sieben Seiten zu diesem Thema vorlegte, ein Preisgeld im Gegenwert von 2000 Dollar geboten. Doch das Projekt war von Anfang an zum Scheitern verurteilt. Satarow räumte ein, dass eine nationale Idee nicht von oben verordnet werden kann, sondern organisch von unten kommen muss. Tatsächlich war niemand in der Lage, sich eine passende nationale Idee auszudenken, wenn auch einer der Teilnehmer einen Preis für seinen Essay über die «Prinzipien der Russländischheit» gewann. Das Projekt wurde 1997 eingestellt.[4] Der Versuch, in der Zeit fließenden politischen Übergangs mit Hilfe einer Kommission von heute auf morgen eine neue nationale Identität zu schaffen, musste mit ziemlicher Sicherheit misslingen. Doch mittlerweile entsteht tatsächlich nach und nach eine neue Identität.

Im Jahr 2007 förderte der Kreml die Gründung einer internationalen Organisation: *Russki Mir* («Russische Welt»). Ihr Chef ist Wjatscheslaw Nikonow, ein Enkel von Stalins langjährigem Außenminister Wjatscheslaw Molotow, dessen mürrisches Auftreten und ebenso mürrischer Verhandlungsstil legendär waren. Nikonow, ein strammer Verteidiger der Politik des Kremls und Kritiker der Vereinigten Staaten, hat als Abgeordneter in der Duma gesessen und akademische Posten bekleidet. Die von ihm gegründete Organisation soll dazu dienen, in aller Welt die russische Kultur und Sprache zu fördern und an Menschen zu appellieren, die im vergangenen Jahrhundert aus Russland emigriert sind, zu ihren Wurzeln zurückzukehren. Normalerweise definiert sie inkludierend jede Person als «russisch», die Russisch (Russko-Jasitschny) spricht und sich ungeachtet ihrer Volksgruppenzugehörigkeit mit der russischen Kultur identifiziert.

Die offenkundige Konfusion darüber, was es bedeutet, russisch zu sein, lässt sich auf die Ursprünge des russischen Staates zurückführen. Im 14. Jahrhundert konsolidierte sich das Großfürstentum Moskau als Staat, während es begann, zu expandieren und benachbarte Gebiete zu erobern. In den nächsten 500 Jahren expandierte es (und schrumpfte manchmal auch wieder), während der Staat immer stärker wurde. Im Laufe der Jahre führte er Kriege gegen Tataren, livländische Ritter, Polen, Schweden, Türken und Perser – und seine Bevölkerung wurde ethnisch immer vielfältiger. Viele «Russen» waren tatsächlich das Ergebnis von Mischehen mit verschiedenen ethnischen Wurzeln. Das Personal des vorrevolutionären Außenministeriums bestand zu einem Drittel aus Deutsch-Balten, ethnischen Deutschen, die im Baltikum lebten, als es vom Russischen Reich eingenommen wurde. So war zum Beispiel Anfang des 20. Jahrhunderts ein gewisser Graf Wladimir Lamsdorf Außenminister Russlands. Einer seiner Nachfahren, Otto Graf Lambsdorff, wurde später Wirtschaftsminister der Bundesrepublik Deutschland. Immer stärker wurde das Identitätsgefühl der Russen von ihrem imperialen Sendungsbewusstsein geprägt, die Nachbarvölker paternalistisch zu regieren, etwa die Ukrainer, die sie ihre «kleinen Brüder» nannten.

Vielleicht weil es so unklar war, was es bedeutete, «russisch» zu sein, versuchte die Elite, das Problem zu lösen, indem sie nicht so sehr die Ethnizität in den Vordergrund rückte, sondern vielmehr die Einzigartigkeit der russischen Kultur. Im Laufe der Jahre wurde die Russische Idee ein Grundstein der sich entwickelnden Identität des Landes. Ihr Kern war «die Überzeugung, dass Russland seine eigene, unabhängige, selbstgenügsame und eminent wertvolle kulturelle und historische Tradition hat, die es sowohl vom Westen abhebt als auch garantiert, dass Russland auch in Zukunft florieren wird».[5] Schon früh haben russische Herrscher sich darüber definiert, wie sie sich von Europa unterschieden, und Wert auf ihre eurasische Berufung gelegt. Von ihr gingen sie aus, anstatt sich etwa mit Asien zu vergleichen. Im 19. Jahrhundert fasste Graf Sergej Uwarow, stellvertretender Bildungsminister und Literaturwissenschaftler, die Essenz der Russischen Idee mit der bekannten Triade «Orthodoxie, Autokratie und Nationalität» zusammen. Das ist es, was den russischen Staat definierte: seine institutionellen Grundpfeiler Orthodoxe Kirche, unumschränkte Monarchie und Dorfgemeinschaft.

Zu dieser Definition des 19. Jahrhunderts von dem, was es bedeutet, russisch zu sein, gehört der Glaube an die Überlegenheit einer kommunalen und kollektiven Lebensweise, im Gegensatz zu dem eher wettbewerbsorientierten Individualismus der weiterentwickelten europäischen Länder. In seinem Roman *Anna Karenina* beschreibt Tolstoi sehr anschaulich den Kontrast zwischen dem gekünstelten und manierierten Leben der Höflinge in Sankt Petersburg, die untereinander nur Französisch sprachen, und dem unschuldigen, einfachen und moralischen Leben, das Ljewin auf seinem Landgut führt. Die organisch gewachsenen Verbindungen zwischen dem Zaren, den Kleinbauern und der Kirche boten nur wenig Raum für eine entstehende Mittelschicht, die vielleicht eines Tages die Macht des absoluten Monarchen hätte in Frage stellen können. Die Dorfgemeinschaft, der *Mir* (was auch «Welt» oder «Frieden» bedeuten kann), bildete die Grundlage nicht nur der Russischen Idee, sondern auch der Anfänge eines politischen Systems, das nach wie vor beeinflusst, wie die Russen die Beziehungen zwischen Herrschern und Beherrschten sehen.

In einem bahnbrechenden Beitrag, kurz vor dem Zerfall der Sowjetunion veröffentlicht, hat der Harvard-Historiker Edward Keenan die Eigentümlichkeiten des russischen Systems beschrieben, das im Mittelalter seine Anfänge nahm und allem Anschein nach bis heute fortbesteht. Die politische Kultur sowohl der russischen Dorfgemeinschaft als auch des russischen Hofs, schreibt Keenan, maß der Gruppe einen höheren Stellenwert als dem Individuum zu und dämpfte die Bereitschaft, Risiken einzugehen. Für die Bojaren (Adeligen) am Hof war es wichtig, so zu tun, als ob sie einen starken Zaren unterstützen würden, selbst wenn tatsächlich das Gegenteil der Fall und der Zar schwach war. Informelle Mechanismen waren weitaus wichtiger als förmlich gefasste staatliche Institutionen, und es war wichtig, die Spielregeln vor der Bevölkerung zu verbergen, abgesehen natürlich von der kleinen Gruppe von Strippenziehern, die mit diesen Regeln vertraut waren. Auch ausländische Emissäre in Russland wurden weitgehend im Unklaren gelassen darüber, was sich am Hof tatsächlich abspielte. Jahrhundertelang haben die undurchschaubaren Regeln des Spiels hinter den Kreml-Mauern es Außenseitern und Ausländern erschwert zu verstehen, wie Russland regiert wird und was seine Außenpolitik antreibt.[6]

Die althergebrachte Neigung, Russlands Einzigartigkeit zu betonen, erstreckte sich auch auf die moralischen und spirituellen Qualitäten der Russischen Idee. Der im 19. Jahrhundert lebende Dichter Fjodor Tjuttschew hat diese bekannten Zeilen verfasst:

> Mit dem Verstand ist Russland nicht zu fassen,
> Gewöhnlich Maß misst es nicht aus:
> Man muss ihm sein Besonderes lassen
> Das heißt, dass man an Russland glaubt.[7]

Die Vorstellung, dass Russland aus irgendwelchen Gründen mit rationalen Kräften nicht zu erfassen sei, wurden Teil des Image eines Landes, das sich nicht an westliche Normen halten konnte.

Tatsächlich waren die Russen lange darüber gespalten, ob sie sich nach Westen oder nach Osten orientieren sollten. Obwohl die Russische Idee im 19. Jahrhundert eine beträchtliche Zahl von Anhängern hatte, gab es auch Gegner. In Russland haben Dissens und Opposition eine ebenso lange Tradition wie die Autokratie. Nachdem Russland 1856 im Krimkrieg eine demütigende Niederlage gegen Großbritannien, Frankreich und das Osmanische Reich erlitten hatte, entstand wachsender Reformdruck im eigenen Land. Im Jahr 1861 wurde die Leibeigenschaft aufgehoben, und Zar Alexander II. gründete lokale gesetzgebende Ratsversammlungen, reformierte die Justiz und setzte andere Maßnahmen um, die einem kleinen Teil der Bevölkerung eine Stimme im politischen System geben sollten. Doch denen, die wollten, dass Russland europäische Institutionen einführte, reichte das nicht – und so wurde Alexander II. 1881 von Mitgliedern einer revolutionären Gruppe ermordet, die radikale Veränderungen ersehnte.

Im Laufe des 19. Jahrhunderts wurden jene, die an Russlands einzigartige Bestimmung und Überlegenheit glaubten – die Slawophilen –, von den Westlern herausgefordert, die stattdessen wollten, dass Russland europäische Werte und Institutionen, Rechtsstaatlichkeit und mehr Demokratie einführte. Noch radikalere Elemente strebten Sozialismus oder Anarchie an, doch sie alle orientierten sich am Westen, um das sozioökonomische Modell zu entwickeln, das sie sich für Russland wünschten. Obwohl mehrere aufeinanderfolgende Zaren, angefangen bei Peter dem Großen, sich das technologische und wirtschaftliche Modell Europas zum Vorbild nahmen, lehnten sie die Idee, auch Europas politisches Modell nachzuahmen, entschieden ab, weil das zum Ende des russischen Absolutismus geführt hätte.[8] Auch im heutigen Russland kämpfen jene, die Russlands einzigartiges System fortführen und ihre eigenen Anrechte sichern wollen, gegen eine Minderheit, die Russland ganz und gar zu einem modernen Staat umbauen will, mit Rechtsstaatlichkeit und Institutionen, die im Dienste der Bevölkerung stehen.

Ebenso ambivalent, wie die Russen den Westen sahen, war der Westen ambivalent – wenn nicht gar regelrecht feindselig – gegenüber Russland. Die ätzende – und letztlich unbegründete – Kritik auf Twitter über den schäbigen Zustand der russischen Hotels in Sotschi am Vorabend der Olympischen Winterspiele 2014 wirkte wie ein Echo der vielen früheren Nörgeleien über Russlands Rückständigkeit. Jahrhundertelang begegnete die Außenwelt Russland überwiegend mit Argwohn. Eine Reihe von Westlern, die Russland im 19. Jahrhundert bereisten, verfassten Berichte, die viele ihrer Leser schockierten: Russland sei hinterwäldlerisch, gar barbarisch, und das genaue Gegenteil dessen, was eine aufgeklärte Gesellschaft sein solle. Zurückgekehrt von einer Reise nach Russland, veröffentlichte der französische Marquis de Custine seinen Reisebericht *Russland im Jahre 1839*, in dem er schrieb:

> Man muß in dieser Einsamkeit ohne Ruhe, in diesem Kerker ohne Muße, den man Rußland nennt, gelebt haben, um ganz die Freiheit zu fühlen, die man in den anderen Ländern Europas genießt, welche Regierungsform sie auch haben mögen ... Ist Ihr Sohn unzufrieden mit Frankreich, so wenden Sie mein Mittel an; sagen Sie zu ihm: reise nach Rußland. Diese Reise ist jedem Ausländer von Nutzen; wer dieses Land recht genau besehen hat, wird in jedem andern zufrieden leben. Es ist doch gut, daß man weiß, es giebt einen Staat, in welchem kein Glück möglich ist, weil der Mensch, nach einem Gesetze seiner Natur, ohne Freiheit nicht glücklich sein kann.[9]

Ein anderer namhafter Russland-Reisender war der Amerikaner George Kennan, Cousin eines Großvaters des bekannten Diplomaten und Historikers George F. Kennan. George Kennan der Ältere hatte Russland im 19. und frühen 20. Jahrhundert ausgiebig bereist und den zweibändigen Reisebericht *Siberia and the Exile System* verfasst, für den er politische Exilanten interviewte, die von den Beamten des Zaren nach Sibirien verbannt worden waren. Er wurde zu einem scharfen Kritiker des repressiven zaristischen Systems, der sich jedoch bald auch von den Bolschewiki enttäuscht zeigte und schrieb: «Der russische Leopard hat seine Punkte nicht verändert ... Die neue bolschewistische Verfassung ... belässt alle Macht dort, wo sie sich seit 500 Jahren befunden hat – in den Händen einer kleinen Gruppe selbsternannter Bürokraten, die das Volk weder entfernen noch kontrollieren kann.»[10]

## DIE IDEOLOGIE DER SOWJETS

Welchen Einfluss hatten Ideen auf die russische Außenpolitik? Und braucht Russland eine Ideologie, um seine Außenpolitik zu lenken? Oder reicht die nostalgische Erinnerung an die Zeit des 19. Jahrhunderts, als Russland eine Großmacht war, um den Kreml heute zu inspirieren? Gewiss berufen sich die heutigen Machthaber im Kreml gern auf den Wiener Kongress von 1815, auf dem die Großmächte Europa unter sich aufteilten, als bewundernswertes Modell. Die ideologische Trias des zaristischen Russlands – Orthodoxie, Autokratie und Nationalität – bezog sich hauptsächlich auf Russlands innere Entwicklung. In der Epoche, in der Russland zu einem wichtigen Spieler im europäischen Konzert des 19. Jahrhunderts wurde, hatte es keine offizielle außenpolitische Ideologie. Als die Bolschewiki die Macht übernahmen, änderte sich das jedoch: Der Marxismus-Leninismus wurde zur offiziellen Ideologie erhoben, mitsamt einer expliziten außenpolitischen Komponente. Und natürlich nahm sich der Bolschewistenführer Wladimir Lenin die Schriften des Deutschen Karl Marx vor und passte sie für das russische Umfeld an. Marx hatte Zweifel gehabt, ob das weitgehend ländlich geprägte Russland schon reif sei für die Revolution, und Lenin musste erklären, warum es das war. Dennoch begann das, was zunächst revolutionär erschien, im Laufe der Jahre immer mehr der vorangegangenen imperialen Ära zu ähneln: «Es stellte sich heraus, dass der sowjetische Sozialismus eine bemerkenswerte Ähnlichkeit zu der russischen Tradition aufwies, die umzustürzen er vorgab.»[11] Das galt gleichermaßen für die Außen- wie die Innenpolitik. Die sowjetische Ideologie mischte die rhetorischen Aspekte des Leninismus mit einer großzügigen Dosis von russischem Nationalismus. Und was auch immer die Ideologie gewesen sein mag – die vorherrschende Haltung der Sowjets auf der internationalen Bühne war eine dialektische Weltsicht. Die UdSSR stand gegen den Westen, der darauf aus war, die Sowjetunion zu besiegen. Übereinstimmung mit dem Westen mochte vielleicht von Fall zu Fall möglich sein, doch auf lange Sicht standen die Interessen Russlands im Gegensatz zu denen des *glawny protiwnik* («Hauptfeind»). Diese dialektische Sicht und der Argwohn gegenüber der Außenwelt haben sich als bemerkenswert beständig erwiesen, über die Herrschaftsepochen von Zaren, kommunistischen Generalsekretären und postsowjetischen Präsidenten hinweg.

Woraus bestand die internationale Komponente des Marxismus-Leninismus? Ironischerweise war Karl Marx selbst davon überzeugt, dass nach der Revolution internationale Beziehungen keine Rolle mehr spielen würden. «Die Arbeiter haben kein Vaterland», schrieb er.[12] Die Außenpolitik sei die Domäne der Bourgeoisie. Sobald das Proletariat an der Macht sei, werde es keine Nationalstaaten mehr geben. Allerdings hat Marx sich in seinem viele tausend Seiten umfassenden Werk kaum zur Zukunft geäußert, nur über Vergangenheit und Gegenwart. Es blieb seinem russischen Jünger Lenin überlassen, zu erklären, inwiefern die Marx'schen Ideen auf die Beziehungen zwischen Staaten anzuwenden seien. Lenins wichtigster Beitrag zu dieser Frage war seine Abhandlung *Der Imperialismus als höchstes Stadium des Kapitalismus*, die er

1916 verfasste, um zu erklären, warum der Erste Weltkrieg ausgebrochen sei und warum er das Ende des kapitalistischen Systems und den Beginn der sozialistischen Ära einläuten werde. Hier erklärt er, dass die kapitalistischen Länder sich unweigerlich in ihrem Wettlauf um Kolonien zerstreiten würden und das Proletariat sowohl in den Metropolen als auch den Kolonien sich erheben werde, um die Macht seiner Unterdrücker abzuschütteln. Als die Sowjetbürger ihre Ideologie schon längst mit Zynismus betrachteten, bewahrte sich diese Theorie in diversen Ländern der Dritten Welt ihre Anziehungskraft – und heute ist ihr Widerhall noch in Kuba, Simbabwe und Venezuela zu hören. Lenin blieb bis zu seinem Tod im Jahr 1924 ein überzeugter Internationalist, ebenso wie sein Nachfolgekandidat Leo Trotzki. Doch Trotzki war seinem Rivalen, dem ehemaligen Seminaristen Josef Stalin aus Georgien, nicht gewachsen, der ihn gegen Ende der 1920er Jahre im Kampf um die Nachfolge Lenins aus dem Feld schlug und ihn schließlich 1940 in Mexico City mit einem Eispickel ermorden ließ.

Im Gegensatz zu den anderen Bolschewistenführern hatte Stalin kaum Zeit im Ausland verbracht, sprach keine europäischen Sprachen und begegnete seinen weltläufigeren Genossen mit Argwohn und Ressentiments. Doch gerade weil seine Rivalen ihn deshalb nicht so ernst nahmen, wie sie es hätten tun sollen, konnte er sie ausmanövrieren und immer mehr Macht an sich reißen. Als er sich im Kreml festgesetzt hatte, wurde Stalin klar, dass die von Marx und Lenin angekündigte internationale Revolution kaum in naher Zukunft stattfinden werde – wenn überhaupt jemals. Also definierte er 1928 den Internationalismus um: «Ein Internationalist ist jemand, der die Sowjetunion rückhaltlos unterstützt.» Seither und bis zum Ende der UdSSR wurde die sowjetische Ideologie unter der Maske des Internationalismus immer nationalistischer. Hinter dieser Rhetorik stand die Auffassung, dass die nationalen Interessen Russlands absoluten Vorrang haben müssten und die osteuropäischen Verbündeten der Sowjetunion nach 1945 ihre Interessen hinter die Bedürfnisse Moskaus zurückzustellen hätten. Als es 1969 auf dem Höhepunkt der chinesisch-sowjetischen Feindseligkeiten zwischen der UdSSR und China zu einem kurzen Grenzkrieg kam, wurden die Auseinandersetzungen mit ideologischen Begriffen erklärt, obwohl der eigentliche Grund dafür ein klassischer Kampf um Territorium, Macht und Einfluss war. Daher glaubte spätestens gegen Ende der Sowjetära kaum noch ein Mitglied der sowjetischen Eliten an die Dogmen des Marxismus-Leninismus. Aber erst als Gorbatschow an die Macht kam, verwarf die UdSSR offiziell die Doktrin von einem unvermeidlichen Zusammenstoß zwischen Kommunismus und Kapitalismus und begann die Idee von gegenseitigen Abhängigkeiten zu propagieren. Dennoch beeinflusste die dialektische Weltsicht auch weiterhin zahlreiche Sowjetfunktionäre – so zum Beispiel auch einen KGB-Offizier im mittleren Dienst, der Ende der 1980er Jahre in Dresden stationiert war.

## DIE EURASISTEN

Während die Sowjetführer der offiziellen Doktrin von Internationalismus und Weltrevolution anhingen, entstand eine andere russische Sicht der Welt, die von antikommunistischen Exilanten entwickelt wurde und die auch Wladimir Putin sich mehr und mehr zu eigen gemacht hat. Beide Ideologien tun sich schwer mit Problemen, die schon den Slawophilen und Westlern des 19. Jahrhunderts zu schaffen gemacht hatten – nämlich warum Russland nicht einen ähnlichen politischen und wirtschaftlichen Kurs einschlagen sollte wie Europa und was es in Zukunft anstreben könnte. Der Eurasismus war eine Weltsicht, die in den 1920er Jahren von exilierten Russen entwickelt wurde, die den Kommunismus verabscheuten und von einem konservativen Utopia träumten. Doch er hatte auch Anhänger unter den innerhalb der UdSSR lebenden Dissidenten; der bekannteste von ihnen war Lew Gumiljow, der im

Lauf seines Lebens immer wieder in Arbeitslager gesteckt wurde. Der Eurasismus lehnt die westlichen Werte ab und betont Russlands einzigartige Zivilisation, die sowohl europäische als auch asiatische Elemente enthalte, so in der Koexistenz von Christentum und Islam, worin er Russlands asiatisches Erbe würdigt.[13] Die frühen Eurasisten vertraten den Standpunkt, Russland habe das unveräußerliche Recht, seine imperialen Territorien zu beherrschen, und drängten darauf, nicht zu versuchen, den Westen nachzuahmen.[14] Ein konservativer, im Exil lebender russischer Philosoph, dessen Schriften Putin beeinflusst haben, war Iwan Iljin (1883–1954), der den Bolschewiki vorwarf, nichts über Russland zu wissen, seine besonderen nationalen Traditionen nicht zu verstehen und es «politisch vergewaltigen» zu wollen.[15] Und obgleich die Stalinisten und ihre im Exil lebenden Gegner sich leidenschaftlich bekämpften, glaubten ironischerweise beide, dass Russland eine einzigartige Bestimmung habe, die es vom Westen absetze und ihm das Recht verschaffe, große Teile der benachbarten Gebiete zu beherrschen.

## DIE NEUE RUSSISCHE IDEE

Als die Sowjetunion zerfiel, verschwand die offizielle Ideologie plötzlich, ohne dass etwas anderes da gewesen wäre, was sie hätte ersetzen können. Das Land war implodiert und mit ihm die Rechtfertigung für eine expansionistische Außenpolitik. Tatsächlich wurden aus Gebieten, die seit mindestens 200 Jahren zum Zarenreich oder zur UdSSR gehört hatten, über Nacht 15 unabhängige Staaten. Wie sollten die neuen – und alten – Eliten damit umgehen? Inmitten des chaotischen Zerfalls der Sowjetunion kam unverzüglich die Suche nach einer neuen Russischen Idee auf.

Am Anfang versuchte eine kleine Gruppe prowestlicher Liberaler aus dem Umfeld des neuen Präsidenten Boris Jelzin, die Interessen Russlands auf revolutionäre Weise neu zu definieren: Russland solle sich dem Westen anschließen. Einer ihrer exponiertesten Vertreter war der junge Diplomat Andrej Kosyrew, der im sowjetischen Außenministerium gearbeitet und 1990 beschlossen hatte, sich auf Jelzins Seite zu schlagen. Während des fehlgeschlagenen Staatsstreichs gegen Gorbatschow im August 1991 fungierte er als wichtiger Verbindungsmann zu den Vereinigten Staaten. Jelzin berief ihn 1992 zur Bestürzung des alten sowjetischen Diplomatenkorps zum Außenminister. Kosyrews Position war klar: «Unsere Entscheidung ist es, ... entsprechend den allgemein anerkannten Regeln voranzuschreiten. Sie wurden vom Westen erfunden, und ich bin in dieser Hinsicht ein Westler ... Der Westen ist reich, wir müssen ihn uns zum Freund machen ... Es ist der Klub der Staaten erster Klasse, dem Rußland rechtmäßig angehören muß.»[16] Bemerkenswert ist hier das Zugeständnis, dass der Westen die globalen Regeln aufgestellt und Russland sie zu akzeptieren habe – eine Haltung, die Putin später vehement ablehnte.[17]

Die Idee, dass Russland sich wieder zu einstiger Größe aufschwingen könne, indem es seine Einzigartigkeit und Andersartigkeit aufgebe, lief jahrhundertealten russischen Traditionen zuwider. Russlands amerikanische und europäische Gesprächspartner begrüßten den Wunsch der Reformer Jelzins, zu einem Teil des Westens zu werden. Doch in ihrer Begeisterung, Russland zu reformieren und neu aufzustellen, schätzten sie falsch ein, inwieweit diese Sehnsüchte von großen Teilen der politischen Klasse geteilt wurden. Im Laufe des Jahrzehnts wurde Kosyrews eigene Sicht des Westens immer skeptischer und ambivalenter; 1996 ersetzte Boris Jelzin ihn durch den altgedienten sowjetischen Diplomaten Jewgeni Primakow, der eine prowestliche Haltung ablehnte und stattdessen ein Bündnis zwischen Russland, China und Indien anstrebte.[18] Heute lebt Kosyrew in den Vereinigten Staaten; seine Ideen wurden von jedem seiner Nachfolger abgelehnt.

Nach dem Zerfall der UdSSR flammte die Debatte zwischen postsowjetischen Westlern und Slawophilen erneut auf. Dieses

Mal bezeichneten sich die Westler als «Atlantiker» und die Slawophilen als «Eurasisten», zurückgehend auf die 1920er Jahre. Zunächst drehte die Debatte sich hauptsächlich darum, wie sich Russlands Beziehungen zu den früheren Sowjetrepubliken, dem «Nahen Ausland», entwickeln sollten. Andrej Kokoschin, ein prominenter Schriftsteller und Abgeordneter der Duma, des neugewählten Parlaments, das seinen Namen aus der vorrevolutionären Zeit übernommen hatte, setzte sich dafür ein, dass Russland auf dem Gebiet des früheren Zarenreichs und der UdSSR eine neue staatspolitische Struktur ins Leben rufen sollte, einen eurasischen Staat. Diese Russische Föderation sollte der Nukleus sein, um den herum sich alle anderen Staaten vereinigen sollten, zum Vorteil aller. Bei dieser Wiedereingliederung sollte die russische Sprache eine wichtige Rolle spielen.[19]

Sergej Karaganow, ein anderer einflussreicher Intellektueller, vertrat den Standpunkt, dass Russisch sprechende Menschen in den neuen unabhängigen Ländern, etwa in der Ukraine, in Weißrussland und im Baltikum, die wichtigsten Garanten für Moskaus politischen und wirtschaftlichen Einfluss auf seine Nachbarländer sein würden. Er sagte voraus, dass Moskau sich eines Tages gezwungen sehen könnte, sie – und mit ihnen seine Interessen im Gebiet der früheren Sowjetunion – unter Einsatz militärischer Gewalt zu verteidigen. «Wir müssen wagemutig sein, sie unter unsere Kontrolle bringen und so eine machtvolle politische Enklave schaffen, die das Fundament unseres politischen Einflusses bilden wird», schrieb Karaganow.[20] Daher bestand in Russland von Anfang an ein allgemeiner Konsens, dass Russland das Recht habe, für den postsowjetischen Raum seine eigene Monroe-Doktrin zu verkünden. Sie sollte sicherstellen, dass kein postsowjetischer Staat sich einem westlichen Bündnis anschließen würde. Die russische Monroe-Doktrin unterschied sich vom amerikanischen Original insofern, als sie eigentlich eine «Anti-Doktrin ohne erkennbares strategisches Programm war, die unkoordinierte Reaktionen auf zunehmende westliche Interessen in den postsowjetischen Staaten umfasst».[21] Die meisten Mitglieder der russischen Elite waren sich einig, dass irgendeine Form von Wiedereingliederung des postsowjetischen Raums unvermeidlich sei, weil Russland ohne die postsowjetischen Staaten sich nicht erneut als Großmacht werde etablieren können. Die Annahme des Westens, Russland werde sich nach und nach mit dem Verlust seines Imperiums und seiner neuen, verkleinerten Rolle in der Weltordnung abfinden, stellte sich als Wunschvorstellung heraus.

Unter der Präsidentschaft Wladimir Putins sind diese Ideen strukturierter und differenzierter geworden. Üblicherweise wird gesagt, dass heute – im Gegensatz zur Zeit des Kalten Krieges – kein ideologischer Gegensatz mehr zwischen Russland und dem Westen bestehe. Doch dabei wird außer Acht gelassen, dass Putins Russland seine Rolle auf der Weltbühne definiert hat als die einer Führungsmacht von Staaten, die sich der «konservativen Internationalen» und «traditionellen Werten» verschrieben hätten, und als Schutzmacht von Regierungschefs, die von «Farbrevolutionen» herausgefordert werden – Volksaufständen gegen autoritäre Regierungen, von denen Putin glaubt, sie würden vom Westen orchestriert. Das Image eines Russlands, das den Status quo verteidigt – gegen einen Westen, der als revisionistisch und dekadent dargestellt wird und angeblich versucht, Regimewechsel gegen etablierte Machthaber durchzusetzen, sei es im Nahen Osten oder in den postsowjetischen Staaten –, ist ein integraler Bestandteil dieser neuen Russischen Idee. Russland argumentiert heute, seine Werte und seine Politik seien anders als jene der Vereinigten Staaten und diesen überlegen. Putin meint, das westliche Christentum sei dekadent, weil es LGBTQ-Rechte und Multikulturalismus unterstütze. Im Jahr 2013 hat er einmal gesagt:

> Wir können beobachten, dass viele der euroatlantischen Länder de facto ihre Wurzeln verleugnen, einschließlich der christlichen Werte, die das Fundament der westlichen

> Zivilisation bilden. Sie missachten moralische Grundsätze und alle traditionellen Identitäten: nationale, kulturelle, religiöse und selbst sexuelle. Sie verabschieden Gesetze, die große Familien mit gleichgeschlechtlichen Partnerschaften gleichsetzen, den Glauben an Gott mit dem Glauben an Satan.[22]

Russland wird als ein Bollwerk von Kräften dargestellt, die sich Revolutionen, Chaos und liberalen Ideen entgegenstellen. Ein neues Element in Putins Weltsicht ist sein ausdrückliches Bekenntnis zu der Idee, dass es eine Russische Welt *(Russki mir)* gebe, die über die Staatsgrenzen Russlands hinausreiche, und dass sich die russische Zivilisation von der westlichen Zivilisation unterscheide. Seit der Annexion der Krim hat Putin sich auf Konzepte von einem «geteilten Volk» und dem «Schutz von Landsleuten im Ausland» berufen. Sein Kernargument ist, dass seit dem Zerfall der Sowjetunion eine Inkongruenz zwischen Russlands Staatsgrenzen und seinen nationalen oder ethnischen Grenzen bestehe und dass dieser Zustand sowohl eine historische Ungerechtigkeit als auch eine Bedrohung der nationalen Sicherheit Russlands sei. Nach dem Zerfall der Sowjetunion hätten 22 Millionen Russen plötzlich festgestellt, dass sie außerhalb Russlands leben, in anderen postsowjetischen Staaten. Aus Putins Sicht hat Russland das Recht, bedrohte Russen im postsowjetischen Raum zu verteidigen.

In den 18 Jahren, seit Putin an der Macht ist, entstand eine neue Russische Idee, die der alten ähnelt: Russland sei eine einzigartige Zivilisation, sowohl europäisch als auch asiatisch und in vielerlei Hinsicht jener des Westens überlegen. Westliche Vorstellungen von Individualismus, Wettbewerb und uneingeschränkter Meinungsfreiheit seien den ganzheitlicheren, organisch gewachsenen und kommunal orientierten russischen Werten fremd. Russland habe ein Recht auf eine Einflusssphäre in den Ländern, die Bestandteil sowohl des russischen Zarenreichs als auch der Sowjetunion waren, und Moskau habe die Pflicht, die Interessen seiner russischen Mitbürger zu verteidigen, die außerhalb des Vaterlands leben. Der Westen stelle für russische Werte und Interessen eine Bedrohung dar. Und seine Agenten innerhalb Russlands stünden ihm zu Diensten.

## AUTOKRATISCHE AUSSENPOLITIK?

Während der gesamten Sowjetära haben Außenseiter über die Beziehung zwischen dem politischen System und der Außenpolitik der UdSSR debattiert. Verhielt sich die Sowjetunion auf der internationalen Bühne genauso wie andere Großmächte, oder gab es etwas Besonderes an ihrer inneren Verfasstheit, das die Beziehungen zu ihr erschwerte? Die kommunistische Ideologie verpflichtete die UdSSR, auf die Weltrevolution hinzuarbeiten, doch in der Praxis musste der Kreml mit anderen Staaten interagieren.

In der Zeit zwischen den Weltkriegen gab es zwei Arten von sowjetischer Außenpolitik. Die eine war die Politik eines normalen Staates mit Diplomaten und Regierungsbeamten, die mit ihren ausländischen Kollegen zusammenarbeiteten. Georgi Tschitscherin, der sowjetische Volkskommissar für Auswärtige Angelegenheiten von 1922 bis 1930, war Nachkomme einer distinguierten Diplomatenfamilie am Hof des Zaren, die abtrünnig geworden war und sich der Sache der Bolschewiki angeschlossen hatte. Er pflegte auf internationalen Treffen im Stresemann zu erscheinen, etwa auf der Konferenz von Genua, auf der Sowjetrussland und das Deutsche Reich den berüchtigten Vertrag von Rapallo (1922) unterzeichneten, der letzten Endes der Weimarer Republik die Wiederbewaffnung ermöglichte. Die andere sowjetische Außenpolitik war jene eines revolutionären Staates. Um sie voranzutreiben, gründete Moskau die Kommunistische Internationale, die sogenannte «Komintern», eine internationale Organisation kommunistischer Parteien unter der Führung des Kremls, die das

Ziel verfolgte, genau die Regierungen, mit denen der sowjetische Volkskommissar für Auswärtige Angelegenheiten diplomatische Beziehungen pflegte, zu stürzen. Tschitscherins Kollege von der Komintern pflegte zu internationalen Treffen in proletarischer Aufmachung zu erscheinen und Intrigen zu spinnen mit dem Ziel, die bürgerlichen Regierungen, mit denen Tschitscherin verhandelte, aus dem Amt zu jagen. Abgesehen von der Phase der Volksfrontstrategie von 1934 bis 1939, mit der die Kommunisten in Europa bedrängt wurden, gegen den Aufstieg Hitlers mit Sozialisten und anderen antifaschistischen Gruppen zusammenarbeiten, hielt diese schizophrene Weltsicht an, bis Stalin im Zweiten Weltkrieg auf dem Höhepunkt der Anti-Hitler-Koalition zwischen der Sowjetunion, den USA und Großbritannien keinen Grund mehr sah, sie beizubehalten, und die Komintern 1943 auflöste.

Während des Zweiten Weltkriegs waren die Vertreter des Westens, die mit Russland zu tun hatten, in zwei Lager gespalten. Das eine Lager, dessen prominentestes Mitglied Franklin D. Roosevelt war, vertrat die Auffassung, es gebe keine andere Möglichkeit, als mit der Sowjetunion so umzugehen, wie man auch mit jeder anderen Großmacht umgehen würde. «Ich glaube», sagte Roosevelt einmal, «wenn ich Josef Stalin gebe, was er haben will, ohne eine Gegenleistung zu erwarten, wird er sich für das Wohl seines Volkes einsetzen – noblesse oblige.» Diese Sicht der Dinge – dass man mit Moskau Vereinbarungen treffen könne – bestimmte im Februar 1945 die Atmosphäre auf der Konferenz von Jalta, auf der die Siegermächte Europa in zwei Einflusssphären teilten, wobei die östliche Hälfte von der Sowjetunion besetzt und kontrolliert werden sollte.

Im September 2015 hielt Putin eine Rede vor der Vollversammlung der Vereinten Nationen, in der er die Jalta-Konferenz lobte: «Das System von Jalta hat der Menschheit geholfen, die turbulenten, manchmal sogar dramatischen Ereignisse der vergangenen sieben Jahrzehnte zu bewältigen. Es hat die Welt vor großen

Umbrüchen bewahrt.»[23] In den 50 Jahren nach Jalta versuchten manche westlichen Politiker, auf der Basis gemeinsamer Interessen pragmatische Deals mit Moskau zu machen – die Phase Entspannungspolitik von 1972 bis 1980 ist das bekannteste Beispiel. Richard Nixon und Henry Kissinger glaubten, sie könnten mit den Sowjetführern Geschäfte machen, und es gelang ihnen, etliche Abrüstungs- und Handelsabkommen mit Moskau unter Dach und Fach zu bringen. Sie verfolgten eine klassische Politik des Mächtegleichgewichts und nutzten die feindseligen Beziehungen zwischen der UdSSR und China, um die Sowjets zu umgarnen. Die neue Ostpolitik des westdeutschen Kanzlers Willy Brandt ist ein weiteres Beispiel für erfolgreich abgeschlossene Vereinbarungen mit dem Kreml, die letzten Endes zur Wiedervereinigung Deutschlands führten.[24]

Gegen diese Befürworter einer pragmatischen Kooperation mit Russland hatten sich Kritiker in Stellung gebracht, die ein wesentlich finstereres Bild von der UdSSR und ihrer Führung hatten und davon überzeugt waren, die kommunistische Ideologie werde es unmöglich machen, mit dem Kreml so umzugehen wie mit jeder anderen Großmacht. George F. Kennan, der geistige Vater der Theorie der Eindämmung, brachte diese Haltung in einem einflussreichen Artikel zum Ausdruck, der 1947 unter dem Pseudonym «Mr. X» in der Zeitschrift *Foreign Affairs* erschien. Das Verhalten der Sowjets, so hieß es darin, sei ein Produkt der traditionell argwöhnischen Weltsicht der Zaren, verstärkt durch die sowjetische Variante des Marxismus-Leninismus, die sich als unerbittlicher Gegner des kapitalistischen Westens sah. Die UdSSR, so Kennan, sei von Natur aus expansionistisch, und der einzige Weg, dem entgegenzutreten, sei eine «langfristig angelegte, geduldige, aber standfeste und wachsame Eindämmung der Expansionstendenzen Russlands».[25] Kennan war freilich auch davon überzeugt, dass die Sowjetunion, wenn sie denn eingedämmt werde, letzten Endes an ihrem inneren Verfall zugrunde gehen müsse.

★ 3 ★

# AMBIVALENTE EUROPÄER

*Was immer uns trennen mag, wir leben auf demselben Planeten, und Europa ist unser gemeinsames Haus, ein Haus, und keine Bühne für Militäroperationen.*

**Michail Gorbatschow, 1984**[1]

*Wir haben Europa nie als Mätresse gesehen. Ich sage das jetzt in vollem Ernst. Wir haben immer eine ernsthafte Beziehung angestrebt.*

**Wladimir Putin, 2015**[2]

Jeder russische Herrscher seit Peter dem Großen hat Europa mit Faszination wie auch mit Argwohn betrachtet, und Putin bildet hier keine Ausnahme. In jenem Interview mit italienischen Journalisten, in dem er leugnete, Europa als Mätresse zu sehen, behauptete er, eine «ernsthafte Beziehung» mit Europa anzustreben. Doch er beklagte sich auch über die Diskriminierung Russlands durch die Europäische Union. In der Tat haben die Geographie und die Geschichte dafür gesorgt, dass Europa in Wladimir Putins Vorstellung von den nationalen Interessen Russlands eine entscheidende Rolle spielt, so wie es vor ihm auch bei den Zaren und den sowjetischen Partei- und Staatsführern der Fall war. Russland liegt im strategischen Herzland Eurasiens und hat Europa seit Peter dem Großen als Wirtschaftspartner betrachtet. Heute ist Europa Russlands größter Energieabsatzmarkt, und seine Investitionen und Exporte haben das russische Wirtschaftswachstum angekurbelt. Doch seit den späten 1940er Jahren ist Europa auch der Hauptverbündete der USA, wenn es darum geht, Russland in Schach zu halten. Und so versuchten die UdSSR und

Natürlich waren im Kalten Krieg zahlreiche Länder außerhalb des westlichen Bündnisses bereit, ungeachtet der inneren Verfasstheit der UdSSR Geschäfte mit ihr zu machen. Viele Entwicklungsländer sahen Moskau durch eine antikolonialistische Brille und glaubten, dass der Kreml ihre Interessen gegen den Westen unterstützen werde – bis manche von ihnen die Folgen der sowjetischen Dominanz und des Gerangels um Einfluss zwischen China und der UdSSR zu spüren bekamen. Afrikanische Delegierte auf internationalen Konferenzen beklagten sich, sowjetische Funktionäre hätten sie beim Lunch zu überzeugen versucht, sich ihrer Sache anzuschließen, dicht gefolgt von chinesischen Funktionären, die beim Dinner darauf bestanden, ihr eigener Weg nach vorn sei der einzig richtige. China selbst fühlte sich hinter die UdSSR zurückgesetzt und entwickelte sich zu deren ideologischem Rivalen, der dann auch noch Gebietsansprüche auf den Fernen Osten der Sowjetunion erhob. Nach dem Tod Stalins fühlte Mao Zedong sich berufen, die internationale kommunistische Bewegung zu führen, und er verachtete den (aus seiner Sicht) ungehobelten Nikita Chruschtschow, der sich weigerte, ihm die erstrebte Rolle abzutreten. Zwischen dem ersten Zerwürfnis zwischen China und der Sowjetunion 1958 und Gorbatschows Aufstieg zur Macht 1985 sah der Kreml Peking vermutlich als ebenso große Bedrohung wie Washington.

Nachdem die UdSSR zerfallen und Boris Jelzin Michail Gorbatschow die Macht im Kreml abgerungen hatte, um der erste Präsident der Russischen Föderation zu werden, waren die Chinesen entsetzt und der Westen vorsichtig optimistisch, wenn auch etwas in Sorge über Jelzins Unberechenbarkeit. Als Bill Clinton Präsident wurde, waren er und seine engsten Berater davon überzeugt, es bestehe ein wichtiger Zusammenhang zwischen dem inneren politischen System eines Landes und seiner Außenpolitik. Wie schon erwähnt besagten die liberalen internationalistischen Ideen, an die sie glaubten, dass Demokratien keine Kriege gegeneinander führen und dass es für die Vereinigten Staaten ein Gebot der Stunde sei, Russland nach Kräften darin zu unterstützen, eine Demokratie zu werden.

Als Wladimir Putin die Macht von Jelzin übernahm, war er entschlossen, Russland wieder zur einstigen Größe zu führen. Er verstand den Zusammenhang zwischen Innen- und Außenpolitik anders als jene, die während des kurzen Jelzin-Intermezzos an der Macht waren. Putins Außenpolitik wurde immer mehr von innenpolitischen Rücksichten getrieben. Während seiner ersten Amtszeit, von 2000 bis 2004, schien Putin eine stärkere Einbindung Russlands in die Weltwirtschaft anzustreben, und er führte eine Reihe von Reformen durch, um das Land zu modernisieren. Diese Zeit war auch eine Phase der Kooperation mit dem Westen – der Partnerschaft mit den Vereinigten Staaten in Afghanistan nach den Anschlägen vom 11. September 2001 und einer Wiederannäherung an Deutschland –, bis die Ereignisse in Russlands Nachbarschaft und jenseits davon zu einem scharfen Durchgreifen im eigenen Land führten. Putin hatte ursprünglich engere Beziehungen zum Westen angestrebt. Als ihm jedoch klar wurde, dass der Westen von Russland erwartete, demokratischer zu werden und das Entstehen konkurrierender politischer Parteien zu fördern, begann er, engere Bindungen zum Westen kritischer zu sehen, wegen ihrer denkbaren Konsequenzen für die Wahrung seiner Macht. Einer der Punkte der Freedom Agenda der Bush-Regierung war «Regimewechsel» – sei es im Irak, in Georgien oder in der Ukraine. Zumindest sah Putin das so, und für ihn stellte das eine direkte Herausforderung der Interessen Russlands dar.

Während Putins zweiter Präsidentschaft wurden die Freiheiten im Inland im Namen der inneren Sicherheit beschnitten. Putin hatte 2004 den Westen für einen Terroranschlag in Beslan, einer Stadt im Nordkaukasus, verantwortlich gemacht, bei dem Hunderte von Kindern getötet worden waren. «Es gibt Leute, die ein saftiges Stück aus unserem Kuchen herausschneiden wollen, und es gibt andere, die ihnen dabei helfen.»[26] Nach dem Schock der Farb-Revolutionen, bei denen die Machthaber der Ukraine und

Georgiens gestürzt wurden, beauftragte Putin Wladislaw Surkow, seinen halb tschetschenischen «grauen Kardinal», den Übergang zu einer sogenannten «gelenkten Demokratie» zu steuern. Surkow, ein früherer PR-Mann, bezeichnet sich selbst als Urheber des jetzigen «russischen Systems». Dieses System, das er eine «souveräne Demokratie» nennt, verbindet «demokratische Rhetorik mit undemokratischen Absichten».[27] Souveränität ist Surkow wichtiger als Demokratie, was bedeutet, dass keine außenstehende Macht sich in die inneren Angelegenheiten Russlands einmischen sollte. Er gründete die Pro-Putin-Jugendgruppe *Naschi* («Die Unseren»), um liberales Gedankengut unter jungen Leuten zu bekämpfen, unter anderem durch patriotische Sommerlager, die den Aktivitäten der Jungen Pioniere und den Konklaven der Jungkommunisten zu Sowjetzeiten nachempfunden sind. Und während der Staat die Kontrolle über so gut wie alle Rundfunkmedien übernahm, wurden nach und nach alle unabhängigen Medien geschlossen.

Putin versuchte 2005, eine Rentenreform durchzuführen, doch die Rentner gingen zu Protestdemonstrationen auf die Straße und zwangen die Regierung nachzugeben. Daraufhin wurden sämtliche wirtschaftlichen Reformbemühungen eingestellt. Der steigende Ölpreis und das starke Wirtschaftswachstum in der Zeit von 2000 bis 2008 stärkten Putins Selbstbewusstsein und seine Entschlossenheit, sich dem Westen nicht unterzuordnen.

Während seiner zweiten Amtszeit als Präsident stellte er sich immer entschiedener gegen den Westen, und in seiner dritten Präsidentschaft, die 2012 begann, wurde die Außenpolitik hauptsächlich dafür genutzt, seine Zustimmungswerte im Inland zu steigern. Im Jahr 2011 war er von Protestdemonstrationen gegen gefälschte Ergebnisse der Parlamentswahlen und gegen seine angekündigte Rückkehr in den Kreml überrascht worden. Ein Wechsel des US-Botschafters in Moskau bestärkte ihn in dem Verdacht, dass Washington darauf aus sei, seine Macht zu untergraben. Der Karrierediplomat John Beyrle, dessen Vater im Zweiten Weltkrieg sowohl in der US-als auch der Sowjetarmee gekämpft hatte, wurde durch Michael McFaul abgelöst, einen Professor der Stanford University und Berater Barack Obamas, der sich in den 1990er Jahren für die Demokratisierung Russlands eingesetzt hatte und gegen den die russischen Medien mit dem Tag seiner Ankunft in Moskau Stimmung machten.[28]

Als Ende 2013 die Ukrainekrise begann, tat Russland so, als befinde es sich im Krieg mit dem Westen, und warf dessen «Fünfter Kolonne» im eigenen Land vor, sie wolle Russland zerstören. Mit Zustimmungswerten um 90 Prozent und einer zunehmend energischen und unvorhersehbaren Politik war es Putin gelungen, zahlreiche Beobachter im Westen davon zu überzeugen, dass der Umgang mit Russland eben nicht das Gleiche sei wie der Umgang mit einer beliebigen anderen Großmacht – je autokratischer die Regierung, desto aggressiver die Außenpolitik. Dennoch sehen viele nichtwestliche Länder Russland als Partner, der sich nicht in ihre Innenpolitik oder ihr politisches System einmischt und der versucht, neue internationale Regeln und Organisationen zu schaffen, die nicht vom Westen dominiert sind.

Wladimir Putin hat die nostalgischen Erinnerungen an das zaristische und sowjetische Russland nicht nur geschickt genutzt, um Russlands einzigartigen Platz in der Welt zu betonen, sondern auch, um seinen eigenen Beitrag zur Restaurierung der angestammten Rolle Russlands als Großmacht hervorzuheben. Der zaristische zweiköpfige Adler – er symbolisiert, dass Russland ebenso nach Osten wie nach Westen blickt – hat Hammer und Sichel auf der russischen Fahne abgelöst. Die erhebende Melodie der sowjetischen Nationalhymne wurde wieder eingeführt, nachdem Jelzins Experiment mit einer neuen Melodie kläglich gescheitert war; heute hat die Hymne allerdings einen neuen Text. Putin hat den russischen Exzeptionalismus verklärt und zugleich das Feindbild vom Westen und seinen angeblichen Agenten in Russland neu aufgebaut. Er geriert sich als Beschützer der Russen, die wegen der vermeintlichen historischen Ungerechtigkeit nach dem Zerfall der Sowjetunion im «Nahen Ausland» leben. Er verteidigt Russlands Recht, die globale Rolle zu restaurieren, die es nach 1992 verloren hatte.

Es ist unwahrscheinlich, dass Russland ein wirklich moderner Staat wird, solange es sich zu sehr auf seinen einstigen Glanz und früher erlittene Schmach fixiert. Wird Russlands Vergangenheit zum Vorboten seiner Zukunft verklärt, werden dadurch das 19. Jahrhundert, in dem Russland eine wichtige Rolle im Konzert der europäischen Mächte spielte, und der Sieg der Roten Armee im Zweiten Weltkrieg unter der Herrschaft Stalins idealisiert. Das ist freilich kein Vorbild für die globale Unordnung des 21. Jahrhunderts, in der Russland sich heute findet. Der Versuch, den Wiener Kongress nachzuspielen, mit Atomwaffen und zahlreichen Spielern auf der internationalen Bühne, wird unweigerlich zu Konflikten mit den Ländern führen, die in der heute entstehenden Weltordnung andere Interessen haben als Russland. Wenn die neue Russische Idee sich von der alten Russischen Idee nur dadurch unterscheidet, dass sie mit der Technologie des 21. Jahrhunderts unters Volk gebracht wird, droht sie Russland zu einem ewigen Gefangenen seiner eigenen Vergangenheit zu machen.

Bei den Feierlichkeiten zu Putins Amtseinführung im Mai 2018 wurde die neue Russische Idee groß herausgestellt, wurden Tradition und Patriotismus betont. Putin ließ sich filmen, wie er aus seinem Büro kam und forschen Schritts zu einer neuen, strahlend glänzenden Panzerlimousine aus russischer Produktion ging – das erste Mal, dass dieses Fahrzeug zum Einsatz kam. Am Großen Kremlpalast entstieg er der Limousine und legte seinen Amtseid auf ein Exemplar der Russischen Verfassung ab. In seiner kurzen Ansprache ließ er Russlands glorreiche Vergangenheit aufleben und beschwor die Zukunft:

> Wir alle sind Erben Russlands und seiner tausendjährigen Geschichte, die Erben dieses Landes, das außergewöhnliche Söhne und Töchter hervorgebracht hat, Arbeiter, Krieger und Kreative. Sie haben uns diesen riesigen und großartigen Staat hinterlassen. Ohne Zweifel können wir Kraft aus unserer Vergangenheit ziehen. Aber selbst die großartigste Geschichte ist nicht genug, um uns ein besseres Leben zu sichern. Die heute lebenden Generationen der Russen müssen diese Großartigkeit durch ihre eigenen Taten untermauern.[29]

Dies ist die Vision, die Putins Welt antreibt.

das postsowjetische Russland, die Auswirkungen der transatlantischen Kooperation auf ihren Handlungsspielraum zu minimieren. Europas derzeitige und zukünftige Entwicklung haben auch weiterhin einen entscheidenden Einfluss auf Russlands Außenpolitik.

Wozu gehört Russland? Zu Europa oder zu Asien? Die Karten illustrieren den Grund für diese Unklarheit. Im Lauf der Jahre haben russische Staatsführer unterschiedliche Antworten angeboten, doch seit mindestens zwei Jahrhunderten sind zwei Dinge klar: Russland gehört sowohl zu Europa als auch zu Asien; es ist weder völlig europäisch noch völlig asiatisch. Diese einzigartige eurasische Identität bedeutet, dass Russland sich an beiden Zivilisationen orientieren kann. Aber sie bedeutet auch, dass Russland weder von Europa noch von Asien als integraler Bestandteil des eigenen Machtbereichs akzeptiert wird. Historisch hat der russische Staat viel mehr mit Europa als mit Asien zu tun gehabt. Tatsächlich wurde Russland aufgrund seiner Rolle im europäischen Konzert des 19. Jahrhunderts zu einer Großmacht. Doch seine Führer haben Europa oft mit Misstrauen beäugt, und europäische Regierungschefs haben hinterfragt, ob Russland überhaupt ein europäisches Land sei.

Die Russen sind bestenfalls zögerliche Europäer gewesen, und diese Ambivalenz setzt sich bis heute fort. Seit 1991 ist es Europa nicht gelungen, Russland zu integrieren. Dies ist vor allem darauf zurückzuführen, dass Russland weder bereit noch fähig ist, die angebotenen Bedingungen einer Integration zu akzeptieren, und Europa seinerseits ablehnt, was Russland als Voraussetzung einer größeren Integration betrachtet. Die Ukrainekrise hat die Spannungen zwischen Russland und Deutschland dramatisch verschärft und die Beziehung auf den tiefsten Stand seit dem Fall der UdSSR gebracht, ein Prozess der «eskalierten Entfremdung». Doch die typischen Spannungen und Widersprüche von Russlands Beziehungen zu Europa existieren seit dem Ende der Sowjetära.

Russland hat bislang noch nicht entschieden, wohin es gehört, und Europa ebenso wenig.

In diesem Kapitel werden wir untersuchen, wie Europa und Russland seit dem Zerfall der Sowjetunion miteinander umgehen, und fragen, ob Putin, in vielerlei Hinsicht das «europäischste» russische Staatsoberhaupt des letzten Jahrhunderts, seine Vision des russischen Exzeptionalismus mit der Realität eines Europa in Einklang bringen kann, das sich nie da gewesenen Herausforderungen in Bezug auf seine eigene Zukunft gegenübersieht. Wie passt Europa in Putins Welt?

## EUROPA: DIE IDEE, DAS MODELL UND DIE GEOPOLITISCHE REALITÄT

Europa ist historisch in dreierlei Hinsicht für Russland wichtig gewesen: als politische Idee, als Wirtschaftsmodell und als geopolitische Realität, die es Russland ermöglicht hat, eine Großmacht zu werden und zu bleiben. Die «Europa»-Idee umfasst Konzepte, die mit dem Vermächtnis der Aufklärung in Zusammenhang stehen: Bedeutung des Individuums, politische Repräsentation, religiöse Toleranz, Begrenzung der Macht der Herrscher, die Entstehung eines Rechtsstaats und später die Entwicklung von Kapitalismus und Demokratie. Bis 1991 wurde Russland jahrhundertelang zuerst von Zaren regiert, die absolute Monarchen waren, und dann von Volkskommissaren und Generalsekretären, deren Macht nur geringfügig eingeschränkt war. Deswegen gefiel die Idee eines geeinten Europa nur den wenigen Progressiven, Gebildeten, Verwestlichten, die sich ein wahrhaft europäisches Russland wünschten.

Die Frage, warum sich eine verwestlichte russische Intelligenzija, die im 19. Jahrhundert auf Europa baute, politisch nicht halten konnte – und selbst heute noch nicht in der Lage ist, Fuß zu fassen –, wurde vor sechzig Jahren von dem britischen Historiker E. H. Carr behandelt:

> In Russlands politischer wie auch ökonomischer Gleichung fehlte die Mittelschicht. Die russische Intelligenzija war kein Ersatz für die westliche Mittelschicht. Institutionen und soziale Gruppen, die direkt aus der Nachahmung westlicher Modelle entstanden, wurden unter russischen Verhältnissen schnell in etwas dem Westen Fremdes und unverkennbar Nationales verwandelt.[3]

Es erwies sich als unmöglich, Grundrechte wie die Redefreiheit, die Versammlungsfreiheit und faire Gerichtsverfahren nach Russland zu verpflanzen, weil die russischen Machthaber fest entschlossen waren, sie dort nicht Wurzeln schlagen zu lassen. Die europäische Idee hat jene abgeschreckt, die eine autoritäre Herrschaft unterstützten, von der zaristischen Autokratie bis zur kommunistischen *Nomenklatura*.[4]

Auch der derzeitige Kreml betrachtet diese Freiheiten als Bedrohung. Putin sieht in den Versuchen der Europäischen Union, Russland in ihre «Wertegemeinschaft» hineinzuziehen, eine Gefährdung seines Systems der «gelenkten» oder «souveränen» Demokratie.

Als Wirtschaftsmodell hat Europa bei den Russen schon immer größeren Anklang gefunden. Von Peter dem Großen bis hin zu Putin haben russische Herrscher Europa stets als Ansammlung technisch fortgeschrittener Gesellschaften bewundert, deren wirtschaftlichen Erfolgen man nacheifern musste, auch wenn ihre politischen Systeme für Russlands einzigartige Bedingungen als ungeeignet erachtet wurden. Seit Jahrhunderten versuchen russische Staatsoberhäupter, europäische Wirtschaftspraktiken und Technologien zu importieren, die Russland zu einem wohlhabenderen, mächtigeren Land machen könnten. Peter der Große reiste inkognito nach Westeuropa, um dessen Gebräuche kennenzulernen, vor allem seine Schiffbautechnik. 1697 brach er als «Peter Michailow» mit einer großen Entourage nach Schweden, Deutschland, Holland und England auf. «Auf seinen diversen Stationen staunte Peter immer wieder über die raffinierten Erfindungen des Westens, während der Westen schockiert sein grobes Ungestüm und sein unkontrolliertes Wüten registrierte. Es gibt kaum eine herrschaftliche Reise mit derart vielen diplomatischen Zwischenfällen.»[5]

Drei Jahrhunderte später entschied Dmitri Medwedew nach einer Reise ins Silicon Valley, dass Russland seine eigene «Innovations-Stadt» bauen sollte, und zwar in Skolkowo, einem Vorort von Moskau. Medwedew tat sich mit Unternehmen und Universitäten in den USA und Europa zusammen, wobei er erklärte, dass dieses Forschungs- und Industriegebiet seine eigenen Gesetze zum Schutz des geistigen Eigentums und anderer Eigentumsrechte haben würde. Er hoffte, durch die Schaffung einer kleinen Stadt, in der die Innovation von oben gelenkt würde, westliche Wissenschaftler und ihre Innovationskultur implantieren zu können. Doch obwohl Skolkowo eine angesehene Wirtschaftshochschule und einige erfolgreiche Unternehmen hat, ist es nicht zum Zentrum für Start-ups geworden, denn Innovation erfolgt normalerweise von unten nach oben und nicht von oben nach unten. Historisch sind russische Versuche, europäische Modernisierungstechniken zu importieren, zwar nicht völlig wirkungslos geblieben, doch ihr Erfolg ist immer dadurch begrenzt worden, dass Russlands autoritäres politisches System die Menschen entmutigt, die sich für politische wie technologische Innovationen einsetzen. Russland borgt und importiert seit Jahrhunderten europäische Technologien. Heute steht es noch immer vor der Herausforderung, zu einem technologischen Innovator des 21. Jahrhunderts zu werden, obwohl Putin versprochen hat, dass es Innovationsführer im Bereich künstliche Intelligenz werden wird.

Europa als geopolitische Realität ist Russlands Tor zum Erreichen eines Großmachtstatus gewesen. Russland gewann international an Bedeutung durch das europäische System zwischenstaatlicher Beziehungen, dessen Regeln es im Großen und Ganzen akzeptieren musste und dessen Entwicklung es beeinflussen konnte. Als einer der Akteure in den vielschichtigen und wechselnden Allianzen im Europa des 19. Jahrhunderts übte es international Macht aus. Seine Beziehungen zu Europa dauerten auch in Zeiten innenpolitischer Reformen und Repressionen an. Heute loben russische Funktionäre das europäische Konzert, das den Kontinent zwischen 1815 und 1914 weitgehend dominierte und in dem Russland eine wichtige Rolle spielte. Die Kugel eines Attentäters im Juni 1914 in Sarajevo und die Schlacht bei Tannenberg zwei Monate später, in der Russland von Deutschland vernichtend geschlagen wurde, beendeten das europäische Jahrhundert des Russischen Reiches. Das Modell der Großmächte, die den Kontinent unter sich aufteilen, über kleinere Mächte herrschen und deren Schicksal bestimmen, gefällt Putin. Er hat explizit das Jalta-Abkommen gelobt, das natürlich umstritten bleibt. Für Osteuropäer symbolisiert es eine zynische Form der Aufgabenteilung, durch die sie ihre Unabhängigkeit verloren und unter sowjetische Herrschaft gelangten.

Im 19. Jahrhundert erkannte Europa Russlands Rolle als Großmacht auf dem Kontinent an. Im 20. Jahrhundert waren die Vereinigten Staaten als die andere atomare Supermacht wichtiger, wenn es darum ging, die UdSSR zu legitimieren. Doch die Herrschaft der Sowjetunion über die Osthälfte Europas und ihr nukleares Arsenal ließen sie zu einer militärischen, aber nie zu einer wirtschaftlichen Supermacht werden. Als die Sowjetunion 1991 ihr osteuropäisches Reich verlor, wurde ihr Großmachtstatus in Frage gestellt. Konnte das Russland des 21. Jahrhunderts eine Großmacht bleiben, ohne die Hälfte Europas zu dominieren?

# DAS SOWJETISCHE VERMÄCHTNIS

Nach der Russischen Revolution hatte sich die Sowjetunion weitgehend aus Europa zurückgezogen. In den Jahren zwischen den Kriegen blieb sie ein unbeteiligter Beobachter der europäischen Entwicklungen. Die Beziehungen zwischen der UdSSR und den meisten europäischen Regierungen waren in hohem Maße angespannt. Der deutsch-sowjetische Nichtangriffspakt vom August 1939, der Russland zwei Jahre lang aus dem Krieg heraushielt, ermöglichte es den beiden Vertragsparteien, im September in Polen einzumarschieren. Doch letztlich begünstigte er zum Entsetzen Stalins, der davon ausgegangen war, dass die Allianz mit Deutschland Bestand haben würde, den Start des Unternehmens Barbarossa, des Überfalls der Deutschen auf die Sowjetunion.

Nach dem Krieg wurde die UdSSR durch die Teilung Europas in zwei Hälften und durch ihre Vorherrschaft in Osteuropa, das von der Roten Armee besetzt worden war, erneut zur Großmacht. Geographisch war die Nachkriegs-Sowjetunion der «europäischste» aller russischen Staaten, dessen Macht nach Westen hin bis zur Elbe reichte und nun auch die baltischen Staaten, Kaliningrad, Moldawien und den Osten Polens umfasste. Doch während die Sowjetunion territorial betrachtet europäischer wurde, zwang sie Osteuropa das sowjetische System auf, sodass dieser Teil Europas im Inneren weniger europäisch wurde.

Russlands beispiellose militärische Macht und seine Fähigkeit, Osteuropas Schicksal zu kontrollieren, wurden zur neuen europäischen Realität. Während die europäische Idee in der sowjetischen Dissidentengemeinde fortlebte, wandten sich Funktionäre der 1964 beginnenden Breschnew-Ära, die erkannten, dass die UdSSR technologisch ins Hintertreffen geriet, Europa wieder als Modell zu und trachteten danach, als Ersatz für ihren eigenen Innovationsmangel westliche Technologie zu importieren. So wie die Versuche früherer russischer Herrscher, das europäische Modell zu übernehmen, scheiterte auch dieser Versuch, weil der Kontrollwahn der kommunistischen Führung den freien Austausch von Ideen unterdrückte, der für Innovation unerlässlich ist. Die Notwendigkeit, ökonomisch mit dem Westen gleichzuziehen, motivierte den Kreml auch, sich um eine politische Verständigung mit Westeuropa zu bemühen und auf die Entspannungsinitiativen Westdeutschlands und Frankreichs zu reagieren. Somit verfolgte Moskau während der letzten zwanzig Jahre der Sowjetunion eine zweigleisige Strategie in Europa: Es versuchte, die Kontrolle über ein zunehmend unruhiges Osteuropa zu behalten und gleichzeitig – in der Hoffnung, eine Lockerung des transatlantischen Bündnisses bewirken zu können – engere Beziehungen zu Westeuropa zu knüpfen.

1985 begann Russland, seine Haltung gegenüber Europa radikal zu ändern. In den mehr als drei Jahrhunderten, in denen Russland ein Akteur im europäischen Staatensystem war, hat nur ein Regierungschef aktiv alle drei Dimensionen Europas mitgestaltet. Das war Michail Gorbatschow. Während seiner sechsjährigen Amtszeit lebte die Europa-Idee wieder auf, insofern er mit seinem Eintreten für Glasnost (größere Offenheit) an europäische Werte appellierte. Perestroika – der Umbau und die Modernisierung der Wirtschaft – zeugte von der Anziehungskraft Europas als ökonomisches Modell. Und indem er den Ruf nach einem «gemeinsamen Haus» laut werden ließ, verfolgte Gorbatschow eine Annäherung an Westeuropa und versuchte, die geopolitische Realität eines geteilten Europas zu entschärfen.[6] Er wollte für die Sowjetunion eine andere Rolle in Europa und erkannte immer klarer, dass das kränkelnde sowjetische System viel von Westeuropa lernen konnte. Wenige Monate bevor Gorbatschow Generalsekretär wurde, beeindruckte das junge, lächelnde, energiegeladene Politbüromitglied mit der eleganten Ehefrau im Dezember 1984 in seiner ersten großen Rede vor dem britischen Parlament seine Zuhörer mit seinen erfrischenden versöhnlichen Ideen, die sich stark von jenen der grimmigen Gerontokratie unterschieden, von der die Sowjetunion im vergangenen Jahrzehnt regiert worden war. Sein Refrain, Europa sei «unser gemeinsames Haus», hatte große und unvorhergesehene Folgen.[7]

Gorbatschow kehrte vier Jahrzehnte sowjetischer Politik gegenüber Europa um, indem er die Kontrolle über Osteuropa lockerte, schließlich das Sowjetreich aufgab und einen friedlichen Zerfall des Kommunismus zuließ. Doch vielen Russen fällt es nach wie vor schwer zu akzeptieren, dass der Kreml seine so große Macht in Europa bereitwillig hat aufgeben können. Während der sowjetische Verzicht auf das osteuropäische Reich eine unbeabsichtigte Folge der Politik Gorbatschows war, war die nun folgende Annäherung an Westeuropa so beabsichtigt wie anfänglich erfolgreich. Ein großes Vermächtnis der Gorbatschow-Ära war die Dankbarkeit Westeuropas, dass Russland den Bau eines gemeinsamen europäischen Hauses aus den Trümmern des todgeweihten kommunistischen Systems zuließ. Die Nationen Osteuropas waren zwiegespalten: erleichtert, dass sie endlich ihre Souveränität wiedererlangt hatten, aber verbittert über vier Jahrzehnte der Sowjetherrschaft. Mit dem Ende der östlichen Militärallianz, des Warschauer Pakts, wurde Moskaus Präsenz und Einfluss in Europa stark reduziert. Russlands geographische Reichweite in Europa schrumpfte auf die des 17. Jahrhunderts. In genau der Zeit, in der die Russen europäischen Ideen und Regierungsmodellen gegenüber offener denn je zu sein schienen, hatte ihr Land einen geringeren Einfluss in Europa als in den letzten beiden Jahrhunderten. Dies schuf die Voraussetzungen für eine neue russisch-europäische Realität.

## VON JELZIN ZU PUTIN: DIE WIEDERENTDECKUNG EUROPAS

Während der ersten Jahre der Präsidentschaft Jelzins war Außenminister Andrej Kosyrew der festen Überzeugung, dass Russland danach streben solle, dem Vorbild Europas und seiner Institutionen nachzueifern. Er und andere Jelzin-Anhänger waren zunächst von der politischen Idee Europas wie dessen Wirtschaftsmodell begeistert und hatten den Wunsch, den großen westlichen Clubs wie der G7, der Welthandelsorganisation und dem Europarat beizutreten. Derweil verkümmerten die Beziehungen zu Mittel- und Osteuropa, da die Länder in diesen Regionen und die baltischen Staaten ebenfalls danach strebten, so schnell wie möglich europäischen Institutionen beizutreten, um mehr Abstand zwischen sich und Russland zu legen. In den schwierigen postsowjetischen Jahren nach 1991 betrachtete der Kreml die Europäische Union (EU) und ihre wichtigsten Mitglieder wie Deutschland und Frankreich als Quellen politischer und wirtschaftlicher Unterstützung, und Westeuropa wollte unbedingt an der postkommunistischen Transformation teilhaben und seine Wirtschaftsbeziehungen mit Russland ausbauen.

Dessen Handel mit Europa nahm in den 1990er Jahren zu; Brüssel und Moskau unterzeichneten 1994 ein Partnerschafts- und Kooperationsabkommen, das 1997 in Kraft trat. In jenen Tagen glaubten viele, dass stärkere Wirtschaftsbeziehungen zu besseren politischen Beziehungen führen würden. Das Abkommen mit Europa sollte die wirtschaftliche und wissenschaftliche Zusammenarbeit fördern und Russlands Integration in europäische Strukturen erleichtern. Doch im Lauf der 1990er Jahre wurden Russlands Beziehungen zu Europa wegen der NATO-Angriffe, mit denen die Jugoslawienkriege beendet werden sollten, immer angespannter. Während Russland beim Feldzug gegen Bosnien widerstrebend mit der NATO kooperierte, verursachten der Feldzug gegen das Kosovo und die NATO-Bombardierung Serbiens größere Probleme. Jelzins nachlassende Gesundheit und sein unberechenbares Verhalten, die Ersetzung des proeuropäischen Kosyrew durch den kompromissloseren Jewgeni Primakow, Russlands Wirtschaftsprobleme, die im Rubel-Crash von 1998 gipfelten, und die zunehmende Undurchsichtigkeit von Russlands Politik und Wirtschaftstätigkeiten führten dazu, dass Europa die Richtung, die Russland einschlug, stärker in Zweifel zog und sich fragte, ob dessen Entwicklung nicht im Widerspruch zu den ursprünglichen Erwartungen stand.

Doch während sich der russische Staat und die EU entfremdeten und voneinander enttäuscht waren, wurden die neue Mittelschicht und wohlhabende Russen immer europäischer. Sie gründeten in London, Paris und Brüssel Unternehmen, eröffneten Konten und ließen sich in diesen Städten nieder, sie schickten ihre Kinder auf britische Internate und machten Urlaub in Courchevel, in Cannes und auf Kreta. Der Aufstieg des Kapitalismus in Russland und das Ende der sowjetischen Reisebeschränkungen schufen eine neue Schicht wohlhabender, mittelständischer, reiselustiger europäischer Russen. Sie wurden in die westliche Gesellschaft integriert. Und sie begannen, Europa zu beeinflussen. Der Zustrom von russischem Geld und die Art der Russen, Geschäfte zu tätigen, führten zwangsläufig dazu, dass Westeuropa sich zu ändern begann.

## WLADIMIR PUTIN: DER SKEPTISCHE EUROPÄER

Wladimir Putin machte seine persönlichen Erfahrungen mit Europa während seiner fünf Jahre als KGB-Offizier in Dresden. Das Europa, in dem er lebte, war der künstliche, repressive ostdeutsche Staat, der Westdeutschland als seinen Hauptfeind und als Bedrohung seiner Existenz betrachtete. Doch obwohl dieser Staat das sowjetische Wirtschaftssystem weitgehend kopiert hatte, konnte er seiner Bevölkerung, im Wesentlichen aufgrund der wirtschaftlichen Unterstützung Westdeutschlands, einen signifikant höheren Lebensstandard ermöglichen als den in der Sowjetunion. Putin wurde zum Bewunderer der deutschen und europäischen Wirtschaftsleistungen. Die Hauptanziehungskraft Europas bildet für ihn – wie für Peter den Großen – das Wirtschaftsmodell der erfolgreichen Modernisierung. Nie hat er die politische Idee Europas als Richtschnur betrachtet, und er scheint auch nicht zu verstehen, dass die erfolgreiche Modernisierung ein Produkt der freien Marktwirtschaft und eines demokratischen politischen Systems ist, das auf Rechtsstaatlichkeit basiert. Putin hat sich vielmehr an Chinas Modell der erfolgreichen autoritären Modernisierung orientiert. Unter seiner Führung erholte sich die russische Wirtschaft, und es kam zu einer Stärkung des Staates. Europas Abhängigkeit von russischen Energielieferungen stieg, und Russland war aus zweierlei Gründen in der Lage, seinen Einfluss in Europa wieder geltend zu machen: wegen seines Aufstiegs als Energie-Supermacht und wegen der Modernisierung seines Militärs.

Die Russen und vor ihnen die Sowjets hatten schon immer Schwierigkeiten, die Funktionsweise der EU zu verstehen, was zum einen an deren komplexer Bürokratie und zum anderen an deren Selbstwahrnehmung als Wertegemeinschaft liegt. Putins Beziehung mit Europa begann vor der EU-Erweiterung. Es war für den Kreml leichter, mit einem Europa umzugehen, das im Jahr 2000 nur 15 Mitgliedstaaten hatte, als mit einem, das nach den Erweiterungen von 2004, 2007 und 2013 um Mitteleuropa und die baltischen Staaten 28 Mitgliedstaaten umfasste. Das «alte» Europa, um Donald Rumsfeld zu zitieren, war Russland gegenüber weniger misstrauisch als das «neue Europa», und nach 2004 wurden die Beziehungen mit der EU komplizierter.[8] Wie seine Vorgänger hat auch Putin es immer vorgezogen, sich auf bilaterale Beziehungen mit den wichtigsten europäischen Staaten zu konzentrieren. Seine Haltung gegenüber der EU gleicht der von Henry Kissinger, der bekanntermaßen einmal fragte: «Welche Telefonnummer soll ich wählen, wenn ich mit Europa sprechen will?» Er hat sich gefragt, wie effektiv eine Institution sein kann, wenn die Präsidentschaft alle sechs Monate wechselt und die Mitgliedstaaten freiwillig ihre Souveränität aufgeben müssen. Für Putin ist das ganze System unplausibel. Er glaubt, dass absolute Souveränität eines der wichtigsten Merkmale der Eigenstaatlichkeit und des *derschawnost'*

(Großmachtstatus) ist. Es fällt ihm schwer zu verstehen, warum Deutschland, Frankreich oder Großbritannien ihre Souveränität an Bürokraten in Brüssel abgetreten haben, und es war für ihn befriedigend, als euroskeptische Bewegungen zu wachsen begannen und die Briten dafür stimmten, die EU zu verlassen – Brexit. Für Moskau ist es weit attraktiver, mit Nationalstaaten zu verhandeln und bilaterale Beziehungen zu kultivieren, als mit der EU zu tun zu haben.

## DER EUROPARAT

Russlands schwierige Beziehungen mit dem Europarat zeugen von der Ambivalenz des Umgangs, den Russland und Europa miteinander pflegen. Der Europarat, der 1949 gegründet wurde, ist eine Organisation, die Demokratie, Menschenrechte und Rechtsstaatlichkeit in Europa fördert. Er ist nicht Teil der Europäischen Union und sieht sich selbst als «demokratisches Gewissen Europas».[9]

Er hat ein Exekutivorgan, eine Parlamentarische Versammlung (PACE) und den Europäischen Gerichtshof für Menschenrechte (EGMR) mit Sitz in Straßburg, an den sich auch Einzelpersonen aus allen Mitgliedstaaten wenden können. Vor dem Zerfall des Kommunismus war die Mitgliedschaft im Europarat auf Westeuropa begrenzt, doch nach 1991 traten ihm in dem Bestreben, enger an Europa heranzurücken, nach und nach die ehemaligen kommunistischen Staaten bei. Heute hat der Europarat 47 Mitglieder, und die PACE umfasst 324 Parlamentarier, die die großen politischen Parteien der Mitgliedstaaten repräsentieren.[10]

Russland wurde 1996 Mitglied des Europarates. Eine der Hauptmotivationen für diesen Schritt war die Suche nach Anerkennung und internationalem Ansehen. Der Rat stimmte der Aufnahme Russlands und seiner Nachbarn nicht deswegen zu, weil sie Demokratien waren, welche die Rechtsstaatlichkeit und die

Menschenrechte respektierten, sondern weil er hoffte, sie zu einer Entwicklung in diese Richtung zu ermutigen. Russland wollte mit seinem Beitritt seinen neuen Status als aufstrebende Demokratie legitimieren. Dass Jelzin 1993 Panzer auf das russische Parlament schießen ließ, als dieses seine Politik ablehnte, der Tschetschenienkrieg, die Entwicklung nationalistischer und neokommunistischer Parteien und die Verhärtung der russischen Außenpolitik nach der Ersetzung Kosyrews durch Primakow weckten von Anfang an Zweifel, ob Russland in den Europarat gehöre. Doch viele Mitglieder glaubten, dass es unklug wäre, Russland zu isolieren, und beteuerten, dass dieses Land zu Europa zähle.

Russland unterzeichnete die Europäische Menschenrechtskonvention und erklärte sich auch einverstanden, die Todesstrafe abzuschaffen, zwei notwendige Voraussetzungen für den Beitritt. In das russische Rechtssystem wurden Elemente des Menschenrechtscodes des Europarates aufgenommen, und das russische Verfassungsgericht erkannte Präzedenzentscheidungen des EGMR in Straßburg an und beruft sich manchmal auf diese bei seinen eigenen Urteilen.

In den über zwanzig Jahren seiner Mitgliedschaft wurde Russland mehrmals vorübergehend das Stimmrecht entzogen wegen des Tschetschenienkriegs und des Kriegs in der Ukraine. Seine Parlamentarier haben erbitterte Debatten mit ihren europäischen Amtskollegen geführt. Doch trotz dieser Probleme besteht Russland darauf, im Europarat zu bleiben, weil es die internationale Anerkennung schätzt, die mit dieser Mitgliedschaft einhergeht, wie auch das öffentliche Forum, das der Rat den russischen Abgeordneten zur Darlegung ihrer Standpunkte bietet. Als der größte Mitgliedstaat entsendet es eine der größten Parlamentarierdelegationen, einschließlich so scharfer Kritiker des Europarates wie den ultranationalistischen Wladimir Schirinowski und den ehemaligen Kommunistenführer Gennadi Sjuganow.

Der vielleicht unerwartetste Aspekt der Mitgliedschaft Russlands im Europarat ist die Rolle, die der EGMR spielt. Von allen

Mitgliedstaaten wird aus Russland die größte Anzahl von Fällen vor dieses Gericht gebracht; sie machen 25 Prozent der Fallbelastung aus. Russische Bürger, die glauben, dass ihnen innerhalb des eigenen Rechtssystems keine Gerechtigkeit widerfährt, bringen ihren Fall vor den Gerichtshof in Straßburg, und häufig fallen die Urteile zu ihren Gunsten aus. Überraschenderweise erkennen die russischen Gerichte oft die in Straßburg getroffenen Entscheidungen an, einschließlich der Entschädigungszahlungen an die Kläger. Der EMGR klagt darüber, dass seine Agenda von russischen Fällen dominiert wird, und hat wiederholt darauf hingewiesen, dass das russische Gerichtswesen verbessert und den russischen Bürgern zu Hause und nicht in Straßburg zu ihrem Recht verholfen werden muss. Doch bis jetzt ist man sich in Europa einig, dass es besser ist, dass Russland im Europarat ist und damit auch der Rechtsprechung des EMGR untersteht – «Integration ist besser als Isolation: Kooperation ist besser als Konfrontation».[11] Wie die Vorsitzende von Human Rights Watch in Russland sagte: «Der Europäische Gerichtshof ... ist der erfolgreichste internationale Schutzmechanismus» für Rechte in Russland. Er ist das «Gericht letzter Instanz für den Fall, dass ihnen (den Russen) vor heimischen Gerichten kein Recht widerfährt».[12]

Im Juli 2018 entschied der Gerichtshof, den Mitgliedern der Kreml-kritischen Punkrock-Band Pussy Riot eine Entschädigung in Höhe von 37 000 Euro zuzusprechen. Sie waren 2012 nach einer nicht genehmigten Aufführung eines Songs mit dem Titel «Punk-Gebet: Mutter Gottes, vertreibe Putin!» in Moskaus Erlöserkathedrale zu zwei Jahren Haft verurteilt worden. Der EMGR urteilte, dass Russland das Recht der Gruppe auf Freiheit, einen fairen Prozess und freie Meinungsäußerung verletzt habe.[13]

# DIE EUROPÄISCHE UNION UND RUSSLAND

Der rechtliche Rahmen, der Russlands Beziehungen mit der EU regelt, ist das Partnerschafts- und Kooperationsabkommen von 1994, das seit dem Ende der ursprünglich vereinbarten zehnjährigen Laufzeit jährlich erneuert worden ist. Es wurde 2005 weiterentwickelt durch die Hinzufügung einer Roadmap für vier «Gemeinsame Räume», Projekte, an denen Russland und die EU gemeinsam arbeiten sollten: im Raum der Wirtschaft, dem der Freiheit, Sicherheit und Justiz, der äußeren Sicherheit sowie der Forschung, Bildung und Kultur. Diese Roadmap, die der Beziehung neue Impulse verleihen sollte, ist nie umgesetzt worden.[14] Das Problem der Beziehung zwischen der EU und Russland besteht in unvereinbaren Strukturen und in Missverständnissen bezüglich der Beziehung. In der EU läuft alles nach detaillierten formellen Regeln ab. Russland operiert weitgehend auf der Basis informeller Arrangements, bei denen formelle Institutionen von weit geringerer Bedeutung sind. Wegen dieser fundamental verschiedenen – und oft diametral entgegengesetzten – politischen und rechtlichen Kulturen ist es seit jeher eine Herausforderung für die EU und Russland, Fortschritte bei komplexen Fragen zu erzielen.

Während Putins erster Amtszeit hatte sich Russland offiziell der Verbesserung der Beziehungen zur EU verschrieben. Alljährlich fanden Gipfeltreffen statt, und Brüssel hielt sich an sein Versprechen, Russlands Integration in Europa voranzubringen und das Land dahin zu bringen, EU-Standards zu akzeptieren. Es gab wichtige gemeinsame Interessen. Schließlich importierte Europa nach der 2004 erfolgten EU-Erweiterung 30 Prozent seines Gases aus Russland. Zudem war Russland einer der wichtigsten Handelspartner der EU und ist deren größter Nachbar. Wie schwierig dieser Partner auch sein mochte, es war unerlässlich, die Beziehungen aufrechtzuerhalten und sich um ihre Verbesserung zu bemühen. Doch nach der EU-Erweiterung 2004 wurde es schwieriger, die Beziehung voranzubringen. Die neuen Mitglieder aus Mitteleuropa und dem Baltikum waren trotz ihrer erdrückenden Abhängigkeit von russischen Energielieferungen weitaus misstrauischer gegenüber Russlands Absichten, und die neue gemeinsame Nachbarschaft von EU und Russland führte zunehmend zu Unstimmigkeiten.

Dies wurde deutlich, nachdem die EU 2009 die Östliche Partnerschaft ins Leben gerufen hatte, ein gemeinsames Programm von Brüssel und sechs Nachbarn Russlands – den drei Südkaukasusstaaten (Armenien, Aserbaidschan und Georgien) sowie der Ukraine, Moldawien und Weißrussland –, das darauf abzielte, sie näher an EU-Standards heranzubringen. Der offensichtlichste und – aus russischer Sicht – zweifelhafteste Erfolg dieser Partnerschaft war die Unterzeichnung der Assoziierungsabkommen mit der Ukraine, Georgien und Moldawien.[15] Aus der Perspektive der EU sind diese Abkommen als Ersatz für eine EU-Mitgliedschaft gedacht. Russland interpretiert sie jedoch als Auftakt zu einer Mitgliedschaft und zum Heranrücken der EU an die russischen Grenzen.

Der Kreml hat gegen die Versuche der EU, Russlands westliche Nachbarn in ihre Einflusssphäre zu bringen, stets Einwände erhoben. Schließlich bedroht dies Russlands Fähigkeit, im postsowjetischen Raum eine «Sphäre privilegierter Interessen» zu sichern. Zudem war Putins Hauptprojekt für seine dritte Amtszeit die Schaffung einer Eurasischen Wirtschaftsunion (EAWU), ein Zusammenschluss postsowjetischer Staaten, der Russlands Einfluss in seiner Nachbarschaft stärken sollte. Die Assoziierungsabkommen aber sind mit der EAWU unvereinbar, wie die Ukrainekrise gezeigt hat.

## DIE EU-RUSSLAND-BEZIEHUNGEN NACH DER ANNEXION DER KRIM

Die Ursprünge der Ukrainekrise, die 2013 begann, sind in Brüssels Verhandlungen mit Kiew über ein Assoziierungsabkommen zu suchen, die 2008 begannen und 2013 abgeschlossen waren. Der ukrainische Präsident Wiktor Janukowitsch selbst war unschlüssig, ob die Ukraine das Abkommen mit der EU unterzeichnen sollte, doch viele der einflussreichen ukrainischen Oligarchen sprachen sich für engere Beziehungen zu Europa aus. Der Kreml betrachtete Brüssels Verhandlungen mit Kiew mit Argwohn, schenkte ihnen bis Sommer 2013 jedoch keine übertriebene Aufmerksamkeit. Bis zu diesem Zeitpunkt hatte Russland stets die NATO für die größere Bedrohung seiner Interessen gehalten als die EU. Derweil konzentrierten sich die EU-Verhandler auf eine Vielzahl technischer Probleme. Im Nachhinein hat man Brüssel dafür kritisiert, die größeren geopolitischen Implikationen seiner Verhandlungen mit Kiew nicht verstanden zu haben. EU-Beamte halten dagegen, dass sie angeboten hätten, mit Russland zu reden, Moskau aber kein Interesse gezeigt habe. Wie immer die Wahrheit aussehen mag, die Ukraine war von größter Bedeutung für Moskau, und Mitte 2013 wurde dem Kreml bewusst, dass die Tausende von Seiten umfassenden Dokumente der EU im Grunde bedeuteten, dass die Ukraine – ein wichtiger Handelspartner Russlands – nicht Mitglied der Eurasischen Wirtschaftsunion werden könne und dass sie am Ende mehr Handel mit dem Westen treiben würde. Russland begann also verspätet, Janukowitsch dazu zu drängen, das Abkommen nicht zu unterzeichnen, wobei Putin ihm für die Ablehnung des Assoziierungsabkommens schließlich sogar einen Kredit von 15 Milliarden Dollar anbot.

Seit der Annexion der Krim haben sich die Beziehungen zwischen der EU und Russland dramatisch verschlechtert, auch wenn die einzelnen EU-Staaten die Lage sehr unterschiedlich beurteilen. Brüssel verhängte Sanktionen gegen Einzelpersonen in Russland, von denen es hieß, dass sie an der widerrechtlichen Aneignung beteiligt gewesen seien, wobei diese Sanktionen jedoch milde waren. Als die MH17, eine malaysische Passagiermaschine, die viele Europäer zu einer Aids-Konferenz befördern sollte, im Juli 2014 über dem Donbass abgeschossen wurde, beschloss die EU – angeführt von Deutschland –, viel härtere finanzielle Sanktionen. Russland konterte mit einem Einfuhrstopp für Lebensmittel aus der EU, was anfänglich negative Auswirkungen auf die Wirtschaft einiger Mitgliedstaaten hatte. Bis jetzt hat die EU trotz beträchtlicher Opposition von Italien, Griechenland, Ungarn, Tschechien, Zypern, der Slowakei von Unternehmen in vielen Ländern ihre Sanktionen seit Juli 2014 alle sechs Monate verlängert. Die EU hat akzeptiert, dass Russland eine Integration in Europa zu den Bedingungen Europas ablehnt, und ist nach wie vor hin- und hergerissen, wie sie mit Moskau umgehen soll.

Die EU-Außenbeauftragte Federica Mogherini hat mehrmals den Versuch unternommen, Brüssels Beziehungen zu Moskau neu zu definieren, zuletzt durch die Festlegung von fünf Prinzipien, die die Beziehung regeln sollen: die vollständige Umsetzung des Minsk-II-Abkommens, das den Krieg im Donbass beenden soll, als Voraussetzung für Veränderungen in der EU-Politik; die Stärkung der Beziehungen zu den russischen Nachbarn; die Stärkung der Widerstandskraft der EU «und der unserer Nachbarn gegenüber zukünftigem Druck aus Russland, Einschüchterung und Manipulation. Dies schließt die Energieversorgungssicherheit, Cybersicherheit, Sicherheit der zivilen Luftfahrt, eine Reaktion auf Russlands Finanzierung radikaler Parteien in Europa und die Bekämpfung russischer Propaganda mit ein»; eine selektive Zusammenarbeit mit Russland in denjenigen Bereichen der Außenpolitik, die für die EU von entscheidender Bedeutung sind; die Pflege zwischenmenschlicher Kontakte und die Unterstützung der russischen Zivilgesellschaft. Daraufhin hat Moskau die EU beschuldigt, «die Zukunft der Beziehungen zwischen der EU und Russland zur Geisel der ukrainischen Machthaber zu machen».

Die Ukrainekrise entfaltete sich in einer Zeit, in der die EU selbst unter zunehmenden Druck geriet, sowohl als Ergebnis der drohenden Zahlungsunfähigkeit Griechenlands als auch wegen der Migrationswellen aus Syrien, anderen Ländern des Nahen Ostens, Afghanistan und Afrika, die Widerstand in den europäischen Gesellschaften provoziert und zum Aufstieg populistischer EU-feindlicher Parteien geführt haben. Allein Deutschland hat seit der Intensivierung des syrischen Bürgerkriegs im Jahr 2015 über eine Million Migranten aufgenommen. Russland hat die Flüchtlingskrise noch verschärft, als es im September 2015 mit seinen Bombenangriffen in Syrien begann. Zu Spannungen wegen der Flüchtlingsfrage ist es vor allem zwischen Ländern wie Deutschland, das eine großzügige Flüchtlingspolitik verfolgt hat, und Polen, Ungarn sowie anderen ehemaligen kommunistischen Ländern gekommen, die darauf bestehen, nur christliche Migranten aufzunehmen, und behaupten, ihre Gesellschaften seien für die Aufnahme nichtchristlicher Migranten nicht gerüstet. Auch innerhalb der meisten Länder sind Spannungen aufgeflammt, vor allem in Deutschland, wo die migrationsfeindliche AfD bei den Wahlen im September 2017 auf 13 Prozent kam und damit zur größten Oppositionspartei im Bundestag wurde. Russland hat versucht, aus diesen Spannungen innerhalb der EU Nutzen zu ziehen, und Gruppen und Länder unterstützt, die eine Aufnahme von Migranten ablehnen. Außerdem hat die Entscheidung für den Brexit im Jahr 2016 die EU weiter geschwächt.

Trotz all dieser Spannungen ist die EU sich weiterhin über die Verhängung von Sanktionen gegen Russland einig. 2014 war die EU Russlands größter Handelspartner, 48 Prozent des Außenhandels wickelte Russland mit ihr ab. Die EU-Exporte bestehen hauptsächlich aus Maschinen, Elektronik und Lebensmitteln. Russland hingegen ist für acht Prozent des EU-Außenhandels verantwortlich, und bei 82 Prozent seiner Exporte handelt es sich um fossile Brennstoffe. Innerhalb der EU war Deutschland größter Handelspartner Russlands, gefolgt von den Niederlanden. Die EU ist zudem der bei weitem größte Investor in Russland.[16] Nach Russlands Annexion der Krim leitete die EU eine Reihe diplomatischer Maßnahmen ein: den Rauswurf Russlands aus der G8 (wodurch die Gruppe wieder zur G7 wurde), das Aussetzen der Verhandlungen über die Mitgliedschaft in der Organisation für wirtschaftliche Zusammenarbeit und Entwicklung und der Internationalen Energieagentur sowie die Absage der regelmäßigen Gipfeltreffen. Sie erteilte Visaverbote und fror Vermögen ein, Schritte, von denen insgesamt 151 Menschen betroffen waren, und untersagte die meisten Importe von der Krim sowie Investitionen dort.

Nach dem Abschuss von MH17 schloss sich die EU den Finanzsanktionen der USA gegen Russland an und verbot die Vergabe von Krediten an fünf große russische Staatsbanken sowie den Export von Dual-Use-Technologie. Sie schloss sich auch dem Exportverbot der USA für Spezialtechnik an, die zur Erdölgewinnung in der Arktis verwendet wird. Als Gegenreaktion verhängten die Russen ein Importverbot für einige Agrarprodukte. Davon waren 43 Prozent der EU-Exporte nach Russland und 4,2 Prozent der weltweiten EU-Agrarexporte betroffen. Die Prozentzahlen wirken insgesamt wenig beeindruckend, aber die Auswirkungen auf einzelne Sektoren und Länder waren unverhältnismäßig groß. Während die Finanzsanktionen der EU einen beträchtlichen Einfluss auf die russische Wirtschaft gehabt haben, haben die Gegensanktionen die russische Agrarproduktion stimuliert, bedeuten jedoch negative Auswirkungen auf Polen und die baltischen Staaten.[17] China hat die EU nun als Russlands größten Handelspartner verdrängt.

Im Laufe der Zeit ließ die Einigkeit der EU in puncto Sanktionen nach. Die Mitgliedstaaten sahen sich unterschiedlich großen wirtschaftlichen Herausforderungen gegenüber, und in vielen EU-Ländern forderte die Wirtschaft die Regierung auf, die Nützlichkeit von Sanktionen zu überdenken. Letzten Endes hatte sich Russland auf der Krim festgesetzt und fuhr fort, die Separatisten im Donbass zu unterstützen. Trotz der durch die Sanktionen verursachten wirtschaftlichen Schwierigkeiten hat der Kreml seine Politik in der

Ukraine nicht modifiziert und den Westen für die wirtschaftliche Not der russischen Bevölkerung verantwortlich gemacht. Gleichzeitig hat er an den Patriotismus der Bevölkerung appelliert und sie dazu aufgerufen, sich dem Druck von außen zu widersetzen und sich von den Sanktionen nicht unterkriegen zu lassen. Putin hoffte zweifellos, dass die Unterstützung des Westens für Sanktionen nachlassen, die EU wieder Handel mit Russland treiben und den Vereinigten Staaten – für die die Wirtschaftsbeziehungen mit Russland von wesentlich geringerer Bedeutung sind – die Schuld für die wirtschaftlichen Nachteile Europas geben würde. Kritik einer Reihe von EU-Mitgliedern hat in der Tat Zweifel daran aufkommen lassen, wie lange das Sanktionsregime Bestand haben werde, doch bis jetzt hat es Bestand, zum Teil wegen Trägheit, aber auch wegen der fortdauernden Unterstützung der Hauptakteure der EU, Deutschland und Frankreich.

## DER KREML UND DIE EUROSKEPTIKER

Da Moskau über die Einigkeit der EU in puncto Sanktionen in zunehmendem Maße verärgert ist, überrascht es nicht, dass es jede Bewegung unterstützt, die diese Einigkeit schwächen könnte. Zudem hat Putin die EU zur potenziellen Gefahr für Russlands Einflussmöglichkeit auf die gemeinsame Nachbarschaft erklärt. Die wachsende Zahl rechter und linker europäischer Gruppen, die die Europäische Union ablehnen und sich wünschen, dass ihre Länder sie verlassen, hat im Kreml im Allgemeinen Beifall gefunden.

Die Kritik an der EU ist umfassend. Da sind die Wut über das, was die Menschen als unfaire Subventionierung ärmerer Länder durch reiche Länder sehen, und die Opposition gegen die «gesichtslosen Brüsseler Bürokraten», die ihnen weitreichende Vorschriften auferlegen und sie zum Beispiel zwingen, Migranten aus dem Nahen Osten und Afrika aufzunehmen. Diese Gruppen eint der Zorn, die nationale Souveränität und Selbstbestimmung an eine supranationale Bürokratie verloren zu haben – und ein kaum verhüllter Rassismus. Sie haben manche Gemeinsamkeiten mit jenen Amerikanern, die sich der Identitätspolitik verschrieben und Donald Trump gewählt haben, weil sie sich nach einer Vergangenheit sehnen, in der ihr Land angeblich unabhängiger und ethnisch homogener war. Der Schrei «Wir holen uns unser Land zurück!» findet bei all diesen Gruppen Widerhall.

Da Souveränität ein Schlüsselelement von Putins Ideologie darstellt, besteht eine natürliche Affinität zwischen dem Kreml und diesen Gruppen. Im Juni 2015 gründeten sie ihre eigene Fraktion im Europäischen Parlament: Europa der Nationen und der Freiheit (ENF). Die Ironie, dass sich europaskeptische Parteien in der symbolhaftesten Institution der EU – dem Europäischen Parlament in Straßburg – zusammenschlossen, entging Moskau offensichtlich nicht. Die wichtigsten Parteien in dieser Fraktion sind der Front National unter Führung von Marine Le Pen, Geert Wilders' niederländische Partij voor de Vrijheit und die britische UK Independence Party (UKIP). Sie machen etwa fünf Prozent der Mitglieder des Europäischen Parlaments aus, doch aufgrund der Zuteilung der Stimmrechte können 20 Prozent der Europaabgeordneten zugunsten kremlfreundlicher Positionen stimmen. Diese Gruppe hat – manchmal unterstützt von linksextremen prorussischen Parteien – gegen Russland-Sanktionen und gegen Hilfe für die Ukraine gestimmt.[18]

Russlands Unterstützung rechtspopulistischer europäischer Parteien lässt sich nur schwer vollständig dokumentieren, doch bekannt ist, dass der französische Front National Kredite von russischen Banken erhalten hat. 2014 bestätigte er, einen Kredit in Höhe von 10 Millionen Dollar von Russland bekommen zu haben.[19] Im Februar 2016 bat seine Vorsitzende Marine Le Pen Russland um einen Kredit in Höhe von 28 Millionen Euro.[20] Es kursieren Gerüchte über die russische Unterstützung anderer Gruppen, einschließlich der UKIP, die die erfolgreiche Bewegung zum Austritt

Großbritanniens aus der EU anführte. Ein prominenter Brexit-Unterstützer traf sich mehrmals mit dem Botschafter Russlands in Großbritannien.[21] Putin leugnete wiederholt, dass er für den Brexit sei, doch russische Kommentare nach dem Referendum ließen auf das Gegenteil schließen.[22] Kurz nach ihrer Wahl zur neuen UKIP-Vorsitzenden sagte Diane James, Wladimir Putin sei ein großer Führer, «auf einer Stufe mit Winston Churchill und Margaret Thatcher».[23] Das klingt nach gegenseitiger Beweihräucherung.

Neben der Unterstützung euroskeptischer Bewegungen hat Russland Konferenzen für nationalistische Gruppen und eine kunterbunte Ansammlung von Separatisten organisiert. 2015 richtete es das erste International Russian Conservative Forum in Sankt Petersburg aus, das von Vertretern nationalistischer rechtsextremer, neonazistischer und antisemitischer Gruppen besucht wurde, die sich vom europäischen Mainstream marginalisiert fühlen. Für sie ist der «faschistische» Feind die Ukraine.[24] Später im Jahr half die russische Regierung, eine Konferenz in Moskau zu finanzieren, die Separatisten aus der Ostukraine, Europa und sogar den Vereinigten Staaten zusammenbrachte.[25] Der «Dialog der Nationen: das Recht auf Selbstbestimmung und den Aufbau einer multipolaren Welt» umfasste Repräsentanten einer Reihe von Randgruppen, die Europa und die USA wegen der Ukraine- und der Flüchtlingskrise anprangerten, jedoch kein Wort über Russlands Rolle bei diesen Ereignissen verloren.[26] Ironischerweise unterstützt der Kreml diese Gruppen, obwohl Russland zwei blutige Kriege gegen Tschetschenien führte und eine Separatistenbewegung auf seinem eigenen Territorium zerschlug.

## DIE VERÄNDERTE HALTUNG DES «NEUEN» EUROPA GEGENÜBER RUSSLAND

Zu den bemerkenswerteren Überraschungen der vergangenen Jahre – zumindest für den Westen – gehört die stark zunehmende positive Haltung einiger Länder Mitteleuropas gegenüber dem Kreml, konnten die ehemaligen Mitglieder des Warschauer Pakts es nach der Wiedervereinigung Deutschlands und dem Ende des Kommunismus doch kaum abwarten, sich dem Westen anzuschließen. Sie waren nach vierzig Jahren sowjetischer Herrschaft zutiefst misstrauisch gegenüber den Absichten Russlands, selbst nach dem Zerfall der Sowjetunion, und beeilten sich, den Westen zu umarmen, um eine erneute Umarmung durch Moskau zu verhindern. Ihr erster Tagesordnungspunkt war die Aufnahme der Beziehungen zur NATO. Polen, die Tschechische Republik und Ungarn schlossen sich der Organisation 1999 an, Bulgarien, Rumänien, die Slowakei und die baltischen Staaten 2004. Die meisten Länder wurden 2004 auch Mitglied der EU, Bulgarien und Rumänien 2007.

Obwohl die politischen Beziehungen dadurch angespannt waren, wuchsen die Wirtschaftsbeziehungen zwischen Mitteleuropa und Russland, vor allem im Energiebereich. Nach dem EU-Beitritt dieser Länder wurden zwischen ihnen und Russland erneut bilaterale zwischenstaatliche Ausschüsse zur wirtschaftlichen Zusammenarbeit gegründet, und der Handel wuchs um den Faktor vier. Energielieferungen dominierten weiterhin die russischen Exporte nach Osteuropa, und diese Länder entwickelten ein Handelsdefizit mit Russland. Diese «Ökonomisierung» der Beziehungen führte zu einer langsamen Verbesserung der Verbindungen vor der Annexion der Krim.[27]

Natürlich hatten informelle Beziehungen zwischen Russland und Ostmitteleuropa nach dem Zerfall des Kommunismus durch Netzwerke, die die UdSSR überdauerten, weiterbestanden. Die Beziehungen zwischen Unternehmen wurden fortgesetzt, ebenso die zwischen ehemaligen Mitgliedern der Geheimdienste.[28]

Schon vor der Annexion der Krim gab es Anzeichen dafür, dass einige Regierungen – vor allem die von Ungarns Victor Orbán – sich moskaufreundlicher zeigten, während sie im Inneren autoritärer wurden. Zum Entsetzen der Europäer schränkte Orbán die Pressefreiheit und die Unabhängigkeit der Justiz ein und kritisierte den «Imperialismus» der EU, als Brüssel ihn dafür tadelte. Václav Klaus, von 2003 bis 2013 Präsident der Tschechischen Republik, nannte die EU eine größere Bedrohung der Freiheit, als die Sowjetunion es gewesen sei, und lobte Wladimir Putin als starken Führer. 2015 warnte er, während er neben Putin saß, vor den Gefahren der «politischen Korrektheit» und des «Multikulturalismus», der die westlichen Freiheiten untergrabe, und wiederholte damit, was Putin selbst gesagt hatte.[29] Sein Nachfolger, Miloš Zeman, war der einzige westliche Staatschef, der 2015 auf dem Roten Platz an der Gedenkfeier zum Ende des Zweiten Weltkriegs teilnahm. Und nachdem die Skripals 2018 auf britischem Boden vergiftet worden waren, war Zeman der einzige EU-Staatschef, der Zweifel an Russlands Verantwortlichkeit äußerte. Doch es gibt noch eine andere illiberale Demokratie: Polen. Seit die von Jaroslaw Kaczyński geführte PiS-(Recht-und-Gerechtigkeit-)Regierung an die Macht gekommen ist, ist Polen ausgesprochen russlandfeindlich und hat den Kreml beschuldigt, an dem Flugzeugabsturz über Smolensk im Jahr 2010 schuld zu sein, bei dem der damalige polnische Präsident Lech Kaczyński, Jaroslaws Zwillingsbruder, ums Leben kam. Das harte Durchgreifen der PiS im Inneren – einschließlich der Beschränkung der richterlichen Unabhängigkeit, des Bestrebens, der Presse einen Maulkorb zu verpassen, und der Kriminalisierung einer Geschichtsinterpretation, die eine polnische Mitschuld am Holocaust nahelegt – ist von EU-Kollegen kritisiert worden.

Warum haben mitteleuropäische Länder ihre Haltung gegenüber Russland scheinbar geändert und sich um eine Aufhebung der westlichen Sanktionen bemüht? Ihr Verhalten lässt sich weniger durch ihre verblassenden Erinnerungen an die kommunistische Ära erklären als durch ihre Erfahrungen seit 1990 und ihr neu entdecktes Gefühl nationaler Identität.[30] Sie sind wirtschaftlich viel enger mit Russland verbunden als andere EU-Mitglieder und haben deswegen einen viel höheren Preis für die Sanktionen bezahlt als Westeuropa. Sie glauben auch, dass die EU sie nicht als völlig gleichberechtigte Partner akzeptiert hat, und ärgern sich darüber, dass sie ihre Souveränität an Brüssel verloren haben. So ist zum Beispiel Bulgariens postkommunistische Erfahrung schwieriger gewesen als die anderer Länder, und es empfindet die türkische Hegemonie und den religiösen Fundamentalismus in den Reihen seiner türkischen Bevölkerung (der größten Minderheitengruppe in Bulgarien) als größere Bedrohung denn eine potenzielle russische Aggression. Die Bulgaren teilen auch weitgehend den Groll Russlands gegen den Westen und haben das Gefühl, in der EU als Bürger zweiter Klasse behandelt zu werden. Zudem fragen sich die neueren NATO-Mitglieder angesichts der Ereignisse in der Ukraine, wie stark der Westen sich dafür einsetzen würde, sie vor russischer Aggression zu schützen.

In letzter Zeit verfolgt Russland eine aktivere und destabilisierendere Politik auf dem Westbalkan in der Hoffnung, einer Integration dieser Länder in euroatlantische Strukturen entgegenzuwirken.[31] 2016 gab es Beweise dafür, dass eine Gruppe lokaler Nationalisten und Russen, die mit dem russischen Militärnachrichtendienst GRU in Verbindung stehen, in Montenegro, das an der Schwelle zur Mitgliedschaft in der NATO stand, am Tag vor der Parlamentswahl einen Putschversuch unternahm, wobei sie sogar vorhatte, den Premierminister umzubringen.[32] Der Putschversuch schlug aber fehl, und Montenegro trat der NATO bei. Die russisch-serbischen Beziehungen sind enger geworden, und die serbische Führung ist der Ansicht, sie sollte nicht zwischen der EU und Russland wählen müssen. Und während die Föderation Bosnien und Herzegowina um ihren Zusammenhalt kämpft, unterstützt Russland die Republika Srpska – eine ihrer beiden Teilrepubliken – bei ihrem Versuch, die Föderation zu verlassen.[33] Die

EU und die USA haben dem Westbalkan im letzten Jahrzehnt viel weniger Beachtung geschenkt, und Russland hat dieses Vakuum gefüllt, während es sich auf seine historischen, kulturellen und religiösen Beziehungen zu dieser Region berief. Für Südosteuropa sind engere Beziehungen zu Russland ein nützliches Mittel, um ein Gegengewicht zu den Beziehungen mit der Europäischen Union und den Vereinigten Staaten zu bilden. Außerdem haben diese Beziehungen den Vorteil, russisches Geld, Öl und Gas mit sich zu bringen.

Dieses komplizierte Mosaik zeigt, dass Rumsfelds berühmte Unterscheidung zwischen dem guten «neuen» Europa und dem schlechten «alten» Europa nicht länger zutrifft, falls sie je zutreffend war. Moskau kann auf ein geteiltes Europa setzen, dem es zunehmend schwerfällt, sich über den Umgang mit Russland zu einigen, wobei Deutschland nun einen viel härteren Kurs verfolgt als Ungarn oder die Slowakei. Dies stärkt den Glauben des Kremls an die Wichtigkeit bilateraler Beziehungen mit europäischen Schlüsselstaaten, um sich Spannungen innerhalb der EU zunutze machen zu können.

## WICHTIGE BILATERALE BEZIEHUNGEN

### Frankreich

Obwohl Deutschland in der postsowjetischen Ära Russlands wichtigster europäischer Partner geworden ist, spielen für Moskau auch die französisch-russischen Beziehungen eine wichtige Rolle. Im Unterschied zu der schwierigen deutsch-russischen Geschichte der Kooperation und Feindschaft sind Frankreichs Beziehungen mit Russland seit dem französisch-russischen Bündnis von 1892 kooperativer gewesen, mit Ausnahme der frühen bolschewistischen Phase. Und die gegenseitige kulturelle Anziehungskraft ist geblieben. Die französisch-russischen Beziehungen sind seit jeher von einer pragmatischen, instrumentellen und manchmal zynischen Qualität. Schließlich ist Frankreich zum letzten Mal 1812 in Russland einmarschiert, und seit Napoleons Niederlage standen Frankreich und Russland mit Ausnahme des Krimkriegs von 1853 bis 1856 in den meisten europäischen Kriegen auf derselben Seite. Moskaus heutiges Werben um Frankreich geht zurück auf die Tage von General Charles de Gaulle, dem ein Europa «vom Atlantik bis zum Ural» vorschwebte, womit er signalisierte, dass er den westlichen Teil Russlands in der Tat als Teil Europas ansah. Er strebte nach verbesserten Beziehungen mit Moskau, während er auf Abstand zu den USA ging, zog sich aus der integrierten Militärstruktur der NATO zurück und bot dem Kreml «Détente, Entente und Kooperation» an. 1966 stattete er der Sowjetunion als erstes westliches Staatsoberhaupt einen offiziellen Besuch ab, der das Ende der Isolation der UdSSR durch den Westen bedeutete und ihr zu höherem internationalem Ansehen verhalf.[34] Die Beziehungen des Kremls zu de Gaulles Nachfolgern schwankten, doch Frankreichs fundamentales Bekenntnis zu gaullistischen Prinzipien – egal, welche Partei an der Macht war – sorgte für die Aufrechterhaltung enger Bindungen.

Unter Wladimir Putin hat Russland weiterhin seine Beziehungen zu Frankreich kultiviert, um Berlin gegen Paris und Paris gegen Washington auszuspielen. 2003 versuchten sowohl der französische Präsident Jacques Chirac als auch der deutsche Bundeskanzler Gerhard Schröder, Putin dazu zu gewinnen, sich ihrer «Koalition der Unwilligen» gegen George Bushs Einmarsch in den Irak anzuschließen. Chirac rollte buchstäblich den roten Teppich für Putin aus, als dieser kurz vor Kriegsbeginn in Paris eintraf, und empfing ihn am Flughafen. Dies war der Höhepunkt der französisch-russischen Kooperation, doch das Trio der Gegner war nicht bereit oder nicht fähig, seine antiamerikanische Haltung nach dem Ende des Krieges zu einer dauerhafteren Partnerschaft auszubauen, und mit der Kooperation war es bald vorbei.

Als Nicolas Sarkozy 2007 Präsident wurde, schwärmte er – im Gegensatz zu seinen Vorgängern – von den Vereinigten Staaten und war als *«Sarko, l'Americain»* (Sarko, der Amerikaner) bekannt. Doch im Lauf seiner Präsidentschaft entwickelte er eine Beziehung zu Wladimir Putin, von dem er zunehmend fasziniert war. Während des Georgienkriegs 2008 war es seine Aufgabe als neuer EU-Ratspräsident, ein Ende der Feindseligkeiten auszuhandeln. Als er in Moskau eintraf, war sein Gesprächspartner der neue russische Präsident Dmitri Medwedew, doch schon bald wurde deutlich, dass es nur einen Verhandlungsführer gab: den damaligen Ministerpräsidenten Putin. Sarkozys Verhandlungen sind kritisiert worden. So wurde unter anderem behauptet, das französische Team sei ohne eine geeignete Karte des Gebietes, über dessen Zukunft es verhandelte, in Moskau eingetroffen. Als Ergebnis der Gespräche wurde jedoch ein Waffenstillstand vereinbart und der Krieg beendet.[35]

Sarkozy besuchte Putin nach dem Ende seiner Amtszeit 2012 mehrmals und lobte ihn. In seinem Buch *La France pour la vie* schrieb er über Putin: «Ich gehöre nicht zu seinen Vertrauten, muss aber gestehen, dass ich seine Offenheit, seine Ruhe und seine Autorität schätze. Und er ist so russisch!», und fügte dann hinzu, dass er in Putin die gleiche «russische Seele» wie bei Tolstoi, Gogol und Dostojewski erkennen könne.[36] Der sozialistische Präsident François Hollande war bei seinem Amtsantritt fest entschlossen, die herzlichen Beziehungen mit dem Kreml, die sein Vorgänger geknüpft hatte, aufrechtzuerhalten. Sarkozy hatte ihm ein Geschäft im Wert von 1,3 Milliarden Euro hinterlassen: den Verkauf von zwei Mistral-Kriegsschiffen an Russland, den er als «Geste des Vertrauens» bezeichnet hatte.[37] Der Deal war damals umstritten. Die Schiffe können bis zu 16 Hubschrauber sowie vier Landungsboote, dreizehn Panzer und über vierhundert Soldaten aufnehmen.[38] Gegner im Westen machten geltend: Hätte Russland im Georgienkrieg diese Schiffe gehabt, hätte es sie im Schwarzen Meer stationieren und Georgien in wenigen Stunden eine vernichtende Niederlage beibringen können. Gegner in Russland – vor allem innerhalb des

Militärs – nahmen Anstoß daran, dass diese Schiffe in Frankreich gebaut wurden, und argumentierten, Russland müsse die Fähigkeit entwickeln, solche Rüstungsgüter selbst herzustellen.

Nach der Annexion der Krim und der Verhängung von EU-Sanktionen geriet Frankreich unter zunehmenden Druck, den Handel aufzukündigen. Hollande machte Ausflüchte, denn Gewerkschaften und Unternehmen drängten ihn, ein Projekt, das Beschäftigung und Gewinn versprach, nicht aufzugeben. Doch schließlich kündigte er den Vertrag. Von Moskau aufs heftigste kritisiert, bezahlte Frankreich den Russen die bereits geleisteten Vorauszahlungen zurück und verkaufte die beiden Schiffe an Ägypten. Im Verlauf des Syrienkriegs stand Hollande Moskau zunehmend kritisch gegenüber. Putin sollte Paris im Oktober 2016 anlässlich der Eröffnung eines russischen Kulturzentrums besuchen, doch Hollande weigerte sich, ihn zu treffen, und so wurde die Reise abgesagt.

Während des französischen Präsidentschaftswahlkampfs 2017 traf Putin sich mit Marine Le Pen, der Vorsitzenden des rechtsextremen Front National. In seinen offiziellen Äußerungen beharrte Putin darauf, dass er nicht versuche, den Ausgang der Wahl zu beeinflussen, und sowohl er als auch Le Pen betonten ihr gemeinsames Engagement im Kampf gegen den Terrorismus.[39] Während des Wahlkampfes wurde der junge, emporstrebende Außenseiter Emmanuel Macron zum Opfer einer immer aggressiveren Hetzkampagne. Seine Partei, En Marche, sagte, dass ihre Website das Ziel von Tausenden von Hackingversuchen gewesen sei und dass vom Kreml kontrollierte Medien verleumderische Informationen über Macrons Privatleben verbreitet hätten. Doch kurz nach seinem überraschenden Sieg im Mai 2017 lud Macron Putin zum 300-jährigen Jubiläum des Frankreichbesuchs von Peter dem Großen nach Paris ein. Putin nahm die Einladung an. Macron behandelte Putin mit Respekt, als sie eine Ausstellung über Zar Peter in Versailles besuchten und eine russisch-orthodoxe Kathedrale einweihten.[40] Doch während ihrer gemeinsamen Pressekonferenz nahm Macron kein Blatt vor den Mund. Er hatte schon die vom Kreml finanzierten Nachrichtenportale RT und Sputnik beschuldigt, «Lügenpropaganda» zu betreiben, und er sprach Russlands Wahleinmischung an, während er neben Putin stand. Sein Gespräch mit ihm beschrieb er als «äußerst offene, direkte Unterhaltung». Natürlich leugnete Putin jegliche Kenntnis von Hackingversuchen oder Wahlbeeinflussung.

Macron hat seine zweigleisige Politik fortgesetzt. Er hat sich gegen die Einmischung Russlands gewehrt und sich 2018 nach den syrischen Chemiewaffenangriffen den Bombenangriffen der USA und Großbritanniens angeschlossen. Frankreich wies als Reaktion auf die Vergiftung von Sergej Skripal und seiner Tochter in Großbritannien Diplomaten aus. Aber Macron hat auch zum Dialog mit Moskau über Syrien und eine Reihe anderer Themen aufgerufen. Im Mai 2018 saß er beim Internationalen Wirtschaftsforum in Sankt Petersburg mit Putin auf der Bühne. Er lobte die russische Geschichte und Kultur, sprach Putin als «*cher* Wladimir» (lieber Wladimir) an, äußerte den Wunsch, die Beziehungen mit Russland zu verbessern, drängte Russland jedoch auch dazu, die Ukrainekrise zu beenden.[41] Er brachte eine Delegation von 170 Geschäftsleuten mit, und zwanzig neue Verträge wurden unterzeichnet.[42] Die Geschäftswelt und andere Gruppen in Frankreich befürworten bessere Beziehungen mit Russland und führen an, dass Frankreich und Russland ein gemeinsames Interesse hätten, nämlich den Kampf gegen den islamischen Terror. Dieses Interesse sollte – vor allem nach den Angriffen in Nizza und Paris – schwerer wiegen als der Wunsch, Russland für sein Vorgehen in der Ukraine mit Sanktionen zu bestrafen.

## Großbritannien

Zu keinem europäischen Land hat Russland so widersprüchliche Beziehungen wie zu Großbritannien. Historisch waren das Britische Weltreich und das Russische Kaiserreich Konkurrenten im «Great Game» des 19. Jahrhunderts, dem Kampf um die Herrschaft über Afghanistan, Zentralasien und Indien. Die Briten fürchteten, dass Russland es auf Indien, das Juwel in der Krone des Reiches, und die Handelsrouten abgesehen habe, die Indien mit Zentralasien und Afghanistan verband. Russland und England kämpften auch im Krimkrieg gegeneinander. Andererseits heirateten die britischen und russischen Königsfamilien untereinander, und der letzte russische Zar, Nikolaus II., hatte eine frappierende Ähnlichkeit mit seinem Cousin König Georg V. Stalin betrachtete Großbritannien nach dem Ende ihrer während des Zweiten Weltkriegs geschlossenen Allianz irrtümlicherweise als den weltweit wichtigsten Konkurrenten der UdSSR. Er brauchte einige Zeit, um den Niedergang des Britischen Empire nach Indiens Unabhängigkeit im Jahr 1947 gänzlich zu verstehen. Während des Kalten Krieges betrachtete Moskau allerdings London als Washingtons engsten Verbündeten und als einen seiner Hauptgegner – sowie als Topziel der Spionage.

Seit dem Zerfall der Sowjetunion sind wohlhabende Russen in Scharen nach London gekommen und haben dort praktisch ein «Londongrad» geschaffen. Sie haben ihre Vermögen in britischen Banken deponiert, Fußballclubs und sogar britische Zeitungen wie *The Independent* und den *Evening Standard* gekauft, die teuersten Immobilien erworben, die Erstplatzierung von Aktien an der Londoner Börse vorgenommen und einander vor britischen Gerichten verklagt.[43] Sie haben es sogar geschafft, ihren Söhnen begehrte Plätze im Eton College zu sichern, wo die britische Elite seit 1440 erzogen und auf die Wahrnehmung öffentlicher Ämter vorbereitet wird. Tatsächlich lud Wladimir Putin im September 2016 eine Gruppe von elf Eton-Schülern zu einer einstündigen Audienz in den Kreml ein. Nach dem Treffen äußerten sich die jungen Männer anerkennend über Putins «menschliches Gesicht».[44] Für wohlhabende Russen ist Großbritannien das bevorzugte europäische Ziel. Doch die Briten haben vor kurzem die Bankengesetze verschärft, um hart gegen Geldwäsche vorgehen zu können.[45]

Während sich mehr als 300 000 Russen – zu denen auch viele

aus der Mittelschicht gehören – in Großbritannien niedergelassen und in die britische Gesellschaft integriert haben, wurden die Beziehungen zwischen den beiden Regierungen während Putins Zeit im Kreml immer angespannter. Großbritannien hat mehreren prominenten Putin-Kritikern politisches Asyl gewährt, einschließlich des tschetschenischen Separatistenführers Achmed Sakajew, des Milliardärs Boris Beresowski, der dabei half, Putins Aufstieg zur Macht in die Wege zu leiten, sich aber letztlich mit ihm überwarf und von ihm vertrieben wurde, und des ehemaligen KGB-Agenten und späteren Überläufers Alexander Litwinenko, der Putin der Mittäterschaft bei einer Vielzahl krimineller Aktivitäten beschuldigte. Im November 2006 wurde Litwinenko krank. Wenige Wochen später starb er. Kurz vor seinem Tod stellten britische Ärzte fest, dass er mit radioaktivem Polonium vergiftet worden war, einer Substanz, die nur in Speziallaboren in Russland erhältlich ist. Doch Russland weigerte sich, die beiden Männer auszuliefern, die beschuldigt wurden, Litwinenko vergiftet zu haben. Nach langen Ermittlungen wurde im Januar 2016 der offizielle britische Untersuchungsbericht veröffentlicht. Es hieß, der Mord sei auf höchster Ebene angeordnet worden, möglicherweise der des Präsidenten selbst, weil hohe Beamte glaubten, Litwinenko habe sein Land verraten und arbeite für den britischen Geheimdienst.[46] Der Fall Litwinenko führte zu beträchtlichen Spannungen zwischen London und Moskau und beeinflusste die meisten anderen Aspekte der Beziehung.

Die Wirtschaftsbeziehungen zwischen Großbritannien und Russland sind durch die Ukrainekrise und Großbritanniens Einhaltung der EU-Sanktionen negativ beeinflusst worden. Doch selbst vor der Annexion der Krim waren sie eher bescheiden. 2013 machte der Handel mit Großbritannien vier Prozent von Russlands Exporten und drei Prozent seiner Importe aus. Russische Investitionen bildeten 0,53 Prozent der gesamten ausländischen Investitionen in Großbritannien und russische Firmen 1,4 Prozent aller an der Londoner Börse zugelassenen Unternehmen.[47] Der prominenteste britisch-russische Geschäftsabschluss war der Vertrag zwischen British Petroleum (BP) und dem russischen Ölunternehmen TNK zur Bildung eines Joint Venture, der 2003 von Lord John Browne, CEO von BP, und Michail Fridman von TNK in Anwesenheit von Wladimir Putin und Premierminister Tony Blair unterzeichnet wurde. Die beiden Unternehmen vereinbarten einen Anteil an dem neuen Unternehmen von je 50 Prozent. BP hatte einen Anteil von 51 Prozent gefordert, dem TNK jedoch nicht zustimmte. Damals hatte Putin gewarnt, dass «eine hälftige Aufteilung nicht funktioniert». Obwohl das Geschäft für BP profitabel war, erwies es sich in der Tat als sehr schwierig, das gemeinsame Unternehmen mit den russischen Partnern zu leiten, und es gab heftige Auseinandersetzungen über die Führung des Joint Venture und die genaue Bedeutung einer Fünfzig-fünfzig-Kontrolle.[48] Robert Dudley, der damalige Vorstandsvorsitzende von TNK-BP und spätere CEO von BP, verließ Russland schließlich unter Druck, und das ursprüngliche Arrangement platzte. BP und seine Partner entwarfen daraufhin ein neues Abkommen. 2013 kaufte Rosneft das Joint Venture, und BP erhielt eine Beteiligung von 19,5 Prozent an dem neuen Unternehmen.[49]

Angesichts der angespannten politischen Beziehung zwischen Moskau und London begrüßten russische Beamte im Juni 2016 das Votum der Briten, die Europäische Union zu verlassen. Es schwächte die EU und spaltete Großbritannien. Premierminister David Cameron beschuldigte Putin, das Nein zu unterstützen: «Lohnt es sich, die Frage zu stellen: Wer wäre glücklich, wenn wir die EU verlassen? Putin wäre vielleicht glücklich. Ich vermute, [IS-Führer] al-Baghdadi wäre glücklich.» Worauf Putin erwiderte: «Dies ist nichts weiter als die Demonstration eines niedrigen Niveaus politischer Kultur.»[50] Der Brexit wurde in Russland aus mehreren Gründen positiv gesehen. Die Tatsache, dass Großbritannien die EU verlassen wollte, konnte langfristig dazu führen, dass andere Länder ihrem Beispiel folgten. Außerdem bestand die Hoffnung, dass ein durch seinen EU-Austritt geschwächtes Großbritannien offener dafür sein würde, seine wirtschaftlichen und politischen Beziehungen mit Russland zu verbessern. Andererseits musste man sich auch eingestehen, dass die russische Wirtschaft unter den negativen wirtschaftlichen Auswirkungen des Brexits auf Europa und die gesamte Welt leiden könnte. Theresa May, Premierminister Camerons Nachfolgerin, und ihr Außenminister Boris Johnson hatten sich ursprünglich für eine Verbesserung der Beziehungen mit Putins Russland engagiert.

Doch dann gab es die Vergiftungsfälle im südenglischen Salisbury, einer mittelalterlichen Stadt mit hochberühmter Kathedrale. Sergej Skripal, ein ehemaliger GRU-Doppelagent, der für die Briten spioniert hatte, wurde 2004 in Russland festgenommen und 2010 dann Teil eines Agentenaustauschs, der zehn Schläfer in den Vereinigten Staaten mit einschloss. Bei einem solchen Austausch kommen die beteiligten Länder normalerweise überein, die ehemaligen Agenten in Ruhe zu lassen. Doch wenige Tage vor der russischen Präsidentschaftswahl 2018 wurden Skripal und seine Tochter – die aus Moskau zu Besuch war – in sich zusammengesackt auf einer Parkbank gefunden. Später stellte sich heraus, dass die beiden mit dem von der Sowjetunion entwickelten militärischen Nervengift Nowitschok vergiftet worden waren. Die Skripals überlebten, ebenso der Polizist, der sie entdeckte und ebenfalls vergiftet worden war. Die britische Regierung beschuldigte den russischen Staat, die Skripals vergiftet zu haben. «Es ist klar, dass Russland in vielerlei Hinsicht eine bösartige und zerstörerische Kraft ist», sagte Außenminister Boris Johnson, fügte dann hinzu, dass Russland Cyberangriffe gegen die britische Infrastruktur durchführe, und kam zu dem Schluss: «Ich denke mehr und mehr, dass wir [diese] als Kriegshandlungen einstufen müssen.»[51] Großbritannien wies 23 russische Diplomaten aus, und die USA zogen nach, ebenso die meisten EU-Länder. Welche Botschaft zukünftigen Doppelagenten mit diesem Giftanschlag auch gesendet werden sollte, sie ließ die Kosten außer Acht, die Russland durch neue Sanktionen entstanden.

Russland leugnete vehement, dass es irgendetwas mit den Vergiftungen zu tun habe. Staatliche Medien warteten in rasender Geschwindigkeit mit immer phantasievolleren alternativen Erklärungen auf. Doch sie betonten alle eins: Großbritannien und seine Verbündeten – vor allem die USA – hätten die Skripals vergiftet, um Russland in ein schlechtes Licht zu rücken, die Präsidentschaftswahl zu stören und die Menschen davon abzuhalten, die Fußball-Weltmeisterschaft in Russland zu besuchen.[52] Die Organisation für das Verbot von Chemiewaffen schickte Inspektoren, die das Nervengift analysierten und bestätigten, dass es Nowitschok sei, jedoch nicht genau feststellen konnten, aus welchem Labor es komme. Die russischen Medien stellten die Prämisse in Frage, dass das Nervengift aus Russland stamme. Skeptische westliche Journalisten taten es ihnen nach. Dann gab es die Frage der Motivation und des Timings, über die in hohem Maße spekuliert wurde. Diejenigen, die der Meinung waren, Russland habe bei den Giftanschlägen eine Hand im Spiel gehabt, waren sich einig, dass Moskau damit dieselbe Botschaft aussandte, wie es das mit der Vergiftung von Litwinenko getan hatte: Verräter sind nie sicher, wo immer sie sich befinden. Und aus Sicht des Kremls gab es noch viele weitere Verräter im Westen.

Doch dies war nicht die letzte Nowitschok-Vergiftung. Nach der Hälfte der Fußball-Weltmeisterschaft brachen zwei britische Staatsangehörige aus dem acht Meilen von Salisbury entfernten Amesbury zusammen, die mit einer konzentrierteren Dosis Nowitschok vergiftet worden waren. Einer von ihnen starb. Der britische Verteidigungsminister ließ keinen Zweifel daran, wer für diesen Anschlag verantwortlich sei. «Die Realität ist», so der Minister, «dass Russland einen Anschlag auf britischem Boden verübt und dieser zum Tod einer britischen Staatsbürgerin geführt hat.»[53] Offensichtlich hatte derjenige, der die Skripals vergiftet hatte, das Giftfläschchen nicht ordentlich entsorgt und das Opfer geglaubt, im Besitz einer Parfümflasche zu sein, die aus einer Mülltonne stammte.[54] Großbritannien identifizierte später die beiden GRU-Agenten, die unter falschem Namen nach England gekommen waren und die Giftanschläge verübt hatten, und veröffentlichte detailliertes Filmmaterial von ihren Bewegungen.[55] Natürlich behauptete Putin, die Männer seien «Zivilisten». Diese sagten anschließend in einem RT-Interview, sie hätten einfach nur die Kathedrale in Salisbury besuchen wollen.[56]

Die russisch-britischen Beziehungen werden sich wahrscheinlich nicht so schnell von dem Giftanschlag auf die Skripals erholen, da Großbritannien seine Beziehung mit Putins Russland neu bewertet.

## Europa à la carte

Deutschland, Frankreich und Großbritannien sind Russlands wichtigste europäische Gesprächspartner, doch Putin hat mit einer Vielzahl europäischer Regierungschefs Beziehungen kultiviert, seit er an die Macht gekommen ist. Einer seiner Lieblingsgesprächspartner unter den europäischen Staatsoberhäuptern war wohl Silvio Berlusconi, mit dem er eine enge Freundschaft pflegte. Als Berlusconi nach einer Reihe von Finanz- und Sexskandalen zum Rücktritt gezwungen war, bedauerte Putin dies öffentlich und äußerte sich lobend über seinen Freund.[57] Er entwickelte auch gute Beziehungen zum ehemaligen italienischen Ministerpräsidenten Matteo Renzi, dem einzigen europäischen Regierungschef, der 2016 beim Internationalen Wirtschaftsforum in Sankt Petersburg mit Putin gemeinsam auf einem Podium saß und sagte: «Es ist wichtig, dass Europa und Russland wieder wunderbare Nachbarn werden.»[58] Renzi forderte auch eine Aufhebung der Sanktionen. Dies tat auch sein populistischer Nachfolger Giuseppe Conte, der Putin gelobt und nach engeren Beziehungen gerufen hat. Ähnliche Gedanken äußerte der griechische Ministerpräsident Alexis Tsipras. Putin hat Griechenland seit dessen schwierigen Beziehungen mit Brüssel und Berlin wegen des Rettungsprogramms umworben und dabei das gemeinsame orthodoxe Erbe der beiden Länder betont. Nimmt man noch die in letzter Zeit verbesserten Beziehungen mit Ungarn, der Slowakei und anderen mitteleuropäischen Ländern hinzu, so scheinen die Aussichten für den Kreml ziemlich vielversprechend zu sein. In einem Europa, das tief gespalten in der Flüchtlingsfrage, hinsichtlich wirtschaftlicher Probleme sowie dem Gespenst des Terrorismus ist, besteht durchaus die Möglichkeit, dass Russlands Einfluss zunimmt. Doch Russlands Vermögen, von der sich wandelnden europäischen Landschaft zu profitieren, ist durch seine eigenen wirtschaftlichen Schwierigkeiten begrenzt. Bis 2008 hatte Russland als Energie-Supermacht gegenüber der EU ein starkes Druckmittel in der Hand. Wie sieht es heute aus?

## DIE ENERGIEKARTE

Als Wladimir Putin 2006 gefragt wurde, ob Russland eine Energie-Supermacht sei, antwortete er: «Ich habe Russland nie als Energie-Supermacht bezeichnet. Aber wir haben größere Möglichkeiten als fast jedes andere Land der Welt. Das ist offenkundig. Jeder sollte verstehen, dass dies in erster Linie unsere nationalen Ressourcen sind, und sie nicht als seine eigenen betrachten.»[59]

In den ersten acht Jahren der Herrschaft Putins, in denen der Ölpreis von 12 Dollar pro Barrel auf 147 Dollar stieg, verhielt Russland sich tatsächlich wie eine Energie-Supermacht in Europa und nutzte seine Gas- und (in geringerem Maße) Öllieferungen, um seine Staatskasse zu füllen und zugleich seinen Einfluss in Europa zu festigen. Russland ist für die EU der wichtigste externe Energielieferant, und das hat starke gegenseitige Abhängigkeiten zwischen Russland und Europa geschaffen. Von dem Gas, das Europa importiert, stammen 37 Prozent aus Russland, doch einige Länder erhalten fast ihr gesamtes Gas aus Russland; Finnland, die Slowakei, Bulgarien, Estland und Lettland sogar 100 Prozent. Litauen hat seinen eigenen Flüssigerdgas-(LNG-)Terminal gebaut, um seine Abhängigkeit von Russland zu verringern, und importiert jetzt nur noch die Hälfte seines Gases von dort. Deutschland importiert 40 Prozent seines Gases aus Russland, Italien 20 Prozent und Frankreich 18 Prozent. Ironischerweise waren russische Gasexporte nach Europa ein Schlüsselelement, das während des Kalten Krieges die Détente mit Westeuropa förderte. Die Sowjetunion war während des Kalten Krieges für Westeuropa ein verlässlicher Energielieferant. Die auftretenden Lieferschwankungen wurden Klimabedingungen zugeschrieben. Manchmal manipulierte Moskau Öl- und Gaslieferungen, um seine osteuropäischen «Bruder»länder unter Druck zu setzen, hielt sich jedoch gewissenhaft an seine Vereinbarungen mit Westeuropa.

1970 unterzeichneten die UdSSR und die Bundesrepublik Deutschland ihren ersten Erdgasvertrag, der die Entspannung zwischen Ost und West und die Ostpolitik von Kanzler Willy Brandt förderte.[60] Gasexporte in andere westeuropäische Länder folgten schnell. Die Vereinigten Staaten waren ursprünglich beunruhigt, ihre Verbündeten könnten von sowjetischem Gas abhängig werden, und Moskau könnte dann die Gaslieferungen für politische Zwecke nutzen, und warnten vor den Vertragsabschlüssen. Tatsächlich versuchte die Regierung Reagan 1982 erfolglos, den Bau der Jamal-Pipeline zu stoppen, indem sie gegen Verbündete, die Pipelinebauteile in die UdSSR lieferten, Sanktionen verhängte. Die britische Premierministerin Margaret Thatcher, eigentlich eine große Anhängerin Ronald Reagans, erzürnte dieser Schritt derart, dass sie persönlich zu den Werften in Schottland reiste, von denen aus die Firma John Brown and Company Pipelinebauteile exportierte. Eine Einhaltung der Sanktionen hätte viele britische Jobs gekostet.[61]

Nach dem Zerfall der Sowjetunion und angesichts von Zweifeln an der Verlässlichkeit von Energielieferungen aus dem Nahen Osten und der Stabilität dieser Region schien Russland eine vielversprechende Alternative zu sein. Es hat die weltweit größten Öl- und Gasreserven und wollte unbedingt durch vermehrte Verkäufe nach Europa seine Einnahmen steigern. Doch um 2006 wuchsen die Zweifel an der Verlässlichkeit der russischen Gasexporte. Zu diesem Zeitpunkt erfolgten 80 Prozent der Exporte nach Europa über die Ukraine, und die Ukraine bezahlte stark subventionierte Preise für Gas. Doch ein Jahr zuvor hatten Russland und die Ukraine sich nicht auf den Preis für Gas einigen können – die Ukraine wollte einen größeren Nachlass, und die Verhandlungen zogen sich monatelang hin. Schließlich verkündete der russische Gaskoloss Gazprom an einem bitterkalten Silvesterabend, dass er seine Lieferungen an die Ukraine stoppen werde. Obwohl er die Ukraine warnte, kein Gas abzuzapfen, das nach Europa gehen sollte, tat sie genau das. Als Ergebnis fehlten Österreich, Deutschland und der Slowakei 35 Prozent ihrer Gaslieferungen, und auch andere Länder waren betroffen. Die EU-Energiekommission reagierte mit dem Aufruf zu «einer klaren und einhelligeren Politik hinsichtlich der Sicherheit unserer Energieversorgung». Die Österreicher forderten explizit dazu auf, die Abhängigkeit von Russland zu verringern. Worauf der CEO von Gazprom antwortete: «Überwindet eure Angst vor Russland, sonst habt ihr kein Gas mehr.»[62] Gazprom hat sehr enge Beziehungen zum Kreml, obwohl es kein staatseigenes Unternehmen ist. Die Frage im Jahr 2006 war, wer denn tatsächlich den Gashahn zudrehte: Gazprom oder der Kreml? Putin hatte nämlich reichlich Gründe, die Ukraine nach der Orangen Revolution, durch die der bevorzugte Präsidentschaftskandidat des Kremls, Wiktor Janukowitsch, gestürzt worden war, zu bestrafen. Es handelte sich wahrscheinlich um eine Mischung aus kommerziellen und politischen Gründen, doch fortan waren die Europäer auf der Hut gegenüber zukünftigen Bedrohungen ihrer Energiesicherheit durch Russland.

Als Ergebnis ihrer Bedenken hat die EU Schritte unternommen, um ihre Energiesicherheit zu verbessern und die Energiebeziehungen der einzelnen Mitglieder mit Russland zu koordinieren. Doch auch externe Faktoren haben dazu beigetragen, Europas Energieabhängigkeit von Russland zu verringern. Die Finanzkrise von 2008 ließ Europas Gasnachfrage zurückgehen. Gleichzeitig ermöglichte der Erfolg der USA, Schieferöl und -gas zu entwickeln, Flüssiggas-Exporte nach Europa. Auch aus anderen Ländern wie Katar konnte Flüssigerdgas bezogen werden. Europa konzentrierte sich auch darauf, seine eigenen Alternativen zu russischem Gas zu entwickeln. Dann kam es zur Annexion der Krim, dem Ausbruch des Kriegs im Donbass und der Verhängung von Sanktionen durch den Westen. Angesichts der Konflikte und Sanktionen wuchs in jenem Jahr in Brüssel die Besorgnis, wie die Sanktionen die Versorgungssicherheit beeinträchtigen würden. Die EU veröffentlichte im Mai 2014 ihre europäische Energiesicherheitsstrategie, die angelegt war, die Zahl der Lieferanten zu erhöhen und den Energiebedarf zu senken. Russland reagierte mit dem Versuch, seine eigenen Energiemärkte auszuweiten, vor allem seine Exporte nach China.[63]

Trotz der EU-Bedenken: Tatsache ist, dass Europa auch in absehbarer Zeit ein wichtiger Abnehmer von russischem Gas sein wird. Das Groninger Gasfeld in den Niederlanden, das Rückgrat der europäischen Gaslieferungen, soll nach und nach geschlossen werden. Die Vernetzung russischer und europäischer Gasleitungssysteme sorgt für Flexibilität. Geographische Nähe und das Interesse europäischer Energieunternehmen, mit Russland Geschäfte zu tätigen, werden weiterhin russische Gasimporte garantieren. Doch Europa will auch nicht zu abhängig von Russland werden und ist entschlossen, alternative Lieferanten zu finden. Der Kontinent verfügt nun über eine große Anzahl LNG-Importterminals. Aber sie werden zu wenig genutzt. Russisches Gas ist, zumindest im Moment noch, wesentlich wirtschaftlicher als zum Beispiel Importe von Flüssigerdgas aus den USA.

Zu Beginn der Détente-Ära ging man davon aus, dass eine wechselseitige Abhängigkeit in den Bereichen Wirtschaft und Energie zu besseren politischen Beziehungen führen würde. Doch das letzte Vierteljahrhundert seit dem Zerfall der Sowjetunion hat gezeigt, dass Russland durchaus in der Lage ist, seine wirtschaftlichen von seinen politischen Beziehungen abzukoppeln.

Schließlich hat es in dem vollen Bewusstsein, dass dies seine wirtschaftlichen Beziehungen zu Europa gefährden könnte, die Krim annektiert und einen Krieg im Donbass begonnen. Russland ist weiterhin an Energiedeals interessiert – insbesondere an der Nord-Stream-2-Pipeline –, stellt sich der EU jedoch gleichzeitig politisch entgegen.[64] Der Ölpreisrückgang in den Jahren 2013 und 2014 verringerte Russlands Möglichkeit, Energie als Druckmittel in Europa einzusetzen, doch steigende Ölpreise in 2018 haben diese Möglichkeit wieder ein wenig vergrößert. Die Energie-Supermacht mag geschwächt worden sein. Doch Russland bleibt ein wichtiger Akteur auf dem europäischen Energiemarkt.

## PUTINS EUROPÄISCHE ZUKUNFT

Putins erster Auslandsbesuch nach seinem erneuten Amtsantritt im Mai 2018 führte ihn nach Wien zum 50-jährigen Jubiläum der Gasliefervertäge zwischen Russland und Österreich.[65] Im Gegensatz zu seinen angespannten Beziehungen mit anderen europäischen Regierungschefs wurde Putin dort mit allen militärischen Ehren empfangen. Österreichs 32 Jahre alter konservativer Kanzler Sebastian Kurz, der eine Koalition mit der rechtspopulistischen Freiheitlichen Partei Österreichs führt, begrüßte einen strahlenden Putin sehr herzlich. Kurz hatte es nach den Skripal-Vergiftungen abgelehnt, russische Diplomaten auszuweisen, und forderte die EU auf, mit der Aufhebung der wegen des Ukrainekonflikts verhängten Sanktionen zu beginnen. Er sagte, Österreich wolle gerne wieder die Rolle als Brücke zwischen Ost und West übernehmen, die es während des Kalten Krieges gespielt habe. Und ein Zeichen, das sehr viel Aufmerksamkeit auf sich zog, war die Anwesenheit Putins bei der Hochzeit der österreichischen Außenministerin, mit der er auf dem Anwesen, auf dem die Feier stattfand, Walzer tanzte.

Nach seinen Gesprächen mit Putin sprach Kurz so achtungsvoll über die Begegnung, wie es seit 2014 kein europäischer Regierungschef mehr getan hatte. «Heute hatten wir die Gelegenheit, über internationale Fragen zu sprechen, darüber, dass Russland als Supermacht eine große Bedeutung in Syrien und der Ostukraine hat und dass Russland eine große Verantwortung trägt. Wir hoffen, dass Russland dazu beitragen wird, dass die Menschen endlich erleben, wonach sie sich sehnen: Frieden.»[66]

Mit Blick auf Russlands sich verschlechternde Beziehungen zum Westen und Europas zunehmende Sprödigkeit wird der Kreml sich wahrscheinlich auf seine bilateralen Beziehungen mit jenen Ländern konzentrieren, denen er eine entscheidende Bedeutung für seine eigenen Interessen beimisst. Gleichzeitig wird er sich um die Aufhebung der EU-Sanktionen und neue Energiedeals wie Nord Stream 2 und TurkStream bemühen, die beide die Rolle der Ukraine als Energietransitland verringern würden. Die Kritik an Europas Politik gegenüber Russland wird dessen Versuchen, neue Energiedeals mit Europa abzuschließen, keinen Abbruch tun.

Wladimir Putin trat sein Amt als das «europäischste» der neueren russischen Staatsoberhäupter an. Doch er ist Europa gegenüber immer misstrauischer geworden und stärker fasziniert von der Idee eines eurasischen Schicksals Russlands. Auf die Frage, wohin Russland gehört, hat er dessen Einzigartigkeit, seine außergewöhnliche Zivilisation und die Verkörperung konservativer Werte hervorgehoben. Russlands Rolle in Gorbatschows Vision von einem gemeinsamen europäischen Haus ist heute die eines ambivalenten Nachbarn, der Abstand zu denen hält, die nebenan wohnen. Der Kreml wird weiterhin beobachten, wie die Europäische Union mit ihren internen politischen und wirtschaftlichen Kämpfen und mit dem Brexit umgeht, und hoffen, dass das Projekt eines geeinten Europa letzten Endes scheitert und es eine Rückkehr zu einem Europa geben wird, in dem einzelne Länder ihre eigenen Abkommen mit Russland anstreben. Da die europäische Idee in einem Russland, das das EU-Konzept einer Wertegemeinschaft ablehnt, zunehmend in Frage gestellt wird, wird Russland sich immer weiter von seinen europäischen Wurzeln entfernen. Mit keinem anderen europäischen Land sind Russlands Beziehungen schwieriger und wichtiger als mit Deutschland.

★ 4 ★

# RUSSLAND UND DEUTSCHLAND

## Eine schicksalhafte Verbindung

*Russland hegte gegenüber Deutschland immer besondere Gefühle. Wir haben Ihr Land stets als ein bedeutendes Zentrum der europäischen und der Weltkultur behandelt … Zwischen Russland und Amerika liegen Ozeane. Zwischen Russland und Deutschland liegt die große Geschichte … Heutzutage ist Deutschland der wichtigste Wirtschaftspartner Russlands, unser bedeutsamster Gläubiger, einer der Hauptinvestoren und maßgeblicher außenpolitischer Gesprächspartner.*[1]

**Wladimir Putin im Deutschen Bundestag, 2001**

*Wenn Russland seinen Kurs der letzten Wochen fortsetzt, dann wäre das nicht nur eine Katastrophe für die Ukraine. Dann empfänden wir das nicht nur als Nachbarstaaten Russlands als eine Bedrohung. Dann veränderte das nicht nur das Verhältnis der Europäischen Union als Ganzes zu Russland. Nein, dann schadete das nicht zuletzt – davon bin ich zutiefst überzeugt – massiv auch Russland, und zwar ökonomisch wie politisch. Denn – ich kann es gar nicht oft genug und nachdrücklich genug sagen – die Uhr lässt sich nicht zurückdrehen. Interessenkonflikte mitten in Europa im 21. Jahrhundert lassen sich erfolgreich nur dann überwinden, wenn wir nicht auf Muster des 19. und 20. Jahrhunderts zurückgreifen. Sie lassen sich nur dann überwinden, wenn wir mit den Prinzipien und Mitteln unserer Zeit, des 21. Jahrhunderts, agieren.*[2]

**Angela Merkel, 2014**

An einem frostigen Tag im Januar 2001 stiegen Wladimir Putin, der deutsche Bundeskanzler Gerhard Schröder und die Ehefrauen der beiden in eine rote Troika, den traditionellen russischen Schlitten, der von einem Mann in eleganter Livree gelenkt und von drei Pferden mit klingelnden Glocken durch den Schnee gezogen wurde. Die vier besuchten in Moskau die Zarenresidenz Kolomenskoje aus dem 16. Jahrhundert mit ihren roten Holzhäusern und Zwiebelturmkirchen. Ohne Mützen oder Pelzmäntel mummelten sie sich in Decken ein und genossen die Fahrt offensichtlich. Im Gutshaus bewunderten sie ein Porträt von Peter dem Großen im Gutshaus.[3] Die Schröders waren nach Russland gekommen, um mit den Putins das russisch-orthodoxe Weihnachtsfest zu feiern. Sie besuchten mit ihnen das Dreifaltigkeitskloster von Sergijew Possad aus dem 14. Jahrhundert, das als Zentrum der russischen Orthodoxie gilt, und wurden dort von Frauen in traditionellen Trachten sowie einem Chor empfangen, der feierliche liturgische Gesänge darbot. Und sie trafen sich dort mit dem Patriarchen Alexius II., dem Oberhaupt der russisch-orthodoxen Kirche.[4] Die Schlittenfahrt fing nicht nur den Geist der Weihnacht ein, sie zeugte auch vom Geist der neuen Beziehung zwischen Russland und Deutschland.

Putin war erst seit knapp einem Jahr an der Macht, also noch relativ neu im Amt. Schröder hatte sein Amt 1998 übernommen und geschworen, die «Saunadiplomatie» seines politischen Gegners Helmut Kohl zu meiden. Seiner Ansicht nach hatte Kohl eine zu vertrauliche Beziehung mit dem unberechenbaren russischen Präsidenten Boris Jelzin entwickelt – einschließlich eines gemeinsamen Saunabesuchs –, und Schröder beteuerte, eine kritischere Haltung gegenüber Russland einzunehmen.[5] Doch die Dinge bewegten sich in eine deutlich andere Richtung. Denn Schröder entwickelte rasch eine enge Beziehung zu dem neuen, jungen, Deutsch sprechenden russischen Präsidenten. Drei Jahre später adoptierten er und seine damalige Frau ein russisches Kind aus einem Sankt Petersburger Waisenhaus und nach weiteren zwei Jahren noch eines.

Die deutsch-russischen Wirtschaftsbeziehungen florierten, und die beiden Länder kamen überein, die Nord-Stream-Pipeline zu bauen, die russisches Gas direkt nach Deutschland transportieren sollte, und zwar durch die Ostsee und vorbei an Ungarn, durch das bis dahin alle Gazprom-Exporte nach Europa geströmt waren. Kurz bevor er bei der Bundestagswahl 2005 eine Niederlage erlitt und sein Amt an Angela Merkel verlor, hatte Schröder zur Finanzierung der Pipeline noch eine Bürgschaft für einen Kredit über 1,1 Milliarden Dollar genehmigt. Schon bald nach seinem Abschied aus dem Bundeskanzleramt wurde er zum Vorsitzenden des Aktionärsausschusses der Nord-Stream-Pipeline ernannt und damit zum Geschäftspartner von Putin nahestehenden russischen Wirtschaftsmagnaten.[6] Nord Streams Geschäftsführer ist Matthias Warnig, ein ehemaliger ostdeutscher Geheimdienstler und enger Verbündeter Putins.[7] Schröders Ernennung führte zu heftigen Kontroversen, doch sie symbolisierte auch, wie eng die politischen und wirtschaftlichen Beziehungen zwischen den beiden Ländern seit Putins Einzug in den Kreml geworden waren.[8] Als Schröder 2004 danach gefragt wurde, ob Putin ein lupenreiner Demokrat sei, erwiderte er: «Ja, das ist er.»[9] Bei Putins vierter Einführung ins Präsidentenamt im Mai 2018 stand Schröder in der ersten Reihe neben Ministerpräsident Medwedew und Patriarch Kyrill und war einer der ersten VIP-Gäste, die Putin die Hand schüttelten und ihm gratulierten.

Schnellvorlauf zum G20-Gipfel in Brisbane, Australien, 2014, sieben Monate nach Russlands Annexion der Krim und dem anschließenden Krieg im Südosten der Ukraine sowie dem Ausschluss Russlands aus der G8. Dort traf Kanzlerin Angela Merkel, die Pfarrerstochter aus Ostdeutschland, die fließend Russisch spricht und entscheidend an der Verhängung von EU-Sanktionen gegen Russland mitgewirkt hatte, einen angespannten Putin zu einem persönlichen Gespräch, das sich bis in die frühen Morgenstunden hinzog. Sie konnten sich nicht über eine Lösung der Ukrainekrise einigen und redeten aneinander vorbei. Am nächsten Tag setzte sich keiner der G20-Führer beim Mittagessen zu Putin. Verärgert über die Isolation, verließ er den Gipfel kurzerhand frühzeitig, doch nicht ohne sich einen harten Wortwechsel mit Australiens Premierminister geliefert und die Europäer beschuldigt zu haben, bei der Verhängung von Sanktionen «ihr Gehirn ausgeschaltet» zu haben. Er sagte auch, er müsse Schlaf nachholen.[10]

Nach dem Ende des Gipfels hielt Merkel in Sydney eine ungewöhnlich offene Rede, bei der sie ihre normalerweise vorsichtige Art ablegte. Putin, so sagte sie, habe sie allem Anschein nach in Bezug auf Russlands Absichten auf der Krim angelogen, kurz bevor russische Truppen dort aufmarschiert seien.[11] Sie warnte, dass es immer noch Kräfte in Europa gebe, «die sich dem gegenseitigen Respekt ... verweigern», und warf Russland vor, das Völkerrecht zu missachten:

> Russland verletzt die territoriale Integrität und die staatliche Souveränität der Ukraine. Ein Nachbarstaat Russlands, die Ukraine, wird als Einflusssphäre angesehen. Das stellt nach den Schrecken zweier Weltkriege und dem Ende des Kalten Krieges die europäische Friedensordnung insgesamt in Frage.[12]

Die enge deutsch-russische Partnerschaft, der Grundstein Europas nach dem Kalten Krieg, war zerbrochen. Sanktionen brachten die Wirtschaftsbeziehung zum Erliegen, und die politischen Beziehungen verschlechterten sich dramatisch. Laut Merkel war jegliches Vertrauen, das zwischen ihr und Putin geherrscht hatte, durch seine Winkelzüge und das wiederholte Nichteinhalten von Versprechen untergraben worden.

Seit der Annexion der Krim ist Deutschland in puncto Russland in zwei Lager gespalten. Große Teile der deutschen Bevölkerung trauen Russland nicht mehr und kritisieren sowohl seine Politik in der Ukraine als auch das Unterdrücken von Freiheiten im eigenen Land. Meinungsumfragen zufolge glauben 64 Prozent der Deutschen, dass Putin kein glaubwürdiger Partner ist und dass die Beziehungen mit Russland «ziemlich schlecht» sind. Doch 33 Prozent sind für eine engere Kooperation mit Russland.[13] Sie sind die Putin-Versteher, diejenigen, die Verständnis für ihn haben. Sie interpretieren die russischen Argumente und Aktionen vom Standpunkt des Kremls aus und geben dem Westen oft die Schuld an der Ukrainekrise, weil er Kiew leichtsinnigerweise ein EU-Assoziierungsabkommen angeboten und damit Moskaus lebenswichtige Interessen bedroht habe. Die Geschichte der Verschlechterung der deutsch-russischen Beziehungen von der Schröder-Putin-Schlittenfahrt bis zur Eiszeit zwischen Merkel und Putin versinnbildlicht Russlands allmähliche Entfremdung von Europa unter Putin. Und doch bleibt es eine schwierige und enge Beziehung. Putin zeichnet sich dadurch aus, dass er das erste russische Staatsoberhaupt ist, das in Deutschland gelebt und gearbeitet hat. Und seine dortigen Erfahrungen hatten einen tiefgreifenden Einfluss auf seine Weltsicht.

## WLADIMIR PUTIN: DER DEUTSCHE IM KREML

Putin wurde von Alexander Rahr, einem seiner frühen, ihn bewundernden Biographen, «der Deutsche im Kreml» getauft.[14] Tatsächlich war die deutsche Sprache in vielerlei Hinsicht Putins Weg aus der Armut und in den KGB. Er hatte eine schwere Kindheit, er wuchs in der Nachkriegszeit in einer Leningrader *kommunalka* (Gemeinschaftswohnung) mit Eltern auf, die zwei Söhne verloren hatten, davon einen während der 900-tägigen Blockade der Stadt durch die Nazis, die eine Million Zivilisten das Leben kostete. Der mittelmäßige Schüler, der oft in Prügeleien verwickelt war und in Schwierigkeiten geriet, begann schließlich, sich auf seine Studien zu konzentrieren, vor allem auf die deutsche Sprache. Seine erste Deutschlehrerin, Wera Gurewitsch, wurde für die offizielle Biographie interviewt, die erschien, als Putin im Jahr 2000 das Präsidentenamt übernahm. Sie lobte seine Sprachfähigkeiten und seine harte Arbeit: «Er hatte ein ausgezeichnetes Gedächtnis und einen wachen Verstand.»[15]

Nachdem er sein Jurastudium an der Staatlichen Universität von Leningrad abgeschlossen hatte und dem Leningrader KGB beigetreten war, setzte er seine Deutschstudien fort, um nach Deutschland geschickt zu werden. Aber welches Deutschland? Putin behauptet, dass er, um nach Westdeutschland gehen zu können, noch ein paar Jahre in der UdSSR hätte bleiben und «in der entsprechenden Abteilung des Zentralapparates» hätte arbeiten müssen. Stattdessen habe er sich für Ostdeutschland entschieden, weil er «gleich» habe gehen wollen.[16] Der 33-jährige KGB-Agent machte sich also nach Dresden auf, das damals als provinzielles, rückständiges DDR-Nest galt, obwohl Hans Modrow, der Erste Sekretär der Bezirksleitung der SED in Dresden, ein führender Politiker der reformorientierten Richtung war. Eine Entsendung nach Ostberlin, die Hauptstadt, wäre prestigeträchtiger gewesen. Doch Putin genoss es offensichtlich, in Ostdeutschland zu sein, das im Vergleich zur Sowjetunion ein Verbraucherparadies war. Seine Zweieinhalb-Zimmer-Wohnung in einem tristen Gebäude in der Angelikastraße war eine entschiedene Verbesserung gegenüber der *kommunalka* seiner Kindheit, und er konnte sich ein Auto kaufen. Putins Ex-Frau Ljudmila erinnerte sich später, dass sich das Leben in der DDR stark vom Leben in der UdSSR unterschieden habe. Es gab «saubere Straßen» und «blitzende Fenster, die einmal in der Woche geputzt wurden».[17]

Was tat Wladimir Putin in Dresden während seines fünfjährigen Aufenthalts? In dieser Frage herrscht keine Einigkeit, was vor allem daran liegt, dass es nur sehr wenige Informationen über diese Jahre gibt. Putins eigener Bericht hierzu ist minimalistisch. Er sagte, seine Arbeit habe in ganz «normaler» Aufklärungstätigkeit bestanden: «Anwerben von Informationsquellen, Erhalt, Bearbeitung und Weiterleitung von Informationen an die Zentrale ... Alles Routinearbeit.»[18] Er war ein hoher KGB-Führungsoffizier. 2001 ging er etwas näher auf seine Ausbildung ein, als er sagte, die wichtigste Eigenschaft eines guten Führungsoffiziers sei die Fähigkeit, mit Menschen und mit großen Mengen von Informationen zu arbeiten.[19] Putin hat das Ausmaß seiner Aktivitäten in der DDR heruntergespielt. Hochrangige sowjetische und ostdeutsche Geheimdienstler haben bestätigt, dass er nicht auf ihren Radarschirmen war; das Gleiche gilt für Geheimdienstler aus dem Westen.[20]

Andere haben angedeutet, dass Putins KGB-Aktivitäten in der DDR umfangreicher gewesen sein könnten. Laut Rahr umgibt ein «dichter Nebel des Schweigens» Putins Dresdener Jahre. Außerdem, so Rahr, sei es nicht im Interesse der deutschen Regierung, zu enthüllen, was sie wisse.[21] Einige behaupten, Putin sei Teil der Operation Lutsch («Strahl») gewesen. Bei diesem KGB-Projekt ging es darum, westliche Technologiegeheimnisse zu stehlen. Andere sagen, Ziel dieser Operation sei es gewesen, hochrangige Partei- und Stasifunktionäre in der DDR zu rekrutieren, um mit ihrer Hilfe das reformfeindliche, reaktionäre Honecker-Regime abzulösen.[22] Tatsächlich wurde Lutsch nach Putins Machtantritt zum Gegenstand einer Untersuchung der deutschen Behörden, weil sie fürchteten, er könne in Ostdeutschland ein Netzwerk aufgebaut haben, das den Fall der Mauer überlebt habe.[23] Offensichtlich hatte er tatsächlich begonnen, Leute zu rekrutieren, um dann ihre Enttarnung erleben zu müssen, als die Stasi-Akten nach der Wiedervereinigung offengelegt wurden.[24]

Welches Ausmaß seine Aktivitäten in der DDR auch gehabt haben mögen, Putin verstand Dresden vielleicht als ersten Meilenstein einer internationalen Karriere. Doch seine Zeit dort endete völlig anders, als er es erwartet hatte. Am 9. November 1989 fiel die Berliner Mauer, im Wesentlichen, weil der ostdeutsche Polizeistaat am Ende war und Gorbatschow angesichts der friedlichen Massenproteste die Entscheidung traf, keine Gewalt anzuwenden, um unpopuläre kommunistische Regierungen an der Macht zu halten.[25] Als ein wütender Mob vor dem Stasi-Hauptquartier in Dresden auftauchte – dort war auch der KGB im Dezember 1989 untergebracht – und Zugang zu den voluminösen Akten verlangte, musste Putin das Gebäude verteidigen und die Dokumente verbrennen, «um das Leben der Menschen zu retten, deren Akten auf meinem Schreibtisch lagen».[26] Tatsächlich barst der Ofen, weil er nicht alle Akten schnell genug verbrennen konnte.[27] In *Aus erster Hand. Gespräche mit Wladimir Putin* beklagt Putin sich bitterlich, dass es keine Instruktionen aus Moskau gab, dass Moskau geschwiegen habe. «Wir waren ernsthaft bedroht ... Aber uns würde niemand schützen» vor der Menge draußen. In diesem Moment fürchtete er um sein eigenes Leben.[28]

Einen Monat später verließ ein niedergeschlagener Putin Dresden. Zum Abschied schenkten seine deutschen Freunde seiner Familie eine 24 Jahre alte Waschmaschine, die sie mit nach Leningrad nahm. Neun Monate später war die DDR verschwunden, und zwei Jahre später folgte die UdSSR. Putins Kommentar aus dem Jahr 2000 zur deutschen Wiedervereinigung war kritisch, aber unsentimental: «Im Grunde genommen wusste ich, dass es unvermeidlich war. Ehrlich gesagt tat es mir nur leid um die verlorene Position der Sowjetunion in Europa, obwohl mir mein Verstand sagte, dass eine Position, die nur auf Mauern basiert, nicht ewig bestehen kann. Es wäre zu wünschen gewesen, dass auf diese Ereignisse ein Wechsel folgte. Aber es war nichts Neues vorgesehen ... Sie haben einfach alles hingeschmissen und sind gegangen.»[29]

Putin war während der fünf Jahre in der DDR nicht nur zu einem tiefen Verständnis der ostdeutschen Gesellschaft gelangt, er hatte auch eine Grundlage erworben, die sich für seine postsowjetische Karriere als wichtig erweisen sollte. Ein Ostdeutscher, der später ein wichtiges Mitglied seines inneren Zirkels wurde, war Matthias Warnig. Nach dem Mauerfall wurde Warnig 1991 Chef der Sankt Petersburger Dependance der Dresdner Bank und 2002 Präsident der Dresdner Bank AG Russland.[30] Später wurde er Geschäftsführer von Nord Stream.

Die fünf Jahre in Dresden beeinflussten Putin auch auf andere Weise. Er erlebte den plötzlichen Zusammenbruch eines rigiden, repressiven Systems, das nicht mit Dissens umgehen konnte. Die

Erfahrung, den Mob beim Stasi-Hauptquartier abwehren zu müssen, rief bei ihm allem Anschein nach eine lebenslange Aversion hervor, mit feindseligen Mengen umgehen zu müssen. Sie verstärkte auch sein Bedürfnis nach Kontrolle, vor allem über Oppositionsgruppen. So etwas sollte nie wieder passieren, schon gar nicht in Russland. Gedemütigt durch Russlands Unwilligkeit und Unfähigkeit, ihn während seiner schwierigsten Stunde zu unterstützen, verließ er die DDR, ohne zu wissen, was ihn in der UdSSR, die sich während seiner fünfjährigen Abwesenheit dramatisch verändert hatte, erwarten würde.

## ANGELA MERKEL UND RUSSLAND

In der DDR aufzuwachsen hat Angela Merkel zu einem vielschichtigen Bild von Russland verholfen. In ihrer Stasi-Akte, zu der sie nach der Wiedervereinigung Zugang hatte, hieß es: «Obwohl Angela die Führungsrolle der Sowjetunion mehr als die Rolle eines Diktators auffasst, dem sich alle anderen sozialistischen Länder unterordnen, ist sie auf der anderen Seite von der russischen Sprache und der Kultur der Sowjetunion begeistert.»[31] Diese Beschreibung würde auch heute noch zutreffen. So wie Putin mehr über Deutschland weiß als irgendeiner seiner Vorgänger, weiß Merkel mehr über Russland als irgendein früherer Bundeskanzler. In ihrem Büro im Kanzleramt hängt ein silbern gerahmtes Porträt von Prinzessin Sophie von Anhalt-Zerbst – bekannter unter ihrem russischen Namen Katharina die Große. Merkel bewundert Katharina als starke Herrscherin und als Reformerin.

Merkel wurde als Tochter eines Pfarrers in Hamburg geboren, der mit der Familie kurz nach ihrer Geburt nach Ostberlin zog. Es ist unklar, warum ihr Vater sich entschied, nach Ostdeutschland zu gehen und sich um ostdeutsche Lutheraner zu kümmern, deren Aktivitäten streng von der Stasi bewacht wurden. Es können ideologische Gründe gewesen sein oder ein cleverer Karriereschritt. Über ihre Kindheit und Jugend sowie das Ausmaß, in dem ihr Vater mit der ostdeutschen Obrigkeit zusammenarbeitete, ist wenig bekannt. Merkel hat einmal gesagt: «Ich hatte nie das Gefühl, dass die DDR mein natürliches Zuhause sei.»[32] Auf dem Gymnasium glänzte sie in Mathematik und Russisch, kam bei ihrer ersten landesweit ausgetragenen Russisch-Olympiade auf Platz 3 und wurde mit einer Reise in die UdSSR belohnt. Zwei Jahre später gewann sie den Wettbewerb. Merkel spricht oft Russisch mit Putin, Russland versteht sie zum Teil auch aufgrund ihrer Vertrautheit mit seiner reichen Kultur, ihre Einsichten sind tiefer als die der meisten ihrer europäischen Kollegen.

Doch Merkels Haltung gegenüber Russland wurde auch durch spezifische Erfahrungen in der DDR geprägt, beginnend mit dem Bau der Berliner Mauer 1961 und dem Leid, das damit so vielen zerrissenen Familien zugefügt wurde. Die Repression, die sie am eigenen Leib erfuhr, und die Allgegenwärtigkeit von Stasi-Informanten führten zu ihrem starken Engagement für Menschenrechte und persönliche Freiheiten. Da sie die erste Hälfte ihres Lebens in einem Polizeistaat verbracht hat, ist sie auch zweifellos besser auf den Modus Operandi ehemaliger kommunistischer Geheimdienstler eingestellt als viele andere westliche Regierungschefs. Die Physikerin ging 1989 in den letzten Tagen der DDR in die Politik. Merkel und Putin sind mit dem Hintergrund und der Kultur des jeweils anderen vertrauter, als es bei vielen anderen Führungsgestalten der Fall ist. Sie verstehen einander auf einzigartige Weise und verkörpern die jahrhundertealte symbiotische Beziehung zwischen Russland und Deutschland.

# PARTNER UND RIVALEN – DAS HISTORISCHE VERMÄCHTNIS

Die Interaktion zwischen Russland und Deutschland gehört zu den Faktoren, die Europas Sicherheit und Wohlstand entscheidend – und zuweilen folgenreich – beeinflusst haben. Im 20. Jahrhundert spielte Deutschland eine wichtige Rolle bei Geburt und Tod der Sowjetunion. Nach der Niederlage des Deutschen Kaiserreiches im Ersten Weltkrieg und der Oktoberrevolution beschlossen beide «jungen» Länder, ihre Beziehungen zu erneuern. Der Vertrag von Rapallo zwischen dem Deutschen Reich und Sowjetrussland wurde in einer Zeit geschlossen, in der beide Länder Außenseiter des internationalen Systems waren. Er leistete Hilfestellung bei der Geburt des noch jungen sowjetischen Staates als europäische Macht und seinem Eintritt in die Welt der internationalen Diplomatie. Am Ende des Zweiten Weltkriegs wurde Deutschland geteilt, und Stalin bediente sich großzügig der Reparationsleistungen aus der DDR, um die zerschlagene Wirtschaft der Sowjetunion wiederaufzubauen. Vierzig Jahre später (1990) war die deutsche Wiedervereinigung der letzte Akt des Zerfalls des Sowjetimperiums. Sie versetzte der Macht der Sowjets in Osteuropa und letztlich der UdSSR selbst den Todesstoß. Das Dreieck Sowjetunion–Westdeutschland–Ostdeutschland war eine entscheidende Beziehung im europäischen Kalten Krieg. Kontrolle über Ostdeutschland – und Ostberlin – war die Conditio sine qua non in Moskaus Beziehung zum Westen. Der große Albtraum sowjetischer Führer war ein wiedererstarktes und militarisiertes vereintes Deutschland, das so wie 1941 nach Osten schaute – und marschierte. So erklärt sich Deutschlands fortdauernde Dankbarkeit gegenüber Russland, dass es eine friedliche Wiedervereinigung zugelassen hat.

Historisch spielte Deutschland eine wichtige Rolle bei der Entwicklung des Russischen Kaiserreichs – eine viel größere als Russland bei der Entwicklung Deutschlands. Die Russen haben immer Deutschlands technologische und organisatorische Fähigkeiten bewundert. Peter der Große holte erstmals Deutsche nach Russland, um bei der Entwicklung der Wirtschaft zu helfen. Katharina die Große war noch überzeugter als Peter, dass Russland die Unterstützung der Deutschen bei der Modernisierung seiner Wirtschaft brauche. Sie schuf für sie eine große Immigrantenkolonie entlang der Wolga – obendrein gab es das Versprechen der Steuerfreiheit –, um mit ihrer Hilfe den russischen Agrarsektor zu entwickeln. Eine beträchtliche Zahl deutscher Adeliger spielte eine wichtige Rolle am Zarenhof. Die Romanows heirateten oft Angehörige des deutschen Adels.

Die Deutschen hatten auch einen großen Einfluss auf die Entwicklung rechter und linker politischer Bewegungen im Russland des 19. und 20. Jahrhunderts. Karl Marx inspirierte russische Radikale, die das zaristische System stürzen wollten. Er selbst war skeptisch, ob das Russische Kaiserreich bereit für eine sozialistische Revolution sei – da es noch kaum ein kapitalistisches System entwickelt hatte. Doch es ist eine Ironie der Geschichte, dass das bolschewistische Russland das erste Land war, das seine Ideen in die Praxis umsetzte, und Lenin betrachtete sich zweifellos als Marxist. Die Philosophie von Georg Wilhelm Friedrich Hegel wiederum beeinflusste die Entwicklung der slawophilen Bewegung und des russischen Nationalismus.

Es gab auch weniger erquickliche Übereinstimmungen zwischen den russischen und deutschen Herrschern. Kaiser Wilhelm II. und Zar Nikolaus II. waren beide Bewunderer des berühmt-berüchtigten, auf Fälschungen beruhenden antisemitischen Pamphlets *Die Protokolle der Weisen von Zion*, das zu beweisen behauptete, es gebe eine niederträchtige jüdische Verschwörung zur Eroberung der Welt. (Das Pamphlet wurde in Wirklichkeit von der russischen Geheimpolizei verfasst.) Beide Herrscher schrieben ihre erzwungene Abdankung einem jüdischen Komplott zu. Nikolaus nahm ein Exemplar des Pamphlets mit in sein Exil in Jekaterinburg, wo die Bolschewiki ihn und seine Familie schließlich töteten.[33]

Die verwickelte Geschichte deutsch-russischer Beziehungen hat drei Hauptvermächtnisse hinterlassen, die auch im 21. Jahrhundert noch widerhallen. Das erste betrifft die machtvolle Tatsache, die im Atomzeitalter nicht weniger relevant ist als im 19. Jahrhundert. Es sind die Geographie, die Ressourcen und deren Einfluss auf die Identität und die nationalen Interessen beider Länder. Das Fehlen natürlicher Grenzen zwischen Russland und Deutschland und die Kompatibilität der Volkswirtschaften – russische Rohstoffe im Austausch gegen deutsche Fertigwaren – führten unausweichlich zu Kooperation wie Konfrontation. Die Russen haben die Deutschen traditionell als große potenzielle Bedrohung ihrer Sicherheit beschrieben, wobei sie ihr Augenmerk auf die Invasion der Deutschen in die UdSSR im Zweiten Weltkrieg, dem «Großen Vaterländischen Krieg» legten. Die Deutschen wiederum konzentrierten sich auf die russische Bedrohung während des Kalten Krieges. Die «Lücke von Fulda» (Fulda Gap) wäre die Route gewesen, über die die UdSSR in Westdeutschland hätte eindringen können. Auf jeder Seite, der ost- wie der westdeutschen, gab es schwerbewaffnete Soldaten, die einander argwöhnisch beäugten.

Das zweite Vermächtnis ist das zweier Arten von Kooperation zwischen Russland und Deutschland. Die «gutartige» Partnerschaft – oft in wirtschaftlichen, wissenschaftlichen und kulturellen Bereichen – hat seit jeher positive Auswirkungen auf beide Länder und ihre gemeinsamen Nachbarn in Mitteleuropa. Doch es gibt auch eine «bösartige» Kooperation zwischen ihnen auf Kosten ihrer Nachbarn und Gesamteuropa. Der deutsch-sowjetische Nichtangriffspakt von 1939 ermöglichte es der UdSSR, sich zwei Jahre lang aus dem Zweiten Weltkrieg herauszuhalten, und das Geheime Zusatzprotokoll teilte Gebiete in Polen, Rumänien und dem Baltikum zwischen den Vertragspartnern auf. Die sowjetisch-ostdeutsche Kollaboration bei der Unterdrückung ihrer eigenen Bevölkerungen und der Bevölkerungen anderer Länder verstärkte ein historisches Muster russisch-deutscher Kooperation zum Schaden der Sicherheit und Unabhängigkeit der zwischen den beiden Staaten liegenden Länder.

Das dritte Vermächtnis ist die russisch-deutsche Feindschaft, die zwei Weltkriege zur Folge hatte und die geteilte Stadt Berlin zum Brennpunkt des Kalten Krieges machte. Die sowjetisch-westdeutschen Beziehungen waren in den ersten beiden Jahrzehnten des Kalten Krieges überwiegend konfrontativ. 1969 wurde dann Willy Brandt Bundeskanzler. Brandt, der während des Zweiten Weltkriegs in Norwegen im Exil gelebt hatte, war entschlossen, die Folgen der Teilung Deutschlands durch eine versöhnlichere Politik gegenüber der UdSSR zu mildern. Seine Ostpolitik basierte auf der Prämisse «Wandel durch Annäherung» und dem Glauben, dass Moskau seine Politik gegenüber den beiden Deutschland ändern werde, wenn Bonn ihm Anreize biete.[34] Er unterzeichnete Verträge, die die Beziehungen mit Moskau, Warschau, Prag und Ost-Berlin normalisierten und eine Ära der Détente einläuteten, die allmählich am Eisernen Vorhang zu rütteln begann. Alle nachfolgenden deutschen Regierungschefs waren entschlossen, nie wieder in das Muster russisch-deutscher Feindschaft zu verfallen.

Obwohl Gorbatschow bei seinem Amtsantritt vorhatte, sowohl die Sowjetunion als auch ihre Beziehungen zu den osteuropäischen «Bruder»ländern zu stärken, musste er schließlich akzeptieren, dass er das Sowjetreich nicht länger durch Gewalt zusammenhalten konnte. Er erlaubte Deutschland die Wiedervereinigung, ohne dass ein Schuss fiel, und stimmte der Mitgliedschaft eines vereinten Deutschlands in der NATO zu. Deutschland ist ihm und seinen Nachfolgern nach wie vor dankbar dafür, den Fall der Mauer zugelassen zu haben. Diese Dankbarkeit ist stets gepaart mit einem tiefen Gefühl der historischen Verantwortung für das, was die Nazis den Russen während eines Kriegs angetan haben, der 26 Millionen Sowjetbürgern das Leben kostete.

## DIE JELZIN-ÄRA, 1992–1999

1994 verabschiedete Berlin feierlich die letzten sowjetischen Truppen, die Deutschland verließen. Boris Jelzin war der Ehrengast bei dieser Abschiedsfeier. Die Zeremonie begann am sowjetischen Ehrenmal im Treptower Park. Später wich ein offensichtlich betrunkener Jelzin vom Drehbuch ab. Er schnappte sich zum Entsetzen seiner deutschen Gastgeber (und seiner eigenen Entourage) den Taktstock des Dirigenten der Militärkapelle, um die Kapelle selbst zu dirigieren und mitzusingen. Seine deutschen Gastgeber waren sprachlos.[35] Später gab er zu, dass er getrunken habe, um den Stress zu lindern. «Ich bin durchgedreht»,[36] erklärte er.

Es war eine große Herausforderung gewesen, an diesen Punkt, das heißt den vollständigen sowjetischen Truppenabzug, zu gelangen. 1990 ging Deutschland aus der Wiedervereinigung geographisch größer, doch wegen der schwindelerregenden Kosten der deutschen Einheit (die bis heute auf 1,5 Billionen Euro und mehr geschätzt werden) und der Unsicherheit der Zukunft wirtschaftlich geschwächt hervor. Die UdSSR war noch intakt, aber angeschlagen. Als Gorbatschow im August 1991 auf der Krim Urlaub machte, unternahm eine Gruppe verdrossener, kompromissloser russischer Beamter einen erfolglosen Putschversuch. Gorbatschow wurde in seinem Sommerhaus gefangen gehalten, doch die Putschisten schafften es nicht, Boris Jelzin festzunehmen, den damaligen Präsidenten der sowjetischen Teilrepublik Russland, der den Widerstand gegen den Putsch leitete. Während des dreitägigen Umsturzversuchs fragten sich die Deutschen besorgt, ob die Zusagen, die Gorbatschow gemacht hatte – vor allem hinsichtlich des Abzugs sowjetischer Truppen aus Ostdeutschland –, eingehalten werden würden. Nach dem Scheitern des Putsches kehrte Gorbatschow für weitere vier Monate in den Kreml zurück, bis er im Dezember 1991 von Jelzin verdrängt wurde.

Jelzins Aufstieg zum Kremlchef rief ebenfalls große Besorgnis in Deutschland hervor, da der entstehende russische Staat ziemlich schwach und unberechenbar wirkte. Auch die Aussicht auf eine unabhängige Ukraine, das militärisch-industrielle Herzland der UdSSR und damals die drittgrößte Atommacht der Welt, beunruhigte die Deutschen. Doch Kanzler Helmut Kohl, der 1987 gesagt hatte, dass er nicht an eine Wiedervereinigung Deutschlands zu seinen Lebzeiten glaube, war entschlossen, eine gute Beziehung zu dem neuen Kremlchef zu entwickeln, und bot Deutschlands Hilfe beim Aufbau Russlands an.

Als Russland nach dem Zerfall der Sowjetunion seine schwierige postkommunistische Transformation begann, war Deutschland eine wichtige Quelle wirtschaftlicher Unterstützung. Moskau erkannte, dass Deutschlands Dankbarkeit für die Wiedervereinigung und seine Besorgnis, Russlands Schwäche könne die europäische Sicherheit gefährden, zwei wichtige Druckmittel waren. Und Deutschland glaubte, Russlands Situation aufgrund seiner eigenen Erfahrungen nach der Niederlage 1945 besser zu verstehen, als andere Länder es konnten. Im Unterschied zu den Vereinigten Staaten, die anfänglich hofften, Russlands Transformation von einem sozialistischen zu einem demokratischen Staat mit einer freien Marktwirtschaft würde ziemlich schnell vonstattengehen, war den Deutschen klar, dass sich diese über viele Jahrzehnte hinziehen würde. Während Jelzins Amtszeit als Präsident war Deutschland, obwohl es mit den beängstigenden wirtschaftlichen und sozialen Herausforderungen der Wiedervereinigung umgehen musste, der stärkere Partner, der die Jelzin-Administration politisch und wirtschaftlich unterstützte und als Russlands Fürsprecher innerhalb der Europäischen Union fungierte. Es war eine asymmetrische Wechselbeziehung, die die russischen Staatsoberhäupter sehr wohl wahrnahmen und über die sie sich manchmal ärgerten. Vier wichtige bilaterale Themen dominierten diese Beziehung in den 1990er Jahren: Truppenabzug, Aussiedler, Wirtschaftsbeziehungen und Unterstützung der innerrussischen Entwicklung.

1990 lebten 546 000 sowjetische Soldaten und ihre Angehörigen in der DDR. Als Ergebnis der Verhandlungen, die Deutschlands

Teilung beendeten, hatte Russland zugestimmt, seine Truppen innerhalb von vier Jahren abzuziehen. Dieser Prozess war jedoch für Russland wie für Deutschland nicht nur eine logistische Herausforderung, sondern auch enorm verworren. In welches Land würden diese «sowjetischen» Soldaten zurückkehren? Wie sollten die Militärangehörigen nach der Aufspaltung der Sowjetunion in 15 unabhängige Länder entscheiden, wohin sie gehörten (so waren zum Beispiel 30 Prozent des Offizierskorps ethnische Ukrainer)? Wer würde Unterkünfte für sie bereitstellen? Der Abzug einer so großen Militärmaschinerie war mit vielen potenziellen Tücken verbunden. Als die Soldaten ihre Militärstützpunkte verließen, nahmen sie alles mit, was nicht niet- und nagelfest war. Doch trotz dieser Herausforderungen hatten 1994 alle Soldaten Deutschland verlassen. Angesichts der Hindernisse ist es erstaunlich, dass der Abzug so glatt verlief.[37]

Auch die Situation der Russlanddeutschen im postsowjetischen Russland löste nach 1990 Verwirrung aus. Viele dieser Nachfahren von Siedlern – die Katharina die Große ins Land geholt hatte und die 1941 aus der Wolgaregion nach Kasachstan und Sibirien deportiert worden waren – hatten während der Sowjetära versucht, in die Bundesrepublik zu emigrieren. Sie wollten ein repressives politisches System verlassen und in Deutschland nach besseren wirtschaftlichen Chancen suchen. Angesichts der enormen wirtschaftlichen Belastung nach der Wiedervereinigung versuchte Deutschland, Russlanddeutsche dazu zu ermutigen, im postkommunistischen Russland zu bleiben, doch ohne großen Erfolg. Diese Menschen wollten dem Chaos in Russland entkommen und waren nicht mehr mit den Emigrationshindernissen konfrontiert wie zu Sowjetzeiten. Insgesamt sind seit der Wiedervereinigung 1,2 Millionen Aussiedler aus den ehemaligen Sowjetstaaten nach Deutschland gekommen, und ironischerweise bilden nun viele von ihnen einen verlässlichen Pro-Putin-Block.

Deutschland wurde nach der Wiedervereinigung Russlands wichtigster Wirtschaftspartner. Russland sah voraus, dass

Deutschland eine wichtige Quelle wirtschaftlicher Unterstützung, des Handels und der Investitionen für seine sich entwickelnde Marktwirtschaft sein werde. Der komplementäre Charakter der Wirtschaftsbeziehung blieb bestehen. Russland exportierte Gas, Öl und andere Rohstoffe nach Deutschland und importierte deutsche Industrieprodukte. Die deutsche Privatwirtschaft blieb in der russischen Wirtschaft engagiert, investierte während der Jelzin-Ära wegen fehlender Rechtsstaatlichkeit jedoch nur verhalten. In der Tat begann die dynamischste Periode der russisch-deutschen Wirtschaftsbeziehungen erst nach dem russischen Finanzcrash von 1998, als die Wirtschaft angefangen hatte, sich wieder zu erholen. In den 1990er Jahren wirkte Deutschland auch an amerikanischen Programmen zur Sicherung und zum Abbau russischer Atomwaffen sowie zur Verringerung der Gefahren der Proliferation durch Schutzmaßnahmen für Nuklearanlagen mit. Deutschland bot arbeitslosen Atomwissenschaftlern in der Russischen Föderation Schulungen an, damit sie alternative Jobs finden konnten, statt ihre Fähigkeiten an Länder oder Terrororganisationen zu verkaufen, die in den Besitz von Atomwaffen gelangen wollten.

Während Deutschland die US-Sicherheitsprogramme unterstützte, unterschied sich seine Politik gegenüber Russland in dieser Zeit – und seither – von der amerikanischen Politik in einem wesentlichen Bereich: Demokratieförderung. Demokratieförderung im Ausland ist – wenn auch selektiv eingesetzt – oft Teil der US-Außenpolitik, aber nie ein zentrales Element der deutschen Außenpolitik gewesen. Während der Clinton-Regierung (1993–2001) beteiligten sich eine Reihe von NGOs – von denen einige mit den beiden großen politischen Parteien der USA verbündet waren – aktiv an der Demokratieförderung im postsowjetischen Russland. Alle deutschen politischen Parteien ließen ihre Stiftungen Büros in Moskau eröffnen und mit verschiedenen politischen Gruppen zusammenarbeiten, mieden jedoch eine offenkundige Demokratieförderung und direkte Einmischung in die Organisation dieser Gruppen.

Ein Repräsentant einer deutschen politischen Stiftung formulierte es so: «Wir betrachten die Russen als Partner, mit denen wir zusammenarbeiten müssen, und haben einen langfristigen Ansatz gewählt, der durch stetige Dialoge gekennzeichnet ist und dadurch, jüngere Russen nach Deutschland zu bringen.»[38] Kanzler Schröder stellte klar, dass eine offene Demokratieförderung nicht ratsam sei. «Die russische Realität eines multinationalen Staates erfordert andere Regeln, als Holland dies tut.» Und George W. Bush gegenüber äußerte er: «In der russischen Geschichte (auch in der jüngsten) ist keine wirkliche Basis für Demokratie gelegt worden», fügte jedoch hinzu, er sei davon «überzeugt, dass Putin wirklich Demokratisierung wolle».[39] Als Putin zwei Jahrzehnte später alle US-NGOs, die aktiv Demokratieförderung betrieben, schloss, konnten die deutschen politischen Stiftungen in Russland bleiben.

Von 1998 bis 1999 war die deutsch-russische Beziehung Belastungen ausgesetzt. Die russische Wirtschaftskrise, die Aufeinanderfolge von fünf Ministerpräsidenten in Moskau zwischen März 1998 und August 1999 sowie Jelzins angeschlagene Gesundheit und sein unberechenbares Verhalten wirkten sich nachteilig aus. Darüber hinaus belasteten andere europäische Entwicklungen die bilateralen Beziehungen, vor allem der Kosovokrieg und die Erweiterung der NATO um Polen, Ungarn und die Tschechische Republik – wobei beide Entwicklungen von Deutschland unterstützt und von Russland abgelehnt wurden. Deswegen schien sich die deutsch-russische Beziehung Ende 1999 angesichts von Jelzins Rücktritt, einer schwachen Wirtschaft und Russlands wachsender Entfremdung vom Westen auf einem Abwärtskurs zu befinden.

## DIE PUTIN-SCHRÖDER-JAHRE, 2000–2005

In seinem programmatischen Artikel «Russland an der Schwelle zur Jahrtausendwende», den er am 30. Dezember 1999 veröffentlichte und mit dem er sich Russland und der Welt anlässlich des Einzugs in den Kreml vorstellen wollte, legte Putin seine Vision für seine Amtszeit dar. Er räumte die unzähligen wirtschaftlichen, sozialen und politischen Probleme ein, denen sich Russland ein Jahr nach dem Rubel-Crash gegenübersah – und versprach, den Staat wiederaufzubauen und Russland wieder zu einer Großmacht zu machen. Obwohl er Russlands europäische Wurzeln anerkannte, betonte er auch die Einzigartigkeit der russischen Idee – basierend auf dem Wunsch der Menschen nach Patriotismus und einem starken Staat. Putins Definition dessen, was dies 1999 hieß, ist bemerkenswert: «Eine starke Staatsmacht in Russland ist ein demokratischer, auf Gesetzen basierender, arbeitsfähiger, föderativer Staat.»[40]

Putin war außerhalb des kleinen Kreises von Ausländern, die ihn Anfang der 1990er Jahre in Sankt Petersburg kennengelernt hatten, weitgehend unbekannt. Nach seiner Rückkehr aus der DDR hatte er fast ein Jahr lang Arbeit gesucht, bis Anatoli Sobtschak, sein ehemaliger Juraprofessor und nun Bürgermeister der Stadt, ihm einen Posten verschaffte. Zu Beginn von Putins Präsidentschaft brachte Bundeskanzler Schröder ihm aufgrund seiner doppelten Biographie als KGB-Offizier in Ostdeutschland und Assistent des reformerischen Bürgermeisters von Sankt Petersburg so viel Misstrauen entgegen wie seine europäischen Amtskollegen. Putin hatte sich zwar für Wirtschaftsreformen und eine weitere Modernisierung Russlands eingesetzt, doch 1999 als Ministerpräsident auch den Zweiten Tschetschenienkrieg begonnen. Dennoch wurde sein anfängliches Engagement für eine engere wirtschaftliche Einbindung in den Westen, für eine effektivere Staatsführung und den Kampf gegen die Korruption im größten Teil Europas positiv aufgenommen. Zu Beginn seiner Amtszeit konzentrierte Putin sich darauf, als ersten Schritt zur Wiederherstellung der Großmachtstellung Russlands die Beziehungen zu Deutschland auszubauen.

Schröder und Putin hatten viele Gemeinsamkeiten. Sie waren beide Außenseiter, die aus einfachen Verhältnissen stammten, und voller Ehrgeiz und Klugheit die politische Leiter emporgestiegen. Sie hatten beide Jura studiert und eine gesunde Skepsis gegenüber den Herrschenden entwickelt, und sie schätzten das gute Leben und den Reichtum – in deren Genuss sie in jungen Jahren nicht gekommen waren.[41]

Die deutsche Regierung reagierte bald auf russische Angebote, und die Beziehung erholte sich von den Schwierigkeiten des Jahres 1999. Beide Seiten sprachen von ihrer «strategischen Partnerschaft», die eine europäische Integration Russlands und die Stärkung der Rechtsstaatlichkeit zum Ziel hatte. Deutschland wandte tatsächlich viel Mühe auf, Strukturen zu entwerfen, die Russlands Integration fördern sollten. Diese reichten von offiziellen bilateralen Kommissionen bis zur Ermutigung der Privatwirtschaft, in Russland zu investieren. Doch Berlin legte auch Wert auf die Schaffung zivilgesellschaftlicher Interessengruppen. Putin und Schröder gründeten den Petersburger Dialog mit dem Ziel, bei regelmäßigen Treffen eine große Bandbreite von Deutschen und Russen aus Politik, der Privatwirtschaft und der akademischen Welt zusammenzubringen. Schröder hatte Kohl zwar wegen der allzu persönlichen Natur der deutsch-russischen Beziehung während der Jelzin-Ära kritisiert, räumte jetzt aber ein: «Ohne Präsident Putin geht in Russland gar nichts.»[42]

Die Terroranschläge auf das World Trade Center in New York am 11. September 2001 gaben den deutsch-russischen Beziehungen zusätzlichen Auftrieb. Putins Unterstützung der Vereinigten Staaten schien eine strategische Entscheidung zu sein, im Kampf gegen den internationalen Terrorismus fest auf der Seite des Westens zu stehen. Kurz nach den Angriffen reiste er nach Berlin und hielt eine bedeutungsvolle Rede im frisch restaurierten und mit einer Glaskuppel versehenen Reichstag, der reich an historischer Symbolik ist – einschließlich der Graffiti an den Wänden, die siegreiche sowjetische Soldaten 1945 bei der Eroberung Berlins hinterließen. Putin, der seine Rede auf Deutsch hielt, bedauerte, dass er den Westen nicht direkter vor der Möglichkeit eines so katastrophalen Angriffs gewarnt habe, zog eine direkte Verbindung zwischen al-Qaida und tschetschenischen Separatisten und sicherte Unterstützung im internationalen Kampf gegen den Terrorismus zu.

Die Regierung Schröder zeigte sich hierfür erkenntlich. Deutschland baute seine bilateralen wirtschaftlichen und politischen Beziehungen mit Russland stark aus und betrachtete sich selbst als Russlands Hauptfürsprecher in der Europäischen Union. Schröder glaubte, Putin sei ein Modernisierer, der persönliche Unterstützung verdiene. Mit der ursprünglichen Annäherung der USA und Russlands war es Ende 2002 vorbei, da Putin glaubte, die Bush-Regierung habe Russland nicht gegeben, was es verdiente, nachdem es die USA in ihrem Krieg in Afghanistan unterstützt hatte. Als das Weiße Haus den Irak-Angriff plante, wandte Putin sich an Schröder, der diesem Plan genauso skeptisch gegenüberstand wie er. Die russische und deutsche Kritik an den Plänen der USA führte schließlich zu einer gemeinsamen Front (mit Frankreich) gegen den Krieg. Ein US-Beamter beklagte sich mit Blick auf die Anti-Kriegs-Troika: «Chirac und Schröder haben sich gegen uns gewandt und Putin rekrutiert.»[43] Aus der «Koalition der Unwilligen» wurde nicht die Allianz, die Putin sich vielleicht gewünscht hatte, doch sie stellte sicher, dass Russland mit seiner Opposition gegen den Krieg nicht alleine dastand.

Danach gediehen die bilateralen Beziehungen bis zum Ende der Amtszeit Schröders. Seit 1992 waren rund 200 000 Russen nach Deutschland gekommen, um dort zu leben, zu arbeiten und ein Netzwerk persönlicher und geschäftlicher Beziehungen aufzubauen. Es gab immer mehr deutsch-russische Begegnungsstätten, und die Zahl der in die Beziehung involvierten Akteure wuchs. Deutsche Medien kritisierten, dass Putin ein zentralisierteres und weniger kompetitives politisches System ansteuere und den unabhängigen Rundfunkmedien einen Maulkorb verpasse, aber Schröder verteidigte ihn weiterhin.

Michail Gorbatschow und Boris Jelzin hatten das Pech, in einer

Zeit im Amt zu sein, in der die Ölpreise sehr niedrig waren. Das verschärfte Russlands wirtschaftliche Probleme. Putin hatte mehr Glück. Von 2000 bis 2008 stiegen die Ölpreise stetig, die russische Wirtschaft wuchs um sieben Prozent pro Jahr, und die russisch-deutschen Wirtschaftsbeziehungen florierten. Energie wurde zu einem entscheidenden Faktor in den russisch-deutschen Beziehungen, und der Aufstieg Russlands zur Energie-Supermacht prägte entscheidend Putins erste zwei Amtszeiten als Präsident.

Während der Ära Schröder importierte Deutschland rund 36 Prozent seines Erdgasbedarfs über Pipelines aus Russland, wobei der Anteil in manchen Bundesländern, vor allem Bayern, noch viel höher war. Als die Beziehungen zwischen Moskau und Kiew nach der Orangen Revolution von 2004 angespannt waren, intensivierte Gazprom seine Gespräche mit deutschen Firmen über den Bau einer Pipeline durch die Ostsee, um die Ukraine zu umgehen. Der Nord-Stream-Vertrag wurde 2005 unterzeichnet und die Pipeline 2011 in Betrieb genommen. Aus Sicht von Gazprom sollte dieser Vertrag Europas Abhängigkeit von russischem Gas in einer Zeit hoher Energiepreise festigen und möglicherweise vergrößern. Außerdem wurde hierdurch ein Transit durch die Ukraine umgangen. Der Vertrag ist das sichtbarste – und umstrittenste – Vermächtnis der engen Beziehungen zwischen Schröder und Putin. Abgesehen von seiner Rolle bei Nord Stream ist Schröder heute auch Aufsichtsratsvorsitzender von Rosneft, Russlands größtem Ölkonzern, dessen Chef Igor Setschin als einer der mächtigsten Männer Russlands gilt.

## MERKEL UND PUTIN

Schon bei einem ihrer ersten Treffen mit Putin begriff Angela Merkel, mit wem sie es zu tun hatte. Während ihres Besuchs 2007 in Sotschi, bei dem es um Energiefragen ging, saß sie mit ihm in seiner elegant möblierten Residenz mit Blick auf das Schwarze Meer, als plötzlich seine schwarze Labradorhündin Koni in den Raum und auf Merkel zustürmte. Merkel war früher einmal von einem Hund gebissen worden und bekannt dafür, Angst vor Hunden zu haben, eine Tatsache, die ihrem Gastgeber, dem Ex-KGB-Mann, sicherlich nicht unbekannt war. Während Merkel die Hündin voller Missbehagen beäugte, lächelte Putin. Merkel war wütend. Später äußerte sie sich der Presse gegenüber zu diesem Vorfall. «Ich verstehe, warum er meint, das tun zu müssen. Er will beweisen, dass er ein Mann ist. Er hat Angst vor seiner eigenen Schwäche. Russland hat nichts, keine erfolgreiche Politik oder Ökonomie. Sie haben nur das.»[44]

2005 war Angela Merkel Deutschlands erste Bundeskanzlerin geworden. Doch sie hatte nur einen knappen Sieg über Gerhard Schröder errungen und bildete eine Koalition mit seiner Partei, der SPD, wobei sie Frank-Walter Steinmeier zu ihrem Außenminister machte. Ihr erster Instinkt war, einen härteren politischen Kurs gegenüber Russland einzuschlagen und von der Schröder-Putin-Freundschaft abzurücken, doch sie verstand auch Deutschlands internationale Lage. Deutschland ist stark vom Export abhängig – mit einer Bevölkerung von rund 80 Millionen rangieren seine Exporte hinter denen der Vereinigten Staaten und Chinas auf Platz drei in der Welt. Als weltwirtschaftliche Macht, die den Handel als wesentlichen Aspekt der nationalen Sicherheit betrachtet, definiert Deutschland seine Interessen weitgehend im Sinne wirtschaftlicher Realpolitik und betrachtet das Verfolgen seiner Wirtschaftsinteressen als wichtigsten Test des Erfolgs seiner Außenpolitik.[45] Kurz nach ihrem Amtsantritt traf Merkel sich mit Vertretern der deutschen Industrie, die deutlich machten, dass sie von ihr eine Fortsetzung der engen Beziehungen zu Russland und die Unterstützung ihrer dortigen Geschäftsinteressen erwarteten.

Tatsächlich bemühte sich die deutsche Regierung, die Beziehungen mit Russland noch weiter zu verbessern. Während Merkels erster Amtszeit war Steinmeier entschlossen, das Russland-Engagement der SPD fortzusetzen und Programme zu entwickeln, die eine stärkere Integration Russlands in Europa ermöglichen sollten. Sein Ministerium schlug eine neue Politik der Annäherung durch Verflechtung vor, eine aktualisierte Version des ursprünglichen, vierzig Jahre zuvor von Willy Brandt formulierten Ansatzes «Wandel durch Annäherung». Man ging nach wie vor davon aus, dass Russland sich zum Besseren verändern werde, wenn Deutschland im ständigen Dialog mit ihm stehe und dessen Interessen ernst nehme.

Deutschland förderte eine stärkere Mitwirkung Russlands in der G8 und verschob 2006 zu dessen Gunsten seinen eigenen G8-Vorsitz um ein Jahr. Der G8-Gipfel in Sankt Petersburg in jenem Jahr war ein Meilenstein für Russland. Er zeigte, dass es sich vom Wirtschaftskollaps und der politischen Schwäche der 1990er Jahre erholt und sich wieder als Spieler auf der Weltbühne etabliert hatte. Außerdem gefiel Putin die Beachtung, die seine Heimatstadt erfuhr.

## DAS MEDWEDEW-INTERMEZZO

Angesichts ihrer schwierigen Beziehung zu Putin hieß Merkel 2008 wie viele andere westliche Regierungschefs die Wahl des 42 Jahre alten Dmitri Medwedew zum Präsidenten willkommen. Putin, der Medwedew als seinen Nachfolger ausgewählt hatte, ernannte sich selbst zum Ministerpräsidenten, und alle fragten sich, wie dieses Arrangement wohl funktionieren werde. Merkel hoffte, dass ein jüngerer postsowjetischer Führer, der nicht in Verbindung mit den Geheimdiensten stand, Russland schließlich liberalisieren und eine weniger aggressive Außenpolitik betreiben werde. Sie wollte seiner Bekundung, Russland zu modernisieren, glauben und hoffte, er werde sich von Putins Kontrolle befreien können. Obwohl Medwedew im Unterschied zu Putin keine Deutschland-

Erfahrung hatte, wählte auch er Deutschland als einen zentralen Partner für Russland aus. Doch Merkel war klug genug, auf Nummer sicher zu gehen. Im Unterschied zur Obama-Administration, die sich bei ihrer Reset-Politik allein auf Medwedew als ihren Gesprächspartner verließ, hielt die deutsche Regierung den Kontakt mit Putin während seiner Zeit als Ministerpräsident von 2008 bis 2012 aufrecht.

Medwedews erste Reise in ein westliches Land führte ihn im Mai 2008 nach Deutschland. Er nutzte die Gelegenheit, um sowohl der deutschen Wirtschaft den Hof zu machen als auch in Berlin eine Rede zu halten, in der er eine neue Sicherheitsarchitektur vorschlug, die auf einem rechtlich bindenden, für «das ganze euroatlantische Gebiet von Vancouver bis Wladiwostok» geltenden Vertrag basieren sollte. Und er fügte hinzu: «Atlantizismus als alleiniges historisches Prinzip hat sich überlebt.»[46] Seine Auffassung, der Westen habe sein Versprechen gebrochen, Russland nach dem Kalten Krieg in eine europäische Sicherheitsstruktur einzubeziehen, fand bei einem Großteil der deutschen Politiker Widerhall. Russland baute darauf, dass Deutschland beim Entwurf dieser neuen Architektur eine führende Rolle spiele. Es ist nicht klar, wie ernst dieser Vorschlag gemeint war. Er enthielt keine Einzelheiten, stellte jedoch Medwedews Versuch dar, die Frage zu beantworten, wohin Russland gehörte. Die Bestrebungen der deutschen Regierung, seinen Plan voranzubringen, blieben erfolglos, weil Unterstützung aus anderen Ländern fehlte und der Vorschlag selbst zu vage war. Später fragten sich einige Deutsche, ob dies nicht eine verpasste Gelegenheit gewesen sei, Russland in euroatlantische Strukturen einzubinden.

Nach den Bundestagswahlen 2009 gab es eine neue Koalitionsregierung. Guido Westerwelle von den Freien Demokraten wurde Außenminister, führte jedoch weitgehend die Politik seines Vorgängers fort. Deutschland war die treibende Kraft hinter dem EU-Plan von 2010, eine Modernisierungspartnerschaft mit Russland einzugehen, ein technisches Programm, das darauf abzielte, Rechtsstaatlichkeit und eine moderne Regierungsführung zu fördern, die Korruption zu bekämpfen und zu einer stärker diversifizierten Wirtschaft zu ermutigen – eine Politik, für die Medwedew selbst sich wiederholt einsetzte.[47] Merkel traf sich auch mit ihm, um nach einer Lösung für den Konflikt in Transnistrien zu suchen.[48] Berlin unternahm eine Vielzahl von Aktivitäten, um Russland zu einer Modernisierung seiner Wirtschaft und mehr Kooperation mit dem Westen zu ermutigen, Maßnahmen, die die Reset-Bemühungen der Regierung Obama widerspiegelten. Letztlich konnte Medwedew jedoch nur einen geringen Teil seiner ehrgeizigen Pläne umsetzen, weil er von den Beamten und Magnaten um Putin mattgesetzt wurde, deren ureigene Interessen durch echte Reformen bedroht worden wären. Als Putin seine Rückkehr in den Kreml verkündete – was wenige Monate später im Vorfeld der Wahlen zu Massenprotesten führte –, waren die deutschen Hoffnungen auf eine bessere Beziehung mit Russland geschwunden. Als er dann im September 2011 kundtat, dass Medwedew und er von Beginn an vereinbart hätten, 2012 diesen Rollentausch vorzunehmen, fühlte Merkel sich «schwer getäuscht».[49]

## PUTIN, MERKEL UND DIE «FROSTPOLITIK»

Die Tatsache, dass Russland die Krim annektiert und im Südosten der Ukraine einen Krieg begonnen hatte, wirkte sich stark auf seine Beziehungen zu all seinen westlichen Partnern aus, doch das Zerwürfnis mit Deutschland war größer als mit jedem anderen Land und überraschte Moskau und Berlin in stärkerem Maße. Von 1992 bis 2014 hatte Deutschlands Russlandpolitik auf einer Reihe fundamentaler Prinzipien basiert. Die Entwicklung einer Beziehung mit Russland war unerlässlich, egal wie schwierig der Prozess auch sein mochte. Russland wurde als starker, wichtiger, aber schwieriger Nachbar betrachtet, mit dem Deutschland – und in der Tat ganz Europa – gezwungenermaßen zurechtkommen musste. Überdies bedeutete Deutschlands Dankbarkeit gegenüber Russland für die Möglichkeit der friedlichen Wiedervereinigung, dass Berlin eine einzigartige Verantwortung in Europa hatte, Moskau bei seiner schwierigen postkommunistischen Transformation zu unterstützen. Man ging davon aus, dass Russland in den Westen integriert werden wolle, dass engere Wirtschaftsbeziehungen ein besseres Investitionsklima schaffen würden und dass Russland und Deutschland ähnliche Ansichten hinsichtlich Europas Sicherheit hegten. Doch der Anstieg deutscher Exporte nach Russland auf das Fünffache zwischen 2000 und 2011 hatte weder die Rechtsstaatlichkeit noch ein besseres Investitionsklima gefördert. Russlands Aggression gegenüber der Ukraine drohte das friedliche europäische Gebäude einstürzen zu lassen. «Putin überraschte jeden», sagte einer ihrer Berater. «Die Schnelligkeit, die Brutalität, die Kaltherzigkeit. Sie sind so typisch für das 21. Jahrhundert – die Panzer, die Propaganda, die Agents Provocateurs.»[50] Ostpolitik war zur Frostpolitik geworden.[51]

2014 wurde innerhalb von sechs Wochen die nach der Wiedervereinigung Deutschlands im Jahr 1990 und dem Ende des Kalten Kriegs errichtete friedliche europäische Ordnung zerschlagen, in deren Pflege Merkel so viel Mühe investiert hatte.

Anfänglich reagierte Deutschland jedoch vorsichtig. Angesichts der beträchtlichen deutschen Wirtschaftsinteressen in Russland zögerte Berlin, russischen Einzelpersonen und Unternehmen harte Sanktionen aufzuerlegen. Doch der Abschuss der malaysischen Passagiermaschine MH-17 änderte alles. Der Tod so vieler Niederländer und die Kaltschnäuzigkeit, mit der die Separatisten den Zugang zur Absturzstelle behinderten, hatten einen tiefgreifenden Einfluss auf die öffentliche Meinung in Europa. Kanzlerin Merkel ergriff die Initiative, die Unterstützung der EU für weitreichende finanzielle Sanktionen zu sichern, die Russland den Zugang zu globalen Kapitalmärkten erschwerten und ihm anfänglich zusammen mit den um die Hälfte gefallenen Ölpreisen beträchtliche wirtschaftliche Probleme bereiteten. Die Sanktionen kommen alle sechs Monate auf den Prüfstand, und bis jetzt hat Deutschland seine Partner davon überzeugen können, sie zu verlängern, bis Russland sich an die Vereinbarungen des Minsk-II-Abkommens vom Februar 2015 hält. Dieses Abkommen legt dar, was Russland und die Ukraine tun müssen, um den Konflikt zu beenden. Unter anderem soll die Ukraine die Kontrolle über die Grenze zu Russland zurückerhalten.

Angesichts des Interesses der deutschen Wirtschaft am Handel mit Russland – der auf dem Höhepunkt der Wirtschaftsbeziehungen bis zu 200 000 deutsche Arbeitsplätze sicherte – gab es erheblichen Widerstand gegen die Sanktionen. Schließlich jedoch sicherte der Präsident des Bundesverbands der Deutschen Industrie der Kanzlerin seine Unterstützung zu, da Sicherheitserwägungen, wie er eingestand, Vorrang vor Wirtschaftsinteressen eingeräumt werden müssten: «So schmerzlich weitere Wirtschaftssanktionen für die europäische Geschäftsfeldentwicklung, für deutsche Exporte und für einzelne Unternehmen auch sein mögen, sie können und dürfen als Mittel, Druck auf die russische Regierung auszuüben, nicht ausgeschlossen werden.»[52] Der Ostausschuss der Deutschen Wirtschaft, die Hauptinteressenvertretung deutscher Unternehmen in Russland, hat jedoch Einwände erhoben und die Sanktionen wiederholt kritisiert, weil sie der deutschen Industrie schaden und Russlands Politik nicht ändern würden. Er hat Verbündete sowohl in der SPD als auch in CDU und CSU. Der Kreml erkennt diese Uneinigkeit sehr genau, und Putin hat sein Bestes getan, ihr Vorschub zu leisten, indem er eine Reihe von Vertretern verschiedener politischer Parteien Deutschlands in Moskau willkommen geheißen hat, um über neue Handels- und Investitionsmöglichkeiten zu sprechen.

Angela Merkel hat in dieser komplizierten Beziehung eine schwierige Doppelrolle als Hauptvollstreckerin und Verhandlungsführerin. Sogar als sich die deutsch-russischen Beziehungen verschlechterten, übernahm sie die Führung bei den Verhandlungen mit Präsident Putin und versuchte, den Konflikt in der Ostukraine zu dämpfen. Unter Obama delegierte das Weiße Haus während der Ukrainekrise einen Großteil der diplomatischen Bemühungen an Deutschland und hielt sich bei dem Versuch, die Krise zu lösen, bescheiden zurück. Die USA gehören auch nicht zum Normandie-Quartett – Deutschland, Frankreich, Russland und Ukraine –, das das Minsk-II-Abkommen ausgehandelt hat. Obama und Merkel kamen offensichtlich überein, dass die Kanzlerin strenge Sanktionsregelungen aufrechterhalten werde, wenn das Weiße Haus sein Veto gegen die Versuche des Kongresses einlegte, der Ukraine Waffen zu liefern. Merkel glaubt, dass es keine militärische Lösung des Konflikts gibt, und ist strikt dagegen, irgendetwas zu tun, was Russland weiter provozieren könnte. Unter den westlichen Regierungschefs ist sie diejenige, die den intensivsten Kontakt mit Putin hat und wiederholt mit ihm telefoniert. Sie war auch die Verhandlungsführerin bei den beiden Minsker Waffenstillstandsabkommen. Ihre häufigen und frustrierenden Unterhaltungen mit Putin haben sie offensichtlich dazu verleitet, Präsident Obama gegenüber zu äußern, der russische Präsident lebe «in einer anderen Welt» als seine westlichen Kollegen. In politischen Kreisen heißt es, Merkels Erfahrung, dass Putin oft das eine sage und das andere tue, habe bei ihr zu einer härteren Haltung gegenüber dem russischen Staatschef geführt.

Russlands Gedenken im Jahr 2015 an das Ende des Zweiten Weltkriegs veranschaulicht Merkels vorsichtige Herangehensweise. Putin lud Schröder 2005 ein, der Militärparade zum 60. Jahrestag des Kriegsendes auf dem Roten Platz beizuwohnen. Es war das erste Mal, dass ein deutscher Regierungschef zur Feier der Niederlage Nazideutschlands eingeladen worden war. Für Schröder war es ein emotionaler Moment, denn er war kaum ein halbes Jahr alt gewesen, als sein Vater 1944 an der Ostfront fiel.[53] Doch im Jahr 2015, in dem ein Krieg in der Ukraine tobte, war kein westlicher Regierungschef bei der Siegesparade zum 70. Jahrestag des Kriegsendes zugegen. Vielmehr ließ das Kanzleramt verlautbaren, Angela

Merkel werde zwar nicht an den Feierlichkeiten am 9. Mai in Moskau teilnehmen, aber am Tag darauf mit Präsident Putin am Grab des Unbekannten Soldaten im Alexandergarten am Kreml einen Kranz niederlegen. Dies war Merkels doppelte Botschaft: Abneigung, Putins Zurschaustellung seiner militärischen Macht offiziell zu billigen, während in der Ukraine weiterhin ein bewaffneter Konflikt herrschte, und Anerkenntnis der Tatsache, dass Deutschland aufgrund seiner historischen Verantwortung gegenüber Moskau den russischen Staatsbürgern weiterhin Respekt für die Opfer zollen muss, die der Krieg von ihnen gefordert hat.

## DEUTSCHE PUTIN-UNTERSTÜTZER

Im Januar 2016 verschwand in Berlin Lisa, ein 13-jähriges russisch-deutsches Mädchen, für 30 Stunden. Als sie wiederauftauchte, behauptete sie, von Migranten aus dem Nahen Osten entführt und vergewaltigt worden zu sein. Das russische Fernsehen und russische Internetseiten berichteten darüber und bezichtigten Merkel, die legitimen Sicherheitsbedenken ihrer Bürger zu ignorieren. Sogar Außenminister Sergej Lawrow trat vor die Fernsehkameras und warf Deutschland «Vertuschung» und «eine Beschönigung der Realität um der politischen Korrektheit willen» vor. Steinmeier bezeichnete Moskaus Reaktion als «politische Propaganda».[54] Vor dem Kanzleramt in Berlin forderten 700 Demonstranten Gerechtigkeit für Lisa. Die deutsche Polizei führte gründliche Ermittlungen durch und kam zu dem Schluss, dass Lisa die Geschichte erfunden habe, weil sie sich mit ihren Eltern gestritten und die Nacht mit einem Freund verbracht hatte. Die Polizei legte der russischen Regierung alle Informationen vor, doch Lawrow trat erneut vor die Fernsehkameras und wiederholte seine Vorwürfe. Die bewusste Irreführung seitens der Russen erzürnte das Kanzleramt. Einige Deutsche sahen darin den Versuch des Kremls, Merkel zu schwächen. Deutschlands fremdenfeindliche und speziell islamfeindliche Rechtspopulisten schlossen sich prorussischen Demonstrationen an wie auch Linksextreme, wobei sich wieder einmal bestätigte, dass der Kreml aktiv regierungsfeindliche Gruppen jeder politischen Couleur unterstützt, und zwar durch gezielte Kampagnen in den Medien und sozialen Netzwerken. Dies war die «Russische Welt» in Aktion.

Der Kreml hat die «Russische Welt» innerhalb Deutschlands ins Visier genommen, um Merkels Politik zu unterminieren. Als nach der Annexion der Krim eine Welle patriotischer Gefühle durch Russland ging, bearbeitete der Kreml verschiedene Gruppen in Deutschland, vor allem Deutsche russischer Abstammung. Sie hatten zwar Russland verlassen, fühlten sich aber in ihrer neuen Heimat oft als Bürger zweiter Klasse und hatten es nicht geschafft, sich zu integrieren. Russland machte sich auch die fremdenfeindlichen Strömungen in Deutschland zunutze. Viele Deutsche glaubten, dass Merkel die Sicherheit der Deutschen gefährde und ihnen ihre Jobs wegnehme, indem sie Migranten aus Syrien oder Afghanistan dazu ermutigte, nach Deutschland zu kommen.

Die Deutschen sind nach wie vor tief gespalten in Bezug auf Russland, und der Kreml tut sein Möglichstes, diese Differenzen auszunutzen. Seit dem Beginn der Ukrainekrise haben Gruppen aktiver und ehemaliger deutscher Politiker – so Helmut Schmidt, Gerhard Schröder und Hans-Dietrich Genscher –, unterstützt von Journalisten und prominenten Wissenschaftlern, Merkels harte Haltung gegenüber Russland kritisiert und ein Ende der Sanktionen sowie die Rückkehr zu engen Beziehungen mit Moskau gefordert. Ihre Argumente wurden von jenen zurückgewiesen, die eine Rückkehr zum «Business as usual» ablehnen. 2016 sagten 64 Prozent der Deutschen, dass Putins Russland kein glaubwürdiger Partner für Deutschland sei, wogegen 38 Prozent der Ostdeutschen fanden, dass Berlins Politik zu russenfeindlich sei (bei den Westdeutschen waren es 22 Prozent). Doch obwohl die Deutschen zunehmend von Russland enttäuscht sind, sagten 57 Prozent der

Befragten, dass deutsche Soldaten nicht entsendet werden sollten, um NATO-Mitglieder wie Polen oder die baltischen Staaten zu verteidigen, wenn sie von Russland angegriffen würden.[55] Das Bild von Deutschland als einer friedlichen Macht, die Militarismus ablehnt und ein ehrlicher Vermittler sein kann, der die Feindseligkeiten zwischen Russland und dem Westen mildert, findet auch weiterhin tiefe Zustimmung in der deutschen Gesellschaft. Derweil wird Deutschland in Russland von knapp über der Hälfte der Bevölkerung in einem negativen Licht und von 35 Prozent in einem positiven Licht gesehen.[56]

Deutsche prorussische Gefühle korrelieren oft mit deutschen antiamerikanischen Ansichten. Dies machte die Snowden-Affäre deutlich. Edward Snowden, der NSA-Mitarbeiter, der 2013 mit Millionen gestohlener Geheimakten zuerst nach Hongkong und dann nach Russland floh, erhielt von Wladimir Putin politisches Asyl – eine humanitäre Geste, wie der Kremlchef sagte. Snowden behauptete, die NSA bespitzele US-Bürger – und auch Ausländer. Er enthüllte, dass in Deutschland jeden Monat 500 Millionen persönliche Verbindungsdaten abgefangen wurden. Noch tiefer wurde das Land, das mit dem Vermächtnis von zwei Geheimpolizeien – Hitlers Gestapo und der ostdeutschen Stasi – fertigwerden muss, von der Enthüllung getroffen, dass die NSA offensichtlich auch Merkels persönliches Mobiltelefon abhörte.[57] Natürlich war die Kanzlerin sehr erbost. Eine bedeutende deutsche Menschenrechtsorganisation verlieh Snowden einen Preis, und einige Mitglieder des Bundestagsausschusses, der die Aktivitäten der NSA in Deutschland untersuchte, empfahlen Berlin, ihm politisches Asyl zu gewähren. Für Putin war Snowden ein Geschenk, von dem er lange etwas hatte. Snowdens Enthüllungen belasteten nicht nur in hohem Maße die Beziehungen zwischen Deutschland und den USA, sie halfen auch, die Geschichte des Kremls aufrechtzuerhalten, dass die Vereinigten Staaten ein großer Menschenrechtsverletzer seien.

Angela Merkel bewegt sich weiterhin auf einem schmalen Grat zwischen der Aufrechterhaltung der Sanktionen und dem Versuch, die deutschen Wirtschaftsinteressen in Russland nicht vollständig zu vernachlässigen. Die Nord-Stream-2-Pipeline repräsentiert den Kern dieses Balanceakts. 2015 unterzeichnete das von Matthias Warnig geleitete Nord-Stream-Konsortium, an dem Gazprom eine Mehrheitsbeteiligung hat, einen 11-Milliarden-Dollar-Gesellschaftervertrag mit fünf europäischen Unternehmen – von denen einige später wieder ausstiegen – zum Bau einer zweiten Gaspipeline, die 55 Milliarden Kubikmeter Gas nach Deutschland und Europa leiten und dabei die Ukraine umgehen sollte. Damals fielen die Gaspreise, und Nord Streams Kapazitätsauslastung lag bei 70 Prozent. Das Projekt sorgte für zahlreiche Kontroversen. Oberflächlich betrachtet schien es beim Ausbau des Netzwerks nur um technische und rechtliche Fragen zu gehen. Nicht unerheblich waren angesichts der Spannungen zwischen Russland und Europa und der andauernden Kämpfe in der Ukraine jedoch die geopolitischen Implikationen. Die Argumente zugunsten des Projekts lauteten, dass Europas Gasbedarf bis 2020 steigen, die heimischen Vorräte abnehmen und die neue Pipeline diese Lücke schließen würden. Die Ukraine hatte die Transitpreise für Gas erhöht, was Russlands Interesse am Bau der Pipeline verstärkte. Darüber hinaus ist das ukrainische Pipelinesystem sanierungsbedürftig, es fehlt ihm grundsätzlich an Investitionen, und der ukrainische Energiesektor ist nach wie vor korrupt. Gegen das Projekt wurde vorgebracht, dass es im Widerspruch zu Europas Ziel einer Diversifizierung der Energielieferungen stehe, die Ukraine dringend benötigter Transiteinnahmen in Höhe von 2,3 Milliarden Dollar beraube, Europas Energiesicherheit gefährde und Umweltschäden verursachen werde. Nach Ansicht der meisten mitteleuropäischen Staaten war es eher ein geopolitisches Projekt, das Russland größeren Einfluss auf Europa verleihen sollte, als ein Energieabkommen. Während die Europäische Kommission seinen Nutzen prüfte, nahm Merkel eine neutrale Haltung ein und behauptete beharrlich, dass letztlich wirtschaftliche Faktoren darüber entscheiden müssten, ob es realisiert werde. Das war ihr Zugeständnis an die Wirtschaft für deren anhaltende Unterstützung in puncto Sanktionen. Doch nur wenige betrachten dieses Projekt als ein rein wirtschaftliches. So warf Donald Trump Deutschland beim NATO-Gipfel im Juli 2018 vor, wegen Nord Stream ein «Gefangener»[58] Russlands zu sein.

Im September 2017 fand in Deutschland die Bundestagswahl statt. Im Unterschied zu den Wahlkämpfen in den USA, Frankreich und Großbritannien scheint Russland sich nicht eingemischt zu haben, obwohl man dies in Deutschland befürchtete. Das Ergebnis erschütterte Europa. Die traditionellen Volksparteien CDU/CSU und SPD verloren an Zustimmung, während die nationalistische, populistische, fremdenfeindliche, prorussische AfD so viele Stimmen erhielt, dass sie die größte Oppositionsfraktion im Bundestag ist. Merkel benötigte acht Monate mühevoller Verhandlungen, um eine Koalition zusammenzuschustern, wobei sie zuletzt zur Großen Koalition zurückkehrte. Der neue sozialdemokratische Außenminister Heiko Maas schlug im Vergleich zu seinen Vorgängern Frank-Walter Steinmeier und Sigmar Gabriel einen härteren Ton gegenüber Russland an. Maas warf Russland vor, ein schwieriger Partner geworden zu sein, und listete eine Reihe unerwünschter Handlungen auf, die es jenseits seiner Grenzen begangen hatte. Er gab auch zum ersten Mal zu, dass wahrscheinlich Moskau hinter einem kürzlich erfolgten Cyberangriff auf Deutschlands Außenministerium stehe. «Wir werden den politischen Druck auf Russland aufrechterhalten», sicherte er zu.[59]

## WIRD TRUMP EINE RÜCKKEHR ZUR OSTPOLITIK VERURSACHEN?

Die Art, wie die Präsidenten der USA und Russlands mit Angela Merkel umgingen, hätte nicht unterschiedlicher sein können. Bis Mai 2018 führten eine Reihe von Aktionen der US-Regierung – unter anderem das Erheben neuer Zölle auf deutsche Waren und die Aufkündigung des Atomabkommens mit dem Iran, an dessen Aushandlung und Durchsetzung Deutschland hart gearbeitet hatte – zu einem schweren Zerwürfnis zwischen den Vereinigten Staaten und Deutschland. Nach einem schwierigen Treffen mit Trump in Washington, bei dem dieser fortfuhr, Merkel zu beschimpfen, reiste die Kanzlerin nach Sotschi, wo sie von einem strahlenden Putin mit einem großen Strauß rosafarbener und weißer Rosen empfangen wurde – statt mit einem großen Hund. Das Blatt hatte sich zweifellos gewendet. Putin und Merkel sprachen über die Notwendigkeit, das Iran-Abkommen trotz des Rückzugs der USA aufrechtzuerhalten; sie sprachen über die Situation in der Ukraine, über Handel und die Nord-Stream-2-Pipeline.[60] Kommentatoren spekulierten über eine «neue Entspannungspolitik» zwischen Deutschland und Russland.

Die neue Trump-Regierung und ihre deutliche Distanzierung von Deutschland – ganz anders als die Obama-Regierung – haben Berlin dazu veranlasst, seine Beziehungen zu Russland neu zu überdenken. Für Trump verkörpert Merkel die liberale globale Ordnung, die er verachtet. Merkels Besuche bei Trump waren schwierig, und Trump hat Deutschland vorgeworfen, nicht genug zu seiner eigenen Verteidigung beizutragen und unlautere Handelspraktiken gegenüber den USA anzuwenden. Obwohl Merkel nach wie vor skeptisch gegenüber Putins Russland ist, verstehen sie und Putin, dass eine pragmatische Kooperation bei Themen wie dem Iran angesichts einer unberechenbaren US-Administration unerlässlich ist. Bei ihrer gemeinsamen Pressekonferenz in Sotschi sagte Merkel zu ihren Gesprächen über den Iran, Syrien und die Ukraine: «Ich glaube, dass diese großen Probleme nur gelöst werden können, wenn wir die Themen diskutieren, bei denen wir unterschiedlicher Meinung sind, wenn wir sie diskutieren, analysieren und versuchen, die Diskrepanzen zu überbrücken, die Fakten gemeinsam zu besprechen und nach Lösungen zu suchen. Deswegen sind die Verhandlungen wichtig gewesen, und wir werden sie später fortsetzen.»[61]

Seit 2017 sieht sich die deutsche Bundeskanzlerin der wenig beneidenswerten Herausforderung gegenüber, ein Gleichgewicht ihrer Beziehungen zu Trump und Putin herzustellen. Merkels Beziehung zu Trump verschlechterte sich 2018 nach dem G7-Gipfel in Kanada und dem im Juli in Brüssel stattfindenden NATO-Gipfel dramatisch. In Kanada warf Trump Deutschland unfaire Handelspraktiken vor und forderte eine Rückerstattung von einer Billion Dollar für US-Zahlungen an die NATO. Beim Eröffnungsfrühstück in Brüssel stellte Trump folgende unbegründete Behauptung auf: «Deutschland wird völlig von Russland kontrolliert, weil es zwischen 60 und 70 Prozent seiner Energie und eine neue Pipeline von Russland bekommt»[62] (die Zahl für Gas beträgt 37 Prozent) – ein beispielloser Angriff. Merkel erwiderte: «Aus gegebenem Anlass möchte ich eines herausstellen: Ich habe die Kontrolle eines Teils von Deutschland durch die Sowjets selbst erlebt. Es ist gut, dass wir heute unabhängig sind.»[63]

Der Umgang der Trump-Administration mit Merkel hat in Deutschland zu erheblichem Nachdenken und der Erkenntnis geführt, dass Deutschland sich nicht länger auf die Beziehung mit den Vereinigten Staaten verlassen kann, sondern vielleicht neue Strategien ersinnen muss, mit Washington als einem Gegner umzugehen.[64] Wird das Deutschland dazu veranlassen, wieder als Vermittler zwischen Ost und West zu fungieren? Einstweilen wird Putin versuchen, Merkel zurück in seine Welt zu ziehen, während sie weiterhin ihrem unberechenbaren amerikanischen Verbündeten die Stirn bietet.

★ 5 ★

# DER «HAUPTFEIND»

## Russland und die NATO

*Frage: Aus Fachkreisen wissen wir, dass Sie sich mit der «Geheimdienstarbeit» vor Ort beschäftigten. Ist das richtig?*
*Antwort: Uns interessierte jede beliebige Information im Bereich, wie man früher sagte, des Hauptfeindes. Der Hauptfeind war für uns die NATO.*

**Wladimir Putin 2000**[1]

In einem mit viel Grün gesegneten nordöstlichen Vorort von Brüssel residiert die NATO in einem futuristischen Gebäudekomplex, davor die Flaggen ihrer 29 Mitgliedstaaten. Die Organisation wurde 1949 zur gemeinsamen Verteidigung gegen die Sowjetunion gegründet und sollte sicherstellen, dass sich die Vereinigten Staaten dauerhaft für diese Verteidigung einsetzten – und dass keine Konflikte zwischen den westeuropäischen Ländern ausbrechen. Wie Lord Hastings Ismay, einer der Gründerväter, 1949 erklärte, verfolgte das kollektive Verteidigungsbündnis drei Hauptziele: «die Amerikaner drinnen, die Russen draußen und die Deutschen unten zu halten».[2] Die ersten beiden Ziele blieben, aber das dritte änderte sich nach dem NATO-Beitritt der Bundesrepublik 1955. Von Anfang an war klar, dass die NATO sowohl darauf ausgerichtet war, einen möglichen sowjetischen Angriff auf Europa abzuschrecken, als auch den Westeuropäern zu versichern, dass die Vereinigten Staaten sie schützen würden.

Die Gründung der NATO bedeutete eine radikale Transformation der US-Außenpolitik, weg von ihren früheren isolationistischen Neigungen, die bis zu George Washingtons Ermahnung in seiner Abschiedsrede zurückreichen: «Warum sollten wir unseren Frieden und unsere Prosperität in die Netze von Europas Ehrgeiz, Rivalitäten, Interessen, Stimmungen und Launen verstricken, indem wir unser Geschick mit dem irgendeines Teiles von Europa verbinden?»[3] Aber die Mitte des 20. Jahrhunderts, nach dem Zweiten Weltkrieg, sie war eine ganz andere Welt. In Reaktion auf die Skepsis des Senats, der nach dem Zweiten Weltkrieg auf eine Rückkehr der Vereinigten Staaten zu ihrem historischen Isolationismus drängte, sprach sich der damalige US-Außenminister Dean Acheson aus moralischen wie praktischen Gründen für eine Mitgliedschaft der USA in der NATO aus, wie er im Rückblick schreibt:

> Wir waren anständige Menschen, wir konnten unsere Versprechen halten, und unsere Versprechen waren schriftlich niedergelegt und klar genug. Sie sollten einen Angriff auf einen unserer Verbündeten als Angriff auf uns selbst betrachten und wir selbst zusammen mit den anderen, wenn nötig mit gewaltsamen Mitteln, dem Opfer helfen, Frieden und Sicherheit wiederherzustellen und zu bewahren. Zweimal binnen eines Vierteljahrhunderts gab es bewaffnete Angriffe in der an diesem Vertrag beteiligten Region, und es war ohne jeden Zweifel klar, welche Maßnahmen zur Wiederherstellung von Frieden und Sicherheit wir zu ergreifen hatten.[4]

Was die Westeuropäer beruhigt haben dürfte, hatte auf die Sowjets einen gegenteiligen Effekt. Die NATO war die erste konkrete Verkörperung von George F. Kennans Politik der Eindämmung, die er 1947 während der sowjetischen Übernahme Osteuropas in seinem berühmten «Mr.-X»-Artikel formuliert hatte. Kennan, zu der Zeit Leiter des Office of Policy Planning im State Department, warnte, dass die UdSSR ihren internationalen Einflussbreich weiter ausbauen würde, sollte man sie nicht in die Schranken weisen. Sein

Rezept war klar: die Eindämmung der UdSSR. Er lehnte jedoch die Gründung der NATO ab.

Die sowjetische Übernahme der Tschechoslowakei im Februar 1948 war der letzte Akt in der Konsolidierung der Kontrolle Moskaus über Osteuropa – und zugleich das Ereignis, das die Vereinigten Staaten und Westeuropa zur Gründung der NATO veranlasste. Am 4. April 1949 versammelten sich die Außenminister von zwölf Ländern in Washington, um das Abkommen zur Gründung der NATO zu unterzeichnen. Die United States Marine Band spielte – vielleicht vorausblickend – zwei Songs aus dem Musical *Porgy and Bess*: «I Got Plenty of Nothin'» und «It Ain't Necessarily So.»[5] Mit unbewegter Miene beschwerte sich Josef Stalin über den aggressiven Charakter der NATO und kontrastierte ihn mit der vorgeblich wohlwollenden Natur der Moskauer Absichten.[6]

In den ersten vierzig Jahren ihres Bestehens erwies sich die NATO als eine der erfolgreichsten Allianzen der Geschichte. Die Vereinigten Staaten hatten zur Zeit des Kalten Krieges eine Viertelmillion Soldaten in Westdeutschland, flankiert von erheblichen Truppenstationierungen in anderen westeuropäischen Ländern. Am Fulda Gap, der Fulda-Lücke nordöstlich von Frankfurt, dem erwarteten sowjetischen Einfallstor in die Bundesrepublik Deutschland, standen sich die Truppen des NATO- und des Warschauer Pakts direkt gegenüber. Zu den dort stationierten amerikanischen Soldaten gehörte auch der spätere US-Außenminister Colin Powell, der sich an seine prägenden Jahre im Kalten Krieg gegen die Sowjets so erinnerte:

> Ich hatte gerade die Infanterieschule abgeschlossen und war ein einfacher 21-jähriger Leutnant aus New York. Jeder von uns kannte seine Aufgabe. Wenn der Ballon hochging, war es mein Job, schleunigst unsere Stellungen am Fulda Gap zu besetzen und den vorstoßenden Russen die Scheiße aus dem Leib zu prügeln. Das war's. Viel mehr mussten wir nicht wissen.[7]

Sechs Jahre nach der Gründung der NATO und zwei Wochen nach dem Beitritt der Bundesrepublik Deutschland zur westlichen Verteidigungsallianz versammelte Stalins Nachfolger Chruschtschow am 14. Mai 1955 in Warschau die osteuropäischen Führer um sich und hob die Warschauer Vertragsorganisation aus der Taufe, den unter der Bezeichnung Warschauer Pakt bekannt gewordenen «kollektiven Verteidigungspakt» des kommunistischen Europa mit acht Mitgliedsländern. Die Truppen des Warschauer Pakts wurden nie gegen die NATO eingesetzt, sondern nur gegen ihre eigenen Mitglieder, so wie 1968 bei der Invasion in die Tschechoslowakei, mit der die reformistische Bewegung des Prager Frühlings zerschlagen wurde. Der Pakt bestand bis zur Wiedervereinigung Deutschlands, mit dem Zusammenbruch des Kommunismus in Osteuropa wurde er obsolet. Der sowjetische Botschafter in Westdeutschland, Julij A. Kwizinski, beschrieb in seinen Erinnerungen mit vernichtenden Worten eines der letzten Treffen des Pakts im Juni 1990:

> Die Tagung ist mir als die wohl unangenehmste Verhandlungsrunde im Gedächtnis geblieben, die ich jemals zu überstehen hatte. Über der Gesprächsrunde lag ein Hauch von Heuchelei; man fürchtete, die Dinge beim Namen zu nennen, und flüchtete sich bei der Abfassung der Dokumente in zweideutige Formulierungen, die mir das Gefühl gaben, an einem Essen teilzunehmen, bei dem die Gäste die silbernen Löffel stehlen, wenn der Hausherr nicht hinschaut.[8]

Für die Sowjets war die NATO der Feind, weil sie den westlichen Willen verkörperte, sich ihnen zu widersetzen, und sie verbrachten vier Jahrzehnte damit, Zerwürfnisse zwischen den Europäern und den Amerikanern sowie zwischen den Europäern untereinander in der Hoffnung auszubeuten, das Bündnis zu schwächen.

## WAS HAT BUSH GORBATSCHOW VERSPROCHEN?

Die Fixierung auf die NATO endete nicht mit dem Zusammenbruch der Sowjetunion. Nach 1991 änderte Moskau seine Sichtweise auf die NATO für einige Jahre, doch das hatte keinen Bestand. Springen wir vor in den März 2014, als Putin in einer Rede die Annexion der Krim durch Russland ankündigte. Er betonte die Gefahr, die die NATO für Russland darstellen könnte, sollte die Ukraine dem Bündnis beitreten und Truppen auf der Krim stationieren. Andererseits hat Putin die NATO mehrfach als eine überkommene Organisation abgetan, sie ist offenbar beides: eine Bedrohung für Russland und irrelevant für das 21. Jahrhundert. Dazu passt, dass der Kreml in seinem offiziellen außenpolitischen Konzept für 2015 die NATO einerseits als eine ernste Bedrohung für Russland, andererseits als im Rahmen der sich herausbildenden neuen Weltordnung veraltet bezeichnete.[9]

Moskau beschwert sich immer wieder über die NATO: Die Vereinigten Staaten hätten, so der Vorwurf, Gorbatschow zum Zeitpunkt der deutschen Einigung versprochen, auf eine Erweiterung der NATO zu verzichten, sollte die UdSSR dem Verbleib eines wiedervereinigten Deutschland im Bündnis zustimmen. Diese Behauptung wird gleichermaßen in Russland und im Westen wiederholt – und mit dem angeblichen Bruch dieses Versprechens nicht nur die Verschlechterung der Beziehungen Russlands zum Westen begründet, sondern auch die Besetzung der Krim legitimiert. Für John J. Mearsheimer, einen amerikanischen Politikwissenschaftler, «tragen die Vereinigten Staaten und ihre europäischen Verbündeten die größte Verantwortung für die Krise. Die Wurzel des Konflikts ist die NATO-Osterweiterung, das zentrale Element einer umfassenderen Strategie, die darauf abzielt, die Ukraine aus dem russischen Orbit herauszulösen und in den Westen zu integrieren.»[10] Mehr als jedes andere Thema hat die Erweiterung der NATO um die ehemaligen kommunistischen Länder und Republiken der Sowjetunion die wachsende Kluft zwischen Russland und dem Westen seit 1999 definiert. Für Russland und seine Anhänger im Westen steht die NATO-Erweiterung im Mittelpunkt der Probleme zwischen Moskau und den Vereinigten Staaten und Europa. Ohne die NATO-Osterweiterung, so das Argument, hätten Russland und der Westen gemeinsam einen produktiven Modus Vivendi entwickeln können. Aus dieser Sicht ist der Westen für die Ereignisse verantwortlich, die den Krieg in der Ukraine ausgelöst haben.

In Putins Welt wird die NATO-Osterweiterung als einer der Hauptgründe für den Dissens mit dem Westen dargestellt. Aber sieht Putin die NATO wirklich als den «Hauptfeind», und wenn ja, warum? Schließlich hat die NATO am Ende des Kalten Krieges ihren Auftrag ausdrücklich in die Förderung eines «Europa – frei, einig und friedlich» geändert und eine Partnerschaft mit Russland begründet. Sie hat versucht, in einer Reihe von Foren mit Russland zusammenzuarbeiten, allerdings blieben die meisten dieser Versuche erfolglos. Im Nachhinein ist klar, dass die Vereinigten Staaten und ihre Verbündeten in den 1990er Jahren nicht in der Lage waren, eine Russland einbeziehende euro-atlantische Sicherheitsordnung zu schaffen. Die Vision von einem «Europa – frei, einig und friedlich» krankte am Ende daran, dass das größte Land Europas, Russland, darin außen vor blieb.

Aber wollte Russland überhaupt in diese Architektur einbezogen werden? Hätte der Westen 1991 die NATO demontieren und mit Russland zusammenarbeiten sollen, um eine neue europäische Sicherheitsstruktur zu schaffen, bei deren Regelausarbeitung Moskau ein gleichberechtigtes Mitspracherecht genossen hätte? Würde eine Auflösung der NATO heute, wie von Donald Trump und auch Wladimir Putin vorgeschlagen, ein neues Zeitalter der verbesserten Beziehungen zwischen Russland und dem Westen einleiten? Welche Versprechungen wurden Gorbatschow und Jelzin gegeben – oder auch nicht? Wie hat sich der Blick Russlands auf die NATO unter Wladimir Putin zugespitzt? Und wie könnte die NATO-Frage in Zukunft geregelt werden?

Ein Großteil der Kontroverse darüber, welche Zusicherungen Gorbatschow erhielt, geht auf eine Reihe von Gesprächen zurück, die der sowjetische Führer im Februar 1990 führte, drei Monate nach dem Fall der Berliner Mauer und vor den ersten freien Wahlen in Ostdeutschland im März, als die Vereinigten Staaten diskutierten, wie die Verhandlungen über die deutsche Vereinigung zu organisieren seien. Gorbatschow hoffte zu diesem Zeitpunkt, dass der Warschauer Pakt überleben und ein vereintes Deutschland beiden militärischen Blöcken angehören könnte – oder keinem Block.[11] Im Januar 1990 hatte der westdeutsche Außenminister Hans-Dietrich Genscher eine Rede gehalten, in der er erklärte, dass ein vereintes Deutschland Mitglied der NATO sein würde, aber «es keine Erweiterung des NATO-Gebietes nach Osten geben» werde. Am 9. Februar traf Gorbatschow mit US-Außenminister James Baker zusammen, der ihm versicherte, dass die Vereinigten Staaten und ihre Verbündeten garantieren würden, dass «die Zuständigkeit der NATO für Streitkräfte der NATO nicht einen Zoll nach Osten ausgeweitet werden», sprich dass keine nichtdeutschen NATO-Einheiten auf dem Gebiet der ehemaligen DDR eingesetzt würden.[12]

Die sowjetischen und US-amerikanischen Aufzeichnungen dieses Gesprächs sind weitgehend identisch. Aber obwohl die Teilnehmer nur davon sprachen, dass keine NATO-Truppen auf dem Gebiet der ehemaligen DDR stationiert werden, lag auf der Hand, dass das Konzept einer einen Teil des Territoriums eines Mitgliedslandes ausschließenden NATO-»Zuständigkeit» in der Praxis nicht funktionieren konnte.[13] Während der Gespräche Gorbatschows mit Bundeskanzler Helmut Kohl am nächsten Tag erläuterte Kohl, was Baker gesagt hatte, und versicherte dem sowjetischen Parteichef, dass der östliche Teil eines vereinten Deutschlands einen «Sonderstatus» innerhalb der NATO einnehmen werde. Wie die Aufzeichnungen aus diesen Gesprächen zeigen, kam das Thema einer NATO-Erweiterung über Deutschland hinaus zu keinem Zeitpunkt zur Sprache. Weder erhielt Gorbatschow zu diesem Thema

Zusicherungen, noch bat er darum.[14] Schließlich räumte er im Juli bei einem Treffen mit Kohl ein, dass ein vereintes Deutschland in der NATO bleiben könne. Eine Osterweiterung des Bündnisses hingegen war zu diesem Zeitpunkt noch niemandem in den Sinn gekommen.

In seinen Memoiren präsentiert Gorbatschow eine leicht abweichende Version des Gesprächs und behauptet, er habe Baker gesagt, eine Erweiterung der NATO sei inakzeptabel.[15] Auch der ehemalige US-Botschafter in der UdSSR, Jack Matlock, gab zu Protokoll, dass Gorbatschow eine «klare Zusage erhielt, dass sich die Grenzen der NATO bei einem Verbleib des vereinten Deutschland in der NATO nicht nach Osten verschieben würden».[16] Da es sich bei den Zusagen in diesen Gesprächen um mündliche, nicht schriftliche Versprechungen handelte, können wir unmöglich beweisen oder widerlegen, was oder was nicht die Teilnehmer damals annahmen gehört zu haben. Gorbatschow mag später geglaubt haben, Baker, Bush, Kohl und Genscher hätten gesagt, dass es keine NATO-Erweiterung geben würde, aber keiner seiner westlichen Gesprächspartner dachte während der intensiven Verhandlungen über die deutsche Einheit an eine Erweiterung der NATO. Tatsächlich gab Gorbatschow 2014 ein Interview, in dem er sagte: «Das Thema einer ‹NATO-Erweiterung› wurde überhaupt nicht diskutiert und in diesen Jahren auch nicht angesprochen. Ich sage das mit voller Verantwortung ... Hingegen wurde ein weiteres Thema, das wir angesprochen haben, diskutiert: dafür zu sorgen, dass nach der deutschen Wiedervereinigung keine zusätzlichen Streitkräfte aus dem Bündnis auf dem Gebiet der damaligen DDR stationiert werden.»[17] Doch die Mythen über das, was versprochen wurde, bestehen fort, und die Vorwürfe wegen angeblich gebrochener Versprechen wurden mit den sich verschlechternden Beziehungen zwischen Russland und dem Westen immer breiter ausgeführt und immer maßloser.[18]

## DIE ENTSCHEIDUNG ZUR NATO-OST-ERWEITERUNG – EINE FORTSETZUNG DER EINDÄMMUNGSPOLITIK?

War die Osterweiterung der NATO «der schicksalhafteste Fehler der amerikanischen Politik in der Nachkriegszeit», wie George F. Kennan behauptete?[19] Der Architekt der Eindämmung hatte nach dem Zusammenbruch der Sowjetunion seine Meinung über Russland geändert. Nun drängte Kennan auf seine Aufnahme in die europäische Sicherheitsordnung und warnte, dass der Ausschluss Russlands unvorhergesehene und gefährliche Folgen zeitigen könne. 1992 hatte sich der Warschauer Pakt sang- und klanglos aufgelöst, und die Regierung George H. W. Bush sah sich einem stark geschwächten Russland und einem Sicherheitsvakuum in Mittel- und Osteuropa gegenüber. Die Lösung der Bush-Administration lag in der Gründung des Nordatlantischen Kooperationsrates, eines von der NATO geleiteten Forums, an dem alle postkommunistischen Staaten teilnahmen. Der Rat tagte zwischen 1991 und 1997 und diskutierte Fragen im Zusammenhang mit dem Abzug der russischen Truppen aus der Region, litt aber unter seiner großen Mitgliederzahl und einer diffusen Agenda und wurde 1997 durch den Euro-Atlantischen Partnerschaftsrat mit fünfzig Mitgliedern abgelöst. Allerdings zeigte sich schnell, dass dieses multilaterale Gremium mit seinen vielen Mitgliedern zwar den Test der Inklusivität bestand, jedoch weder kohärent geplant war noch über eine wirkliche Strategie verfügte. Im Grunde genommen handelte es sich um eine bloße Übergangslösung für ein viel schwierigeres Thema: War es möglich, eine neue euro-atlantische Sicherheitsarchitektur zu schaffen, in der sowohl Russland als auch Osteuropa eine Rolle spielen und an der sie ein echtes Interesse haben würden?

Die erst unlängst von der sowjetischen Herrschaft befreiten und mit enormen innenpolitischen und wirtschaftlichen Problemen konfrontierten Länder Mittel- und Osteuropas begannen sich Gedanken über die Sicherheitsherausforderungen zu machen, mit denen die neue postsowjetische Welt sie konfrontieren würde. Unterdessen stand Russland vor noch größeren inneren Herausforderungen und musste sich darüber hinaus mit dem Verlust des Sowjetreichs arrangieren. Der russische Staat, der 1992 entstand, war nicht nur kleiner als in den vier vorangegangenen Jahrhunderten, ihm fehlte auch der durch die anderen Sowjetrepubliken und die Länder des Warschauer Pakts gebildete Verteidigungsgürtel. Russland hatte die Pufferstaaten verloren, die der Kreml als entscheidend für die Sicherheit des Staates ansah – und die ihn vor der NATO geschützt hatten.

Im Rückblick haben die Vereinigten Staaten und ihre Verbündeten völlig unterschätzt, was der Zusammenbruch der UdSSR für die russische Wahrnehmung der eigenen Verwundbarkeit bedeutete, und sich stattdessen eher auf die Unsicherheiten und Sorgen der mitteleuropäischen Länder konzentriert. Zugegebenermaßen waren Letztere offen prowestlich und wollten der NATO beitreten, während der Kreml, der unter dem weiter schwindenden Einfluss Russlands litt, einem möglichen Beitritt zu einer Organisation, deren Regeln von seinen ehemaligen Gegnern verfasst worden waren, sehr viel ambivalenter gegenüberstand. Der Westen war und ist nicht in der Lage, das Dilemma einer europäischen Sicherheitsarchitektur zu lösen, die gleichzeitig und angemessen die Anliegen Mitteleuropas, Russlands und der westlich orientierten postsowjetischen Staaten berücksichtigt. Was die Befürchtungen der mitteleuropäischen Länder linderte, verstärkte die Bedenken Russlands, sodass die NATO-Osterweiterung zu einem Nullsummenproblem wurde, das Länder wie die Ukraine und Georgien dauerhaft in ein Niemandsland verbannte.

1993 veröffentlichte der russische Auslandsnachrichtendienst, der damals von dem erfahrenen sowjetischen Diplomaten Jewgeni Primakow geleitet wurde, einen Bericht, in dem er vor der NATO-Erweiterung warnte und eine Haltung umriss, die sich als offizielle russische Position etablieren sollte. «Diese Erweiterung», so

Primakow, «würde das größte militärische Bündnis der Welt mit seinem kolossalen Offensivpotenzial direkt an die Grenzen Russlands bringen ... Sollte es dazu kommen, würde sich daraus die Notwendigkeit einer grundlegenden Neubewertung aller Verteidigungskonzepte auf unserer Seite ergeben, eine Umgruppierung unserer Streitkräfte und Änderungen der Einsatzpläne ... Das neue Russland», betonte er, «hat ein Recht darauf, dass seine Meinung berücksichtigt wird.[20]

## BORIS JELZIN UND DIE ERSTE NATO-ERWEITERUNG

Vielleicht wichtiger als das, was Gorbatschow 1990 im Hinblick auf die NATO versprochen oder nicht versprochen wurde, war das, was 1993, kurz vor dem Primakow-Papier, Boris Jelzin zugesagt wurde. Im Oktober 1993, kurz nachdem Jelzin unter Einsatz tödlicher Gewalt Oppositionsgruppen im russischen Parlament zerschlagen hatte, kam der amerikanische Außenminister Warren Christopher nach Moskau, um den Russen das Konzept der Partnerschaft für den Frieden zu erläutern. Als die Clinton-Regierung und ihre Verbündeten in den 1990er Jahren erstmals darüber diskutierten, wie die europäische Sicherheit in einer Weise neu organisiert werden könnte, die auch Russland einen Platz einräumte, beharrte sie auf der Fortexistenz der NATO. Während viele Russen und einige im Westen dafür eintraten, die Organisation als Relikt des Kalten Krieges zu streichen und durch eine paneuropäische Organisation zu ersetzen, die Russland, die Vereinigten Staaten und die Europäische Union umfasste, sahen andere keinen Grund, eine erfolgreiche Allianz aufzulösen, von deren Fortbestand alle Mitglieder profitierten. Und ungeachtet seiner Kritik legte Moskau niemals eine eigene Agenda für die Neugestaltung der europäischen Sicherheitsarchitektur vor. Stattdessen rief die

NATO die «Partnership for Peace» (PfP) ins Leben, ein bilaterales Förderprogramm für Länder des ehemaligen Warschauer Pakts, das sich auf Verteidigung und militärische Zusammenarbeit sowie die Demokratisierung der postkommunistischen Streitkräfte konzentrierte. Jedes Mitgliedsland konnte mit der NATO ein eigenes PfP-Programm entwickeln, und für einige sollte das der erste Schritt auf dem Weg zur späteren Mitgliedschaft werden. Einige US-Offizielle wollten die PfP als Alternative zur NATO-Mitgliedschaft propagieren, doch für viele mitteleuropäische Länder war Vollmitgliedschaft im Bündnis das eigentliche Ziel.

Auf Christophers Zusicherung hin, dass man nichts unternehmen werde, um Russland von der «vollen Teilnahme an der zukünftigen Sicherheitsarchitektur Europas» auszuschließen, stimmte Jelzin den Plänen zu – verlangte jedoch darüber hinaus von Christopher das Versprechen, dass die PfP für die teilnehmenden mitteleuropäischen Staaten Partnerschaft und nicht Mitgliedschaft bedeute. Christopher versicherte, dass dies der Fall sei, woraufhin Jelzin das Konzept als «eine brillante Idee, einen Geniestreich» pries. Christopher verkündete anschließend zwar noch, die Vereinigten Staaten würden «die Frage einer Mitgliedschaft als längerfristige Eventualität betrachten», doch es ist unklar, ob und wie Jelzin darauf reagierte.[21] Russland unterzeichnete sein PfP-Abkommen am 22. Juni 1994, dem Jahrestag von Hitlers Überfall auf die UdSSR.

Aber andere in Moskau standen der PfP-Idee von Anfang an deutlich skeptischer gegenüber. Das hauptsächliche Manko sei, argumentierten sie, dass sie Russland das gleiche Angebot wie allen anderen postkommunistischen Staaten machte, sprich, dass sie den Sonderstatus Russlands als Großmacht nicht anerkannte. Verteidigungsminister Pawel Gratschow erklärte, Russland müsse, sollte es der PfP beitreten, eine besondere Rolle und besondere Beziehungen zur NATO zugestanden werden – was aber, so wurde ihm beschieden, nicht in Frage komme. Russland musste sein PfP-Abkommen auf der gleichen Grundlage wie alle anderen unterzeichnen. Zwei US-Botschafter in Moskau – James Collins und Thomas Pickering – gestanden später ein, dass Washington mit dem Angebot einer NATO-Mitgliedschaft an die mitteleuropäischen Nationen gegen seine Versprechen an Moskau verstieß.[22] Jelzin hatte recht mit seinem Vorwurf gegen die Clinton-Regierung, sie habe mit der Entscheidung, Mitteleuropa die Mitgliedschaft in der NATO anzubieten, ihr ausdrückliches Versprechen von 1993 gebrochen, auf absehbare Zeit auf eine Erweiterung der NATO zu verzichten.

Russland hatte die Folgen der PfP kaum geschluckt, als die Debatte über die europäische Sicherheit auf die Planung der NATO-Osterweiterung zusteuerte. Die Regierung der Vereinigten Staaten war in dieser Frage gespalten, ebenso wie die Regierungen anderer NATO-Länder. Es ist wichtig, sich an den Kontext zu erinnern, in dem diese Debatten geführt wurden. Die Länder des ehemaligen Warschauer Pakts befanden sich in einem schmerzhaften und konfliktreichen Ablösungsprozess vom Kommunismus. In ihnen gingen nach wie vor die Geister der autoritären Zwischenkriegszeit um, und bestrebt, die alten ethnischen Agenden wiederzubeleben, forderten nativistische nationalistische Parteien die noch jungen demokratischen Parteien heraus. Zudem brachen mehrere ungelöste territoriale Streitigkeiten, zum Beispiel zwischen Rumänien und Ungarn, wieder auf, und irredentistische Gruppen agitierten für Lösungen zu ihren Bedingungen. Amerikanische und westeuropäische Politiker äußerten die Sorge, die europäische Ordnung könnte ohne wirksame Strukturen zur Bekämpfung dieser Bewegungen bald schon wieder ernsthaft bedroht sein. Eine EU-Mitgliedschaft lag für die meisten dieser Länder in weiter Ferne, dafür könnte die NATO durch die Auferlegung strenger Beitrittsbedingungen – einschließlich der Beilegung territorialer Streitigkeiten – als demokratisierendes Instrument dienen. Angesichts des Dilemmas, zwei widersprüchliche Ziele miteinander in Einklang bringen zu müssen – die Integration Mitteleuropas in die NATO zur Stärkung der europäischen Sicherheit einerseits und die Zusicherung andererseits, auch Russland eine Rolle in den erweiterten euro-atlantischen Strukturen zu gewähren –, entschied sich der Westen, dem ersten den Vorrang zu geben. Kaum überraschend also, dass Moskau entgegen der Zusicherung Washingtons, bei der NATO-Osterweiterung handle es sich um eine Win-win-Lösung, diese als ein Nullsummenspiel betrachtete.[23]

Die Clinton-Regierung nahm die NATO-Osterweiterung mit einer ersten Gruppe von Ländern in Angriff – Polen, Ungarn und Tschechien. In Washington war man überzeugt, die russischen Bedenken mit einer Reihe von Kompensationen zerstreuen zu können. Dazu gehörten der Beitritt der Russischen Föderation zur G7 und ein eigenständiges Abkommen zwischen Russland und der NATO, das 1997 in Paris unterzeichnet wurde und den Ständigen Gemeinsamen Rat (Permanent Joint Council, kurz PJC) zwischen der NATO und Russland begründete. Mit dem PJC sollte Russland eine Sonderbeziehung zur NATO ermöglicht werden, wobei Moskau bei den NATO-Beratungen eine Stimme, aber kein Vetorecht besaß. Im Jahr 2002, nachdem die USA und Russland im Krieg in Afghanistan zusammengearbeitet hatten, wurde der Ständige Gemeinsame Rat in NATO-Russland-Rat umbenannt. Der PJC hatte auf der Grundlage von «Neunzehn plus eins» gearbeitet, was bedeutete, dass Russland mit der NATO konferierte, nachdem die damals neunzehn NATO-Mitgliedstaaten russische Belange betreffende Entscheidungen getroffen hatten. Der NATO-Russland-Rat hingegen sollte auf der Grundlage von «Zwanzig» operieren, was hieß, dass sich russische Vertreter mit denen der NATO zusammensetzten, um ihre Ansichten kundzutun, bevor die NATO Entscheidungen traf. Auf diese Weise sollte sichergestellt werden, dass die NATO die Interessen Moskaus berücksichtigte. Obwohl sich Russland gelegentlich positiv über diese besondere Beziehung zur NATO äußerte, hat der NATO-Russland-Rat in der Praxis nie sonderlich gut funktioniert, trotz der periodischen Zusammenarbeit in Bereichen wie Such- und Rettungseinsätzen, zivilen Notfällen und der Terrorismusbekämpfung. Die Ambivalenz Russlands im Umgang mit einer Organisation, deren Agenda sie akzeptieren musste, und das Misstrauen, das Moskau gegenüber den Absichten der NATO hegt, bestehen nach wie vor, und nichts von dem, was die NATO unternommen hat, um ein kooperativeres Umfeld zu schaffen, hat diese überwinden können.

Drei Wochen nach dem Beitritt Polens, Ungarns und der Tschechischen Republik zur NATO im Jahr 1999 startete die NATO ihre Bombenangriffe auf Serbien und bestätigte damit die schlimmsten Befürchtungen des Kremls. Die Vereinigten Staaten und ihre Verbündeten begrüßten die Osterweiterung als einen Sieg für Freiheit und Demokratie. Jelzin hingegen warnte, «dass die Erweiterung ein Fehler sei, der zu einer neuen Ost-West-Konfrontation führen werde».[24]

## DIE BALKANKRIEGE UND DER RUSSISCHE KONFLIKT MIT DER NATO

Der Bruch zwischen Russland und dem Westen geschah auf dem Balkan, demselben Hexenkessel einander bekämpfender Ethnien und Religionen, aus dem schon der Erste Weltkrieg hervorgegangen war. Die Balkankriege der 1990er Jahre entfachten das latente Misstrauen und die Opposition der Russen gegen die NATO neu. Jugoslawien war ein Flickenteppich, der 1918 nach der Auflösung der Donaumonarchie und des Osmanischen Reiches aus historisch einander feindlich gesinnten ethnischen Gruppen zusammengefügt worden war. Das Konstrukt überlebte einen Großteil des 20. Jahrhunderts als einheitlicher Staat, zunächst unter der Herrschaft von Königen und dann, nach der Übernahme durch die Kommunisten 1946, unter der eisernen Hand von Marschall Josip Broz Tito. Nach seinem Tod wechselte die Präsidentschaft zwischen den großen ethnischen Gruppen, aber als sich die Sowjetunion öffnete und Gorbatschow (unwissentlich) zu größerer ethnischer Selbstbestimmung innerhalb der UdSSR ermutigte, war der Zusammenbruch des jugoslawischen Systems nur noch ein Frage der Zeit. Nachdem die konstituierenden Republiken Jugoslawiens nacheinander ihre Unabhängigkeit erklärt hatten, unterstützte der serbische Führer Slobodan Milošević die bosnischen Serben, die einen ethnischen Krieg gegen die muslimische Bevölkerung Bosniens vom Zaun gebrochen hatten, der 1995 mit dem Massaker an 8000 muslimischen Männern und Jungen in Srebrenica einen unrühmlichen Höhepunkt fand. Zunächst hoffte Washington, die europäischen Verbündeten würden selbst eingreifen und dem Blutbad in ihrem Hinterhof Einhalt gebieten. Doch die Europäer konnten sich nicht auf die Modalitäten einer militärischen Operation einigen, und so intervenierte die NATO 1995 schließlich unter amerikanischer Führung, um das Blutvergießen in Bosnien zu stoppen. Russland erklärte sich widerstrebend bereit, mit der NATO über die 1994 eingerichtete Kontaktgruppe für das ehemalige Jugoslawien zusammenzuarbeiten, die regelmäßig zusammentrat, um den Fortschritt der militärischen Operation zu erörtern. Die USA waren entschlossen, Russland in die Planung der NATO einzubeziehen, ungeachtet der offenkundigen Ambivalenz Moskaus, das sich durchgängig als historischer Verbündeter und Verteidiger der Serben präsentierte. Nachdem der russische Außenminister Andrej Kosyrew die Argumente der USA darüber vernommen hatte, warum Russland den Angriff auf die Serben unterstützen sollte, schnappte er: «Schlimm genug, dass ihr uns sagt, was ihr unternehmen werdet, ob es uns gefällt oder nicht. Aber setzt dem Ganzen nicht noch die Krone auf mit der Behauptung, dass es *in unserem Interesse* sei, eure Befehle zu befolgen.»[25]

Moskau berief sich auf seine besondere Beziehung zu den Serben – den gemeinsamen orthodoxen Glauben und die historischen und kulturellen Verbindungen –, teilte aber zu diesem Zeitpunkt dennoch die Überzeugung, dass man dem serbischen Führer Einhalt bieten müsse. Der US-Diplomat Richard Holbrooke, der das Friedensabkommen von Dayton 1995 aushandelte, das den

Bosnienkrieg beendete, verstand die Bedeutung der Einbeziehung Russlands. Russland «[wollte] mit dieser weitgehend symbolischen Geste der Öffentlichkeit demonstrieren ..., dass man in der Weltpolitik immer noch eine wichtige Rolle spielte ...», schrieb Holbrooke in seinem Bericht über die Friedensverhandlungen. «Unserer Entscheidung, die Russen am bosnischen Verhandlungsprozess zu beteiligen, lag die grundsätzliche Einsicht der Regierung Clinton zugrunde, den Russen wieder einen angemessenen Platz in der europäischen Sicherheitsstruktur einzuräumen, der sie seit 1914 nicht mehr angehört hatten.»[26] Mit den Dayton-Abkommen wurde eine dreiköpfige Regierung auf der Grundlage der drei ethnischen Gruppen Bosniens geschaffen: Serben, Kroaten und Bosniaken (Muslime). Der Frieden wurde durch eine multinationale Eingreiftruppe gesichert, in der sich russische Truppen überraschenderweise direkt einem amerikanischen Kommandeur unterstellten, da sie sich weigerten, unter einem NATO-Kommandeur zu dienen, eine beispiellose militärische Zusammenarbeit, die überraschend gut funktionierte. Doch heute interpretieren russische Offizielle die Intervention in Bosnien und den von der NATO auferlegten Frieden vor allem als eine Episode, die den Interessen Russlands zuwiderlief.

Das nächste Mal intervenierte die NATO 1999 während des Kosovo-Konflikts auf dem Balkan. Dabei ging es um das Recht der im orthodoxen Serbien lebenden muslimischen Kosovaren, ihre Unabhängigkeit von Serbien zu erklären und einen eigenen Staat zu bilden. Zu diesem Zeitpunkt hatte sich die Position Russlands gegenüber dem Bündnis erheblich verhärtet, zudem war Jelzin ernsthaft angeschlagen und sah sich einer wachsenden innenpolitischen Opposition gegenüber, nachdem der Zusammenbruch des Rubels 1998 eine wirtschaftliche Kernschmelze nach sich gezogen hatte. Die Spannungen zwischen der NATO und Russland in den ehemaligen jugoslawischen Staaten waren während des Kosovo-Krieges sehr viel intensiver als im Bosnien-Konflikt. Russland, das in Bosnien noch Teil der Lösung gewesen war, hatte nun nicht die

Absicht, sich an einer weiteren NATO-Militäroperation zu beteiligen, um die belagerten Kosovo-Albaner vor serbischen Angriffen zu schützen.

Als sich die Spannungen zwischen den Vereinigten Staaten und Russland zuspitzten, brach der inzwischen zum Ministerpräsidenten aufgestiegene ehemalige sowjetische Geheimdienstchef und Diplomat Jewgeni Primakow im März 1999 nach Washington auf, um mit Clinton über das Kosovo zu diskutieren und die Wogen zu glätten. Noch während des Fluges erreichte Primakow die Nachricht, dass die NATO mit der Bombardierung Belgrads begonnen hatte. Zornentbrannt ließ er das Flugzeug auf halbem Wege wenden und kehrte nach Moskau zurück. Jelzins Gegner warnten ihn, was ihnen drohte, sollten sie tatenlos zusehen, wie die NATO die serbische Hauptstadt bombardiert: «Heute Jugoslawien und morgen Russland!» – «Lag es für sie [die Staats- und Regierungschefs des Westens] nicht auch auf der Hand», schrieb Jelzin, «dass jedes Bombardement, jeder Raketenschlag sich nicht nur gegen Jugoslawien, sondern indirekt auch gegen Russland richtete?»[27]

Trotz der starken russischen Opposition gegen den Kosovo-Krieg handelte der frühere russische Premierminister Wiktor Tschernomyrdin zusammen mit dem finnischen Präsidenten Martti Ahtisaari ein Friedensabkommen aus. Doch gerade als Tschernomyrdin seinen Namen unter das Abkommen setzte, um den Krieg zu beenden, wäre es um ein Haar noch zu einer direkten militärischen Konfrontation zwischen russischen und NATO-Truppen gekommen. Eilends herbeigeschaffte russische Einheiten hatten noch vor dem Eintreffen der NATO-Truppen den Flughafen der kosovarischen Hauptstadt Pristina besetzt, ein Vorgehen, das in direktem Widerspruch zu den Bedingungen des Waffenstillstands stand, den die Russen unter Tschernomyrdin ausgehandelt und signiert hatten. An diesem Punkt plädierte der NATO-Oberbefehlshaber in Europa, US-General Wesley Clark, dafür, dass das Bündnis den russischen Einheiten direkt entgegentrete. Doch der für die örtlichen NATO-Truppen verantwortliche britische General Michael Jackson beschied Clark, er werde für ihn «nicht den Dritten Weltkrieg vom Zaun brechen», und schlussendlich konnte die Krise mit friedlichen Mitteln beigelegt werden.

Die Kosovo-Kampagne und ihre Folgen waren ein ständiger Quell russischer Kritik von Jelzin bis Putin. Die NATO habe, argumentierten die Führer des Kremls, mit den Bombardements in Serbien einschließlich des versehentlichen Bombenangriffs auf die chinesische Botschaft in Belgrad, der in Peking einen empörten Aufschrei auslöste, gegen das in der Charta der Vereinten Nationen niedergelegte Völkerrecht verstoßen. Darüber hinaus zeigt die nachfolgende Geschichte des Kosovo in den Augen der Russen die schlimmsten Auswüchse eines Militärbündnisses, das Europa gegen die Kerninteressen Moskaus seinen Willen aufzwingt. Nach dem Ende des Krieges wurde das Kosovo unter die Verwaltungshoheit der Vereinten Nationen gestellt, was aber nicht verhindern konnte, dass es schon 2004 erneut zu Gewalt zwischen Serben und Kosovaren kam und sich Ahtisaari ein weiteres Mal gezwungen sah, Verhandlungen über die schwierige Frage des künftigen Status des Kosovo aufzunehmen. Zwischen 2006 und 2008 blockierte Moskau die Beschlussfassung der Vereinten Nationen zum Kosovo mit der Behauptung, dass die Interessen Serbiens nicht berücksichtigt würden, und warnte vor einem möglichen Präzedenzfall für andere international nicht anerkannte Staaten, nicht zuletzt für die zahlreichen festgefahrenen Konflikte im postsowjetischen Raum. Und Moskau weigerte sich auch, den Kosovo-Plan zu unterstützen, der ausgehandelt worden war, nachdem die meisten westlichen Länder zu dem Schluss gelangt waren, dass die einzige Lösung darin bestehe, das Kosovo zu einem unabhängigen Staat zu erklären.

Nachdem das Kosovo 2008 einseitig seine Unabhängigkeit verkündet hatte, wurde der neue Staat in rascher Folge von den Vereinigten Staaten ebenso anerkannt wie von 22 der damals 27 EU-Mitgliedstaaten. Russland hingegen erklärte die Unabhängigkeitserklärung für rechtswidrig, und Putin warnte: «Hierbei handelt es sich um einen schädlichen und gefährlichen Präzedenzfall ... Man kann nicht ein Regelwerk für das Kosovo und ein anderes für Abchasien und Südossetien aufstellen.»[28] Um seinen Standpunkt zu unterstreichen, anerkannte Moskau nach dem Krieg zwischen Russland und Georgien im Jahr 2008 die Unabhängigkeit der beiden abtrünnigen Regionen. Putin erhob das Kosovo zum Maßstab und machte den Präzedenzfall Kosovo zu einem Geschenk, das immer wieder neue Früchte trägt. So erklärte er in seiner Rede zur Ankündigung der Annexion der Krim im März 2014: «Unsere westlichen Partner haben mit eigenen Händen den Präzedenzfall Kosovo geschaffen. In einer absolut gleichen Situation wie auf der Krim erkannten sie die Abspaltung des Kosovo von Serbien als legitim an und argumentierten, dass für eine einseitige Unabhängigkeitserklärung keine Erlaubnis der Zentralbehörde eines Landes erforderlich sei.»[29] Er wies auch das westliche Argument zurück, dass die Unabhängigkeit des Kosovo der einzige Weg gewesen sei, um ethnisches Blutvergießen zu beenden, und dass im Gegensatz zum russischen Vorgehen auf der Krim niemand das Kosovo annektiert und in seinen eigenen Staat integriert habe. Die Aktionen der NATO dienten Russland zugleich als Quelle der Kritik wie der Legitimität für das eigene Vorgehen in Georgien und auf der Krim.

## PUTIN UND DER «HAUPTFEIND»

Putin hat die NATO nicht immer als Feind bezeichnet. Weit davon entfernt, über die NATO herzuziehen, wandte er sich bei seinem ersten Amtsantritt an die westlichen Führer und vermittelte ihnen den Eindruck, dass er nach der Kosovo-Kampagne von 1999 ernsthaft an produktiveren Beziehungen zum Westen interessiert sei und selbst die Möglichkeit eines NATO-Beitritts Russlands in Betracht ziehe. Die Vereinigten Staaten und ihre Verbündeten hatten bekräftigt, dass jedes europäische Land zum NATO-Beitritt berechtigt sei, wenn es die Kriterien für die Mitgliedschaft erfüllte, und offenkundig wollte Putin diese Versprechung nun testen. Zumindest sprach er die Frage des NATO-Beitritts Russlands zuerst gegenüber Bill Clinton an[30] und anschließend gegenüber NATO-Generalsekretär George Robertson, der ihn beschied, dass Russland in diesem Fall eine Mitgliedschaft beantragen müsse.[31] In einer Pressekonferenz im Juli 2001 sagte Putin, das Bündnis könnte «Russland in die NATO aufnehmen – und dadurch einen abgeschlossenen Bereich der Verteidigungssicherheit schaffen». Laut hochrangigen russischen Beamten spielte Putin zu diesem Zeitpunkt ernsthaft mit dem Gedanken an eine russische NATO-Mitgliedschaft.[32]

Über die Jahre hinweg regten Vertreter verschiedener NATO-Länder an, die Russen zum Beitritt in das Bündnis einzuladen und damit ein für alle Mal die Frage zu beantworten, wohin Russland gehörte. Nach seinem Amtsantritt ordnete George W. Bush eine Überprüfung der russischen Politik an, in deren Rahmen Beamte des Office of Policy Planning im Außenministerium (einschließlich der Autorin) einen kreativeren Weg für die Lösung der NATO-Frage vorschlugen. Die NATO sei, argumentierten sie, seit jeher eine anpassungsfähige und wandlungsfähige Organisation gewesen, und angesichts der Herausforderungen des 21. Jahrhunderts gelangten sie zu der Einsicht, dass es «in unserem langfristigen Interesse liegt, Russland als Partner zu haben, nicht als Spielverderber» – und stellten einen Fahrplan vor, wie die Verhandlungen mit Russland zeitgleich mit der Vorbereitung der zweiten Erweiterungsrunde der NATO um die baltischen Staaten geführt werden sollten. Laut Richard Haass, damals Direktor des Office of Policy Planning, «war es eine große Idee, Russland in die NATO zu integrieren. Die NATO hatte sich zu einer Organisation mit frei ausgehandelten Beziehungen verwandelt, und Russland enger an die NATO zu binden stand keineswegs im Widerspruch zu dem, wozu die NATO geworden war».[33]

Kurz darauf schrieb der ehemalige US-Außenminister James

Baker, der Mann, dessen Zusicherungen an Gorbatschow 1990 von vielen falsch interpretiert worden waren, einen Artikel, in dem er darlegte, warum Russland eine NATO-Mitgliedschaft angeboten werden sollte. Er erinnerte seine Leser pointiert daran, dass die NATO «eine Koalition ehemaliger Gegner ist – eine traurige Lektion des 20. Jahrhunderts lautet, dass es gefährlicher ist, sich Allianzen mit besiegten Gegnern zu verweigern, als solche Allianzen einzugehen».[34] Bakers autoritatives Wort hätte Gewicht haben sollen, doch die Regierung Bush beschloss, diesen Weg nicht weiterzuverfolgen.

Andererseits, wie ernst war es Putin wirklich mit den Gedankenspielen über eine mögliche NATO-Mitgliedschaft Russlands? Als der TV-Moderator David Frost ihn im Jahr 2000 in einem BBC-Interview fragte, ob er sich vorstellen könne, dass Russland jemals der NATO betritt, entgegnete Putin: «Ich sehe keinen Grund, warum nicht. Ich zumindest würde eine solche Möglichkeit nicht ausschließen – vorausgesetzt, die Ansichten Russlands werden als die eines gleichberechtigten Partners berücksichtigt.»[35] Aber über Putins Wahrnehmung der NATO als «Hauptfeind» hinaus gab es ein weiteres Problem. Russland musste bei einem Nato-Beitritt die Regeln des Bündnisses akzeptieren – Regeln, die in Washington und Brüssel verfasst worden waren. Putin, dessen Ziel es war, sein Land wieder als Großmacht auf der internationalen Bühne zu etablieren, sträubte sich dagegen, sich der westlichen Agenda zu unterwerfen. Russland wollte mit den Vereinigten Staaten auf Augenhöhe interagieren und über die Führung der NATO mitbestimmen.

## DIE «URKNALL»-ERWEITERUNG 2004

Jelzin hatte gegen die erste Runde der NATO-Osterweiterung Einspruch erhoben, und Putins Haltung gegenüber der zweiten Runde war ähnlich kritisch, wenn nicht noch kritischer. Immerhin wollte die NATO nun gleich sieben neue Mitglieder aufnehmen, darunter drei ehemalige Sowjetrepubliken – Lettland, Litauen und Estland –, von denen einige annahmen, dass sie für den Kreml eine rote Linie darstellten. Während Putins Besuch in Brüssel im Oktober 2001, auf dem Höhepunkt der Zusammenarbeit der USA und Russlands in Afghanistan, äußerte er seine Bestürzung über die geplante zweite Erweiterungsrunde:

> Angenommen also, die NATO-Erweiterung wird stattfinden und einige neue Mitglieder werden in das Bündnis aufgenommen. Wessen Sicherheit wird durch diesen Schritt erhöht? Welches Land Europas, welches Land der Welt und die Bürger welchen Landes der Welt würden sich sicherer fühlen? Wenn Sie nach Paris oder Berlin gehen und jemanden auf der Straße fragen, ob er oder sie sich nach der Erweiterung der NATO, der Vergrößerung der NATO, sicherer fühlen würde und ob sich diese Person vor der Bedrohung durch den Terrorismus sicher fühlen würde – die Antwort wäre höchstwahrscheinlich nein.[36]

Ungeachtet dieser harschen Kritik erörterte er im Anschluss daran die weitere Zusammenarbeit mit der NATO in Afghanistan. Zu diesem Zeitpunkt bedeutete die gemeinsame Arbeit an dem Kampf gegen die Taliban, dass Russland gleichberechtigt mit den Vereinigten Staaten und ihren Verbündeten interagierte. Und nach wie vor bestand die Erwartung, Russland könnte dank dieser gemeinsamen Aktion tatsächlich die von ihm angestrebte «gleichberechtigte Partnerschaft von Ungleichen» erlangen.

Rückblickend wird man feststellen, dass die NATO-Erweiterung um die baltischen Staaten durchgeführt wurde, ohne die Implikationen dieses Schritts voll und ganz zu durchdenken. Artikel 5 des Nordatlantikvertrags von 1949, der die NATO begründete, garantiert die kollektive Verteidigung jedes Mitgliedes. Wird ein Mitgliedstaat angegriffen, kommen alle anderen Staaten zu seiner Verteidigung zusammen. Aber sind die baltischen Staaten überhaupt verteidigungsfähig? Im Jahr 2004 dachten offenbar nur wenige in der NATO über die Möglichkeit nach, Russland könnte eines Tages eine konfrontativere Politik gegenüber diesen Nachbarn verfolgen. Nach dem Beitritt der baltischen Staaten installierte die NATO ein Luftüberwachungssystem für die drei Länder, eine defensive, rotierende 24/7-Überwachung zur Sicherung ihres Luftraums. Russland war wenig angetan von der Präsenz von NATO-Flugzeugen in der Nähe von Kaliningrad, der zur Russischen Föderation gehörenden Exklave, die geographisch durch Litauen und Polen vom Mutterland abgetrennt ist. Nach dem Ausbruch der Ukrainekrise begann Russland eine Kampagne der Marine- und Luftschikanen gegen die baltischen Staaten und setzte seine schon seit einiger Zeit andauernden Cyberangriffe fort. Ein Jahrzehnt nachdem Putin die NATO-Mitgliedschaft der Staaten grundsätzlich akzeptiert hatte, schien Russland nun darauf aus, herauszufinden, ob die NATO im Ernstfall tatsächlich zu deren Verteidigung herbeieilen würde. Als Reaktion auf das aggressive russische Verhalten reiste Barack Obama im September 2014 nach Tallinn, um den verunsicherten Bündnispartnern den Rücken zu stärken. «Wir werden unsere NATO-Verbündeten verteidigen, und das bedeutet jeden Verbündeten», verkündete der US-Präsident in der estnischen Hauptstadt. «Und wir werden die territoriale Integrität jedes einzelnen Verbündeten verteidigen ... Artikel 5 ist kristallklar: Ein Angriff auf einen von uns ist ein Angriff auf alle.»[37]

Dennoch kam eine RAND-Studie aus dem Jahr 2016 auf der Grundlage einer Reihe von Kriegsspielen über eine russische Invasion in die baltischen Staaten zu einem ernüchternden Ergebnis: Russische Streitkräfte könnten binnen sechzig Stunden die Vororte von Tallinn und Riga, der Hauptstadt Lettlands, erreichen. «So, wie sie gegenwärtig aufgestellt ist», lautete das ernüchternde Fazit, «kann die NATO das Territorium ihrer am stärksten gefährdeten Mitglieder nicht erfolgreich verteidigen.» Im Falle eines russischen Angriffs auf die baltischen Staaten stünde das mächtigste Militärbündnis der Welt vor einem schmerzhaften Dilemma: entweder seine Verbündeten der russischen Besatzung überlassen oder sich einem Krieg mit einer atomaren Supermacht stellen. Die Lösung bestand darin, die militärische Aufstellung der NATO zu verbessern, um eine russische Invasion wirksamer abschrecken zu können, wobei man sich jedoch bewusst war, dass man dessen ungeachtet eine längerfristige Verteidigung des Gebietes nicht würde gewährleisten können.[38] Ein ehemaliger britischer Stellvertretender NATO-Oberbefehlshaber in Europa veröffentlichte 2016 einen Roman, der eine russische Invasion in die baltischen Staaten beschreibt. Dabei ist das Bündnis nicht bereit und nicht in der Lage, kollektive Verteidigungsmaßnahmen nach Artikel 5 zu ergreifen, die attackierten Länder müssen sich auf ihre eigenen Streitkräfte verlassen.[39] Nur zehn Jahre nachdem die NATO sieben neue europäische Mitglieder in ihren Reihen begrüßt hatte, musste sie erleben, dass Russland ihre Glaubwürdigkeit als Verteidigungsorganisation auf provokante Weise in Frage stellte.

## MEDWEDEWS EUROPÄISCHE SICHERHEITS-INITIATIVE UND DER BUKAREST-GIPFEL

Seit dem Zusammenbruch der Sowjetunion hat Russland nur ein einziges Mal einen positiven Plan zur Reorganisation der euroatlantischen Sicherheit vorgelegt, und zwar im Juni 2008 zu Beginn der Präsidentschaft von Dmitri Medwedew. Bei einem Besuch in Berlin regte der frischgewählte russische Präsident eine neue europäische Sicherheitsinitiative an und legte später den Entwurf eines Vertrags zur Umsetzung seiner Vorschläge vor. In Berlin, wo er ein neues, integratives europäisches Sicherheitssystem forderte und die NATO kritisierte, blieb seine Rede eher vage:

> Die NATO schafft es nicht, ihrer Existenz einen neuen Sinn zu verleihen. Gegenwärtig wird versucht, diesen Sinn mit der globalisierten Mission der Allianz zu begründen, dies unter anderem unter Verletzung der Prärogativen der UNO, von denen ich gerade gesprochen habe, sowie durch die Gewinnung neuer Mitglieder. Es ist aber offensichtlich, dass dies keine Lösung für die gestellte Aufgabe sein kann.[40]

Das folgende Jahr hindurch arbeiteten die Russen an einem Vertragsentwurf, der die Ideen Medwedews formalisierte und Ende 2009 veröffentlicht wurde.[41] Viele der darin enthaltenen Bestimmungen blieben vage, und die meisten westlichen Länder sahen keinen Bedarf für einen weiteren rechtsverbindlichen euro-atlantischen Supervertrag.

Kurz darauf präsentierte der russische Außenminister Sergej Lawrow den Entwurf eines neuen NATO-Russland-Vertrags, der darauf abzielte, die Rolle Russlands bei der Entscheidungsfindung der NATO über die Verteidigungsplanung und militärische Stationierungen zu stärken, und zwar insbesondere von Raketenabwehrsystemen, die für Moskau von besonderem Interesse waren. Das warf in den Reihen der NATO-Mitglieder Fragen zu dem strittigen Punkt auf, ob Maßnahmen, die ein Mitgliedsland zur Erhöhung seiner Sicherheit ergreift, die Sicherheit eines anderen Mitgliedslandes beeinträchtigen können. Angesichts der stark voneinander abweichenden Definitionen Russlands und des Westens wäre die Interpretation einer Sicherheitsbedrohung notwendigerweise subjektiv und potenziell umstritten.[42]

Im Rahmen der «Reset»-Politik der ersten Obama-Regierung kam es zu einer bescheidenen Verbesserung der Beziehungen zwischen der NATO und Russland, doch die widersprüchliche Haltung Russlands gegenüber der NATO stellte weiterhin ein ernsthaftes Hindernis für eine engere Zusammenarbeit dar. Zur selben Zeit, da Russland und die NATO 2010 bei der Bekämpfung des Drogenanbaus in Afghanistan und der Piraterie vor der Küste Afrikas kooperierten und im neuen strategischen Konzept der NATO der Wunsch nach einer «starken Partnerschaft» mit Russland formuliert wurde, erklärte die russische Militärdoktrin die NATO für die größte externe Bedrohung des Landes.[43]

Während sich das Bündnis im NATO-Russland-Rat um eine Annäherung an Russland bemühte, beging es 2008 einen großen Fehler, als es die Frage der neuerlichen Osterweiterung falsch anfasste, was die russischen Ängste verschärfte und letztendlich eine militärische Reaktion Moskaus provozierte. Im Jahr 2008 versuchte die Bush-Regierung auf dem NATO-Gipfel in Bukarest, einen Membership Action Plan (MAP) für Georgien und die Ukraine festzuzurren, ein Thema, das auch innerhalb der Bush-Regierung umstritten war.

Verteidigungsminister Robert Gates und Außenministerin Condoleezza Rice waren dagegen, den beiden postsowjetischen Staaten einen MAP anzubieten, den ersten Schritt zur NATO-Mitgliedschaft. Die Aufnahme der baltischen Staaten in die NATO war eine Sache. Schließlich hatten die Vereinigten Staaten ihre Annexion durch die UdSSR 1940 nie anerkannt. Aber Georgien und die Ukraine waren integrale Bestandteile sowohl des Russischen Reiches als auch der UdSSR gewesen, und wenn man ihnen einen MAP gewährte, musste das unweigerlich den Zorn Russlands und Gegenmaßnahmen provozieren. Aus ebendiesem Grund lehnten auch viele der wichtigsten Verbündeten der Vereinigten Staaten – allen voran Frankreich und Deutschland – die Gewährung der MAPs entschieden ab. Doch Bush beharrte Rice gegenüber darauf, dass es dazu keine Alternative gebe. «Ich muss liefern», erkannte sie. «Das wird wirklich hart.»[44]

Der Bukarester Gipfel, auf dem sich der deutsche und der polnische Außenminister einen heftigen, mit verbalen Spitzen garnierten Schlagabtausch lieferten, war das kontroverseste und dramatischste NATO-Treffen aller Zeiten – zumindest bis zu Donald Trumps Einzug ins Weiße Haus. Als die Frist für die Eröffnung der Plenarsitzung näher rückte, versuchten Präsident Bush und seine Berater, einen für alle akzeptablen Kompromiss auszuarbeiten. Am Ende wies Angela Merkel den Weg aus der Sackgasse, als sie den folgenden Vorschlag auf den Tisch legte: Georgien und die Ukraine würden zwar keine MAPs erhalten, dafür sollte in die Gipfelerklärung der folgende Satz aufgenommen werden: «Wir sind heute übereingekommen, dass Georgien und die Ukraine NATO-Mitglieder werden.»[45]

Aber was bedeutete dieser Satz wirklich? In vielerlei Hinsicht vereinte er das Schlimmste aus beiden Welten. Weder Georgien noch der Ukraine wurde ein MAP zugestanden, dennoch konnte Russland behaupten, dass sie früher oder später der NATO beitreten würden, und die Bündniszusage als Vorwand nutzen, um beide Länder zu destabilisieren. Im Rückblick war dies ein unnötig provokanter Satz, der wenig dazu beitrug, die Sicherheitslage der Ukraine oder Georgiens zu verbessern, dafür aber umso mehr Moskau in dem Entschluss bestärkte, seine Vorherrschaft über den postsowjetischen Raum wiederherzustellen.

Am nächsten Tag traf Wladimir Putin in Bukarest zu einem Treffen des NATO-Russland-Rates ein. Es war das erste Mal, dass ein russischer Führer an einem NATO-Gipfel teilnahm. Wie zu erwarten, war Putin wütend über die Wortwahl in der Gipfelerklärung, insbesondere darüber, dass man der Ukraine und Georgien eine zukünftige NATO-Mitgliedschaft zugesagt hatte. In einer privaten Nebenbemerkung zum amerikanischen Präsidenten äußerte er den schicksalhaften Satz: «George, Sie müssen verstehen, dass die Ukraine noch nicht einmal ein Land ist. Ein Teil ihres Territoriums liegt in Osteuropa, und der größte Teil gehört zu uns.»[46] Sechs Jahre später sollte Russland in die Ukraine einrücken, um ebendiesen Punkt zu beweisen, und nur vier Monate nach dem Gipfel überschritten russische Truppen die Grenze zu Georgien. Dessen ungeachtet wurde auch in der Abschlusserklärung des NATO-Gipfels 2018 in Brüssel das Versprechen einer NATO-Mitgliedschaft für Georgien und die Ukraine wiederholt.

## VON TIFLIS BIS ZUM DONBASS: PUTINS DOKTRIN DER BEGRENZTEN SOUVERÄNITÄT

Russlands Reaktion auf das eventuelle Beitrittsversprechen der NATO für die Ukraine und Georgien bestand in der Anwendung militärischer Gewalt, um sicherzustellen, dass keines der beiden Länder territorial intakt bleibt und dass die andauernden Konflikte in beiden Ländern ihren Regierungen ein effektives Funktionieren erschwerten. Dass der Westen die Grenzen seiner Unterstützung für beide Länder angesichts der gegen sie gerichteten militärischen Aktionen Russlands eingestand, bestätigte nur die unausweichliche Tatsache, dass die NATO keine vertraglichen Verpflichtungen zu deren Verteidigung hatte.

Nach Monaten gegenseitiger Provokationen und dem Angriff georgischer Truppen auf die südossetische Hauptstadt Zchinwali marschierten im August 2008 russische Truppen in Georgien ein. Das ethnisch gemischte Südossetien ist eine umstrittene Enklave innerhalb Georgiens, die Anfang der 1990er Jahre ihre faktische Unabhängigkeit von Tiflis verkündet hatte. Der georgische Präsident Michail Saakaschwili war ebenso entschlossen, Südossetien wieder in Georgien einzugliedern, wie Putin entschlossen war, dies zu verhindern, da die unter russischem Schutz stehenden nicht anerkannten Territorien Moskau ein Druckmittel verliehen, das es nicht aus der Hand geben wollte. Darüber hinaus wollte Saakaschwili Georgien in die NATO führen und wurde darin offenbar von der Mehrheit seiner Bevölkerung unterstützt.

Im Verlauf dieses kurzen Krieges kamen sich russische und amerikanische Truppen auf den gegnerischen Seiten des bewaffneten Konflikts so nahe wie zu keiner anderen Zeit seit dem Ende des Kalten Kriegs. US-Militärs hatten georgische Truppen ausgebildet, die in Afghanistan und im Irak kämpften. Während des Krieges berief das Weiße Haus ein Treffen auf Direktorenebene ein, bei dem es um die Frage ging, ob die Vereinigten Staaten mit militärischer Gewalt auf die russische Invasion reagieren sollten –

mit dem einstimmigen Beschluss, dass die USA wegen Georgien keinen Waffengang mit Russland riskieren würden.[47] Obwohl sich der Westen nach 1992 weigerte, Russland das Recht auf einen dezidierten Einflussbereich in seinem Hinterhof zuzugestehen, akzeptierte er, dass, da weder Georgien noch die Ukraine NATO-Mitglieder waren, die Allianz wenig zu ihrer Hilfe unternehmen konnte. Nach dem Sieg über die georgische Armee, die dem russischen Militär nicht gewachsen war, erkannte Moskau die Unabhängigkeit Südossetiens und Abchasiens an, die andere abtrünnige Region innerhalb Georgiens. Obwohl sich nur eine Handvoll anderer Länder dem russischen Schritt anschlossen, hatte Georgien damit seine territoriale Integrität verloren, ein Umstand, der eine eventuelle NATO-Mitgliedschaft in noch weitere Ferne rücken ließ.

Das Vorgehen Russlands in der Ukraine erwies sich als weitreichender und weitaus gravierender für die europäische Friedensordnung als das, was in Georgien passiert war. Zwischen 2008 und 2014 verschlechterten sich die Beziehungen Moskaus zum Westen deutlich. Obwohl die Frage einer neuerlichen NATO-Osterweiterung in den Hintergrund trat und der ukrainische Präsident Wiktor Janukowitsch den blockfreien Status der Ukraine bekräftigte, instrumentalisierten Putin und andere russische Politiker weiterhin das Schreckgespenst einer erneuten Osterweiterung der NATO als Bedrohung für die vitalen Interessen Russlands.[48] Als sich Janukowitsch im Februar 2014 aus der Ukraine absetzte, trat die Bedrohung durch die NATO wieder in den Vordergrund – möglicherweise, weil der Kreml befürchtete, die Ukraine könnte nach dem Weggang Janukowitschs ihren blockfreien Status widerrufen.[49] In seiner Rede vom 18. März 2014, in der er die Annexion der Krim ankündigte, führte Putin die NATO-Drohung als einen der Gründe für die russischen Schritte an:

> Ich möchte auch darauf hinweisen, dass wir bereits Erklärungen aus Kiew über einen baldigen Beitritt der Ukraine

> zur NATO gehört haben. Was hätte das für die Zukunft der Krim und von Sewastopol bedeutet? Es hätte bedeutet, dass Schiffe der NATO in dieser ruhmreichen russischen Stadt lägen, und das wäre keine eingebildete, sondern eine völlig reale Bedrohung für den ganzen Süden Russlands gewesen. Das sind Dinge, die ohne die von den Menschen auf der Krim getroffene Entscheidung Wahrheit hätten werden können, und dafür möchte ich ihnen meinen Dank aussprechen.[50]

Das russische Vorgehen seit der Annexion der Krim hat eine Gegenreaktion der NATO provoziert, die die Spannungen zwischen den beiden Akteuren erheblich verschärft hat. Anfangs fiel die Reaktion der NATO auf die Besetzung der Krim und den Kriegsausbruch im Donbass noch zurückhaltend aus. Im Rahmen des Partnerschaftsabkommens mit der Ukraine hatte die NATO zwar mit dem ukrainischen Militär kooperiert, um die Landesstreitkräfte zu stärken, war aber nicht zur Verteidigung der Ukraine verpflichtet.

Der Kreml beharrt bis heute darauf, keine regulären Truppen zur Unterstützung der Separatisten in die Donbass-Region entsendet zu haben – eine Behauptung, die durch zuverlässige fotografische Beweise widerlegt worden ist. Und das russische Sicherheits- und Militärunternehmen Wagner hat Söldner in die Ukraine geschickt.[51] Offiziell bestätigt hat Moskau nur, dass im Donbass russische Geheimdienstoffiziere aktiv sind.[52] Falls russische Soldaten in der Ukraine kämpfen, dann, so der Kreml, tun sie das in ihrem «Urlaub». Andererseits hat die russische Menschenrechtsorganisation Union der Komitees der Soldatenmütter Russlands Leichensäcke mit Hunderten von toten Soldaten beschrieben, die aus der Ukraine nach Russland zurückgebracht worden sind.[53] Doch der Kreml-Sprecher Dmitri Peskow hat diese Behauptungen vehement abgestritten: «Wir haben mehrfach erklärt, dass sich auf dem Territorium der Ukraine keine russischen Truppen aufhalten.

Es ist einfach eine Manie, Russland eine destruktive Rolle bei der Entwicklung der ukrainischen Krise zuzuschreiben, und das weisen wir kategorisch zurück.»[54]

## DIE ANTWORT DER NATO AUF DIE KRIEGE RUSSLANDS MIT GEORGIEN UND DER UKRAINE

Das Beharren des Kremls auf «alternativen Fakten» hat das Misstrauen in der NATO im Hinblick auf die russischen Motive und Pläne für die Zukunft nur noch verstärkt und die Diskussionen im NATO-Russland-Rat sehr schwierig gemacht – mit der Folge, dass die NATO nach einem Vierteljahrhundert des beständigen Truppenabbaus in den an Russland angrenzenden Regionen sich wieder auf ihr ursprüngliches Anliegen besonnen hat: die Verteidigung ihrer Mitglieder gegenüber Angriffen von außen, unter anderem aus Russland. 1997 hatte die NATO 100 000 Soldaten in Europa stationiert, 2014 waren es gerade einmal noch 25 000. Auf ihrem Gipfel in Wales im September 2014 richtete die NATO ihre ganze Aufmerksamkeit auf die Invasion Russlands in die Ukraine:

> Wir verurteilen auf das schärfste die eskalierende und illegale militärische Intervention Russlands in der Ukraine und fordern von Russland, dass es seine Streitkräfte in der Ukraine und an ukrainischen Grenze aufhält und abzieht. Diese Verletzung der Souveränität und territorialen Unversehrtheit der Ukraine ist ein ernsthafter Verstoß gegen das Völkerrecht und eine ernorme Herausforderung für die euro-atlantische Sicherheit. Wir erkennen die illegitime «Annexion» der Krim durch Russland nicht an und werden diese auch in Zukunft nicht anerkennen.[55]

Die NATO vereinbarte daraufhin die Einrichtung einer Eingreifgruppe mit sehr hoher Einsatzbereitschaft, der Very High Readiness Joint Task Force (VJTF), die innerhalb weniger Tage einsatzbereit sein und auf Herausforderungen reagieren soll, die sich insbesondere an der Peripherie des NATO-Gebietes stellen. Zudem forderte das Bündnis seine Mitglieder auf, ihrer Verpflichtung nachzukommen und mindestens 2 Prozent ihres BIP für Verteidigungsaufgaben auszugeben, eine Forderung, die auch US-Präsident Trump bislang bei jedem seiner Treffen mit europäischen Staats- und Regierungschefs wiederholt hat.

Auf dem Warschauer Gipfel 2016 wechselte das Bündnis seine Strategie explizit von «Rückversicherung» zu «Abschreckung», ein entscheidender Schritt weg von den optimistischeren Jahren nach dem Ende des Kalten Krieges. Wen da abzuschrecken die Allianz für notwendig erachtete, lag auf der Hand. Die Symbolik, die darin lag, dass die NATO einen Gipfel in Warschau ausrichtete, der Stadt, in der zu Sowjetzeiten der Warschauer Pakt aus der Taufe gehoben worden war, entging weder den Polen noch den Russen. Eine russische Zeitung sprach vom ersten NATO-Gipfel «seit vielen Jahren mit einer so offen antirussischen Agenda». Die offiziellen russischen Medien verloren kein Wort darüber, dass die NATO damit auf den anhaltenden Konflikt Russlands mit der Ukraine und die militärische Aufrüstung in der Ostsee reagierte, genauso wenig, wie die russischen Kritiker der EU-Sanktionen es für nötig hielten zu erklären, warum die Sanktionen überhaupt verhängt wurden – ein typisches Muster für Russland mindestens seit Stalin, der sich seinerzeit weigerte einzugestehen, dass die NATO als Antwort auf die sowjetische Übernahme Osteuropas gegründet worden war. Die russischen Staats- und Regierungschefs tun so, als hätten sie bei keiner dieser Entwicklungen eine Rolle gespielt.

Als Reaktion auf das russische Vorgehen auf der Krim und im Donbass vereinbarte die NATO im Januar 2017 als abschreckende Maßnahme, in den baltischen Staaten sowie in Ostpolen Truppen und militärisches Gerät zu stationieren. Die vier Bataillone mit insgesamt zwischen drei- und viertausend Mann werden in Estland von Großbritannien, in Polen von den USA, in Lettland von Kanada und in Litauen von Deutschland angeführt. Darüber hinaus übernahm die NATO das Kommando über einen von den USA errichteten Raketenschild in Europa zur Abwehr ballistischer Raketen aus dem Iran und beschloss die Aufnahme von Montenegro als neuestem Mitglied. Wie bereits erwähnt, warnte NATO-Generalsekretär Jens Stoltenberg vor zunehmenden russischen Aktivitäten auf dem Balkan, wo der Kreml versucht, der Annäherung der südosteuropäischen Länder an den Westen zu torpedieren.

Verstärkt werden diese NATO-Bemühungen durch die vom US-Verteidigungsministerium getragene European Deterrence Initiative – die Europäische Abschreckungsinitiative.[56] «Wir haben es keineswegs mit einem Henne-oder-Ei-Problem zu tun», entgegnete Stoltenberg auf russische Beschwerden wegen dieser neuen Militärinitiative. «Schließlich kann kein Zweifel daran bestehen, dass erst die Aggression Russlands gegen die Ukraine, die Annexion der Krim und die anhaltende Destabilisierung der Ostukraine diese Reaktion der NATO ausgelöst haben. Bevor Russland seine aggressiven Aktionen gegen die Ukraine begann, hat niemand ernsthaft eine verstärkte NATO-Präsenz im östlichen Teil des Bündnisses erwogen.»[57]

Die neuen NATO-Stationierungen fanden im Januar 2017 statt, wobei die Entsendung nach Polen die zahlenmäßig größte Verlegung von US-Truppen nach Europa seit 1991 war. Die Entsendung von deutschen Soldaten nach Litauen war in Deutschland wie in Litauen angesichts des Erbes des Zweiten Weltkriegs ein heikles Thema, doch die Sorge um die russische Aggression ließ die Geister der Vergangenheit verblassen.

Als die neuen NATO-Einsätze begannen, drohte Russland mit Vergeltungsmaßnahmen. «Wir nehmen dies als Bedrohung wahr», verkündete Kreml-Sprecher Dmitri Peskow. «Diese Schritte gefährden unsere Interessen, unsere Sicherheit. Insbesondere da es sich um eine dritte Partei handelt, die in der Nähe unserer Grenzen eine militärische Präsenz aufbaut.»[58] Das Wechselspiel von Reaktion und Gegenreaktion in den Beziehungen zwischen der NATO und Russland lässt keine Anzeichen einer Abkühlung erkennen. Russland behauptet, die Krim nur deshalb besetzt zu haben, weil es befürchtete, dass seine Sicherheit gefährdet wäre, wenn die Ukraine der NATO beitreten und das Bündnis bis an seine Grenzen vordringen würde. Im Gegenzug verstärkte die NATO ihre Streitkräfte an den Grenzen zu Russland, weil sich die baltischen Staaten und Polen bedroht fühlten. Woraufhin Russland ankündigte, militärische Gegenmaßnahmen gegen diese neuen Stationierungen zu ergreifen. Die Frage, die sich nun stellt, lautet: Gibt es einen Weg, der aus diesem Kreislauf der Eskalation herausführt?

Hätten sich die Beziehungen Russlands zum Westen ohne die Osterweiterung der NATO wirklich so anders entwickelt? Und wenn sich die NATO Anfang der 1990er Jahre aufgelöst hätte, welche Sicherheitsarchitektur hätte an ihre Stelle treten können? Selbst 1992 betrachtete ein geschwächtes Russland, das schwer unter den Folgen des Zusammenbruchs der Sowjetunion litt, die ehemaligen Sowjetrepubliken immer noch als sein «Nahes Ausland», nicht als unabhängige Länder mit souveränen Rechten. Ein unabhängig gewordenes Mitteleuropa war Moskau eher bereit zu akzeptieren, befand sich allerdings nach wie vor kaum in einer Position, um ernsthafte Überlegungen darüber anzustellen, wie ein euro-atlantisches Sicherheitssystem beschaffen sein sollte. Und die OSZE – die einzige bestehende multilaterale Sicherheitsorganisation, der Nordamerika, Europa, Russland und die postsowjetischen Staaten angehörten – taugte nicht als Alternative für ein erfolgreiches Militärbündnis, das fast fünf Jahrzehnte lang den Frieden aufrechterhalten hatte. In den 1990er Jahren reduzierten die Vereinigten Staaten ihre militärische Präsenz in Europa drastisch, und die NATO verlagerte ihre Mission ausdrücklich von der Abschreckung der Sowjetunion auf die Zusammenarbeit mit den ehemaligen kommunistischen Ländern, um ein Europa «ganz und frei» zu schaffen. In den ungewissen Jahren nach dem Ende des Kalten Krieges hätte die Auflösung der NATO zu einem gefährlichen Sicherheitsvakuum in Europa geführt. Und Russland war nicht in der Lage, alternative Regelungen vorzuschlagen oder gar anzubieten.

Wäre eine NATO-Mitgliedschaft Russlands die Antwort gewesen? Streng genommen war Russland laut der Politik der offenen Tür der NATO theoretisch beitrittsberechtigt, obwohl dies Fragen darüber aufgeworfen hätte, ob die NATO bereit sei, Russland in einem möglichen Konflikt mit China zu Hilfe zu eilen. Wahrscheinlich aber war ein Beitritt Russlands zur NATO nie eine realistische Option, wie ein hoher Beamter der Regierung Clinton erklärte:

> Der Grund, warum der russische NATO-Beitritt nie zu einer echten Möglichkeit wurde, war grundsätzlicher Natur – und nicht immer leicht zur Sprache zu bringen. Wie man zu der Vorstellung stand, dass Russland ein Mitglied *ist*, hing davon ab, auf welchem Weg es das *geworden wäre*, davon, wie sein Beitritt von beiden Seiten interpretiert wurde. Sollte die Mitgliedschaft eine Frage des geopolitischen Anspruchs sein oder etwas, das verdient werden musste? Sollte Russland die Mitgliedschaft wegen seiner Macht angeboten werden oder weil es die Ziele der NATO wirklich zu den seinen gemacht hatte? Die Art und Weise, wie Russland in andere internationale Institutionen eingeschleust worden war, war kein gutes Modell.[59]

Die Russen waren, wie Bill Clinton einmal sagte, *lousy joiners* – schlechte Mitglieder. Sie mochten es nicht, Organisationen beizutreten, deren Regeln sie nicht entworfen hatten und nun akzeptieren mussten. Und viele der Organisationen, denen sie zu Sowjetzeiten angehört hatten, waren – mit Ausnahme der Vereinten Nationen – von ihnen dominiert worden, eben weil sie ihre Regeln verfasst hatten.

In den Jahren seit dem Zusammenbruch der Sowjetunion haben die Russen sehr deutlich gesagt, was ihnen gegen den Strich geht, es aber zumeist nicht vermocht, eine positive Agenda für einen Wandel vorzulegen. In den meisten Fällen haben sie lediglich auf die westliche Politik reagiert, und wenn sie wie in der Ukraine 2014 von sich aus aktiv wurden, haben sie in ihrer Nachbarschaft und auch darüber hinaus häufig auf militärische Mittel und Cyber-Instrumente zurückgegriffen.

Mit Blick auf die letzten 25 Jahre fällt es schwer, die Behauptung aufrechtzuerhalten, dass allein die NATO-Osterweiterung für die gefährliche Abwärtsspirale in den Beziehungen zwischen Russland und dem Westen verantwortlich ist. Die NATO-Osterweiterung bot den postkommunistischen Staaten einen Sicherheitsrahmen, in dem sie gedeihen und sich entwickeln konnten. Sie ist nur einer der Gründe für die Verschlechterung der russischen Beziehungen zum Westen. Der wichtigere Grund ist, dass Russland im vergangenen Vierteljahrhundert nicht wie vom Westen erhofft bereit war, die Regeln der internationalen Ordnung zu akzeptieren. Dazu gehörten die Anerkennung der Souveränität und territorialen Integrität der postsowjetischen Staaten und die Unterstützung einer liberalen, das Recht auf Selbstbestimmung respektierenden Weltordnung. Russland betrachtet die Triebkräfte der internationalen Politik nach wie vor hauptsächlich durch die Linse des 19. Jahrhunderts. Einflusssphären sind ihm wichtiger als die individuellen Rechte und die Souveränität kleinerer Länder. Das westliche und das russische Verständnis von Souveränität in Einklang zu bringen ist nachgerade ein Ding der Unmöglichkeit. Für Putin zählen allein Macht und Größe, nicht Regeln.

# WIRD DIE NATO MIT DONALD TRUMP ÜBERLEBEN?

Die Wahl von Donald Trump hat ernsthafte Fragen darüber aufgeworfen, ob die USA und Russland in der Frage der europäischen Sicherheit weiterhin so unterschiedliche Ansichten vertreten werden. Tatsächlich hält Putin in seiner Kampagne gegen die NATO inzwischen eine neue Trumpfkarte in Händen: den amerikanischen Präsidenten. Während des Wahlkampfes schlug Trump im Hinblick auf die NATO und Russland durchgängig zwei Themen an. Über die NATO sagte er: «Sie ist obsolet, erstens, weil sie vor vielen, vielen Jahren entworfen wurde. Zweitens zahlen die anderen Länder nicht das, was sie sollten.» Und: «Die NATO hat sich nicht mit dem Terrorismus befasst.»[60] Putins Sprecher Dmitri Peskow schloss sich der Behauptung von Präsident Trump an, dass die NATO «obsolet» sei, und erklärte: «Die NATO ist in der Tat ein Überbleibsel [der Vergangenheit], dem stimmen wir zu.[61]

Trumps zweites durchgängiges Thema während des Wahlkampfes war, dass Wladimir Putin ein großer Führer sei und die Vereinigten Staaten und Russland Freunde sein und Seite an Seite den «islamischen Terrorismus» bekämpfen sollten. Zudem stimmt Trumps «America-First»-Vision viel stärker mit Putins Ansichten über absolute und begrenzte Souveränität überein als mit dem traditionellen euro-atlantischen Verständnis von Souveränität und dem Prinzip der gegenseitigen Unterstützung, wie sie in Dean Achesons Worten von 1949 zum Ausdruck kamen.

Entgegen der offenkundigen Verachtung des Weißen Hauses für die NATO gibt es in Trumps Kabinett Stimmen, die eine andere Tonart anschlagen. So erklärte Trumps inzwischen zurückgetretener Verteidigungsminister James Mattis auf der Münchner Sicherheitskonferenz im Februar 2017, dass das «transatlantische Bündnis unser stärkstes Bollwerk gegen Instabilität und Gewalt darstellt», und versicherte seinem besorgten Publikum, die NATO werde auch in Zukunft das Fundament der transatlantischen

Sicherheit bleiben.[62] Auch wenn der augenfällige Kontrast zwischen dem Weißen Haus einerseits und dem Pentagon andererseits ernsthafte Fragen darüber aufwirft, in welche Richtung sich die zukünftige US-Politik entwickelt, hat allein schon die Furcht vor einem geringeren NATO-Engagement Washingtons die anderen Bündnismitglieder dazu bewogen, sich nochmals auf eine Aufstockung ihrer Verteidigungsausgaben zu verpflichten.

Der Brüsseler NATO-Gipfel im Juli 2018 offenbarte die tiefe Kluft zwischen Trump und seinen Verbündeten und warf Fragen darüber auf, ob die NATO vor einer existenziellen Krise steht. Schon beim Frühstück griff Trump Angela Merkel an und hielt ihr vor, dass Deutschland wegen seiner Abhängigkeit von russischen Gasimporten ein «Gefangener» der Russen sei: «Wir sollen euch gegen Russland schützen, aber ihr zahlt Milliarden von Dollar an Russland, und ich denke, das ist sehr unangebracht.»[63] Während Trump seine Verbündeten beschimpfte, bemühte sich der verdrießlich dreinschauende NATO-Generalsekretär Jens Stoltenberg, die Vorwürfe des US-Präsidenten mit höflichen Worten zu entkräften, und betonte, die meisten Verbündeten hätten den Anteil ihrer Verteidigungsausgaben am BIP bereits erhöht. Am nächsten Tag unterbrach Trump eine Sitzung mit den Präsidenten der Ukraine und Georgiens und drohte auf einer Dringlichkeitssitzung den Ausstieg der USA aus der NATO an, sollten sich nicht alle Bündnispartner verpflichten, ihre Verteidigungsausgaben umgehend aufzustocken. Am Ende erklärte er sich zum Sieger und verkündete, die anderen hätten sich seiner Forderung gebeugt.[64] Tatsächlich ging das NATO-Kommuniqué, das Trump mit unterzeichnete, hart mit Russland ins Gericht. In dem Schlussdokument beklagten die NATO-Partner «das aggressive Vorgehen Russlands» mit seinen nachteiligen Folgen für das europäische Sicherheitsumfeld und bekräftigten ihre Entschlossenheit, Russland einerseits weiterhin abzuschrecken, andererseits aber die NATO-Russland-Partnerschaft auf der Grundlage «der Achtung des Völkerrechts und der Einhaltung von Verpflichtungen» fortzusetzen.[65]

Angesichts der ungewissen Zukunft der NATO ist es durchaus möglich, dass in der Amtszeit von Trump zwei grundlegende Elemente der NATO weiter geschwächt werden: das Engagement der USA für Europa und das euro-atlantische Übereinkommen zur Verteidigung Europas gegen die Aggression einer feindlichen Macht. Und sollten in Europa die im Aufwind befindlichen populistischen Parteien an die Macht kommen oder zumindest an Einfluss gewinnen und durchsetzen, dass ihre Regierungen die Investitionen in die NATO reduzieren, könnte daraus eine radikal andere europäische Sicherheitslandschaft resultieren.

Selbst wenn die NATO in ihrer jetzigen Form überlebt, stehen dem Westen nur begrenzte Möglichkeiten offen. Er kann mit Russland zusammenarbeiten, ohne wie in der Vergangenheit Moskau dazu zu drängen, sich einer regelbasierten Ordnung zu unterwerfen. In diesem Fall wird es darum gehen, wie das Bündnis mit den zukünftigen russischen Aktionen im postsowjetischen Raum umgeht. Bis auf weiteres erfüllt die NATO für Russland einen nützlichen Dienst – sie liefert dem Kreml einen höchst willkommenen Hauptfeind.

★ 6 ★

# RUSSLAND UND SEIN «NAHES AUSLAND»

## Wie zivilisiert war die Scheidung?

*Jeder, der das Verschwinden der Sowjetunion nicht bedauert, hat kein Herz. Und jeder, der sie restauriert sehen will, hat keinen Verstand.*

**Wladimir Putin, 2005**[1]

*Ich möchte es für alle klarstellen: Unser Land wird auch in Zukunft aktiv die Rechte von Russen verteidigen, die Rechte unserer Mitbürger im Ausland, und zwar unter Einsatz der gesamten Bandbreite unserer Möglichkeiten – von politischen und wirtschaftlichen Maßnahmen über Operationen nach dem Völkerrecht bis hin zum Recht auf Selbstverteidigung.*

**Wladimir Putin, 2014**[2]

Auf dem Internationalen Wirtschaftsforum in Sankt Petersburg 2017 hielt der moldawische Präsident Igor Dodon eine bemerkenswerte Rede. Er kritisierte die Europäische Union und das Assoziierungsabkommen, das Moldawien 2014 mit Brüssel abgeschlossen hatte. Dann wandte er sich direkt an Putin, der zufrieden lächelte, und fuhr fort: «Wir sind anders als die westliche Welt. Wir haben andere Kulturen, wir haben andere Werte, wir haben andere Gebräuche ... Früher hatten wir eine antirussische Außenpolitik, aber nach den Präsidentschaftswahlen haben wir beschlossen, diese Situation in Ordnung zu bringen.»[3] Kaum jemals hat der Chef eines so kleinen und armen Landes – mit einer Bevölkerung von 3,6 Millionen und einem durchschnittlichen Pro-Kopf-Einkommen von 3000 Dollar pro Jahr – die Gelegenheit, bei einem hochkarätig besetzten internationalen Kongress die Bühne mit

Präsident Putin und seinem anderen Gast, Narendra Modi, dem Premierminister Indiens, gleichberechtigt zu teilen. Dodon war freilich aus einem ganz bestimmten Grunde dort: Er sollte zeigen, dass Moldawien die «Gegen-Ukraine» sei. Sie habe ihren Irrweg, sich dem Westen zuzuwenden und sich an der Europäischen Union zu orientieren, erkannt, bereue diese Fehlentscheidung und kehre jetzt in die Arme von Mütterchen Russland zurück. Da spielte es auch keine Rolle mehr, dass der proeuropäische Ministerpräsident Moldawiens ihm kurz darauf widersprach und behauptete, Dodon habe nicht die Autorität, «solche Entscheidungen zu treffen oder zu verkünden».[4] Für mehrere tausend Kongressteilnehmer war Dodons Botschaft klar: Russlands Nachbarland hatte seine internationale Ausrichtung überdacht, Reue über seinen Flirt mit dem Westen gezeigt und war in die Arme Moskaus zurückgekehrt.

Seit Putins Aufstieg in den Kreml war die Vormachtstellung Russlands im neuen Eurasien – einem riesigen Gebiet, das sich von der Ostsee bis an den Pazifischen Ozean erstreckt – eine entscheidende Voraussetzung für sein wichtigstes Ziel: Russland erneut als Großmacht zu etablieren.

Durch den Zerfall der Sowjetunion sah sich Moskau vor ein noch nie da gewesenes Problem gestellt: Wie sollte es mit den neuen Nachbarländern umgehen, von denen einige seit vier Jahrhunderten zum Zarenreich und der UdSSR gehört hatten? Russland hatte jetzt Landgrenzen zu 14 Nachbarn. Putin hat darauf hingewiesen, dass die Vereinigten Staaten nur zwei Nachbarländer haben, im Großen und Ganzen gute – wenn auch manchmal etwas holprige – politische Beziehungen zu beiden unterhalten und die Volkswirtschaften aller drei Länder immer enger miteinander verflochten sind. Das lässt sich von Russland und manchen seiner Nachbarn nicht behaupten. Im 17. Jahrhundert vereinnahmte Russland ukrainisches Gebiet und begann sich nach Osten auszudehnen, bis es sich gegen Ende des 17. Jahrhunderts ganz Sibirien einverleibt hatte. Unter Peter dem Großen annektierte es die baltischen Länder, und unter Katharina der Großen eroberte es Polen, die Krim und Noworossija, jene Gebiete im Norden des Schwarzen Meers, die vor allem den Süden der Ukraine umfassen und heute der Schauplatz des Separatistenkrieges sind. Im 19. Jahrhundert stieß Russland nach Süden vor, um den Kaukasus und Zentralasien zu erobern. Im Jahr 1918 wurden die baltischen Länder unabhängig, nur um dann 1940 wieder von der UdSSR geschluckt zu werden. Die drei transkaukasischen Länder – Georgien, Armenien und Aserbaidschan – erklärten nach der Bolschewistischen Revolution ihre Unabhängigkeit, nur um dann 1920 wieder annektiert zu werden. Nach dem Zweiten Weltkrieg gingen Kaliningrad (Königsberg) und die Westukraine in der UdSSR auf. Damals hatte Stalin alle Zaren übertroffen: Die UdSSR war größer als jeder frühere russische Staat. Der historische Prozess des «Einsammelns der Länder» schien abgeschlossen und unumkehrbar zu sein. Doch dann löste Jelzin im Dezember 1991 durch die Vereinbarungen von Beloweschskaja Puschtscha mit einem Schlag die UdSSR auf und reduzierte Russland auf die kleinste Fläche, die es seit 1654 gehabt hatte.

Am 8. Dezember 1991 lösten Russland, die Ukraine und Weißrussland in jener Jagdhütte im Nationalpark Beloweschskaja unweit von Minsk die Sowjetunion auf. Keine der anderen Sowjetrepubliken waren zur Auflösungsfeier eingeladen. Die zentralasiatischen Länder protestierten und behaupteten, die UdSSR nicht verlassen zu wollen. Doch als am Weihnachtstag 1991 die Hammer-und-Sichel-Fahne über dem Kreml zum letzten Mal eingeholt worden war, hatten sie keine andere Wahl – die UdSSR gab es nicht mehr. Die Auflösung der Sowjetunion wurde eine «zivilisierte Scheidung» genannt, da sie – anders als in Jugoslawien – relativ friedlich über die Bühne gegangen war. Jetzt, über ein Vierteljahrhundert später, darf man nicht aus den Augen verlieren, dass zwar einige der Sowjetrepubliken unabhängig werden wollten, anderen jedoch die Unabhängigkeit aufgezwungen wurde, und diese widerwillige Staatlichkeit hat Putin genützt.

Das Sowjetsystem war im Wesentlichen patrimonial – der Kreml und die Herrscher der Republiken behaupteten ihre Machtpositionen, indem sie die Ressourcen an ein Netzwerk von unterstützenden Klienten verteilten, die über das ganze Land verteilt waren. Jegliche politische Konkurrenz fand informell auf der Ebene der Eliten statt, nicht über Wahlen oder politische Parteien. Diese politische Vetternwirtschaft funktionierte in den muslimischen, auf Clangemeinschaften basierenden Gesellschaften Zentralasiens besonders gut. Der in der gesamten UdSSR existierende schwarze Markt, die «Schattenwirtschaft», war im Landwirtschaftssektor in Zentralasien besonders ausgeprägt. Dort machten lokale Erzeuger gemeinsame Sache mit Parteifunktionären, um Statistiken zu fälschen und alternative Handelsnetzwerke für ihre Produkte zu knüpfen. Tatsächlich funktionierte dieses System so gut, dass es in Zentralasien zur Zeit Gorbatschows im Gegensatz zu anderen Teilen der UdSSR kaum zu öffentlichen Forderungen nach Reformen kam – daher auch der Widerstand gegen die (von außen aufgezwungene) Unabhängigkeit.[5]

Das imperiale Russland hatte die eroberten Gebiete kolonisiert, indem es russische Funktionäre in die abgelegenen Landesteile aussandte, die sich daranmachten, die lokalen Eliten in die imperialen Strukturen Russlands einzubinden. Auf dem Gebiet der Ukraine waren diese Bestrebungen ziemlich erfolgreich, in anderen Gebieten dagegen weniger, was Lenins Appell an die nichtrussischen Volksgruppen in dem Vielvölkerstaat erklärt. Nach der Revolution legte Stalin in seiner Eigenschaft als Volkskommissar für Nationalitätenfragen die Grenzen innerhalb der neuen Union der Sozialistischen Sowjetrepubliken fest, um zu verhindern, dass eine einzelne ethnische Gruppe eine andere der 15 konstituierenden Republiken dominierte, mit Ausnahme der Russischen Republik. So schlug er zum Beispiel die Gebiete von Südossetien und Abchasien, deren Bevölkerung einen historischen Groll gegen das Volk der Georgier hegte, als autonome Regionen der Republik Georgien, seiner Heimat, zu. Das musste zwangsläufig zu Spannungen führen, die sich schließlich gegen Ende der 1980er Jahre, als die Macht der Zentralregierung geschwächt war, in Form von bewaffneten Auseinandersetzungen manifestierten. Jede einzelne der Sowjetrepubliken war ein multiethnischer Flickenteppich, und nur die eiserne Hand der kommunistischen Staatsgewalt sicherte den Frieden und unterdrückte gewalttätige Konflikte zwischen verschiedenen Volksgruppen. Während der gesamten Sowjetzeit war den lokalen Gebräuchen und politischen Traditionen in den einzelnen Republiken ein übergeordneter Apparat aus russifizierten kommunistischen Institutionen übergestülpt worden, bis sie sich, nachdem sie 74 Jahre lang geruht hatten, 1991 wieder durchsetzten. Der Kreml hat von diesem sowjetischen Erbe aus ethnischen Ressentiments und umstrittenen Grenzen profitiert und das Wiederaufflammen der eingefrorenen Konflikte in den postsowjetischen Gebieten gefördert.

Lebensfähige Länder aufzubauen in Gebieten, wo es so etwas nicht gegeben hatte, als die Sowjetunion sich auflöste, war eine große Herausforderung für die neuen Staaten. Darüber hinaus war für Russland der Übergang von einer imperialen zu einer postimperialen Macht, die die Unabhängigkeit ihrer Nachbarländer akzeptiert, in den vergangenen 25 Jahren eine besondere Herausforderung. Anstatt jedoch Putins Russland als ein Land zu sehen, das die UdSSR restaurieren will, könnte man eher sagen, dass der Kreml von der Außenwelt, zumal vom Westen, erwartet, ihn wieder so zu behandeln, als *wäre* er die Sowjetunion: als eine Atommacht, deren Interessen ebenso legitim sind wie die jeder anderen Großmacht, und als ein Land, das zu respektieren – und nach wie vor zu fürchten – ist. Das bedeutet aber auch zu akzeptieren, dass Russland ein Recht auf eine Sphäre privilegierter Interessen im postsowjetischen Raum hat. Ein russischer Beobachter hat es so ausgedrückt: «Akzeptiert uns so, wie wir sind, begegnet uns auf gleicher Augenhöhe, und lasst uns Geschäfte machen, wo wir gemeinsame Interessen haben.»[6] Russland ist freilich realistisch genug, um zu erkennen, dass es die UdSSR nicht neu erschaffen kann, und es würde auch die wirtschaftlichen Lasten nicht tragen wollen, die eine Restauration des Imperiums mit sich brächte. Russland ist heute ein Land, das man bezeichnen könnte als ein «postmodernes Imperium, dem viele der physischen Merkmale eines Imperiums abhandengekommen sind, in dem jedoch der imperiale Geist nach wie vor vorhanden ist und sogar wiederauflebt.»[7]

Gegenüber seinen Nachbarländern beansprucht Russland eine Führungsrolle, basierend auf einer gemeinsamen Geschichte, Sprache und Kultur, die einmal von Außenminister Lawrow als «Gemeinsamkeiten der Zivilisation» im postsowjetischen Raum bezeichnet wurden. Russland glaubt, es habe ein *droit de regard* in seiner Nachbarschaft. Russlands nationale Identität erstreckt sich über die gegenwärtigen Grenzen der Russischen Föderation hinaus bis zu den Grenzen der UdSSR – ohne die baltischen Staaten.[8] Die Bezeichnung «Nahes Ausland», die in Russland für die ehemaligen Sowjetrepubliken verwendet wird, bedeutet, dass der Kreml Minsk oder Eriwan oder Astana nicht als ausländische Hauptstädte betrachtet, sondern als Hauptstädte von quasiunabhängigen Regionen, zu denen Russland andere Beziehungen pflegen sollte als zu den Mächten des «Fernen Auslands». Und diese «fernen» Mächte sollen Russlands Nachbarländer nicht genauso behandeln, wie sie mit anderen, völlig unabhängigen Staaten umgehen. Moskau sieht die postsowjetischen Länder als Teil seiner eigenen Verteidigungsperipherie und glaubt, es müsse den strategischen Raum kontrollieren, in dem sie liegen. Folglich dürfen sie westlichen Sicherheitsbündnissen, die als Gegner der Kerninteressen Russlands betrachtet werden, nicht beitreten – damit ist vor allem die NATO gemeint.[9]

Russlands Fähigkeit, in seiner Nachbarschaft Einfluss auszuüben, wird vom Fortbestehen des «postsowjetischen Syndroms» in allen früheren Sowjetrepubliken – außer den baltischen Staaten – erleichtert. Dieses Syndrom ist unterschiedlich stark ausgeprägt, in Zentralasien am stärksten, in einigen der westlichen Nachbarländer Russlands dagegen schwächer. Fast drei Jahrzehnte nach dem Niedergang der Sowjetunion haben Rechtsstaatlichkeit, Transparenz der Regierungsarbeit, echter politischer Wettbewerb und demokratische Institutionen in den meisten postsowjetischen Staaten immer noch nicht richtig Fuß gefasst; die politischen Systeme dieser Länder ähneln eher dem russischen als jenen in Europa oder den Vereinigten Staaten. Die postsowjetischen Länder werden von kleinen Gruppen politischer und / oder familiärer Clans beherrscht; angeblich freie Wahlen sind de facto manipuliert und ihre Ergebnisse oft schon im Voraus festgelegt. Ein kasachischer Beamter hat es einmal so ausgedrückt: «In Zentralasien brauchen die Leute einen eindeutigen Führer und eine gelenkte Modernisierung.» Persönliche Beziehungen und informelle Netzwerke sind wichtiger als Regierungsinstitutionen, die schwach sind. Auch die Herrschaft des Gesetzes ist schwach. Es gibt kaum transparente Nachfolgeregelungen. Die Wirtschaft wird von einer kleinen Elite mit engen Beziehungen zur politischen Führung kontrolliert, und gemeinsam kontrollieren sie die meisten Vermögenswerte des Landes. Korruption und Vetternwirtschaft grassieren. Die freie Meinungsäußerung ist eingeschränkt, und die elektronischen Medien werden vom Staat betrieben oder sind in der Hand von Magnaten aus dem Umfeld der politischen Führung. Geschäftliche Beziehungen zwischen russischen Oligarchen und reichen Wirtschaftsmagnaten in den postsowjetischen Staaten verstärken die russische Art des Geschäftemachens. Allerdings zeigen die Ukraine, Georgien, Armenien und Moldawien nicht alle Merkmale des postsowjetischen Systems; dort finden freie Wahlen statt, deren Ergebnisse nicht von vornherein klar sind, und sie lassen in höherem Maße freie Meinungsäußerung zu. In den meisten postsowjetischen Ländern sind die verbindenden Beziehungen stärker als jene, die Russland von vielen seiner Nachbarländer trennen. Außerdem würde es Russland – im Gegensatz zu den USA oder der EU – nie einfallen, seine Nachbarländer wegen demokratischer Defizite zu kritisieren.

Unter Putin hat die russische Politik in Eurasien drei Hauptziele. Das erste ist, die wirtschaftliche und politische Integration der Nachbarländer Russlands über die neu geschaffene Eurasische

Wirtschaftsunion und durch Vertiefung der Organisation des Vertrags über kollektive Sicherheit voranzutreiben. Das zweite ist, den russischen Einfluss in der Region über sogenannte Soft-Power-Instrumente auszubauen, etwa über Organisationen wie *Russki Mir* («Russische Welt») und den Weltkongress der im Ausland lebenden Mitbürger. Diese Organisationen fördern durch Verbreiten der russischen Sprache über entsprechende Kurse und Kreml-freundliche elektronische Medien die Interessen Moskaus. Das dritte ist, gegen Staaten, die sich Moskaus Einfluss und der Integration mit Russland entziehen wollen, wirtschaftlichen (hauptsächlich im Bereich Energie) oder militärischen Druck aufzubauen, über die eingefrorenen lokalen Konflikte oder durch direkte militärische Aggression, wie etwa in der Ukraine. Überweisungen sind ein weiteres Druckmittel: Über 25 Prozent des Bruttoinlandsprodukts von Kirgisien und Tadschikistan entstehen aus Überweisungen von Arbeitsmigranten in Russland an ihre Angehörigen im Heimatland. Auch die Volkswirtschaften von Usbekistan, Armenien, Moldawien und Georgien sind auf solche Überweisungen aus Russland angewiesen.[10] Unter Putin sieht der Kreml die Aktivitäten des Westens in postsowjetischen Staaten als gravierendes Sicherheitsrisiko und versucht, von der Anfälligkeit seiner Nachbarländer für die Einflussnahme Russlands über eingefrorene Konflikte zu profitieren.[11]

## ZENTRALE INTERESSEN UND HERAUSFORDERUNGEN IM POSTSOWJETISCHEN RAUM

### Die russische Diaspora

Als die UdSSR zerfiel, lebten etwa 22 Millionen Russen außerhalb der Russischen Föderation. Genaue Zahlen sind schwierig zu bekommen, da das Wort «Russe» sich auf Personen beziehen kann, die entweder ganz oder teilweise russischer Abstammung sind, die Russisch sprechen oder sich mit der russischen «Zivilisation» identifizieren.[12] Die größte Diaspora – 12 Millionen Menschen – gab es in der Ukraine, 1,7 Millionen davon auf der Krim. Die zweitgrößte Diaspora war die in Kasachstan, wo 8 Millionen Kasachen und 4 Millionen russischsprachige Menschen leben, Letztere hauptsächlich im Norden des Landes. Auch in Usbekistan, Weißrussland, Estland und Lettland gab es jeweils eine große Diaspora sowie kleinere in den anderen der 15 unabhängig gewordenen Staaten. Sie waren in den vorangegangenen Jahrzehnten vom jeweiligen Sowjetregime dorthin geschickt worden, um für eine möglichst weitgehende Russifizierung und für Konformität mit der offiziellen Linie der Kommunistischen Partei zu sorgen. Und sie wurden ausgeschickt, um bei der wirtschaftlichen Entwicklung der Sowjetrepubliken zu helfen. Stalin schickte zahlreiche Russen in Gulags in diversen Sowjetrepubliken. In den meisten der 15 Republiken stammte der Erste Parteisekretär aus der ethnischen Gruppe der Mehrheitsbevölkerung, doch der Zweite Parteisekretär war stets ein Russe. Im Jahr 1992 wurden diese Russen plötzlich zu Ausländern in neuen Ländern, die das sowjetische Erbe abschütteln wollten. Wie sollte Russland mit ihnen umgehen?

Im Gegensatz zu anderen Minderheiten organisierte sich die russische nie zu einer kohärenten, über das vormals sowjetische Gebiet vernetzten Gruppe. Den Russen gelang es kaum, sich in den Ländern, wo sie lebten, in Interessenvertretungen zu organisieren. Zwar machte Moskau halbherzige Versuche, den in der Diaspora lebenden Russen die Idee einer doppelten Staatsbürgerschaft schmackhaft zu machen oder ihnen russische Pässe anzubieten, doch die meisten von ihnen erkannten, dass es klüger sei, eine bürgerliche statt ethnische Definition von Staatsangehörigkeit zu akzeptieren. Letzten Endes wurden die meisten Mitglieder der russischen Diaspora zu Bürgern des Landes, in dem sie lebten. Einige kehrten nach Russland zurück; diese Rückwanderung war in Zentralasien stärker ausgeprägt als in anderen Ländern. Besonders kompliziert war die Lage im Baltikum: Lettland und Estland hatten große russische Minderheiten, und anfänglich führten sie sehr strenge Einbürgerungstests für Russen ein – in der Hoffnung, dass viele von ihnen gehen würden. Doch ungeachtet fortwährender Proteste aus Moskau, dass ethnische Russen im Baltikum diskriminiert würden, haben nur sehr wenige von ihnen «mit den Füßen abgestimmt», auch unter den Rentnern, die im estländischen Narva im sowjetischen Militär gedient hatten. Unter dem Druck der Europäischen Union, der sie 2004 beitraten, haben die baltischen Länder ihre Einbürgerungsgesetze modifiziert, worauf die Proteste der Russen zurückgingen.

Im Jahr 1992 führten Jelzin und sein Außenminister Andrej Kosyrew die Bezeichnung «Mitbürger im Ausland» ein, die sich auf Personen bezieht, die außerhalb der Grenzen der Russischen Föderation leben, sich Russland jedoch kulturell und sprachlich verbunden fühlen, ungeachtet ihrer Staatsangehörigkeit. Um die Beziehungen zu diesen Landsleuten zu fördern, wurde eine Reihe von staatlichen Programmen ins Leben gerufen, die zudem unter Putin besser organisiert und mit mehr Geld ausgestattet wurden. Die Kontakte zur Diaspora sind gestärkt worden unter aktiver Beteiligung der russisch-orthodoxen Kirche, alles mit dem Ziel, Russlands Rolle als neu etablierte Großmacht zu untermauern. Putin ist heute der Champion der weltweiten russischen Diaspora. Im Jahr 2007 finanzierte der Kreml die Gründung der Stiftung *Russki Mir* («Russische Welt»), um die Beziehungen zu Mitbürgern im Ausland zu verbessern. Laut einem Mitglied ihres Vorstands gibt es weltweit 300 Millionen Menschen, deren Muttersprache Russisch ist.[13] Die Stiftung hat drei Ziele: die Verwendung der russischen Sprache im ehemals sowjetischen Raum zu fördern, weltweit das Unterrichten von Russisch als Fremdsprache zu unterstützen, die ebenso wichtig sei wie Englisch und Chinesisch, und dafür zu sorgen, dass Russisch eine Weltsprache bleibe.[14] Wie Putin es im April 2007 bei einer Ansprache vor der UN-Generalversammlung sagte:

> Die russische Sprache bewahrt nicht nur ein ganzes Spektrum wirklich globaler Leistungen, sondern ist auch der Lebensraum für viele Millionen Menschen der russischsprachigen Welt, einer Gemeinschaft, die weit über die Grenzen Russlands hinausreicht. Als gemeinsames Erbe zahlreicher Völker wird die russische Sprache nie zu einer Sprache von Hass oder Feindschaft, Fremdenfeindlichkeit oder Isolationismus werden.[15]

Putin hat sich auf das Konzept von den «Russischen Mitbürgern im Ausland» berufen, um die Annexion der Krim zu rechtfertigen und die Rechte der in der Ukraine lebenden Russen zu verteidigen. Heute stellt er sich als Garant der Sicherheit der russischen Welt dar und nimmt das Recht in Anspruch, überall zu intervenieren, wo Russen sich bedroht fühlen.[16] Seit der Annexion der Krim wird die Russische Welt als «Staatszivilisation» bezeichnet, die auf einem klar abgegrenzten Gebiet vorherrscht und dort mit anderen Zivilisationen um Ressourcen konkurriert. Mit diesem Konzept wird mittlerweile das «Wiedereinsammeln der russischen Länder» gerechtfertigt, ein russischer Revanchismus, der definiert ist als das Streben, nicht unbedingt die Gebiete selbst wiederzuerlangen, aber die Stellung, die Macht und den Status von einst.[17] Die Diaspora-Politik ist zu einem wichtigen geopolitischen Hebel geworden.

## Militärische Sicherheit und Terrorismusbekämpfung

Nach dem Zerfall der Sowjetunion hofften Jelzin und seine Berater eine Zeitlang, einen Militärapparat aufbauen zu können, der auch andere postsowjetische Staaten mit einbeziehen würde, doch diese Idee war eine Totgeburt. Jedes der neuen Länder wollte seine eigenen Streitkräfte, und doch fühlte Russland sich unsicher, weil es seine Sicherheitsperipherie als die Grenze der früheren UdSSR definierte. Spätestens 1993 besagte die russische Militärdoktrin, dass die Unterdrückung von Russen im «Nahen Ausland» eine militärische Bedrohung für Russland darstelle.[18] Also arbeitete der Kreml Abkommen mit einigen seiner Nachbarländer aus, um russische Truppen auf deren Territorium stationieren zu können. In den letzten Jahren der Gorbatschow-Ära brachen in Gebieten Kämpfe aus, die heute eingefrorene Konflikte sind: Nagorny-Karabach, Transnistrien, Südossetien und Abchasien. Es sind Gebiete, die sich nach einem bewaffneten Konflikt von der jeweiligen zentralen Staatsmacht abgespalten haben und von russischen Truppen gestützt werden, die nach dem Zerfall der Sowjetunion und den chaotischen Nachwirren vor Ort geblieben waren, doch als Staaten sind die nicht anerkannt. Durch Gründung der Russisch-Weißrussischen Union im Jahr 1996 konnte Russland dort Truppen stationieren, um seine Westflanke zu schützen. Später, während des Bürgerkriegs in Tadschikistan, war Russland maßgeblich daran beteiligt, die Feindseligkeiten vor Ort zu beenden, und unterhält nach wie vor Truppen dort. Heute ist Russland in acht der vierzehn anderen ehemaligen Sowjetrepubliken militärisch präsent: in Armenien, Georgien, Kasachstan, Kirgisien, Moldawien, Tadschikistan, der Ukraine und in Weißrussland. Dadurch ist es in der Lage, in seiner Nachbarschaft wirkungsvoll militärische Macht zu demonstrieren. Jeder der postsowjetischen Staaten hat seine eigenen Streitkräfte, doch das russische Militär ist weit stärker als das jedes seiner Nachbarn.

Der Kreml ist zutiefst beunruhigt über die Bedrohung durch Terrorismus, die hauptsächlich von Zentralasien ausgeht. Russland hat auf bilateraler Ebene mit seinen Nachbarländern kooperiert, um diese Probleme in den Griff zu bekommen, aber auch auf multilateraler Ebene, sowohl mit China als auch den Vereinigten Staaten. Es sieht den Terrorismus aus einer anderen Perspektive als die Vereinigten Staaten und ihre Verbündeten. Der Kreml konzentriert sich eher auf die Bedrohung für russische Landsleute als auf eine übergeordnete globale Gefahr. Russlands größte Sorge in Zentralasien ist, dass die säkularen autoritären Regierungen in dieser Region destabilisiert werden könnten, was wiederum zu einer Radikalisierung der Muslime innerhalb der Russischen Föderation führen könnte, die schon oft unter terroristischen Anschlägen gelitten hat.

Zwar war es Jelzin 1992 nicht gelungen, einen von Russland dominierten Militärapparat in der Gemeinschaft Unabhängiger Staaten beizubehalten, doch er schuf den Kern eines multilateralen Militärbündnisses, aus dem 2002 die Collective Security Treaty Organization (CSTO, Organisation des Vertrags über kollektive Sicherheit) hervorging. Putin strebt an, die CSTO zu einem Äquivalent einer Eurasischen NATO zu entwickeln, doch sie ist nur eine blasse Kopie der NATO. Im Gegensatz zur NATO fehlt es der CSTO an einem Artikel 5, mit dem sich alle Mitgliedsländer zum gemeinsamen militärischen Beistand verpflichten, falls eines von ihnen angegriffen wird.[19] Tatsächlich hat Russland nie investiert, um die Strukturen aufzubauen, die notwendig sind, um eine solche Verpflichtung zu untermauern. Die Mitglieder der CSTO sind Russland, Armenien, Weißrussland, Kasachstan, Kirgisien und Tadschikistan. Bis 2017 war Nikolai Bordjuscha ihr Generalsekretär, ein ehemaliger Sekretär des Russischen Sicherheitsrats.[20] Ihr neuer Chef ist Juri Chatschaturow, ehemaliger Generalstabschef Armeniens.

Die CSTO-Mitglieder sind in drei Gruppen aufgeteilt: die westliche (Weißrussland und Russland), die kaukasische (Russland und Armenien) und die zentralasiatische Gruppe (Russland, Kasachstan, Kirgisien und Tadschikistan). Darüber hinaus hat die CSTO eine schnelle Eingreiftruppe von 22 000 Mann aufgestellt, von denen 10 000 Russen sind; allerdings sind nicht alle Mitgliedsländer an der Eingreiftruppe beteiligt. Zudem wurde die Glaubwürdigkeit der CSTO erheblich beschädigt, als 2010 ethnische Unruhen in Kirgisien ausbrachen, bei denen über 400 Todesopfer zu beklagen waren. Moskau hatte sich trotz mehrfacher Hilferufe des kirgisischen Präsidenten, die CSTO solle intervenieren und

Friedenstruppen schicken, geweigert, sich in den Konflikt hineinziehen zu lassen.[21] Die Durchschlagskraft der CSTO wird außerdem durch schwelendes Misstrauen der Mitgliedsländer untergraben, die befürchten, Russland würde versuchen, ihre Souveränität einzuschränken, sowie durch Spannungen zwischen den einzelnen Mitgliedern. So wünscht sich zum Beispiel Armenien, dass seine Verbündeten sich zu seiner Unterstützung im Konflikt mit Aserbaidschan verpflichten, was diese jedoch nicht zusagen wollen.

Darüber hinaus wurden Putins wiederholte Versuche, die NATO dazu zu bewegen, die CSTO anzuerkennen und eine Partnerschaft mit ihr aufzubauen, abgelehnt. Nach Auffassung eines US-Regierungsvertreters, der formale Bindungen zwischen den beiden Organisationen ablehnt, ist die CSTO «eine Organisation, die von Moskau ins Leben gerufen wurde, um ein Gegengewicht gegen die potenzielle Einflussnahme durch die NATO und die USA auf dem Gebiet der ehemaligen Sowjetunion zu schaffen».[22] Das bedeutet, dass die NATO zwar im Rahmen ihrer «Partnership-for-Peace»-Programme mit einzelnen CSTO-Mitgliedsländern kooperiert, jedoch kaum mit der Bereitschaft zu rechnen ist, mit der CSTO selbst zusammenzuarbeiten. Die CSTO-Mitgliedsländer, vor allem jene in Zentralasien, wünschen sich zwar, dass die Organisation als Bollwerk gegen Farbrevolutionen – durch politische Gegner oder religiöse Extremisten – fungieren möge, aber letzten Endes zeigen ihr Misstrauen untereinander und wachsende Zweifel an Russlands Bereitschaft, sie angesichts eines Volksaufstands zu unterstützen, die Grenzen von Russlands Integrationsprojekten in Eurasien.

## Ramsan Kadyrow, der Herrscher Tschetscheniens

Die Sorgen über die Gefahren durch islamischen Extremismus greifen von Zentralasien bis nach Russland um sich, vor allem aber in Tschetschenien. Wegen dieser Bedrohungen sind Moskaus Ziele für das «Nahe Ausland» untrennbar verknüpft mit dem sogenannten «Inneren Ausland» Russlands, dem Nordkaukasus.[23] Dessen sechs multiethnische Republiken mit mehrheitlich muslimischer Bevölkerung gehören zwar zur Russischen Föderation, sind jedoch deutlich schwächer integriert als die 80 anderen Föderationssubjekte. Seit dem Zerfall der Sowjetunion stellen sie eine große Herausforderung für den Kreml dar, weil durch eine Gemengelage aus Separatismus und religiösem Fundamentalismus eine anhaltende unterschwellige Stimmung von Aufruhr und Terrorismus in Russlands Süden entstanden ist. Die problematischste Republik ist Tschetschenien, gegen das der Kreml seit dem Niedergang der Sowjetunion zwei Kriege geführt hat. Tatsächlich wurde Putin 1999 sein Aufstieg an die Macht dadurch erleichtert, dass er den Zweiten Tschetschenienkrieg in die Wege leitete. Um seine damaligen Aktionen zu rechtfertigen, hat er bekanntlich über seine tschetschenischen Gegner gesagt: «Bitte entschuldigen Sie meine Ausdrucksweise, aber wenn wir sie auf der Toilette erwischen, dann werden wir sie von der Schüssel herunterprügeln.»[24]

Zwei der Terrorattacken mit den meisten Todesopfern waren 2002 die Geiselnahme im Moskauer Dubrowka-Theater, bei der 130 Geiseln getötet wurden, und die Geiselnahme durch tschetschenische und inguschetische Terroristen in einer Grundschule in Beslan, Nordossetien, bei der 331 Menschen ums Leben kamen, darunter 186 Kinder. Von tschetschenischen und zentralasiatischen Terroristen wurden auch Anschläge in U-Bahnhöfen in Moskau und Sankt Petersburg sowie im Moskauer Flughafen Domodedowo verübt.

Heute wird Tschetschenien von Ramsan Kadyrow beherrscht, einem Despoten, der sein Land mit eiserner Hand regiert. Offensichtlich zelebriert er einen ziemlich prunkvollen Lebensstil: Laut einer durchgesickerten US-Diplomatendepesche zählt zu seinen Extravaganzen eine Hochzeitsfeier mit 1000 Gästen, auf der er «ungelenk tanzte, mit seiner vergoldeten Automatikpistole hinten in der Jeans». Nach dem Tänzchen ließ er 100-Dollar-Scheine auf seine Gäste hinabregnen.[25] Nach dem Ende des Zweiten Tschetschenienkriegs machten Putin und Kadyrow einen Deal: Kadyrow versprach Putin, in der Republik Frieden zu schaffen, wenn er sie dafür ohne Einmischung aus Moskau regieren dürfe. Heute fließen massive finanzielle Subventionen aus Moskau nach Tschetschenien, und es ist dort ruhig, aber der Arm des Gesetzes der Russischen Föderation reicht kaum so weit; vielmehr gilt Kadyrows drakonische und eigenwillige Interpretation der Scharia als das Gesetz des Landes. Kadyrow hat tschetschenische Bataillone geschickt, um in Syrien auf Assads Seite zu kämpfen und die Separatisten im Donbass zu unterstützen, obwohl dort auch auf ukrainischer Seite Tschetschenen kämpfen.[26] Zahlreiche tschetschenische Kämpfer haben sich auch dem sogenannten Islamischen Staat (IS) in Syrien und im Irak angeschlossen, Schätzungen zufolge etwa drei- bis viertausend.[27]

Kadyrow gibt sich nach außen hin als extrem patriotisch. «Wir sagen der ganzen Welt, dass wir die Nahkampf-Infanterie Wladimir Putins sind», hat er verkündet. Kadyrow und seine Unterstützer sollen in die Ermordung des Oppositionsführers und Putin-Kritikers Boris Nemzow im Schatten des Kremls verwickelt sein, und bis jetzt ist zwar der Tschetschene verurteilt worden, der die Kugel auf ihn abgefeuert hat, aber nicht sein Auftraggeber. Manche Russen glauben, Putin habe einen faustischen Pakt mit Kadyrow geschlossen, um den Frieden in Tschetschenien zu sichern; die Folgen dieses Pakts würden ihn jedoch eines Tages heimsuchen. So gesehen hat Kadyrow die Mittel, um Putin erheblich unter Druck zu setzen. Andere Beobachter glauben jedoch, Kadyrow sei lediglich ein nützlicher Helfer für Putin, weil er dessen Gegner einschüchtern kann, ohne dass Putin sich selbst einmischen müsste. Alexej Wenediktow, Chefredakteur von Echo Moskau, dem letzten unabhängigen Radiosender von Russland und ein Ziel von Kadyrows Zorn, hat einmal gesagt: «Wie jeder Mensch mit unbeschränkter Macht, dem absolut keine Grenzen gesetzt sind, versucht er seinen Einfluss möglichst weit auszubauen.»[28]

# EINGEFRORENE KONFLIKTE

Die eingefrorenen Konflikte im postsowjetischen Raum nahmen ihre Anfänge, bevor die UdSSR sich auflöste, und sie halten bis heute an. Es gibt Gebiete, wo die Kämpfe nachgelassen haben, ohne dass jedoch ein Friedensvertrag oder ein anderes politisches Rahmenwerk die Lage zur Zufriedenheit der Kombattanten entspannt hätte. Durch diese Konflikte sind vier nicht anerkannte Splitterstaaten entstanden, in denen Russland nach wie vor Einfluss ausübt. Wladimir Putin hat diese Konflikte in Eurasien nicht herbeigeführt, aber er hat sie genutzt, um Russlands Machtpotenzial im postsowjetischen Raum auszubauen. Ihr Fortbestehen bedeutet, dass keiner der drei südkaukasischen Staaten – Armenien, Aserbaidschan und Georgien – die volle Kontrolle über sein eigenes Territorium ausübt und auch das an Rumänien und die Ukraine grenzende Moldawien nicht. Diese vier eingefrorenen Konflikte sind ein Ergebnis der Sowjetunion-Nachfolgekriege. Obwohl die Auflösung der Sowjetunion selbst relativ friedlich über die Bühne ging, brachen schon unter Gorbatschow ethnische Unruhen aus, die sich nach 1992 verschärften und zum Entstehen von vier nicht anerkannten Splitterstaaten führten. Da es nicht gelungen ist, diese Konflikte zu beenden, ist zu erwarten, dass diese Splitterstaaten angesichts der fehlenden internationalen Anerkennung schwach bleiben und nach wie vor auf die wirtschaftliche Großzügigkeit und militärische Unterstützung Russlands angewiesen sein werden.

## Nagorny-Karabach

Der erste dieser Konflikte brach in Nagorny-Karabach aus, einer mehrheitlich armenischen Enklave innerhalb von Aserbaidschan. Er ist der am längsten anhaltende Sezessionskonflikt in Eurasien. Im Jahr 1989 klagten die ethnischen Armenier – die 80 Prozent der Bevölkerung der Enklave ausmachen – über kulturelle Diskriminierung und wirtschaftliche Unterentwicklung; sie forderten, die Enklave von der Aserbaidschanischen zur Armenischen Sozialistischen Sowjetrepublik zu übertragen. Die christlichen Armenier sehen die muslimischen Aseris – die Türkisch sprechen – als eng verbunden mit den Türken, und sie machen sie für den Völkermord an den Armeniern im Osmanischen Reich verantwortlich. Die ethnische Feindschaft zwischen den beiden Gruppen wurde im Sowjetsystem unterdrückt, brach jedoch wieder aus, nachdem Gorbatschow sein Liberalisierungsprogramm in die Wege geleitet hatte.

Im Jahr 1992 verschärften sich die bewaffneten Auseinandersetzungen zwischen Armeniern und Aseris, bis schließlich 1994 von der OSZE eine Waffenruhe vermittelt wurde. Der Krieg hatte 25 000 Todesopfer gefordert und zur Vertreibung von 700 000 Aseris und 400 000 Armeniern geführt. Die Armenier riefen in Nagorny-Karabach ihren eigenen Staat aus, den sie de facto kontrollieren, doch es wurde nie ein Friedensvertrag geschlossen, und die Aseri-Regierung akzeptiert nicht, dass die Enklave kein Teil von Aserbaidschan mehr ist. Immer wieder brechen bewaffnete Kämpfe aus, und im April 2016 kam es zu einem vier Tage langen «Mini-Krieg», der einen neuerlichen Konflikt befürchten ließ. Seit 1992 gibt es die Minsk-Gruppe, die regelmäßig unter dem Vorsitz der OSZE zusammentritt, um eine Lösung für das Problem zu finden; ihre Co-Vorsitzenden sind Russland, die Vereinigten Staaten und Frankreich. Auch Russland hat mehrfach versucht, die Aseris und Armenier zusammenzubringen, um eine Friedensvereinbarung zu vermitteln, was jedoch bisher nicht gelungen ist. Nagorny-Karabach macht den Kern der widerstreitenden Prinzipien im postsowjetischen Raum sichtbar: Die Armenier bauen ihre Forderung nach Unabhängigkeit für Nagorny-Karabach auf dem Selbstbestimmungsrecht der Völker auf; die Aseris begründen ihren Anspruch auf Nagorny-Karabach mit dem Recht auf territoriale Integrität.

Die Feindschaft zwischen den beiden Ländern ist so verhärtet,

dass Aserbaidschan heftig protestierte, als die Türkei 2009 auf Armenien zuging, um die Beziehungen zu normalisieren und die Möglichkeit auszuloten, ihre Grenze zu Armenien zu öffnen. Die türkische Initiative war zum Scheitern verurteilt.[29] Aus diesem Grund sind nur Armeniens Grenzen zu Georgien und zum Iran offen, wodurch Armeniens wirtschaftliche Abhängigkeit von Russland noch verstärkt wurde, obwohl es keine gemeinsame Grenze mit Russland hat. Russland liefert auch weiterhin Waffen sowohl an Armenien als auch Aserbaidschan. Nach der Annexion der Krim hat Armenien Russland in der UN-Vollversammlung unterstützt, während Aserbaidschan dafür stimmte, die Annexion zu verurteilen – wohl wissend, was ein Präzedenzfall für Nagorny-Karabach bedeuten könnte. Armenien und Aserbaidschan sind nach wie vor im Kriegszustand und unterhalten keine diplomatischen Beziehungen zueinander, doch beide haben weitreichende Beziehungen zu Russland.

Eine sorgfältige Analyse der Aktionen Russlands zeigt, dass Russland in diesem eingefrorenen Konflikt im Laufe der vergangenen 25 Jahre eine im Großen und Ganzen konstruktive Rolle spielte und seine bilateralen Bemühungen mit den Vereinigten

Staaten und Frankreich koordiniert hat.[30] Dennoch ist fraglich, ob Russland tatsächlich ein Interesse daran hat, diesen Konflikt beendet zu sehen, da die ungeklärte Lage ihm anhaltenden Einfluss sowohl auf Armenien als auch Aserbaidschan sichert, den es verlieren könnte, wenn die beiden Seiten zu einer friedlichen Lösung kämen.

Im April 2018 kam es in Armenien zu einer unerwarteten «Samtenen Revolution» gegen die Regierung. Der langjährige Herrscher und starke Mann Armeniens, Sersch Sargsjan, wurde abgelöst durch den oppositionellen Antikorruptionsaktivisten Nikol Paschinjan, der Premierminister wurde. Zur Überraschung vieler Beobachter war Russlands Reaktion zurückhaltend. Marija Sacharowa, eine Sprecherin des russischen Außenministeriums, fand anerkennende Worte für die Einheit des armenischen Volkes in einer schwierigen Lage: «Armenien, Russland wird immer an deiner Seite stehen!»[31] Paschinjan stellte klar, dass Armenien auch in Zukunft zu dem Bündnis mit Russland stehen und nicht versuchen werde, sich der EU anzunähern. Das ist für den Kreml die Nagelprobe.

## Transnistrien

Transnistrien, der Schauplatz des zweiten eingefrorenen Konflikts, ist eine abtrünnige Region Moldawiens, deren Abspaltung in erster Linie durch russische Truppen und massive wirtschaftliche Subventionen aus Russland aufrechterhalten wird. Es hat sich zu einem eigenständigen Staat ausgerufen – ein Binnenland mit einer Bevölkerung von 475 000 Menschen, das zwischen dem Fluss Dnister und Moldawiens Grenze zur Ukraine liegt. Nur Nagorny-Karabach, Abchasien und Südossetien haben es als Staat anerkannt. Es ist der einzige Sezessionskonflikt im postsowjetischen Raum, der insofern «eingefroren» bleibt, als beide Seiten – im Gegensatz zu der Lage in Nagorny-Karabach und Georgien – sich über den Grenzverlauf einig sind und es nicht ständig zu Kampf-

handlungen kommt. Gleichwohl hat der Krieg in der Ukraine neue Fragen über Russlands künftige Absichten in diesem Konflikt aufgeworfen.

Wie im Fall der Ukraine wurde es Moskau auch in Transnistrien durch wechselnde historische Grenzen und komplexe nationale Identitäten leicht gemacht, sich einzumischen. Im frühen 19. Jahrhundert nahm Russland das heutige Moldawien – das damals Bessarabien hieß – dem Osmanischen Reich ab. Doch nach der Bolschewistischen Revolution fiel der größte Teil Bessarabiens an das Königreich Rumänien. Im Jahr 1924 machte die UdSSR aus dem Gebiet, das sie noch kontrollierte, die Moldauische Autonome Sozialistische Sowjetrepublik, das heutige Transnistrien. Ein Ergebnis des Hitler-Stalin-Pakts war, dass Stalin Bessarabien zugesprochen bekam, und nach dem Ende des Zweiten Weltkriegs erlangte die UdSSR erneut die Kontrolle über das gesamte heutige Moldawien. Die Moldauer sind eigentlich Rumänen – ihnen in Sprache und Kultur jedenfalls sehr ähnlich –, und der Versuch der Sowjets, eine eigene separate moldauische Nationalidentität zu schaffen, gelang nur zum Teil.[32]

Als die UdSSR sich auflöste und die Moldauer ihre Unabhängigkeit erklärten, erhoben die Menschen in Transnistrien Einspruch. Nach sieben Jahrzehnten unter sowjetischer Herrschaft hatten sie eine andere Identität entwickelt. Sie waren Russland durch enge Beziehungen im militärisch-industriellen Komplex verbunden, durch die Sprache und durch Kontakte zur 14. Armee der Sowjetunion, die dort stationiert war. Nach dem Zerfall der Sowjetunion gab es Überlegungen, Moldawien wieder mit Rumänien zu vereinen, und die prorussische Bevölkerung Transnistriens befürchtete, marginalisiert zu werden. Sie erklärte ihre Unabhängigkeit von Moldawien, und 1992 brachen Feindseligkeiten aus zwischen den neuen moldauischen Streitkräften und der 14. Armee Russlands. Letzten Endes wurde ein Waffenstillstand vereinbart, und daraus ging Transnistrien als ein faktisch autonomer, durch russische Truppen geschützter Staat hervor, obwohl es international als Teil Moldawiens gilt.

Seit dem Ende der Feindseligkeiten findet unter der Führung der OSZE ein 5-plus-2-Vermittlungsprozess statt, an dem Vertreter der OSZE, Russlands, der Ukraine, der EU, der USA, Moldawiens und Transnistriens teilnehmen, doch die Gruppe tritt nur unregelmäßig zusammen. Heute besteht die vier Millionen starke Bevölkerung Moldawiens zu 75 Prozent aus ethnischen Rumänen und zu 6 Prozent aus Russen. In Transnistrien sind etwa 30 Prozent der Bevölkerung Russen. Das Gebiet hat seine eigene Fahne, Währung und Grenzschutzposten. Es ist bekannt als Betätigungsfeld für Schmuggler und kriminelle Waffen- und Menschenhändler. Doch ähnlich wie bei den anderen eingefrorenen Konflikten überlebt Transnistrien nicht nur durch die Unterstützung Russlands, sondern auch, weil die Funktionäre der Behörden in der Hauptstadt der Region an Geschäften mit den Separatisten ziemlich gut verdienen.[33]

Im Jahr 2003 beschloss der Kreml, aktiv zu intervenieren, um das Transnistrien-Problem zu lösen, indem er einen Plan zur Föderalisierung Moldawiens präsentierte, der weitgehend den Vorschlägen entsprach, die Putin kürzlich für die Ukraine vorgelegt hat. Das sogenannte Kosak-Memorandum sah vor, den Transnistrien-Konflikt über die Wiedervereinigung Moldawiens in Form einer asymmetrischen Föderation zu lösen. Einige der wichtigsten Hoheitsrechte des Staates – über Minderheitenrechte, Zoll, Energieversorgung, die Nationalbank, Polizei, Bundessteuern und -haushalt sowie das Wahlgesetz – sollten gleichberechtigt von der Bundesregierung und den beiden Föderationssubjekten Transnistrien und Gagausien wahrgenommen werden. Gagausien ist ein Gebiet, in dem die russischsprachige, türkisch-orthodoxe ethnische Minderheit der Gagausier lebt, die ebenfalls ihre Unabhängigkeit von Moldawien erklärt hat. Dieser Plan hätte Transnistrien ein Vetorecht über die gesamtstaatliche Politik der Regierung – einschließlich einer Annäherung an EU und NATO – verschafft und daher die Fähigkeit Moldawiens beschädigt, weiterhin als effektiver Staat zu funktionieren. Darüber hinaus hätte er es dem russischen Militär erlaubt, in Transnistrien zu bleiben. Aus diesen Gründen lehnten die OSZE, die EU und die Vereinigten Staaten das Memorandum ab; der moldawische Präsident Vladimir Voronin war dagegen bereit, es zu unterzeichnen. Wladimir Putin kündigte an, er werde in die Hauptstadt Chişinău fliegen, um der Unterzeichnung beizuwohnen. Zahlreiche Reporter und Kamerateams versammelten sich, um den historischen Moment festzuhalten. Doch dann versammelten sich Demonstranten in den Straßen von Chişinău, um gegen das Abkommen zu protestieren, und während sie warteten, flimmerte plötzlich eine Liveübertragung von der Rosa Revolution in Georgien über die Fernsehschirme. Sie zeigte, wie Präsident Eduard Schewardnadse aus dem Parlamentsgebäude in Sicherheit gebracht wurde, um einem Mob empörter Georgier zu entkommen, die gegen ein manipuliertes Wahlergebnis protestierten. Wenn in Tiflis der Präsident durch protestierende Demonstranten aus dem Amt gejagt werden konnte – warum nicht auch in Chişinău?

Kurz bevor Putin in sein Flugzeug steigen wollte, rief Javier Solana, der Hohe Vertreter der EU für die Gemeinsame Außen- und Sicherheitspolitik, Präsident Voronin an, um ihm mit barschen Worten eine Mitteilung zu machen: «Wenn Sie dieses Memorandum unterschreiben, können Sie Ihre Hoffnungen auf eine europäische Integration begraben.» Es folgten etliche Stunden hektischer Verhandlungen, um das Abkommen noch zu retten, doch am Ende rief Voronin Putin an, um ihm zu sagen, dass er nicht unterschreiben werde. Dmitri Kosak, der Autor des Memorandums, prangerte Voronins «politische Verantwortungslosigkeit» an. Putin schäumte angeblich vor Wut und beschuldigte George W. Bush persönlich, das Abkommen vereitelt zu haben. Das Scheitern des Kosak-Memorandums bestärkte Putin in seiner Überzeugung, der Westen konkurriere direkt mit Russland um Einfluss im «Nahen Ausland», und dies sei in der Tat ein Nullsummenspiel, auf das Russland energisch reagieren müsse.[34] Und so gab es dann kein Motiv mehr, den Konflikt zu lösen.[35]

Seit 2003 hat der Kreml eine zweigleisige Politik verfolgt. Er unterstützt die Regierung Transnistriens in Tiraspol und unterhält dort eine aktive Militärpräsenz. Aber Russland hat weder Transnistriens Unabhängigkeit anerkannt noch positiv auf dessen Anfragen reagiert, zu einem Teil der Russischen Föderation zu werden. Sein eigentliches Ziel ist, Einfluss in der abtrünnigen Region zu bewahren und zu zementieren, als Druckmittel gegenüber Moldawien.

Im Jahr 2014 widerstand Moldawien dem Druck aus dem Kreml und unterzeichnete ein Abkommen über eine Deep and Comprehensive Free Trade Area (DCFTA, «Vertiefte und umfassende Freihandelszone») mit der EU. Im Jahr 2016 trat Transnistrien diesem Abkommen bei und profitiert seither wirtschaftlich davon. Darüber hinaus kooperiert Moldawien eng mit der NATO, wenn auch seine Mitgliedschaft nie offiziell auf den Tisch kam. Dennoch beobachtet der Kreml nach wie vor mit Sorge, welchen Weg Moldawien in Zukunft einschlagen will. Russland hat von der anhaltenden Dysfunktion der Regierung und den ständigen Korruptionsskandalen in Moldawien profitiert, etwa dem Verschwinden von einer Milliarde Dollar in drei Banken Moldawiens; dieser Betrag entspricht immerhin 12 Prozent des moldauischen BIPs.[36] Infolge des anhaltenden politischen Durcheinanders wurde der uns schon bekannte Igor Dodon – ein zum Politiker gewandelter Akademiker – 2016 zum Präsidenten gewählt, weil er versprach, die Korruption auszumerzen und Moldawien an Russland anzunähern, wie er es auch Wladimir Putin in Sankt Petersburg versprochen hat. Er hat vorgeschlagen, die Idee einer Föderation wiederaufleben zu lassen und Transnistrien einen Sonderstatus zu gewähren, ähnlich dem, was Russland und die ukrainischen Separatisten für Luhansk und Donezk fordern: eine Volksrepublik. Manchmal werden Zweifel laut, ob Moldawien überhaupt ernsthaft interessiert ist, Transnistrien zu reintegrieren, angesichts all seiner wirtschaftlichen Probleme. Derweil wird Putin zweifellos Dodon in seiner Absicht bestärken, sein Land an Russland anzunähern.

## Zwei Regionen Georgiens: Abchasien und Südossetien

Die letzten beiden eingefrorenen Konflikte – Abchasien und Südossetien – sind mittlerweile nicht mehr eingefroren, da Russland diese Regionen als unabhängige Staaten anerkannt und mit ihnen beiden Bündnisabkommen abgeschlossen hat, nachdem es Georgien in einem kurzen Krieg besiegt hatte. Während der Sowjetära waren beide Regionen Teil der Georgischen Sozialistischen Sowjetrepublik und widersetzten sich der georgischen Dominanz, während die Georgier ihrerseits den Russen ihre Dominanz übel nahmen. Die Abchasen sind orthodoxe Christen oder Muslime; die Osseten sind mehrheitlich Christen mit einer muslimischen Minderheit. Um die Lage noch komplizierter zu machen, leben 450 000 ethnische Osseten in der Republik Nordossetien, die zur Russischen Föderation gehört, und 65 000 in Südossetien (mit

einer Gesamtbevölkerung von 98 000).[37] Als die UdSSR sich auflöste, strebten sowohl Abchasien als auch Südossetien die Unabhängigkeit von Georgien an und waren in Bürgerkriege gegen die neue politische Führung in Tiflis verwickelt. Nach Beendigung der Kämpfe waren 250 000 Georgier durch «ethnische Säuberungen» aus Abchasien vertrieben worden, und in beiden Regionen blieben russische Friedenstruppen stationiert. In beiden Kriegen spielte Russland eine zweifelhafte Rolle; zu einer Zeit, als die Jelzin-Regierung ihr Militär nicht mehr voll unter Kontrolle hatte, unterstützte es abwechselnd verschiedene Seiten. In beiden Regionen brachen immer wieder Kämpfe aus, die jedoch formal von Georgien unter Kontrolle gehalten wurden. Und dann kam 2003 die Rosenrevolution und Micheil Saakaschwili.

Eduard Schewardnadse, der Außenminister Gorbatschows, hatte Georgien seit dem Ende der Bürgerkriege regiert. Zwar wurde er im Westen für seine Rolle bei der Beendigung des Kalten Krieges sehr bewundert, doch im eigenen Land mit seinem dysfunktionalen politischen System wurde er immer unbeliebter. Georgien war zu einem schwachen und korrupten Staat geworden.

Die jüngeren Georgier ärgerten sich über seine Führung, und im November 2003 führten Manipulationen der Parlamentswahlen zu wütenden Protesten auf den Straßen, sodass Schewardnadse fliehen musste. Der neue Präsident Micheil Saakaschwili war ein hochgewachsener Mann, charismatisch und in mehreren Sprachen eloquent; er hatte in der Ukraine und den Vereinigten Staaten studiert. Ein Amtsträger der Clinton-Regierung, der dann zu seinem unbeirrbaren Fürsprecher wurde, hat ihn beschrieben als «extravagant und ungestüm – eine draufgängerische Figur in einer Region, die einen unverhältnismäßig hohen Anteil an überlebensgroßen Persönlichkeiten hervorgebracht hatte».[38]

Dies war die erste der Farbrevolutionen im postsowjetischen Raum, und ihre Implikationen sind Putin nicht entgangen: eine wütende Bevölkerung, empört über Korruption, Unterdrückung und Wahlmanipulationen, hatte einen unbeliebten Staatschef abgesetzt. Dessen ungeachtet versuchte Putin anfänglich, mit Saakaschwili zusammenzuarbeiten, obwohl Letzterer nicht bereit war, dem russischen Präsidenten den Respekt zu zollen, den dieser für sich in Anspruch nahm. Bald begann ihr Verhältnis sich zu verschlechtern, als Saakaschwili enge Beziehungen zu George W. Bush kultivierte, eine Integration in die EU anstrebte, einen NATO-Beitritt Georgiens befürwortete und versprach, Georgiens Kontrolle über Südossetien und Abchasien wiederherzustellen. Es war auch nicht gerade hilfreich, dass er Putin als «Lilli-Putin» bezeichnet hatte, eine wenig schmeichelhafte Anspielung auf die Körpergröße Putins, der wesentlich kleiner war als er selbst.[39]

Die Beziehungen zwischen Russland und Georgien verschlechterten sich rapide, nachdem Saakaschwili 2006 abrupt und öffentlich russische Spione ausgewiesen hatte. Russland verhängte eine Einfuhrsperre für Wein und Mineralwasser aus Georgien, aus «Gründen der Hygiene», und über Nacht verschwanden solche Produkte aus den russischen Läden. Im Sommer 2008 verschärften sich die militärischen Spannungen zwischen den beiden Ländern. Saakaschwili zeigte sich stur und wirklichkeitsfremd in seiner

Hoffnung, Georgien wiedervereinen und sich gegen die Russen behaupten zu können; er ignorierte wiederholte Warnungen von George W. Bush, Condoleezza Rice und EU-Führern, nicht leichtsinnig zu sein. Doch von anderer Seite in Washington, etwa aus dem Büro des Vizepräsidenten Cheney, kamen andere Botschaften: Sie ermutigten den Mann, den sie im Konflikt mit Russland für den Fahnenträger der Freiheit hielten, Kurs zu halten. Am Abend des 7. August 2008 startete Georgien einen «massiven Artillerieangriff» auf die südossetische Hauptstadt Zchinwali, bei dem Osseten und Mitglieder der russischen Schutztruppe getötet wurden.[40] Kurz darauf marschierten russische Verbände von Nord- nach Südossetien ein, und im Laufe der folgenden fünf Tage drangen 40 000 russische Soldaten auf georgisches Gebiet vor. Zugleich wurde Georgien zum Opfer eines massiven koordinierten Cyberangriffs, durch den alle wichtigen Websites der Regierung und der Banken des Landes lahmgelegt und militärische Operationen behindert wurden. Obwohl die Ausrüstung der russischen Armee antiquiert war – die Offiziere waren auf Mobiltelefone angewiesen, um mit ihren Männern Kontakt zu halten –, gelang es den Russen bald, die deutlich schwächere georgische Armee zu überwältigen.

Der französische Präsident Nicolas Sarkozy vermittelte als Vertreter der EU einen Waffenstillstand mit dem Kreml. Die Russen beließen Saakaschwili im Amt, doch von seiner desillusionierten Wählerschaft wurde er 2012 abgelehnt. Er musste Georgien unter Androhung der Verhaftung verlassen und setzte sich nach der Amtsenthebung von Wiktor Janukowitsch in die Ukraine ab, wo Petro Poroschenko ihn zum Gouverneur der Region Odessa ernannte. Dann begann er, sich mit Poroschenko zu streiten, verlor seine ukrainische Staatsbürgerschaft und ersuchte in den Niederlanden um politisches Asyl.

Nach dem Ende des Kriegs wurde die Unabhängigkeit von Abchasien und Südossetien von Russland anerkannt und dann auch von Nicaragua, Venezuela, Nauru und Vanuatu.[41] Die ersteren beiden haben enge Beziehungen zum Kreml; die letzteren beiden sind winzige, verarmte Inselnationen im Pazifischen Ozean, die vermutlich für diese diplomatische Anerkennung großzügig belohnt wurden.[42] Kein einziger der anderen postsowjetischen Staaten folgte ihnen, da keiner von ihnen durch einen Präzedenzfall zusätzliche Anreize für ethnische Separatistengruppen im eigenen Land schaffen wollte. Heute hält Russland 20 Prozent des georgischen Gebiets besetzt. Dies war das erste Mal, dass Russland sein Versprechen brach, die postsowjetischen Grenzen zu respektieren, doch der Kreml machte den Westen für den Krieg verantwortlich. Putin sagte später: «[Saakaschwili wäre] nie so mutig gewesen, auf eigene Initiative zu handeln. Und auf alle Fälle hat niemand versucht, ihn aufzuhalten.»[43] Putin rechtfertigte Russlands Aktionen mit dem Selbstbestimmungsrecht der Völker und berief sich auf den Präzedenzfall Kosovo, obwohl die Parallelen fragwürdig waren. Russland hat vom ersten Tag an den von Sarkozy vermittelten Waffenstillstand missachtet. Es hat die russische Grenze weiter nach Südossetien hineinverlegt und ist dadurch noch weiter auf georgisches Gebiet vorgedrungen; auf diese Weise hat es Teile der Baku-Supsa-Ölpipeline unter seine Kontrolle gebracht, durch die Öl von Baku aus über den georgischen Schwarzmeerhafen Supsa nach Europa transportiert wird.[44]

Die Aktionen des Kremls zielten darauf ab, den georgischen Staat zu schwächen und seine Annäherungsversuche an den Westen – vor allem an die NATO – komplizierter zu machen. Russland etablierte Militärbasen sowohl in Südossetien als auch in Abchasien, leistet in beiden Regionen erhebliche wirtschaftliche Unterstützung und spielt eine aktive Rolle in ihrer Innenpolitik. Beide nicht anerkannten Staaten sind für ihr künftiges Überleben auf Moskau angewiesen.

Im August 2017 stattete Putin Abchasien demonstrativ einen Staatsbesuch ab, zum 9. Jahrestag seiner Unabhängigkeit von Georgien – kaum eine Woche nachdem der amerikanische Vizepräsident Mike Pence Georgien besucht hatte, um dem Land in seinem Kampf, Abchasien wieder unter seine Kontrolle zu bringen, Unterstützung zuzusichern. Putin sagte bei seinem Besuch: «Abchasien kann sich darauf verlassen, dass wir seine Sicherheit, Autonomie und Unabhängigkeit garantieren. Und ich bin sicher, dass das auch in Zukunft so bleiben wird.»[45] Durch die Anerkennung von Abchasien und Südossetien als unabhängige Staaten hat Russland drei Ziele erreicht: es Georgien zu erschweren, effektiv als Staat zu funktionieren, das postsowjetische Abhängigkeitssyndrom zu perpetuieren und den Westen zu zwingen, die Grenzen seines Einflusses in Russlands Nachbarschaft zu akzeptieren. Die jetzige Regierung Georgiens strebt unter Beibehaltung ihrer euroatlantischen Ambitionen ein weniger feindliches Verhältnis zu Russland an, doch es besteht kaum Aussicht, dass Tiflis die Kontrolle über seine von Russland besetzten Gebiete wiedererlangen könnte.

## RUSSLANDS SCHLÜSSELBEZIEHUNGEN IN EURASIEN

### Weißrussland

Russlands einziger echter Verbündeter im «Nahen Ausland» ist Weißrussland, die «letzte Diktatur in Europa». Und selbst diese Beziehung ist schwierig und manchmal antagonistisch. Stanislau Schuschkewitsch, der nach Westen orientierte, inoffizielle Staatschef Weißrusslands, der mit Jelzin die Vereinbarungen von Beloweschskaja Puschtscha unterzeichnet hatte, konnte sich nicht lange halten. Im Jahr 1994 wählten die Weißrussen Alexander Lukaschenko zu ihrem Präsidenten, der nach wie vor im Amt ist, nachdem er die Verfassung geändert hat, um sie seinen politischen Ambitionen anzupassen. Nach eigenen Angaben war Lukaschenko, ehemaliger Direktor einer Sowchose, eines Staatsguts der Sowjetunion, der einzige Abgeordnete des weißrussischen Parlaments, der gegen die Unabhängigkeit von der UdSSR stimmte. Er ist ein eigenwilliger und repressiver Despot, inoffiziell als *Bazka* («Väterchen») bekannt, der genug Unterstützung in den ländlichen Gebieten findet, um an der Macht zu bleiben. Schon früh entschied er sich, das Bündnis mit Russland zu suchen, während die anderen postsowjetischen Staaten aus Moskaus Umarmung entkommen wollten. Seinen Einfluss versuchte er zu maximieren, indem er Russland und den Westen gegeneinander ausspielte: «Weißrussland ist dem Kreml ein unentbehrlicher Bündnispartner und auch Schützling gewesen; es hängt von den Subventionen Russlands ab, um seine Wirtschaft zu stützen. Für den Westen ist es eine wichtige Pufferzone gegen die wachsende militärische Aggressivität des Kremls.»[46]

Im Jahr 1996 schlossen Russland und Weißrussland das erste von etlichen Abkommen, mit denen sie sich zu engeren Beziehungen verpflichteten, was 1999 in die Gründung der Russisch-Weißrussischen Union mündete. Die Ziele dieses Abkommens waren ehrgeizig – so sollten zum Beispiel ein gemeinsamer Markt und ein gemeinsames Rechtssystem eingeführt und die Außen- und Verteidigungspolitik abgestimmt werden. Lukaschenko hatte einen großen Traum: Er wollte am Ende der Amtszeit Jelzins im Jahr 2000 dessen Posten übernehmen und den gemeinsamen Russisch-Weißrussischen Staat regieren. Doch diesen ehrgeizigen Plan musste er begraben, als Jelzin Wladimir Putin zu seinem Nachfolger auserkor. Nach seinem Einzug in den Kreml hütete Putin sich, allzu große Nähe zu Lukaschenko zu suchen, vor allem in den ersten Amtsjahren, als er den Kontakt zum Westen suchte. Die weitreichenden Integrationspläne wurden nie umgesetzt. Aber Weißrussland trat der Zollunion bei, der Organisation des Vertrags über kollektive Sicherheit (CSTO), der Eurasischen Wirtschaftsunion (EEU) sowie anderen von Russland dominierten multilateralen Organisationen. Russland betrachtet Weißrussland als seine westlichste Verteidigungslinie gegen die NATO; immerhin lag Weißrussland auf der historischen Invasionsroute, die Napoleon und Hitler nahmen. Routinemäßig werden gemeinsame Militärmanöver abgehalten, und 2017 schickte Russland im Rahmen der Vorbereitungen auf das alle vier Jahre im September stattfindende Sapad-Manöver eine große Zahl von Soldaten nach Weißrussland, was Spekulationen über Russlands künftige Absichten gegenüber Minsk laut werden ließ.

Zwischen den beiden Ländern gibt es Spannungen, vor allem im Bereich Energie. Weißrussland hängt stark vom russischen Öl und Gas ab, was es zu stark subventionierten Preisen bezieht. Russland hat seine Öl- und Gaslieferungen als wirtschaftliches und politisches Druckmittel gegenüber Weißrussland eingesetzt; 2004 setzte es seine Gaslieferungen aus und 2007 die Öllieferungen, weil der Kreml über Lukaschenkos Politik verstimmt war. Letzten Endes musste Weißrussland Konzessionen machen, um seine Energieversorgung sicherzustellen. Von Moskau unter Druck gesetzt, musste Weißrussland 50 Prozent seines Gastransitmonopols Beltransgaz an Gazprom verkaufen, woraufhin Lukaschenko klagte, die Beziehungen zu Russland würden immer wieder «durch Gas vergiftet».[47] Die beiden Länder streiten sich nach wie vor über Energiepreise und Weißrusslands Schulden bei Russland in Höhe von 425 Millionen Dollar. Im Dezember 2016 spitzte sich die Lage zu, als Lukaschenko einem gemeinsamen CSTO/EEU-Gipfel in Sankt Petersburg fernblieb, anscheinend wegen Streitigkeiten über Energie und Handel, aber auch, weil der Direktor eines Kreml-nahen Thinktanks bestritten hatte, dass es eine besondere weißrussische Identität und Sprache gebe und Lukaschenko dafür kritisierte, eine allzu unabhängige Politik zu verfolgen.[48] Ganz ähnlich, wie manche Russen in Frage stellen, ob Ukrainisch mehr als ein regionaler Dialekt der russischen Sprache sei, werden ähnliche Fragen zur weißrussischen Identität und Sprache aufgeworfen.

Weißrussland bleibt ein unentbehrlicher, aber unberechenbarer Partner für Russland. Es spielt eine wichtige Rolle in Moskaus postsowjetischen Integrationsprojekten, wird jedoch von einem Mann beherrscht, der schwierig unter Kontrolle zu halten ist. Weißrusslands Existenz bewahrt den Mythos eines eigenständigen postsowjetischen Raums mit einem slawischen Kern, und das Land ist eines der wenigen, die Russland in den vergangenen Jahrzehnten unterstützt haben.[49] Falls Lukaschenko durch einen stärker nach Westen orientierten Machthaber abgelöst wird, kann es gut sein, dass Putin die jetzige Beziehung überdenken würde, in der Russland die Sicherheit Weißrusslands garantiert, sich aber nicht in dessen Innenpolitik einmischt.

## Kasachstan

Im Juli 2018 wurde das Astana International Financial Center (AIFC) mit viel Prunk und Pomp eröffnet. Politiker und Manager aus China, Russland, den Vereinigten Staaten, Europa und dem Nahen Osten gaben sich in der Hauptstadt ein Stelldichein, um Präsident Nursultan Nasarbajews Ansprache vor einer großen Menschenmenge zu lauschen, während die feierliche Eröffnung des Center von rhythmisch pulsierenden, farbenprächtigen Licht- und Rauchsäulen untermalt wurde. Das AIFC soll zu einem regionalen Finanz- und Investmentzentrum werden und britischem Recht unterstehen. Kasachstan hat sogar eine Gruppe pensionierter britischer Richter dafür gewonnen, über juristische Auseinandersetzungen im AIFC zu richten. Durch die Eröffnung des Zentrums unterstrich Kasachstan seine wichtigsten Ambitionen: zur wirtschaftlichen Vormacht Zentralasiens aufzurücken und gute, ausgewogene Beziehungen gleichermaßen zu China, den Vereinigten Staaten und vor allem Russland zu pflegen.[50]

Kasachstan ist der andere wichtige Verbündete Russlands im «Nahen Ausland». Die gemeinsame Grenze ist 7000 Kilometer lang, die weltweit zweitlängste Landgrenze nach jener zwischen den USA und Kanada. Kasachstan ist der reichste und wichtigste zentralasiatische Partner Russlands, das in dieser Region vier Hauptziele verfolgt: militärische Sicherheit, Konsolidierung der dortigen Regime, Schutz ethnischer Russen und Förderung der russischen

Sprache sowie wirtschaftliche Integration mit Hilfe der Eurasischen Wirtschaftsunion.

Im 19. Jahrhundert eroberte das Russische Reich Zentralasien, ein Gebiet, das sowohl von sesshaften Stämmen als auch Nomaden bevölkert war, und schickte Russen dorthin, um das dünnbesiedelte Land zu kolonisieren. In der Sowjetära hatte die Kasachische Sozialistische Sowjetrepublik die größte russische Bevölkerung der Sowjetunion außerhalb der Russischen Republik. Im Jahr 1954 brachte Nikita Chruschtschow seine Neuland-Kampagne auf den Weg und schickte zwei Millionen begeisterte junge Slawen nach Nordkasachstan, um dort die landwirtschaftliche Produktion dramatisch anzukurbeln und die Nahrungsmittelkrise der UdSSR zu beenden – bald ein erfolgloses und kostspieliges Fiasko.

Während des Zweiten Weltkriegs wurden ethnische Deutsche und Juden nach Kasachstan umgesiedelt. Zusammen mit den Häftlingen der diversen Gulags in dieser Region wurden sie nach Stalins Tod zur Keimzelle einer neuen Intelligenzija, die der Kasachischen Sozialistischen Sowjetrepublik zu einer führenden Rolle in Wissenschaft und Medizin verhalf. Die meisten sowjetischen Atomtests wurden auf dem Testgelände im kasachischen Semipalatinsk durchgeführt, was zu schwerwiegenden gesundheitlichen und ökologischen Belastungen für die Bevölkerung führte; das machte das postsowjetische Kasachstan zu einem vehementen Fürsprecher der atomaren Abrüstung. Im August 2017 eröffnete die Internationale Atomenergiebehörde in Ostkasachstan die weltweit erste Low Enriched Uranium Bank (Bank für niedrig angereichertes Uran), um andere Länder davon abzubringen, selbst zu versuchen, Uran anzureichern.[51] In Kasachstan befindet sich auch das Kosmodrom Baikonur, der erste Raketenstartplatz, von dem nun auch gemeinsame Russland-US-Weltraummissionen ins All fliegen.

Im Jahr 1989 wurde Nursultan Nasarbajew der letzte kommunistische Präsident Kasachstans. Er ist auch heute noch im Amt, nachdem er die Symbole des sowjetischen Sozialismus gegen die eines säkularen Islams eingetauscht hat. Kasachstan ist der einzige postsowjetische Staat, in dem es nach der Auflösung der Sowjetunion nicht zu einem Machtwechsel gekommen ist. Bei den Wahlen 2015 gewann Nasarbajew 98 Prozent der Stimmen und kann als «Führer der Nation» bis 2020 im Amt bleiben, obwohl die OSZE die Durchführung der Wahlen kritisiert hat.[52] Auf der Basis eines multiethnischen und multikonfessionellen Staates hat er sorgfältig eine kasachische Nationalidentität konstruiert und den Regierungssitz vom kosmopolitischeren Almaty der Sowjetära in die neue Hauptstadt Astana verlegt – eine auf dem Reißbrett entworfene Stadt im Landesinneren, mit eleganten Boulevards und dem Bajterek-Turm als Wahrzeichen der Stadt, der hoch oben von einer großen goldenen Kugel geziert wird und mit dem Nasarbajew sich ein Denkmal gesetzt hat. Im Bewusstsein der Risiken, die es mit sich bringt, in einem Binnenland zu leben und in einer gefährlichen Nachbarschaft, die im 19. Jahrhundert Teil des großen Spiels zwischen Britischem und Russischem Reich wurde, hat Nasarbajew geschickt produktive Beziehungen zu Russland, China und den Vereinigten Staaten geknüpft und das Land als ehrlichen Vermittler in einer Reihe von Konflikten positioniert, an der Kreuzung von Ost und West. Sein Regime scheint stabil zu sein, doch die Bedrohung durch islamische Extremisten ist ein anhaltendes Problem – Hunderte von Kasachen haben sich als Kämpfer dem sogenannten Islamischen Staat und anderen Terrornetzwerken einheimischer Bevölkerungsgruppen in Zentralasien angeschlossen. Im Jahr 2011 führten Arbeiterunruhen in der im Westen des Landes gelegenen Stadt Schangaösen zu gewaltsamen Zusammenstößen zwischen wütenden Ölarbeitern und Polizeikräften, die mehr als 100 Todesopfer forderten.[53] Während der 80. Geburtstag Nasarbajews näher rückt, wirft die Nachfolgefrage – und Russlands potenzielle Rolle dabei – Probleme auf, die durch den Ukrainekonflikt noch verschärft werden. Es gibt Befürchtungen, dass Russland sich eine mögliche Destabilisierung im Zuge der Nachfolgeregelung zunutze machen und versuchen könnte, Nordkasachstan, wo die meisten Russen leben, zu besetzen. Im April 2018 enthielt sich Kasachstan, das einen rotierenden Sitz im UN-Sicherheitsrat innehatte, der Stimme, als über einen russischen Antrag abzustimmen war, die USA und ihre Verbündeten wegen ihres Luftangriffs auf Syrien nach einem Einsatz von Chemiewaffen zu verurteilen. Die Russen waren verärgert, dass die Kasachen nicht mit ihnen gestimmt hatten, und machten versteckte Drohungen in Richtung Astana.[54]

Russland betrachtet Kasachstan als seinen zuverlässigsten und nützlichsten Partner im «Nahen Ausland». Schon 1994 hatte Nasarbajew eine Eurasische Union mit Russland und anderen Ex-Sowjetrepubliken vorgeschlagen, und Kasachstan ist aktives Mitglied sowohl der CSTO als auch der EEU. Darüber hinaus unterließ es Kasachstan – im Gegensatz zu seinen Nachbarn Usbekistan und Kirgisien –, nach den Anschlägen vom 11. September 2001 den Vereinigten Staaten die Einrichtung einer Militärbasis auf seinem Territorium anzubieten. Es hat eine Reihe von bilateralen Abkommen mit Russland abgeschlossen, zuletzt im Jahr 2013 das Abkommen über gute Nachbarschaft und eine Allianz.

Kasachstan ist auch im Bereich Energie ein wichtiger Partner für Russland. Die Wiege der russischen Ölindustrie steht in Baku, Aserbaidschan, aber Kasachstan ist zum wichtigsten Ölförderland am Kaspischen Meer geworden, auf gleicher Höhe mit Norwegen, und ist Zentralasiens größter Energieerzeuger. Als Binnenland ist Kasachstan für den Transport seiner Export-Tagesproduktion von 1,8 Millionen Barrel auf andere Länder angewiesen. Seine wichtigste Export-Pipeline führt durch Russland, es hat aber auch Pipelines nach China gebaut. Seine enormen Energiereserven haben Kasachstan in die Lage versetzt, zu einem großen Anbieter auf dem Weltmarkt zu werden, der Investitionen von westlichen Konzernen wie Chevron und ExxonMobil und auch aus China angezogen hat. Nasarbajew hat aber auch sorgfältig darauf geachtet, im Bereich Energie enge Beziehungen zu Russland zu unterhalten. Der private Energiekonzern Lukoil ist der größte russische Investor in

Kasachstan und dort an sieben Projekten beteiligt. Doch außerhalb des Energiesektors sind die bilateralen Wirtschaftsbeziehungen zwischen Russland und Kasachstan kaum der Rede wert; der größte Handelspartner Kasachstans ist die EU.

Trotz dieser engen Bindungen haben die Annexion der Krim und der Ausbruch des Ukrainekriegs die Beziehungen zwischen Russland und Kasachstan belastet. Obwohl es zu einer beträchtlichen Rückwanderung von Russen aus Kasachstan zurück nach Russland gekommen ist, besteht nach wie vor ein Drittel der Bevölkerung aus Slawen, die überwiegend im Norden konzentriert sind. Nasarbajews Politik der Kasachisierung hat dazu geführt, dass in hohen Regierungsämtern kaum noch ethnische Slawen zu finden sind, und manche Russen haben sich über Diskriminierung am Arbeitsplatz beklagt.

Die Führungsebene Kasachstans war beunruhigt über die Ereignisse in der Ukraine und weigerte sich, Russlands Annexion der Krim in der UN-Vollversammlung zu unterstützen. Bei einer Pressekonferenz im Jahr 2014 zog Putin den Zorn Nasarbajews auf sich, indem er ihm ein sehr zweifelhaftes Kompliment machte: «[Nasarbajew] hat auf einem Gebiet, auf dem noch nie ein Staat existiert hat, einen Staat geschaffen. Die Kasachen hatten noch nie einen eigenen Staat. Er hat ihn geschaffen. In dieser Hinsicht ist er eine einzigartige Person im früheren Sowjetraum, und auch für Kasachstan.»[55]

Die Antwort folgte auf dem Fuße. Prompt kündigte Kasachstan Pläne an, den 550. Jahrestag des Kasachen-Khanats feierlich zu begehen, das 1465 gegründet wurde. Zwar räumte Nasarbajew ein, das Khanat sei «vielleicht kein Staat im modernen Sinne gewesen», doch die Symbolik war nicht zu übersehen.[56] Bei den aufwendigen Feierlichkeiten im September 2015 gab es traditionelle Kostüme zu bewundern, Volkstänze, eine Ausstellung mit kulturellen Artefakten in einer Jurte (Nomadenzelt) und eine triumphale Parade durch die Straßen Astanas.[57] Nasarbajew hat auch den Prozess begonnen, die kasachische Schriftsprache von der Verwendung kyrillischer Buchstaben auf das lateinische Alphabet umzustellen.

Seit dem Ausbruch der Konflikte in der Ukraine und in Syrien hat Nasarbajew Putin unterstützt, indem er versucht hat, einen Dialog zwischen den Kriegsparteien zu vermitteln. Er hat – neben Lukaschenko – an den Minsk-II-Verhandlungen über die Ukraine teilgenommen und drängt die verfeindeten Parteien ständig, sich zu versöhnen. Im Jahr 2015 war er Gastgeber von Gesprächen zwischen dem Iran und den Weltmächten über das Atomprogramm Teherans. Er bot sich als Vermittler an, als Russland und die Türkei ihre diplomatischen Beziehungen abgebrochen hatten, nachdem die Türken im türkischen Luftraum ein russisches Flugzeug auf seinem Weg nach Syrien abgeschossen hatten; nach dem Putschversuch von 2016 besuchte er Erdoğan, um ihn seiner Unterstützung zu versichern. In Astana hat er etliche Runden von Friedensgesprächen zwischen den Kriegsparteien im syrischen Konflikt in die Wege geleitet. All diese Aktivitäten festigen Kasachstans internationalen Ruf als Konfliktvermittler und stärken Nasarbajews Position im Inland, doch außerdem unterstützt Nasarbajew generell die russische Politik. Davon abgesehen bezieht die kasachische Bevölkerung einen großen Teil ihrer Nachrichten aus den russischen Staatsmedien und tendiert dazu, eher Moskaus Versionen zu glauben. Putin und Nasarbajew treffen sich häufig, und selbst wenn man nicht jedes Wort ihrer übertriebenen gegenseitigen Lobpreisungen glauben mag, bleiben sie einander unersetzliche Partner.[58]

## Die Eurasische Wirtschaftsunion

Kasachstan ist Russlands wichtigster Partner in der EEU, und in seiner dritten Amtszeit war die EEU Putins wichtigstes Projekt. Nasarbajew wird als «Pate» der EEU angesehen, weil er der Erste war, der 1994 diese Idee zur Sprache brachte. Doch tatsächlich ist sie Putins Masterplan, um die wirtschaftliche Integration im postsowjetischen Raum voranzutreiben und dadurch Russlands politische Dominanz in der Region zu befestigen. Die EEU ist zudem einer der Grundpfeiler in Putins Plan, die Institutionen einer neuen, nicht vom Westen dominierten Weltordnung zu schaffen – und sie ist ein defensiver Schachzug, um den wachsenden Einfluss Chinas und der EU im «Nahen Ausland» einzudämmen. Im Jahr 2011 kündigte Putin im Wahlkampf an, er wolle auf der Basis der bereits vorhandenen Zollunion einen EU-ähnlichen regionalen Integrationsmechanismus im postsowjetischen Raum schaffen, der seine Mitgliedsländer in ein «Größeres Eurasien» führen sollte. Diese Union solle jedoch keine Neuauflage der Sowjetunion sein, so Putin: «Der Versuch, etwas aus der Vergangenheit zu restaurieren oder zu kopieren, wäre naiv. Allerdings ist eine stärkere Integration auf einer neuen politischen und wirtschaftlichen Grundlage und ein neues Wertesystem in unserer heutigen Zeit ein Gebot der Stunde.»[59] Damals verhandelte die EU mit der Ukraine, Armenien, Georgien und Moldawien über umfassende Freihandelsabkommen, die es für die Beitrittskandidaten notwendig gemacht hätten, ihre nationale Souveränität über Außenzölle aufzugeben.

Obwohl Putin die EEU als primär wirtschaftliche Organisation dargestellt hat, wissen sämtliche Mitgliedsländer – Russland, Kasachstan, Weißrussland, Armenien, Kirgisien und (aller Voraussicht nach) Tadschikistan –, dass Moskau sie auch als ein geopolitisches Projekt sieht. Putin hat einmal gesagt, die EEU werde dem postsowjetischen Raum die Chance eröffnen, «ein unabhängiges Zentrum für globale Entwicklung zu werden, statt an der Peripherie Europas und Asiens zu verbleiben.»[60] Der Kreml sieht die EEU als Gegengewicht zu euro-atlantischen Strukturen – vor allem EU und NATO –, die ihre Reichweite bis in Russlands Hinterhof ausdehnen, aber auch als einen Weg, um die Bandbreite chinesischer Integrationsprojekte in Eurasien zu begrenzen, etwa die ehrgeizige Belt and Road Initiative (umgangssprachlich «Neue Seidenstraße»), die China mit Zentral- und Südostasien und letztlich auch mit Europa verbinden soll. Putins ultimatives Ziel ist zwar, ein

«Größeres Eurasien» zu schaffen, das den postsowjetischen Raum, China, Indien und Pakistan umfasst, aber das wird zum großen Teil Wunschdenken bleiben. Es steht jedoch außer Frage, dass die nichtrussischen Mitglieder der EEU zwar Vorbehalte gegen die Bemühungen des Westens haben, Demokratie und Menschenrechte voranzutreiben, aber auch entschlossen sind, gegen Russlands politische Integrationsinitiativen, etwa ein gemeinsames Parlament oder eine Währungsunion, Widerstand zu leisten.

Putins ursprüngliches Ziel war, dass sämtliche postsowjetischen Staaten der EEU beitreten sollten. Die Ukraine war angesichts ihrer Größe und ihrer wirtschaftlichen Vernetzung mit Russland der aussichtsreichste Beitrittskandidat – daher der russische Druck auf Janukowitsch, das Beitrittsabkommen mit der EU nicht zu unterschreiben. Sowohl die EEU als auch die EU diktieren einen einzigen Außenzolltarif, was es unmöglich macht, beiden Organisationen anzugehören. Aber Janukowitschs Nachfolger Poroschenko unterzeichnete das Abkommen, ebenso wie Georgien und Moldawien. Auch Armenien hatte die Absicht, es zu tun, aber nachdem Moskau 2013 erheblichen Druck aufgebaut hatte, der in einem Gespräch «von Mann zu Mann» zwischen Putin und dem armenischen Präsidenten kulminierte, änderte dieser seine Meinung, und Armenien erklärte sich bereit, der EEU beizutreten. Da die nationale Sicherheit Armeniens wegen des Nagorny-Karabach-Konflikts von Russland abhing, hatte es keine andere Wahl. Doch die EEU ist schwerlich eine Organisation gleichberechtigter Partner, da auf Russland etwa 86 Prozent der Wirtschaftsleistung der Union entfallen; an nächster Stelle kommt Kasachstan mit 10 Prozent, dann Weißrussland mit 3,5 Prozent sowie Armenien und Kirgisien mit zusammen weniger als 1 Prozent. Das bedeutet, dass die anderen Mitgliedsländer in hohem Maße von der Gesundheit der russischen Wirtschaft abhängen.[61] Hinzu kommt, dass nur 6,6 Prozent des russischen Außenhandels auf die EEU-Mitgliedsländer entfallen (der Handel mit der EU macht 49 Prozent aus).

Jedes Mitgliedsland der EEU hat seine eigene Agenda. Weißrusslands größte Sorge sind seine Abhängigkeit von russischen Energielieferungen, gefolgt von seinen Agrarexporten nach Russland. Lukaschenko hat für bevorzugte Energiepreise gewisse Hoheitsrechte Weißrusslands an Russland abgetreten mit dem Argument: «Souveränität ist keine Ikone, die man anbeten müsste».[62] Für Kirgisien ist Migration das wichtigste Problem; es ist eines der Länder, die weltweit am stärksten darauf angewiesen sind, dass viele ihrer Menschen im Ausland arbeiten und einen Teil ihres Lohns an die Angehörigen in der Heimat überweisen. Solche Rücküberweisungen von Bürgern Kirgisiens, die in Russland arbeiten, machen bis zu 30 Prozent der Wirtschaftsleistung des Landes aus. Die EEU garantiert Arbeitsmigranten aus den Mitgliedsländern eine bevorzugte Behandlung bei der Vergabe von Visa, auf die Kirgisien angewiesen ist. Kasachstan hat eine ganz andere Agenda: Es sieht die EEU als einen Weg, Russland im Rahmen einer regelbasierten Organisation einzuhegen.[63]

Die EEU hat von Anfang an zu kämpfen gehabt. Sie wurde im Januar 2015 aus der Taufe gehoben, einer ungünstigen Zeit für die russische Wirtschaft – nach Ausbruch der Ukrainekrise, Sanktionen des Westens, dem Absturz der Ölpreise und einer Abwertung des Rubels mit der Währungskrise im Dezember. Und da alle EEU-Mitgliedsländer vom Wohlergehen der russischen Wirtschaft abhängig sind, setzten sofort Ansteckungseffekte ein. Kasachstan stellte fest, dass billige russische Güter seine Märkte überschwemmten, und musste seine Währung abwerten. In Kirgisien kam es zu einem Rückgang der Überweisungen aus Russland um 45 Prozent. Der Handel innerhalb der EEU ging 2015 im Vergleich zum Vorjahr um 26 Prozent zurück. Die russische Wirtschaft erholte sich 2017 und 2018, und vielleicht werden über kurz oder lang steigende Ölpreise günstigere Bedingungen für die anderen EEU-Mitglieder herbeiführen, aber fürs Erste scheint Putins Ziel, einen dynamischen Wirtschaftsblock zu schaffen, der als eigenständige Stütze der neuen Weltordnung dienen wird, in ziemlich weite Ferne gerückt zu sein.

# POSTSOWJETISCHE ZUKUNFTSAUSSICHTEN

Die Gründung der Gemeinschaft Unabhängiger Staaten (GUS) im Jahr 1991 sollte eine «zivilisierte Scheidung» sein, eine Möglichkeit für Russland und die anderen Sowjetrepubliken, ihrer getrennten Wege zu gehen und den Aufruhr und das Blutbad zu vermeiden, in dem das zerfallende Jugoslawien versank. Abgesehen von den Kämpfen zwischen Armenien und Aserbaidschan und innerhalb Georgiens vollzog sich die Auflösung der UdSSR friedlich. Doch die sowjetische Scheidung ist noch nicht abgeschlossen, und sie war auch nicht in jeder Hinsicht zivilisiert. Mit Ausnahme der baltischen Staaten hat es sich für die postsowjetischen Länder als ausgesprochen schwierig erwiesen, zu voller Unabhängigkeit und Souveränität zurückzufinden, nachdem sie viele Jahrhunderte der Zarenherrschaft und 70 Jahre Sowjetregime hinter sich hatten. Russland dominiert auch weiterhin sein «Nahes Ausland» und übt erhebliche wirtschaftliche, militärische und politische Macht über die meisten seiner Nachbarländer aus. Das liegt unter anderem daran, dass es keinem von ihnen gelungen ist, die Institutionen einer modernen Regierungspraxis und eine politische Stabilität zu schaffen, die sie weniger anfällig für russische Pressionen machen würden. Ein Vierteljahrhundert ist ein Wimpernschlag im Vergleich zu der jahrhundertelangen Geschichte russischer Dominanz, und diese Scheidung wird wesentlich länger brauchen, um gänzlich vollzogen zu werden. Derweil begegnen die meisten Nachbarländer – auch seine Bündnispartner – Russland nach wie vor mit Argwohn. Sie sind sich ihrer fortwährenden Abhängigkeiten von Moskau bewusst, sind aber auch entschlossen, den Möglichkeiten des Kremls, sich in ihre inneren Angelegenheiten einzumischen und ihre Außenpolitik zu diktieren, Grenzen zu setzen. Dennoch steht es aufgrund der Übermacht und des hohen Entwicklungsstands der russischsprachigen elektronischen Medien im postsowjetischen Raum außer Frage, dass des Kremls Version der Realität auch weiterhin die Eliten beeinflussen wird.

Putin hat akzeptiert, dass die UdSSR nicht wieder zum Leben erweckt werden kann. Aber er ist entschlossen, integrative Strukturen in Eurasien aufzubauen, welche die postsowjetischen Staaten zusammenhalten und den Kern einer postwestlichen Ordnung schaffen. Diese Organisationen würden auch sein übergeordnetes Ziel vorantreiben, den Rang Russlands als Großmacht wiederherzustellen, die bei allen wichtigen internationalen Entscheidungen mit am Tisch sitzt. Die Ukraine und Georgien mögen heute vielleicht hoffnungslose Fälle sein, aber ihre inneren Schwächen könnten Einfallstore für russischen Einfluss bieten. Die Soft Power Russlands – vor allem durch Sprache, Kultur und Medien – verbindet auch weiterhin die Bürger des postsowjetischen Raums.

Im Juni 2017 sagte Alexej Nawalny, der russische Oppositionspolitiker, der Putin ständig kritisiert, aber auch bei russischen Nationalisten populär ist, in einer Fernsehsendung: «Ja, es versteht sich von selbst, dass niemand in Usbekistan weiß, wer Puschkin ist.» Sofort brach auf Facebook ein Sturm der Entrüstung los. Erwachsene Usbeken erklärten, dass in Taschkent ein Denkmal des russischen Dichters steht, Straßen nach ihm benannt sind und viele Usbeken alle großen Dichter Russlands studieren. Usbekische Kinder posteten niedliche Videos von sich selbst, die zeigten, wie sie Puschkin-Verse rezitieren. Ein Mann tadelte Nawalny und sagte ihm, er habe ja offensichtlich keine Ahnung von Usbekistan und solle doch erst einmal das Land besuchen kommen.[64] Kurzum: Die Macht und Attraktivität der russischen Kultur darf nicht unterschätzt werden.

In Zentralasien ist der russische Einfluss am größten, mit Ausnahme Turkmenistans, das weitgehend in seiner eigenen Welt lebt. Angesichts der ständig wachsenden wirtschaftlichen Präsenz Chinas orientieren sich die zentralasiatischen Länder nach Moskau, um Pekings Einfluss auszugleichen. Aber wie der kasachische Fall zeigt, wachen sie auch eifersüchtig über ihre Autonomie im eigenen Land und versuchen, Russlands Einfluss auf ihre Nachfolgeprozesse zu beschneiden. Die nächste Probe aufs Exempel wird in

Kasachstan kommen, wenn Nasarbajew von der politischen Bühne abtritt, doch wie in den meisten postsowjetischen Staaten ist auch dort der Nachfolgeprozess undurchsichtig. Russlands Beziehungen zu Weißrussland sind eng, aber manchmal konfrontativ, und hin und wieder hat Putin seine Verärgerung über den unberechenbaren Lukaschenko angedeutet. Außerdem sollte die Vorliebe des Kremls für große Rahmenvereinbarungen wie die EEU in einer Zeit wirtschaftlicher Probleme im postsowjetischen Raum nicht mit nachhaltigen und wirkungsvollen Integrationsmechanismen verwechselt werden. Doch die eingefrorenen Konflikte werden Russland auch in Zukunft Möglichkeiten bieten, die Entwicklung in Eurasien zu beeinflussen, so lange, bis der Kreml beschließt, es sei in seinem Interesse, diese Konflikte gelöst zu sehen.

Nach 1991 lautete das Mantra des Westens, dass es von entscheidender Wichtigkeit sei, die Unabhängigkeit der postsowjetischen Staaten zu unterstützen und Russland von der Vorstellung abzubringen, es habe dort eine Interessenssphäre. Über 25 Jahre später stellen sich ernste Fragen, wie realistisch das ist. Weder die Vereinigten Staaten noch Europa sind darauf vorbereitet, sich in solchem Ausmaß in diesem Teil der Welt zu engagieren, dass dadurch Russlands vorherrschende Rolle ernsthaft in Frage gestellt würde. Das hat sich in der Ukraine eindeutig gezeigt. Eurasien stellt für den Westen ein intermittierendes Interesse dar, kein Kerninteresse. Jetzt, da der Krieg in Afghanistan allmählich zu Ende geht, ziehen sich die Vereinigten Staaten aus Zentralasien zurück und überlassen es China und Russland, ihren Modus Vivendi selbst auszuhandeln. Die EU ist ihrer Versuche müde geworden, in Weißrussland Reformen voranzutreiben. Und während die EU und die NATO auch in Zukunft russische Initiativen ablehnen werden, formelle Abkommen mit der EEU und der CSTO zu schließen, werden sie hin und wieder erneut darüber nachdenken, wie eine nicht so weit gehende Kooperation mit diesen Organisationen aussehen könnte. Der Westen ist nicht bereit, eine russische Einflusssphäre im «Nahen Ausland» zu akzeptieren, aber es gibt Grenzen, über die er nicht hinausgehen wird, um Russlands Interessen etwas entgegenzusetzen.

Ein misstrauischer armenischer Funktionär der Eurasischen Wirtschaftsunion hat einmal die aktuelle Lage prägnant auf den Punkt gebracht: «Diese Sache mit der Unabhängigkeit hat nicht so toll funktioniert.»[65] Putin will nicht die UdSSR restaurieren, aber er wird auch in Zukunft versuchen, die Schwächen seiner Nachbarstaaten auszunutzen, während sie damit beschäftigt sind, das postsowjetische Syndrom hinter sich zu lassen. Und er weiß, dass die Reaktion des Westens gedämpft sein wird.

★ 7 ★

# «DIE VERGANGENHEIT ÄNDERT SICH STÄNDIG»

## Russland und die Ukraine

*Stell Dir vor, die Krim gehört Dir und die Warze an Deiner Nase ist nicht mehr ... Glaub mir, durch diese Tat wirst Du größeren, unsterblichen Ruhm erringen, als jeder andere russische Monarch zu irgendeiner Zeit ... Durch die Krim wird die Herrschaft über das Schwarze Meer erlangt werden ... Russland braucht das Paradies.*

**Prinz Grigory Potemkin brieflich an Zarin Katharina die Große**[1]

Zwei miteinander konkurrierende Banknoten illustrieren das Problem recht anschaulich. Auf dem russischen Tausend-Rubel-Schein ist Jaroslaw der Weise (978–1054), Großfürst von Kiew und hochverehrter Herrscher der Kiewer Rus, zu sehen. Sein Vater Wladimir (ukrainisch Wolodymyr) ließ sich auf der Krim als orthodoxer Christ taufen und sorgte in der Folge für die Christianisierung der Kiewer Rus. Er ist stehend in Dreiviertelansicht dargestellt, trägt gemäß der Moskauer Herrschertradition einen Vollbart und hält ein Zepter in der Hand. Der ukrainische Zwei-Hrywnja-Schein zeigt nur den Kopf Jaroslaw des Weisen im Dreiviertelprofil. Er ist mit einem ukrainischen Schnurrbart im Kosakenstil, aber ohne Vollbart und Ornat wiedergegeben.[2] Sowohl Russland als auch die Ukraine betrachten Jaroslaw als ihren Herrscher, dem sie ihren ersten Gesetzeskodex, die Russkaja Prawda, verdanken.

War Jaroslaw nun ein russischer oder ukrainischer Herrscher? Ist der russische Staat tatsächlich ein direkter Nachfolger der Kiewer Rus, wie viele Historiker meinen, oder sind sie die Wiege der ukrainischen Nation? Seit Jahrhunderten beanspruchen Russen und Ukrainer Jaroslaw jeweils für sich. Die Konkurrenz war so groß, dass der ukrainische Klerus die sterblichen Überreste des Fürsten 1943, beim Vormarsch der Roten Armee, aus der Kiewer Kathedrale entfernte und angeblich nach New York bringen ließ, um zu verhindern, dass sie nach Moskau gelangten.[3]

Wladimir Putin erkennt nicht an, dass Russland und die Ukraine zwei verschiedene Nationen sein sollen. Dem Filmregisseur und Produzenten Oliver Stone sagte er: «Ich bin zutiefst überzeugt, dass das ukrainische und das russische Volk nicht nur eng miteinander verwandt, sondern fast identisch sind.»[4] Außerdem ist die Ukraine, wie er 2008 gegenüber George W. Bush betonte, in seinen Augen kein wirklich eigenständiger Staat.

In den letzten Jahren haben sich die Debatten um die historische Deutungshoheit jedoch in eine tödliche Auseinandersetzung verwandelt. Als Folge der russischen Krim-Annexion und des andauernden Donbass-Konflikts im Südosten der Ukraine sind bereits mehr als zehntausend Menschen ums Leben gekommen und über zwei Millionen auf der Flucht oder vertrieben worden. Außerdem steht die Eigenstaatlichkeit der Ukraine unter permanentem Druck. Die Ereignisse des Jahres 2014 stellten einen Wendepunkt dar, denn bis dahin hatte Einigkeit darüber geherrscht, die Grenzen der ehemaligen Sowjetrepubliken auch als Grenzen der neuen, aus ihnen hervorgegangenen unabhängigen Staaten zu akzeptieren. Viele europäische Länder begannen daraufhin, an Russlands Engagement für ein stabiles und sicheres Europa zu zweifeln. Für den Kreml ist die internationale Ausrichtung der Ukraine eine existenzielle Frage, da deren Westanbindung eine direkte Bedrohung des russischen Kernlandes darstellen würde. Die Ukraine wiederum sieht ihre Souveränität und ihr Fortbestehen durch Russland bedroht. Eine Lösung für diesen Konflikt ist bislang nicht in Sicht. Tatsächlich haben die jüngsten Aktionen Russlands dazu beigetragen, die bis vor kurzem noch zwischen Ost und West gespaltene ukrainische Identität zu einen. Warum weigert sich

Russland seit dem Zusammenbruch der Sowjetunion, das Recht der Ukraine auf Selbstbestimmung anzuerkennen? Wie plant der Kreml zukünftig mit der Ukraine umzugehen? Und kann es jemals einen friedlichen Modus Vivendi für Russland und die Ukraine geben?

## DER LANGE SCHATTEN DER KIEWER RUS

In einem System, in dem die Deutung der Geschichte wandelbar ist, «ändert sich die Vergangenheit ständig», wie es ein alter sowjetischer Witz ausdrückte. Und im Fall von Russland und der Ukraine hat sich die Vergangenheit seit dem Zusammenbruch der Sowjetunion merklich verändert. Zu allem Überfluss wird die Frage der Identität nicht nur zwischen Russen und Ukrainern, sondern auch unter den Ukrainern selbst heftig diskutiert. Russische und ukrainische Historiker führen seit langem «eine Auseinandersetzung um den exklusiven Besitz des vermeintlichen Erbes der Kiewer Rus».[5] Wo sind die Begriffe «Rus» und «Ukraine» entstanden? Das Wort «Rus» hat skandinavische Wurzeln und bezeichnete zunächst die in Osteuropa lebenden Wikinger. Ein Kiewer Chronist beschrieb um 1187 mit dem Wort «Ukraine» erstmals das Steppengrenzland zwischen Perejaslaw im Osten und Galizien im Westen. «Ukraine» bedeutet «Grenzland», geriet als Bezeichnung für das beschriebene Gebiet jedoch bald außer Gebrauch und wurde erst Anfang des 19. Jahrhunderts wiederbelebt. Man weiß, dass die Kiewer Rus ein aus verschiedenen Stämmen bestehendes Gemeinwesen waren, zu dem auch die um Kiew siedelnden Ostslawen gehörten und das einen Teil des heutigen Westrusslands und der Ukraine umfasste. Entstanden ist dieses Gebilde, das man sich nicht als zentral regierten Staat im modernen Sinne vorstellen darf,[6] irgendwann in der Mitte des 10. Jahrhunderts, und es hörte am 7. Dezember 1240 mit der Eroberung Kiews durch die einfallenden Mongolen auf zu existieren. Auch die historischen Narrative über das Leben unter den Mongolen fallen unterschiedlich aus. Während Russen vom «Tatarenjoch» und der mongolischen Unterdrückung sprechen, ist das Urteil der Ukrainer etwas weniger hart.[7]

Nach dem Rückzug der Mongolen wurde die heutige Ukraine Teil der Republik Polen-Litauen und blieb bis 1648 unter polnischer Herrschaft. Die Republik Polen-Litauen war ein Vielvölkerstaat, dessen Zusammensetzung aufgrund verschiedener Migrationswellen variierte. So kam es schließlich auch zur Einwanderung der ukrainischen Kosaken. Ein in der polnischen Armee dienender französischer Militäringenieur beschrieb diese Freibeuter 1651 recht anschaulich:

> Es gibt keinen von ihnen, unabhängig von Alter, Geschlecht oder Rang, der nicht versuchen würde, mehr zu trinken als seine Gefährten und es toller zu treiben als sie ... Sie sind schlau, gerissen, klug [und doch] von Herzen großmütig ... Sie schätzen ihre Freiheit über die Maßen und würden nicht ohne sie leben wollen.[8]

## DIE ERSTE UNABHÄNGIGKEIT

Es war ein Kosake, der die Ukrainer in die Unabhängigkeit von den Polen führte, allerdings nur, um das Land wenig später mit Russland zu vereinen. Der adelige Kosakenhetman Bogdan Chmelnizki kämpfte im Aufstand gegen die polnische Krone, deren Armee er mehrmals empfindlich schlug. Im Dezember 1648 hielt Chmelnizki triumphal in Kiew Einzug, wo man ihn als neuen Anführer der Rus feierte und «Moses» nannte, weil er die Nation aus der polnischen Sklaverei befreit habe.[9] Aber der Aufstand wurde schon früh internationalisiert, denn Chmelnizkij bat in Moskau um Beistand, wegen dessen zögerlicher Haltung die Kosaken sich freilich mit den Krimtataren verbünden mussten. Im Januar 1654 schwor schließlich ein großer Teil der kosakischen Elite in der Stadt Perejaslaw Alexej Romanow von Moskau, dem zweiten Romanow-Zaren und neuen Herrscher der Ukraine, die Treue. (Als die ostukrainischen Separatisten 2017 ihren eigenen unabhängigen Staat ausriefen, taten sie dies mit einer Nachbildung von Chmelnizkijs Banner.[10]) So endete die erste, kurze Periode ukrainischer Unabhängigkeit, und es begann die lange, komplexe Beziehung mit Russland. 1954 feierte die UdSSR mit großem Getöse das dreihundertjährige Jubiläum der «Wiedervereinigung» von Ukraine und Russland. Die Realität war freilich weitaus banaler. Anders als der polnische König war der Zar bereit, die traditionellen Privilegien der Kosaken und ihre Eigenstaatlichkeit anzuerkennen. Das und nichts anderes bewog Chmelnizki dazu, sich mit Moskau zu verbinden. Was hervorsticht aus den so verwickelten russisch-ukrainischen Beziehungen, das ist das nicht nachlassende Eifern der gegeneinander in Stellung gebrachten Geschichtsbilder.

## UKRAINER IM RUSSISCHEN REICH UND IN ÖSTERREICH-UNGARN

Zwischen dem späten 18. Jahrhundert und 1917 lebten im Russischen Reich wie in Österreich-Ungarn Menschen, die sich selbst als Ukrainer betrachteten. Diese historisch bedingte Aufspaltung ist die Grundlage für Putins Behauptung gegenüber Bush, dass sich ein Teil der Ukraine in Osteuropa befinde, der größere jedoch Russland «gegeben» worden sei. Das erklärt auch die Schwierigkeiten bei der Herausbildung eines einheitlichen ukrainischen Nationalbewusstseins und weshalb sich einige ostukrainische Bürger eher Russland zugehörig fühlen.

Eine Zeit größerer Autonomie für das Kosakenhetmanat endete, nachdem Peter der Große im Jahr 1709 in der Schlacht bei Poltawa die Schweden besiegt, seinen Titel 1721 offiziell von Zar in Kaiser geändert und das zur europäischen Großmacht aufgestiegene Moskauer Zarenreich in Russisches Reich umbenannt hatte. Die unter russischer Herrschaft lebenden Ukrainer wurden allmählich in das russische imperiale System eingegliedert und die eigenständigen kosakischen Verwaltungseinheiten abgeschafft. Die Russen begannen, die Ukrainer als «kleine Russen» zu bezeichnen. Ab 1768 führte Katharina die Große Krieg gegen das Osmanische Reich, und Russland erlangte erstmals die Kontrolle über den heutigen Donbass in der Südostukraine, der 2014 von russisch gesinnten Separatisten besetzt wurde. Katharina nannte diese Gebiete, zu denen auch der Hafen von Odessa gehörte, Novorossija (Neurussland). Auch die dem Osmanischen Reich unterstehende und von den muslimischen Krimtataren bewohnte Krim-Halbinsel wurde in dieser Zeit zum ersten Mal von Russland erobert.

Prinz Grigori Potemkin, der Geliebte Katharinas und Verwalter der neugewonnenen Gebiete, überzeugte die Zarin, ihre Eroberungen zu besuchen. Im Jahr 1787 brach sie von Sankt Petersburg aus zu einer sechsmonatigen Reise nach Sewastopol auf und legte dabei zu Wasser und zu Lande fast 6500 Kilometer zurück. Damit ihre Reise perfekt verlief, sorgte Potemkin dafür, dass alle Dächer in den Dörfern am Dnepr frisch gestrichen und die Straßen neu gepflastert wurden, was zur Entstehung der Legende von den «Potemkin'schen Dörfern» führte oder zu «falschen Fassaden, die eine düstere Realität verbargen».[11] Katharina war hocherfreut, als sie die neuen ukrainischen Ländereien durchquerte. Eine ganze Wildnis wartete darauf, erschlossen zu werden. Potemkin plante Städte am Schwarzen Meer, lud ausländische Kolonisten ein, sich in ihnen niederzulassen, und begann, die Flotte zu erbauen, die sein Vermächtnis werden sollte.

Als Russland die Südostukraine eroberte, begann die Republik Polen-Litauen zu zerfallen, was im Jahr 1772 zur ersten der drei polnischen Teilungen führte. Die in Galizien lebenden Ukrainer wurden nun von Wien aus regiert und im Habsburgerreich zumeist als Ruthenen, in der Karpatenregion auch als Russinen bezeichnet. Gegen 1795 standen die Gebiete am Dnjepr, wo 85 Prozent der ethnischen Ukrainer lebten, unter russischer Herrschaft, während die Westukraine zum Habsburgerreich gehörte. Zwischen dem späten 18. Jahrhundert und der Russischen Revolution verlief die soziale und kulturelle Entwicklung der Ukrainer sehr unterschiedlich. So bewahrten die Bewohner der galizischen Westukraine ihre Sprache und ihre Bräuche stärker als die im Osten, am Dnjepr lebenden Ukrainer unter der Herrschaft des Russischen Reiches. Im 19. Jahrhundert begann sich eine ausgeprägte ukrainische Nationalbewegung zu entwickeln. Die westlichen Gebiete nahmen an den Revolutionen von 1848 teil und erklärten sich für unabhängig, was das Bewusstsein für eine ukrainische Identität im Verlauf des nächsten halben Jahrhunderts noch weiter wachsen ließ. Im Russischen Reich hingegen waren die Ukrainer politisch kaum aktiv, und auch die ukrainische Sprache war nicht mehr so weit verbreitet. Tatsächlich betrachteten die meisten Russen die Ukrainer nicht als eine eigenständige Ethnie. Nach der Revolution von 1905 erschien das erste ukrainischsprachige Journal in Kiew, und die Ukrainer erhielten einige Dutzend Sitze in der neuen Duma, wo sie versuchten, die ukrainischen Anliegen zu fördern. Doch der Zar löste die Duma bald auf und beendete damit alle Bemühungen in dieser Richtung.

## REVOLUTION, KRIEG, HUNGERSNOT UND NOCHMALS KRIEG

Lenin versprach den im Reich lebenden nichtrussischen Volksgruppen nach der siegreichen Revolution die Unabhängigkeit. Im März 1917, nach der Abdankung des Zaren, kamen Vertreter politischer und kultureller Organisationen in Kiew zusammen und bildeten einen ukrainischen Volksrat, die Zentralna Rada. Nach dem

Sieg der Bolschewiki im Oktober 1917 nahmen die Ukrainer Lenin beim Wort, riefen die Ukrainische Volksrepublik aus und erklärten im Januar 1918 schließlich ihre staatliche Unabhängigkeit. Während dieser chaotischen postrevolutionären Zeit des Bürgerkriegs begann also die zweite kurze Phase der ukrainischen Unabhängigkeit von Russland. Die Niederlage der österreichisch-ungarischen Armee und der russisch-polnische Krieg führten zur Wiedervereinigung der ost- und westukrainischen Gebiete und 1919 zur Ausrufung eines unabhängigen ukrainischen Staates, der sich aus den ehemals russisch und österreichisch beherrschten Landesteilen zusammensetzte. Nach dem Kollaps des Habsburgerreiches entstand auch ein neuer, unabhängiger polnischer Staat.

Die zunehmende Intensität des russisch-polnischen Krieges zwang Lenin, das langfristige Ziel der Weltrevolution zunächst den Erfordernissen eines militärischen Sieges über die Polen unterzuordnen, der ohne das ukrainische Getreide und die ukrainische Kohle nur schwer zu erringen gewesen wäre. Mit anderen Worten, die Kontrolle über die Ukraine war für den russischen Erfolg unerlässlich. Im Jahr 1920 besiegten die Polen die sowjetischen Streitkräfte und verleibten sich weite Gebiete des noch jungen ukrainischen Staates ein. Der Friedensvertrag von Riga legte im März 1921 fest, dass Galizien wieder zurück an Polen ging und die Ukraine erneut aufgeteilt wurde – diesmal zwischen Russland, Rumänien, Polen und der Tschechoslowakei. Dass die Ukraine anders als Polen und die Tschechoslowakei nach 1918 nicht dauerhaft die Unabhängigkeit erlangte, lag nicht zuletzt an der Schwäche der ukrainischen Nationalbewegung und den unterschiedlichen historischen Entwicklungen in Galizien und den Dnjepr-Gebieten.[12]

Unter Stalins Herrschaft erlebte die Sowjetukraine zunächst eine kurze kulturelle Renaissance, etwa durch die Förderung der ukrainischen Sprache in Bildungseinrichtungen. Bald darauf kam es jedoch zu einer großen Hungersnot und Gewaltausbrüchen, ausgelöst durch die Zwangskollektivierung der Landwirtschaft und Säuberungen. Als sich in der gesamten Sowjetunion viele Bauern der Enteignung widersetzten, indem sie ihre Ernten verbrannten und ihr Vieh schlachteten, reagierte das Regime in der Ukraine mit besonders harten Maßnahmen. So wurden den ukrainischen Bauern zwischen 1932 und 1934 zunehmend unrealistische Getreidequoten abverlangt. Insgesamt starben allein in der Ukrainischen Sozialistischen Sowjetrepublik fast vier Millionen Menschen an den Folgen der dadurch ausgelösten Hungersnot.[13] Die Ukrainer bezeichnen diese menschengemachte Katastrophe als Holodomor und sehen darin einen vorsätzlichen Akt des Völkermords, mit dem Stalin ganz bewusst auf die Auslöschung der Ukrainer abgezielt habe. Viele Russen bestreiten diese Darstellung mit der Begründung, dass Stalin beim Töten keine Unterschiede gemacht habe und es während der Zwangskollektivierung auch in anderen Teilen der Sowjetunion zu schweren Hungersnöten gekommen sei.

Die Ukrainer hatten sich kaum von der Hungerkatastrophe und den stalinistischen Säuberungen erholt, als Deutschland, gedeckt durch den Hitler-Stalin-Pakt, 1939 in Polen einmarschierte und die UdSSR das von galizischen Ukrainern bewohnte Ostpolen besetzte.

Mit dem «Unternehmen Barbarossa» brach Hitler den Vertrag mit Stalin und marschierte durch Weißrussland und die Ukraine in die Sowjetunion ein. Die Nationalsozialisten sahen die Ukraine als ultimativen Lebensraum, in dem Deutsche der «ungesunden Stadtgesellschaft» entfliehen und eine rassisch reine Gesellschaft erschaffen konnten. Das bedeutete natürlich, dass die als Untermenschen betrachtete slawische Bevölkerung beseitigt werden musste. Erich Koch, der Reichskommissar für die Ukraine, war unter den NS-Führern eine besonders brutale Erscheinung.[14] Dennoch begrüßten viele Ukrainer die nationalsozialistischen Invasoren wegen ihrer Abneigung gegen die Sowjetherrschaft anfangs als Befreier und arbeiteten mit ihnen zusammen. Dieser Umstand und die Tatsache, dass Stepan Bandera, ein nationalistisch gesinnter ukrainischer Führer, mit seiner Organisation zunächst auf Seiten der Deutschen stand, befeuert das russische Reden über «ukrainische Faschisten» in der Kiewer Regierung bis heute. Andere Ukrainer schlossen sich dem Widerstand gegen die Nationalsozialisten an. Als Generalleutnant Nikita Chruschtschow im November 1943 die Truppen der Roten Armee zur Rückeroberung Kiews führte, hatten Bandera und seine Mitstreiter sich längst enttäuscht von den Deutschen abgewandt.

Im Zuge der territorialen Neuregelungen am Ende des Zweiten Weltkriegs wurden Galizien und die Dnepr-Gebiete in der neuen Ukrainischen Sozialistischen Sowjetrepublik zusammengefasst. Stalin sorgte mit Zustimmung Roosevelts dafür, dass die Ukraine mit einer eigenen Delegation bei den Vereinten Nationen vertreten war, was ihr einen internationalen Status verlieh. Dann traf sein Nachfolger Nikita Chruschtschow 1954 in einem Akt scheinbarer Großzügigkeit eine Entscheidung, deren Folgen er nicht absehen konnte. Anlässlich des 300. Jahrestages des Vertrages von Perejaslaw und zur Feier der «großen und unauflöslichen Freundschaft» des russischen und ukrainischen Volkes unterstellte er die Krim der ukrainischen Gerichtsbarkeit und machte sie damit zu einem Teil der Ukrainischen SSR.[15] Zu diesem Zeitpunkt war Chruschtschow in ständige Machtkämpfe verstrickt und wollte sich dadurch die Unterstützung der ukrainischen Eliten sichern. Er traf seine Entscheidung jedoch nicht nur aus machttaktischen, symbolischen und emotionalen Gründen, sondern auch aus ganz praktischen, wirtschaftlichen Erwägungen heraus. Er hoffte, dass die Ukraine aufgrund ihrer geographischen Position eher als Russland in der Lage sei, der angeschlagenen Krim-Wirtschaft wieder auf die Beine zu helfen, denn im Gegensatz zu Russland war die Ukraine schließlich durch eine Landbrücke mit der Halbinsel verbunden.[16]

Im Zeitraum zwischen dem Aufstieg Chruschtschows und dem Amtsantritt Gorbatschows waren die Ukrainer gut in die sowjetische Gesellschaft integriert und auch überproportional in der Roten

Armee vertreten. Die ukrainische Intelligenz war weitgehend russifiziert und in das sowjetische System kooptiert. Ein Viertel des militärisch-industriellen Komplexes der Sowjetunion war in der Ostukraine angesiedelt. Periodisch aufkommende nationalistische Strömungen wurden unterdrückt. Mit einer ukrainischen Mutter und einem russischen Vater stand Michail Gorbatschow selbst für diese sowjetische Realität. Als er an die Macht kam, wurden seine Forderungen nach Glasnost von der angepassten ukrainischen Parteiführung nicht sofort aufgegriffen, aber das änderte sich nicht zuletzt durch den Super-GAU in Tschernobyl 1986 und die darauf folgenden Ereignisse. Die anfänglichen Vertuschungsversuche, die letztlich Hunderte, wenn nicht gar Tausende ukrainische Menschenleben gekostet haben, und das spätere Schuldeingeständnis der sowjetischen Behörden mobilisierten die Öffentlichkeit.[17] Zwischen 1986 und 1991 organisierten sich in der Ukraine verschiedene nationalistische Gruppen, die auf größere Autonomie und zuletzt auf die Unabhängigkeit drängten. Beim Großteil der ukrainischen Partei-*Nomenklatura* handelte es sich um zögerliche Nationalisten, aber diese sahen sich mit dem rasch fortschreitenden Zerfall der Sowjetunion konfrontiert, als die Bürger des Landes Gorbatschow beim Wort nahmen und auf Selbstbestimmung pochten.

Anlässlich eines Vortrags in der Washingtoner Kongressbibliothek einige Jahre nach dem Zusammenbruch der Sowjetunion wurde Gorbatschow gefragt, welches sein größter Fehler gewesen sei. Er hielt inne und sagte: «Ich habe das Problem der Nationalitäten unterschätzt.» Seit der Expansion des Zarenreichs, das schließlich mehr als hundert verschiedene Ethnien umfasste, standen die Herrscher vor der Herausforderung, die Kontrolle über dieses komplexe Mosaik aus Sprachen, Kulturen und Religionen zu behalten. Das Standardmittel, wie aus einem voreingestellten Gefühl, hieß Russifizierung; der Bevölkerung wurde die russische Sprache und Kultur auferlegt. Als Gegenreaktion schlossen sich viele nichtrussische Gruppen den Bolschewiki an. Und vierundsiebzig Jahre später wiederholte sich die Geschichte. Wie schon die sowjetischen Führer vor ihm glaubte auch Gorbatschow, dass der seit 1922 bestehende sowjetische Bundesstaat alle nationalen Fragen gelöst habe – schließlich hatte man den verschiedenen ethnischen Gruppen eine begrenzte kulturelle Autonomie gewährt. Und ganz besonders musste das für die Ukraine, die Wiege der russischen Geschichte, gelten.

Zuletzt gab jedoch gerade die Ukraine den Ausschlag für den Zusammenbruch der Sowjetunion. In den Jahren 1990 und 1991 versuchte Gorbatschow, die UdSSR durch einen neuen Unionsvertrag zusammenzuhalten, der den Teilrepubliken mehr Autonomie zugesprochen hätte. Wäre es ihm gelungen, die Welt sähe heute anders aus. Doch kurz bevor über den neuen Vertrag abgestimmt werden konnte, putschte eine Gruppe verärgerter Hardliner gegen den Sowjetführer, als dieser gerade auf der Krim Urlaub machte. Und zum Entsetzen Gorbatschows erklärte das höchste gesetzgebende Organ der Ukraine, der Oberste Sowjet unter Parteichef Leonid Krawtschuk, im August 1991, also kurz nach dem Scheitern des Putsches, die Unabhängigkeit des Landes.

Gorbatschow war nicht der Einzige, der sich diesem Schritt entgegenstellte. Auch der amerikanische Präsident George H.W. Bush tat alles, was er konnte, um die Sowjetunion am Leben zu erhalten. Angesichts des riesigen nuklearen Arsenals waren die USA äußerst besorgt hinsichtlich der sicherheitspolitischen Auswirkungen, die ein Zusammenbruch des Riesenreiches haben würde. Noch kurz vor der Unabhängigkeitserklärung ermahnte Bush die Ukrainer bei einer Rede in Kiew: «Freiheit ist nicht dasselbe wie Unabhängigkeit. Die Amerikaner werden niemanden unterstützen, der die [Unabhängigkeit] nur deshalb anstrebt, um eine ferne Tyrannei durch eine örtliche Despotie zu ersetzen. Und sie werden niemandem helfen, der von selbstmörderischem Nationalismus und Hass gegen andere Völker getrieben wird.»[18]

Im Dezember 1991 stimmten insgesamt 90 Prozent der Ukrainer in einem Referendum für die Unabhängigkeit – in der Donezk-Region waren es 83 Prozent der Bevölkerung und auf der Krim

54 Prozent. Kurz darauf traf sich Boris Jelzin mit Krawtschuk und dem weißrussischen Staatsführer Stanislau Schuschkewitsch in einem Jagdhaus im Nationalpark Beloweschskaja bei Minsk. Was geschah bei dieser Zusammenkunft? Welche Versprechungen wurden gemacht? Revisionistische Interpretationen des Treffens haben das aktuelle russische Krim-Narrativ beflügelt. Während die russische Delegation mit Vorschlägen für eine reformierte slawische Union aufwartete, war Krawtschuk fest entschlossen, die Unabhängigkeit der Ukraine festzuschreiben. Beim Abendessen des ersten Tages wurde heftig darüber debattiert, ob die Union in irgendeiner Form erhalten werden könne. Krawtschuk stritt mit Jelzin darüber, ob die UdSSR vollständig aufgelöst werden solle. Nach zwei Tagen intensiver Diskussionen legten die drei Staatsführer schließlich ein handgeschriebenes Abkommen vor (eine Schreibmaschine gab es im Jagdhaus nicht), das aus vierzehn Artikeln bestand und die UdSSR auflöste. An die Stelle der Union trat eine Gemeinschaft Unabhängiger Staaten (GUS), und man kam überein, die territoriale Integrität und die bestehenden Grenzen jedes der unabhängigen Staaten anzuerkennen. So endeten vierundsiebzig Jahre sowjetischer Herrschaft. Jelzins Außenminister Andrej Kosyrew teilte George H.W. Bush die Entscheidung am Telefon mit. Gorbatschow reagierte wütend: «Was du hinter meinem Rücken mit Zustimmung des US-Präsidenten getan hast, ist eine Schmach und eine große Schande», sagte er zu Jelzin.[19]

Beinahe von Anfang an stellte die russische Seite die Rechtmäßigkeit der eilig verfassten Vereinbarung in Frage und deutete an, dass ein geheimer Nachtrag durchaus Grenzänderungen erlaubt hätte, sofern die lokale Bevölkerung dies per Referendum beschließen würde. Unstrittig ist, dass Krawtschuks Weigerung, einen neuen Unionsvertrag zu unterzeichnen, zum Untergang der Sowjetunion führte. Deshalb geben nicht wenige Russen der Ukraine die Schuld für das, was Putin «die größte geopolitische Katastrophe des 20. Jahrhunderts» nannte.[20]

# RUSSLAND UND DIE UKRAINE UNTER JELZIN

Die drei Unterzeichner des Vertrages, der das Ende der UdSSR besiegelte, nannten ihn eine «zivilisierte Scheidung». Im Laufe der 1990er Jahre wurde die russisch-ukrainische Trennung allerdings immer hässlicher. Mit dem Treffen in der Jagdhütte bei Minsk hatte Jelzin in erster Linie Gorbatschow aus dem Kreml verdrängen wollen, dabei allerdings nicht die Auswirkungen einer ukrainischen Unabhängigkeit bedacht. Vier Jahre später musste er sich mit den sicherheitspolitischen Folgen plagen, die mit der Auflösung der Sowjetunion einhergingen. In einem Präsidialdekret vom September 1995, in dem es um die Sicherheitsinteressen Russlands innerhalb der GUS-Staaten und den rechtlichen Schutz der dort lebenden Russen ging, heißt es, dass «diese Region vor allem die Einflusszone Russlands ist».[21] Sehr bald schon begannen russische Staatsbeamte, die komplexen Beziehungen beider Gesellschaften auf finanzieller, wirtschaftlicher, persönlicher, politischer und geheimdienstlicher Ebene zu nutzen, um die ukrainische Souveränität zu untergraben und die Abhängigkeit von Moskau zu stärken. Selbst die zu diesem Zeitpunkt noch vergleichsweise pluralistische Duma intervenierte mehrmals und erklärte die Krim für Russisch, wobei sie von Moskaus mächtigem Bürgermeister Juri Luschkow unterstützt wurde, der auf der Halbinsel umfangreiche persönliche Investitionen tätigte. Die innenpolitischen Entwicklungen leisteten den russischen Bestrebungen Vorschub, denn in den 1990er Jahren bildete die Ukraine ein politisches System aus, das zwar pluralistischer war als das russische, jedoch von korrupten oligarchischen Clans beherrscht wurde. Diese versäumten es, transparente Institutionen aufzubauen, die stark genug gewesen wären, um der russischen Einmischung zu widerstehen. Vor allem auf dem Energiesektor blühte die Vetternwirtschaft, denn undurchsichtige Zwischenhändler, ukrainische wie russische, bereicherten sich am Transitsystem, mit dessen Hilfe russisches Gas über die Ukraine nach Europa geleitet wurde.[22]

In den 1990er Jahren beherrschten drei Themen die Beziehungen zwischen Russland und der Ukraine, nämlich Atomwaffen, die Verfügung über die Schwarzmeerflotte und die Krim. Beim Zusammenbruch der UdSSR war die Ukraine nach den USA und Russland die drittgrößte Nuklearmacht der Welt, denn ein Drittel des ehemals sowjetischen Atomwaffenarsenals sowie erhebliche Entwicklungs- und Produktionskapazitäten befanden sich auf ukrainischem Gebiet. Das Land verfügte somit über 2000 strategische und 2500 taktische nukleare Sprengköpfe. Nach dem Zusammenbruch der Sowjetunion wurde das Schicksal des ukrainischen Atomwaffenarsenals auch für die amerikanische Politik zu einem dringenden Anliegen. Die Aussicht auf womöglich unkontrollierbare Atombomben ließ im Weißen Haus alle Alarmglocken läuten. Im letzten Präsidentschaftsjahr von George H.W. Bush und in den ersten Jahren der Clinton-Administration beherrschte dieses Thema Washingtons Politik gegenüber der Ukraine,[23] denn aus Sicht der Vereinigten Staaten sollte Russland die einzige Nuklearmacht im postsowjetischen Raum sein. Deshalb drängte man darauf, dass neben der Ukraine auch Weißrussland und Kasachstan, auf deren Territorien ebenfalls sowjetische Atomwaffen stationiert waren, ihre Sprengköpfe und Trägersysteme nach Russland überführten, wo sie dann zerstört werden sollten. Ursprünglich wollte Washington, dass Russland diese Angelegenheit eigenständig mit seinen Nachbarn klärte, aber das erwies sich als illusorisch, sodass letztlich die Vereinigten Staaten mit allen vier Staaten verhandelten, um die angestrebte Denuklearisierung zu erreichen.

Nach Auflösung der UdSSR wurde die Rhetorik zwischen ukrainischen und russischen Beamten, Parlamentariern und Kommentatoren immer erbitterter. Es bestand die Sorge, dass ein bewaffneter – womöglich sogar nuklearer – Konflikt ausbrechen könnte, weshalb der Westen darauf drängte, die Atomwaffen aus der Ukraine zu entfernen. Die neue ukrainische Regierung misstraute den längerfristigen Absichten Jelzins jedoch und bat die USA um Sicherheitsgarantien. Im Falle eines Angriffs durch eine andere Macht sollten die Vereinigten Staaten der Ukraine ähnlich wie einem NATO-Mitglied zu Hilfe kommen. Auf amerikanischer Seite erkannte man jedoch, dass das unmöglich war, und schlug vor, dass Russland der Ukraine Sicherheitsgarantien geben solle. Nach zähen Verhandlungen erreichten die USA schließlich, dass im englischsprachigen Dokument, das die Denuklearisierung der Ukraine begleitete, nicht von «guarantees» (Garantien), sondern von «assurances» (Zusicherungen) die Rede war, weil dieser Begriff eine geringere Verpflichtung implizierte. Doch hier schlägt die Übersetzung fehl, denn Russland und die Ukraine verwenden für Garantie und Zusicherung dasselbe Wort, was reichlich Raum für Fehlinterpretationen lässt.

Im Januar 1994 konnte Clinton Jelzin und Krawtschuk schließlich zur Unterzeichnung eines trilateralen Abkommens über die Entsorgung der ukrainischen Atomwaffen überreden.[24] Er traf sich mit ihnen in Moskau und trug einen Button mit der Aufschrift «Carpe Diem».[25] Im Dezember desselben Jahres wurde die Vereinbarung in Ungarn mit dem neuen ukrainischen Präsidenten Leonid Kutschma komplettiert. Das Budapester Memorandum über Sicherheitszusicherungen wurde von den Vereinigten Staaten, dem Vereinigten Königreich und Russland unterschrieben. Die drei Unterzeichner kamen überein, «die Unabhängigkeit, die Souveränität und die bestehenden Grenzen der Ukraine zu respektieren», «von der Androhung oder Anwendung von Gewalt gegen die territoriale Integrität oder politische Unabhängigkeit der Ukraine abzusehen» und «unverzüglich den Sicherheitsrat der Vereinten Nationen einzuschalten, um der Ukraine beizustehen ... sollte die Ukraine Opfer eines Angriffs werden».[26]

Im Juni 1996 verließen schließlich zwei Züge mit den letzten strategischen Sprengköpfen die Ukraine in Richtung Russland, wo sie demontiert wurden. Die Ukraine hatte für ein Sicherheitsversprechen Russlands, der Vereinigten Staaten und des Vereinigten Königreichs auf ihre Atomwaffen verzichtet. Was dieses Versprechen wert war, zeigte sich 2014, als die USA und Großbritannien der Ukraine weder nach der Annektierung der Krim noch später im Donbass gegen Russland beistanden. Auch die Vereinten Nationen konnten nichts ausrichten, denn Russland machte von seinem Vetorecht im Sicherheitsrat Gebrauch. Das Budapester Memorandum erwies sich als bloßes Papier – und war zugleich eine wichtige Lektion, sei es für die Befürworter der Nichtverbreitung von Atomwaffen wie für Staaten auf dem Weg hin zur Atommacht: Wer auf Atomwaffen verzichtet, läuft Gefahr, sein Land zum Spielball für Aggressoren von außen zu machen.

Das zweite Streitthema zwischen Russland und der Ukraine war die Schwarzmeerflotte. Das einstige, von Potemkin geschaffene Schmuckstück der russischen Marine mit ihrem Hauptstützpunkt Sewastopol auf der Krim war nach den Worten der *London Times* im 19. Jahrhundert «das Herz der russischen Macht im Osten». Beim Zusammenbruch der Sowjetunion verfügte die Schwarzmeerflotte über 350 Schiffe und 70 000 Seeleute,[27] und Russland war fest entschlossen, seine Marinepräsenz auf der Krim aufrechtzuerhalten. Da die Ukraine Russland – vor allem Gazprom – drei Milliarden Dollar schuldete, befand sie sich in keiner guten Verhandlungsposition. Jelzin erkannte, dass ein Kompromiss gefunden werden musste, und stellte sich gegen seinen Obersten Sowjet, der «eine einzige, vereinte, glorreiche Schwarzmeerflotte» forderte.[28] In den ersten postsowjetischen Jahren war die Situation angespannt, denn russische und ukrainische Kommandeure forderten sich gegenseitig heraus, indem sie auf ihren Schiffen die Flaggen des jeweils anderen hissten und dann wieder einholten. Die Ukraine hatte nicht die Mittel, um die gesamte Flotte zu übernehmen, und Russland hätte das auch niemals zugelassen. Nach langwierigen Verhandlungen unterzeichneten Jelzin und Kutschma 1997 schließlich ein Abkommen über die Aufteilung der Flotte. Um seine Schwarzmeerflotte weiterhin auf der Krim stationieren zu können, pachtete Russland zunächst bis 2017 vor allem in Sewastopol Marineanlagen und zahlte die Pacht, indem es auf die Begleichung eines Teils der ukrainischen Schulden verzichtete. Als

Wiktor Janukowitsch 2010 zum Präsidenten der Ukraine gewählt wurde, verlängerte er den Pachtvertrag bis 2042.

Der Streit um die Schwarzmeerflotte war zugleich eng mit der Krim-Frage verbunden. Als die Sowjetunion zusammenbrach, bestand die Bevölkerung der Halbinsel zu sechzig Prozent aus ethnischen Russen, und im Flottenstützpunkt Sewastopol betrug ihr Anteil sogar siebzig Prozent. In der ersten Hälfte der 1990er Jahre plädierten russische Abgeordnete für den Wiederanschluss der Krim an die Russische Föderation, und lokale Politiker propagierten die Unabhängigkeit der Halbinsel von der Ukraine. Im Mai 1992 erklärte das russische Parlament die 1954 durch Chruschtschow veranlasste Übertragung der Krim an die Ukraine für rechtswidrig, und die Legislative der Krim plante – mit der Zustimmung Moskaus – ein Unabhängigkeitsreferendum. Schließlich erhielt die Krim den Status einer autonomen, mit umfangreichen Selbstverwaltungsbefugnissen ausgestatteten Republik innerhalb der Ukraine. Aber wirtschaftlich geriet die Halbinsel immer mehr in Schieflage. «Das Palm Springs der Sowjetunion ist zum Coney Island der Ukraine geworden», formulierte es ein amerikanischer Beamter.[29]

1997 unterschrieben Jelzin und Kutschma ein Abkommen über Freundschaft, Zusammenarbeit und Partnerschaft zwischen Russischer Föderation und Ukraine, das die bestehenden Grenzen festschrieb und in dem beide Seiten erklärten, eine strategische Partnerschaft anzustreben. Es war Jelzins erster Besuch in Kiew als russischer Präsident, und er schien versöhnliche Töne anzuschlagen: «Wir respektieren und ehren die territoriale Integrität der Ukraine.»[30] An diesem Punkt schien sich Russland – wenn auch widerwillig – mit der Unabhängigkeit der Ukraine und dem Verlust der Krim abgefunden zu haben. Im Rückblick stellt dieser Vertrag den positiven Höhepunkt der Beziehungen zwischen Russland und der Ukraine in postsowjetischer Zeit dar. Die Dinge begannen sich ändern, als Putin an die Macht kam.

## PUTIN UND DIE UKRAINE: VON DER ORANGEN REVOLUTION ZU DEN GASKRIEGEN

Putin wurde im Jahr 2000 zum Präsidenten der Russischen Föderation gewählt. Zu der Zeit steuerte der ukrainische Präsident Leonid Kutschma sein Land auf einem vorsichtigen Kurs zwischen Russland und dem Westen. Bereits kurz nach seinem Amtsantritt reiste Putin nach Kiew und lobte die Beziehungen zur Ukraine, erinnerte zugleich aber auch an die noch unbeglichenen Gasschulden des Landes. Beide Präsidenten reisten nach Sewastopol, wo sie die Flaggschiffe ihrer jeweiligen Marine bestiegen und Putin die Hoheit der Ukraine über den Flottenstützpunkt und die Krim bestätigte. Es schien ein vielversprechender Anfang für die Beziehungen zwischen den beiden Ländern unter dem neuen russischen Präsidenten zu sein. Im privaten Kreis äußerten sich ukrainische Beamte jedoch skeptisch über den unbekannten neuen Kremlführer mit seiner KGB-Vergangenheit.[31]

Die innenpolitische Situation in der Ukraine unter Kutschma kam Moskau zupass. Die Wirtschaftsreformen waren ins Stocken geraten, ein oligarchischer Kapitalismus bildete sich heraus, Korruption machte sich breit. Und der Gashandel war zweifellos der korrupteste Bereich in diesem System, das russische und ukrainische Magnaten zusammenführte. Achtzig Prozent der russischen Gasexporte nach Europa liefen über die Ukraine. Der Handel mit diesem Gas lag dann seit 2004 in den Händen eines undurchsichtigen Zwischenhändlers, der russisch-ukrainischen Partnergesellschaft RosUkrEnergo (RUE), die neben dem russischen auch Gas aus den ehemaligen zentralasiatischen Sowjetrepubliken weiterverkaufte. Bei diesem Geschäft gab es kein «Wir gegen sie». Im Gegenteil, Russen wie Ukrainer häuften mit Hilfe der RUE gewaltige Vermögen an.[32] Die schwachen Institutionen des Landes, die stotternde Wirtschaft und das korrupte politische System der Ukraine öffneten der russischen Einflussnahme Tür und Tor. Hinzu kam, dass alte, beide Staaten gleichermaßen durchdringende Seilschaften aus der Finanz- und Geheimdienstwelt den Zusammenbruch der Sowjetunion überlebt hatten. Als Kutschma beschuldigt wurde, in die Ermordung des investigativen Journalisten Georgij Gongadse verwickelt zu sein, drangen die Vereinigten Staaten auf eine unabhängige Untersuchung. Der Kreml hingegen kritisierte Kutschma niemals für seine undemokratischen Praktiken.

Die Menschen in der Ukraine sahen die Dinge jedoch auf ihre eigene Weise und hatten die Nase voll von der Korruption und Misswirtschaft, die ihre Regierung zu verantworten hatte. Im Vorfeld der Präsidentschaftswahlen von 2004 waren sie entschlossen, sich einen verantwortungsbewussteren Anführer zu wählen. Kutschmas Wunsch-Nachfolger war Wiktor Janukowitsch, ein ehemaliger Jugendkrimineller aus der Donezk-Region, der Russisch sprach und den prorussischen Teil der Ukraine vertrat. Sein Hauptkonkurrent war der mit einer Amerikanerin verheiratete, ehemalige ukrainische Nationalbankpräsident Wiktor Juschtschenko, dessen Muttersprache Ukrainisch war und der für die prowestlichen Kräfte in der Ukraine stand. Anders als in Russland wurden die Wahlen in der Ukraine jedoch nicht «gelenkt», sodass das Ergebnis nicht von vornherein feststand und der Wahlkampf sich zu einem Wettstreit zwischen Russland und dem Westen entwickelte. In Putins Außenpolitik kam der Ukraine eine Schlüsselrolle zu. Er wollte unbedingt, dass Janukowitsch gewann, und der Kreml glaubte fälschlicherweise, dass die Manipulationstaktiken, die bei den Wahlen in Russland so gut funktionierten, auch in der Ukraine zum Erfolg führen würden. Aber um es mit den Worten des scheidenden Präsidenten Kutschma zu sagen: «Die Ukraine ist nicht Russland.»[33]

Bei einem Treffen mit Kutschma im Juli 2004 unterstützte Putin Janukowitsch wirkungsvoll. Tatsächlich wurde die Nationale Sicherheitsberaterin der USA, Condoleezza Rice, schon im Mai desselben Jahres während eines Besuches bei Putin Janukowitsch vorgestellt, womit Moskau zum Ausdruck bringen wollte, dass es allein im Ermessen des russischen Präsidenten liege, wer nächster

Präsident der Ukraine werde.[34] Wenig später gründete Gleb Pawlowski, ein dem Kreml nahestehender «politischer Technologe», in Kiew einen «russischen Club», der Janukowitsch unterstützen und Juschtschenko durch aggressive Medientaktiken diskreditieren sollte. Außerdem erklärte sich der Kreml zu einer Reihe von wirtschaftlichen und politischen Zugeständnissen bereit, um die ukrainische Bevölkerung von der Wichtigkeit einer Zusammenarbeit mit Russland zu überzeugen.[35]

Die US-Regierung dagegen unterstützte keinen der beiden Kandidaten, betonte aber die Bedeutung freier, fairer und transparenter Wahlen. Allerdings schulten amerikanische und europäische NGOs ukrainische Gruppen in Methoden der Wahlbeobachtung. Für viele amerikanische Beamte und demokratiefördernde Organisationen stellten die Wahlen in der Ukraine einen Testfall für den politischen Wandel auf dem Gebiet der ehemaligen Sowjetunion dar. Die Soros-Stiftung förderte die ukrainischen NGOs mit 1,3 Millionen Dollar, und auch die USAID (Behörde der Vereinigten Staaten für internationale Entwicklung) gab 1,4 Millionen Dollar für wahlbezogene Aktivitäten wie die Ausbildung der Zentralen Wahlkommission.[36] Der Kreml betrachtete Maßnahmen wie diese jedoch als direkten Eingriff in seine ureigene Einflusssphäre und sah sich herausgefordert. Russische Kommentatoren, die einfach nicht verstanden, wie das US-System funktionierte, warfen Soros und Bush als Befürworter eines Regimewechsels in der Ukraine in einen Topf, ohne zu berücksichtigen, dass Soros im Jahr 2004 große Summen aufwendete, damit Bush bei den bevorstehenden Präsidentschaftswahlen abgewählt werde. Allerdings arbeiteten auch amerikanische Presseagenturen daran, Janukowitschs Glaubwürdigkeit zu verbessern. So heuerte dieser Paul Manafort an, der später auch Trumps Wahlkampf managte, nach der Aufdeckung seiner Verbindungen in die Ukraine und nach Russland jedoch zurücktrat und anschließend im Rahmen der Untersuchungen Muellers zu den US-Wahlen von 2016 sogar inhaftiert wurde.[37]

Das Ergebnis des ersten Wahlgangs war nicht eindeutig, doch Putin setzte sich schon vor der Stichwahl persönlich für Janukowitsch ein. Am 22. November 2004, dem Tag nach der Stichwahl, gratulierte Putin Janukowitsch noch vor Bekanntgabe des offiziellen Ergebnisses. Dieser wurde zum Sieger erklärt, doch deuteten alle Wahlumfragen und die Wahlbeobachtungen durch NGOs auf Wahlbetrug hin und darauf, dass der Sieger in Wahrheit Juschtschenko hieß. Ungeachtet der Minusgrade versammelten sich über 100 000 Ukrainer auf Kiews schneebedecktem Maidan Nesaleschnosti (Unabhängigkeitsplatz) und forderten eine Wiederholung der Wahlen. Demonstranten blockierten den Zugang zu Regierungsgebäuden und legten die Regierung für Wochen lahm. Es kam zu einer Pattsituation, die erst endete, als der amerikanische Außenminister Colin Powell von westlicher Seite Partei ergriff und erklärte: «Wir können die Wahlen in der Ukraine nicht als rechtmäßig anerkennen.»[38] Durch die Vermittlung des polnischen Präsidenten Aleksander Kwaśniewski und des litauischen Präsidenten Valdas Adamkus kam es schließlich zu einer Wiederholung der Stichwahl, aus der Juschtschenko als klarer Sieger hervorging. Vier Monate nach seiner Ernennung zum Präsidenten besuchte dieser Washington und hielt eine Rede vor dem Kongress, für die er stehende Ovationen erhielt.

Moskaus Kandidat hatte verloren und der Washingtons gewonnen – das zumindest war die Sicht des Kremls auf die Orange Revolution. Der russische Präsident hatte Janukowitsch persönlich und politisch unterstützt, sich aber nicht durchsetzen können. Für Putin stellte die Ukraine von nun an nicht nur eine Gefahr für die politischen Interessen Russlands dar, sondern auch für das Überleben seines Regimes. Juschtschenkos Westtendenzen bedrohten die politischen und wirtschaftlichen Beziehungen Russlands zu seinem wichtigsten Nachbarn und erschwerten die Einflussnahme auf das Land. Eine Bedrohung war aber auch das Schreckgespenst eines ukrainischen Volkes, das nicht nur gegen eine korrupte und repressive Regierung aufbegehrt, sondern sie schließlich sogar zu

Fall gebracht hatte. Deshalb lag es nahe, den Vereinigten Staaten die Schuld am Regimewechsel in der Ukraine zu geben. So behauptete Sergej Markow, ein dem Kreml nahestehender «politischer Technologe», vor einem internationalen Publikum im Mai 2005: «Die CIA hat jedem Demonstranten auf dem Maidan zehn Dollar pro Tag bezahlt.»[39] Ein Jahrzehnt später, bei den nächsten Maidan-Protesten, war Ähnliches aus dem Kreml zu hören. So sagte Putin dem amerikanischen Filmemacher Oliver Stone nach der Orangen Revolution: «Wir hofften auf Zusammenarbeit und darauf, dass man auch unsere Interessen berücksichtigen würde ... Stattdessen mussten wir erleben, dass der Westen seine politische Macht und Einflusssphäre in jene Territorien ausdehnte, die für unsere globale strategische Sicherheit wichtig waren.»[40]

Putins Beziehung zu Juschtschenko und dessen damaliger Verbündeter und späteren Gegnerin Julia Timoschenko blieb in den nächsten fünf Jahren angespannt. Der Streit um die historische Deutungshoheit zwischen Russland und der Ukraine entflammte aufs Neue und stellte die Rechtmäßigkeit der russischen Ansprüche in Frage. Die neue Regierung unterstrich die historische Identität der Ukraine und sah die Rolle Russlands sehr viel kritischer. Der Holdomor, die von Stalin verursachte Hungersnot in den frühen 1930er Jahren, wurde als Völkermord der Sowjetunion an der ukrainischen Bevölkerung eingestuft und der Nazi-Kollaborateur Stepan Bandera – wenngleich umstrittenerweise – posthum zum «Helden der Ukraine» erklärt. Juschtschenko reiste die meiste Zeit durch Europa, wo er EU und NATO um Unterstützung ersuchte. Er versprach Wirtschaftsreformen und Rechtswesen, doch seine Konflikte mit Ministerpräsidentin Timoschenko blockierten alle Reformbemühungen, was die ukrainische Bevölkerung und den Westen zunehmend frustriert auf dessen Regieren blicken ließ. Gleichzeitig blieben viele der alten ukrainisch-russischen Seilschaften zwischen Oligarchen und Sicherheitskräften bestehen. Die auf den Maidan strömenden Ukrainer waren von der orangen Regierung enttäuscht, deren Führer ihre Zeit im Ausland oder mit

Streitereien untereinander verbrachten, anstatt echte Reformen in Angriff zu nehmen. Als Juschtschenko sein Amt antrat, lag die Ukraine im Korruptionswahrnehmungsindex von Transparency International auf Platz 122. Am Ende seiner Präsidentschaft fand das Land sich an 146. Stelle wieder, gleichauf mit Simbabwe.[41]

Und die ganze Zeit über hielt Russland mit dem Gashandel einen wichtigen Hebel in der Hand. Nach der Wahl Juschtschenkos verhandelte Gazprom hart mit Kiew über den Preis für russisches Gas. Unter den Volkswirtschaften aller Industrieländer ist die ukrainische eine der am wenigsten energieeffizienten. Das war kein Problem, solange Kiew für russisches Gas nur ein Drittel des Preises zahlen musste, der von Europa verlangt wurde. Aber wenn sich, wie Putin 2005 sagte, die Ukraine dem Westen anschließen wolle, warum sollte Russland dann noch die Energieversorgung des Landes subventionieren? Als am 31. Dezember 2005 die Frist für die Einigung auf einen neuen Preis ablief, lehnte die Ukraine ein letztes Angebot von Gazprom ab. Daraufhin stellte das Unternehmen die Lieferungen an die Ukraine ein. Während das Gas in Richtung Europa weiterströmte, würden also viele Ukrainer bei eisigen Temperaturen ohne Heizung auskommen müssen. Doch der Kreml hatte sich verrechnet, denn die Ukraine schöpfte einfach die für Europa bestimmten Lieferungen ab – schließlich verliefen die Pipelines über ihr Staatsgebiet. Und die Europäer machten Russland für die entstehenden Lieferengpässe verantwortlich. Nach einem weiteren Gaspreisdisput drei Jahre später (2009) drehte Gazprom der Ukraine erneut den Gashahn ab, doch diesmal waren die Europäer besser vorbereitet, denn sie hatten Gasreserven angelegt. Gleichwohl hat Russlands Energiehebel die Bewegungsfreiheit der Regierung Juschtschenko erheblich eingeschränkt.

## JANUKOWITSCHS RÜCKKEHR, DIE BESETZUNG DER KRIM UND DER BRUCH MIT DEM WESTEN

Die Präsidentschaftswahl im Januar 2010 galt zugleich als Abstimmung über die Orange Revolution. Von den beiden Hauptkonkurrenten Timoschenko und Janukowitsch entschied Letzterer die Stichwahl für sich. Da die Obama-Regierung den Neustart mit Russland nicht gefährden wollte, hatte sie kein Interesse daran, die Ukraine zum Streitthema werden zu lassen, und beschloss daher, mit der Janukowitsch-Regierung zu kooperieren. Der Kreml begrüßte das Wahlergebnis selbstredend, zumal der neue Präsident sogleich die Verbesserung der Beziehungen zu Russland zu seinem obersten Ziel erklärte und versicherte, dass die Ukraine nicht die NATO-Mitgliedschaft anstreben werde. Während seiner ersten Amtsmonate nahm er politische Maßnahmen seines Vorgängers zurück, die Moskau verärgert hatten – so die Bezeichnung des Holodomors als Völkermord, die Ehrung Banderas und die Zurückdrängung der russischen Sprache. Aus Putins Sicht hatte Russland nun wieder die Möglichkeit, seinen Einfluss auf die Ukraine geltend zu machen.

Doch Janukowitsch erwies sich für Putin als unerwartet schwieriger Verbündeter. Auch er strebte engere Beziehungen zur Europäischen Union an, denn die Oligarchen aus der Ostukraine, die ihn unterstützten, wünschten sich für den Absatz ihrer Metalle und Industrieanlagen einen besseren Zugang zu den europäischen Märkten. Die Regierung Obama entschied sich, ihr Engagement in der Ukraine zurückzufahren, und auch die europäischen Verbündeten der USA sollten die Ukraine vor allem zur Durchführung von Reformen ermutigen. Nachdem Janukowitsch Präsident geworden war, begann er, mit der EU über ein weitreichendes Assoziierungs- und Freihandelsabkommen zu sprechen. Die Verhandlungsführer der EU konzentrierten sich dabei vorwiegend auf technische Details und machten sich offenbar nur wenig Gedanken über die geopolitischen Auswirkungen ihres Handelns oder wie Moskau darauf reagieren könne. Wahr ist allerdings auch, dass der Kreml mehrere Versuche seitens der EU, ihn in diese Diskussionen einzubeziehen, zurückwies. Zunächst schien Moskau diesen Gesprächen gegenüber gleichgültig zu sein. Doch als die Verhandlungen 2013 zum Abschluss kamen, begann man, sich dort eingehender mit dem Inhalt des Abkommens zu befassen, und musste erkennen, dass es sehr viel folgenreicher war, als ursprünglich von Russland gedacht. Die Unterzeichnung des Vertrages hätte einen Ausschluss der Ukraine aus der GUS-Freihandelszone nach sich gezogen und die Wirtschaftsbeziehungen des Landes zu Russland massiv beeinträchtigt. Die Volkswirtschaften Russlands und der Ukraine – insbesondere der Ostukraine – sind eng miteinander verflochten, das von der EU angebotene Abkommen barg für die Ukraine also große wirtschaftliche Nachteile, während die damit verbundenen Reformen erst irgendwann in der Zukunft eine prosperierende Wirtschaft versprachen.

Sobald dem Kreml die potenziellen Auswirkungen des EU-Abkommens bewusst geworden waren, trat er in Aktion und versuchte, Janukowitsch mit Zuckerbrot und Peitsche von der Unterzeichnung abzuhalten, etwa indem man ukrainische Lkws mit Waren für Russland am Grenzübertritt hinderte. Und das funktionierte, am 21. November 2013 teilte die ukrainische Regierung mit, dass die Unterzeichnung ausgesetzt werde.[42] Auf dem EU-Gipfel vom 28./29. November in Litauen bekräftigte Janukowitsch seine Ablehnung.[43] Bald darauf stellte Moskau der Ukraine Kredite in Höhe von 15 Milliarden Dollar in Aussicht, um deren angeschlagene Wirtschaft zu stützen. Der Kreml atmete erleichtert auf, er hatte eine Annäherung der Ukraine an die Europäische Union gestoppt.

Aber Putin hatte die Rechnung erneut ohne die ukrainische Bevölkerung gemacht, die bereits ein Jahrzehnt zuvor verhindert hatte, dass Janukowitsch an die Macht gekommen war. Seit seiner Wahl im Jahr 2010 war die ukrainische Regierung immer korrupter geworden. Symbolisch für die Exzesse des Regimes stand das nördlich von Kiew gelegene palastartige Anwesen des Präsidenten, das über einen Zoo mit Wildschweinen und ein prachtvoll ausgestattetes Herrenhaus mit Marmortreppen, Oldtimern und goldenen Toiletten verfügte.[44] Obwohl der Palast erst nach der Flucht des Präsidenten aus der Ukraine der Öffentlichkeit zugänglich gemacht wurde, waren sich die Ukrainer auch zuvor schon des Ausmaßes der Korruption in ihrem Land bewusst. Für die Menschen war das Assoziierungsabkommen mit der Hoffnung auf eine demokratischere und weniger korrupte Ukraine verbunden, zu der sich die Regierung mit ihrer Unterschrift verpflichtet hätte. Nach Janukowitschs Ankündigung, das Abkommen nicht unterzeichnen zu wollen, formierten sich in Kiew die als EuroMaidan bekannt gewordenen Bürgerproteste. Schon drei Tage später strömten 100 000 Demonstranten auf die Straßen der Hauptstadt und den Maidan.

In den folgenden drei Monaten wuchs deren Zahl auf 800 000, und sie forderten einen Kurswechsel von Janukowitsch. Das Spektrum der Protestierenden reichte von prowestlichen Liberalen bis hin zu rechtsgerichteten Nationalisten. Als die Proteste nicht abflauen wollten, begann die Regierung, mit Gewalt zu reagieren.[45] Victoria Nuland, die für Europa und Eurasien zuständige Abteilungsleiterin des amerikanischen Außenministeriums, und Senator John McCain besuchten die Demonstranten auf dem Maidan und boten ihnen Nahrung und Unterstützung an. US-Außenminister John Kerry zeigte sich «empört über die Entscheidung der ukrainischen Behörden, den friedlichen Protesten auf dem Maidan-Platz in Kiew mit Bereitschaftspolizei, Bulldozern und Schlagstöcken zu begegnen, anstatt die demokratischen Rechte und die Menschenwürde zu achten».[46] «Den westlichen Medien gegenüber behauptete Janukowitsch, dass der Maidan von Faschisten und Antisemiten besetzt sei, während er seiner eigenen Bereitschaftspolizei erzählte, dass es sich um Schwule und Juden handle», schrieb ein Augenzeuge.[47] Zwischen dem 18. und 20. Februar 2014 eskalierte die Situation, als ukrainische Spezialeinheiten und Heckenschützen des Innenministeriums den Platz angriffen, einhundert Menschen töteten und Hunderte weitere verletzten. Heute wird der Himmlischen Hundert mit einer Dauerausstellung ihrer Fotografien und Lebensläufe an den Rändern des Platzes gedacht.

Zwei Tage später trafen die Außenminister Deutschlands, Frankreichs und Polens ein, um eine Einigung zwischen Janukowitsch und den Oppositionspolitikern zu vermitteln. Für Russland nahm der ehemalige Diplomat Wladimir Lukin an den Gesprächen teil, unterzeichnete die zur Beilegung der Krise ausgearbeitete Vereinbarung jedoch nicht. Am 21. Februar einigten sich Janukowitsch und die Führer dreier Oppositionsparteien auf die Verschiebung der Präsidentschaftswahlen auf den Dezember 2014, die Durchführung einer Verfassungsreform und eine unabhängige Untersuchung des Maidan-Massakers. Die Vertreter der Europäischen Union waren überzeugt, einen Kompromiss ausgehandelt zu haben, der zur Deeskalation der Krise führen werde, und reagierten mit Fassungslosigkeit auf die nächtliche Flucht von Janukowitsch, der schließlich eine Woche später im südrussischen Rostow wiederauftauchte.[48] Offenbar hatte ihn zu dieser Entscheidung die Sorge um seine persönliche Sicherheit getrieben, denn seine Sicherheitsleute hatten ihn verlassen, als sie erkannten, dass er im Begriff war, seine Macht zu verlieren, und sie nicht mehr würde schützen können. Später wurde festgestellt, dass er bereits Tage zuvor damit begonnen hatte, seine Sachen zu packen. Bald darauf kündigten Oppositionspolitiker die Bildung einer Übergangsregierung an und setzten für den Mai Präsidentschaftswahlen an. In einer provozierenden Geste stimmten sie sogar dafür, der russischen Sprache ihren offiziellen Status zu entziehen, auch wenn diese unkluge Entscheidung rasch wieder zurückgenommen wurde.

Die Frage des Wie und Warum von Janukowitschs Flucht führte zu weiteren Spannungen, denn die russische Version der Geschehnisse unterschied sich radikal von derjenigen des Westens. Da der Kreml alle wichtigen russischen Nachrichtenagenturen kontrollierte, präsentierten diese eine ebenso einheitliche wie einseitige Sichtweise. Danach hätte eine «faschistische Junta» die Macht in Kiew übernommen und den demokratisch gewählten Präsidenten widerrechtlich aus seinem Amt gedrängt. Russische Medien kritisierten auch das Auftauchen von Plakaten mit dem Konterfei von Stepan Bandera in Kiew und sprachen immer wieder von einem «Staatsstreich», den USA und EU in der Ukraine organisiert hätten. Die nüchterne Wahrheit ist, dass Janukowitsch gar nicht gestürzt wurde. Er floh einfach nur. Und obwohl Putin Janukowitsch verachtete, stand er – im Gegensatz zu Obama, der während des Arabischen Frühlings 2011 in Ägypten Hosni Mubarak hatte fallenlassen – zu seinen Verbündeten und hieß sie in Russland willkommen.

Dennoch war Putin überzeugt, dass die Vereinigten Staaten und ihre Verbündeten für die Vertreibung von Janukowitsch verantwortlich seien, und Aktivitäten von US-Offiziellen schienen diese Ansicht zu bestätigen. So wurde ein später von den Russen veröffentlichtes Telefonat Nulands abgehört, in dem diese offen mit dem Kiewer US-Botschafter darüber diskutierte, welchen von Janukowitschs Gegnern man unterstützen solle. Da Putin glaubte, dass Washington politische Veränderungen in den Nachfolgestaaten der Sowjetunion anstrebte, betrachtete er Janukowitschs Vertreibung als direkte Bedrohung der russischen Interessen. Wahrscheinlich befürchtete er auch, dass der nächste ukrainische Präsident die Vereinbarung über die Schwarzmeerflotte womöglich nicht einhalten würde. Außerdem hätte es ihn schwach wirken lassen, hätte er nicht auf die Ereignisse in der Ukraine reagiert.

Wenige Tage nach Janukowitschs Flucht und nur kurz nach dem Ende der Olympischen Winterspiele von Sotschi befahl Putin daher den russischen Land- und Luftstreitkräften überraschend die Durchführung von Manövern an der Grenze zur Ukraine. Plötzlich erschienen Hunderte von Soldaten ohne Hoheitszeichen auf der Krim, die «kleinen grünen Männchen». Die Entscheidung über die Invasion der Halbinsel hatte Putin in Absprache mit seinem

Stabschef, dem Leiter des Nationalen Sicherheitsrates, seinem Verteidigungsminister und dem Leiter des Inlandsgeheimdienstes der Russischen Föderation (FSB) getroffen, während Außenminister Lawrow offenbar nicht involviert war.[49] Vorgeblich, um die Russen auf der Krim vor der Unterdrückung durch die «widerrechtliche faschistische Junta» in Kiew zu schützen, besetzten nicht gekennzeichnete Milizionäre die öffentlichen Gebäude Sewastopols, hissten die russische Flagge und wiederholten diesen Vorgang systematisch auf der gesamten Krim, während sie die ukrainische Marine in Sewastopol einschüchterten. Die auf der Halbinsel stationierten ukrainischen Truppen blieben auf Anraten der Vereinigten Staaten in ihren Kasernen, um die Russen nicht zu provozieren, die bald die gesamte Krim kontrollierten. Danach ging alles sehr schnell. Ein Referendum wurde abgehalten, an dem sich offiziellen Angaben zufolge 82 Prozent der wahlberechtigten Bevölkerung beteiligten. Von diesen stimmten 96 Prozent für einen Beitritt der Halbinsel zu Russland.[50] Am 18. März verkündete Putin im Kreml unter tosendem Beifall die Wiedervereinigung der Krim mit Russland und begründete diesen Schritt wie folgt: «In den Herzen und Köpfen der Menschen war die Krim stets ein untrennbarer Teil Russlands.»[51]

Die meisterhaft inszenierte Annexion überraschte die ganze Welt. Der Konsens über die Sicherheit in Europa, der seit dem Ende des Kalten Krieges geherrscht hatte, war mit einem Schlag dahin. Das jährliche Treffen der G8-Staatschefs sollte eigentlich im Juni in Sotschi stattfinden. Doch es wurde abgesagt, und die übrigen sieben Mitglieder stimmten dafür, Russland aus der Gemeinschaft auszuschließen. Das eigens für den Gipfel oberhalb von Sotschi im malerischen Kaukasusort Krasnaja Poljana errichtete Luxushotel blieb leer. Ein Jahr später, auf der jährlichen Münchner Sicherheitskonferenz, behauptete Sergej Lawrow, dass die Wiedervereinigung der Krim mit Russland aufgrund des Referendums legitimer sei als die deutsche Wiedervereinigung: «Die Wiedervereinigung Deutschlands wurde ohne Referendum vollzogen, und wir haben das aktiv unterstützt.»[52] Er wurde ausgebuht.

Putin sah nun den richtigen Zeitpunkt gekommen, um – ähnlich wie Russland es schon in Transnistrien, Südossetien und Abchasien getan hatte – separatistische Gruppen im Donbass zu aktivieren, die Kiew ein Dorn im Auge waren, weil sie engere Beziehungen zu Russland forderten. Kaum war die Krim besetzt, als andere Gruppen kleiner grüner Männchen – ein bunt zusammengewürfelter Haufen aus Afghanistan-Veteranen der Roten Armee, russischen Geheimdienstlern, Söldnern, verärgerten prorussisch gesinnten Ukrainern, die sich von Kiew vernachlässigt fühlten, Kosaken, Russen aus Transnistrien und von Ramsan Kadyrow entsandten Tschetschenen – in der Südostukraine, insbesondere in Donezk und Luhansk, auftauchten und wie auf der Krim systematisch öffentliche Gebäude besetzten. Sie wurden Separatisten genannt, weil sie für die Abspaltung jener Gebiete von der Ukraine eintraten, doch in Wahrheit waren sie Aufständische, die von Moskau bewaffnet worden waren und von einander nicht selten bekämpfenden russischen und ukrainischen Warlords geführt wurden. Sie alle verband jedoch ein gemeinsames Ziel, nämlich Kiew die Herrschaft über die südöstliche Ukraine zu entreißen, um die Region mit Mütterchen Russland wiederzuvereinigen. Der Donbass hatte unter dem Zusammenbruch der Sowjetunion besonders gelitten, und viele Bewohner der Region zeigten sich den Aufständischen gegenüber aufgeschlossen, denn sie betrachten sich nach wie vor eher als sowjetisch und weniger als Russen oder Ukrainer.

In den folgenden Monaten leugnete Russland, in der Region präsent zu sein, schickte aber Truppen, schwere Waffen, Munition, Geld und andere Hilfsgüter über die Grenze, um die Separatisten zu unterstützen. Anfang April 2014 wurden die Volksrepubliken Donezk und Luhansk ausgerufen. Die Separatisten beriefen sich auf die Eroberungen Katharinas der Großen im 18. Jahrhundert und bezeichneten die Region nördlich des Schwarzen Meeres als Neurussland (Noworossija). Erster Führer der Separatisten und paramilitärischer Organisator dieser Operationen war mit Oberst Igor Girkin ein russischer Staatsbürger, der unter dem Pseudonym Igor Strelkov auftrat und in der Ostukraine Strelok (Schütze) genannt wurde. Er verfügte über Kampferfahrung, die er in verschiedenen Kriegen gesammelt hatte, nahm aber auch gern an nachgestellten historischen Schlachten teil.

Anders als auf der Krim kämpfte die ukrainische Armee diesmal jedoch. Sie war allerdings in schlechtem Zustand, auch weil ein Großteil der westlichen Militärhilfen, die in die Ausbildung und Ausrüstung der Streitkräfte hätte fließen sollen, zuvor im dunklen Sumpf der Korruption versickert war. Es gab auch private paramilitärische Freiwilligeneinheiten wie das Regiment Asow, das eine wichtige Rolle bei den Kämpfen gegen die prorussischen Separatisten und der Rückeroberung verlorener Territorien spielte, sodass es schließlich in die ukrainische Nationalgarde aufgenommen wurde. Im Mai 2014 – der Ostukrainekonflikt hatte sich inzwischen zu einem echten Krieg ausgewachsenen – wurde der als «Schokoladenkönig» bekannte Unternehmer und ehemalige Premierminister Petro Poroschenko zum Präsidenten gewählt. Eine seiner ersten Amtshandlungen bestand darin, nach Brüssel zu reisen und das Assoziierungsabkommen mit der Europäischen Union zu unterzeichnen, das Janukowitsch abgelehnt hatte.

Und während die Kämpfe im Donbass tobten, ereignete sich eine Luftfahrtkatastrophe. Am 17. Juli 2014 startete eine Maschine der Malaysia Airlines vom Amsterdamer Flughafen Schiphol in Richtung Kuala Lumpur und wurde über der Ostukraine abgeschossen. Einige der 298 Passagiere an Bord waren auf dem Weg zu einer großen Aids-Konferenz in Canberra, darunter auch Joep Lange, einer der weltweit führenden Aids-Forscher. Die Anwohner an der Absturzstelle berichteten von Trümmern und Körperteilen, die vom Himmel regneten und in Sonnenblumenfelder einschlugen. Niemand überlebte. Die ländliche Idylle hatte sich in eine Todeszone verwandelt, bewacht von schwerbewaffneten Separatisten, die zunächst jedem den Zugang zur Absturzstelle verwehrten.

Wer oder was hatte Flug MH17 zum Absturz gebracht? Sofort wurde die Tragödie Teil des Informationskrieges zwischen Russland und dem Westen. Ermittlungen ergaben, dass die Maschine offenbar von einer hochentwickelten Flugabwehrrakete des Typs Buk M1 abgeschossen worden war, die man aus Russland in das von den Rebellen kontrollierte Gebiet geschafft hatte.[53] Die ukrainische Regierung besaß Sprachaufnahmen von Separatistenführern, die ihren russischen Vorgesetzten den Abschuss eines Flugzeugs meldeten, das sie irrtümlich für eine Antonow-Transportmaschine des ukrainischen Militärs gehalten hatten.[54] Russland leugnete entschieden, etwas mit dem Abschuss zu tun zu haben, und gab stattdessen der ukrainischen Armee die Schuld. Die meisten Opfer kamen aus den Niederlanden, wo der Zorn über die Verdrehung der Tatsachen durch die Russen wuchs. Schließlich musste Putins ältere Tochter Maria, die zu diesem Zeitpunkt mit ihrem niederländischen Partner in Amsterdam lebte, nach Russland zurückkehren, weil ihre Adresse im Zuge einer Facebook-Kampagne veröffentlicht worden war.[55] Die Untersuchung der Absturzursache wurde durch die mangelnde Kooperationsbereitschaft seitens der Russen massiv behindert. Nach wie vor leugnet der Kreml jede Beteiligung an der Katastrophe, was für jene, die sich um die Lösung des Ukrainekonflikts und eine Entschädigung für die Opfer bemühen, mehr als frustrierend ist.

Die Ukrainer kämpften weiter gegen die Separatisten und waren im August 2014 schließlich kurz davor, die Kontrolle über den Donbass zurückzugewinnen. Ende des Monats griffen jedoch reguläre Einheiten der russischen Armee in die Kämpfe ein, und die gerade zurückeroberten Gebiete gingen erneut an die Separatisten verloren. Im September wurde in Minsk ein Waffenstillstandsabkommen unterzeichnet, doch bereits im Dezember flammten die Kämpfe mit unverminderter Härte wieder auf. Im Februar 2015 wurde ein weiteres, Minsk II genanntes Deeskalationsabkommen unterschrieben, das die Vereinbarungen des ersten Minsker Abkommens konkretisierte und einzige Grundlage für eine Beilegung des Konflikts bleibt. Doch in den drei Tagen, die zwischen der Unterzeichnung und der Umsetzung des Abkommens vergingen, griffen russische und separatistische Einheiten einen wichtigen ukrainischen Verkehrsknotenpunkt zwischen Donezk und Luhansk an und nahmen ihn ein. Das Minsker Abkommen verpflichtete beide Seiten, ihre schweren Waffen bis weit hinter die Frontlinie zurückzuziehen, alle Gefangenen und Geiseln auszutauschen und es OSZE-Beobachtern zu ermöglichen, die Umsetzung der Vereinbarungen zu überwachen. Fremde Truppen hatten sich mitsamt ihren Waffen von ukrainischem Territorium zurückzuziehen. Eine Verfassungsreform sollte die Dezentralisierung der Ukraine ermöglichen und den umkämpften Gebieten Autonomie zugestehen. Außerdem sollte die Ukraine die volle Kontrolle über ihre Grenze zu Russland wiedererlangen.[56] Minsk II gilt nur für den Donbass, die Krim wird darin mit keinem Wort erwähnt. Der Westen lehnt die Annexion der Krim durch Russland zwar einhellig ab, aber man weiß auch, dass es sehr lange dauern kann, bis die Halbinsel wieder zur Ukraine gehören wird. Nur eine Handvoll Länder, darunter Kuba, Nordkorea und Syrien, haben den Anschluss der Krim an Russland anerkannt.

Seit Februar 2015 flackern die Kämpfe in der Ostukraine immer wieder auf, und die OSZE wurde von den Separatisten wiederholt an der Überwachung des Waffenstillstands gehindert. Die Umsetzung der Minsk-II-Vereinbarungen gestaltet sich schwierig, denn Russland und die Ukraine sind uneins über die Reihenfolge der durchzuführenden Maßnahmen, da das Abkommen in dieser Hinsicht recht vage bleibt. Moskau will, dass Kiew zunächst die Reformen zur Dezentralisierung der Ukraine einleitet und dem Donbass einen Sonderstatus gewährt – was der Region praktisch ein Vetorecht im Hinblick auf die Außenpolitik der Ukraine geben würde –, bevor man bereit ist, dem Land die volle Kontrolle über seine Ostgrenze zurückzugeben. Kiew hingegen will erst dann mit der Durchführung von Verfassungsreformen beginnen, wenn sich die Russen hinter die Grenze zurückgezogen haben. Deutschland, Frankreich, die Ukraine und Russland treffen sich regelmäßig auf verschiedenen Ebenen, und alle sind sich einig, dass die Minsk-II-Vereinbarungen umgesetzt werden müssen, doch es passiert so gut wie nichts. Die Vereinigten Staaten führen über Wladislaw Surkow, einen engen Gefolgsmann Putins und Verfasser des Konzepts der «souveränen Demokratie», an dem sich die Separatisten orientieren, eigene bilaterale Gespräche mit Russland über die Umsetzung von Minsk II. Viele Beobachter befürchten jedoch, dass die Situation im Donbass bereits zu einem schwelenden Dauerkonflikt, ähnlich denen in Georgien und Moldawien, geworden ist, wo Russland ebenfalls Separatisten unterstützt und es den jeweiligen Regierungen dadurch unmöglich macht, die volle Kontrolle über ihr Staatsterritorium auszuüben. Andere sehen darin freilich weit mehr als einen «schwelenden» Dauerkonflikt. Im Juli 2017 sagte Kurt Volker, der Sonderbeauftragte der Trump-Regierung für die Ukraine, nach einem Besuch in der Ostukraine: «Dies ist kein schwelender Konflikt, sondern ein ausgewachsener Krieg und eine akute Krise, gegen die wir alle so schnell wie möglich etwas unternehmen müssen.»[57]

Unterdessen hat der Kreml die Idee eines Novorossija (Neurussland) wie zu Zeiten Katharinas der Großen aufgegeben. Stattdessen proklamierten die Separatisten im Juli 2017 den neuen Staat «Malorossija» (Kleinrussland), der den größten Teil der Ostukraine umfassen würde. Russische Staatsbeamte distanzierten sich von diesem Schritt, womit sie die undurchsichtige Natur der Kontrolle Moskaus über die Separatisten hervorhoben. Einige Ukrainer und ihre Unterstützer in Nordamerika fragen sich inzwischen allerdings, ob die Wiedererlangung der Kontrolle über den verarmten, von Kämpfen heimgesuchten und widerspenstigen Donbass wirklich so erstrebenswert ist. Seit Ausbruch des Konflikts, so das Argument dieser Leute, sei Kiew «nicht mehr verpflichtet, einen Rostgürtel zu unterhalten, der einst nur die Staatskasse belastet hat, oder die korrupten Oligarchen, politischen Eliten und kriminellen Banden der Region zu ertragen oder die prosowjetische und prorussische Bevölkerung zu beschwichtigen».[58]

Wirtschaftlich hat die Besetzung ukrainischer Gebiete Russland sehr geschwächt. Nach der Annexion der Krim verhängten die Vereinigten Staaten zunächst Sanktionen gegen Personen aus Putins Umfeld. Zu großen finanziellen Einschränkungen kam es dann nach dem Abschuss von Flug MH17. Die daraufhin von den USA und Europa verhängten Sanktionen erschwerten russischen Staatsbanken den Zugang zu den westlichen Kapitalmärkten, was die Beschaffung von Krediten im Ausland erschwerte. Außerdem wurde Unternehmen aus der EU und den USA die Tätigung von Finanzgeschäften mit russischen Staatsbanken untersagt, was deren Möglichkeiten zur Finanzierung von Großprojekten stark einschränkt. Auch der russische Energiesektor ist betroffen. So wurden russischen Firmen der Zugang zu bestimmten Energietechnologien und die Beteiligung an der Erschließung des arktischen Tiefwasser-Ölschiefers verweigert, was das Ende der

Zusammenarbeit zwischen Rosneft und ExxonMobil in der Arktis bedeutete. Russland seinerseits verhängte Sanktionen gegen europäische Agrarprodukte, was der Kreml dazu nutzte, um die heimische landwirtschaftliche Produktion zu fördern. Beim Internationalen Wirtschaftsforum 2017 in Sankt Petersburg kam es daraufhin zum sogenannten «Käsehinterhalt», als ein russischer Landwirt auf den US-Botschafter John Tefft zutrat, ihm stolz ein großes Käserad überreichte und erklärte, dass er sein Produkt nur wegen des Verbots konkurrierender europäischer Käse habe herstellen können. Der überraschte Botschafter erwies sich als vollkommener Diplomat, erklärte, dass er aus dem käseproduzierenden Staat Wisconsin stamme, und nahm das Geschenk dankend entgegen.

## IST DIE UKRAINEKRISE LÖSBAR?

Beim G20-Treffen 2014 in Brisbane, Australien, musste Putin sich wegen der Ukraine stundenlang die Kritik der westlichen Regierungschefs anhören und verließ den Gipfel vorzeitig. Isolieren konnte man ihn freilich nicht, dazu waren Russlands Beziehungen zu China und anderen Ländern viel zu gut. Und Putin hatte Geduld. Er ging – richtigerweise – davon aus, dass der Westen nach anfänglicher Ächtung letztlich einen Handel mit ihm würde eingehen müssen. Man würde schon wieder auf ihn zukommen, insbesondere nach den russischen Luftschlägen in Syrien im September 2015. Und der G20-Gipfel 2017 in Hamburg gab ihm schließlich recht. Er stand im Mittelpunkt. Die meisten Regierungschefs suchten seine Nähe, und neben mehreren anderen bilateralen Treffen hatte er ein zweieinhalbstündiges Gespräch mit Präsident Trump.

Die Ukrainekrise ist auch deshalb eine so große Herausforderung für den Westen, weil Russland immer wieder leugnet, direkt darin verstrickt zu sein. Mit seiner Mischung aus Cyber-Kriegsführung, Desinformationskampagnen, gut ausgebildeten Spezialeinheiten und örtlichen Milizen anstelle regulärer Truppen stellt der Ukrainekonflikt eine neue Form des «Hybridkriegs» dar. Die Russen versuchten, ihre Aktionen zu verschleiern, indem sie die Krim und den Donbass von «kleinen grünen Männchen» besetzen ließen. Außerdem behaupteten sie, die kämpfenden russischen Soldaten, die man in der Ostukraine beobachtet hatte, seien dort nur «im Urlaub» gewesen und die Lastwagen, die zwischen der Ukraine und Russland hin und her fahren, würden lediglich humanitäre Hilfslieferungen und keinen Nachschub oder gar Verstärkungen transportieren. Ferner beschuldigten sie die Ukraine, Flug MH17 abgeschossen zu haben und gefallene Russen in nicht gekennzeichneten Gräbern zu verscharren, ohne deren Familien davon in Kenntnis zu setzen.[59] Die Ukraine und der Westen wissen natürlich, dass diese Aussagen heuchlerisch sind und es in Wahrheit Zehntausende russische Soldaten im Donbass gegeben hat. Aber die staatlichen russischen Fernsehnachrichten erzählen der eigenen Bevölkerung und dem Rest der Welt eine andere Geschichte. Es ist dieselbe Geschichte, die auch Putin in Oliver Stones vierstündigem Fernsehinterview zum Besten gibt. Die Separatisten – so teilt er dem Publikum mit – kämpfen allein, auf die Barrikaden gerufen durch den «Staatsstreich» in Kiew. Und Putin äußert Zweifel, ob Flug MH17 tatsächlich abgeschossen wurde.

Im Mai 2018 veröffentlichten die australische und die niederländische Regierung einen detaillierten Bericht mit den Ergebnissen ihrer mehrjährigen Untersuchungen über den Abschuss von Flug MH17. Das Fazit fiel eindeutig aus: «Die Niederlande und Australien halten Russland für mitverantwortlich für den Absturz von Flug MH17.»[60] Ein niederländischer Ermittler ging sogar noch weiter. Das Ermittlungsteam sei, so sagte er, «zu dem Schluss gekommen, dass die mobile Abschussvorrichtung TELAR, mit der die Buk-Rakete abgefeuert wurde, von der in Kursk stationierten 53. Luftabwehrbrigade stammte. Alle Fahrzeuge des Konvois, in dem die

Rakete transportiert wurde, gehörten den russischen Streitkräften.»[61] Im Untersuchungsbericht steht zwar nicht, wer die Rakete abgefeuert hat, aber in mehreren Medienberichten tauchte der Name eines hochrangigen Offiziers des russischen Militärnachrichtendienstes GRU auf, der mit dem Abschuss in Verbindung stehen soll.[62] Dessen ungeachtet bestreitet Russland weiterhin, etwas mit dem Absturz zu tun zu haben.[63] Als Putin beim Internationalen Wirtschaftsforum in Sankt Petersburg gefragt wurde, ob eine russische Rakete das Flugzeug getroffen habe, antwortete er: «Natürlich nicht!»[64]

Es deutet nur wenig darauf hin, dass Russland an einer Lösung des Ukrainekonflikts interessiert ist. Im Gegenteil, die anhaltende Krise macht der Poroschenko-Regierung schwer zu schaffen, und eine schwache, geteilte Ukraine ist genau das, was der Kreml will. Russland und der Westen haben zwar die Möglichkeit des Einsatzes von UN-Friedenstruppen im Donbass erörtert, konnten sich aber nicht einigen, wo diese Truppen stationiert werden oder welches ihre Aufgaben sein sollten. Die Sanktionen des Westens sind an die Umsetzung der Minsk-II-Vereinbarungen gebunden, doch obwohl Putin ein Ende der Sanktionen wünscht, ist er offenbar nicht bereit, die russische Politik gegenüber der Ukraine in der dafür notwendigen Weise zu ändern. Der ehemalige US-Außenminister Rex Tillerson äußerte sich dahin gehend, dass die US-Regierung nicht im Weg stehen werde, sollte es Russland und der Ukraine gelingen, ihre Differenzen jenseits des Minsk-II-Abkommens beizulegen.[65] Die Aussichten auf eine solche Lösung scheinen jedoch gering. Putin hat angedeutet, dass Russland sich aus dem Donbass zurückziehen könnte, sollte den Volksrepubliken Donezk und Luhansk eine umfassende Autonomie gewährt werden, die auch eine Einflussmöglichkeit auf die Kiewer Außenpolitik beinhalte. Aber selbst wenn Poroschenko eine solche Regelung wollte, bekäme er in der Rada nicht genügend Stimmen zusammen, um ein entsprechendes Gesetz zu verabschieden. So geben Moskau und Kiew sich gegenseitig die Schuld an der Nichtumsetzung von

Minsk II. Derweil ist jedem klar, dass die Krimfrage noch sehr lange ungelöst bleiben wird.

Eine weitere Voraussetzung für die Wiedererlangung der vollen Kontrolle über den Donbass ist für Russland eine verbindliche Zusage der Ukraine, von einer möglichen NATO-Mitgliedschaft Abstand zu nehmen und den «blockfreien» Zustand vor dem Amtsantritt Juschtschenkos wiederherzustellen. Im Juli 2017 legte Poroschenko sich jedoch darauf fest, für die Ukraine bis 2020 die NATO-Mitgliedschaft anzustreben. Dabei ist völlig offen, ob die NATO die Ukraine überhaupt will. Zwei amerikanische Staatsmänner, die ansonsten nicht oft einer Meinung waren, hielten die «Finnlandisierung» der Ukraine – also dem Land einen Status zu verschaffen, wie ihn das neutrale Finnland während des Kalten Krieges hatte – für eine gute Idee, nämlich der Realist Henry Kissinger und der Ideologe Zbigniew Brzezinski.[66] Auch Wiktor Pintschuk, der prominente ukrainische Oligarch und Schwiegersohn Leonid Kutschmas, hat betont, dass die Ukraine ihre Bestrebungen, der EU und der NATO beizutreten, aufgeben müsse, wolle sie den Krieg beenden.[67] Tatsächlich haben bislang weder die EU noch die NATO der Ukraine eine Mitgliedschaft angeboten, und das wird auf absehbare Zeit wohl auch nicht geschehen. Dass Vereinigte Staaten, Russland, NATO und EU gleichermaßen auf eine Neutralität der Ukraine zu drängen scheinen, ist allerdings beunruhigend. Es lässt das alte Schreckgespenst von Jalta, sprich die Aufteilung Europas in zwei große Machtblöcke und die dadurch eingeschränkte Souveränität der angrenzenden Länder, wiederauferstehen. Denn eine neutrale Ukraine würde signalisieren, dass die nach dem Kalten Krieg entstandene, von Russland unterminierte internationale Ordnung tatsächlich nicht mehr besteht. Und es gibt keine Garantie dafür, dass ein solches Abkommen Russlands Appetit stillen würde. Vielmehr ist davon auszugehen, dass es auch weiterhin versuchen wird, seinen Einfluss in den ehemals sowjetischen Gebieten zu vergrößern und die staatliche Unabhängigkeit der Ukraine zu torpedieren.

Gleichwohl ist nicht zu bestreiten, dass für Russland in der Ukraine weit mehr auf dem Spiel steht als für die Vereinigten Staaten oder viele Länder der Europäischen Union. Die Ukraine ist existenziell für Russland, ebenso wie es Russland für die Ukraine ist.

Kiew liegt 8000 Kilometer von Washington entfernt, und die Ukraine stand – in dieser Hinsicht darf man sich nichts vormachen – bislang nicht gerade im Zentrum amerikanischer Interessen. Die USA und ihre Verbündeten werden die staatliche Unabhängigkeit, die territoriale Integrität sowie die politische und wirtschaftliche Entwicklung der Ukraine weiterhin unterstützen, aber von allen Maßnahmen Abstand nehmen, die zu einer militärischen Auseinandersetzung mit Russland führen könnten. Berlin liegt nur 1200 Kilometer von Kiew entfernt, aber auch Deutschland wird sich weiterhin gegen eine NATO-Mitgliedschaft der Ukraine aussprechen. Trotz der angespannten Beziehungen zwischen Russland und dem Westen, die sich seit 2014 noch deutlich verschlechtert haben, weiß Putin genau, dass es eine Grenze gibt, die der Westen nicht überschreiten wird, wenn es darum geht, russischen Aktionen in der Ukraine zu begegnen.

Eine kurzfristige Lösung der Ukrainekrise ist folglich nicht in Sicht. Die Menschen, die 2013 voller Hoffnung auf den Maidan strömten, sind angesichts schleppender Reformen und anhaltender Korruption längst ernüchtert. Auch EU und Vereinigte Staaten sind es müde, von den ukrainischen Staats- und Regierungschefs immer wieder Reformversprechen zu hören, die niemals erfüllt werden. Allerdings hat das Vorgehen Russlands auch dazu beigetragen, die Erben Galiziens und der Dnepr-Region zusammenzuschweißen, denn die russische Invasion und die Besetzung von Teilen ihres Landes hat das Nationalbewusstsein der Ukrainer letztlich nur stärker werden lassen. Der Westen hat sich auf einen schwelenden, von Zeit zu Zeit aufflammenden Dauerkonflikt einzustellen – und in Putins Welt scheint genau das die bevorzugte Option zu sein.

★ 8 ★

# RUSSLAND UND CHINA

## Duo der Willigen?

*Die russisch-chinesischen Beziehungen haben wahrscheinlich einen historischen Höhepunkt erreicht, und sie entwickeln sich stetig weiter. Die Partnerschaft zwischen Russland und China beruht auf der Freundschaft und Sympathie, die unsere Völker füreinander empfinden, großem Respekt und gegenseitigem Vertrauen, der Achtung vor den Interessen des anderen und der Verpflichtung, unsere Länder zum Erfolg zu führen.*

**Wladimir Putin 2015**[1]

*Wladimir Putin ist der Anführer eines großartigen Landes, das überall auf der Welt Einfluss besitzt. Er ist mein bester und engster Freund.*

**Xi Jingping 2018**[2]

Es ist die weltweit größte russische Vertretung, und sie wurde an der Stelle errichtet, an der sich bereits die ursprüngliche, 1658 entstandene russische Mission befand. Die wechselhaften Beziehungen zwischen Russland und China waren seither von Phasen der Zusammenarbeit wie von Konflikten geprägt. Gegenwärtig spiegeln Rhetorik und Realität freilich eine starke beiderseitige Partnerschaft wider, die durch das wachsende Misstrauen des Westens eher noch gestärkt wird. Die erste russische Botschaft wurde gegründet nach der Beilegung bewaffneter Zusammenstöße am Fluss Amur, der im Fernen Osten die Grenze zwischen Russland und Nordostchina bildet. Auf diesen ersten sollten in den nächsten Jahrhunderten noch viele weitere Grenzkonflikte folgen. Die ursprünglich 45 Familien beherbergende Botschaft war nicht nur die erste ausländische Mission in China, sondern über ein Jahrhundert lang auch die einzige.[3] Heute sind ihre Wände mit Fotos gespickt, die Zusammenkünfte der beiden Präsidenten, der Außenminister oder von Militärs und Geschäftsleuten zeigen.

Wegen des schwierigen Verhältnisses zwischen Russland und Europa bzw. den Vereinigten Staaten schenkte Putin seit Beginn der Ukrainekrise den Beziehungen zu China besondere Aufmerksamkeit. Und während westliche Staatsführer der Parade anlässlich des 70. Jahrestages des Sieges über NS-Deutschland am 9. Mai 2015 in Moskau fernblieben, stand Xi Jinping an Putins Seite. Im Gegenzug nahm dieser im September 2015 an Chinas Feierlichkeiten zum Ende des Zweiten Weltkriegs in Asien teil. Was die beiden Führer eint, ist die Ablehnung einer von den Vereinigten Staaten bestimmten Weltordnung und die Furcht vor Farbrevolutionen, die das eigene Land destabilisieren könnten. Außerdem teilen Putin und Xi Jinping die Überzeugung, dass ihre Länder in der Vergangenheit ungerecht behandelt wurden, und kritisieren deshalb die westlich dominierte Politik- und Wirtschaftsordnung.

Wie erwähnt ging es zwischen Russland und China jedoch nicht immer so harmonisch zu. Im Laufe der Jahrhunderte gab es immer wieder Konflikte und bewaffnete Konfrontationen. So versuchte das expandierende Russische Reich, sich von Norden und Westen her das riesige chinesische Hinterland einzuverleiben und es Sibirien anzugliedern.[4] Die Grenzverläufe schwankten, was zu Spannungen und bisweilen zu militärischen Auseinandersetzungen führte. So schossen die «kommunistischen Bruderländer» UdSSR und China 1969 im Streit um die Damanski-Insel im Grenzfluss Ussuri aufeinander. Filmmaterial aus dieser Zeit zeigt Soldaten der Volksbefreiungsarmee, wie sie mit ihren Gewehren in der einen Hand auf sowjetische Soldaten zielen, während sie in der anderen Hand die Mao-Bibel schwenken.

«Es gibt zu viele Gegenden, die von der Sowjetunion besetzt sind ... Vor etwa hundert Jahren wurde das Gebiet östlich des Baikalsees russisches Territorium, und seither sind Wladiwostok,

Chabarowsk, Kamtschatka und andere Gebiete sowjetisches Territorium», hatte Mao Zedong einige Jahre zuvor einer Gruppe japanischer Sozialisten gesagt und unheilverkündend hinzugefügt: «Wir haben unsere Rechnung für diese Liste noch nicht vorgelegt.»[5]

Der Gegensatz zwischen dem ideologischen Säbelrasseln und den bewaffneten Feindseligkeiten, die das Verhältnis beider Länder vor einem halben Jahrhundert prägten, und ihrer gegenwärtigen «strategischen Partnerschaft» ist bemerkenswert. Während des Kalten Krieges stritten Peking und Moskau jedoch nicht nur über Grenzverläufe, sondern konkurrierten auch um Einfluss in den Entwicklungsländern. Beide behaupteten von sich, der einzig wahre Bannerträger von Marxismus-Leninismus / Kommunismus zu sein, und verunglimpften einander. Heute unterstützen sie sich gegenseitig in wichtigen internationalen Fragen. Steht diese neue Beziehung für ein echtes Bündnis gleichgesinnter Großmächte oder doch nur für eine – wie es ein Beobachter formulierte – «Achse der Zweckmäßigkeit», bei der die strategische Zusammenarbeit außen vor bleibt?[6] Wird die Fähigkeit Moskaus, mit Peking zusammenzuarbeiten, von der Last der russisch-chinesischen Vergangenheit beeinträchtigt? Und wie wirkt sich diese Partnerschaft auf die Beziehungen des Westens zu Russland aus?

## UNGLEICHE VERTRÄGE UND ZWEI REVOLUTIONEN

Vor der Mitte des 17. Jahrhunderts hatten Russland und China nur wenig Kontakt. Erst als das Zarenreich begann, nach Osten, in die sibirischen Weiten zu expandieren, trafen Russen und Chinesen aufeinander. Obwohl beide Seiten dieselben Gebiete kontrollieren wollten, trieben sie auch Handel miteinander. Der Vertrag von Nertschinsk aus dem Jahr 1689 – der erste, den China jemals mit einer ausländischen Macht schloss – legte den Verlauf der russisch-chinesischen Grenze fest und hatte fast zweihundert Jahre Bestand. Darin wurde Chinas Anspruch auf große Gebiete im heutigen Ostsibirien anerkannt.[7] Die Entwicklung der chinesisch-russischen Beziehungen litt allerdings darunter, dass man nicht dieselbe Sprache sprach und nur wenig übereinander wusste. Hinzu kam die Neigung der Chinesen, die Russen ebenso zu behandeln wie alle anderen «Barbaren», von denen sie Tribute und Ehrerbietung erwarteten, was die Russen natürlich ablehnten. Die Chinesen betrachteten ihr Land als «Reich der Mitte», was alle anderen Länder schon per definitionem zu peripheren Erscheinungen machte, jenseits des kulturellen Zentrums des Universums.[8]

Während die Romanow-Zaren das Russische Reich immer weiter nach Zentralasien ausdehnten, eroberten die Chinesen das benachbarte Xinjiang. Doch insgesamt wuchs Russland stärker und war Mitte des 19. Jahrhunderts längst ein wichtiger Mitspieler im Konzert der europäischen Mächte geworden. China hingegen war unter der Mandschu-Dynastie durch die Opiumkriege innenpolitisch geschwächt und im Niedergang begriffen. Im Jahr 1847 ernannte Zar Nikolaus I. Nikolai Murawjow zum Gouverneur von Sibirien. Murawjow sah sich selbst als Baumeister des Reiches und vertrat die Ansicht, dass die USA und Russland gemeinsam den Pazifik beherrschen sollten. Zum Zaren sagte er: «Es ist nur natürlich, dass Russland, wenn nicht ganz Asien, so doch zumindest die gesamte fernöstliche Küste kontrolliert.» Russland nutzte die Schwäche Chinas und eroberte die 1689 abgetretenen Regionen zurück. Spätere Verträge sprachen Russland die Gebiete nördlich des Amur und östlich des Ussuri zu, sodass die Zaren in Wladiwostok (was «Herrscher des Ostens» bedeutet) eine neue Marinebasis errichten konnten.[9] Durch diese «ungleichen» Verträge und eine Reihe militärischer Auseinandersetzungen verlor China bis zum russisch-japanischen Krieg etwa 1,5 Millionen Quadratkilometer seines Territoriums an Russland.[10]

## «IN DER TOILETTE BADEN»: CHINESISCHE UND SOWJETISCHE KOMMUNISTEN IN DER ZWISCHENKRIEGSZEIT

Das Ende der Monarchien in China und Russland führte in beiden Ländern zu politischen Unruhen und Bürgerkriegen. 1911 war die Mandschu-Dynastie am Ende, die chinesische Zentralmacht fiel in sich zusammen, und das Land rutschte ins Chaos. Im Jahr 1917 wurden die Romanows, die Russland seit 1613 regiert hatten, gestürzt. Mit der Oktoberrevolution brach ein Bürgerkrieg aus, der bis 1921 andauerte. Unterdessen standen in China die Kuomintang (KMT) unter Chiang Kai-shek und die von Mao Zedong geführten Kommunisten am Beginn jahrzehntelanger Kämpfe. In der Zwischenkriegszeit waren die Beziehungen zwischen der Sowjetunion und China kompliziert und gestalteten sich bisweilen recht widersprüchlich. So flohen rund 200 000 russische Antikommunisten vor der bolschewistischen Revolution nach Harbin und Shanghai, von wo aus sie den Sturz der Bolschewiki planten. Gleichzeitig engagierten sich die Sowjets in China, indem sie Michail Borodin als Vertreter der Kommunistischen Internationalen (Komintern) dorthin schickten. Ihn qualifizierte, dass er viele Jahre in Chicago gelebt hatte, also Englisch sprach und sich folglich mit dem republikanischen Führer Sun Yat-sen verständigen konnte. Des Chinesischen war er allerdings nicht mächtig. Dass Borodin nicht nur für die chinesischen Kommunisten, sondern auch für die Nationalisten arbeitete, führte zu schweren Missstimmungen unter Maos Anhängern. Tatsächlich verfügte die Komintern, dass «die Kommunistische Partei Chinas alle ihre Anstrengungen gemeinsam mit der Linken Kuomintang unternehmen muss», worauf die chinesischen Kommunisten erwiderten, dass ein solcher Befehl «wie das Bad in einer Toilette» sei.[11] Die UdSSR war ein Bündnis mit der KMT eingegangen, und 1927 nahmen Chiang Kai-sheks Truppen Shanghai mit Hilfe der Kommunisten ein. Kurz darauf stellte sich der General jedoch gegen sie und ließ sie töten. Maos

Lehre aus dem Shanghai-Massaker war, dass Stalin in erster Linie eigene Interessen verfolgte und die Solidarität mit kommunistischen Genossen für ihn nicht gerade Priorität hatte.

Als sich der chinesische Bürgerkrieg zwischen 1945 und 1949 verschärfte, sicherte Stalin sich ab, indem er Chiang Kai-shek und Mao Zedong gleichermaßen unterstützte. Aus seiner Sicht stellte ein unter einem Herrscher vereintes China eine potenzielle Bedrohung für die sowjetischen Interessen dar. Doch 1949 gelang es Mao schließlich, Chiang Kai-shek und die KMT auf die Insel Taiwan zu vertreiben und die Herrschaft über das gesamte chinesische Festland an sich zu reißen. Als den Anführer der internationalen kommunistischen Bewegung bewunderte er Stalin noch immer, und die UdSSR war das erste Land, das die Volksrepublik China anerkannte. Stalins Sicht auf Mao hingegen war zwiespältig – mehr noch, er misstraute dessen Absichten. Und so begannen vierzig Jahre schwieriger und nicht selten angespannter chinesisch-sowjetischer Beziehungen.

## DAS ERBE DES KALTEN KRIEGES

Nach seinem Sieg hoffte Mao, von Stalin als gleichberechtigt anerkannt zu werden. Schließlich hatte er einen langen und opferreichen Krieg gewonnen und eine weitere kommunistische Großmacht erschaffen. Tatsächlich lud Stalin ihn nach Moskau ein, wo Mao im Dezember 1949 nur zwei Monate nach Ausrufung der Volksrepublik China eintraf. Auf dem Weg dorthin war er so angespannt, dass er am Bahnhof von Swerdlowsk eine Panikattacke erlitt.[12] Als er in Moskau aus dem Zug stieg, wurde er jedoch nicht von Stalin persönlich, sondern von dessen Außenminister Wjatscheslaw Molotow empfangen, was einem offenen Affront gleichkam.[13] Erst später in der Nacht begrüßte ihn dann das gesamte Politbüro.

Auch die Gespräche verliefen nicht reibungslos. Mao wollte, dass Stalin den Vertrag aufhob, den die UdSSR mit Chiang Kai-shek geschlossen hatte, doch der Sowjetführer zögerte und schickte Mao zur Abkühlung für zwei Wochen in seine Datscha vor den Toren Moskaus. Letztlich blieb Mao wegen der aufschiebenden Verhandlungsführung der Sowjets fast zwei Monate. Und er war isoliert. «Während Maos Aufenthalt», berichtet Nikita Chruschtschow, «ließ Stalin sich manchmal tagelang nicht blicken ... Und da Stalin weder Mao aufsuchte noch jemand anderen beauftragte, ihn zu unterhalten, wagte es niemand, ihn zu besuchen.»[14] Mao fühlte sich gedemütigt und wurde immer zorniger. Doch schließlich erlaubte Stalin die Aufnahme der Verhandlungen, und am 14. Februar unterzeichneten die beiden Länder einen Freundschaftsvertrag, mit dem sie eine Allianz und die Verpflichtung eingingen, sich im Falle des Angriffs durch eine dritte Macht gegenseitig zu unterstützen. Darüber hinaus bot Stalin seinem brüderlichen Verbündeten umfangreiche Wirtschaftshilfen an. Dennoch blieben die Beziehungen der beiden Länder zumindest zu Lebzeiten des sowjetischen Diktators nur nach außen hin herzlich.

Als Stalin 1953 starb, ging Mao davon aus, nun die Nummer eins unter den Führern der kommunistischen Welt zu sein, und erwartete, als solcher anerkannt zu werden. Immerhin war er nicht nur ein Guerillaführer, sondern auch produktiver Autor theoretischer Schriften über den chinesischen Weg zum Sozialismus. Zu seiner Überraschung gelang es jedoch dem (seiner Meinung nach) ungebildeten Bauern Nikita Chruschtschow, sich zum Nachfolger Stalins zu küren. Und Chruschtschow hatte nicht die Absicht, die Führung der kommunistischen Welt an Mao abzugeben. Schlimmer noch, auf dem 20. Parteitag 1956 verurteilte Chruschtschow Stalin und seine Verbrechen, ohne die chinesischen Genossen vorzuwarnen. Ausländische Kommunisten waren im Saal nicht zugelassen, als der neue Sowjetführer seine Rede hielt, deren Inhalt die Pekinger Delegation erst aus chinesischen Übersetzungen der *New York Times* erfuhr.[15] Das alles führte dazu, dass Mao und Chruschtschow sich schließlich gegenseitig verachteten. Interviews mit den Übersetzern, die während der von Anspannung geprägten Treffen für die beiden gedolmetscht hatten, zeichnen das Bild zweier Männer, die aufeinander herabblickten und den jeweils anderen für rücksichtslos hielten.[16] Ende der 1950er Jahre zogen die Sowjets unvermittelt 1400 Technikspezialisten aus China ab, stellten die Unterstützung für das Atomprogramm der Volksrepublik ein und ließen 600 wissenschaftliche Projekte unvollendet zurück, was die Chinesen dazu zwang, sich ihr eigenes Atomwaffenarsenal aufzubauen.[17]

Obwohl die Sowjetunion während des Kalten Krieges die Vereinigten Staaten als ihren Hauptgegner betrachtete, stellte auch China eine Bedrohung dar – wenn auch nicht ganz auf dieselbe Weise. Als zweite nukleare Supermacht waren die USA wirtschaftlich weitaus stärker als ihr sowjetischer Konkurrent. Außerdem waren sie mit den wichtigsten europäischen Ländern sowie mit Japan verbündet und hatten eine mit dem sowjetischen Sozialismus konkurrierende Ideologie, nämlich den Kapitalismus und die Demokratie zu bieten. Obwohl militärisch und wirtschaftlich deutlich schwächer, forderte China die Sowjetunion in ideologischer Hinsicht heraus. Auf dem Höhepunkt des Maoismus stellte Peking die Legitimität der Sowjetunion als sozialistischer Staat mit der Behauptung in Frage, dass Pekings Version der einzig authentische Sozialismus sei, den die UdSSR zugunsten eines Staatskapitalismus aufgegeben habe. «Sosehr Chruschtschow auch versucht, sich den US-Imperialisten anzudienen», schrieb eine chinesische Veröffentlichung, «sie zeigen nicht die geringste Dankbarkeit ... Sie schlagen ihm weiterhin ins Gesicht und entlarven seine lächerlichen Theorien, die den Imperialismus nur verschleiern.»[18] Daher solle Peking und nicht Moskau die Weltrevolution anführen, behauptete China gegenüber den Ländern der Dritten Welt und sogar des Ostblocks.

Vor allem während der heißen Phase der Kulturrevolution zwischen 1966 und 1969 führte die chinesisch-sowjetische Spaltung auf beiden Seiten zu einer sich verschärfenden, von kaum ver-

ergie aus Russland für Europa: Dmitri Medwedew signiert die Nord-Stream-I-Pipeline, die russisches s durch die Ostsee nach Deutschland transportiert. Die Vereinigten Staaten versuchen den Bau einer eiten Verbindung zu verhindern.

Angela Merkel und Koni: Während eines seiner ersten Treffen mit der deutschen Kanzlerin ließ Putin – der von ihrer Angst vor Hunden wusste – seinen Labrador Koni die misstrauisch blickende Angela Merkel begrüßen. Sie vergaß den Vorfall nie.

«Der größte Gegner»: das neue Nato-Hauptquartier in Brüssel. Putin hat die Nato als «größten Feind» bezeichnet – sowohl eine Gefahr für Russland als auch eine überholte Institution.

ıte Bekannte und Blumen: Nach Donald Trumps Kritik an Merkel und Deutschland 2018 war Putin
s Charmeur zur Stelle. Es ging ihm bei Merkel darum, Deutschland auf Distanz zu den Sanktionen
bringen, die nach Russlands Annexion der Krim und dem Kriegsausbruch in der ukrainischen Don-
ıss-Region erhoben worden waren.

Shanghaier Organisation für Zusammenarbeit: Von Russland, China und zentralasiatischen Staaten
ründet mit dem ursprünglichen Ziel, die russisch-chinesischen Beziehungen in der gemeinsamen
flusssphäre zu gestalten – ein Vorhaben, von dem die USA und Europa ausdrücklich ausgeschlossen
en.

**Putins «Superwaffe»: In seiner Rede an die Nation präsentiert Putin eine Reihe neuer Waffen, darunter eine Hyperschall-Rakete, die unentdeckt von der amerikanischen Raketenabwehr Florida innerhalb von Minuten erreichen könnte.**

Einsatz in Syrien: Russland begann sein militärisches Engagement in Syrien 2015, um Bashar al Ass
zu stützen, der sich nur mit Hilfe von Russland und dem Iran an der Macht hält.

ie Annexion der Krim: «Kleine grüne Männchen» aus Russland ohne Hoheitszeichen auf ihren Uni-
rmen besetzten Ende Februar 2014 ukrainische Einrichtungen auf der Krim. Kurz darauf annektierte
ussland die Halbinsel in Verletzung des Budapester Memorandums von 1994, das die Souveränität
nd territoriale Integrität der Ukraine festschrieb. Moskau erklärte das Abkommen angesichts des
taatsstreichs» in Kiew für nichtig.

Wostok 2018: Putin, der die Manöver zusammen mit dem chinesischen Verteidigungsminister Wie Fenghe verfolgt, verkündet, dass Russland «bereit ist, seine Souveränität, Sicherheit und seine nationalen Interessen zu verteidigen». Die gemeinsamen Manöver sind Ausdruck einer engeren strategischen Partnerschaft der beiden Länder.

Wostok 2018: Im September nahmen chinesische Truppen zum ersten Mal an den russischen Militärübungen in Wostok teil – die größten Kriegsübungen im Sowjetgebiet seit den Kalten-Kriegs-Zeiten de frühen 1980er Jahre.

udo-Politik: Putins Können auf der Matte hat ihm einen einzigartigen Zugang zu Japan eröffnet. Hier ereitet er sich auf das «Hajime» vor, den Beginn seines Kampfes mit japanischen Judo-Schülern.

nkurrierende Banknoten: Sowohl auf dem ukrainischen Zwei-Hrywnja-Schein als auch auf der ssischen Tausend-Rubel-Note ist Jaroslaw der Weise abgebildet, den Moskau und auch Kiew für sich Gründungsvater in Anspruch nehmen. Deutlich zu erkennen ist die unterschiedliche Gesichtsbehaang: traditioneller russischer Vollbart versus ukrainischer Kosakenschnurrbart.

Neue Partner im Nahen Osten: Putin mit dem saudischen König Salman während dessen ersten Besuchs in Moskau. Die beiden Länder, die während des Kalten Krieges keine diplomatischen Beziehungen unterhalten hatten, verständigen sich darauf, ihre Ölproduktion zu koordinieren und bei Investitionen zu kooperieren.

Russische Soldaten in Syrien: Im Zuge der Intervention hat Russland seine beiden militärischen Standorte in Syrien modernisiert – den Luftwaffenstützpunkt Khmeimim und den früher maroden Flottenstützpunkt Tartus –, geht im engen Luftraum über Syrien Konflikten mit dem US-Militär aber aus dem Weg.

n weiterer neuer Partner: Israel. Benjamin Netanjahu, ein regelmäßiger Besucher in Moskau, läuft n 9. Mai 2018, dem Jahrestag des Kriegsendes, zusammen mit Putin in der «Unsterbliches Regi-ent»-Parade mit, beide mit Photographien von Veteranen des Zweiten Weltkriegs – Netanjahu mit em Bild eines nach Israel ausgewanderten Russen.

edensstifter Putin? Der russische Präsident trifft den iranischen Präsidenten Hassan Ruhani und den kischen Präsidenten Recep Tayyip Erdogan, um über den Krieg in Syrien zu sprechen.

Putin übergibt den Ball: Beim Gipfel in Helsinki im Juli 2018, der einen Tag nach dem Ende der Fußball-WM stattfindet, vereinbaren Trump und Putin, die Beziehungen zu verbessern. Aber die Härte der innenpolitischen Debatte in den USA um das Thema Russland und dessen mögliche Einflussnahme auf die Wahlen verhinderten das.

So gehen Blini: Nachdem Präsident Xi Jinping Putin zu seinem «neuen besten Freund» erklärt hatte, demonstrierten die beiden Staatsführer die neue russisch-chinesische Partnerschaft, indem sie zur Show gemeinsam russische Pfannkuchen backten.

ıtins vielseitiger «Koch»: Dem geschäftigen Jewgeni Prigoschin (links) gehören Nobelrestaurants, ›er auch die Internet Research Agency in St. Petersburg (die von Sonderermittler Mueller angeklagt rd, Einfluss auf die Präsidentschaftswahlen 2016 genommen zu haben) und das Militärunternehmen ıgner, dessen Soldaten in Syrien mit US-Truppen aneinandergeraten sind.

tins Vorbilder: Am Tag der nationalen Einheit 2016 hält Putin eine Rede vor der gigantischen Statue ıes Namensvetters Prinz Wladimir, der die Kiewer Rus zum Christentum bekehrt hat.

Und vor der Statue seines Helden Peter des Großen am Marine-Tag in St. Petersburg, an dem Putin d
Bau von 26 neuen Kriegsschiffen ankündigte.

hohlenem Rassismus geprägten Polemik. Es kam zu einer Eiszeit in den Beziehungen und zu Grenzkonflikten, die 1969 in einem kleinen Krieg am Amur gipfelten.[19] Gleichzeitig verstärkte die Sowjetunion ihre Atomstreitkräfte an der chinesischen Grenze. In seinen Memoiren berichtet Chruschtschow von der Behauptung Maos, dass China einen Atomkrieg mit der UdSSR überleben, seine Bevölkerung rasch reproduzieren und sich anschließend die Gebiete im Osten der Sowjetunion zurückholen würde, die rechtmäßig Peking gehörten. Gelegentliche Versuche der Sowjets, die Spannungen zwischen den Ländern abzubauen, blieben weitgehend erfolglos. Das änderte sich erst, als Michail Gorbatschow 1985 an die Macht kam.

## GORBATSCHOWS GEMEINSAME ASIATISCHE HEIMAT

Gorbatschow erkannte, dass er die Beziehungen zu China verbessern musste, um das Ansehen der UdSSR in der Welt zu erhöhen. Den Höhepunkt seiner Bemühungen in dieser Richtung bildete die Pekingreise im Mai 1989, wo es zum ersten chinesisch-sowjetischen Gipfeltreffen seit dreißig Jahren kam. Deng Xiaoping, seit einem Jahrzehnt der Anführer Chinas, hatte ein großes Wirtschaftsreformprogramm in die Wege geleitet und war ebenfalls offen für eine Annäherung. Mao war lange tot, und seine Nachfolger wollten wieder mit der UdSSR zusammenarbeiten. Deng hatte allerdings einige Vorbedingungen für die Normalisierung der chinesisch-sowjetischen Beziehungen gestellt. So verlangte er die Verringerung der sowjetischen Truppenstärke an Chinas Nordgrenze und den Abzug der Roten Armee aus Afghanistan sowie der sowjetisch gestützten vietnamesischen Verbände aus Kambodscha. Gorbatschow stimmte allen chinesischen Forderungen zu und reiste zu Dengs Bedingungen nach Peking.[20]

Sein Besuch kam jedoch zu einem ungünstigen Zeitpunkt, denn China befand sich gerade in Aufruhr. Es war der Höhepunkt der prodemokratischen Studentenbewegung. Die geplante Begrüßungszeremonie auf dem Platz des Himmlischen Friedens, in Sichtweite von Maos Mausoleum, musste abgesagt werden, da Tausende Demonstranten auf dem Platz lagerten. Es kam sogar noch schlimmer für die chinesischen Gastgeber, denn die Demonstranten sahen in Gorbatschow wegen seines Engagements für Glasnost einen Helden. Dessen ungeachtet verliefen die Gespräche zwischen dem 84-jährigen Deng und dem 26 Jahre jüngeren Gorbatschow ausgesprochen positiv,[21] die Differenzen aus der Vergangenheit wurden beigelegt.[22] Kurz nach Gorbatschows Abreise nahmen chinesische Truppen am Platz des Himmlischen Friedens Aufstellung und beendeten die Proteste auf Anweisung der chinesischen Behörden zwei Wochen später mit Gewalt. Während Gorbatschows letzter Amtsjahre verbesserten sich die chinesisch-sowjetischen Beziehungen weiter. Gespräche über die Regulierung der 4200 Kilometer langen Grenze machten Fortschritte. Wie präsent die Vergangenheit jedoch weiterhin blieb, zeigte sich, als Eduard Schewardnadse anlässlich der Unterzeichnung von Grenzabkommen nach China reiste, wo er mit dem «Elder Statsman» Deng Xiaoping zusammentraf. Deng lobte das Grenzabkommen und führte Schewardnadse anschließend in einen Raum mit einer China-Karte, auf der die Äußere Mandschurei – aktuell zu Russland gehörig – als chinesisches Territorium dargestellt war.[23]

In China blieb Gorbatschow eine umstrittene Figur. Er tat, was notwendig war, um Spannungen abzubauen und die chinesisch-sowjetische Gegnerschaft zu beenden, doch seine Reformpolitik, sinkende Ölpreise und die zusammenbrechende Wirtschaft führten schließlich zum Zerfall der Sowjetunion und des Sozialismus sowjetischer Prägung. Tatsächlich unterstützten die Chinesen während des dreitägigen Putschversuchs gegen Gorbatschow im August 1991 die Putschisten, denn nach Dengs Ansicht hatte Gorbatschow nicht genug getan, um die Staats- und Parteimacht zu erhalten.[24] Im Jahr 1992 verglich ein führender chinesischer Politiker das Ende der Sowjetunion mit einer Explosion, bei der es Druckwellen in alle Richtungen gebe.[25]

Die Chinesen waren entschlossen, nicht dasselbe Schicksal zu erleiden. Sie hielten es für Gorbatschows Kardinalfehler, die Gesellschaft geöffnet und die politische Kontrolle gelockert zu haben, anstatt sich zunächst auf Wirtschaftsreformen zu konzentrieren, sie schlugen deshalb den umgekehrten Weg ein. Inzwischen verfügt China über eine deutlich größere und erfolgreichere Volkswirtschaft als Russland, und die Kommunistische Partei hält die Zügel weiterhin fest in der Hand. Wladimir Putin glaubt, dass die UdSSR es ebenso hätte machen und vor der politischen Öffnung Wirtschaftsreformen einleiten sollen. Daraus lässt sich schlussfolgern, dass die Sowjetunion womöglich heute noch existieren würde, wäre Gorbatschow diesem Pfad gefolgt.[26]

Im Jahr 1949 sagte Stalin zu Liu Schao-Tschi, einem der wichtigsten Gefolgsleute Maos: «Ich hoffe aufrichtig, dass der jüngere Bruder eines Tages den älteren ein- und schließlich überholen wird. Das ist nicht nur die Hoffnung von meinen Genossen und mir, sondern eine historische Regel: Irgendwann werden die Vorangehenden stets von den Nachkommenden überflügelt. Trinken wir auf den jüngeren Bruder, auf dass er den älteren übertreffen möge.»[27] Und der jüngere Bruder hat den älteren in der Tat übertroffen, genau so, wie Stalin es vorhergesagt hat.

## DIE NORMALISIERUNG GEHT WEITER – DIE JELZIN-ZEIT (1992–1997)

Boris Jelzins außenpolitischer Schwerpunkt lag zwar auf dem Westen, doch erkannte die neue russische Führung bald, dass sie auch den Normalisierungsprozess mit Peking fortsetzen musste.[28] Und das hieß auch, die Ein-China-Politik zu akzeptieren, obwohl man zugleich versuchte, die Wirtschaftskontakte mit Taiwan zu verbessern. Während Jelzins Amtszeit wurden die letzten Grenzfragen, die das chinesisch-russische Verhältnis noch belasteten, allmählich gelöst. Gleichzeitig kam es zu einer Vertiefung der Wirtschaftsbeziehungen, was auch den Handel mit Rüstungsgütern einschloss. Zunächst unterstützte Russland die Forderungen Chinas nach einer multipolaren Weltordnung freilich nur vorsichtig. Doch nachdem Jewgeni Primakow 1996 Außenminister geworden war, bemühte sich die russische Außenpolitik zunehmend um ein Gleichgewicht zwischen West und Ost, sodass China in der Politik des Kremls ein immer höherer Stellenwert zukam. Aber der neue Pluralismus und die Dezentralisierungsbestrebungen der Jelzin-Ära stellten auch die russische China-Politik vor neue Herausforderungen. Die Beamten der russischen Ostprovinzen etwa wussten nicht so recht, wie sie mit den sogenannten «Pendelhändlern» umgehen sollten, die aus China über die Grenze strömten und die lokalen Märkte zu beherrschen begannen. Und nach Öffnung der Grenze lag die Zahl der chinesischen Arbeiter im fernen russischen Osten – je nachdem, wessen Schätzungen man glaubt – zwischen 300 000 und einer Million.

Seinen ersten Besuch als Präsident stattete Jelzin Peking im Dezember 1992 ab. Allerdings musste er seinen Aufenthalt wegen einer innenpolitischen Krise verkürzen, denn der amtierende Premierminister und oberste Wirtschaftsreformer Jegor Gaidar war entmachtet worden. Jelzin scherzte, dass die Zahl der dennoch unterzeichneten bilateralen Abkommen ein Fall für das Guinness-Buch der Rekorde sei, und fügte hinzu: «Wir sind uns einig, dass die lange Zeit des künstlichen Kalten Krieges vorüber ist und wir nun in eine neue Phase entideologisierter Beziehungen eintreten.»[29] Russland und China verpflichteten sich, keine Allianzen einzugehen oder Verträge zu unterzeichnen, die «die staatliche Souveränität und die Sicherheitsinteressen» des anderen verletzen würden. Dieser erste Besuch legte somit den Grundstein für eine weitere Annäherung.

Die neuen bilateralen Beziehungen konzentrierten sich auf wirtschaftliche Kontakte, die Regelung von Grenzfragen und nicht zuletzt die Nichteinmischung in die inneren Angelegenheiten des anderen. Denn ähnlich wie China in Tibet und Xinjiang sah sich Russland in Tschetschenien separatistischen Bestrebungen gegenüber. Peking unterstützte daher Jelzins Tschetschenien-Feldzug, da dieser notwendig sei, um die Einheit des Landes zu bewahren.

Sorge bereitete den Chinesen allerdings die Unvorhersehbarkeit der frühen Jelzin-Jahre und Jelzins prowestliche Politik. Auch die mittlerweile durchlässig gewordene Grenze erforderte ihre Aufmerksamkeit. So bemerkte der Präsident der Volksrepublik China, Jiang Zemin: «Wenn eine Tür geöffnet wird, können Menschen in einen Raum gelangen, aber leider auch Fliegen. Und wir müssen dafür sorgen, dass es möglichst wenige Fliegen sind.» Der Verlauf der russisch-chinesischen Grenze wurde in den 1990er Jahren durch mehrere Vereinbarungen geregelt. Allerdings bescherte der Zusammenbruch der UdSSR China eine Reihe neuer zentralasiatischer Nachbarn, und auch die Volksrepublik sah sich mit Extremismus und Islamismus konfrontiert. Diese Bewegungen gingen vor allem von der uigurischen Bevölkerung in Xinjiang aus, das an der Grenze zu Russland und mehreren zentralasiatischen Staaten liegt. Im Jahr 1996 unterzeichneten Russland, China, Kasachstan, Kirgisistan und Tadschikistan – die «Shanghai Five» – ein Grenzabkommen, das auch die Verpflichtung beinhaltete, einander nicht anzugreifen. Dies war der Beginn einer multilateralen Zusammenarbeit, die auch zur weiteren Klärung des chinesisch-russischen Verhältnisses beitragen sollte. Für die neu entstandenen zentralasiatischen Staaten stellte die Regelung der Beziehungen zu ihren beiden großen Nachbarn freilich eine permanente Herausforderung dar.

Mitentscheidend für die Beziehungen zwischen Russland und China war allerdings stets auch das wechselhafte Verhältnis des Kremls zum Westen. Außenminister Jewgeni Primakow sprach sich deshalb für die Schaffung eines «strategischen Dreiecks» zwischen Moskau, Peking und Neu-Delhi als Gegengewicht zum transatlantischen Bündnis aus. Im Jahr 1997 unterzeichneten Jelzin und Jiang Zemin die gemeinsame Erklärung über die Etablierung einer neuen, multipolaren Weltordnung.[30] Darin werden Aspekte angesprochen, die seither zu Standardthemen der chinesisch-russischen Beziehungen geworden sind, nämlich gleichrangige Partnerschaft, strategische Zusammenarbeit, eine multipolare Weltordnung und die Entwicklung einer «neuen und umfassenden Form der Sicherheit». Obwohl in dem Schriftstück weder die Vereinigten Staaten noch die NATO ausdrücklich genannt wurden, besteht kein Zweifel daran, an wen sich die Erklärung richtete.

Als das Eingreifen der NATO in den Balkankrieg das russisch-amerikanische Verhältnis zunehmend belastete, war aus Jelzins Äußerungen neben wachsender Kritik am Westen auch immer mehr Anerkennung für China herauszuhören. Während des Kosovo-Krieges trafen fünf von US-Flugzeugen abgeworfene Bomben versehentlich die chinesische Botschaft in Belgrad und töteten drei Menschen. Die Empörung in Peking war groß, denn die Chinesen glaubten nicht an ein Versehen. Russland und China verurteilten die Angriffe der NATO auf Serbien daraufhin scharf.[31]

Die neue antiamerikanische Dimension von Russlands China-Politik wurde bei einem der letzten öffentlichen Auftritte Jelzins als Präsident besonders deutlich. Anlässlich eines Pekingbesuchs im Dezember 1999 teilte er heftig gegen Präsident Clinton aus, der Russland dafür kritisiert hatte, den Zweiten Tschetschenienkrieg begonnen zu haben: «Er hat offenbar für eine Sekunde, eine Minute oder eine halbe Minute vergessen, was Russland ist und dass Russland über ein gut gefülltes Atomwaffenarsenal verfügt. [...] Eine multipolare Weltordnung – das ist die Grundlage für alles. Und das ist es, was wir mit Jiang Zemin beschlossen haben.» Interessanterweise widersprach Jelzins designierter Thronerbe, der damalige Premierminister Wladimir Putin, seinem Präsidenten und leugnete, dass es in den Beziehungen zwischen den USA und Russland eine Abkühlung gegeben habe.[32]

# DIE CHINESISCH-RUSSISCHEN BEZIEHUNGEN UNTER WLADIMIR PUTIN: EINE VORSICHTIGE UMARMUNG

## Der chinesische Köder

Das Jahr 2001 erwies sich als Meilenstein der russisch-chinesischen Beziehungen, denn es brachte einen Vertrag zur Kodifizierung der strategischen Partnerschaft hervor. Beide Präsidenten sprachen dieselbe Sprache, da Jiang Zemin, der in den 1950er Jahren in Stalins Moskauer Automobilfabriken gearbeitet hatte, passable Russischkenntnisse besaß und ein beliebtes Lied aus der Sowjetzeit, «Moscow Nights» («Podmoskovskie Vechera»), auf mitreißende Weise zum Besten geben konnte. Der russisch-chinesische Vertrag über gute Nachbarschaft, Freundschaft und Zusammenarbeit ist ein auf zwanzig Jahre geschlossenes Abkommen, das die wichtigsten Elemente der wirtschaftlichen und militärischen Beziehungen beider Länder in groben Zügen festlegt.

Seit Wladimir Putin im Kreml sitzt, hat er sich konsequent um die Pflege und Verbesserung der Verbindungen zu China bemüht. Mit dieser Politik wollte er natürlich nicht zuletzt einen Ausgleich für das verschlechterte Verhältnis zum Westen schaffen, aber Putin erkannte auch, welche Vorteile das Bündnis mit einer aufstrebenden Macht bietet – zumal, wenn sie zufällig ein direkter Nachbar ist, der gewaltige Märkte bietet und über diverse Kapitalquellen verfügt. Da China und Russland beide Verfechter des Konzepts der «absoluten Souveränität» sind, würden sie sich niemals auf ein Bündnis einlassen, das ihre Handlungsfreiheit in irgendeiner Weise einschränken könnte. Ihr Ziel ist vielmehr eine pragmatische Partnerschaft, die auf dem gemeinsamen Interesse an einer multipolaren Weltordnung und der Bewahrung einer autoritären Kontrolle im eigenen Land basiert. Seit Beginn der Ukrainekrise hat Moskau sich um eine Vertiefung der Beziehungen zu Peking bemüht, doch China behält seine instrumentelle Sichtweise auf

Russland bei und wird auch künftig keine Maßnahmen ergreifen, die die engen Wirtschaftsbeziehungen zu Europa und den Vereinigten Staaten gefährden könnten. Dennoch hat die Allianz mit China es Russland ermöglicht, die vom Westen nach der Krim-Annexion betriebene internationale Isolation zu vermeiden. Bei Aktionen, die der Westen verurteilt, kann Moskau sich auf die Schützenhilfe Pekings oder doch zumindest auf seine Neutralität verlassen.

Die bilaterale Dimension der russisch-chinesischen Beziehungen kommt in den Abkommen über Handel, Energie, Grenzverlauf (die Grenzverhandlungen wurden zwischen 2004 und 2008 abgeschlossen) und militärische Zusammenarbeit zum Ausdruck. Beide Seiten verwahren sich gegen die westliche Kritik an ihrer Menschenrechtsbilanz und befürworten die innenpolitischen Maßnahmen des anderen. So unterstützt Russland die chinesische Position zu Taiwan und Tibet. Darüber hinaus beinhaltet das russisch-chinesische Verhältnis aber auch wichtige multilaterale Aspekte wie die Regelung der Beziehungen innerhalb Zentralasiens durch die Shanghaier Organisation für Zusammenarbeit oder das koordinierte Vorgehen im Sicherheitsrat der Vereinten Nationen in Fragen, die Iran, Syrien und Nordkorea betreffen. Überhaupt fällt auf, dass China und Russland sich in allen großen internationalen Fragen einig zu sein scheinen, während das Verhältnis des Kremls zum Westen auch in dieser Hinsicht von Differenzen geprägt ist. Ihre ersten Auslandsreisen als Präsidenten führten sowohl den derzeitigen chinesischen Machthaber Xi Jingping als auch seinen Vorgänger Hu Jintao (2002–2012) nach Moskau. Putin seinerseits besuchte China schon zu Beginn seiner ersten Präsidentschaft[33] und reiste auch kurz nach seiner Wiederwahl im Jahr 2012 dorthin,[34] nachdem er einen Monat zuvor seine Teilnahme am G8-Gipfel in Washington abgesagt hatte, weil er nach eigener Aussage «zu beschäftigt» sei.[35]

Obwohl sich die bilaterale und multilaterale russisch-chinesische Agenda unter Putin also erheblich erweitert hat, ist das

Ungleichgewicht zwischen dem «älteren» und «jüngeren» Bruder in den letzten fünfzehn Jahren immer größer geworden. So beträgt das Bruttoinlandsprodukt Chinas mittlerweile 14 Billionen Dollar, während sich das russische auf nur 1,28 Billionen beläuft. Russland hat eine Bevölkerung von 142 Millionen, in China hingegen leben 1,3 Milliarden Menschen. China ist eine aufstrebende, dynamische Macht, deren Wirtschaftsleistung bis 2030 voraussichtlich die amerikanische überflügelt haben wird. In Russland dagegen schrumpfen Wirtschaft und Bevölkerung – vor allem in den fernöstlichen Provinzen an der Grenze zu China. Als Gegenleistung für die Einfuhr chinesischer Erzeugnisse wie Elektronikwaren exportiert Russland Kohlenwasserstoffe und militärische Ausrüstung nach China. Wenn es Russland nicht bald gelingt, seine eigene Wirtschaft zu modernisieren, wird es ein Rohstoff- und Waffenlieferant für das fortschrittlichere China bleiben.

## Die neue «Gelbe Gefahr»?

Erzählungen über wilde Horden aus dem Osten, die in Russland einfallen, um seine Bevölkerung zu unterwerfen, sind ein Topos der russischen Geschichtsdarstellung, seit Dschingis Khan und seine Reiter das russische Volk im 12. Jahrhundert unter das «mongolische Joch» zwangen, wie man es in Russland nennt. Später, im 19. Jahrhundert, als chinesische Einwanderer in den fernen russischen Osten strömten, wurde erstmals vor der «Gelben Gefahr» gewarnt. Immer wieder kam es zu Spannungen zwischen ortsansässigen Russen und chinesischen Arbeitern. Im Jahr 1900 etwa trieben die Russen als Vergeltungsmaßnahme für den chinesischen Angriff auf einen russischen Außenposten alle 3000 in der Grenzstadt Blagoweschtschensk lebenden Chinesen in die Fluten des Amur, wo die meisten von ihnen ertranken.[36]

Ein Pamphlet aus dem Jahr 1911 fasste die russischen Ängste vor den Chinesen folgendermaßen zusammen:

> Es ist bekannt, dass die gelben Völker die Europäer und insbesondere uns Russen von Natur aus hassen ... Sie träumen ... davon, die Welt zu erobern ... Die Invasion des reichen Sibiriens durch die gelben Rassen hat bereits begonnen.[37]

Als sich die chinesisch-russische Grenze nach dem Zusammenbruch der Sowjetunion öffnete und chinesische Wanderarbeiter in großer Zahl in den fernen russischen Osten kamen, kehrte mit ihnen auch das Schreckgespenst der «Gelben Gefahr» zurück. Denn an der Grenze zu China leben 6,3 Millionen Russen, denen auf der anderen Seite 109 Millionen Chinesen gegenüberstehen.[38] Meinungsumfragen in der Region Primorje zeigen zwar, dass die russische Bevölkerung inzwischen weniger Angst vor chinesischen Arbeitern hat als noch vor zehn Jahren, aber viele der Befragten halten Grenzkonflikte wie 1969 nach wie vor für möglich. Das Misstrauen gegenüber den Chinesen, die oft den lokalen Handel dominieren, bleibt bestehen, und die Menschen fragen sich, welche Pläne China mit ihrem Land hat.[39]

So sollten im Jahr 2015 1000 Quadratkilometer Land an die Chinesen verpachtet werden, doch nach Protesten der lokalen Bevölkerung und ihrer Politiker nahm die russische Regierung wieder Abstand von diesen Plänen.[40] Der Kontrast zwischen der chinesischen Seite der Grenze, die mit modernen Hotels und einer städtischen Infrastruktur aufwarten kann, und der russischen, auf der sich nur wenige, oft verfallene Bauten befinden, könnte größer nicht sein. Im Jahr 2007 vereinbarten beide Länder als Symbol ihrer Freundschaft den Bau einer Eisenbahnbrücke über den Amur. Der chinesische Brückenteil ist längst errichtet, doch die Russen haben erst 2016 mit den Bauarbeiten begonnen.[41]

## Handel und Energie

Seit 2009 ist China Russlands größter Handelspartner, doch das Volumen des Handels zwischen China und den USA ist um mehr als das Zehnfache größer. Beide Seiten mögen noch so sehr betonen, wie gut ihre Beziehungen zueinander sind, in wirtschaftlicher Hinsicht sind sie in Wahrheit bescheiden. Und China ist für Russland ein sehr viel wichtigerer Handelspartner als umgekehrt. Vor der Ukrainekrise, mithin bevor Russland durch sinkende Ölpreise und westliche Sanktionen in wirtschaftliche Schieflage geraten war, tauschten beide Länder Waren im Wert von 88 Milliarden Dollar aus. Im Jahr 2015 war das Volumen um 25 Prozent gefallen und erreichte erst 2018 wieder das seinerzeitige Niveau.

Dabei erinnert die Art des Warenaustausches an den Handel zwischen einem Entwicklungs- und einem Industrieland. Während Bodenschätze, insbesondere Öl und Gas, 73 Prozent der russischen Exporte ausmachen, sind 52 Prozent der chinesischen Exporte Maschinen und Fahrzeuge und 15 Prozent Textilien und Schuhe.[42] Eine Ausnahme bilden moderne Waffensysteme, China ist zweitgrößter Abnehmer von russischer Rüstungsproduktion. Anfangs war Russland zurückhaltend, was den Verkauf hochentwickelter Waffen an China betraf, denn die Chinesen neigen dazu, russische Waffensysteme nachzubauen und sie anschließend auf dem Weltmarkt anzubieten. Aber nach der Krim-Annexion im Jahr 2015 schloss Russland im Zuge der Intensivierung seiner Beziehungen zum Nachbarland ein Geschäft in Höhe von drei Milliarden Dollar ab, das den Verkauf von Kampfflugzeugen des Typs Su-35S und Boden-Luft-Raketen des Typs S-400 an die Volksrepublik beinhaltete. Letztere können Chinas Fähigkeiten zur Raketenabwehr verbessern und die Taiwans schwächen.[43] Die Lieferungen setzten 2018 ein.

Die Modernisierung und der neue Reichtum Chinas haben den Energiebedarf des Landes exponentiell steigen lassen. Russland verfügt über reiche Öl- und Gasvorkommen, die zu Sowjetzeiten größtenteils nach Europa exportiert wurden. Seit dem Zusammenbruch der UdSSR hat Russland sich um eine Diversifizierung seiner Energieexporte bemüht, doch die Unwägbarkeiten der russischen Politik und die harten Verhandlungspraktiken der Chinesen haben sich negativ auf die energiepolitischen Beziehungen der beiden Länder ausgewirkt. Der Bau der Ostsibirien-Pazifik-Pipeline (ESPO) dauerte über ein Jahrzehnt und durchlief viele Umplanungen. Eine Zeitlang sah es so aus, als würde die erste russische Asien-Pipeline über Japan führen, doch schließlich setzte sich die chinesische Route durch. Die russischen Rohöllieferungen nach China begannen im Jahr 2011 als Teil eines «Darlehens für Öl», bei dem Peking Moskau im Austausch gegen Öllieferungen bis zum Jahr 2030 einen Kredit über 25 Milliarden Dollar gewährte.[44]

Russland ist der weltweit führende Gasexporteur und begann schon früh, mit China auch über die Errichtung einer Gaspipeline zu verhandeln.[45] Doch Gazprom und die China National Petroleum Corporation konnten sich nicht auf den Preis einigen, sodass Peking beschloss, mit den zentralasiatischen Staaten Turkmenistan, Usbekistan und Kasachstan wegen eines Pipelinebaus ins Geschäft zu kommen. Die Annexion der Krim und der Krieg um die Ostukraine im Jahr 2014 änderten jedoch alles. Nachdem der Westen Sanktionen gegen Russland verhängt hatte, war dem Kreml klar, dass er sich Peking zuwenden musste. Im Mai 2014 unterzeichneten Russland und China daher ein Abkommen im Wert von 400 Milliarden Dollar über den Bau einer Gaspipeline mit dem Namen «Kraft Sibiriens». Es wird davon ausgegangen, dass Peking sich in einer so günstigen Verhandlungsposition befand, dass die Chinesen die meisten ihrer jahrelang verfolgten Ziele durchsetzen konnten, nämlich einen günstigen Preis und die Übertragung von Anteilen, die China zum Miteigentümer der Pipeline-Infrastruktur machen.[46] Die Fertigstellung der Pipeline ist für 2019 vorgesehen.[47]

## Zentralasien und die Shanghaier Organisation für Zusammenarbeit

Russland und China haben nicht nur ihre beiderseitigen wirtschaftlichen und politischen Angelegenheiten geregelt, sondern sich auch den Herausforderungen ihrer gemeinsamen gefährlichen Nachbarschaft gestellt. Gleichzeitig stehen die fünf zentralasiatischen Staaten – Kasachstan, Usbekistan, Kirgisistan, Tadschikistan und Turkmenistan – vor der schwierigen Aufgabe, ihre Beziehungen zu den beiden großen Nachbarn auszubalancieren. Als die am wenigsten entwickelten ehemaligen Sowjetrepubliken hatten diese Länder es nach dem Zusammenbruch der UdSSR besonders schwer, sich als lebensfähige Staaten zu behaupten. Sie alle haben sich zu autoritären, von Clans beherrschten Regimen entwickelt. Mit Kasachstan und Turkmenistan verfügen zwei von ihnen über erhebliche Öl- und Gasvorkommen. Und bis zum Fall der Ölpreise in den Jahren 2014 und 2015 war Kasachstan ein vergleichsweise wohlhabendes Land, das sich um die Modernisierung seiner Wirtschaft bemühte. Die spätere Erholung des Ölpreises ließ dann auch die kasachische Wirtschaft wieder wachsen. Neben der Armut stellen ethnische Konflikte wie der fünfjährige Bürgerkrieg in Tadschikistan die größte Herausforderung in der Region dar. Ein weiterer Unruheherd ist das Ferghanatal in Kirgisistan, wo es mehrmals – zuletzt 2010 – zum Ausbruch bewaffneter Auseinandersetzungen zwischen Usbeken und Kirgisen kam.

Ein anderes Problem ist der islamische Fundamentalismus. Als terroristisch eingestufte Gruppen wie der Akramiyya und die Hizb ut-Tahrir sind in Usbekistan und ganz Zentralasien aktiv. Auch der Islamische Staat und andere extremistische Gruppen haben in der Region starken Zulauf. Der anhaltende Konflikt mit den afghanischen Taliban hat die Situation noch verschärft. Zugleich muss Peking sich mit uigurischen Separatisten und Fundamentalisten auseinandersetzen, während Moskau mit der vom Terrorismus im Nordkaukasus ausgehenden Bedrohung zu kämpfen hat. Deshalb unterstützen beide Großmächte die zentralasiatischen Regierungen bei der Bekämpfung des Extremismus.

Aus diesen und anderen Gründen kam es im Jahr 2001 zur Gründung der aus den «Shanghai Five» hervorgegangenen Shanghaier Organisation für Zusammenarbeit (SCO), die zu einer wichtigen Säule der chinesisch-russischen Beziehungen geworden ist. Im Jahr 2017 sind auch Indien und Pakistan der Organisation beigetreten. Länder wie der Iran, die Mongolei und Afghanistan könnten bald folgen. Die acht Mitgliedsländer der Organisation stehen für 80 Prozent der eurasischen Landmasse, 43 Prozent der Weltbevölkerung und ein Viertel des weltweiten Bruttosozialproduktes. Gemessen an der geographischen Ausdehnung und der Bevölkerungszahl, handelt es sich somit um den größten regionalen Zusammenschluss der Welt.[48]

Ursprünglich gegründet, um Russland und China die Regelung ihrer zentralasiatischen Interessen zu erleichtern, ist die SCO durch den Mitgliederzuwachs mittlerweile zu einer ambitionierten, multilateralen Organisation geworden, von der die Vereinigten Staaten ausdrücklich ausgeschlossen sind. Durch den Beitritt Indiens, der größten Demokratie der Welt, hat die SCO von ihrem Geruch, ein Bündnis von Autokratien zu sein, ein wenig verloren. Die Erweiterung der Organisation hat allerdings auch zu Spannungen zwischen Russland und China geführt, das nach wie vor Grenzstreitigkeiten mit Indien hat. Russland dagegen pflegt traditionell enge Beziehungen mit Indien, während China sich eher mit Pakistan abstimmt. Die Öffnung der SCO für weitere Mitglieder könnte also die bereits bestehenden Rivalitäten zwischen Moskau und Peking bzw. ihren jeweiligen Partnern noch verschärfen.[49] Tatsächlich scheint das russisch-indische Verhältnis im Falle Putins sogar eine persönliche Komponente zu haben. Am Ende des gemeinsamen Gipfels der SCO- und BRICS-Staaten (Brasilien, Russland, Indien, China, Südafrika), das 2015 im russischen Ufa stattfand, wiederholte Putin ein Versprechen, das er dem indischen Premierminister Narendra Modi in Bezug auf das Erlernen von Yoga gegeben hatte: «Es heißt, Yoga ist der Übergang vom Körperlichen zum Geistigen. Beim Körperlichen bin ich schon, also auf halbem Weg, könnte man sagen.»[50]

Bislang haben sich Russland und China ungeachtet ihrer Rivalität in Zentralasien immer wieder erfolgreich einigen können. Wegen der nach wie vor bestehenden sprachlichen, kulturellen und persönlichen Verbindungen zu einem Großteil der zentralasiatischen Eliten überwiegt der politische Einfluss Moskaus auf die Region. Gleichzeitig ist China mit seinem Energiebedarf, seinen Märkten und Investitionsprojekten zur größten Wirtschaftskraft in Zentralasien geworden. Weder Chinesen noch Russen waren sonderlich begeistert, als die Vereinigten Staaten in den 1990er Jahren begannen, sich in Zentralasien zu engagieren, als US-Unternehmen wirtschaftliche (insbesondere energiewirtschaftliche) Interessen in der Region verfolgten und die NATO partnerschaftliche Beziehungen zu mehreren Staaten aufbaute. Dann kamen die Terroranschläge vom 11. September 2001, und Putin beschloss, ohne Rücksprache mit Peking die Errichtung von US-Militärstützpunkten in Usbekistan und Kirgisistan zu ermöglichen.[51] Für eine Weile schien es, als könne die in den Jahren 2001 und 2002 zu beobachtende Annäherung zwischen Moskau und Washington längerfristige Auswirkungen auf das russisch-chinesische Verhältnis haben. Aber der Neustart mit Putin wurde durch die US-Invasion im Irak abrupt beendet.[52] Bis vor kurzem gab Russland sich damit zufrieden, dass China seine Wirtschaftsmacht in Zentralasien ausbaute, während man selbst die wichtigste Sicherheitsmacht der Region blieb. Und der Rückzug der USA aus Afghanistan schien Russlands militärische Rolle in Zentralasien sogar gestärkt zu haben. Russland hat Stützpunkte in Kirgisistan und Tadschikistan und führt mit seinen Partnern aus der Organisation des Vertrags über kollektive Sicherheit (OVKS) regelmäßig militärische Übungen durch.

## Die Belt and Road Initiative

Das dynamische Wachstum der chinesischen Wirtschaft, die gleichzeitigen wirtschaftlichen Probleme Russlands sowie die Auswirkungen der westlichen Sanktionen werfen allerdings die Frage nach der künftigen Rolle Chinas in Zentralasien auf. Die Eurasische Wirtschaftsunion (EAWU), Putins Großprojekt für seine dritte Amtszeit, lief am 1. Januar 2015 an. Wie bereits erwähnt hat das Schwächeln der russischen Wirtschaft auch bei seinen Nachbarn Spuren hinterlassen und sich negativ auf die Entwicklung der EAWU insgesamt ausgewirkt. Seit 2013 bündelt China seine Interessen am Ausbau des Handelskorridors «Seidenstraße» in einem später als «Belt and Road Initiative» (BRI – offiziell: *One Belt, One Road, OBOR*) bekannt gewordenen Projekt. Dieses ehrgeizige Vorhaben soll China letztendlich mit Europa verbinden und sieht für Zentralasien die Schaffung von Verkehrsnetzen sowie Bauprojekte und Investitionen in Höhe von etlichen Milliarden Dollar vor. Im Jahr 2014 wurde mit einem Startkapital von 40 Milliarden US-Dollar der Seidenstraßenfonds, ein staatlicher chinesischer Investitionsfonds, gegründet, mit dessen Hilfe Eisenbahnlinien, Straßen und Energieleitungen von und nach China entwickelt und finanziert werden sollen. Anders als die zentralasiatischen Staaten, die von den chinesischen Absichten hellauf begeistert waren, blieb Russland zunächst zurückhaltend. Das änderte sich erst, nachdem Xi Jingping und Putin im Mai 2015 eine Vereinbarung über die Vernetzung von EAWU- und BRI-Projekten unterzeichnet hatten.[53] Die beiden Initiativen unterscheiden sich allerdings sehr. Die BRI-Verkehrskorridore werden Russland im Süden umgehen, sodass offenbleibt, wie das Land von diesem großen Infrastrukturprojekt profitieren soll.[54] Russland und China haben sich jedoch darauf geeinigt, dass die von den Chinesen «Polar-Seidenstraße» genannte Nordmeerroute unter die BRI-Projekte fällt. Die Belt and Road Initiative soll den globalen Handel fördern und Finanzierungen erleichtern, Infrastrukturen verbessern und Märkte für chinesische Waren öffnen, was den geopolitischen Einfluss Chinas unweigerlich vergrößern wird – alles im Sinne der «Konnektivität», versteht sich. Die Eurasische Wirtschaftsunion hingegen ist ein eher nach innen gerichtetes handelspolitisches Projekt, das vor allem den russischen Einfluss in Zentralasien stärken soll.

Im Mai 2017 empfing Xi Jingping anlässlich des ersten Belt-and-Road-Forums neunundzwanzig Staats- und Regierungschefs, die Führungsspitzen des Internationalen Währungsfonds und der Weltbank sowie den UN-Generalsekretär in Peking.[55] In seiner Grundsatzrede pries Putin die Initiative: «Wir begrüßen Chinas One Belt, One Road Initiative. Mit diesem beispielhaften Vorschlag hat Präsident Xi Jinping einen kreativen Ansatz für eine bessere Vernetzung in den Bereichen Energie, Infrastruktur, Verkehr, Industrie und humanitäre Zusammenarbeit geliefert.»[56] Der russische Botschafter in China betonte, dass Russland und die Volksrepublik bei diesem Vorhaben gleichberechtigte Partner seien und die Belt and Road Initiative den russischen Interessen nicht schaden werde.[57] Wie genau Russland von diesem ehrgeizigen Projekt profitieren soll, ist jedoch – wie erwähnt – nach wie vor unklar. In den Jahren 2016 und 2017 nahm die Autorin an zwei vom Russischen Rat für Internationale Angelegenheiten organisierten russisch-chinesischen Konferenzen teil, auf denen die chinesische Delegation in aller Ausführlichkeit eine ganze Palette von BRI-Projekten präsentierte, die für Russland gewinnbringend sein sollen. Die Gastgeber blieben gleichwohl skeptisch,[58] zumal die Chinesen vierzig von russischer Seite vorgeschlagene Infrastrukturprojekte abgelehnt haben.[59] Dennoch scheint das Konzept der Belt and Road Initiative groß und wandelbar genug zu sein, um chinesische Investitionen in russische Energie- und Infrastrukturprojekte zu beinhalten. So haben die Chinesen in Korgas an der kasachischen Grenze einen Trockenhafen errichtet und planen weitere Investitionen in Zentralasien. Auch Projekte in Ungarn, Pakistan, Iran und Sri Lanka wurden bereits abgeschlossen.

Und sobald die vielen ehrgeizigen Pläne erst einmal umgesetzt worden sind, wird China sich zwangsläufig auch stärker für die Sicherheitsbelange jener Länder interessieren, durch die seine Straßen, Eisenbahnen und Pipelines verlaufen – was natürlich Folgen für die bisherige Aufgabenteilung zwischen Russland und China in Zentralasien haben wird.

In den letzten 25 Jahren haben die zentralasiatischen Länder gelernt, ihre Verbindungen zu Russland und China auszubalancieren und ihre wirtschaftlichen und politischen Beziehungen zu den beiden großen Nachbarn zu vertiefen. Wegen der jahrhundertelangen gemeinsamen Geschichte ist ihr Verhältnis zu Russland in der Regel vertrauter. Die zentralasiatischen Eliten etwa informieren sich noch immer vorwiegend über die staatlichen russischen Fernsehsender. Die chinesische Sprache und Kultur sind ihnen vergleichsweise fremd. Dennoch brauchen sie die Investitionen aus und den Handel mit China. Wenn die Volksrepublik sich entschließen sollte, das durch den Rückzug der USA aus Afghanistan und die Schließung ihrer zentralasiatischen Militärbasen entstandene Vakuum zu füllen, könnte dies das bestehende Gleichgewicht stören und die Spannungen in der Region erhöhen. Noch hält sich China jedoch, um keine russischen Bedenken zu schüren, mit entsprechenden Aktivitäten in Zentralasien zurück.

Letztlich haben Russland, China und die zentralasiatischen Staaten sehr ähnliche Vorstellungen von Stabilität und davon, wie sie in der Region zu gewährleisten ist. Es handelt sich durchwegs um autoritäre Regime, die sich der Erhaltung ihrer Macht verschrieben haben und sicherstellen wollen, dass nicht irgendwelche islamistischen oder Farbrevolutionen ihre Herrschaft bedrohen. Während die zentralasiatischen Eliten den Bemühungen des Westens um eine Öffnung ihrer Gesellschaften äußerst misstrauisch gegenüberstehen, begrüßen sie die Unterstützung des Status quo durch Moskau und Peking.

## Der Sicherheitsrat der Vereinten Nationen

In seinem fortwährenden Streben nach Oberherrschaft gelingt es Russland, international weit mehr Einfluss auszuüben, als es seine begrenzten Möglichkeiten vermuten lassen. Ein wichtiger Grund dafür sind natürlich der ständige Sitz und das Vetorecht im Sicherheitsrat der Vereinten Nationen. Durch sein mit Russland koordiniertes Abstimmungsverhalten in Bezug auf wichtige internationale Angelegenheiten hat China die russischen Aktionen in Syrien oder der Ukraine und damit die Stärkung des russischen Einflusses in der Welt im Grunde erst ermöglicht. Auf diese Weise haben Russland und China eine ganze Reihe den Balkan, Iran, Nordkorea und Syrien betreffende Resolutionen verhindert, die vom Westen aus humanitären Gründen eingebracht wurden oder um ethnische Gewalt zu bestrafen. Doch für Russland und China hat das Prinzip der Souveränität und Nichteinmischung in die inneren Angelegenheiten anderer Staaten Vorrang vor westlichen Konzepten der humanitären Intervention – außer es gilt, die Rechte von Russen zu verteidigen, die in postsowjetischen Staaten wie der Ukraine leben. Überhaupt legen Russland und China grundlegende Prinzipien der Vereinten Nationen wie die Schutzverantwortung oder die humanitäre Intervention ganz anders aus als der Westen. Und sie arbeiten zusammen, um von den Vereinigten Staaten, Großbritannien und Frankreich vorgeschlagene Resolutionen zu blockieren oder abzuändern, bevor sie zur Abstimmung kommen, sodass sie von ihrem Vetorecht gar nicht erst Gebrauch machen müssen.

In den vergangenen zehn Jahren haben Russland und China ihr Veto gegen Resolutionen eingelegt, die Menschenrechtsverletzungen durch autoritäre Führer wie Robert Mugabe aus Simbabwe und die Militärjunta in Myanmar angeprangert haben. Im Fall Simbabwes argumentierten sie, dass Mugabes Handlungen die internationale Sicherheit nicht gefährdet hätten, und weigerten sich daher, ein Waffenembargo gegen das Regime zu unterstützen. Und sie haben mehrfach gegen Resolutionen gestimmt, die den syrischen Präsidenten Bashar al-Assad und sein Regime in Syrien für den Einsatz von Chemiewaffen im Bürgerkrieg gegen das eigene Volk bestrafen wollten. Im Fall der Ukraine hatte China allerdings gewisse Vorbehalte gegen das russische Vorgehen und enthielt sich der Stimme, anstatt die Verurteilung der Krim-Annexion durch die Generalversammlung abzulehnen. Und auch als der Sicherheitsrat die Einrichtung eines internationalen Tribunals zur Untersuchung des Abschusses von Flug MH17 im Donbass forderte, musste Russland sein Veto allein einlegen, denn China unterhält lebhafte politische und wirtschaftliche Beziehungen zur Ukraine. In anderen Fällen haben sie ihr Abstimmungsverhalten jedoch miteinander koordiniert. So hat sich China in der Regel der russischen Haltung zum iranischen Atomprogramm angeschlossen, während Russland der chinesischen im Hinblick auf das nordkoreanische gefolgt ist.

Letztlich ist die chinesisch-russische Zusammenarbeit im Sicherheitsrat der Vereinten Nationen Ausdruck einer generellen Ablehnung der vom Westen diktierten internationalen Ordnung. Aber wie sähe eine neue Weltordnung aus? Das seit der Krim-Annexion zerrüttete Verhältnis zwischen Russland und den Vereinigten Staaten bzw. Europa gibt erste Hinweise darauf.

## Die Ukrainekrise als Wendepunkt der russischen Politik in Richtung China?

Seit der Krim-Annexion im März 2014 hat Putin immer wieder die Bedeutung der Partnerschaft zwischen Russland und China hervorgehoben, die angesichts des verfahrenen Verhältnisses zum Westen offenbar seine bevorzugte Alternative darstellt. China hat die russische Ukraine-Politik niemals öffentlich kritisiert, und der chinesische Vizepremier betonte: «China lehnt die Sanktionen der Vereinigten Staaten und der westlichen Länder gegen Russland kategorisch ab.»[60] Obwohl China sich also nicht an den Sanktionen gegen Russland beteiligt, achtet es insbesondere im Finanzbereich darauf, auch nicht gegen sie zu verstoßen. Die Bank of China hat Gazprom zwar ein Darlehen in Höhe von zwei Milliarden Dollar gewährt und Russland von zwei Entwicklungsbanken mehrere Kredite erhalten, aber die vier großen chinesischen Banken haben sich an die westlichen Sanktionen gehalten. Und anstatt ihre Präsenz auf dem risikoreichen russischen Markt zu verstärken, haben die Chinesen sich entschieden, ihre Position auf den größeren und stabileren Märkten in der EU und den Vereinigten Staaten auszubauen.[61] Viele russische Geschäftsleute waren vom zurückhaltenden Investitionsgebaren der Chinesen enttäuscht, und einer der erfolgreichsten russischen Unternehmer sagte: «Es gab einen gewissen Optimismus, was chinesische Firmen betraf. Man ging davon aus, dass sie auf den russischen Markt kommen und viel Geld ausgeben würden. Doch die Chinesen erwiesen sich als sehr umsichtige und gute Geschäftsleute, die kein Geld zu verschenken haben.»[62]

Westliche Regierungsbeamte äußern sich besorgt darüber, dass die Beziehungen zwischen China und Russland ein qualitativ neues Niveau erreicht haben, auf dem sie das Potenzial haben, zu einer politischen und militärischen Bedrohung für den Westen zu werden.[63] Ist die Achse der Zweckmäßigkeit also zu einem echten Bündnis geworden? Es gibt Belege dafür wie dagegen. Bobo Lo, Urheber der These von der Achse der Zweckmäßigkeit, schrieb dazu: «Peking und Moskau arbeiten auf vielen Gebieten zusammen, stellen sich gegen den Führungsanspruch der USA, widersetzen sich dem liberalen westlichen Interventionismus und bauen ihre Wirtschaftsbeziehungen aus. Aber die Fortschritte waren eher bescheiden als durchgreifend.»[64] Dessen ungeachtet hat sich die chinesisch-russische Zusammenarbeit im militärischen Bereich deutlich intensiviert. Im Jahr 2018 nahmen an «Wostok», der mit 300 000 Mann größten russischen Militärübung seit 1981, erstmals auch 3500 chinesische Soldaten teil.[65] Zuvor hatte sich ein chinesischer Staatsbeamter dahin gehend geäußert, dass China «gekommen ist, um den Amerikanern die engen Verbindungen zwischen den chinesischen und russischen Streitkräften zu verdeutlichen».[66]

Die Unvorhersehbarkeit der russischen Außenpolitik lässt Peking jedoch weiterhin auf der Hut sein. Und Putins Ansicht, dass Russland eine den Vereinigten Staaten oder China gleichrangige Weltmacht sei, teilt man dort nicht. Dennoch stellt die Partnerschaft mit China für Russland einen geopolitischen Ausgleich der Dominanz der Vereinigten Staaten dar. Diese unterschiedlichen Sichtweisen sind der limitierende Faktor in den russisch-chinesischen Beziehungen.

Mit der Ukrainekrise ist China in den Mittelpunkt der antiwestlichen Politik Russlands gerückt. Diese Partnerschaft soll – und das ist eines der wichtigsten außenpolitischen Ziele Putins – Russlands Rolle als unabhängige Weltmacht stärken und darüber hinaus der in Schieflage geratenen russischen Wirtschaft neuen Schwung verleihen. Die Unterstützung Pekings hat Moskau geholfen, sein Vorgehen in der Ukraine und Syrien zu legitimieren. Als Handelspartner und Energieimporteur stellt China für Russland überdies eine geoökonomische Alternative zu Europa dar. Putin und Xi Jinping führen eine enge Arbeitsbeziehung, die auf grundlegenden Gemeinsamkeiten beruht. Denn beide hegen eine große Abneigung gegen innenpolitischen Dissens und lehnen alle Versuche des Westens ab, die Demokratie zu verbreiten und die Menschenrechte zu stärken, weil das ihre Herrschaft untergraben könnte. Allerdings ist die strategische Abhängigkeit Russlands von China sehr viel größer, als es umgekehrt der Fall ist, und obwohl beide die existierende Weltordnung ablehnen, sind sie uneins über das Aussehen einer künftigen Ordnung.

Moskau ist ein nützlicher Partner für Peking, weil es China in allen wichtigen außenpolitischen Fragen unterstützt und sich nicht in innerchinesische Angelegenheiten einmischt. Während chinesische Fachleute privat durchaus Kritik an Russlands Vorgehen in der Ukraine äußern, ist Chinas offizielle Haltung dazu streng neutral. Im Gegenzug hat Russland sich nicht öffentlich zu

Chinas Aktionen im Südchinesischen Meer geäußert, obwohl sie damit andere asiatische Partner Russlands wie Vietnam verärgert haben. Tatsächlich hat Moskau sich gegen eine «Internationalisierung» des Konflikts ausgesprochen und alle Maßnahmen verurteilt, die die USA im Rahmen ihres «Freedom-of-Navigation»-Programms (Freiheit der Schifffahrt) im Südchinesischen Meer durchgeführt haben.

Während der Kreml bemüht ist, die von den USA dominierte Weltordnung zugunsten eines tripolaren Systems umzustoßen, zieht Peking es vor, den Status quo an die wirtschaftlichen und geostrategischen Interessen Chinas anzupassen, und sieht in den Vereinigten Staaten sein einziges echtes Pendant auf globaler Ebene. Dennoch hat Russland durch Chinas Unterstützung die internationale Isolation vermeiden können, die Europa und die Vereinigten Staaten dem Land nach der Krim-Annexion aufzwingen wollten. Mehr noch, mit China als Vermittler konnte Russland sein internationales Profil durch die Militäraktionen in der Ukraine und Syrien letztlich sogar noch schärfen und den Westen zur Wiederaufnahme von Beziehungen nötigen.

Die gemeinsame Sichtweise auf das internationale Geschehen und das Misstrauen gegenüber den weltpolitischen Absichten der USA werden Russland und China – ungeachtet ihrer Rivalitäten in Zentralasien oder der Arktis – auch weiterhin auf unbestimmte Zeit aneinander binden. Es wird jedoch eine Beziehung bleiben, die in erster Linie von offiziellen Kontakten lebt, während Geschäftswelt und Zivilgesellschaft weit weniger miteinander interagieren werden, als dies zwischen Russland und Europa der Fall ist. Ein Russe beschreibt es folgendermaßen:

> Unsere Beziehung zu Ländern wie Italien oder Deutschland ist von vielen kleinen und mittelgroßen Unternehmen geprägt, die hier im Land präsent sind und zahlreiche Russen beschäftigen. Es gibt ein vielschichtiges Geflecht aus kulturellen und menschlichen Kontakten, das samt Misch-

ehen über Jahre hinweg gewachsen ist. Mit China verbindet uns nichts dergleichen.[67]

Es verwundert daher nicht, dass Russland in Europa und den Vereinigten Staaten nach wie vor die wichtigsten Bezugspunkte seiner Außenpolitik sieht. Im Kreml versteht man den Westen einfach besser als China.

Will man ergründen, wie viel Realität bzw. Rhetorik sich hinter der vielbeschworenen chinesisch-russischen Partnerschaft verbirgt, sollte man sich ansehen, wohin die Chinesen ihre Kinder zum Lernen schicken. Im Jahr 2017 waren 350 000 chinesische Studenten an amerikanischen Universitäten eingeschrieben, was eine Verfünffachung innerhalb der letzten zehn Jahre bedeutet und neun Milliarden Dollar in die Kassen der US-Wirtschaft gespült hat. In Russland hingegen studieren gerade einmal 25 000 junge Chinesen.[68] Noch weniger russische Studenten, nämlich 15 000, gibt es China. Dagegen zieht es immerhin 100 000 US-Studenten in die Volksrepublik, während sich lediglich 900 Amerikaner auf ein Studium in Russland einlassen. Diese Zahlen verdeutlichen einmal mehr den Pragmatismus der Chinesen, die ihren Kindern die bestmögliche Ausbildung zukommen lassen, ohne dass sich dadurch etwas an ihrer politischen Einstellung gegenüber den USA ändern würde.

## Russland und China in der Ära Trump

Während des amerikanischen Präsidentschaftswahlkampfes im Jahr 2016 sprach Donald Trump sich für eine Verbesserung der Beziehungen zwischen den Vereinigten Staaten und Russland aus. Eine engere Verbindung zwischen Washington und Moskau könnte, so Trump, Peking unter Druck setzen und womöglich dazu bewegen, seine Politik zu ändern. In den Jahren des Kalten Krieges wurde das «Ausspielen der China-Karte» ein zentraler Aspekt der von Nixon und Kissinger eingeleiteten Öffnungs- bzw. Entspannungspolitik gegenüber Peking und Moskau. Im strategischen Dreieck jener Zeit schienen die Vereinigten Staaten alle Karten in der Hand zu halten, denn China und die Sowjetunion, die einander fürchteten und bisweilen sogar bekämpften, bemühten sich beide zwecks gegenseitiger Absicherung um bessere Beziehungen zu den USA. Inzwischen hat sich das Kräfteverhältnis innerhalb dieses Dreiecks jedoch dramatisch verändert, denn China ist das Land mit den besten Karten. So sagte ein hoher chinesischer Regierungsbeamter: «Im Augenblick ähneln die Beziehungen zwischen China, Russland und den Vereinigten Staaten einem ungleichseitigen Dreieck, dessen längste Seite der Abstand zwischen Moskau und Washington bildet. In diesem Dreieck sind die chinesisch-russischen Beziehungen die positivsten und stabilsten.»[69]

Die Verbindung mit China hat Russland vor den vollen Auswirkungen der Sanktionen bewahrt und international legitimiert. Hätte Russland in der Ukraine oder in Syrien anders gehandelt, wenn es die chinesische Alternative nicht gegeben hätte? Diese Frage lässt sich unmöglich beantworten, doch ist Peking neutral geblieben, während Russland die Ukraine destabilisiert und das Assad-Regime in Syrien mit militärischer Gewalt an der Macht gehalten hat. In der vom Zerfasern traditioneller Allianzen geprägten Ära Trump könnte sich die Dynamik der chinesisch-russischen Beziehungen ändern, sollten die Vereinigten Staaten ihren Handelskrieg mit China intensivieren und sich Russland stärker annähern. Aber Trump scheint eher geneigt, die internationale Ordnung weiter auf den Kopf zu stellen, als eine dauerhafte neue Partnerschaft mit Russland oder China einzugehen.

China ist eine wichtige Säule in Putins Welt. Die Partnerschaft mit einer aufstrebenden Macht bietet Russland viele Vorteile, zumal beide Länder das Streben nach einer alternativen Weltordnung eint. Dass sich daraus in absehbarer Zeit ein vollwertiges Bündnis entwickelt, ist jedoch unwahrscheinlich. Die weitläufige, auf das Jahr 1658 zurückgehende russische Botschaft in Peking zeugt ebenso von der Langlebigkeit und Bedeutung der Beziehungen zwischen Russland und China wie von ihrer Wandelbarkeit. Dessen ungeachtet wird sich der «ältere» Bruder auch weiterhin um eine engere Bindung an den «jüngeren» bemühen, auch wenn dieser ihn übertrifft.

★ 9 ★

# ARGWÖHNISCHE NACHBARN

## Russland und Japan im Schatten des Zweiten Weltkriegs

*In den letzten 150 Jahren waren die Beziehungen der beiden Länder von Krieg, Halbkrieg, Vorkrieg oder Nachkrieg geprägt. Während Japan gemeinhin als feindliches Land angesehen wird, … empfindet die japanische Öffentlichkeit die Sowjetunion als höchst unangenehm.*

**Michail Kapiza, stellvertretender Außenminister der Sowjetunion, 1991**[1]

*Ich mag Japan sehr – die japanische Kultur, den Sport, vor allem Judo –, aber es wird sicher niemanden beleidigen, wenn ich sage, dass ich Russland noch mehr liebe … Wir glauben, dass wir überhaupt keine territorialen Probleme haben. Nur Japan ist der Ansicht, dass es territoriale Probleme mit Russland hat.*

**Wladimir Putin 2016**[2]

*Die Rückgabe der vier Inseln war stets ein drängender Wunsch unserer Nation, der von Japanern aller Schichten geteilt wird. Ihn aufzugeben ist keine politische Option.*

**Ein hoher japanischer Staatsbeamter 2017**[3]

In den frühen Morgenstunden erwacht der größte Fischmarkt der Welt, der geschäftige Tsukiji-Markt in Tokio, zum Leben. In ihren dreirädrigen Elektrowagen flitzen Arbeiter durch die weitläufigen, mit Thunfisch, Lachs und Seeigeln angefüllten Gänge und scheuchen die Besucher auseinander, um Zusammenstöße zu vermeiden. Viele kommen einfach nur hierher, um das Spektakel der täglichen Auktionen zu verfolgen und sich anschließend in einem der unscheinbaren Cafés auf dem Außenmarkt ein exquisites Sushi-Frühstück zu gönnen. Das 150 Jahre alte SushiBun mit seinen schlichten Holzbänken und -tischen, dessen erfahrener Küchenchef jedes neue Sushi-Stück mit dramatischer Geste serviert, kann dabei mit einer Besonderheit aufwarten. An der Wand hängt eine vom russischen Außenminister Sergej Lawrow unterschriebene Referenz. Wenn er in der Stadt ist, kommt Lawrow gern ins SushiBun, um die verschiedenen Fischspezialitäten zu kosten. Und in den letzten Jahren sind seine Besuche in Tokio häufiger geworden, wobei es im Kern immer um dieselben Themen geht. Seit nunmehr über siebzig Jahren versuchen Russland und Japan, einen Friedensvertrag auszuhandeln und ihre Beziehungen zu normalisieren, aber gelungen ist er ihnen bislang nicht. Denn für Tokio und Moskau ist der Zweite Weltkrieg noch immer nicht vorbei. Tatsächlich spielt die Geschichte im Verhältnis der beiden Länder eine weitaus größere Rolle als in anderen Konstellationen der Welt Putins. Man könnte sagen, dass Russland und Japan in ihrer gemeinsamen Vergangenheit gefangen sind. Der derzeitige japanische Premierminister Shinzo Abe ist jedoch entschlossen, die Beziehungen der Länder zu verbessern, und bemüht sich um eine Beschleunigung der Verhandlungen, was auch Lawrows regelmäßiges Erscheinen auf dem Fischmarkt erklärt.

Doch Sushi allein – so gut es auch sein mag – kann die Hürden der Geschichte natürlich nicht überwinden. Japan und Russland haben seit über einhundert Jahren ein sehr angespanntes, um nicht zu sagen frostiges Verhältnis. Seit Japans Sieg im russisch-japanischen Krieg von 1905 betrachten die Russen ihren pazifischen Nachbarn mit Argwohn – ein Gefühl, das auf Gegenseitigkeit beruht. Am Ende des Zweiten Weltkriegs besetzte die Sowjetunion vier Inseln, die bis dahin japanisches Territorium gewesen waren. Bis heute beharrt Tokio auf deren Rückgabe, stößt mit seiner Forderung in Moskau jedoch auf taube Ohren. Alle Versuche, die Beziehungen zwischen den beiden Ländern zu normalisieren, sind an diesen Inseln gescheitert. Da Japan sich derzeit jedoch nicht nur einem aufstrebenden und immer selbstbewusster auftretenden chinesischen Nachbarn gegenübersieht, sondern gleichzeitig auch noch das unberechenbare und gefährliche nordkoreanische Regime im Auge behalten muss, erscheint der Führung des Landes ein besseres Verhältnis zu Russland wichtiger denn je. Und der Kreml hat auf die Annäherungsversuche aus Tokio durchaus positiv reagiert. Dennoch ist zweifelhaft, ob Russland wirklich zu territorialen Zugeständnissen bereit ist. Aber wäre Japan bereit, auf die Inseln zu verzichten? Und wie würde sich eine echte Allianz zwischen Russland und Japan auf die geopolitische Situation in Nordostasien und darüber hinaus auswirken? In diesem Kapitel soll das Band zwischen dem zu Fortschritten entschlossenen japanischen Regierungschef und seinem russischen Gegenüber beleuchtet werden, dessen Vorliebe für die japanischen Kampfkünste ihm eine einzigartige Sichtweise auf die schwierige Beziehung der beiden Länder gestattet.

## VON ZAR NIKOLAUS II. BIS ZUM ZWEITEN WELTKRIEG

Das 20. Jahrhundert begann mit einem Schock für das kaiserliche Russland, denn das damals von 130 Millionen Menschen bewohnte Riesenreich wurde im Krieg von Japan besiegt, das zwar nur eine Bevölkerung von 46,5 Millionen besaß, aber dafür mit der weit besseren Marine aufwarten konnten.[4] Im Februar 1904 griff das japanische Kaiserreich überraschend die im Hafen von Port Arthur in der Mandschurei ankernde russische Flotte an. Dabei versenkten japanische Torpedoboote einen Kreuzer und beschädigten zwei Schlachtschiffe. Der Angriff bildete den Höhepunkt von Spannungen, die Jahrzehnte zurückreichten. Bereits 1875 hatte Russland im Zuge seiner Osterweiterung die Hälfte der damals japanischen

Insel Sachalin besetzt und im Vertrag von Petersburg mit Japan eine Einigung gefunden, wonach Russland sich Sachalin sicherte und die Kurilen an Japan fielen. Im Krieg von 1904/1905 ging es um die Kontrolle über die Eisenbahn- und Hafenanlagen in der Mandschurei und um die politische Vorherrschaft auf der koreanischen Halbinsel, die bis dahin von China kontrolliert worden war.[5] Japanische Bemühungen um ein Abkommen zur Regelung der Einflusssphären auf der koreanischen Halbinsel hatte Russland abgelehnt.

Das Zarenreich war nur schlecht auf diesen Krieg vorbereitet und unterschätzte die militärische Schlagkraft der Japaner. Die russische Gesandtschaft in Tokio hatte zwar Berichte über die Effizienz der «neuen» japanischen Wehrpflichtarmee in die Heimat übermittelt, aber der Kaiserhof in Sankt Petersburg schlug die Warnungen ebenso in den Wind wie die russischen Militärs. Sie sahen in den Japanern immer noch «kleine Menschen, die in Papierhäusern lebten und ihre Zeit mit Blumenarrangements und Teezeremonien vergeudeten». Zar Nikolaus II. und seine Höflinge bezeichneten die Japaner in Unkenntnis ihrer wahren Fähigkeiten als «Affen» und ihre Armee als «infantil». Tatsächlich konnten die japanischen Seeleute im Gegensatz zu den russischen in der Regel lesen und schreiben und waren zudem in Küstennähe aufgewachsen, während die meisten russischen Matrosen das Meer bis zu ihrer Einberufung nur vom Hörensagen kannten.[6] Dies war nach langer Zeit der erste Sieg einer asiatischen Macht über eine europäische Armee.

Der russisch-japanische Krieg erwies sich jedoch für beide Seiten als eine wirtschaftlich, politisch und militärisch sehr kostspielige Angelegenheit. Japan stand vor einer Zahlungskrise, und auch die Öffentlichkeit in Russland murrte über die Folgen des Krieges. Das Zarenreich hatte 31 000 Gefallene zu beklagen und in der entscheidenden Seeschlacht von Tsushima fast seine gesamte baltische und fernöstliche Flotte verloren.[7] Die japanischen Verluste waren mit 49 000 getöteten Soldaten sogar noch höher. Im

August 1905 unterzeichnete das besiegte Russland in Portsmouth, New Hampshire, einen von Theodore Roosevelt vermittelten Friedensvertrag, wofür der amerikanische Präsident später den Friedensnobelpreis erhielt. Zar Nikolaus schickte seinen besten Unterhändler, Graf Sergej Witte, mit der Vorgabe zu den Verhandlungen, dass er «keine Kopeke bezahlen und keinen Zoll Bodens aufgeben» werde.[8] Reparationsforderungen konnte Russland abwehren, aber territoriale Zugeständnisse musste es machen. Russland war gezwungen, Korea als japanisches Interessensgebiet anzuerkennen, das schließlich im Jahr 1910 von den Japanern annektiert wurde. Außerdem überließ das Zarenreich Japan die Südhälfte von Sachalin, gab Port Arthur und Dalian ab und verließ die Mandschurei.[9] Nur die nördliche Mandschurei und die Äußere Mongolei blieben russisches Einflussgebiet. Obwohl Witte Roosevelts Führungsfähigkeiten in der Öffentlichkeit lobte, vermitteln seine Erinnerungen ein anderes Bild. Er empfand den US-Präsidenten als «egoistisch und völlig ohne Ideale» und als vulgären Gegensatz zu den «höflichen» Japanern.[10]

Die Niederlage gegen Japan hatte in Russland massive innenpolitische Auswirkungen. Sie war der Auftakt zu jener revolutionären Bewegung, die etwas mehr als ein Jahrzehnt später zum bolschewistischen Aufstand führen sollte. Bauern und Arbeiter hatten schon seit einer Weile unter den schweren wirtschaftlichen und politischen Missständen gelitten, aber die durch das militärische Versagen im Osten ausgelösten Unruhen verschärften die bestehenden Schwierigkeiten noch und führten 1905 zur ersten russischen Revolution. Am 9. Januar versammelte sich eine friedliche Menge vor dem Winterpalast in Sankt Petersburg, um gegen die schlechten Lebensbedingungen zu demonstrieren. Militäreinheiten feuerten jedoch auf sie und töteten oder verwundeten mehr als tausend Menschen. Der «Petersburger Blutsonntag» veranlasste den Zaren zu kleineren politischen Reformen, sodass erstmals eine gesetzgebende Versammlung mit eingeschränktem Wahlrecht, die Staatsduma, gebildet wurde. Lenin bezeichnete die Revolution von

1905 später als große Probe für den bolschewikischen Griff nach der Macht im Jahr 1917.

Nach Ende des Krieges kam es kurzzeitig zu einer Verbesserung der russisch-japanischen Beziehungen, die sich nach der Oktoberrevolution jedoch gleich wieder verschlechterten. Da die Staatsgewalt im Fernen Osten Russlands zusammengebrochen war und man in Tokio den Bolschewiki zutiefst misstraute, griff Japan militärisch in den nach der Revolution aufflammenden Bürgerkrieg ein. Auf dem Höhepunkt der Intervention waren 70 000 japanische Soldaten auf dem russischen Kriegsschauplatz im Einsatz. Japan unterstützte die antibolschewistische Weiße Armee, insbesondere die in Sibirien stationierten Streitkräfte. Doch nachdem es der Roten Armee gelungen war, ihren Bürgerkriegsgegner zu besiegen, nahmen die Japaner Verhandlungen mit der neuen sowjetischen Regierung auf. Im Jahr 1925 wurde ein Anerkennungsabkommen unterzeichnet, in dem die Sowjets die Bedingungen des 1905 in Portsmouth geschlossenen Vertrages akzeptierten. Dennoch blieb das Verhältnis der UdSSR und Japans auch zwischen den Weltkriegen angespannt.

Überraschenderweise gelang es Stalin jedoch, eine Einigung mit Japan zu erzielen, die der UdSSR einen Zweifrontenkrieg ersparte. Im Frühjahr 1941 besuchte der japanische Außenminister Matsuoka Yosuke das verbündete Deutschland. In Berlin wurden ihm zwar Hinweise auf den anstehenden Feldzug gegen die Sowjetunion gegeben, aber von der Notwendigkeit eines gleichzeitigen japanischen Vorgehens gegen die UdSSR sprach Hitler zu diesem Zeitpunkt noch nicht.[11] Anschließend fuhr Matsuoka nach Moskau, wo Stalin eine Charmeoffensive startete, indem er auf ihre gemeinsame asiatische Herkunft anspielte: «Du bist Asiat und ich ebenso. Wir sind alle Asiaten.»[12] Am 13. April 1941, also zwei Monate vor dem deutschen Überfall auf die Sowjetunion, unterzeichneten Moskau und Tokio einen auf fünf Jahre festgelegten Neutralitätspakt. Dieses als «seltsame Neutralität» bezeichnete Abkommen bedeutete, dass sich beide Länder zwar wenig später in unterschiedlichen Weltkriegskoalitionen gegenüberstehen, aber einander dennoch nicht angreifen würden. Der japanisch-sowjetische Neutralitätspakt war ein großer diplomatischer Coup für Stalin. Dabei hat er mit dem bevorstehenden Einmarsch der Deutschen, mit denen er zwei Jahre zuvor einen Nichtangriffspakt geschlossen hatte,[13] trotz verschiedener Warnungen nicht gerechnet. Der japanisch-sowjetische Pakt hielt vier Jahre lang, bis die siegreiche UdSSR ihn im August 1945 brach, in die Mandschurei einmarschierte, Sachalin und die Südkurilen besetzte und damit den bis heute andauernden Stillstand schuf.

## DIE KURILEN ODER «NÖRDLICHEN TERRITORIEN»

Die Russen nennen sie die Kurilen, für die Japaner sind es die Nördlichen Territorien. Die Vulkaninseln, um die gestritten wird, umfassen eine Fläche von 5000 Quadratkilometern und sind die meiste Zeit des Jahres in Nebelschwaden gehüllt. So klagte ein russischer Schiffskapitän, der sich im Jahr 1811 den Inseln näherte, über «extrem dicken Nebel».[14] Dennoch «geht von diesen unattraktiven Liegenschaften eine Symbolkraft aus, die für viele einen hohen Stellenwert besitzt».[15] Im späten 18. Jahrhundert erreichte eine russische Marineexpedition die von Japanern bewohnten Inseln, doch Russland und Japan hatten ihre Grenzen im Ochotskischen Meer noch nicht festgelegt. Schließlich gab Japan 1875 im Vertrag von Sankt Petersburg seine Ansprüche auf Sachalin im Austausch gegen den Inselbogen der Kurilen bis hinauf zur Halbinsel Kamtschatka auf. Zu diesem Zeitpunkt lebten sowohl Russen als auch Japaner auf den Inseln, deren jeweilige Rechte vertraglich garantiert wurden. Dennoch blieben Unklarheiten bestehen, was die territoriale Abgrenzung der Inseln betraf, und der sowjetische Außenminister Wjatscheslaw Molotow versuchte erfolglos, sie im

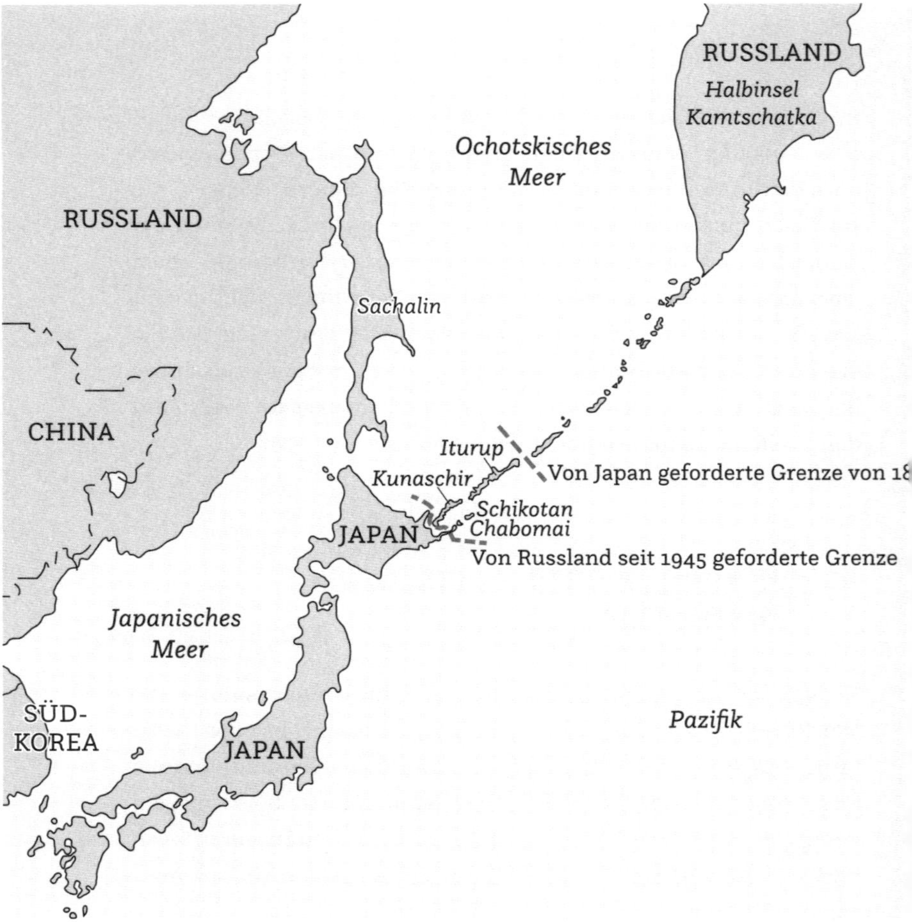


Rahmen des sowjetisch-japanischen Neutralitätspakts für sein Land zurückzugewinnen.

Am Vorabend der Konferenz von Jalta im Februar 1945 erhielt Präsident Roosevelt von seinem Außenministerium ein Informationspapier, aus dem eindeutig hervorging, dass Japan die vier südlichen Kurilen-Inseln legal erworben hatte und sie folglich zum japanischen Territorium gehörten. Doch er versäumte es offenbar, das Papier zu lesen.[16] Nach den Bestimmungen von Jalta sollte die UdSSR drei Monate nach dem Kriegsende in Europa in den Krieg gegen Japan eintreten. In einem geheimen Zusatz zum Abkommen von Jalta heißt es: «Die Kurilen sollen der Sowjetunion überlassen werden.»[17] Als die vier Kurilen-Inseln Chabomai, Schikotan, Kunaschir und Iturup schließlich von den Sowjets besetzt wurden, war Japan ein besiegtes Land, und die Vereinigten Staaten hatten ebenso wie Großbritannien nichts dagegen einzuwenden. In seiner Siegesrede vom September 1945 erklärte Stalin, dass die Kurilen «der direkten Verbindung der Sowjetunion mit dem Ozean und als Basis für die Verteidigung unseres Landes gegen die japanische Aggression» dienen würden.[18] Die vier Inseln liegen strategisch günstig am äußersten Südostrand des Ochotskischen Meeres und erleichterten der sowjetischen Pazifikflotte den Zugang zum Ozean. Auch wirtschaftlich war die Besetzung der Inseln ein Gewinn, denn das Gebiet verfügt über reiche Fischgründe.

Als die UdSSR ihren Neutralitätspakt mit Japan aufkündigte und die zusammenbrechende japanische Armee in der Mandschurei angriff, gerieten 640 000 japanische Soldaten in Gefangenschaft. Sie wurden zum Bau der Baikal-Amur-Magistrale, einer ostsibirischen Eisenbahnstrecke, eingesetzt, was 62 000 von ihnen das Leben kostete. Die überlebenden Kriegsgefangenen kehrten erst 1956, nach der Wiederaufnahme diplomatischer Beziehungen zwischen den beiden Ländern, in ihre Heimat zurück.[19]

Nach schwierigen Verhandlungen unterzeichneten die UdSSR und Japan 1956 eine gemeinsame Erklärung, in der die Sowjets zustimmten, die beiden kleineren Inseln Schikotan und Chabomai an Japan zu «übertragen»[20] – und zwar nach Abschluss eines Friedensvertrages, denn der Friedensvertrag von San Francisco 1951 war von der Sowjetunion wie auch der Volksrepublik China und Indien nicht unterzeichnet worden.[21] Tatsächlich bereiteten die Sowjets die Übergabe der Inseln vor, doch die Japaner waren nicht zu Kompromissen bereit, sondern bestanden auf der Rückgabe aller vier Inseln. In der Folge nahm die UdSSR eine härtere Position ein und knüpfte die Rückgabe der Inseln an den Abzug aller ausländischen (d. h. amerikanischen) Truppen aus Japan. Bis heute ist die Erklärung von 1956 das einzige Abkommen zur Kurilen-Frage geblieben. Zwar betont Putin regelmäßig, dass Russland bereit sei, mit Japan auf der Grundlage dieses Papiers zu verhandeln, doch die japanische Verfassung knüpft den Abschluss eines Friedensvertrages ausdrücklich an die Rückgabe aller vier Inseln. Hinzu kommt, dass die den Japanern angebotenen Inseln deutlich kleiner sind als diejenigen, die Russland zu behalten gedenkt. Wegen eines Streits um vier kleine, wenngleich strategisch bedeutende Inseln haben Russland und Japan also auch über siebzig Jahre nach Ende des Zweiten Weltkriegs noch keinen Friedensvertrag abgeschlossen.

## GORBATSCHOWS FEHLSCHLAG

Als Michail Gorbatschow in den 1980er Jahren verkündete, dass es an der Zeit für ein neues politisches Denken sei, schien dies auch die Tür für Fortschritte in den stockenden russisch-japanischen Beziehungen zu öffnen. In seinen Memoiren schrieb er: «Mir lag sehr viel daran, dass sich die Beziehungen zu diesem großen Nachbarland normalisierten und verbesserten.» Im Sommer 1986 hielt Gorbatschow in Wladiwostok eine große Rede, in der er sich für eine Neuausrichtung und Verbesserung der Beziehungen zu den Staaten Asiens und insbesondere zu China einsetzte. Doch Japan habe, wie er sagte, «eine besonders kühle, geradezu argwöhnische Reaktion» auf seine Rede gezeigt.[22] Tatsächlich zögerte das japanische Außenministerium zunächst, auf die sowjetischen Annäherungsversuche einzugehen. Hinzu kam, dass Gorbatschow seinen geplanten Japanbesuch wegen der internationalen Turbulenzen, die der Zerfall der Sowjetunion auslöste, mehrmals verschieben musste. Vielleicht hätte er, wäre er wie ursprünglich vorgesehen 1989 nach Tokio gereist, einen größeren Spielraum für Kompromisse gehabt. Doch die zunehmenden innenpolitischen Spannungen und der Aufstieg seines Erzrivalen Boris Jelzin banden ihm die Hände.

Gorbatschow reiste schließlich im April 1991, drei Monate vor dem misslungenen Putschversuch gegen ihn, als erster Sowjetführer überhaupt nach Japan. Doch sein lang erwarteter Besuch erwies sich als Enttäuschung.[23] Zu diesem Zeitpunkt setzten ihn seine Gegner von links und rechts zunehmend unter Druck. Auf dem Weg nach Tokio machte Gorbatschow einen Zwischenhalt in Chabarowsk am Amur, wo er als Geste der Versöhnung an den Gräbern japanischer Kriegsgefangener einen Kranz niederlegte. Außerdem übergab er der japanischen Regierung später eine Liste der Toten. Als Gorbatschow und seine Frau Raissa eintrafen und vom Flughafen zu einem Treffen mit dem Kaiser gefahren werden sollten, musste die Route geändert werden, weil an der vorgesehenen Strecke Tausende von rechten Demonstranten gegen seinen Besuch protestierten und die Rückgabe der Inseln forderten.

Auf den ersten Blick schien eine Lösung mit wirtschaftspolitischen Mitteln durchaus möglich, denn die wirtschaftliche Situation der UdSSR verschlechterte sich zusehends. Sinkende Wachstumsraten und der Ölpreiseinbruch von 1986 machten dem Riesenreich schwer zu schaffen. Japan hätte also eine wichtige Quelle für Handel und Investitionen werden können, wären die Sowjets im Gegenzug zu politischen Kompromissen bereit gewesen. Doch die wirtschaftlichen Anreize reichten offenbar nicht aus, um den Widerstand des Kremls gegen ein Territorialabkommen zu brechen. In der Inselfrage wurden deshalb kaum Fortschritte erzielt. Gorbatschow stritt mit seinen japanischen Gesprächspartnern darüber, wer für die «illegale» Besetzung der Inseln verantwortlich sei, und konnte auch keine größeren gemeinsamen Wirtschaftsprojekte auf den Weg bringen, obwohl das eines seiner Hauptziele gewesen war. Aus den angestrebten Garantien für offizielle Kredite und private Investitionen in der Sowjetunion wurde ebenfalls nichts. In der abschließenden gemeinsamen Erklärung räumte die Sowjetunion allerdings erstmals ein, dass es einen territorialen

Konflikt zwischen beiden Ländern gebe. Die vier Inseln wurden namentlich genannt, und man kam überein, dass es japanischen Staatsangehörigen ermöglicht werden solle, die Inseln ohne Visum aufzusuchen.[24] Außerdem versprach Gorbatschow, die sowjetische Militärpräsenz auf den Kurilen zu verringern. Darüber hinaus wurde jedoch nur wenig Konkretes erreicht.

## JELZINS GIPFEL OHNE SCHLIPS UND KRAGEN

Nachdem Jelzin an Gorbatschows Stelle getreten war, folgte die Entwicklung der russisch-japanischen Beziehungen stets demselben Schema. Jeder neue russische oder japanische Staatsführer würde sich gleich zu Beginn seiner Amtszeit intensiv um eine Normalisierung des Verhältnisses bemühen, um auf beiden Seiten große Erwartungen zu wecken, die jedoch regelmäßig enttäuscht werden und in gegenseitigen Vorwürfen enden würden. Seit 1997 gehörte Russland der Gruppe fortgeschrittener Industrieländer, den G8, an und war dadurch erstmals auch Partner Japans in einer großen Organisation. Doch dann kam das Jahr 2014, Russland annektierte die Krim und wurde aus der Gruppe ausgeschlossen. Während die Japaner darauf beharrten, die politischen und wirtschaftlichen Aspekte der bilateralen Beziehungen miteinander zu verknüpfen, wollten die Russen sie voneinander trennen. Darauf gerieten die Beziehungen beider Länder in einen Teufelskreis, denn Russlands widerstrebende Haltung in Bezug auf die Erörterung territorialer Fragen hinderte Japan daran, der angeschlagenen russischen Wirtschaft unter die Arme zu greifen. Das wiederum stärkte die nationalistischen Kräfte in Russland, die sich gegen territoriale Zugeständnisse wehrten.[25]

Jelzin kündigte an, 1992 nach Japan reisen zu wollen, und eine Lösung des Territorialkonflikts schien in Sicht. Doch vier Tage vor seinem geplanten Besuch rief Jelzin überraschend Premierminister Miyazawa Kiichi an und sagte ab, was für die Japaner ein «großer Schock» war.[26] Warum bekam Jelzin im letzten Moment kalte Füße? Als Begründung führte Jelzin «innenpolitische Umstände» und Tokios starre Haltung in der Kurilen-Frage an. Außerdem sei Japan angesichts extremistischer Demonstranten nicht in der Lage, die Sicherheit des russischen Präsidenten zu garantieren.[27] Angeblich hat Jelzins Sicherheitsrat ihn bei der Entscheidung über die Reise überstimmt, obwohl er selbst die alleinige Verantwortung für die Absage übernahm. Die japanische Regierung zeigte sich jedenfalls erzürnt, und die antirussische Stimmung in Japan nahm zu.

Doch Jelzin blieb hartnäckig und reiste schließlich im Oktober 1993 doch noch nach Tokio. Kurz zuvor hatte er sich durch die widerrechtliche Auflösung des russischen Parlaments, das sich seinen Reformen widersetzte, eines Großteils der innenpolitischen Opposition entledigt. Indem er seine Tokioreise schon wenige Wochen nach der Parlamentsauflösung ankündigte, wollte Jelzin offenbar signalisieren, dass er nach dem Sieg über seine Gegner, die sogar mit Gewaltanwendung gedroht hatten, wieder Herr der Lage war. Wie sich zeigte, erwartete ihn auch in Tokio Gewalt. Die Proteste begannen bereits vor seiner Ankunft: Schwarze Lautsprecherwagen fuhren durch die Straßen Tokios, skandierten Anti-Jelzin-Parolen und forderten die Rückgabe der Nördlichen Territorien. Rauchbomben wurden auf das Gelände der russischen Botschaft geworfen, die beim Eintreffen Jelzins von zehntausend Bereitschaftspolizisten in schwerer Schutzausrüstung umstellt war.[28]

Dabei kam er mit einer Botschaft der Versöhnung. So räumte er die grausame Behandlung japanischer Kriegsgefangener nach 1945 ein und ging dabei sogar noch weiter als Gorbatschow. «Im Namen des russischen Volkes und der russischen Regierung möchte ich mich für diese unmenschlichen Taten entschuldigen», sagte er zu Premierminister Morihiro Hosokawa und gab dem seinerzeitigen «totalitären Regime» die Schuld. Dem Kaiser sprach er sein «tiefes Beileid» aus. Hosokawa pries Jelzins Worte als «Grundlage für die geistige und seelische Aussöhnung unserer beiden Völker». Ferner gab auch Jelzin zu, dass ein territorialer Konflikt zwischen Russland und Japan bestehe, und versprach erneut, die noch auf den Inseln stationierten russischen Truppen abzuziehen. Doch zur Bestürzung seiner Gastgeber erkannte er die japanische Hoheitsgewalt über die Inseln nicht an.[29]

Obwohl die Japaner von den dürftigen Ergebnissen des Gipfeltreffens enttäuscht waren, startete Premierminister Ryutaro Hashimoto vier Jahre später eine neue Initiative, denn er war fest entschlossen, die Beziehungen zu Russland zu verbessern. In einer 1997 vor Wirtschaftsfachleuten gehaltenen Rede wies er darauf hin, dass von allen wichtigen Beziehungen im asiatisch-pazifischen Raum allein die japanisch-russischen in ihrer Entwicklung zurückblieben. Er schlug einen neuen, auf «gegenseitigem Vertrauen, beiderseitigem Nutzen und langfristigen Perspektiven» beruhenden Ansatz für den Umgang mit Russland vor[30] und meinte, dass die beiden Staatsführer sich informell, «ohne Schlips und Kragen», miteinander treffen sollten.

Im November 1997 kamen Hashimoto und Jelzin im sibirischen Krasnojarsk, genau auf halbem Weg zwischen Tokio und Moskau, zum ersten informellen Gipfel zusammen. In seinen Erinnerungen beschreibt Jelzin, wie die beiden Männer mit einem Fischkutter hinausfuhren, um an einer einsamen Stelle am Jenissej zu angeln. Es war regnerisch, windig und kalt, und «die Fische waren verschwunden». Nach einer Stunde gaben die durchgefrorenen Männer auf und versuchten die Kälte mit einer Fischsuppe zu vertreiben. «Wärmen konnte man sich nur mit Wodka, was mir zu diesem Zeitpunkt kategorisch verboten war», bemerkt Jelzin zerknirscht. Er erkannte, dass der Territorialkonflikt beide Seiten in eine Sackgasse geführt hatte. «In der Kurilen-Frage sind die Japaner zu keinen Zugeständnissen bereit. Aber auch wir können keine Zugeständnisse machen.» Und so einigten sich die beiden Staatsführer darauf, die Kurilen-Frage nicht mit der wirtschaftlichen Zusammenarbeit oder dem Abschluss eines Friedensvertrages zu verbinden.[31] Auf der abschließenden gemeinsamen Pressekonferenz erklärten sie zur Überraschung ihrer jeweiligen Berater, noch vor dem Jahr 2000, also innerhalb der folgenden drei Jahre, einen Friedensvertrag abschließen zu wollen.[32] Im Jahr 1998 gab es noch einen weiteren Gipfel «ohne Schlips und Kragen», doch je näher das Jahr 2000 rückte, desto mehr verschlechterte sich Jelzins Gesundheitszustand, und von russischer Seite wurde die Idee eines Friedensvertrages wieder zu den Akten gelegt.

## PUTIN UND DER JUDO-FAKTOR

Als er Kremlchef wurde, beschrieb Putin einmal die Rolle, die der Judo-Sport in seinem Leben gespielt hatte. Er gab zu, als Kind ein «Rowdy» gewesen zu sein, und sagte: «Es war der Sport, der mich von der Straße geholt hat.» Er begann mit dem Erlernen von Sambo, einer von der sowjetischen Armee in den 1920er Jahren entwickelten Mischung aus Judo und Ringen. Später wechselte er dann zum Judo. Als Student an der Juristischen Fakultät der Staatlichen Universität Leningrad (heute Sankt Petersburg) trat Putin weiterhin für das Judo-Team des Clubs an, in dem er als Schüler den Sport erlernt hatte, und lehnte alle Abwerbungsversuche seitens der Universitätsmannschaft ab. Im Jahr 1973 wurde er Leningrader Stadtmeister und nahm auch an Regionalmeisterschaften teil. Zudem ist er Träger des Schwarzen Gürtels.

> Judo ist nicht nur Sport, sondern eine Philosophie. Es geht um Respekt gegenüber dem Älteren, gegenüber dem Gegner ... Beim Judo hat alles – angefangen vom Ritual bis hin zu den Details – einen erzieherischen Aspekt. Man stellt sich auf die Matte und verbeugt sich erst mal voreinander. Aber bei uns ging es manchmal auch anders zu. Anstatt sich zu verbeugen, haute man dem Gegner gleich eine rein.[33]

Putins Judo-Fähigkeiten haben ihm in Japan Türen geöffnet wie keinem anderen russischen oder sowjetischen Staatsführer zuvor. Bei seinem ersten offiziellen Japanbesuch im September 2000 wurde Putin von der Kodokan Judo-Schule – gegründet 1882 von Kano Jigoro, dem Begründer des Judo – ehrenhalber der 6. Dan gewährt. Im Jahr 2003 traf Premierminister Junichiro Koizumi Putin im Sankt Petersburger Judosaal, in dem dieser während seiner Schulzeit trainiert hatte.[34] Bei einem Japanbesuch im Jahr 2005 gewann Putin mehrere Runden auf der Matte, bevor ein kleiner Junge ihn zu Boden werfen konnte. Doch ungeachtet seiner Judokenntnisse und seines Respekts für die japanischen Kampfkünste hat Putin sich in der Kurilen-Frage kaum auf die Japaner zubewegt.

## POLITISCHE BINDUNGEN

Unmittelbar vor seinem ersten Staatsbesuch in Tokio im Jahr 2000 stattete Putin der Insel Sachalin, deren Gouverneur sich entschieden gegen jegliche territoriale Zugeständnisse aussprach, einen symbolischen Besuch ab. Die gemäßigte Tageszeitung *Kommersant* ermahnte Putin, «das Mutterland nicht zu verraten».[35] Von seinen japanischen Gastgebern auf die rechtlichen Verpflichtungen gegenüber dem Versprechen seines Vorgängers angesprochen, antwortete er bissig: *«Ia iurist.»* (Ich bin Jurist.) Dennoch erkannte er die Gültigkeit der gemeinsamen Erklärung von 1956 an.[36] Beim nächsten Treffen im Jahr 2001 schlugen die Japaner vor, jeweils getrennt über die Inseln zu verhandeln, die zurückgegeben bzw. nicht zurückgegeben werden sollten. Doch Putin lehnte ein solches Vorgehen ab, denn es hätte signalisiert, dass Russland tatsächlich bereit gewesen wäre, auf zwei von ihnen zu verzichten.

Wie heikel die Inselfrage in Japan nach wie vor ist, zeigt eine Regierungsumbildung im Jahr 2002. Ein Politiker namens Muneo

Suzuki äußerte sich bei einem Treffen im japanischen Außenministerium dahin gehend, dass Tokio die Inseln nun wirklich nicht brauche und der Streit nur aus Gründen des nationalen Prestiges weitergeführt werde. Die Folge davon war, dass die neue Außenministerin Yoriko Kawaguchi dreißig Mitarbeiter des Außenministeriums, darunter eine Gruppe von Russlandexperten, entließ, die wie Suzuki in der Inselfrage zu Kompromissen bereit waren. Sie bestand darauf, dass Russland das japanische Hoheitsrecht über alle vier Inseln anzuerkennen habe, und beschuldigte den russischen Außenminister Igor Iwanow, Journalisten nicht korrekt über die Angelegenheit informiert zu haben.[37] Als Reaktion darauf bezichtigten russische Medien Japan des «McCarthyismus».[38] Suzukis Name tauchte auch im Zusammenhang mit einem großen Korruptionsskandal auf, in den eine mit der Auszahlung von Hilfen an Russland und andere sowjetische Nachfolgestaaten beauftragte Regierungsorganisation verwickelt war.[39] So endeten die 1996 begonnenen Bemühungen der Japaner um einen Friedensvertrag, und alle Hoffnungen auf eine Normalisierung der Beziehungen zu Russland wurden von Korruptionsvorwürfen und Verdächtigungen über unzulässige politische Einflussnahme zunichtegemacht.[40]

Während Putins zweiter Amtszeit griff Russland den Vorschlag von 1956, zwei der vier Inseln zurückzugeben, mehrfach wieder auf, doch konnten beide Seiten sich nicht auf einen konkreten Ablauf einigen. Während für die Russen ein Friedensvertrag die Voraussetzung für die Regelung aller territorialen Fragen darstellt, ist es für die Japaner genau umgekehrt. Sie bestehen auf der Rückgabe zweier Inseln, bevor sie bereit sind, einen Friedensvertrag zu unterzeichnen. Dennoch hat Putin bekräftigt, dass Russland weiterhin zum Angebot von 1956 steht – sofern die Voraussetzungen stimmen.

Das Medwedew-Intermezzo stellt so etwas wie ein Paradoxon in den russisch-japanischen Beziehungen dar. Eigentlich für seine prowestliche und versöhnliche Politik bekannt, trat Dmitri Medwedew Japan mit einer gewissen Härte entgegen. Als erster russischer Staatsführer überhaupt bereiste er die Kurilen – und das gleich mehrmals. Sein erster Besuch galt im Jahr 2010 der weniger als fünfundzwanzig Kilometer von Japan entfernten Insel Kunaschir,[41] wo er ein Geothermiekraftwerk besichtigte, eine Baustelle inspizierte und mit Vertretern der Fischindustrie sprach. Einige glauben, dass er damit einfach nur ganz generell sein Image als starker Anführer aufpolieren wollte. Andere hingegen sind der Ansicht, dass dieser Besuch im Grunde auf Peking abzielte, um den Chinesen gegenüber Stärke zu demonstrieren und sie daran zu erinnern, dass Russland in Nordostasien durchaus mehrere Optionen hat.

Unnötig zu sagen, dass diese Visite für die heftig protestierende japanische Regierung einen «unverzeihlichen Frevel» darstellte.[42] Worauf Außenminister Lawrow erwiderte: «Der russische Präsident erörtert mit niemandem, welche Region der Russischen Föderation er zu besuchen gedenkt. Und den Rat Japans brauchen wir in dieser Sache ganz gewiss nicht.»[43] Im Jahr 2015 reiste Medwedew als bis heute amtierender Ministerpräsident auf die Insel Iturup und erklärte, dass die Kurilen zu Russland gehörten. Außerdem postete er anlässlich des Nationalen Flaggentages Selfies mit einer Jugendgruppe vor einer großen russischen Fahne.

## ENERGIE, INVESTITIONEN UND HANDEL

Der russische Föderationskreis Ferner Osten ist eine nach wie vor vergleichsweise unterentwickelte und bevölkerungsarme Region, die dringend Investitionen benötigt. Putin hat das erkannt und die Entwicklung des Fernen Ostens schrittweise zu einer Priorität erklärt. Es ist zugleich ein Territorium, auf das China historische Ansprüche erhebt. Japan hingegen ist eine Insel, der es an Rohstoffressourcen mangelt, weshalb das Land sich sehr für Russlands reiche Energievorkommen interessiert. Das macht Tokio zu einem natürlichen Investitionspartner für diese Region. Die ungelöste Kurilen-Frage hat die japanische Regierung jedoch verschiedentlich dazu veranlasst, japanische Unternehmen von Investitionen in Russland abzuhalten. Für eine Weile störte das die Konzerne nicht weiter, denn die mangelnde Rechtssicherheit und die inkalkulablen Geschäftsbedingungen in Russland schreckten sie ohnehin ab. Doch im Laufe der Zeit hat die Zurückhaltung nachgelassen, und das japanische Interesse am russischen Markt ist gewachsen.

Die geopolitische Lage und der wachsende russische Nationalismus verhinderten jedoch, dass sich der japanische Wunsch nach gemeinsamen Energieprojekten erfüllte. Das erste sollte auf Sachalin verwirklicht werden. Im Jahr 2003 unterzeichneten Russland und Japan einen Vertrag über den Bau der weltweit größten Flüssiggasanlage (LNG) auf Sachalin. Das ursprünglich vom niederländisch-britischen Energiekonzern Shell sowie den japanischen Unternehmen Mitsui und Mitsubishi geleitete Projekt sollte sich positiv auf die Wirtschaft des Föderationskreises Ferner Osten auswirken und Flüssiggas für Japan liefern. Doch 2006 geriet die Unternehmung wegen der Einflussnahme des Kremls und der Bemühungen des staatlichen Energiekonzerns Gazprom um eine nachträgliche Beteiligung in Schwierigkeiten. Nachdem Shell bekanntgab, dass die Entwicklungskosten deutlich höher ausfielen als veranschlagt, begann die russische Regierung Druck auszuüben und auf eine Beteiligung Gazproms zu drängen. Der damalige Minister für Naturressourcen, Juri Trutnew, schaltete sich ein und erklärte, dass die Produktionsaufteilungsvereinbarung niemals hätte unterzeichnet werden dürfen. Und Oleg Mitwol, ein Vertreter der Umweltaufsicht, entdeckte plötzlich, dass das Projekt negative Auswirkungen auf die Tierwelt der Insel haben würde. Shell war gezwungen, seine 55-prozentige Beteiligung an dem 22-Milliarden-Dollar-Projekt auf 27,5 Prozent zu halbieren, und auch die japanischen Partner mussten Anteile abgeben. Da Shell jedoch weiterhin eine Sperrminorität besaß, bedrängten die russischen Behörden den Konzern bis zum letzten Moment, seinen Projektanteil noch weiter zu reduzieren. Gazprom kaufte die von Shell und den Japanern abgegebenen Anteile für nur 7,5 Milliarden Dollar auf. Ein Sprecher von Shell meinte, die Russen seien «plötzlich Teil des Geschäfts geworden, als wären sie von Anfang an dabei gewesen».[44] Nachdem Gazprom nun über die Anteilsmehrheit verfügte, erklärte Putin die Umweltprobleme für auf wundersame Weise gelöst. Shell-Manager sahen darin eine Botschaft Putins an seine Behörden, dass man Shell und andere ausländische Ölgesellschaften mit derlei zukünftig nicht mehr belästigen solle.

Ein weiteres großes Thema war der Verlauf einer geplanten russischen Ölpipeline nach Asien. Traditionell gingen die russischen Öl- und Gasexporte größtenteils an den Westen, doch Putin war entschlossen, das russische Energiegeschäft zu diversifizieren und auch Pipelines in den Osten zu bauen. Aber wer sollte zuerst davon profitieren, China oder Japan? Putin war zunächst zurückhaltend, was die über Daqing im Nordwesten Chinas führende Pipeline-Route betraf, und bevorzugte eine Trasse, die von Angarsk zum Hafen Nachodka am Japanischen Meer geführt hätte.[45] Die Japaner hätten das Öl von dort aus mit Tankern weitertransportiert. Im Jahr 2004 stellte Premierminister Koizumi fünf Milliarden Dollar zur Finanzierung des Projekts in Aussicht, und die Entscheidung zugunsten der Japan-Pipeline schien bereits gefallen. Doch 2005 änderte die russische Regierung ihre Meinung und setzte sich zur großen Enttäuschung der Japaner für die chinesische Route ein. Neben den höheren Kosten der Japan-Route spielten bei dieser Entscheidung wohl vor allem geopolitische Überlegungen eine Rolle – dem Kreml war die Verbesserung der Beziehungen zu Peking einfach wichtiger.

## DER ABE-FAKTOR UND DIE UKRAINE

Ebenso wie die Beziehungen zu anderen Mächten hing auch Russlands Verhältnis zu Japan nicht zuletzt von den jeweiligen Staatsführern ab. Als Shinzo Abe im Jahr 2012 zum zweiten Mal japanischer Premierminister wurde und Putin als Präsident in den Kreml zurückkehrte, schien eine Verbesserung der russisch-japanischen Beziehungen möglich, denn Abe war fest entschlossen, das Kurilen-Problem zu lösen. Für ihn war es eine persönliche Mission, da schon sein Vater Shintaro Abe als Außenminister von 1982 bis 1986 mit Gorbatschow und Schewardnadse an einem bilateralen Durchbruch gearbeitet hatte. Er war in Moskau gewesen und hatte erste Vorbereitungen für den Gorbatschow-Besuch 1991 in Tokio getroffen. Noch auf dem Sterbebett – er verstarb im Mai 1991 – sprach er mit seinem Sohn darüber, wie sehr ihm der Friedensvertrag und die Rückgabe der Inseln am Herzen lagen. So wurde aus der Annäherung an Russland eine «Familienangelegenheit», wie es ein japanischer Sachkenner ausdrückte.[46] Außerdem hatte Putin während seiner Wiederwahlkampagne im Jahr 2011 japanische und russische Regierungsbeamte mit dem Judo-Kommando «Hajime» – «Beginnen» – dazu aufgefordert, sich an die Arbeit zu machen.

Shinzo Abe räumt der Normalisierung des Verhältnisses zu Russland höchste Priorität ein und besitzt auch innenpolitisch genügend Rückhalt, um diese Politik gegenüber der nationalistisch gesinnten Opposition durchzusetzen. Wegen seiner starken Machtbasis und seines Einflusses auf die Rechte glaubt er, besser als jeder Premierminister vor ihm in der Lage zu sein, das große Ziel zu erreichen, an dem schon so viele gescheitert sind. Aus diesem Grund hat er auch die wirtschaftlichen Aspekte der japanisch-russischen Beziehungen explizit von den politischen abgekoppelt.

Was Abe in seinem Entschluss bestärkt, die Beziehungen zu Russland zu verbessern, ist nicht zuletzt der aus japanischer Sicht besorgniserregende Aufstieg Chinas, mit dem Japan sich überdies um die Senkaku-Inseln (chinesisch Diaoyu-Inseln) im Ostchinesischen Meer streitet (Japans anderer Territorialkonflikt). Hinzu kommen Streitigkeiten mit Südkorea über mehrere kleine Inseln und die permanente Bedrohung, die von Nordkorea ausgeht. Ganz besonders ist ihm daran gelegen, eine allzu enge Bindung zwischen Russland und China zu verhindern. Außerdem haben die Atomkatastrophe von Fukushima und ihre Folgen im Jahr 2011 gezeigt, dass Japan seine Energieversorgung dringend diversifizieren muss. Um seine Ziele zu erreichen, setzt Abe auf ein persönliches Verhältnis zu Putin. Nach seinem Amtsantritt verlor er deshalb keine Zeit und leitete den Annäherungsprozess mit einer Russlandreise im Jahr 2013 ein. Mit diesem Besuch – es war der erste eines amtierenden japanischen Premierministers seit einem Jahrzehnt – legte er zugleich den Grundstein für einen Gegenbesuch des russischen Präsidenten in Japan. Abe und Putin führten einen «Zwei-plus-zwei-Dialog» ein, an dem auch die jeweiligen Außen- und Verteidigungsminister beteiligt waren, und nahmen Verhandlungen über ein mögliches Abkommen auf. Gleichzeitig versicherten Kremlvertreter, dass Russland im chinesisch-japanischen Disput um die Senkaku-Inseln nicht Partei ergreifen werde.

Als eines der wenigen westlichen Staatsoberhäupter nahm Abe an der Eröffnungszeremonie für die Olympischen Winterspiele 2014 in Sotschi teil. Die übrigen boykottierten die Spiele aus Protest gegen die homosexuellen- und auch in anderen Bereichen menschenrechtsfeindliche russische Gesetzgebung. Aber als nur einige Wochen später Russland die Krim annektierte und die ostukrainischen Separatisten in ihrem Krieg gegen die Kiewer Zentralregierung unterstützte, brachte das Abe in eine unangenehme Lage. Die Japaner interessiert die Ukraine nicht sonderlich, sie ist weit weg. Als Russland jedoch aus den G8 ausgeschlossen wurde und der Westen wegen der Krim und des Abschusses von Flug MH17 über der Ostukraine Sanktionen verhängte, stand Japan vor einem Dilemma. Als Verbündeter der Vereinigten Staaten und Mitglied der G7 war man zur Beteiligung an den Sanktionen verpflichtet, was allerdings die Annäherung an Russland gefährden würde und eine Einigung in der Kurilen-Frage in weite Ferne rücken ließe. In der japanischen Privatwirtschaft teilten überdiese viele die Ansicht eines bekannten Geschäftsmannes: «Warum Sanktionen verhängen? Die bewirken doch ohnehin nichts. Und was interessiert die USA die Ukraine? Die Ostukraine gehört zu Russland.»[47]

Nur widerstrebend kam Japan seinen Bündnispflichten gegenüber den Vereinigten Staaten und Europa nach, verurteilte das russische Vorgehen und verhängte finanzielle wie technologische Sanktionen. Außerdem setzte man die Gespräche über Investitionen und eine Visareform aus. Nach dem Abschuss von Flug MH17 wurden die Sanktionen noch verschärft, indem man die Vermögen von Unterstützern der Krim-Annexion einfror und im Einklang mit der Politik der Europäischen Bank für Wiederaufbau und Entwicklung die Finanzierung neuer Projekte in Russland einstellte.[48] Das genügte der Regierung Obama aber noch nicht. Amerikanische Regierungsbeamte versuchten, Abe von weiteren persönlichen Treffen mit Putin abzuhalten, hatten damit jedoch keinen Erfolg,[49] sodass es vermehrt zu Spannungen zwischen den USA und Japan kam. Russland reagierte erwartungsgemäß mit scharfer Kritik auf die japanischen Sanktionen, was Abe jedoch nicht daran hinderte, weiterhin nach Russland zu reisen, um einen Termin für Putins Japanbesuch festzulegen. Japan war Gastgeber des G7-Gipfels von 2016, und Abe versuchte vergeblich, Putin eine Einladung zu verschaffen. Russland blieb aus der Gruppe ausgeschlossen. «Wir brauchen die konstruktive Beteiligung Russlands», betonte Abe. «Ich glaube, dass ein angemessener Dialog mit Russland, ein angemessener Dialog mit Präsident Putin sehr wichtig ist.»[50]

Es verwundert daher kaum, dass Abe nach der Wahl Donald Trumps zum amerikanischen Präsidenten auf eine Änderung der amerikanischen Position gegenüber Russland hoffte. Schon kurz nach der Präsidentschaftswahl besuchte er Trump in New York, traf anscheinend jedoch auf wenig Verständnis, als er dem neuen Präsidenten erklärte, warum Japan so sehr an besseren Beziehungen zu Russland interessiert ist. Nach seinem zweitem Besuch bei Trump – diesmal im Weißen Haus und zum Golfspielen in Mar-a-Lago – bestätigte Abe, dass der Präsident der Vereinigten Staaten ihn ermutigt habe, die Beziehungen Japans zu Russland zu verbessern: «Präsident Trump versteht das Anliegen der japanischen Politik, den Dialog mit dem russischen Präsidenten Wladimir Putin aufrechtzuerhalten, um die territoriale Frage zu lösen.» Außerdem bezeichnete er Putin als «einen Mann, der seine Versprechen hält».[51]

## PUTINS JAPANBESUCH UND DIE FOLGEN

Putin besuchte Japan schließlich im Dezember 2016, also elf Jahre nach seiner letzten Reise dorthin. Diesmal führte ihn sein Weg nach Nagato, Abes Heimatstadt in der Präfektur Yamaguchi. Vor seiner Abreise sollte ihn ein offener, von Gelehrten und Regionalbeamten aus Sachalin unterschriebener Brief daran erinnern, dass die territoriale Integrität Russlands ein Verfassungsprinzip ist. «Lieber Wladimir Wladimirowitsch, wir hoffen, Sie werden den Japanern im Verlauf Ihrer Gespräche deutlich machen, dass die russische Hoheitsgewalt über die Kurilen unantastbar ist.»[52] Und während Putin sich in Japan aufhielt, fuhren ähnlich wie bei Gorbatschow und Jelzin nationalistische Aktivisten in Lautsprecherwagen durch die Straßen unweit des Treffpunkts mit Abe und skandierten: «Gib die Inseln zurück.» Oder: «Putin go home.»

Er kam drei Stunden zu spät, und seine Haltung Abe gegenüber war distanzierter denn je. Bereits 2012 hatte er den von Abe angebotenen männlichen Gefährten für seine Akita-Hündin abgelehnt. Und jetzt wollte er weder in den heißen Quellen baden noch wie bei früheren Japanbesuchen sein Judo-Können demonstrieren. Während des Gipfels drehte sich alles um den Friedensvertrag und ums Geschäft. Es wurden achtzig Wirtschaftsabkommen unterzeichnet, die Russland bis zu 2,5 Milliarden Dollar einbringen könnten, darunter gemeinsame Entwicklungsprojekte für die Kurilen. Allerdings boten die Japaner Russland keine nennenswerten Kredite an, da dies einen Verstoß gegen die westlichen Sanktionen dargestellt hätte.

Vor seiner Reise nach Japan sagte Putin in einem Bloomberg-Interview: «Wir verschachern keine Territorien.» Anschließend machte er klar, weshalb sich der Kurilen-Konflikt nicht mit der Abtretung jener Insel vergleichen lässt, die Russland 2004 im Zuge der endgültigen Regelung des russisch-chinesischen Grenzverlaufs der Volksrepublik überlassen hatte. «Die japanische Frage ist eine Folge des Zweiten Weltkriegs und als solche in internationalen, mit dem Ausgang des Krieges verbundenen Dokumenten festgehalten.»[53] Darin liegt der Schlüssel zum Verständnis für Putins Umgang mit dem Kurilen-Konflikt, denn die Darstellung des Großen Vaterländischen Krieges als Krönung der neueren russischen Geschichte, an deren Ergebnissen nicht gerüttelt werden darf, ist die Grundlage seines nationalen Narrativs. Einzugestehen, dass es bei der sowjetischen Besetzung der Kurilen womöglich nicht ganz mit rechten Dingen zuging, hieße, die Legitimation für Russlands Großmachtanspruch, nämlich seinen Sieg im Zweiten Weltkrieg, in Frage zu stellen.

In der ersten Jahreshälfte 2017 kam es zu einem weiteren Treffen zwischen Putin und Abe und zur Wiederaufnahme der Zwei-plus-zwei-Gespräche. Hauptthema war die Situation in Nordkorea. Obwohl Russland und Japan sich einig sind, dass Nordkorea keine Atomwaffen haben sollte, sind sie uneins, was vor allem den militärischen Umgang mit Kim Jong-un betrifft. So hat Russland sich gegen die Stationierung des amerikanischen Raketenabwehrsystems THAAD in Südkorea und den Erwerb des Aegis Ashore Missile Defense System durch Japan ausgesprochen. Angesichts eines mit immer neuen Atomtests provozierenden nordkoreanischen Regimes drängen einflussreiche Abgeordnete in Tokio deshalb auf die Entwicklung eigener Präventivschlagfähigkeiten.

Das Verhältnis der beiden Länder ist ohnehin schwer belastet, seit Nordkorea zwischen 1977 und 1983 möglicherweise Hunderte von japanischen Bürgern entführen ließ, von denen die meisten nie wiederaufgetaucht sind.[54]

Obwohl Putins Haltung gegenüber Japan versöhnlicher geworden ist, hat Russland seine Militärpräsenz auf den Kurilen in den letzten Jahren stetig ausgebaut. Dass Russland an einer Lösung des Territorialkonflikts interessiert ist, darf also getrost bezweifelt werden, denn diese militärische Aufrüstung der Inseln wird für Japan immer mehr zum Problem. Im Jahr 2017 schickte Russland 10 000 zusätzliche Soldaten auf die Kurilen. Im Februar 2018 fand dort eine Militärübung statt, die in Japan für beträchtliche Irritationen sorgte. Es werden auch neue Küstenraketensysteme und Raketenabwehrsysteme stationiert, und Russland hat überdies angedeutet, auch seine Marinepräsenz erhöhen zu wollen. Angesichts der finanziellen Engpässe, unter denen auch die russischen Streitkräfte zu leiden haben, bleibt freilich abzuwarten, ob diese Entwicklung von Dauer ist. Aber derzeit sieht es nicht so aus, als habe Moskau die Absicht, seine militärischen Kapazitäten auf den Inseln abzubauen. Während des Internationalen Wirtschaftsforums 2017 in Sankt Petersburg verknüpfte Putin die Aufrüstung der Kurilen explizit mit der Stationierung US-amerikanischer Raketenabwehrsysteme in Europa und Asien: «Der Ausbau unserer militärischen Kapazitäten im Föderationskreis Ferner Osten und insbesondere auf den Kurilen geschah nicht auf Initiative Russlands», sagte er und stellte die russischen Maßnahmen damit als defensive Reaktion auf amerikanische Militäraktionen rund um Japan dar. Und sollten die Inseln an Japan zurückgegeben werden, so argumentierte er, würde das US-Militär zweifellos auch dort aktiv werden.[55] Für Abe war das natürlich nicht gerade eine beruhigende Nachricht.

Derzeit konzentrieren sich die Japaner auf die gemeinsame wirtschaftliche Entwicklung der Inseln, was im Grunde nichts anderes bedeutet, als die Modernisierung der nach wie vor unterentwickelten Region mit japanischem Geld voranzutreiben. Dabei könnte sich jedoch die Rechtslage als Problem erweisen. Sollten japanische Unternehmen nämlich nach russischem Recht agieren, wäre das gleichbedeutend mit einer Anerkennung der russischen Hoheitsgewalt über die Inseln. Deshalb schlägt Japan die Schaffung einer Reihe speziell zugeschnittener Rechtsnormen vor, auf deren Grundlage japanische Unternehmen in der Region investieren könnten, doch dagegen regt sich Widerstand im Parlament. Mittlerweile hat das japanische Ministerium für Wirtschaft, Handel und Industrie einen für die Wirtschaftsbeziehungen mit Russland zuständigen Regierungsvertreter ernannt, und es wurde ein Programm zur Modernisierung der russischen Wirtschaft ins Leben gerufen, das eine Erhöhung der Energieeffizienz sowie Tourismus-, Windkraft-, Aquakultur- und Arzneimittelprojekte beinhaltet.

Seine häufigen Treffen mit dem russischen Staatsoberhaupt sind Indiz für Abes Überzeugung, dass man nur weiterhin Vertrauen aufbauen müsse, damit Putin seine Haltung in der Inselfrage ändert. Viele Japaner hoffen, dass der russische Präsident in seiner vierten Amtszeit größeren Spielraum für den Abschluss eines Handels haben wird, der ihnen Chabomai und Schikotan zurückbringt – sobald der Friedensvertrag erst einmal unterzeichnet ist. Andere, Japaner wie Russen, sind diesbezüglich weitaus skeptischer, zumal Putin wiederholt erklärt hat, dass Russland keine territorialen Zugeständnisse macht. Kurz vor Eröffnung des Internationalen Wirtschaftsforums 2018 in Sankt Petersburg forderte Juri Uschakow, der Sicherheitsberater des russischen Präsidenten, die Japaner auf, ihre Fixierung auf die Inseln zu «überwinden», die Ergebnisse des Zweiten Weltkriegs anzuerkennen und endlich zu akzeptieren, dass die Kurilen zu Russland gehörten.[56] In der Plenarsitzung waren Putin und Abe anwesend, als der sich in seiner Forumsrede dafür aussprach, die Inseln zu einem Symbol der Zusammenarbeit zu machen.[57]

Doch ungeachtet aller Unstimmigkeiten mit Russland wird in Japan längst China als die weitaus größere Bedrohung angesehen.

Die Angst vor einer russisch-chinesischen «Einheitsfront gegen Japan» wird Tokios Annäherungsversuche an Moskau deshalb auch weiterhin befeuern.[58] Den Aufstieg Chinas beobachtet man in Japan jedenfalls mit großer Sorge. Kein Wunder also, dass die 250 000 Mann starken japanischen Selbstverteidigungsstreitkräfte – anders als noch während des Kalten Krieges – nicht mehr Russland, sondern China als potenziellen Hauptgegner betrachten. Tokios Verhältnis zu Peking ist vielfältig und komplex. Die Schatten der Vergangenheit, insbesondere die harte japanische Besatzung im Zweiten Weltkrieg, sind allgegenwärtig, und die Chinesen haben Tokio aufgefordert, endlich mit dem «Beschönigen der militärischen Vergangenheit Japans» aufzuhören. Während seiner ersten Amtszeit als Premierminister besuchte Abe den Yasukuni-Schrein in Tokio, um der japanischen Kriegsopfer zu gedenken, eine starke nationalistische Geste, die in China nicht gut aufgenommen wurde. Seither verzichtet Abe auf weitere Schreinbesuche. Außerdem bekräftigte er 2015, am siebzigsten Jahrestag des Kriegsendes, das japanische Schuld- und Reueeingeständnis von 1995. Dennoch belastet die umstrittene Vergangenheit das Verhältnis der beiden Länder bis heute.

Die Handelsbeziehungen scheinen von den historischen und politischen Dissonanzen freilich unangefochten zu bleiben. China ist der mit Abstand größte Handelspartner Japans und Japan nach den Vereinigten Staaten Chinas zweitgrößter. Und doch bleibt Japan (neben Nordkorea) das einzige ostasiatische Land, das sich weiterhin weigert, der Asiatischen Infrastrukturinvestmentbank beizutreten, deren Gründung auf eine Initiative Chinas zurückgeht. Auch die engen wirtschaftlichen Bindungen konnten also nicht zu einer Entkrampfung der politischen Beziehungen beitragen. Im Gegenteil, die Spannungen zwischen Japan und China scheinen eher noch zuzunehmen.

Da China sich mittlerweile durchsetzungsfähiger zeigt, was die Beanspruchung von Gebieten im Ostchinesischen Meer betrifft, ist der Streit um die Senkaku-Inseln zu einem beherrschenden Thema in der politischen Debatte zwischen Tokio und Peking geworden. Japan verwaltet die Inseln und erkennt Chinas Anspruch auf sie nicht an. Einem japanischen Beobachter zufolge «ist China zu einer physischen Bedrohung für Japan geworden ... Die Japaner haben den Eindruck, dass China das Chinesische Reich und eine alte Ordnung in Asien wiedererrichten will.»[59] Laut einer Meinungsumfrage aus dem Jahr 2014 glaubten zu diesem Zeitpunkt 53 Prozent der Chinesen, dass es zwischen China und Japan zum Krieg kommen werde, während in Japan nur 29 Prozent der Befragten dieser Ansicht waren.[60] Russland seinerseits hat den chinesischen Anspruch auf die Senkaku-Inseln stillschweigend unterstützt.

Wie stehen nun die Aussichten, dass der 70 Jahre alte Territorialkonflikt zwischen Russland und Japan beigelegt und ein Friedensvertrag unterzeichnet werden kann? Innenpolitisch betrachtet, säße Putin sicherlich fest genug im Sattel, um einen entsprechenden Handel mit Japan durchzusetzen, zumal die Bevölkerung im Föderationskreis Ferner Osten vermutlich einen territorialen Kompromiss akzeptieren würde, der den Menschen erhebliche wirtschaftliche Vorteile bringt. Doch genau darin liegt das Problem für den Kreml. Was hätte Russland durch die Aufgabe der Inseln wirtschaftlich über das hinaus zu gewinnen, was die japanische Regierung und japanische Unternehmen ohnehin schon anbieten? Für Abe haben der Friedensvertrag und die Beilegung des Territorialkonflikts eine sehr viel größere Bedeutung als für Putin, Russland sitzt am längeren Hebel. Gewiss, die Normalisierung seiner Beziehungen zu Japan könnte Russland zu einem noch mächtigeren Mitspieler in Nordostasien machen. Das Land könnte als Vermittler in einer von Rivalitäten und Spannungen geprägten Nachbarschaft auftreten. Und Japans Sorge wegen China und Nordkorea macht eine Beilegung des Territorialkonflikts für Tokio weit dringlicher als für Moskau. Es könnte sich für Russland demnach als vorteilhaft erweisen, die Chinesen daran zu erinnern, dass man in Asien auch noch andere Optionen hat, darunter nicht zuletzt eine engere Bindung an Japan. Doch spätestens seit der Ukrainekrise sind die Beziehungen zu China für Russland ungleich wichtiger geworden, zumal beide Länder eine neue, nicht mehr vom Westen dominierte Weltordnung anstreben. Solange das Verhältnis zu den Vereinigten Staaten und Europa von Gegnerschaft geprägt ist, kann Russland freilich nur gewinnen, wenn es zugleich sein Verhältnis zu Japan pflegt, das schlicht auf bessere Beziehungen angewiesen ist. Dass Putin irgendwelche territorialen Zugeständnisse machen wird, ist dennoch unwahrscheinlich. Beim Treffen des Waldai-Diskussionsklubs 2018 in Sotschi antwortete Putin einem japanischen Fragesteller verärgert: «Ist das wieder wegen der Inseln? Kein Interesse.»[61]

Und wie stehen die Aussichten, dass Japan seine Haltung in der Inselfrage ändert und einem Friedensvertrag zustimmt, der die Kurilen als Teil der Russischen Föderation festschreibt? Immerhin sind die Inseln schon seit über siebzig Jahren nicht mehr Teil Japans, und bei der jüngeren Generation verliert das Thema an Bedeutung. Doch ebenso, wie das Hinterfragen des sowjetischen Sieges im Zweiten Weltkrieg in Putins Russland ein Tabu darstellt, ist auch ein Verzicht auf die Kurilen in Japan bis heute undenkbar. Für beide Länder ist das Beharren auf ihren jeweiligen nationalen Mythen und Narrativen so etwas wie ein Kitt, der das gesellschaftliche Gefüge zusammenhält. Angesichts dessen wird das Schicksal der Inseln wohl noch für eine ganze Weile ungewiss bleiben.

★ 10 ★

# DER NEUE DRAHTZIEHER

## Russland und der Nahe Osten

*Die russische Politik im Nahen Osten ist aggressiv, flexibel und sich ihrer Grenzen bewusst.*

**Hochrangiger israelischer Regierungsvertreter, 2018**[1]

*Unser wichtigstes Ziel in Syrien ist, dafür zu sorgen, dass unsere Bürger, die dorthin gegangen sind, [um zusammen mit dem IS zu kämpfen,] nie zurückkommen werden. Für Russland geht es bei der Intervention im Nahen Osten darum, unsere eigene Sicherheit zu verteidigen. Alles andere sind Details.*

**Wjatscheslaw Nikonow, Duma-Abgeordneter und Enkel des sowjetischen Außenministers Wjatscheslaw Molotow**[2]

Im Dezember 2017 machte Putin einen unangekündigten Besuch auf dem Militärflugplatz Hmeimim, Russlands Luftwaffenstützpunkt in Syrien. Zur Begrüßung umarmte er Syriens Präsident Baschar al-Assad, verkündete den Sieg über den sogenannten Islamischen Staat, kündigte an, dass Russland einen Teil seiner Truppen aus Syrien abziehen werde, und lobte die russischen Piloten, die es ihm ermöglicht hatten, den Erfolg zu verkünden: «Ihr habt den Sieg davongetragen, und jetzt werdet ihr heimkehren zu euren Familien, Eltern, Frauen und Freunden. Das Vaterland erwartet euch, meine Freunde. Ich wünsche euch eine sichere Heimreise und danke euch für euren Dienst.»[3] Von Syrien aus flog er nach Kairo, traf sich dort mit dem ägyptischen Präsidenten Abdel Fatah El-Sisi und unterzeichnete einen Vertrag über den Bau eines Atomkraftwerks im Wert von 21 Milliarden Dollar. Dann flog er weiter nach Ankara, wo er sich mit dem türkischen Präsidenten Recep Tayyip Erdoğan traf. Die beiden Staatschefs versprachen, die Beziehungen zwischen ihren Ländern zu vertiefen, und verurteilten die Entscheidung der Trump-Administration, Jerusalem als Hauptstadt Israels anzuerkennen. «Natürlich haben wir hauptsächlich über die Lage [und den Friedensprozess] im Nahen Osten gesprochen, die sich dramatisch verschlechtert haben, und auch über die Angelegenheiten Syriens, bei denen unsere Länder eng zusammenarbeiten», sagte Putin nach seinen Gesprächen mit Erdoğan gegenüber Journalisten.[4] Innerhalb von 24 Stunden hatte er dem Rest der Welt eine unmissverständliche Botschaft geschickt: Russland ist wieder zurück im Nahen Osten, und zwar als die Macht, die sich um die drängendsten Probleme in der Region kümmert – ohne Russlands Beteiligung wird es nirgends eine Lösung geben.

Seit Putins Rückkehr in den Kreml im Jahr 2012 hat ein nicht nachlassender Strom von führenden Politikern aus Ländern des Nahen Ostens Russland besucht. Staatschefs aus Syrien, Ägypten, Jordanien, dem Iran, der Türkei, Kuwait, Saudi-Arabien und den Vereinigten Arabischen Emiraten sind nach Russland gereist, um Gespräche mit Putin zu führen, ebenso wie Benjamin Netanjahu aus Israel, dieser sogar mehrmals pro Jahr. Russland ist die einzige Großmacht, die sowohl mit den schiitischen als auch den sunnitischen Staaten spricht – und mit den Israelis. Russland hat die Vereinigten Staaten als Drahtzieher in einer von gewalttätigen Auseinandersetzungen zerrissenen Region von entscheidender geostrategischer Bedeutung abgelöst.

Russlands Rückkehr in den Nahen Osten nach dem Rückzug, der auf den Zerfall der Sowjetunion folgte, ist tatsächlich eine der wichtigsten außenpolitischen Leistungen Putins. Schon früh in seiner Amtszeit im Kreml begann er, Russlands Beziehungen in dieser Region wiederherzustellen und neue aufzubauen. Doch es waren Russlands militärische Intervention in Syrien im September 2015 und die Unentschlossenheit der Obama-Administration über die Rolle der USA im Nahen Osten, die Putin die Möglichkeit verschafften, Russland nach der Krim-Annexion aus seiner Isolation herauszuführen und sich machtvoll in der Region zu etablieren. Und im Unterschied zu Sowjetzeiten, als Moskau sich seine Vasallen im Nahen Osten hauptsächlich nach ideologischen Gesichtspunkten aussuchte, ist Russlands heutige Kooperation mit seinen Partnern in der Region pragmatisch, wodurch es wesentlich mehr Handlungsfreiheit gewonnen hat. Russland hat es bemerkenswerterweise geschafft, kooperative Beziehungen zu den wichtigsten Protagonisten – und Antagonisten – der Region aufzubauen: sowohl zu Israel als auch den Palästinensern, zu Israel und dem Iran, zum Iran und zu Saudi-Arabien, zur Türkei und zu den Kurden, zu beiden Regierungen Libyens und zur Hamas ebenso wie zur Hisbollah.

Wie und warum ist es Putin gelungen, Russland wieder als Vormacht im Nahen Osten zu etablieren, wo es in manchen Fällen die USA verdrängte, und auch in Gebieten, wo die UdSSR niemals präsent war? Die Geschichte von Russlands Rückkehr in den Nahen Osten zeigt beispielhaft Putins höchst erfolgreichen Modus Operandi: Er ergreift Gelegenheiten, die sich ihm durch die Untätigkeit der USA und schon vorhandene regionale Rivalitäten bieten, und nutzt sie geschickt aus, um Russland als respektierten Akteur in einer Reihe von Schlüsselkonflikten zu etablieren.

## DAS SOWJETISCHE ERBE

Das imperiale Russland und das Osmanische Reich waren rivalisierende Großmächte. Nachdem 1856 die türkisch-europäische Allianz Russland im Krimkrieg besiegt hatte, war es entschlossen, die im Kaukasus verlorengegangenen Gebiete zurückzuerobern, was ihm 1877 nach seinem Krieg gegen die Türkei gelang. Darüber hinaus stellte sich Russland als Schutzmacht der Christen im Osmanischen Reich dar, vor allem der Armenier. Als am Ende des Ersten Weltkriegs das Russische wie das Osmanische Reich zusammenbrachen, führte das zu einer Neuausrichtung der Beziehungen Russlands zum Nahen Osten. Doch in der Zeit zwischen den beiden Weltkriegen konzentrierte sich die Außenpolitik der UdSSR hauptsächlich auf Europa und China. Die Komintern sprach antikoloniale Gruppen in den britischen und französischen Kolonialreichen an, auch solche im Nahen Osten, doch sie begegnete Nationalisten, die Unabhängigkeit wollten, aber den Kommunismus ablehnten, mit Argwohn.

Erst nach dem Zweiten Weltkrieg und der darauf folgenden Welle der Entkolonialisierung begann die UdSSR, sich für Einflussmöglichkeiten im Nahen Osten zu interessieren. Vor 1948 hatte sie keinen nennenswerten Einfluss in der Region. Der israelische Unabhängigkeitskrieg, der 1948 zur Gründung des Staates Israel führte, war die erste größere Gelegenheit für Moskau, sich einzumischen. Ungeachtet einer langen Geschichte von russischem und sowjetischem Antisemitismus und trotz seiner offiziellen Ablehnung des Zionismus sah der Kreml den Kampf der Juden gegen die britischen Kolonialherren mit Wohlwollen. Aus Moskaus Sicht würde ein Staat der Juden mitten in der arabischen Welt ein ständiger Stein des Anstoßes zwischen Westen und Arabern werden und der UdSSR in einer Region, aus der sie vorher ausgeschlossen war, neue Einflussmöglichkeiten bieten.[5] Also lieferte die Tschechoslowakei mit Zustimmung der Sowjets Waffen an den jüdischen Untergrund für seinen Kampf gegen die britische Mandatsmacht. Tatsächlich war die Sowjetunion der erste Staat, der Israel de jure anerkannte (die Vereinigten Staaten waren das erste Land, das Israel de facto anerkannte; die Anerkennung de jure folgte 1949).

Die Freundschaft zwischen Sowjetunion und Israel war allerdings kurzlebig. Schon bald kamen innenpolitische Faktoren ins Spiel und führten dazu, dass die Beziehung entgleiste. Als die aus Kiew stammende Golda Meir als erste Botschafterin Israels in der UdSSR 1948 nach Moskau kam, wurde sie bei einem Besuch in der Choral-Synagoge mit einer stürmischen Demonstration der Zuneigung empfangen. Das war dem Kreml zutiefst zuwider. Stalin war extrem misstrauisch gegenüber den wahren Loyalitäten der jüdischen Bürger in der UdSSR (er nannte sie «entwurzelte Kosmopoliten») und hielt ihre Verbundenheit mit einem fremden Land für Landesverrat. In seinem letzten Lebensjahr beschuldigte er eine Gruppe jüdischer Ärzte, etliche prominente Sowjetfunktionäre ermordet zu haben und ihn selbst vergiften zu wollen. Die Ärzte waren zur Exekution vorgesehen. Stalin hatte eine Massendeportation von Juden geplant, bevor ihn im März 1953 ein Schlaganfall dahinraffte. Davon abgesehen hatte Israel den Einsatz der von den USA geführten UN-Streitkräfte im Koreakrieg unterstützt und – aus Moskaus Sicht – auf der internationalen Bühne gemeinsame Sache mit dem Westen gemacht.

Moskau konzentrierte sich nun darauf, Beziehungen zu den neu entstehenden antikolonialen und antiwestlichen arabischen Ländern zu entwickeln, obwohl viele von ihnen die Kommunisten im eigenen Land verfolgten. Der erste Erfolg war Ägypten, das bis 1973 in der sowjetischen Außenpolitik eine zentrale Rolle spielte. Angesichts des Militärputschs, der Gamal Abdel Nasser 1952 an die Macht brachte und die Monarchie stürzte, zeigte sich der Kreml zunächst skeptisch, doch bald darauf entwickelte er enge Verbindungen zu Nasser, bildete das ägyptische Militär aus und lieferte ihm technisch anspruchsvolle Rüstungsgüter. Rasch entstand dann auch ein ähnliches Verhältnis zum Irak und zu Syrien, als sich der Nahe Osten im Kalten Krieg zu einem Brennpunkt der Rivalitäten zwischen den USA und der Sowjetunion entwickelte. Die UdSSR galt inzwischen als die wichtigste Schutzmacht der Araber gegen das von den USA unterstützte Israel. Daher war es ein schwerer Schlag für Moskau (und seine Verbündeten), als Israel die Araber im Juni 1967 im Sechstagekrieg besiegte. Laut Jewgeni Primakow, Moskaus Mann im Nahen Osten, war das «ein Wendepunkt nicht nur in der Geschichte Ägyptens, sondern für die gesamte Welt.

Überall waren die Araber durch das Ausmaß ihrer Niederlage schwer traumatisiert.»[6] Nicht nur Ägypten, sondern auch Syrien und Jordanien hatten Territorien an Israel verloren, das nach seinem Sieg ganz Jerusalem, das Westjordanland, die Sinaihalbinsel und die Golanhöhen kontrollierte. Nach dem Sechstagekrieg brach die UdSSR die diplomatischen Beziehungen zu Israel ab, die erst 1991 wiederaufgenommen wurden.

Die Beziehung zu Ägypten verschlechterte sich nach 1967, als Nassers Nachfolger Anwar el-Sadat den Sowjets vorwarf, mit den versprochenen Waffenlieferungen in Verzug zu geraten. Im Jahr 1972 wies er plötzlich 21 000 sowjetische Militärberater aus, und dennoch nahmen die sowjetischen Waffenlieferungen im Vorfeld des Jom-Kippur-Kriegs wieder zu. Im Oktober 1973 war ein Bündnis arabischer Staaten – trotz eines Überraschungsangriffs und Erfolgen auf dem Schlachtfeld – abermals nicht in der Lage, Israel im Krieg zu besiegen. Als es vorbei war, begann Sadat, die Nähe zu den Vereinigten Staaten zu suchen, und machte schließlich eine historische Reise nach Jerusalem, um die Beziehungen zu Israel zu normalisieren. Doch Moskau erhielt seine engen militärischen, wirtschaftlichen und politischen Bindungen zu Syrien, dem Irak und anderen arabischen Staaten aufrecht. Der Nahe Osten behielt seine hohe Priorität für die sowjetische Außenpolitik, und die UdSSR unterstützte die Sache der Araber und Palästinenser gegen Israel und die Vereinigten Staaten.

Die Beziehungen der UdSSR zum Iran waren kompliziert. In den Monaten unmittelbar nach dem Ende des Zweiten Weltkriegs und während dem, was sich dann zur ersten Krise des Kalten Krieges entwickelte, weigerte sich die UdSSR, ihre Truppen aus dem Nordiran abzuziehen. Dieses Gebiet hatte eine gemeinsame Grenze mit dem sowjetischen Aserbaidschan und war im Zweiten Weltkrieg von den Sowjets besetzt worden. Von den Vereinten Nationen unter Druck gesetzt, zog Moskau sich dann doch zurück und entwickelte letzten Endes profitable wirtschaftliche Beziehungen zum Iran unter Schah Mohammed Reza Pahlavi, während es zugleich die kommunistische Tudeh-Partei des Iran unterstützte. Nach dem Sturz des Schah und der Gründung der Islamischen Republik Iran im Jahr 1979 kam es jedoch zu Spannungen in den Beziehungen. Die neue islamische Regierung unter Ajatollah Ruhollah Khomeini diffamierte die kommunistische Sowjetunion als «kleinen Satan», im Gegensatz zu dem «großen Satan», als den sie die Vereinigten Staaten bezeichnete. Darüber hinaus schürte der Einmarsch der Sowjets in Afghanistan eine antisowjetische Stimmung unter der muslimischen Bevölkerung. Nachdem die Sowjets sich 1989 aus Afghanistan zurückgezogen hatten, begannen die Beziehungen zu Teheran wieder besser zu werden, und zwar vor allem, weil Teheran Waffen kaufen wollte.

Erst als Gorbatschow an die Macht kam, begann sich der sowjetische Nullsummenansatz im Nahen Osten allmählich zu ändern. Als Element seines Neuen Politischen Denkens (Glasnost) suchte Gorbatschow bei einer Reihe von Problemen, darunter auch Nahost, die Zusammenarbeit mit den Vereinigten Staaten. Obwohl Primakow sich bemüht hatte, einen Konflikt mit dem Irak zu vermeiden, nachdem dieser Kuwait besetzt hatte (Primakow war dreimal persönlich nach Bagdad gereist, um den irakischen Machthaber Saddam Hussein davon zu überzeugen, sich aus Kuwait zurückzuziehen), unterstützten Gorbatschow und sein Außenminister Eduard Schewardnadse letztlich die US-geführte Allianz, die 1991 im Zweiten Golfkrieg Kuwait befreite. Das war ein wichtiger Wendepunkt: Moskau hatte einen Vasallenstaat fallengelassen, in den es vorher viele Milliarden Dollar investiert hatte, in Form von militärischen und anderen Hilfen. Gorbatschow hatte auch erkannt, dass die UdSSR, wenn sie auf dem Weg zu einer angestrebten Friedensvereinbarung zwischen Arabern und Israelis mit den Vereinigten Staaten zusammenarbeiten wollte, erneut diplomatische Beziehungen zu Israel würde aufnehmen müssen, was sie 1991 auch tat. Tatsächlich war es eine der letzten außenpolitischen Aktionen der UdSSR, im Oktober 1991 an der Madrider Konferenz über den Nahostkonflikt mitzuwirken, auf der eine Vereinbarung zwischen Arabern und Israelis vermittelt werden sollte. Die Konferenz wurde von Spanien, den USA und der UdSSR ausgerichtet – das erste Mal, dass Moskau und Washington gemeinsam eine Nahost-Friedenskonferenz organisierten. Kurz darauf zerfiel die UdSSR, wodurch der russische Einfluss im Nahen Osten zurückging.

In den 1990er Jahren hatte Russland weder die Ressourcen noch die Motivation, seine Beziehungen zum Nahen Osten zu pflegen. Zwar setzte die Jelzin-Regierung die wirtschaftlichen Beziehungen und Waffenlieferungen fort, konzentrierte sich jedoch hauptsächlich auf die Beziehungen Russlands zum Westen. Ihr fehlte jede breit angelegte strategische Vision, was sie denn eigentlich auf der internationalen Bühne erreichen wollte. Doch während der Kreml mit seinen Beziehungen zum Westen beschäftigt war, machten einige ehemalige und amtierende Funktionäre Geschäfte auf eigene Faust, auch im nuklearen Bereich. Im Jahr 1992 schloss Russland zum Entsetzen der Vereinigten Staaten einen Vertrag über den Bau eines Atomkraftwerks unweit der iranischen Stadt Buschehr ab – ein Geschäft, das ursprünglich zwischen dem Schah und einem deutsch-französischen Unternehmenskonsortium vereinbart worden war. Zudem wurde klar, dass diverse russische Akteure am Aufbau des iranischen Nuklearprogramms beteiligt waren und dass an russischen Institutionen iranische Experten für Lenkflugkörper ausgebildet wurden. Den USA und ihren Verbündeten kam der Verdacht, dass die Entwicklung eines Programms für Kernkraftwerke lediglich eine Tarnung sei für etwas, was ein Atomwaffenprogramm werden könnte. Während der gesamten 1990er Jahre warf Russlands Beteiligung am iranischen Nuklearprogramm Fragen auf, wer eigentlich für die russische Außenpolitik verantwortlich sei und wie Russland zur Nichtverbreitung von Atomwaffen stehe.

Russlands Politik war auch von innenpolitischen Erwägungen motiviert, unter Jelzin ebenso wie unter Putin. Im postsowjetischen Russland leben 20 Millionen Muslime, die nicht gegen fundamentalistische Einflüsse gefeit sind, und der Kreml wollte jeden Versuch einer äußeren Macht, etwa Irans, Saudi-Arabiens oder der Türkei, unterbinden, radikales islamisches Gedankengut in den ohnehin kriselnden Nordkaukasus zu exportieren. Ein russischer Beobachter erklärte die Motivation für eine russisch-iranische Kooperation so: «Heute könnte ein feindseliges Teheran Russland eine Menge Unannehmlichkeiten im Nordkaukasus und in Tadschikistan bereiten, wenn es sich wirklich dazu entschließen würde, die muslimischen Aufständischen dort mit Waffen, Geld und Freiwilligen zu unterstützen.»[7]

Als die tschetschenischen Separatisten ihre Unabhängigkeit ausriefen und Moskau Truppen schickte, um ihre Bewegung niederzuwerfen, entschied sich der Iran, ihnen nicht zu helfen, sondern Russlands territoriale Integrität zu unterstützen. Außerdem kooperierte Teheran mit Moskau, um den Bürgerkrieg in Tadschikistan zu beenden, dessen Bevölkerung überwiegend schiitisch ist. Der Iran arbeitete mit Russland zusammen, um die Kämpfer der Nordallianz in Afghanistan zu unterstützen, die Widerstand gegen die Taliban leisteten. Diese drängenden Probleme im Inland wie in der Region sprachen für eine kooperative Beziehung Russlands zum Iran.[8]

Wladimir Putin hatte 1999 als Ministerpräsident unter Jelzin den Zweiten Tschetschenienkrieg begonnen, und als er seine eigene Präsidentschaft antrat, war es für ihn von höchster Wichtigkeit, die muslimische Bevölkerung Russlands unter Kontrolle zu bringen. Seine Nahostpolitik war beeinflusst von der innenpolitischen Notwendigkeit, vom Nordkaukasus ausgehende separatistische und terroristische Bewegungen einzudämmen. Er hat sich auch dafür eingesetzt, den Muslimen Russlands mit Respekt zu begegnen, und bei etlichen Gelegenheiten betont, dass die Muslime in Russland – im Gegensatz zu Europa und den Vereinigten Staaten, wo sie Einwanderer sind – der einheimischen Bevölkerung angehören. Im Jahr 2003 nahm er in Malaysia an dem Gipfeltreffen der Organisation der Islamischen Konferenz teil und erklärte dort, dass die «Muslime ein integraler Bestandteil des russischen Volkes» seien.[9] Im Jahr 2005 gewährte die Organisation Russland Beobachterstatus, und es nimmt auch weiterhin an ihren Aktivitäten teil. In einer 2005 vor dem tschetschenischen Parlament gehaltenen Rede sagte Putin: «Russland war schon immer der treueste, zuverlässigste und konsequenteste Verteidiger der Interessen der islamischen Welt.»[10]

Unter Putin begann Russland, die Bindungen zur arabischen Welt zielstrebig wiederherzustellen, während es zugleich seine Beziehungen zu Israel und der Türkei aufbaute. Im Jahr 2002 wurde es zum Mitglied des Nahost-Quartetts, zu dem die Vereinigten Staaten, Russland, die EU und die UN gehören, das gebildet wurde, um eine Lösung für den Konflikt zwischen Arabern und Israelis zu finden. Die Gruppe hat sich nur unregelmäßig getroffen, und Russlands Rolle ist dabei nie so prominent gewesen wie jene der Vereinigten Staaten, doch aus formaler Sicht bleibt es an diesem Prozess beteiligt. Für Russland ist Stabilität im Nahen Osten ein wichtiges Ziel, um zu verhindern, dass Instabilität aus dieser Region auf Russland und seine Nachbarn übergreift.

In Putins erster Amtszeit war der umstrittenste Aspekt der russischen Nahostpolitik seine Entscheidung, die von den USA geführte Invasion des Irak abzulehnen und zusammen mit Deutschland und Frankreich die Aktionen der USA zu verurteilen. Russlands Beziehungen zum Irak waren tief und vielschichtig; dazu gehörten lukrative Öl- und Rüstungsverträge, und darüber hinaus sah Moskau Saddam Hussein als Bollwerk gegen den wachsenden Einfluss des Iran und des schiitischen Fundamentalismus. Russland war – im Gegensatz zu den Vereinigten Staaten – immer davon überzeugt, dass der Irak keine Massenvernichtungswaffen habe, und hat auf eine friedliche Lösung des Irakproblems gedrängt. Im Vorfeld des Krieges gingen die Vereinigten Staaten anscheinend davon aus, dass Russland ihre Position unterstützen werde, und versäumten es, Moskau wegen ihrer Pläne zu konsultieren. Drei Wochen vor der Invasion schickte Putin, um militärische Aktionen zu verhindern, Primakow nach Bagdad, um Saddam davon zu überzeugen, von seinem Amt als Präsident zurückzutreten und Wahlen auszurufen. Darauf reagierte Saddam mit einer Reihe von Anschuldigungen gegenüber Russland, stand auf und verließ den Raum.[11]

Da Putin nach wie vor hoffte, eine Einigung vermitteln zu können, mit der ein Krieg zu verhindern sei, schickte er Alexander Woloschin, den Chef der Präsidialverwaltung, nach Washington, um der US-Regierung die russische Haltung darzulegen. Da die US-Verhandler ihre Briefings über Saddams angebliche Massenvernichtungswaffen mit dem Angebot verknüpften, Russland für wirtschaftliche Verluste, die es womöglich durch die Invasion erleiden könnte, zu entschädigen, kam Woloschin zu dem Schluss, Washington gehe irrtümlich davon aus, dass Russland im Irak ausschließlich wirtschaftliche Interessen habe. Er versuchte seinen Gastgebern klarzumachen, dass Russland befürchtete, eine Invasion im Irak könne Russlands südliche Nachbarn destabilisieren und Extremismus und Terrorismus schüren – was sich als sehr weitblickend erwiesen hat.[12] Als klar wurde, dass die Bush-Administration entschlossen war, einen Regimewechsel im Irak herbeizuführen, reagierte Russland auf die Initiativen aus Deutschland und Frankreich und schloss sich der «Koalition der Unwilligen» an, die eine UN-Resolution zur Autorisierung militärischer Gewalt gegen Saddam ablehnte. Putin verdammte die Militärkampagne als völkerrechtswidrig und beschuldigte die Vereinigten Staaten und ihre Verbündeten, sie wollten das Völkerrecht durch «das Faustrecht» ersetzen.[13] Die Invasion des Irak und die darauf folgende Militärkampagne schadeten Russlands wirtschaftlichen Interessen im Nahen Osten, und sie führten letztlich auch zum Aufstieg des sogenannten Islamischen Staats. Indem sie die irakische Armee auflösten, ließen die USA eine zornige Gruppe bewaffneter Iraker entstehen, die auf Rache brannten – und der IS wurde zu ihrem Auffangbecken. Doch für Putin war der beunruhigendste Aspekt der Invasion, dass die USA den Regimewechsel unter dem

Banner der Demokratie erzwangen. Von der Exekution Saddams war es nur noch ein kurzer Weg bis zum Ausbruch der Farbrevolutionen im Mittleren Osten und dem Einsetzen des Arabischen Frühlings.

## DER ARABISCHE FRÜHLING

Am 10. Dezember 2010 beschlagnahmten tunesische Polizisten den Handkarren eines Obstverkäufers und damit seine Lebensgrundlage. Er zündete sich an und verbrannte sich aus Protest gegen die Unterdrückung und Korruption der Regierung – und die Flammen, die er entzündet hatte, befeuerten einen Volksaufstand gegen die tunesische Regierung. Einen Monat später war Ben Ali, der Diktator, der seit 23 Jahren Tunesien beherrscht hatte, geflohen, und von einem Tag auf den anderen begann der Status quo in der gesamten Region zu kollabieren. Die Wut der Menschen über autoritäre Despoten und die Armut, die sie den Bürgern durch ihre Korruption aufzwangen, kam überall im Nahen Osten zum Ausbruch. Im Februar 2011, nach nur 18 Tagen anhaltender Proteste auf dem Tahrir-Platz im Zentrum Kairos, trat Ägyptens Präsident Husni Mubarak, der das Land seit 30 Jahren regiert hatte, unter dem Druck der Vereinigten Staaten zurück. Nach einer hastig organisierten Wahl trat Mohammed Mursi, der Führer der Muslimbruderschaft, seine Nachfolge an. In Libyen lief es ähnlich. Auch dort brachen im Februar 2011 Proteste aus, und nur sieben Monate später war Muammar al-Gaddafi, der exzentrische Diktator, der seit 42 Jahren alle Macht in seinen Händen gehalten hatte, tot – erschossen von einer tobenden Menge, als er aus einem trockenliegenden Abwasserkanal hervorkriechen wollte. Ebenfalls im Februar 2011 beschloss eine Clique übermütiger Schuljungen, ihren Lehrern einen Streich zu spielen, und sprühte mit roter Farbe die Parole «Das Volk will den Sturz des Regimes» auf die Außenmauer des Schulhofs. Nachdem sie erwischt und bestraft worden waren, begannen aufgebrachte Bürger, Veränderungen zu fordern und überall im Land zu protestieren. Bis zu dem Tag, als Gaddafi starb, war aus dem Volksaufstand gegen den syrischen Diktator Bashar al-Assad ein ausgewachsener Bürgerkrieg geworden. Eine Region, die bis 2010 von Autokraten beherrscht worden war, die jahrzehntelang mit eiserner Hand eine gewisse Stabilität bewahrt hatten, wurde von einer Revolte gegen den Status quo durchgeschüttelt.

Aus Sicht des Kreml war dies kein Arabischer Frühling, sondern ein Arabischer Winter. Durch die Proteste des Volks waren langgediente Autokraten gestürzt worden, und fundamentalistische Gruppen hatten Aufwind. Das Beispiel von Farbrevolutionen, die korrupte autoritäre Regimes hinweggefegt hatten, war beunruhigend. Darüber hinaus hatte der Umstand, dass diese Revolten sich zumeist im Namen des Islam Bahn brachen, schwerwiegende Implikationen für die muslimische Bevölkerung in Russland. Die zu erwartende Instabilität in einer für Russland strategisch wichtigen Region verstärkte Moskaus Befürchtungen, Krisenanfälligkeit könne das Schicksal seiner unmittelbaren Nachbarschaft werden – der überwiegend muslimischen Länder Zentralasiens, die bis 1991 zur Sowjetunion gehört hatten. Im privaten Gespräch zeigten sich russische Regierungsangehörige nicht nur entsetzt, sondern auch verständnislos darüber, dass die Vereinigten Staaten ihren langjährigen Verbündeten Husni Mubarak zugunsten unbekannter und möglicherweise gefährlicher Islamisten hatten fallenlassen.

Aus Putins Sicht waren die Ereignisse in Libyen einer der beunruhigendsten Aspekte dieser Umwälzungen. Russland war in beträchtlichem Umfang wirtschaftlich engagiert in Libyen. Nachdem russische Unternehmen Tripolis im April 2008 4,5 Milliarden Dollar Schulden aus der Sowjetära erlassen hatten, schlossen sie neue Verträge über Öl- und Bauprojekte im Wert von 10 Milliarden Dollar ab, und auch Waffenlieferungen blieben ein wichtiges Element der Beziehungen. Russland hatte es lange widerstrebt, seinen Einfluss in diesem Teil der Welt durch Strafaktionen gegen seine Partner zu gefährden, doch während der Zwischenregierung von Medwedew und dem «Reset» der amerikanisch-russischen Beziehungen schienen die Russen in ihrer Position flexibler zu sein. Der Westen war wegen des Aufruhrs in Libyen und der wachsenden Zahl von Toten immer stärker beunruhigt. Vizepräsident Joseph Biden wollte versuchen, Medwedew davon zu überzeugen, die Kräfte der Gaddafi-Gegner zu unterstützen, um das Blutvergießen zu beenden.

Und so enthielt sich Russland der Stimme, als im März 2011 im UN-Sicherheitsrat die Resolution 1973 verabschiedet wurde, anstatt sie durch ein Veto zu blockieren.[14] Mit dieser Resolution wurden die Mitgliedstaaten ermächtigt, «jedes erforderliche Mittel» einzusetzen, um Zivilisten zu schützen. Eine Flugverbotszone wurde eingerichtet, und alle erforderlichen Maßnahmen zu ihrer Durchsetzung wurden zugelassen. In der Praxis bedeutete das, dass der UN-Sicherheitsrat – mit Zustimmung Russlands – Luftschlägen gegen das libysche Regime zugestimmt hatte, um die Zivilbevölkerung zu schützen. Kurz nach Verabschiedung der Resolution intervenierte die NATO, um den Rebellen militärische Unterstützung zu gewähren. Ein halbes Jahr später wurde Gaddafi, der seit Monaten auf der Flucht war, getötet.

Im März 2011 erlebte die Außenwelt eine der wenigen öffentlich ausgetragenen Meinungsverschiedenheiten zwischen Wladimir Putin und seinem Protegé Dmitri Medwedew. Kurz nach der Verabschiedung der Resolution 1973 durch den UN-Sicherheitsrat bezeichnete Putin sie als «fehlerhaft» und sagte, sie erlaube die Einmischung in die inneren Angelegenheiten eines anderen Landes, was «einem mittelalterlichen Aufruf zu einem Kreuzzug gleichkommt, bei dem jemand andere dazu auffordert, an einen bestimmten Ort zu reisen und dort etwas zu befreien».[15] Außerdem kritisierte er die Aktionen der NATO. Unmittelbar nach Putins Statement gab Medwedew eine Pressekonferenz, bei der er sagte: «Unter keinen Umständen ist es akzeptabel, Ausdrücke zu gebrauchen, die im Grunde zu einem Kampf der Kulturen führen – zum Beispiel ‹Kreuzzug› und so weiter.»[16] Heute spekulieren manche Kreml-Auguren, dass Medwedews abweichlerische Haltung zu Libyen Putin dazu bewegt haben könnte, ihm keine zweite Amtszeit als Präsident zuzugestehen. Sie vermuten auch, dass Putin – der es «barbarisch» nannte, wie der libysche Diktator umgebracht wurde – sich das Video von Gaddafis blutigem und erniedrigendem Ende angesehen hat, sozusagen als Mahnung, was passieren kann, wenn eine oppositionelle Bewegung nicht schon im Keim erstickt wird.[17] Andererseits ist es schwer vorstellbar, dass Medwedew über die Enthaltung Russlands bei der Abstimmung im Sicherheitsrat entschieden haben könnte, ohne vorher Putin konsultiert zu haben. Putins Schlussfolgerung aus dem libyschen Debakel: «Dem Westen ist nicht zu trauen – sobald sie dein Zugeständnis haben, ignorieren sie dich.»[18]

Durch den Sturz Gaddafis waren Russlands wirtschaftliche Interessen beeinträchtigt, und es wurden Befürchtungen im Hinblick auf künftige Waffengeschäfte laut. Doch als die politische Lage in Libyen immer unübersichtlicher wurde und sich zwei rivalisierende Regierungen bildeten, taten sich auch neue Gelegenheiten auf. Im Jahr 2017 reiste der libysche Militärkommandant Chalifa Haftar nach Russland, um über militärische Ausrüstung zu verhandeln und um Unterstützung zu werben für seine Bestrebungen, ganz Libyen unter seine Kontrolle zu bringen. Er wurde an Bord der *Admiral Kusnezow*, Russlands einzigem Flugzeugträger, feudal bewirtet. Heute unterhält Russland Beziehungen zu beiden Regierungen Libyens, in Tripolis und in Tobruk. Es stieg auch wieder in Waffen- und Energiegeschäfte mit Libyen ein, hat einen Vertrag über den Bau von zwei Militärbasen in Libyen abgeschlossen, und Rosneft hat neue Verträge über Energielieferungen ausgehandelt. Außerdem ist die Lage in Ägypten nach dem anfänglichen Entsetzen über den Sturz Mubaraks und seine Ablösung durch den Islamisten Mursi für Moskau wesentlich günstiger geworden. Mursi wurde 2013 von General Abdel Fatah El-Sisi abgesetzt. Seither haben sich die Beziehungen zwischen Russland und Ägypten deutlich verbessert, und es wurden Waffen- und Energiegeschäfte sowie Bauprojekte vereinbart. In den Wirren nach den zumeist fehlgeschlagenen Umstürzen in der arabischen Welt hat der Kreml neue Möglichkeiten gefunden, seine Präsenz im Nahen Osten auszubauen. Das zeigt sich nirgendwo deutlicher als in Syrien.

## SYRIEN

Am 30. September 2015 befahl Wladimir Putin – mit nur einer Stunde Vorwarnung an das US-Militär und zum Erstaunen und Erschrecken der Vereinigten Staaten und ihrer Verbündeten – die Verlegung einer Staffel russischer Kampfjets auf den Militärflugplatz Hmeimim bei Latakia, also in ein Gebiet, das von den Streitkräften des angeschlagenen Präsidenten Baschar al-Assad kontrolliert wurde. Seit die Sowjetarmee 1979 Afghanistan besetzt hatte, war dies der erste militärische Einsatz Russlands außerhalb des Gebiets der früheren Sowjetunion. Schon nach wenigen Tagen hatten etwa 30 russische Flugzeuge begonnen, in dem seit vier Jahren tobenden Bürgerkrieg das Blatt zu Assads Gunsten zu wenden. Obwohl es sich um einen relativ kleinen Einsatz handelte, markierte er einen Meilenstein auf Putins Weg, Russland erneut als einen der Hauptakteure im Nahen Osten zu etablieren.[19] Plötzlich flogen russische Jets im selben Luftraum wie Flugzeuge der Vereinigten Staaten und ihrer Verbündeten in ihrem Kampf gegen den Islamischen Staat. Da die US-geführte Allianz wesentlich strengere Regeln zur Vermeidung ziviler Todesopfer befolgen musste als die russischen Piloten, konnte Russland mehr Einsätze fliegen und Treffer erzielen als die Koalition.

Russlands Partnerschaft mit Syrien reicht bis in die Sowjetzeit zurück; damals hatte Hafiz al-Assad, Baschars Vater, enge Beziehungen zum Kreml entwickelt. Obwohl ihn der KGB für nichts weniger als einen «kleinbürgerlichen, chauvinistischen Egomanen» hielt, war er ein durchaus nützlicher Egomane und Partner.[20] Die Familie Assad gehört zur schiitischen Minderheit der Alewiten, die das mehrheitlich sunnitische Syrien beherrscht. Nachdem der jüngere Assad die Nachfolge seines Vaters angetreten hatte, machte er 2005 seinen ersten Staatsbesuch als Präsident Syriens in Moskau, wo er von Putin herzlich empfangen wurde. Damals beliefen sich die Schulden Syriens bei Russland auf 13,5 Milliarden Dollar. Die beiden Staatschefs unterzeichneten eine «Gemeinsame Erklärung über Freundschaft und Kooperation», und Russland erklärte sich bereit, Syrien fast 75 Prozent seiner Schulden zu erlassen. In der Zeit von 2007 bis 2010 verdoppelte sich das Volumen der russischen Waffenlieferungen an Syrien auf 4,7 Milliarden Dollar.[21] Syrien war ein zuverlässiger Kunde für russische Waffen und eines der wenigen Länder der Region, auf das Russland einen gewissen Einfluss hatte. Zudem liegt die einzige russische Marinebasis außerhalb der früheren Sowjetunion mit Russlands einzigem ganzjährig eisfreien Hafen in Tartus, an der Mittelmeerküste im Norden Syriens. Im Jahr 2011 war sie ziemlich heruntergekommen und nur noch mit einer Rumpfmannschaft besetzt.

Der Bürgerkrieg in Syrien hatte 2011 begonnen. Etliche Widerstandsgruppen kämpften gegen Assads Truppen, von der säkularen Freien Syrischen Armee bis hin zu der religiösen Al-Nusra-Front, die sich schließlich al-Qaida anschloss. Mit Hilfe einer Koalition arabischer Länder setzten sich die Vereinigten Staaten an die Spitze einer militärischen Intervention, um die Rebellenkräfte zu unterstützen, die nicht zum IS gehörten. Im Jahr 2012 hatte US-Präsident Obama Assad gewarnt, die «rote Linie» nicht zu überschreiten, chemische Waffen gegen sein eigenes Volk einzusetzen, wie es sein Vater 1982 bei dem Massaker von Hama getan hatte. Dennoch kam es im August 2013 zu Berichten über einen Angriff mit dem Nervengas Sarin in einem von Rebellen kontrollierten Vorort von Damaskus, bei dem über 1400 Menschen getötet wurden. Das russische Außenministerium ließ verlautbaren, der «angebliche» Gasangriff könne auch von «den Rebellen inszeniert» worden sein.[22] Die Obama-Regierung erwog, Luftschläge gegen das Assad-Regime durchzuführen, entschied sich jedoch letztlich dagegen.

Putin ergriff die Gelegenheit, die sich durch das offenkundige Verschwinden der «roten Linie» bot, um auf einer für ihn eher ungewohnten Plattform – nämlich in der *New York Times* – einen Gastkommentar zu veröffentlichen. Darin warnte er, dass durch einen US-Militärschlag gegen Syrien «eine neue Welle des Terrorismus» entfesselt werden könnte, die «das gesamte System des Völkerrechts und der internationalen Ordnung aus dem Gleichgewicht bringen kann». Dann griff er eine Aussage aus seiner Münchner Rede von 2007 wieder auf: «Viele Millionen Menschen in aller Welt sehen Amerika nicht als ein Vorbild an Demokratie, sondern als tyrannische Macht, die sich ausschließlich auf rohe Gewalt verlässt und Koalitionen zimmert nach dem Motto: ‹Wer nicht für uns ist, ist gegen uns.›»[23] Dann griff er eine beiläufige Bemerkung auf, die John Kerry einmal gemacht hatte, und schlug eine gemeinsame Anstrengung von US-Amerikanern und Russen vor, um Syriens Arsenal an Chemiewaffen zu vernichten. Das funktionierte sogar – bis Syrien im April 2017 abermals Chemiewaffen gegen die eigene Bevölkerung einsetzte. Auch dieses Mal blockierten die Russen eine Resolution des UN-Sicherheitsrats, mit der dieser Einsatz verurteilt werden sollte, mit ihrem Veto. Dieses Muster wiederholte sich 2018 noch einmal, als das Assad-Regime erneut Chemiewaffen einsetzte, dieses Mal in einem anderen Vorort von Damaskus.

Dennoch sah es im Sommer 2015 so aus, als seien Assads Kräfte auf dem Rückzug, obwohl sie von den iranischen Revolutionsgarden unterstützt wurden – nach einem Krieg, der bis zu einer halben Million Menschenleben gekostet hatte. Millionen Flüchtlinge waren aus Syrien geflohen und hatten Europa an die Grenzen seiner Aufnahmefähigkeit gebracht. In dieser Zeit entschloss sich Russland zu intervenieren, um sicherzustellen, dass Assad an der Macht bleibt. Nach der Annexion der Krim war Putin vom Westen isoliert worden, und der Bürgerkrieg in Syrien bot Russland eine Gelegenheit, sich wieder Respekt zu verschaffen und den Westen zu zwingen, Russlands Rolle als Großmacht anzuerkennen. Die russische Militäroperation in Syrien ist nicht nur der größte Kampfeinsatz russischer Streitkräfte im Ausland seit dem Afghanistankrieg, sondern stellt auch eine neue Art von Expeditionskriegsführung dar. Russland kämpft in einem Land, mit dem es keine gemeinsame Grenze hat, hauptsächlich in einem Luftkrieg.[24] Diese Operation hat dem russischen Militär die Möglichkeit verschafft, seine Streitkräfte auszubilden und die Fähigkeiten seiner Truppen und neuen Waffensysteme unter Kampfbedingungen zu testen.

Putin rechtfertigte Russlands Eintreten in den syrischen Bürgerkrieg als Teil einer Anstrengung, durch Unterstützung des Assad-Regimes den Terrorismus zurückzudrängen: «Durch den Zusammenbruch der staatlichen Ordnung in Syrien werden noch mehr Terroristen mobilisiert. Gerade jetzt dürfen wir diese Ordnung nicht untergraben, sondern müssen sie wiederbeleben, indem wir die Institutionen des Staates in der Konfliktzone stärken.»[25] Er stellte Russland als Unterstützer von Regierungen dar, die an der Macht sind und den Status quo aufrechterhalten – im Gegensatz zu den Vereinigten Staaten, die im Arabischen Frühling mehrfach Regimewechsel unterstützt hatten. Gleichwohl räumte Putin ein, dass es auch innenpolitische Gründe für die Intervention gab: «Immerhin sind Tausende Kämpfer aus ehemaligen Sowjetrepubliken und Russland dort im Einsatz. Diese Leute könnten jederzeit nach Russland zurückkehren, und das wollen wir verhindern.»[26] Putin hat gesagt, dass mindestens 4000 Russen (einschließlich Tschetschenen und in Russland lebende Zentralasiaten) sich terroristischen Gruppierungen in Syrien angeschlossen haben. Unter den Terrormilizen im Irak und in Syrien gibt es mehr Milizionäre aus Russland als aus jedem anderen Land.[27]

Die Vereinigten Staaten und ihre Verbündeten glaubten, der Bürgerkrieg werde erst enden, wenn Assad nicht mehr an der Macht sei, und lehnten die Intervention Russlands ab. Europa musste ohnehin mit einer beispiellosen Flüchtlingskrise fertigwerden, weil Millionen von Menschen kamen, um dort Asyl zu suchen. Durch Russlands Intervention verschärfte sich die Lage noch. Und sie machte auch eine Koordination mit den Vereinigten Staaten notwendig, um direkte Konfrontationen zwischen amerikanischen und russischen Flugzeugen und Bodentruppen zu vermeiden. Russland definierte den Begriff «Terrorist» anders als die von den USA geführte Koalition: Für Moskau waren alle Gegner Assads Terroristen, auch die Gruppen, die von den USA unterstützt wurden. Häufig schien es so, als sei der Kreml – trotz gegenteiliger Behauptungen – weniger daran interessiert, den IS zu bekämpfen als vielmehr die säkularen Widerstandsgruppen, die für die Absetzung Assads kämpften. Im Jahr 2016 traf Außenminister Kerry sich regelmäßig mit Sergej Lawrow, um den Konflikt zu lösen und die verschiedenen Parteien an einen Tisch zu bringen, hatte aber keinen Erfolg. Während die USA einerseits immer wieder darauf bestanden, dass Assad «gehen muss», schreckten sie andererseits davor zurück, das zu tun, was notwendig gewesen wäre, um ihn tatsächlich zu entfernen.[28] Russland bestand dagegen darauf, dass Assad an der Macht bleiben müsse, und nutzte alle seine Möglichkeiten, um das sicherzustellen.

Spätestens als die Trump-Administration ins Spiel kam, hatten die Vereinigten Staaten akzeptiert, dass Assad an der Macht bleiben würde, und konzentrierten sich auf den sogenannten «deconfliction channel», über den die beiden Militärmächte ständig miteinander kommunizierten. Jeden Tag rief ein Offizier der US Air Force in Katar einen Offizier im russischen Luftwaffenstützpunkt Latakia an, um potenzielle Probleme im syrischen Luftraum zu vermeiden. Im April 2017 ordneten die USA als Vergeltung für Assads Chemiewaffenangriffe Luftschläge auf Syrien an, bei denen 80 Menschen getötet wurden.[29] Putin nannte diese Angriffe «eine Aggression gegen einen souveränen Staat, unter Verletzung des Völkerrechts und unter einem falschen Vorwand».[30] Im Jahr 2018 reagierten die USA, Großbritannien und Frankreich auf einen weiteren Chemiewaffenangriff und führten gezielte Luftschläge gegen syrische Waffenarsenale durch – allerdings erst, nachdem sie sich mit der russischen Seite abgestimmt hatten, dass dabei keine Russen getroffen werden konnten.

Spätestens 2018 hatte sich der russische Einsatz in Syrien ausgezahlt. Assad schien fest im Sattel zu sitzen, die USA hatten aufgehört, seine Absetzung zu fordern, und Präsident Trump hatte signalisiert, dass die USA beginnen würden, sich aus Syrien zurückzuziehen. Russland war das Machtzentrum geworden, an das jedes Land sich wenden musste, das ein Ende des Krieges erreichen wollte. Im November 2017 zitierte Putin Assad nach Sotschi und umarmte ihn innig, um dann zu verkünden, dass der Krieg zu Ende sei und Russland Friedensgespräche befürworten würde, um einen politischen Prozess der Reformen und Versöhnung in die Wege zu leiten. «Wir haben noch einen langen Weg vor uns, bis wir den Terrorismus vollständig besiegt haben», so Putin zu Assad. «Aber soweit es unsere Zusammenarbeit zur Bekämpfung des Terrorismus auf dem Staatsgebiet Syriens betrifft, geht diese Militäroperation jetzt in der Tat zu Ende.»[31] Am nächsten Tag reisten Delegationen aus dem Iran und der Türkei an, um Putin zu treffen und an den Gesprächen teilzunehmen. Wenn man bedenkt, dass Erdoğan Assad erbittert abgelehnt und die Türkei zwei Millionen Flüchtlinge aus Syrien aufgenommen hatte, konnte Putin diese Entwicklung als bemerkenswerten Erfolg verbuchen. Er rief Trump, Netanjahu, den saudischen König, den ägyptischen Präsidenten und andere Staats- und Regierungschefs an, um mit ihnen über seine Friedenspläne zu sprechen.

Russland initiierte eine Reihe von Friedensgesprächen in Astana, zu denen die Vereinigten Staaten einen subalternen Beamten als Vertreter schickten. Heute werden auf drei parallelen Gleisen Gespräche geführt, um den Syrienkonflikt zu lösen: die multilateralen Gespräche in Genf unter der Schirmherrschaft der Vereinten Nationen, die Gespräche in Sotschi unter der Führung Russlands, an denen die Türkei und der Iran teilnehmen, und die Gespräche in Astana, der Hauptstadt Kasachstans, die von Präsident Nursultan Nasarbajew geleitet werden. Moskau ist im Grunde genommen die einzige Verbindung zwischen den drei separaten Gesprächsrunden zur Syrienkrise und vertritt die Auffassung, sie würden sich gegenseitig ergänzen, wenn auch die Astana-Runde mittlerweile für Moskau wichtiger geworden ist als die Genf-Runde. Die USA sind nur bei den Gesprächen in Genf vertreten.

Und so ist es Putin nicht nur gelungen, Assad an der Macht zu halten und Russlands vormals verfallende Stützpunkte in Syrien, die Marinebasis in Tartus und den Luftwaffenstützpunkt in Hmeimim, zu erweitern und zu modernisieren, sondern er hat auch die Vereinigten Staaten und Europa – und die Länder im Nahen Osten – gezwungen, Russlands Rolle als wichtige Macht in der Region anzuerkennen. Vorerst wird Assad an der Macht bleiben, und zu gegebener Zeit wird Russland dafür sorgen, dass auch sein Nachfolger freundliche Beziehungen zu Moskau pflegen wird.

Unterdessen bleibt die Lage in Syrien prekär. Ein Vorfall im Februar 2018 hat gezeigt, wie gefährlich es ist, wenn so viele Parteien mit unterschiedlichen Zielen auf engem Raum gegeneinander kämpfen. Russische Kämpfer der privaten Söldnertruppe Wagner, die einem Oligarchen aus Putins Umfeld gehört, versuchten, unweit einer von US-gestützten Rebellen und ihren amerikanischen Militärberatern kontrollierten Militärbasis nahe der Stadt Deir ez-Zor im Osten Syriens ein Ölfeld zu besetzen. Darauf folgte ein vier Stunden langes Feuergefecht, bei dem die US-gestützten Truppen «Hunderte» von Russen und Syrern töteten.[32] Sowohl der Kreml als auch das US-Verteidigungsministerium spielten den Vorfall herunter, der allerdings sehr deutlich zeigte, wie schnell ein unvorhergesehener Unfall eskalieren und unerwartete Konsequenzen nach sich ziehen kann. Tatsächlich geht der Einsatz privater Milizen bis auf den Zaren Iwan «den Schrecklichen» zurück. Durch die heutigen Aktivitäten der Wagner-Truppe – sowohl in Syrien als auch in der Ukraine – ist der Einsatz im Syrienkonflikt gestiegen.[33]

Auf dem Gipfeltreffen der Präsidenten Putin und Trump im

Juli 2018 in Helsinki war man sich anscheinend einig, in Syrien zu kooperieren.[34] Während der Bürgerkrieg zu Ende geht, will Putin dort ein stabiles, moskaufreundliches und international anerkanntes Regime sichern, das Russlands permanente Militärpräsenz garantieren wird und es dadurch in die Lage versetzt, die militärische Macht seiner Marine und Luftwaffe in den Mittelmeerraum vorzuschieben. Für den Wiederaufbau Syriens nach dem Krieg wird Russland die Mitwirkung des Westens einfordern. Durch seine Intervention, um Assad an der Macht zu halten, hat Putin Russland erneut als wichtige Macht im Nahen Osten etabliert und eines seiner Hauptziele erreicht: sicherzustellen, dass Russland mit am Tisch sitzt, wann immer wichtige internationale Entscheidungen getroffen werden.

## TÜRKEI

Russlands Unterstützung für das Assad-Regime hat seine Beziehungen zu anderen Ländern in der Region komplizierter gemacht, vor allem zu Syriens Nachbar Türkei. Russland und die Türkei haben eine lange und turbulente gemeinsame Geschichte. Zwischen dem 16. und dem 20. Jahrhundert führten die Reiche der Zaren und Osmanen zahlreiche Kriege gegeneinander. Etliche dieser russisch-türkischen Kriege führten dazu, dass Russland Gebiete der Osmanen eroberte und Zugang zum Schwarzen Meer bekam. Als beide Reiche zusammengebrochen waren, begannen die Republik Türkei unter Mustafa Kemal Atatürk und der neue Staat der Bolschewiki zusammenzuarbeiten. Aber durch den NATO-Beitritt der Türkei im Jahr 1952 gerieten UdSSR und Türkei im Kalten Krieg auf verschiedene Seiten. Nach dem Zerfall der Sowjetunion wuchs auf russischer Seite die Sorge, dass die Türkei ihr im postsowjetischen Raum in die Quere kommen könnte, indem sie sich mit den türkischsprachigen Ländern Zentralasiens zusammentun und den Islam verbreiten könnten. Der Türkei gelang es jedoch nie, so viel Einfluss in Russlands Nachbarschaft zu entfalten, wie Moskau es ursprünglich befürchtet hatte, und so begannen die wirtschaftlichen Beziehungen zu florieren. Russland wurde zum wichtigsten Handelspartner der Türkei, die zum zweitgrößten Markt für Russlands Energierohstoffe. Darüber hinaus entwickelte sich die Türkei zum Lieblingsziel für russische Touristen und Pendelhändler, und die bilateralen privatwirtschaftlichen Investitionen nahmen zu. Und als die langwierigen Beitrittsverhandlungen zwischen der Türkei und der Europäischen Union ins Stocken gerieten und in Brüssel immer größere Zweifel aufkamen, ob dieses Land für eine EU-Mitgliedschaft qualifiziert sei, orientierte sich Ankara immer mehr in Richtung Russland.

Auch unter Putin haben Russlands Beziehungen zur Türkei schwierige Phasen erlebt, aber seit dem Umsturzversuch gegen Präsident Erdoğan im Jahr 2016 sind sie wesentlich besser geworden. Inzwischen haben sie sich vertieft, sowohl durch das persönliche Verhältnis der beiden Regierungschefs als auch durch regionale und globale Entwicklungen, die beide Länder näher zusammenbrachten. Seit Erdoğan 2003 Ministerpräsident – und 2014 dann Präsident – der Türkei wurde, haben er und Putin eine enge Partnerschaft und gute persönliche Beziehungen entwickelt, unterbrochen nur von einer kurzen Kontroverse. Jeder von ihnen regiert als starker Mann und hat einen hoch zentralisierten Regierungsapparat aufgebaut, der geprägt ist von Vetternwirtschaft, strikter Kontrolle der Medien und Zivilgesellschaft sowie einer Abneigung gegen öffentliche Meinungsäußerungen von Oppositionellen. Beide begegnen den USA und der EU mit Misstrauen und sind davon überzeugt, dass führende westliche Politiker sie lieber heute als morgen aus dem Amt gejagt sehen würden. Beide reagieren allergisch auf westliche Vorhaltungen über universelle Werte und Menschenrechte. Die Türkei und Russland bilden eine Achse der Ausgeschlossenen: Sie sind «Staaten mit einer gemeinsamen Geschichte voller Konflikte, fundamentaler struktureller

Unterschiede und divergierender Ansichten, die eher aus Frustration über die Vereinigten Staaten zusammengefunden haben als aufgrund einer gemeinsamen neuen strategischen Vision für den Lauf der Welt».[35]

Dennoch standen die Türkei und Russland zu Beginn des syrischen Bürgerkriegs auf gegnerischen Seiten. Erdoğan lehnt das Assad-Regime und seine vom Iran gesteuerten schiitischen Unterstützer ab und hat über zwei Millionen Flüchtlinge aus Syrien in der Türkei aufgenommen. Er lehnt auch die Unterstützung der Russen für die militanten kurdischen Volksverteidigungseinheiten (YPG) ab, die gegen den sogenannten Islamischen Staat kämpfen und ein Gebiet im Norden Syriens kontrollieren. Ankara sieht die YPG als einen Arm der Arbeiterpartei Kurdistans (PKK), die es für eine terroristische Organisation hält und die in der Türkei verboten ist.

Nachdem Russland im September 2015 seine Unterstützung für Assad verstärkt hatte, verschärften sich die Spannungen mit der Türkei. Im November 2015 schoss die türkische Flugabwehr eine Suchoi Su-24 ab, einen russischen Kampfjet, der laut Ankara kurzzeitig in den türkischen Luftraum geflogen war – das erste Mal seit 50 Jahren, dass ein NATO-Mitglied ein russisches Flugzeug abschoss.[36] Der Pilot wurde dabei getötet. Russland dementierte, dass der Jet in den türkischen Luftraum eingedrungen sei, und sagte, er habe sich über Syrien befunden. Erdoğan brachte seine «Trauer» über den Vorfall zum Ausdruck, unterließ es jedoch, sich zu entschuldigen. Der Kreml reagierte schnell: Russland verhängte massive wirtschaftliche Sanktionen gegen die Türkei und untersagte russischen Reiseanbietern, Türkeireisen zu verkaufen. Das jährliche Handelsvolumen zwischen Türkei und Russland im Wert von 30 Milliarden Dollar brach um fast 50 Prozent ein, obwohl die Russen weiterhin Erdgas in die Türkei lieferten. Über Nacht verwandelte sich Erdoğan von einem geschätzten Partner Russlands in einen Feind und wurde in den russischen Medien verteufelt. Putins Pressesprecher Dmitri Peskow drückte es so aus:

«Die Umstände sind beispiellos. Der Fehdehandschuh, der Russland hingeworfen wurde, ist beispiellos. Also ist natürlich unsere Reaktion dieser Bedrohung angemessen.»[37]

Monatelang zog sich die verfahrene Situation hin, während die Schmähungen immer feindseliger wurden. Beide Seiten beschuldigten einander, mit dem Islamischen Staat Ölgeschäfte zu machen.[38] Putin warf Erdoğan vor, die türkische Gesellschaft zu «islamisieren». Im Dezember 2015 ging Putin bei seiner jährlichen Marathon-Pressekonferenz, bei der auch die Witwe des toten Piloten im Publikum war, noch weiter: «Wahrscheinlich hat Allah beschlossen, die herrschende Clique in der Türkei zu bestrafen, indem er ihr den Verstand und die Vernunft nimmt.»[39] Am Ende musste einer der beiden nachgeben, und das war Erdoğan. Er wurde auf dem internationalen Parkett immer stärker isoliert und schickte im Juni 2016 einen Brief an Putin, der jene Entschuldigung enthielt, die der Russe nach dem Abschuss des Jets gefordert hatte.[40] Einen Monat später kam es zu einem Putschversuch von desillusionierten Offizieren, die Erdoğan vorwarfen, das säkulare Erbe der Türkei Atatürks verraten zu haben und die demokratischen Freiheiten zu untergraben. Bei den darauf folgenden Kämpfen wurden 300 Menschen getötet, aber Erdoğan konnte sich an der Macht halten, und der Coup wurde niedergeschlagen. Putin war der erste Regierungschef, der Erdoğan anrief und ihm seine Unterstützung anbot, woraufhin der türkische Präsident sagte: «Aus seelischer Sicht war diese Art von psychologischer Unterstützung sehr wichtig.»[41] Erdoğan beschuldigte den religiösen Führer Fethullah Gülen – einen früheren Verbündeten, der in Pennsylvania im US-Exil lebt und das Oberhaupt einer islamischen Bewegung ist –, mit Unterstützung der CIA den Coup eingefädelt zu haben, und forderte die Obama-Regierung vergeblich auf, den Mann an die Türkei auszuliefern.

Putin hat den Behauptungen Erdoğans über die Verwicklung Gülens in den Putsch nie offiziell zugestimmt, nutzte jedoch die Gelegenheit, um die russischen Beziehungen zur Türkei zu normalisieren. Im August 2016 reiste er nach Ankara, lobte «unseren Freund Präsident Erdoğan» und erklärte, beide Seiten hätten sich darauf verständigt, in Syrien Deeskalationszonen einzurichten. Seither haben sich die beiden Regierungschefs mehrfach getroffen, russische Touristen dürfen wieder in die Türkei reisen, und die wirtschaftlichen Beziehungen haben sich normalisiert. Das zuweilen aktiv verfolgte und dann wieder auf Eis gelegte Turkstream-Projekt, das den Bau einer Gaspipeline vorsieht, durch die russisches Erdgas in die Türkei geliefert werden soll, scheint wieder vorangetrieben zu werden. Als ein wütender türkischer Polizeibeamter den russischen Botschafter in Ankara ermordete, um die Bombardierung der syrischen Stadt Aleppo durch russische Flugzeuge zu rächen, war die Reaktion der Russen verhalten.

Ungeachtet ihrer Ablehnung des Assad-Regimes scheint die Türkei akzeptiert zu haben, dass Assad mit der Unterstützung Russlands vorerst an der Macht bleiben wird. Im Mai 2017 erwog die Türkei den Kauf von technisch hochentwickelten russischen S-400-Luftabwehrraketen, ein unter NATO-Mitgliedern beispielloser Vorgang. Presseberichten zufolge wurde das Geschäft im Wert von 2,5 Milliarden Dollar im Dezember 2017 abgeschlossen.[42] Nachdem ein russisches Flugzeug von der Türkei abgeschossen worden war, befürchtete die NATO, in einen Konflikt mit Russland hineingezogen zu werden; kaum 18 Monate später fragte sie sich, ob die Türkei ihre eigene NATO-Mitgliedschaft in Frage stellen wolle.

Während Erdoğans Ressentiments gegen die Vereinigten Staaten und die EU zunahmen, ist es Putin gelungen, die Türkei enger an Russland zu binden. Seit dem Putschversuch wurden in der Türkei 80 000 Personen aus Militär, Justiz, Medien und Bildungswesen entfernt, und sowohl das US-Außenministerium als auch die EU haben die Türkei deswegen kritisiert. Als Präsident Trump sich im September 2017 mit Erdoğan traf, lobte er ihn dagegen als «einen Freund von mir. Er regiert einen sehr schwierigen Teil der Welt.»[43] Trotzdem hat die Trump-Regierung Gülen nicht ausgeliefert. Putin hat Erdoğan nie für seine anhaltend repressive Politik kritisiert und dessen Äußerungen über die «Eurasische Berufung» der Türkei begrüßt, die ihren Beitritt zur Eurasischen Wirtschaftsunion einleiten könnten.[44] Er hat die Gelegenheit genutzt, an Erdoğans Misstrauen gegenüber dem Westen zu appellieren und ihn darin zu bestärken. Es bleibt eine Zweckbeziehung, die sich wieder verschlechtern könnte, aber einstweilen «eine Ideologie souveräner Werte, ein Bündnis der Getäuschten gegen den Westen» darstellt.[45]

## ISRAEL

Deutlicher als in den Beziehungen zur Türkei oder zu anderen Ländern in der Region zeigt sich Russlands neue Rolle als Drahtzieher im Nahen Osten in seinem Verhältnis zu einem Land, das häufig anderer Meinung ist als die Türkei: Israel. Die erstaunlichste Veränderung der russischen Nahostpolitik ist die Verbesserung der Beziehung zu Israel, die dort als «die beste aller Zeiten» bezeichnet wird. Obwohl sich ein großer Teil dieser Veränderung mit weltpolitischen Faktoren erklären lässt, haben auch Putins persönliche Erfahrungen diese Wiederannäherung vorangetrieben. Bedenkt man Russlands lange Geschichte von offiziellem und inoffiziellem Antisemitismus und die Feindseligkeit der UdSSR gegenüber dem Staat der Juden, sind die herzlichen Beziehungen zwischen den beiden Ländern umso erstaunlicher. Das geht sogar so weit, dass praktischerweise die Diplomaten Israels abwesend waren, als im UN-Sicherheitsrat darüber abgestimmt wurde, Russlands Annexion der Krim zu verurteilen – das israelische Außenministerium befand sich in einem Streik.[46] Seither hat sich Israel in der Ukrainekrise eine neutrale Haltung bewahrt und sich dem Sanktionsregime des Westens nicht angeschlossen, obwohl es wirtschaftliche und politische Beziehungen zur Ukraine unterhält.

Putins Familie teilte ihre Kommunalka (Gemeinschaftswohnung) in Leningrad mit einer religiösen jüdischen Familie. In seiner Autobiographie, die veröffentlicht wurde, als er zum ersten Mal an die Macht kam, schreibt er: «Ich habe mich mit dem älteren Ehepaar sehr gut vertragen und spielte oft auf seiner Seite der Wohnung.»[47] Seine Deutschlehrerin im Gymnasium, Mina Juditskaja, wanderte 1973 nach Israel aus. Als Putin Israel 2005 besuchte, um gemeinsam mit zwei emigrierten Veteranen der Roten Armee den 70. Jahrestag des Endes des Zweiten Weltkriegs zu feiern, besuchte er sie. Dann ließ er eine neue Wohnung für sie kaufen, komplett ausgestattet mit den modernsten Haushaltsgeräten. Als Journalisten sie kontaktierten, um diese Meldung zu verifizieren, sagte sie ihnen: «Putin ist ein sehr dankbarer und anständiger Mann.»[48] Die russische Botschaft in Israel richtete ihr Begräbnis aus, als sie im Dezember 2017 verstorben war. Ihre Wohnung hat sie Putin vermacht.

Für die jüdische Bevölkerung ist die Situation in Russland heute wahrscheinlich besser denn je – zumindest im Hinblick auf die freie Ausübung ihrer Religion. Im postsowjetischen Raum dominiert die Chabad-Lubawitsch-Bewegung. Ihre Rabbiner haben eine privilegierte Beziehung zum Kreml, für den sie die offiziellen Repräsentanten des jüdischen Glaubens sind. Die Chabad-Rabbiner kümmern sich ausschließlich um religiöse Angelegenheiten und halten sich aus politischen Fragen heraus. Ihr Oberrabbiner Berel Lazar hat Putin bei vielen Gelegenheiten gelobt und an Veranstaltungen zur Feier der Annexion der Krim teilgenommen.[49] Mit Förderung des Kremls wurde 2012 in Moskau ein Jüdisches Museum und Zentrum für Toleranz eröffnet, das die vielschichtige und tragische Geschichte der Juden in Russland dokumentiert. An den Baukosten von 50 Millionen Dollar hat Putin sich mit einem Monatsgehalt beteiligt.[50] Seit 2008 benötigen Russen und Israelis kein Visum mehr, um das jeweils andere Land zu besuchen.

Russlands Beziehungen zu Israel wurden von den 1,4 Millionen Israelis, die mit ihren Familien aus der früheren Sowjetunion ausgewandert sind und insgesamt ein Sechstel der israelischen Bevölkerung ausmachen, erheblich beeinflusst. Viele von ihnen pflegen nach wie vor enge Beziehungen zu Russland. Als Putin in seiner Eigenschaft als stellvertretender Bürgermeister von Sankt Petersburg für wirtschaftliche Kontakte ins Ausland zuständig war, begann er, mit einigen dieser Emigranten zusammenzuarbeiten, und entwickelte anscheinend gute Beziehungen zu ihnen. Einem der Mitglieder des Valdai Discussion Club hat er erzählt, dass er diese Landsleute als «unsere Jungs» betrachtet und sie gern nach Russland zurückbringen würde. Den Einwand, dass sie in Anbetracht der Pogrome zur Zarenzeit und der Unterdrückung während der Sowjetära womöglich nicht nach Russland zurückkommen wollten, spielte er herunter.[51]

Die Geschäftsbeziehungen zwischen den beiden Ländern florieren, und inzwischen verhandelt Israel sogar über ein Assoziierungsabkommen mit der Eurasischen Wirtschaftsunion. Wissenschaftliche und technische Kooperationen im Hightech-Sektor, etwa in der Nanotechnologie, entwickeln sich rapide. Russland ist einer der wichtigsten Öllieferanten Israels, und Gazprom hat Interesse bekundet, in Gas-Explorationsprojekte vor der Küste Israels zu investieren. Darüber hinaus verkauft Israel militärische Ausrüstung an Russland, darunter auch Drohnen, und im Gegenzug hat Russland sich verpflichtet, keine Hightech-Waffen, die gegen Israel eingesetzt werden könnten, an den Iran oder Syrien zu liefern.[52] Israel Aerospace Industries hat sich an einem 400-Millionen-Dollar-Projekt mit der russischen Oboronprom beteiligt, um in Russland unbemannte Luftfahrzeuge zu produzieren. Und Israel hat seine Agrarexporte nach Russland fortgesetzt und dabei von dem Umstand profitiert, dass Russland nach den Ukraine-Sanktionen der EU deren landwirtschaftliche Erzeugnisse boykottiert.

Russland und Israel sind sich auch darüber einig, dass gegen Extremisten und Terroristen hart vorgegangen werden muss. Beide betrachten radikalisierte Muslime als ihren gemeinsamen

Feind. Israel hat nie Russlands Kriege in Tschetschenien kritisiert, und Russland verzichtet weitgehend darauf, Israels Umgang mit den Palästinensern zu kommentieren. Ein russischer Historiker hat es so ausgedrückt: «Russische und israelische Politiker und Generäle haben die gleiche nüchterne, hartgesottene und auf Realpolitik basierende Sicht der Welt.»[53] Während allerdings die Israelis Hamas und Hisbollah für terroristische Organisationen halten, sehen die Russen das anders. Der russische Botschafter in Israel hat es so erklärt: «In einem Verfahren vor dem Obersten Gerichtshof [Russlands] ist das Gericht einem Antrag der Anklage gefolgt und hat nur solche Gruppen als terroristische Organisationen definiert, die vorsätzliche Terrorakte auf russischem Staatsgebiet oder gegen russische Interessen im Ausland begehen.»[54] Russland unterhält Beziehungen sowohl zur Hamas als auch zur Hisbollah. Als Mitglied des Nahost-Quartetts hat Russland die Expansion der israelischen Siedlungen im Westjordanland kritisiert und hält nach wie vor im israelisch-palästinensischen Konflikt eine Zweistaatenlösung für notwendig.

Die guten persönlichen Beziehungen zwischen Ministerpräsident Benjamin Netanjahu und Präsident Putin, die beide seit vielen Jahren an der Macht sind, sind dem Verhältnis ihrer Länder zugute gekommen. Netanjahus unterkühlte Beziehung zu Präsident Barack Obama, der Israel für seine Siedlungspolitik und seine Haltung gegenüber den Palästinensern öffentlich kritisiert hat, veranlassten ihn, engere Beziehungen zu Russland zu suchen. Seit Donald Trump ins Amt gekommen ist, sind die Beziehungen zwischen den USA und Israel besser geworden, was jedoch keinen Einfluss auf Netanjahus Einstellung zu Russland hat. Das liegt hauptsächlich an dem Bürgerkrieg in Syrien, der eine enge Kooperation zwischen Israel und Russland notwendig gemacht hat. Obwohl Syrien und Israel sich wegen Israels Besetzung der Golanhöhen nach wie vor im Kriegszustand befinden, haben die beiden Länder einen Modus Vivendi entwickelt: Den Israelis ist es lieber, wenn Assads Truppen vor ihren Grenzen stehen als die radikaleren islamistischen Verbände der Assad-Gegner. Der syrische Bürgerkrieg bleibt einer der Schlüsselfaktoren der russisch-israelischen Beziehungen; ein anderer ist der Iran und dessen Unterstützung für die Hisbollah.

Aus Israels Sicht ist der Iran eine existenzielle Bedrohung und der wichtigste regionale Feind, da er die Hisbollah unterstützt, die Angriffe auf israelisches Gebiet führt. Seit Israels Luftwaffe die Aktionen der Hisbollah in Syrien bekämpft, müssen Jerusalem und Moskau ihre Lufteinsätze sorgfältig koordinieren, damit es zwischen israelischen und russischen Flugzeugen nicht zu ähnlichen Zwischenfällen kommt wie zwischen der Türkei und Russland. Netanjahu reist mehrmals im Jahr nach Russland, um Putin zu treffen, und er drängt darauf, dass Russland seinen Einfluss auf den Iran geltend macht, um die Hisbollah im Zaum zu halten. Außerdem hat Israel sich extrem kritisch zum iranischen Atomprogramm geäußert, bei dem Russland eine wichtige Rolle spielte. Im August 2017 brachte Netanjahu seinen Geheimdienstchef mit nach Sotschi, um Putin Belege für «heikle, glaubhafte, sehr beunruhigende und detaillierte geheimdienstliche Erkenntnisse» über Irans militärische Präsenz in Syrien zu präsentieren.[55]

Die Sorge über den Iran hat Netanjahu dazu bewogen, größere Nähe zu Putin zu suchen. Am 9. Mai 2018 war Netanjahu einer von nur zwei Regierungschefs, die nach Moskau gekommen waren und bei der Siegesparade neben Putin standen.[56] Putin trug das Sankt-Georgs-Band, das die Wiedervereinigung der Krim mit Russland symbolisiert, und marschierte in der Parade des Ewigen Regiments mit, bei der die Teilnehmer Fotos von Angehörigen tragen, die im Zweiten Weltkrieg gekämpft haben. Die Knesset, das israelische Parlament, hat den 9. Mai – als Tag der Kapitulation des Deutschen Reiches – zu einem nationalen Gedenktag erklärt, ebenso wie Russland und anders als Europa und die USA, die den Sieg schon am 8. Mai feiern.[57]

Israel hatte kurz zuvor iranische Verbände in Syrien angegriffen, nachdem der Iran Israel attackiert hatte. In ihrem vertraulichen Gespräch erörterten Netanjahu und Putin ihre enge militärische Koordination in Syrien, um ungewollte Zusammenstöße zu vermeiden, und Putin sicherte seinem israelischen Gast zu, dass Russland keine S-300-Raketen an Syrien liefern werde.[58] Freilich könnte Russlands Einfluss auf den Iran geringer sein, als Israel annimmt. Die Israelis hoffen, dass Russland über kurz oder lang den iranischen Einfluss auf Syrien eindämmen wird, doch es bleibt abzuwarten, ob Moskau die iranische Präsenz in Syrien reduzieren kann oder will, abgesehen davon, die Iraner dazu zu bewegen, sich von der israelischen Grenze zurückzuziehen.[59]

Aus der Sicht des Kremls hat die vielversprechende Beziehung zu Israel Russlands Rolle als regionaler Drahtzieher, der an die Stelle der USA tritt, gefestigt. Putin ist es gelungen, sich die unterkühlte Beziehung zwischen Obama und Netanjahu wie die Abneigung der Obama-Regierung, sich mit Avigdor Lieberman auseinanderzusetzen, zunutze zu machen. Lieberman, der ehemalige Außenminister und ehemalige Verteidigungsminister Israels, hat ausgesprochen herbe Ansichten über Araber; er stammt aus Moldawien, hat wiederholt Putin gelobt und spricht buchstäblich dessen Sprache. Dennoch werden die Vereinigten Staaten den Löwenanteil der wirtschaftlichen und militärischen Hilfen für Israel schultern. Seit Donald Trump ins Amt kam, hat die Lage sich verändert – heute unterstützen die USA die Israelis sehr viel bereitwilliger und sehen ihre Siedlungspolitik weniger kritisch. Und die USA haben den beispiellosen Schritt vollzogen, Jerusalem als Israels Hauptstadt anzuerkennen – eine Aktion, die Putin kritisiert hat. Doch Israel ist auch weiterhin an engen Beziehungen zu Russland gelegen, weil Russland in Israels gefährlicher Nachbarschaft eine Schlüsselrolle spielt.

Zu Sowjetzeiten war die UdSSR einer der wichtigsten Unterstützer der Palästinensischen Befreiungsorganisation (PLO). Moskau unterhält auch weiterhin aktiv Beziehungen zur Palästinensischen Autonomiebehörde, deren Präsident Mahmud Abbas an der Patrice-Lumumba-Universität in Moskau promovierte, mit einer Dissertation zu dem Thema «Die andere Seite: Die geheime Beziehung zwischen Nationalsozialismus und Zionismus». Darin behauptete er, die Berichte über den Holocaust seien maßlos übertrieben. Doch die postsowjetischen Beziehungen zu den Palästinensern sind nicht so robust wie jene zu den Israelis. Nachdem Moskau 1982 den Staat Palästina formal anerkannt hat, unterhält es nach wie vor eine diplomatische Niederlassung in Ramallah. Nach den Wahlen im Jahr 2006, die die Hamas an die Macht brachten, nahm der Kreml zu dem innerpalästinensischen Konflikt zwischen Hamas und PLO eine pragmatische Haltung ein und hat versucht, eine Versöhnung zwischen den beiden Gruppen zu vermitteln. Das russische Außenministerium hat Ostjerusalem als Hauptstadt eines zukünftigen Staates Palästina anerkannt, aber auch bekräftigt: «In diesem Kontext betrachten wir Westjerusalem als Hauptstadt Israels.»[60] Kaum weniger bemerkenswert als die Wende in seinen Beziehungen zu Israel ist Moskaus kürzlich eingeleitete Wiederannäherung an Saudi-Arabien, das es jahrzehntelang als Widersacher Russlands betrachtete.

## SAUDI-ARABIEN

Im Oktober 2017 stieg der 81 Jahre alte König Salman von Saudi-Arabien aus seinem Flugzeug, betrat die mitgebrachte goldene Rolltreppe und begann hinabzugleiten. Doch dann blieb die Rolltreppe stehen, der König hielt inne und musste sich aus eigener Kraft die Treppe hinunterbemühen, zum Entsetzen seiner Leibwächter. Am Ende der Treppe nahm ihn Dmitri Rogosin in Empfang, der ziemlich unverfrorene stellvertretende Ministerpräsident Russlands, der für das Rüstungsgeschäft zuständig war. Kurz darauf empfing Präsident Putin König Salman in der großen Halle des Kremls, wo die beiden Staatschefs sich an die Arbeit machten und mehrere Abkommen unterzeichneten. Dazu zählten der Verkauf von russischen S-400-Luftabwehrraketen und weiteren Rüstungsgütern neuester Technologie sowie eine Zusage der Saudis, in den russischen Energiesektor zu investieren. Außerdem vereinbarten sie, ihre Ölproduktion auf ein Niveau zu drosseln, das den Ölpreis stützen und einen weiteren Preisverfall verhindern würde.[61] Der König war mit einer Entourage von 1500 Personen angereist und hatte seine eigenen Möbel, Teppiche, Köche und Speisen mitgebracht; die Saudis hatten zwei der luxuriösesten Hotels in Moskau angemietet.[62] Es war in der Tat ein beeindruckender erster Staatsbesuch eines saudischen Monarchen in Russland, der einen weiteren – und ausgesprochen erstaunlichen – Meilenstein auf Russlands Weg zurück in den Nahen Osten markierte. Für die Mission des Kremls, sich zum neuen Drahtzieher im Nahen Osten aufzuschwingen, stellt die Wiederannäherung zwischen Russland und Saudi-Arabien einen beachtlichen Erfolg dar.

Die UdSSR war das erste nichtmuslimische Land, das 1926 jenes Gebiet anerkannte, aus dem später offiziell das Königreich Saudi-Arabien werden sollte, weil sie hoffte, der neue Staat werde sich zu einem Vorkämpfer im antiimperialistischen Kampf entwickeln. Doch die Beziehungen gingen schnell in die Brüche, und 1938 ließ Stalin die sowjetische Botschaft in Riad schließen. Die sowjetischen Diplomaten, die sich unermüdlich dafür eingesetzt hatten, «die Araber zum marxistischen Glauben zu bekehren», kehrten nach Moskau zurück, wo sie umgehend exekutiert wurden. Die Beziehungen zwischen den beiden Ländern blieben kühl, während das Verhältnis zwischen den USA und Saudi-Arabien aufblühte. Im Jahr 1945 wurde dieses Verhältnis noch vertieft, als Präsident Roosevelt und der saudische König sich trafen, und das Königreich wurde zu einem zuverlässigen, wenn auch manchmal schwierigen Bündnispartner der USA. Durch seine Rolle als größter Ölexporteur der Welt und als Hüter der Pilgerstätten von Mekka und Medina etablierte es seine einzigartige Bedeutung. Saudi-Arabien kooperierte mit den Vereinigten Staaten, um die Mudschaheddin zu bewaffnen, die in Afghanistan gegen die sowjetischen Truppen kämpften. Erst nach dem Zerfall der Sowjetunion wurden zwischen Moskau und Riad erneut diplomatische Beziehungen aufgenommen.

Zur selben Zeit beobachtete der Kreml mit wachsendem Argwohn den zunehmenden Einfluss des Wahabismus, Saudi-Arabiens strenger Form des Islam, auf den aufsässigen Nordkaukasus. Tatsächlich förderten die Saudis die Verbreitung des Islam in den postsowjetischen Ländern, bauten Moscheen und Koranschulen in Zentralasien und versprachen den Tschetschenen in den 1990er Jahren Unterstützung in ihrem Krieg gegen Moskau. Die Russen machten den Wahabismus für das Zunehmen des religiösen Extremismus in Russland und seinen südlichen Nachbarländern verantwortlich, und sie sahen Saudi-Arabiens Förderung islamischer Bildung in Zentralasien als eine potenzielle Gefahr für Russland.

Dennoch wurde Saudi-Arabien aus einer Reihe von Gründen für die russische Außenpolitik immer wichtiger. Als größter Ölproduzent und wichtigstes Mitgliedsland der OPEC hatte das Königreich erheblichen Einfluss auf den Ölpreis, und Russlands Interessen als weiterer großer Ölproduzent deckten sich nicht immer mit denen Saudi-Arabiens, das es als Konkurrent auf den globalen Ölmärkten betrachtete. Tatsächlich wirft manch ein Russe Saudi-Arabien vor, es habe zum Niedergang der UdSSR beigetragen, weil es – so die Behauptung – Mitte der 1980er Jahre mit den USA gemeinsame Sache gemacht habe, um den Ölpreis zu drücken und Russland zu schwächen. Und umgekehrt schöpften die Saudis in Putins Amtszeit den Verdacht, Russland wolle versuchen, sowohl den Ölmarkt als auch die führende Rolle Saudi-Arabiens zu sabotieren, indem es seine Ölproduktion nicht drosselte, wenn die OPEC die eigene Produktion zurückfuhr. Zudem waren die Saudis eine wichtige Macht im Nahen Osten und ein Feind Irans, und sie beobachteten Moskaus Beziehungen zu Teheran mit Argwohn. Moskaus Unterstützung für einen Verbündeten des Iran – nämlich Syrien – schon vor dem Ausbruch des Bürgerkriegs im Jahr 2011 war ein weiterer Faktor, der die Beziehungen belastete.

Im Jahr 2007 reiste Putin nach Saudi-Arabien, der erste russische Regierungschef, der dem Königreich einen Staatsbesuch abstattete. Nur einen Tag nachdem er auf der Münchner Sicherheitskonferenz seine scharfe Attacke gegen die Vereinigten Staaten geritten hatte, reiste er nach Saudi-Arabien ab, wo Russland nach Investoren Ausschau halten wollte. Der saudische König hieß ihn willkommen und sagte: «Unsere Länder haben beide großartiges wirtschaftliches Potenzial, sind reich an Bodenschätzen und Investitionsmöglichkeiten, und sie können stolz sein auf ihr einzigartiges kulturelles Erbe.»[63] Die beiden Staatenlenker unterzeichneten eine Reihe von Wirtschaftsabkommen und erörterten dann das israelisch-palästinensische Problem, den Irak und andere regionale Fragen. Nach Putins Besuch nahm der Handel zwischen den beiden Ländern allmählich zu, und die Saudis begannen, Russland als Waffenlieferanten in Betracht zu ziehen, als Alternative zu ihrem traditionellen Verbündeten, den Vereinigten Staaten.

Vor Russlands militärischer Intervention in Syrien geriet Saudi-Arabiens Beziehung zur Obama-Administration aus mehreren Gründen unter Druck. Die Saudis konnten nicht verstehen, warum die Vereinigten Staaten ihren langjährigen Verbündeten Husni Mubarak nach dem Ausbruch des Arabischen Frühlings in Ägypten hatten fallenlassen – und das nur, um die Wahl des Anführers der Muslimbruderschaft zu ermöglichen, die Saudi-Arabien als terroristische Organisation einstufte. Außerdem waren die Saudis enttäuscht von der schwachen Reaktion der USA auf den Aufstand gegen Assad und ihrem Verzicht auf eine entschlossenere Intervention gegen den vom Iran gestützten syrischen Präsidenten. Und sie beobachteten Washingtons Verhandlungen mit Teheran über das iranische Atomprogramm mit Argwohn. Ironischerweise waren es Syrien und der fallende Ölpreis, die Russland in die Arme der Saudis trieben, obwohl Russland auch weiterhin unbeirrbar Iran und Syrien unterstützt. Aber gerade weil der Kreml auf beide Länder – und auf den Ölpreis – Einfluss hat, glaubten die Saudis, es liege in ihrem Interesse, die Beziehungen zu Putin zu verbessern, um die russische Politik besser verstehen und möglicherweise beeinflussen zu können.

Im Jahr 2014 begann der Ölpreis, der bis dahin bei etwa 110 Dollar pro Barrel gelegen hatte, zu fallen. Russland litt ohnehin schon unter den Sanktionen, die der Westen nach dem Ausbruch der Ukrainekrise verhängt hatte. Der fallende Ölpreis und der fallende Rubel machten Russland schwer zu schaffen. Im November 2014 weigerte sich Russland, mit der OPEC zu kooperieren, um den Ölpreis zu stützen; 2015 brach er auf 50 Dollar ein. Doch als der wirtschaftliche Schmerz immer stärker wurde, begann Moskau, seine frühere Abneigung gegen eine Koordination der Produktionsmengen mit der OPEC und vor allem mit Saudi-Arabien zu überdenken. Es hatte schon vorher mit dem Gedanken gespielt, mit der OPEC zusammenzuarbeiten, dann aber doch darauf verzichtet, weil es ihm wichtiger war, die Entscheidungsfreiheit über die eigene Ölförderung zu behalten, anstatt seine Produktionsmengen mit einer Gruppe anderer Länder abstimmen zu müssen. Die wachsenden wirtschaftlichen Probleme erzwangen die Neubewertung einer Kooperation mit der OPEC, und im Herbst 2016 einigten sich Russland und Saudi-Arabien zum ersten Mal auf eine Zusammenarbeit, um die Produktion zu begrenzen und die globale Ölschwemme auszutrocknen.

Im Dezember 2016 verständigten sich die OPEC-Länder unter der Führung Saudi-Arabiens und einige Non-OPEC-Ölexportländer auf eine Drosselung der Fördermengen, die dann tatsächlich dazu führte, dass die Ölpreise stiegen. Dann traf sich Putin mit dem aufstrebenden starken Mann Saudi-Arabiens, dem stellvertretenden Premierminister und Kronprinz Mohammed bin Salman, den er beschrieben hat als einen «sehr zuverlässigen Partner, mit dem man sich einigen und dann auch sicher sein kann, dass diese Vereinbarungen eingehalten werden».[64] Bei einem Besuch in Moskau hatten die Saudis Absichtserklärungen unterzeichnet, zehn Milliarden Dollar in Russland zu investieren – die größte einzelne Investitionszusage aus dem Ausland, die Russland je erhalten hat. Im Vorfeld der russischen Präsidentschaftswahlen 2018 war es wichtig, die Einnahmen des Staates zu stabilisieren, und dabei spielte der Ölpreis eine wichtige Rolle. Die OPEC / Non-OPEC-Produktionsvereinbarung wurde – gestärkt durch die steigende Nachfrage auf den globalen Ölmärkten – 2017 erneuert. Im Anschluss wollte Mohammed bin Salman mit Russland eine Vereinbarung über 10 bis 20 Jahre abschließen, um die Ölfördermengen zu regulieren.[65]

Obwohl es Russland und Saudi-Arabien gelungen war, sich über den Ölpreis zu verständigen, erzürnte die Tatsache, dass russisches Militär in Syrien eingerückt war, um Assad zu stützen, die Saudis immer mehr. Der saudische Einfluss im Nahen Osten wurde durch die iranische und russische Unterstützung für Assad gefährdet. Die Saudis unterstützten den syrischen Widerstand, waren jedoch verärgert über die Zögerlichkeit der Vereinigten Staaten, diesen Gruppen wirkungsvoll zu helfen. Als sich immer klarer abzeichnete, dass Russland dafür sorgen werde, dass Assad an der Macht bleiben und sich gegen seine Widersacher durchsetzen könne, schienen die Saudis – wie die Türken – sich auszurechnen, dass es besser sei, engere Beziehungen zu Russland aufzubauen, statt weiter eine aussichtslose Sache zu unterstützen. Der damals 31 Jahre alte Mohammed bin Salman sagte: «Das wichtigste Ziel ist, dass Russland nicht alle seine Trümpfe in dieser Region zugunsten des Iran ausspielt.»[66] Das heißt, dass Russland von regionalen Rivalitäten profitiert hat, deren Ursachen weit vor seiner Rückkehr in den Nahen Osten seit 2000 liegen.

Nach dem Wahlsieg Donald Trumps waren die Saudis sehr bemüht, den neuen US-Präsidenten zu umschmeicheln, was ihnen auch gelang – sein erster Auslandsbesuch nach seinem Amtsantritt führte ihn in ihr Königreich. Bei seinem Aufenthalt in Riad wurde er mit extravagantem royalem Pomp empfangen, so zum Beispiel bei einer aufwendigen Aufführung eines Schwerttanzes zu seinen Ehren. Die Saudis unterzeichneten eine Absichtserklärung über umfangreiche Waffengeschäfte, und die Beziehung zwischen den USA und Saudi-Arabien schien zu neuem Leben zu erwachen. Einige Monate später machte der alternde König seinen historischen Staatsbesuch in Russland. Sein Sohn und Thronerbe hatte mittlerweile sein ehrgeiziges Modernisierungsprogramm Saudi Vision 2030 präsentiert, mit dem er das Königreich von einem Ölexporteur in ein regionales Machtzentrum mit diversifizierter Wirtschaft umwandeln will. Zu seinem großen Plan gehört auch, eine Partnerschaft mit Russland zu schmieden. Dies bedeutete auch eine Gelegenheit für den Kreml, eine Beziehung zu dem traditionellen Verbündeten der USA aufzubauen. Den Saudis wiederum war die Chance, den Einfluss zu nutzen, der aus Moskaus engen Beziehungen zum Erzrivalen Iran resultiert, sehr willkommen, während ihre Beziehungen zum Westen sich weiter verschlechterten. Russland war jetzt zu einem wichtigen Gesprächspartner für zwei Länder avanciert, die zwar offiziell Antagonisten sind, sich aber einig sind in ihrer Abneigung gegen den Iran und in ihrem Wunsch, dass Moskau seinen Einfluss geltend machen soll, um Teheran unter Druck zu setzen – nämlich Saudi-Arabien und Israel.

Bei König Salmans Staatsbesuch in Moskau im Oktober 2017 vereinbarten die Saudis den Kauf von S-400-Luftabwehrraketen (der Iran hat nur das Vorgängermodell S-300) und den Transfer russischer Technologie für die Herstellung von etlichen russischen Hightech-Waffensystemen. Im Gegenzug sicherten die Saudis zu, eine Milliarde Dollar in russische Energieprojekte zu investieren, und Russland wird für 1,1 Milliarden Dollar eine petrochemische Fabrik in Saudi-Arabien errichten.[67] Die Saudis haben wahrscheinlich kaum die Hoffnung, einen Keil zwischen Teheran und Moskau treiben zu können; aber sie wissen, dass Russland inzwischen die Rolle der großen ausgleichenden Macht in der Region spielt. Sie haben sich – wie die Türken – damit abgefunden, dass sie mit Russland zusammenarbeiten müssen, wenn es um Syrien geht. Ein Nahostexperte hat es so gesagt: «Die Saudis haben erkannt, dass die Russen vielleicht die einzige Macht sind, die den Syrienkonflikt beilegen kann. ... Sie haben kein Problem damit, dass dann das Assad-Regime an der Macht bleiben könnte.»[68]

Putin ist es gelungen, das Verhältnis zwischen Russland und Saudi-Arabien zu festigen und eine Beziehung aufzubauen, in der es hauptsächlich um Energie und den Iran geht. In Putins Welt bleibt der Iran zweifellos einer der wichtigsten Partner Russlands.

## IRAN

Die Beziehung zwischen dem Iran und Russland ist aus historischer Sicht schon immer belastet gewesen. Immerhin sind die Kaiserreiche von Russland und Persien im 18. und 19. Jahrhundert viermal gegeneinander in den Krieg gezogen, was zur Folge hatte, dass Persien drei südkaukasische Provinzen und Dagestan an Russland verlor. Zudem unterstützte die UdSSR in den 1920er Jahren separatistische Bewegungen im Iran und besetzte nach dem Zweiten Weltkrieg den Nordiran. Im Verlauf des sowjetischen Afghanistankriegs flohen über zwei Millionen afghanische Flüchtlinge in den Iran, was dessen Staatshaushalt erheblich belastete. Und wegen Moskaus Unterstützung für Saddam Hussein im Ersten Golfkrieg entfremdete sich die junge Islamische Republik noch weiter von Russland. Aber nach dem Zerfall der Sowjetunion wurden die Beziehungen wieder besser. Nachdem Putin Russlands Präsident geworden war und beschlossen hatte, Moskaus Verhältnis zu Teheran einen höheren Rang einzuräumen, begann eine intensivere Phase. Und als Russland in den Syrienkrieg eintrat und Donald Trump US-Präsident wurde, sind die zwei Länder noch enger zusammengerückt.

In der frühen Phase der Amtszeit Putins stand das iranische Atomprogramm nicht nur im Mittelpunkt der russisch-iranischen Beziehungen, sondern war auch eines der Hauptprobleme im Verhältnis zwischen den USA und Russland. Moskau war entschlossen, den Reaktor in Buschehr zu bauen, und behauptete, der Iran würde keinesfalls die Fähigkeit anstreben, Atomwaffen zu bauen; die USA und die EU machten sich dagegen weit größere Sorgen um die langfristigen nuklearen Ambitionen Teherans. Einer der führenden russischen Nahostexperten drückte es so aus: «Vor einigen Jahren hörte ich einen unserer Diplomaten sagen: ‹Ein proamerikanischer Iran ist wesentlich gefährlicher für uns als ein Iran mit einem Atomprogramm.›»[69] In der Zeit der Bush-Administration widerstrebte es Russland, dem Druck aus den USA, Buschehr nicht zu bauen, nachzugeben; der Bau des Reaktors brachte Russland unentbehrliche Einnahmen und das Versprechen, dass nach dessen Fertigstellung Aufträge für weitere Atomkraftwerke folgen würden. Putin hat der russischen Atomkraftwerksindustrie eine hohe Bedeutung eingeräumt – Buschehr sollte das Vorzeigeprojekt sein, dass Russlands Rolle als weltweit führender Exporteur von Atomkraftwerken unterstreichen würde.

Dann stellte jedoch die Internationale Atomenergiebehörde (IAEA) im Jahr 2004 fest, dass der Iran Informationen über seine nuklearen Aktivitäten zurückhielt und die bereits getroffenen Vereinbarungen brach. Russland begann, sehr zum Unmut der Iraner, die Fertigstellung des Reaktors hinauszuzögern; 2011 wurde er schließlich fertiggestellt. Darüber hinaus schwankte Russland, ob es mit dem UN-Sicherheitsrat kooperieren sollte, um den Iran auf Linie zu bringen, oder ob es sich auf den Standpunkt zurückziehen sollte, dass der Iran die Auflagen der IAEA nicht verletze. Zudem wurde Moskau vom Westen unter Druck gesetzt, die S-300-Boden-Luft-Raketen nicht an Teheran zu liefern, deren Lieferung es 2007 in Aussicht gestellt hatte – ein Deal, an dem Russland 800 Millionen Dollar verdient hätte. Als Medwedew Präsident wurde, legte er das Geschäft auf Eis.

Tatsächlich befürwortete Medwedew wesentlich strengere UN-Sanktionen gegen Teheran, nachdem Präsident Obama ihm Beweise für die Existenz der geheimen Urananreicherungsanlage des Iran unweit der Stadt Ghom präsentiert hatte. Diese Strafsanktionen trugen dazu bei, den Iran mit den fünf ständigen Mitgliedern des UN-Sicherheitsrats sowie Deutschland und der EU an den Verhandlungstisch zu bringen. Die Verhandlungen führten 2015 zur Verabschiedung des Joint Comprehensive Plan of Action (JCPOA, «Gemeinsamer umfassender Aktionsplan»), der den Iran verpflichtet, die Zahl der von ihm betriebenen Zentrifugen deutlich zu reduzieren und mindestens zehn Jahre lang nicht in nennenswertem Umfang Uran anzureichern. Präsident Obama lobte Russland, weil es zum Abschluss der Vereinbarung beigetragen hatte. Dagegen versprach Trump als Präsidentschaftskandidat, dass die Vereinigten Staaten sich aus dieser Vereinbarung zurückziehen würden, falls er ins Weiße Haus einziehe, und im Mai 2018 machte er dieses Versprechen wahr, zum Entsetzen der russischen, chinesischen und europäischen Mitunterzeichner. Russland warf den Vereinigten Staaten vor, «das Völkerrecht mit Füßen zu treten», und verpflichtete sich, zusammen mit den anderen JCPOA-Unterzeichnerländern zu versuchen, die Vereinbarung zu retten.[70]

Seit der Unterzeichnung des JCPOA hat Russland seine militärische Kooperation mit dem Iran deutlich ausgeweitet. Russland und der Iran haben weitreichende Vereinbarungen in den Bereichen militärische Ausbildung, Terrorismusbekämpfung und Modernisierung der iranischen Luftwaffe getroffen. Darüber hinaus hat der Iran Interesse gezeigt, ein breites Spektrum russischer Rüstungsgüter zu kaufen, doch bis jetzt wurden in dieser Richtung kaum Fortschritte erzielt. Im Jahr 2014 unterschrieb Russland Vereinbarungen über den Bau von acht weiteren Atomreaktoren im Iran, wenn auch die Zeitplanung für diese Projekte bestenfalls unklar ist. Abgesehen von diesen Waffen- und Atomenergiegeschäften sind die iranisch-russischen Wirtschaftsbeziehungen eher moderat.[71] Nachdem die UN-Sanktionen gegen den Iran aufgehoben wurden, haben der Iran und Russland Geschäfte im Wert von 40 Milliarden Dollar abgeschlossen; dagegen hat der Iran mit China eine Roadmap über 25 Jahre vereinbart, die davon ausgeht, dass das bilaterale Handelsvolumen auf 600 Milliarden Dollar anschwillt.[72] Und es sind die Vereinigten Staaten, Frankreich und Großbritannien – und nicht etwa Russland –, an deren Universitäten viele iranische Politiker und Intellektuelle studiert haben, etwa der jetzige Präsident, der Außenminister und der ehemalige Chefverhandler für Waffengeschäfte.

Russlands Intervention in Syrien hat Umstände geschaffen, unter denen der Iran zu einem noch engeren Partner des Kremls geworden ist. Der Iran hatte das Assad-Regime lange unterstützt, und zwar unter anderem, weil Syrien ihm Zugang zur Hisbollah ermöglichte – einer schiitisch-islamistischen Partei und militanten Gruppe, die im Libanon ansässig ist und vom Iran massiv unterstützt wird. Sobald Russland militärisch intervenierte, um Assad zu stützen, waren der Iran und Russland Verbündete. Durch Russlands Intervention wurde auch die Rolle der islamischen Verbände der Iranischen Revolutionsgarden gestärkt, die dort kämpften. Der Iran führt in Syrien Bodentruppen von bis zu 70 000 Mann.[73] Der Iran hat Russland erlaubt, von seinem Luftwaffenstützpunkt Schahid Nojeh Angriffe auf syrisches Gebiet zu fliegen, ein beispielloser und im eigenen Land umstrittener Schritt. Beide Länder sind dafür, dass Assad an der Macht bleibt, um ein Auseinanderbrechen Syriens zu verhindern. Während Russland bereit ist, eine zukünftige föderale Struktur für Syrien in Betracht zu ziehen, bevorzugt der Iran ein zentral regiertes Land, doch diese Differenzen sind deutlich weniger wichtig als die Entschlossenheit beider Länder, das jetzige Regime an der Macht zu halten.

Des Irans gestärkte Beziehung zu Russland ist ein Produkt sowohl des Krieges in Syrien als auch des Wahlsiegs von Donald Trump. Mit seiner Kritik an der Islamischen Republik und dem Rückzug der USA aus dem JCPOA hat Trump Teheran in seiner Entscheidung bestärkt, größere Nähe zu Moskau zu suchen. Bei Putins Besuch in Teheran im November 2017 haben Russland wie der Iran die Vereinigten Staaten dafür kritisiert, die Vereinbarung in Frage zu stellen, und bekräftigt, dass sie gut funktioniere.[74]

Bei anderen Fragen bestehen jedoch Differenzen. Fast drei Jahrzehnte lang waren die beiden Länder nicht in der Lage, sich über die Grenzziehung im Kaspischen Meer mit seinen riesigen Öl- und Gasvorkommen zu einigen. Sie hatten bereits eine Vereinbarung, doch nach dem Zerfall der Sowjetunion waren fünf Anliegerstaaten entstanden: Russland, der Iran, Aserbaidschan, Turkmenistan und Kasachstan. Sie konnten sich nicht einigen, ob das Meeresgebiet zu gleichen Teilen zwischen allen fünf Staaten aufgeteilt werden sollte – die vom Iran bevorzugte Lösung – oder entsprechend der Länge der jeweiligen Küstenlinie, was die anderen Länder wollten. Schließlich kamen sie im August 2018 zu einer Einigung.[75] Und der Iran beäugt Russlands Beziehungen zu Saudi-Arabien und vor allem zu Israel mit Argwohn, zumal die ständige russisch-israelische Koordination ihrer Operationen im Luftraum über Syrien. Der Iran ist gespalten darüber, inwieweit er sich an Russland ausrichten sollte. Einige Gruppen warnen vor einer zu großen Abhängigkeit von Russland und befürworten eine besser konzertierte Öffnung gegenüber dem Westen.[76]

Demnach sind Russlands Beziehungen zum Iran auf einer gewissen Ebene eng, andererseits aber auch verwickelt. Die Tatsache, dass der Kreml den Iran bei einer Reihe von Problemen unterstützt, hat den internationalen Einfluss Teherans erhöht, da die meisten seiner Nachbarn dem Land mit Misstrauen begegnen und glauben, auf Moskaus Unterstützung angewiesen zu sein, um die Macht Irans eindämmen zu können. Ob Russland wirklich die Macht hat, das Verhalten des Iran zu beeinflussen, ist nicht klar. Sobald der Bürgerkrieg in Syrien vorbei ist, kann es gut sein, dass Russland versuchen wird, die iranische Präsenz in Syrien einzuschränken, obwohl Assad mittlerweile auf die Iranischen Revolutionsgarden angewiesen ist, um sein Regime an der Macht zu halten. Israel und Saudi-Arabien werden in ihrem Verhältnis zum Iran auch in Zukunft die Hilfe Russlands suchen, solange sie die Islamische Republik für eine existenzielle Bedrohung halten.

# RUSSLANDS ZUKUNFT IM NAHEN OSTEN

Wie hat Russland seine spektakuläre und rapide Rückkehr in den Nahen Osten zustande gebracht? Putins Erfolg beruht auf klugem Taktieren, entschlossenem Handeln und dem geschickten Nutzen von Gelegenheiten, die sich durch eine unbeständige US-Politik boten. Möglicherweise werden die USA noch eine Weile der wichtigste Akteur in der Region bleiben, aber Russland hat den Vorteil, dass es mit praktisch allen Parteien in dieser schwierigen Nachbarschaft spricht, auf welcher der verschiedenen Seiten der Konflikte sie stehen. Durch Russlands Position als Gegner von Regimewechseln und Unterstützer etablierter Regierungen trifft es auf Sympathien bei allen Regierungen der Region, autoritären wie demokratischen. Es ist ihm weitgehend gelungen, externe Bedrohungen für seine eigene muslimische Bevölkerung zu neutralisieren, obwohl der IS und der islamische Extremismus weiterhin eine große Herausforderung bleiben. Russland ist es auch gelungen, das Einflussmonopol der USA in der Region aufzubrechen, und es hat sich den Respekt aller wichtigen regionalen Parteien erworben. Dennoch war es Putin wesentlich wichtiger, Russlands Präsenz in der Region auszubauen, als zu Lösungen der drängendsten Probleme im Nahen Osten beizutragen. Die Vereinigten Staaten haben sich im Nahostkonflikt für eine Seite entschieden, Putins Russland dagegen nicht, was ihm mehr Einfluss verschafft. Viele der regionalen Parteien sehen Russland als nützlich für ihre Zwecke an, sind sich jedoch im Klaren darüber, dass es noch eine ganze Weile die Vereinigten Staaten nicht ersetzen wird. Russland kann ein nützliches Gegengewicht gegen die Vereinigten Staaten bilden, wird sich aber in der Region auch in Zukunft opportunistisch verhalten.

Putins neuer Status als Drahtzieher im Nahen Osten zeigte sich kurz vor seinem Gipfeltreffen mit Präsident Trump in Helsinki in einem Marathon diplomatischer Aktivitäten. Netanjahu reiste ein weiteres Mal nach Moskau, um Putin von der Notwendigkeit zu überzeugen, die Aktivitäten der Hisbollah und des Iran unweit der Golanhöhen zu bremsen, nachdem Israel auf militärische Provokationen des Iran reagiert hatte. Daraufhin schlug Putin vor, die iranischen Kräfte sollten sich mindestens 100 Kilometer von den Golanhöhen zurückziehen, doch Israel lehnte diesen Vorschlag ab.[77] Sobald Netanjahu abgereist war, traf Putin sich mit Ali Akbar Velayati, einem hochrangigen Berater des Iran, um das Regime in Teheran davon zu überzeugen, die iranischen Truppen von der israelisch-jordanischen Grenze abzuziehen, als Gegenleistung für wirtschaftliche Anreize. Während die USA sich allmählich aus dem Nahen Osten zurückziehen, sind alle Blicke auf Moskau gerichtet.

Putin hat sich zum wichtigsten Pendeldiplomaten im Nahen Osten entwickelt. Ein Unterschied zu der früheren Pendeldiplomatie in der Region besteht darin, dass Putin nicht nur selbst viel reist, sondern auch viele führende Politiker aus der Region sich in Moskau die Klinke in die Hand geben, um ihn zu treffen. Russland ist zurück im Nahen Osten, mit einer Präsenz, wie sie die Sowjetunion dort nie hatte. Und das wird so bleiben.

★ 11 ★

# DREI MISSGLÜCKTE NEUANFÄNGE

## Russland und die USA vor der Trump-Ära

*Heute beobachten wir eine fast unbegrenzte, hypertrophierte Anwendung von Gewalt in den internationalen Beziehungen, einer Gewalt, welche eine Sturmflut aufeinanderfolgender Konflikte in der Welt auslöst. Mehr noch – ein Staat, vor allem, natürlich, die Vereinigten Staaten, hat seine Grenzen in allen Sphären überschritten.*

**Wladimir Putin, 2007**[1]

*Die Russen können uns nicht ändern oder signifikant schwächen. Die Russen haben ein kleineres Land, sie haben ein schwächeres Land, ihre Wirtschaft produziert nichts, was irgendjemand kaufen will, außer Öl und Gas und Waffen.*

**Barack Obama, 2016**[2]

Im Februar 2007 nahm Putin zum ersten Mal an der Münchner Sicherheitskonferenz im imposanten Hotel Bayerischer Hof teil. Die Konferenz ist ein jährliches Treffen von europäischen und amerikanischen Außen- und Verteidigungsministern sowie Vertretern internationaler Organisationen und Experten, die zusammenkommen, um die dringendsten Sicherheitsfragen der Welt zu diskutieren. Unter den vielen Sicherheitskonferenzen, die weltweit abgehalten werden, ist sie die einflussreichste. Putins Rede wurde mit Spannung erwartet. Nachdem weniger als ein Jahr zuvor der amerikanische Vizepräsident Dick Cheney im litauischen Wilna Moskau scharf attackiert und das innenpolitische System Russlands und den Umgang mit seinen Nachbarn kritisiert hatte, hatte sich das Verhältnis zwischen Washington und Moskau zusehends verschlechtert.[3] Außer in der ersten Reihe, wo Bundeskanzlerin Merkel und ihre Kollegen neben führenden US-Kongressabgeordneten saßen, gab es in dem Konferenzsaal des Bayerischen Hofes nur Stehplätze. Mit ernstem Ausdruck begab sich Putin zum Rednerpult und begann mit der Warnung, dass seine Rede «übermäßig polemisch» sein könnte.[4] Und das war sie in der Tat. Seine Rede hatte nur ein Ziel: die Vereinigten Staaten.

Putins erste Kritik galt dem Konzept einer monopolaren Welt: «Es ist die Welt eines einzigen Hausherrn, eines Souveräns. Und das ist am Ende nicht nur tödlich für alle, die sich innerhalb dieses Systems befinden, sondern auch für den Souverän selbst, weil es ihn von innen zerstört. Das hat natürlich nichts mit Demokratie gemein ... Nebenbei gesagt, lehrt man uns, Russland, ständig Demokratie. Nur die, die uns lehren, haben selbst, aus irgendeinem Grund, keine rechte Lust zu lernen.» Nach diesem Paukenschlag prangerte Putin die Vereinigten Staaten wegen ihrer aggressiven und destabilisierenden Außenpolitik an und schloss mit einem Plädoyer für Multipolarität und eine stärkere Rolle der Vereinten Nationen.[5]

Nach einem Moment fassungsloser Stille im Publikum ertönte hier und da im Saal verhaltener Applaus. Putin hatte den Vereinigten Staaten den Fehdehandschuh hingeworfen und sie davon in Kenntnis gesetzt, dass es von nun an kein «Business as usual» laut Washingtoner Definition mehr geben konnte. Doch der neu ernannte amerikanische Verteidigungsminister Robert Gates, ein langjähriger hochrangiger CIA-Mitarbeiter, sah davon ab, auf Putins Affront mit gleicher Münze zu antworten. «Ein Kalter Krieg war mehr als genug», erklärte er am Tag nach Putins Rede und kündigte an, bald nach Moskau zu reisen, weil «Russland ein Partner in [unseren] Bemühungen ist».[6] Das Weiße Haus sekundierte und nannte Russland einen «geschätzten Verbündeten». Außerdem hatte Putin nur noch ein Jahr im Amt vor sich, und so zog die Regierung Bush es vor zu glauben, dass er im Vorfeld der Wachablösung im Kreml mit seiner Rede hauptsächlich innenpolitische Ziele verfolgte.

Obwohl die Münchner Rede in der Tat auch darauf abzielte, Eindruck bei Putins Anhängern zu Hause zu machen, läutete sie, im Rückblick betrachtet, eine neue Phase in den Beziehungen Russlands zum Westen und insbesondere zu den Vereinigten Staaten ein. Nach sieben Jahren steigender Ölpreise und Wachstumsraten von jährlich 7 Prozent fühlte sich Putin offenkundig stark genug, der Welt eine deutliche Botschaft zu senden: Russland war nicht länger willens, eine von den Vereinigten Staaten festgelegte Agenda zu akzeptieren. Anstatt Respekt zu bekunden, so der vorherrschende Eindruck im Kreml, hatten die Vereinigten Staaten eine Reihe von Schritten unternommen, die den Interessen Russlands abträglich waren, darunter die Osterweiterung der NATO, die Invasion im Irak, die Unterstützung der Farbrevolutionen im russischen Hinterhof – und natürlich die ständigen Vorhaltungen an die Adresse Moskaus wegen seiner vermeintlichen demokratischen Defizite. Russland hatte, salopp formuliert, die Nase voll.

Warum aber sind die Beziehungen zwischen den USA und Russland so aus dem Ruder gelaufen? Anders als im Kalten Krieg belastet keine formelle ideologische Konfrontation das Verhältnis zwischen den beiden Mächten und ist Russland darüber hinaus in die Weltwirtschaft integriert. Wenn man danach fragt, woher die inhärenten Herausforderungen – und Chancen – einer Beziehung von so zentraler Bedeutung für die globale Stabilität rühren, kommt man am Kalten Krieg nicht vorbei. Der Kalte Krieg mag 1991 offiziell zu Ende gegangen sein, doch sein Erbe wirft nach wie vor einen langen Schatten auf das Verhältnis der beiden Länder zueinander.

## MOSKAU UND WASHINGTON WÄHREND DES KALTEN KRIEGES

Die Beziehung zwischen den USA und Russland ist seit jeher eine Studie in Gegensätzen. George F. Kennan, im 20. Jahrhundert sicherlich der scharfsinnigste amerikanische Beobachter Sowjetrusslands, lernte als junger Mann in der lettischen Hauptstadt Riga Russisch, dem Horchposten der Vereinigten Staaten in den Jahren, bevor sie die Sowjetunion 1933 diplomatisch anerkannten. Kennan empfand «Liebe zu dieser großen russischen Sprache – reich, gehaltvoll, musikalisch, manchmal zärtlich, manchmal erdig und brutal, manchmal klassisch streng», die ihm «eine unerschöpfliche Quelle der Kraft und Gewissheit in den trostloseren und aufreibenderen Läufen des späteren Lebens» war.[7] Diese Kraft, wenn nicht sogar Gewissheit, zog er heran, als er 1947 einen einflussreichen Aufsatz veröffentlichte, der die Politik der USA gegenüber der UdSSR für die nächsten vierzig Jahre definierte. Kennan stellte den sowjetischen Kommunismus als eine tödliche Kombination aus traditionellem russischem Nationalismus und einer expansionistischen marxistisch-leninistischen Ideologie dar, die im Westen den Hauptfeind sah. Seine Lösung war klar und deutlich: «Das Hauptelement jeder Politik der Vereinigten Staaten gegenüber der Sowjetunion», schrieb Kennan, «muss das einer langfristigen, geduldigen, aber festen und wachsamen Eindämmung der russischen expansiven Tendenzen sein».[8]

Kennan verkörperte in vielerlei Hinsicht die Komplexität der amerikanischen Ansichten über die UdSSR: Antipathie gegen die kommunistische Ideologie im In- und Ausland, Entschlossenheit, den sowjetischen Expansionismus einzudämmen, Missbilligung der repressiven Herrschaft des Kremls und der Glaube an die Überlegenheit des American Way of Life. Zugleich aber gab es da auch eine Wertschätzung der russischen Kultur und die Überzeugung, dass, wenn man über die politische Führung hinausgehen könnte, die beiden Gesellschaften in der Lage sein könnten, produktiver zu interagieren. Tatsächlich sagte Kennan ebendas, nachdem er sich für die Eindämmung der Sowjetunion ausgesprochen hatte. Sollte der Kommunismus eines Tages zusammenbrechen, argumentierte er, dann sollten die Vereinigten Staaten bereit sein, Russland wieder in die Gemeinschaft der Nationen aufzunehmen.

Die sowjetische Sicht der Vereinigten Staaten war nicht weniger kompliziert. Auf der einen Seite waren die Vereinigten Staaten der kapitalistische Feind und darauf aus, die UdSSR zu vernichten. Auf der anderen Seite bewunderte man die wirtschaftlichen Leistungen Amerikas. Die Vereinigten Staaten waren das «andere», oft verteufelte, aber dennoch einzige Land, das die Bedeutung der UdSSR bestätigen konnte, indem es sie als gleichwertig behandelte. Dass die USA der «Hauptfeind» waren, änderte daran nichts. Während des größten Teils des 20. Jahrhunderts existierte der Glaube an die Überlegenheit des sowjetischen Sozialismus über die Übel des westlichen Kapitalismus neben einem tiefverwurzelten Minderwertigkeitskomplex wegen der relativen Rückständigkeit und mangelnde Innovationsfähigkeit der UdSSR im Vergleich zu den Vereinigten Staaten. Dies wurde deutlich, als Nikita Chruschtschow 1959 als erster sowjetischer Führer die Vereinigten Staaten besuchte. Vor seiner Abreise schwor er, den Amerikanern zu zeigen, dass «wir es niemandem erlauben werden, uns herumzuschubsen oder vorzuführen». Außerdem war er entschlossen, «sich nicht von der Größe Amerikas in Erstaunen versetzen zu lassen, nicht neidisch zu wirken». Während seiner dreizehntägigen Tour versuchte der sowjetische Führer herunterzuspielen, wie beeindruckt er von dem war, was er sah – von allem, von den Häusern ganz normaler Amerikaner bis hin zu einem Abendessen mit der patrizischen New Yorker Elite in der Residenz von W. Averell Harriman an der Upper East Side, seines Zeichens amerikanischer Botschafter in der UdSSR während des Zweiten Weltkriegs. Besonders erbost war Chruschtschow, dass er aus Sicherheitsgründen Disneyland nicht besuchen konnte. Nach seiner Rückkehr nach Hause sagte er zu seinen Genossen: «Ich bin nicht in die USA gegangen, um zu betteln. Ich repräsentiere den großen sowjetischen Staat.»[9]

Für die Russen war die beste Phase in den Beziehungen zu den USA die Kriegsallianz zwischen den USA, der UdSSR und Großbritannien. Aus Moskauer Sicht – und Putin bezieht sich häufig darauf – war es eine Zeit, in der die Vereinigten Staaten und Russland Gleiche waren, eine Zeit, in der Washington Moskau mit Respekt behandelte. Sie hatten einen klaren, gemeinsamen Feind – Adolf Hitler –, und gemeinsam rangen sie ihn nieder. Die Russen beklagen sich immer noch und mit einer gewissen Berechtigung darüber, dass der Westen der UdSSR, die die Hauptlast der Opfer an der europäischen Front trug, nie die Ehre erwiesen hat, die sie für ihre Rolle im Krieg verdient hat.

Doch das Kriegsbündnis war eher eine Zweckgemeinschaft als eine Partnerschaft gleichgesinnter Führer. Sobald klar war, dass Deutschland den Krieg verlieren würde, fingen die Verbündeten an, sich über die Gestaltung Nachkriegseuropas zu streiten. Die Konferenz von Jalta im Februar 1945 machte diese Unterschiede deutlich. Obwohl sich die Verbündeten einig waren, dass nach Kriegsende in allen europäischen Ländern freie Wahlen stattfinden sollten, legten sie diese Klausel sehr unterschiedlich aus. Aus Stalins Sicht verstand es sich von selbst, dass die UdSSR die Regierungen der von ihr besetzten Länder in Mittel- und Osteuropa kontrollieren würde, um sicherzustellen, dass Deutschland sie nie wieder als Invasionsstraße nutzen konnte. Für Franklin D. Roosevelt, der die Grundlage für eine Nachkriegspartnerschaft mit Russland schaffen wollte, war, wie er privat sagte, klar, dass «die Russen die Dinge in den Gebieten, die sie besetzen, auf ihre eigene Weise regeln werden». Zugleich jedoch hoffte er, mit einem allgemeinen Kooperationsrahmen verhindern zu können, dass aus der sowjetischen Einflusssphäre eine Kontrollsphäre werde.[10] Heute lobt Putin das Abkommen von Jalta, das sieben Jahre vor seiner Geburt unterzeichnet wurde. Für viele Amerikaner und natürlich auch Mitteleuropäer stellt es dagegen einen Verrat an den Interessen der Nachbarn Russlands dar, der sie zu vierzig Jahren unter sowjetischer Herrschaft verurteilte.

Vier Jahrzehnte lang bildete Kennans Konzept der Eindämmung den Grundpfeiler der US-Politik gegenüber Russland. Während es Kennan selbst jedoch vor allem um die politische Eindämmung gegangen war, dehnten aufeinanderfolgende US-Regierungen das Konzept auf die globale militärische Eindämmung der Sowjetunion aus. Die ideologische Rivalität dauerte fort, auch lange nachdem in der sowjetischen Führung die nationalistische Komponente den Marxismus-Leninismus verdrängt hatte. Gegen Ende der 1960er Jahre kam jedoch ein neues Element hinzu: das chinesisch-sowjetische Zerwürfnis, das der gerade ins Amt gekommenen Regierung von Richard Nixon und Henry Kissinger neue Optionen eröffnete. Als das Weiße Haus eine Politik der Öffnung gegenüber China begann, versuchte der sowjetische Staatschef Leonid Breschnew durch eine Wiederannäherung an Washington die Sicherheitslage an seiner westlichen Flanke zu verbessern. Darüber hinaus unternahm er in dem Bestreben, die stagnierende sowjetische Wirtschaft zu modernisieren, auch Anstrengungen, die Wirtschaftsbeziehungen zu den USA auszubauen und westliche Technologien zu importieren. Washington reagierte positiv auf die Avancen, nicht zuletzt weil man hoffte, die UdSSR könnten bei Verhandlungen mit den Nordvietnamesen ihren Einfluss geltend machen und so den USA helfen, sich aus dem Vietnamkrieg herauszuretten.

Doch von Anfang an stand das, was man in Washington und Moskau unter Entspannung verstand, im Widerspruch zueinander, obwohl die Konzepte hier wie da auf Pragmatismus und Realpolitik basierten. Nixons Standpunkt war klar: «Die Sowjetunion wird immer in ihrem eigenen Interesse handeln, nicht anders als die Vereinigten Staaten. Die Entspannung wird daran nichts ändern. Von ihr können wir uns nur erhoffen, dass sie die Konfrontation in marginalen Bereichen minimiert und in den großen Bereichen zumindest alternative Möglichkeiten eröffnet.» Eine Einschätzung, die Kissinger weiter ausführte, als er sagte, die Entspannung sei «ein Mittel zur Kontrolle des Konflikts mit der Sowjetunion», und hinzufügte, dass die USA einen Weg finden müssen, wie sie das «Hervortreten der sowjetischen Macht handhaben» können. Auf den ersten Blick wich die Erklärung des sowjetischen Führers Leonid Breschnew gar nicht so sehr davon ab: «Entspannung bedeutet vor allem die Überwindung des ‹Kalten Krieges› und den Übergang zu normalen, gleichberechtigten Beziehungen zwischen den Staaten ... Entspannungspolitik bedeutet ein gewisses Vertrauen und die Fähigkeit, die legitimen Interessen des anderen zu berücksichtigen.» Wichtig hierbei war die Betonung der Gleichberechtigung und der legitimen Interessen. Zugleich machte Breschnew jedoch auch deutlich, dass Entspannungspolitik «nicht bedeutet und nicht bedeuten kann, auf die objektiven Prozesse der historischen Entwicklung zu verzichten». Mit anderen Worten, aus besseren Beziehungen zu den Vereinigten Staaten folgte nicht, dass die Sowjetunion ihre Unterstützung nationaler Befreiungsbewegungen auf der ganzen Welt einschränken würde.[11]

Die Entspannungspolitik funktionierte einige Jahre lang ganz gut und brachte 1972 das erste große Rüstungskontrollabkommen zwischen den beiden atomaren Supermächten, ein bilaterales Handelsabkommen sowie die Helsinki-Abkommen von 1975 hervor. Die Rhetorik auf beiden Seiten war positiv. Doch bald schon wurde offenkundig, dass die UdSSR nicht gewillt war, auf sich ihr bietende Möglichkeiten zu verzichten, ihren Einfluss in der Dritten Welt auszuweiten – so etwa in Angola und Mosambik, wo sie sich in die dortigen Bürgerkriege einmischte und von den USA abgelehnte Führer unterstützte, oder als sie zu Beginn des Jom-Kippur-Krieges 1973 auf eine nukleare Konfrontation mit den Vereinigten Staaten zusteuerte.[12] Beim Amtsantritt von Jimmy Carter 1976 war die Entspannung bereits schwer angeschlagen, und der neue Fokus des Weißen Hauses auf die Menschenrechte verstimmte den Kreml nur noch mehr.

Die sowjetische Invasion in Afghanistan 1979 markierte einen wichtigen Wendepunkt. Der Westen sah darin den ersten Schritt Moskaus auf dem Weg zum Persischen Golf. Die sowjetische Invasion basierte zum Teil auf falschen Informationen, die das Politbüro erhalten hatte und denen zufolge Afghanistan im Begriff war, sein Neutralitätsabkommen mit der UdSSR aufzukündigen und sich dem Westen anzuschließen. Ein Jahr nach der Invasion gewann mit Ronald Reagan ein ausgemachter Antikommunist die Präsidentschaftswahlen in den USA, und die Beziehungen verschlechterten sich noch weiter. Unter den zwei alten und gebrechlichen Kremlführern, die auf Breschnews Tod 1982 folgten, erreichten die bilateralen Beziehungen einen Tiefpunkt.

## DAS TAUWETTER UNTER GORBATSCHOW

Und dann kam Gorbatschow. Aus der Gerontokratie des Politbüros erhob sich ein energischer und wortgewandter, gerade einmal 53 Jahre alter Politiker aus der Provinz, der entschlossen war, die Jahre der Stagnation unter Breschnew zu überwinden und die Sowjetunion zu revitalisieren. Ronald Reagan war ungeachtet seiner lautstarken antikommunistischen Rhetorik – die Sowjetunion verdammte er als das «Reich des Bösen» – begierig darauf, den neuen sowjetischen Führer zu treffen und sich ein Bild von ihm zu machen.[13] Im November 1985 trafen die beiden Männer auf der Genfer Gipfelkonferenz zum ersten Mal zusammen. Trotz eines erbitterten Wortgefechts wegen der von den Vereinigten Staaten geplanten Strategic Defense Initiative, die den Aufbau eines Abwehrschirms gegen sowjetische Interkontinentalraketen vorsah und in der die Sowjets eine schwere Bedrohung sahen, entwickelte sich zwischen den beiden ein gutes persönliches Verhältnis. Reagan beschrieb den Gipfel mit überschwänglichen Worten: «Die Welt näherte sich der Schwelle eines neuen Zeitalters. Uns war die Chance gegeben, sie sicherer und besser zu machen.» Auch

Gorbatschow war der Ansicht, dass der Gipfel einen Durchbruch bedeutete.[14]

Die nächste Gipfelkonferenz, die 1986 in Reykjavík stattfand, brachte konkretere Ergebnisse. Die beiden Staatschefs – der eine ein antikommunistischer früherer Vorsitzender der amerikanischen Schauspielergewerkschaft Screen Actors Guild, der andere ein ehemaliger Stellvertretender Direktor für Agitation und Propaganda in der Region Stawropol – stürzten ihre jeweiligen Assistenten in ungläubiges Schweigen, als sie verkündeten, sie hätten vereinbart, binnen der nächsten zehn Jahre sämtliche Atomwaffen abzuschaffen. Am Ende scheiterte der Gipfel zwar an einem Streit über den Wortlaut des Kommuniqués, doch auf vielen Ebenen wurde die Zusammenarbeit fortgesetzt, und 1987 einigten sich beide Seiten auf die Abschaffung ihrer nuklearen Mittelstreckenraketen und unterzeichneten in Washington den INF-Vertrag. In der Connecticut Avenue stieg Gorbatschow aus seiner Limousine aus und schüttelte neugierigen Zuschauern die Hand. Die Menge war begeistert. «Ronald Reagan war der größte westliche Staatsmann, mit dem ich zu tun hatte», sagte Gorbatschow ein Jahrzehnt später mit Wehmut in der Stimme über Reagan. «Er war ein intelligenter und scharfsinniger Politiker mit Visionen und Vorstellungskraft. Wir beide waren entschlossen, das Wettrüsten zu beenden, die Welt von Atomwaffen zu befreien. Präsident Reagan war weitsichtig genug, um auf unsere Initiativen zur Rüstungskontrolle einzugehen. Gemeinsam haben wir eine friedlichere Welt geschaffen. Den Präsidenten, die auf Reagan gefolgt sind, gehen diese Vorstellungskraft und diese Staatskunst ab.»[15]

Dennoch – und trotz der fortdauernden Skepsis einiger von Bushs Top-Beratern gegenüber Gorbatschow – verbesserten sich die amerikanisch-sowjetischen Beziehungen auch unter Präsident George H.W. Bush während des *Annus mirabilis* 1989, als Gorbatschow Osteuropa in die Freiheit entließ. Nach dem Fall der Berliner Mauer war Bush entschlossen, sein sowjetisches Gegenüber davon zu überzeugen, dass die Vereinigten Staaten die veränderte internationale Position der UdSSR nicht ausnutzen würden. Im Dezember 1989 trafen sich die beiden bei stürmischem Wetter vor der maltesischen Küste an Bord der *Maxim Gorky*. Bush versprach Gorbatschow, der zu Hause auf allen Seiten von Feinden bedrängt wurde – vom Reformer Boris Jelzin bis hin zu den Hardlinern, die sich seinen Reformen widersetzten –, ihn auch weiterhin zu unterstützen. Die Beziehungen zwischen den USA und der Sowjetunion hatten sich inzwischen so sehr verbessert, dass Moskau Washington 1990 während des Zweiten Golfkriegs unterstützte. Auch als Monate später Hardliner versuchten, Gorbatschow zu stürzen, der Putschversuch aber scheiterte, unterstützte ihn das Weiße Haus weiterhin. In Washington zog man Gorbatschow seinem Herausforderer, dem launischen Boris Jelzin, allemal vor. Was Bush und seine Berater vor allem fürchteten, war ein Zusammenbruch der UdSSR. Schließlich konnte niemand wissen, was an ihre Stelle treten und was dann aus dem gewaltigen sowjetischen Atomwaffenarsenal werden würde. Doch am Ende ging die UdSSR an Wunden zugrunde, die sie sich selbst zugefügt hatte, und den Vereinigten Staaten blieb nur die Zuschauerrolle.

## DIE JELZIN-PRÄSIDENTSCHAFT

Die 1990er Jahre läuteten eine hoffnungsvolle Zeit in den Beziehungen zwischen den USA und Russland ein. Vor seinem Amtsantritt erklärte Bill Clinton, das, was in Russland geschehe, sei «die größte und schwierigste Sache da draußen in der Welt. Es geht nicht nur um das Ende des Kommunismus, das Ende des Kalten Krieges. Das sind Dinge, die vorbei und erledigt sind. Aber es gibt auch Dinge, die anfangen – Dinge, die neu sind. Herausfinden, was diese Dinge sind, wie wir damit arbeiten, wie wir dafür sorgen, dass sie sich weiter in die richtige Richtung entwickeln: das ist unsere Aufgabe.»[16] Im Nachhinein betrachtet, war der Glaube der USA, das postkommunistische Russland werde Demokratie und Kapitalismus nach westlichem Vorbild übernehmen, fehl am Platz, doch in den aufregenden Tagen nach dem Zusammenbruch der Sowjetunion hatte es den Anschein, als sei die russische Gesellschaft nun nach Überwindung des Kommunismus begierig auf einen Wandel. Auch Jelzin hoffte, obwohl er den Vereinigten Staaten nach wie vor nicht so ganz über den Weg traute, dass die beiden Länder über den Kalten Krieg hinausgehen und eine neue Beziehung schmieden könnten, eine, in der Russland den Vereinigten Staaten gleichgestellt wäre. Doch Ende der 1990er Jahre führte die sich zuspitzende Lage auf dem Balkan zu neuerlichen Spannungen, woraufhin Jelzin die Vereinigten Staaten der «Aggression gegen Jugoslawien» bezichtigte und auf dem OSZE-Gipfel 1999 in Istanbul während Clintons Rede aufstand und hinausging.[17]

Seit dem Zusammenbruch der UdSSR hat noch jede amerikanische Regierung ihr Amt mit dem festen Vorsatz angetreten, in den Beziehungen zu Russland auf den «Reset»-Knopf zu drücken, einen Neuanfang zu wagen und eine produktivere Form des Zusammenspiels mit dem Kreml zu suchen. Dasselbe gilt umgekehrt für die drei russischen Präsidenten seit 1991. Dass jeder dieser Neuanfänge mit Enttäuschungen und gegenseitigen Vorwürfen endete, liegt, etwas vereinfachend formuliert, daran, dass beide Seiten sehr unterschiedliche Definitionen davon haben, was eine produktive Beziehung ausmacht. Heute werden die 1990er Jahre in den Vereinigten Staaten und in Russland diametral entgegengesetzt beurteilt. Viele Amerikaner, die sich in diesem Jahrzehnt mit Russland beschäftigten, glaubten, dass sich das Land, wenn auch auf erratische Weise, in Richtung eines pluralistischeren politischen Systems bewegte, das offenen Wettbewerb und Debatten förderte. Zudem konnten sie die Entstehung einer einzigartigen Form des russischen Kapitalismus und den Aufstieg der Oligarchen mitverfolgen. Sie begrüßten die – manchmal zähneknirschende – Kooperation Russlands bei außenpolitischen Herausforderungen. Für sie waren die 1990er Jahre eine Zeit der Verheißung und bestärkten sie in der Überzeugung, dass sich Russland trotz des Zerfalls seiner Institutionen nach dem Zusammenbruch der Sowjetunion in die richtige Richtung, sprich hin zu einer demokratischen, marktorientierten Gesellschaft entwickelte, die willens war, auf der internationalen Bühne mit dem Westen zu kooperieren.

Ganz anders die Russen. Bestärkt durch Putins drastische Narrative, blicken sie auf die 1990er Jahre zurück als eine Zeit der Demütigung Russlands durch den Westen, eine Zeit der Armut, des Chaos und des Aufstiegs raubgieriger Oligarchen. In ihren Augen musste Moskau eine von Washington diktierte außenpolitische Agenda akzeptieren, die seinen eigenen Interessen zuwiderlief und es auf die Rolle des Juniorpartners reduzierte. Zudem sei Russland zur Übernahme eines Wirtschaftssystems verleitet worden, das die Ungleichheiten aus der Sowjetzeit verschärfte, insbesondere nach dem Finanzcrash von 1998. Und von den USA betriebene Projekte zur Demokratieförderung wurden und werden als Einmischung in die russische Innenpolitik sowie als Angriff auf die russische Souveränität abgelehnt. Die Wurzeln von Putins Angriffen auf die Vereinigten Staaten liegen in seiner vernichtenden Sicht auf die 1990er Jahre – das Jahrzehnt, das den aus dem Dienst ausgeschiedenen KGB-Führungsoffizier der mittleren Ebene an die Spitze der Macht im Kreml führen sollte.

Seit dem Zusammenbruch der Sowjetunion dominieren fünf Themenkomplexe das Verhältnis zwischen den USA und Russland. Der erste Komplex ist das nukleare Erbe. Die Vereinigten Staaten und Russland sind die beiden atomaren Supermächte der Welt und in der Lage, sich gegenseitig zigmal auszuradieren. Das bürdet ihnen wie sonst keinem anderen Land der Welt eine besondere globale Verantwortung auf und verleiht ihrer Beziehung zueinander eine einzigartige Bedeutung. Das nukleare Erbe des Kalten Krieges umfasst Rüstungskontrolle, Raketenabwehr und nukleare Modernisierung. Der zweite, damit verbundene Themenkomplex betrifft die Nichtverbreitung von Massenvernichtungswaffen, insbesondere die Atomprogramme des Iran und Nordkoreas. Der dritte umschließt die Nachbarschaft Russlands und die jeweilige Rolle Amerikas und Russlands im postsowjetischen Raum und hier speziell Georgien und die Ukraine. Der vierte bezieht sich auf die europäische Sicherheit, einschließlich des Balkankonflikts, die NATO-Osterweiterung und die Rolle der OSZE. Und der fünfte schließlich umfasst die innere Entwicklung Russlands, die Bemühungen der USA zur Förderung der Demokratie und die Versuche, Einfluss darauf zu nehmen, wie Russland mit seinen Bürgern umgeht. Unter Putin wurden dieser Liste von Herausforderungen drei weitere Themenfelder hinzugefügt: die Umwälzungen in der arabischen Welt, der Krieg in Syrien und die Einmischung Russlands in den amerikanischen Präsidentschaftswahlkampf 2016.

Die Beziehungen zwischen den USA und Russland werden weitgehend von ihrem Status als den einzigen beiden atomaren Supermächte der Welt bestimmt. Die wirtschaftlichen Beziehungen sind begrenzt, da Russland nach wie vor hauptsächlich Rohstoffe und Waffen exportiert und die Vereinigten Staaten im Gegensatz zu Europa oder China weder russische Energie (mit Ausnahme gelegentlicher Flüssigerdgaslieferungen) noch russische Rüstungsgüter importieren. Daher gibt es in den Wirtschaftsbeziehungen nur wenige Akteure und spielt das persönliche Verhältnis der beiden Staatschefs zueinander eine überproportional wichtige Rolle. Wenn dieses Verhältnis gut ist – wie zwischen Clinton und Jelzin in den ersten Jahren, zwischen Bush und Putin nach dem 11. September und zwischen Obama und Medwedew –, funktionieren auch die Wirtschaftsbeziehungen besser. Ist das Verhältnis dagegen feindselig – wie gegen Ende von Clintons Amtszeit, nach der Invasion im Irak unter Bush und während der zweiten Amtszeit Obamas, als Putin in den Kreml zurückkehrte –, kann das schnell in eine Abwärtsspirale führen. Bill Clinton war nach seinem ersten Treffen mit Boris Jelzin 1993 voll des Lobes: «... Ich mochte ihn. Dieser Bär von einem Mann steckte voller Widersprüche ... Betrachtete man die Alternativen, so konnte Russland sich gücklich schätzen, dass er am Ruder war.»[18] Jelzin erwiderte das Kompliment: «Dieser junge, ewig lächelnde, kraftvolle, energiegeladene, gutaussehende Mann beeindruckte mich.»[19]

Aus Sicht der USA fielen die wichtigsten Erfolge in den Beziehungen zu Russland unter Bill Clinton in den Bereich der klassischen Außenpolitik: die Denuklearisierung der Ukraine, Weißrusslands und Kasachstans, wodurch Russland als einzige postsowjetische Atommacht übrig blieb, die Zusammenarbeit mit Russland auf dem Balkan (wenn auch mit erheblichen Schwierigkeiten im Kosovo), die Neutralisierung des russischen Widerstands gegen die NATO-Osterweiterung und die Umwandlung der G7-Gruppe fortgeschrittener Industriedemokratien in die G8 durch die Aufnahme Russlands als assoziiertes Mitglied. Allerdings, und das war der Haken dabei, musste Washington mit einer Ausnahme bei allen diesen Punkten einen widerwilligen Kreml davon überzeugen, Aktionen zu unterstützen, die er zunächst ablehnte. Russland favorisierte zwar die Denuklearisierung der Ukraine, doch dafür sah sich Jelzin gezwungen, mit Leonid Krawtschuk als Präsident eines unabhängigen, souveränen Staates zu verhandeln. Darüber hinaus musste Moskau das Budapester Memorandum unterzeichnen, das die territoriale Integrität der Ukraine garantierte. Die russische Bereitschaft zur Zusammenarbeit mit den USA in den Balkankriegen nahm ab, als Jelzin zu Hause unter Beschuss nationalistischer Gegner geriet. Das Gleiche galt für die NATO-Osterweiterung und den Ständigen Gemeinsamen Rat. Als Putin 1999 Ministerpräsident wurde, stand es nach den Bombenangriffen der NATO auf Belgrad um die Beziehungen zwischen den USA und Russland so schlecht wie noch nie seit Ende des Kalten Kriegs. Der erste Neuanfang war gescheitert.

## DIE ÄRA PUTIN – NACH ANFÄNGLICHEM OPTIMISMUS ENTTÄUSCHUNG

Vor dem Zusammenbruch der Sowjetunion wusste Wladimir Putin über das hinaus, was er im KGB über den «Hauptfeind» gelernt haben musste, nur sehr wenig über die Vereinigten Staaten. Der «Deutsche im Kreml», wie er später genannt wurde, sprach kein Englisch und hatte wahrscheinlich kaum Gelegenheit, sich mit den wenigen US-Austauschstudenten zu treffen, die es Anfang der 1970er Jahre an der Staatlichen Universität Leningrad gab. Gut möglich, dass er auf privater Ebene vor 1990 niemals einem Amerikaner begegnet war. Zum ersten Mal arbeitete er mit Amerikanern zusammen, als er zum Stellvertretenden Bürgermeister von Sankt Petersburg ernannt und ihm die Verantwortung für die Außenwirtschaftskontakte der Stadt übertragen wurde. Wie es heißt, chauffierte er in dieser Zeit den zu Besuch in Sankt Petersburg weilenden amerikanischen Vizepräsidenten Al Gore durch die Stadt. Russland öffnete sich in rasantem Tempo für Geschäfte mit dem Westen, und Putin kümmerte sich um alle westlichen Unternehmen, die Lizenzen und Immobilien für ihre Geschäfte in Russland benötigten. John Evans, damals US-Generalkonsul in Sankt Petersburg, bezeichnete ihn als «Mann für Recht und Ordnung. Er war nicht korrupt, sondern ein Kämpfer gegen das Verbrechen.»[20] Und er galt als unternehmerfreundlich und offen für den Umgang mit Leuten aus dem Westen. 1992 hatte das Center for Strategic and International Studies, ein in Washington ansässiger Thinktank, in Zusammenarbeit mit dem US-Konzern Procter and Gamble die International Action Commission for Saint Petersburg ins Leben gerufen, deren Ko-Vorsitzende Henry Kissinger und Bürgermeister Anatoli Sobtschak waren. Durch diese Kommission begegnete Putin nicht nur Kissinger – zu dem er ein enges Verhältnis aufbaute und den er bis in seine vierte Amtszeit als Präsident konsultierte –, sondern auch anderen einflussreichen Amerikanern. Aus der Zeit vor Putins

Übernahme der Präsidentschaft im Jahr 2000 gibt es keine Belege dafür, dass er besonders feindselige Gefühle gegenüber den Vereinigten Staaten gehegt hätte.[21] Im Gegenteil, im Kreml beeindruckte er diejenigen, die ihn zum ersten Mal erlebten, durch sein Interesse an engeren Beziehungen zu den Vereinigten Staaten und daran, Russland in die Weltwirtschaft zu integrieren. Kurz nach seinem Amtsantritt als Präsident bekundete er bei einem Treffen mit dem Präsidenten der Weltbank, James Wolfensohn, die Absicht, Russland zu modernisieren, Wirtschaftsreformen durchzuführen und die Korruption zu bekämpfen.[22] Kurz gesagt, er präsentierte sich als Staatsführer, der konstruktive Beziehungen zum Westen anstrebte.

Putins erstes Treffen mit George W. Bush gab ihm die Gelegenheit, seine positive Einstellung zu den USA zu demonstrieren. Die beiden trafen sich auf der Burg Brdo im Norden Sloweniens. Bushs Antrittsreise durch Europa hatte sich bis dahin schwierig gestaltet. Der neue US-Präsident war von seinen Verbündeten wenig enthusiastisch, um nicht zu sagen herabsetzend behandelt worden. Putin hingegen verhielt sich Bush gegenüber respektvoll und staatsmännisch und warnte ihn eindringlich vor der von Pakistan und Afghanistan ausgehenden Gefahr des islamischen Fundamentalismus und Terrorismus. Auf ihrer gemeinsamen Pressekonferenz sprach Bush über die Bedeutung des «Aufbaus einer konstruktiven, respektvollen Beziehung zu Russland». Putin sekundierte: «Wir zählen auf eine pragmatische Beziehung zu den Vereinigten Staaten.» Nachdem sie mehrere Bereiche von gemeinsamem Interesse diskutiert hatten, schwang sich Bush zu einem schicksalhaften Satz auf, den er später noch sehr bereuen sollte. «Ich habe», sagte er, «dem Mann in die Augen gesehen. Ich halte ihn für sehr direkt und vertrauenswürdig ... Ich habe einen Eindruck von seiner Seele gewinnen können.»[23]

Bei dem Treffen in Slowenien hatte Putin noch die Sorge umgetrieben, die Vereinigten Staaten könnten die Gefahr, die vom dschihadistischen Terrorismus ausging, nicht ernst nehmen.

Nach dem verheerenden Angriff von al-Qaida am 11. September 2001 auf das World Trade Center in New York und das Pentagon in Washington nutzte Putin die Gelegenheit und bot sich den Vereinigten Staaten als Partner im Kampf gegen den Terrorismus an. Der russische Präsident war der erste Staatsführer, der Bush nach den Anschlägen anrief. Putin sicherte die Unterstützung Russlands für den NATO-Feldzug zu, gab grünes Licht für die Einrichtung von US-Militärstützpunkten in Zentralasien, damit Bush von dort aus seinen Krieg gegen die Taliban führen konnte, und lieferte den Amerikanern wichtige, aus dem langjährigen russischen Engagement in Afghanistan gewonnene Informationen.[24] Der Herbst 2001 markierte den Höhepunkt der Beziehungen zwischen den USA und Russland unter Putin. Russland betrachtete den Krieg gegen den Terror als eine Neuauflage der Anti-Hitler-Koalition. Russland und die Vereinigten Staaten hatten einen gemeinsamen Feind und stellten sich diesem als gleichberechtigte Partner entgegen. Als Putin im November 2001 zu einem Staatsbesuch in die Vereinigten Staaten kam, erhielt er in Washington einen positiven Empfang und beschloss seine Visite mit einer Square-Dance-Einlage auf der Bush-Ranch im texanischen Crawford.

Doch die Flitterwochen waren bald schon vorüber. Zu unterschiedlich waren die Erwartungen der USA und Russlands an diese Partnerschaft, wie sich nach dem anfänglichen Sieg über die Taliban zeigte. Putin wollte, kommentierte ein russischer Beobachter, von den Vereinigten Staaten eine «gleichberechtigte Partnerschaft der Ungleichen» – eine Partnerschaft, mit der die USA den in seinen Augen legitimen Anspruch Russlands auf einen Einflussbereich im postsowjetischen Raum anerkannt hätten. Dazu hätten das Ende aller Spekulationen über eine weitere NATO-Osterweiterung gehört und der Verzicht der USA auf demokratiefördernde Maßnahmen, die in den postsowjetischen Staaten antirussischen Parteien den Weg an die Macht bereiten könnten. Seinen Gesprächspartnern präsentiert Putin häufig den stets gleichen

Beschwerdenkatalog: 2002 der einseitige Rücktritt der Vereinigten Staaten vom ABM-Vertrag – einem der Eckpfeiler der amerikanisch-russischen Rüstungskontrollbemühungen –, um neue Raketenabwehrsysteme entwickeln zu können; die Unterstützung der USA für die bunten Revolutionen in Georgien und der Ukraine; die Invasion im Irak und die globale Freiheitsagenda der Regierung Bush, die man als moskaufeindlich empfand; die Aufnahme der baltischen Staaten in die NATO; der (allerdings erfolglose) Versuch Washingtons, die NATO davon zu überzeugen, der Ukraine und Georgien eine Mitgliedschaft anzubieten – und schließlich die immer lautere Kritik von Bushs Vizepräsident Dick Cheney an den Repressionen in Russland sowie den Versuchen des Kremls, seine Nachbarn einzuschüchtern. Auf der Münchner Sicherheitskonferenz ließ Putin seiner Frustration schließlich freien Lauf, und damit war auch der zweite Neuanfang gescheitert.

Dass Putin noch im selben Jahr Bush zu einen informellen «Hummergipfel» auf dessen Anwesen in Kennebunkport, Maine, besuchte, konnte nichts daran ändern, dass seine Sicht auf die Vereinigten Staaten unwiderruflich ins Negative umgeschlagen war. Weil nach russischem Recht Präsidenten nur zwei aufeinanderfolgende Amtszeiten dienen dürfen, wechselte Putin 2008 auf den Posten des Ministerpräsidenten und installierte seinen Schützling Dmitri Medwedew als Staatspräsidenten, lenkte de facto aber weiterhin Russland. Nach Ausbruch des russisch-georgischen Kriegs im August 2008 verschlechterten sich die Beziehungen zwischen den USA und Russland noch weiter und kappte Washington alle bilateralen Kontakte oberhalb der Ebene der Unterabteilungsleiter. Während des US-Präsidentschaftswahlkampfs 2008 stand die Kritik an Russland im Vordergrund.

# DAS MEDWEDEW-ZWISCHENSPIEL

Nach der Wahl Dmitri Medwedews zum russischen Präsidenten war die Außenwelt fasziniert und rätselte, wie dieses neue Tandem im Kreml funktionieren würde. Würde Medwedew tatsächlich Putins Nachfolge antreten und nicht nur de jure, sondern auch de facto Präsident? In Washingtoner Regierungsbüros und Thinktanks brüteten Experten lange Stunden über Analysen der Dynamik zwischen Putin und Medwedew – eine Mühe, die sie sich hätten sparen können. Als Medwedew und Putin vier Jahre später, 2012, erneut die Amtssessel tauschten, konnte kein Zweifel mehr daran bestehen, dass Putin die ganze Zeit über das Sagen gehabt hatte, eine Tatsache, der sich die Regierung Obama nur langsam bewusst geworden war. Doch 2008 lag das noch nicht so offen zutage, und eine Zeitlang schien Medwedew Putins Segen zu haben, den Vereinigten Staaten die Hand zu reichen und an besseren Beziehungen zu arbeiten.

In Barack Obama fand er einen empfänglichen Partner. Der neue US-Präsident trat sein Amt mit dem Angebot eines Neuanfangs an Russland an. Im Februar 2009 kündigte Obamas Vizepräsident Joe Biden die neue US-Politik auf der Münchner Sicherheitskonferenz an, zwei Jahre nachdem Putin dort die USA so heftig attackiert hatte. «In den letzten Jahren gab es ein gefährliches Auseinanderdriften in den Beziehungen zwischen Russland und den Mitgliedern des Bündnisses», erklärte Biden. «[Heute] ist es an der Zeit, die Reset-Taste zu drücken und die vielen Bereiche neu in Augenschein zu nehmen, in denen wir mit Russland zusammenarbeiten können und sollten.»[25] Worin sich Putin und Medwedew unterschieden, erlebte Obama selbst, als er im Juli 2009 zu seinem ersten Staatsbesuch nach Russland kam. Als er bei seinem Treffen fragte: «Wie sind wir in dieses Chaos geraten?», antwortete Putin darauf mit einen neunzigminütigen Monolog, in dem er akribisch alle seine Beschwerden gegen die Vereinigten Staaten auflistete, während Obama in unbequemer Haltung auf einem Stuhl, der zu klein für seinen hochgewachsenen Körper war, ausharren musste. Diese erste Begegnung bildete die Grundlage für das, was eine von Skepsis geprägte Beziehung zwischen den beiden Politikern bleiben sollte. Im Gegensatz dazu genossen die Familien Obama und Medwedew ein herzliches gemeinsames Abendessen, und zwischen den beiden aus der Generation nach dem Kalten Krieg stammenden Präsidenten entwickelte sich ein gutes Arbeitsverhältnis. Im darauffolgenden Jahr kam Medwedew zum Gegenbesuch in die Vereinigten Staaten, eröffnete im Silicon Valley ein Twitter-Konto und ließ sich mit Obama in dessen bevorzugtem Fast-Food-Restaurant im vorstädtischen Virginia einen Gourmet-Hamburger schmecken.[26] Unmittelbar nach Medwedews Visite verhaftete das FBI zehn russische «Sleeper», inaktive Spione, die in den Vereinigten Staaten auf ihre Aktivierung gewartet hatten, und schickte sie zurück nach Russland, ohne dass die Beziehungen zwischen den beiden Ländern spürbar darunter gelitten hätten.[27]

Die erste Amtszeit Obamas und die einzige Amtszeit Medwedews im Kreml waren optimistische und produktive Jahre für die Beziehungen zwischen den USA und Russland, zumindest in den ersten zweieinhalb Jahren. Dieser dritte Neuanfang führte zu konkreten Ergebnissen: ein neuer strategischer Abrüstungsvertrag (New START); Kooperation bei der Eindämmung des iranischen Atomprogramms durch schärfere Sanktionen; Kooperation beim Northern Distribution Network, dem Logistiknetzwerk, über das NATO-Truppen und -Material über russisches Territorium von und nach Afghanistan geschafft werden; die Einrichtung eines bilateralen Präsidialausschusses mit dem Ziel, die gegenseitigen Beziehungen auf breiter Front auszubauen; und der Beitritt Russlands zur Welthandelsorganisation (WTO) nach neunzehnjährigen Verhandlungen. Im Vergleich zur Bush-Zeit löste sich die Obama-Regierung etwas von der Konzentration auf den postsowjetischen Raum, dennoch konnten die USA und Russland in der Frage nach ihrer jeweiligen Rolle in der russischen Nachbarschaft keine Fortschritte erzielen. Trotz intensiver Diskussionen über die

Entwicklung eines kooperativen Ansatzes bei der Raketenabwehr gelangten Washington und Moskau auch hier zu keiner Übereinkunft, und das US-Raketenabwehrprogramm blieb weiterhin ein Streitpunkt. Moskau ließ sich nicht von der Überzeugung abbringen, dass das amerikanische Raketenabwehrsystem gegen Russland und nicht, wie die Vereinigten Staaten behaupteten, gegen den Iran gerichtet sei. Und obwohl die russischen Bürger unter Medwedews Präsidentschaft etwas mehr Freiraum bei der Diskussion über schwierige Themen genossen, kritisierte Washington weiterhin die demokratischen Defizite Russlands.

Anfangs hatten Beamte der Regierung Obama – zu Unrecht, wie sich zeigen sollte – geglaubt, sie könnten Medwedew «ermächtigen» und ihm helfen, seine Position gegenüber Putin zu stärken. Doch obwohl Putin Medwedew zugestanden hatte, als Präsident einen liberaleren Kurs zu steuern und stärker auf Amerika zuzugehen, zeigte sich nach und nach, dass es Grenzen für das gab, was er zu tolerieren bereit war. Medwedews Unterstützung für eine UN-Resolution, die zuletzt zu Muammar Gaddafis grausamem Ende führte, gehörte offenbar zu den Faktoren, die Putin dazu bewogen, einen Schlussstrich unter dieses vierjährige Experiment in Sachen engerer Beziehungen zu den USA im Rahmen der Tandemführung zu ziehen – und damit das Ende dieses Neuanfangs einzuläuten.

Im Herbst 2011 erlitten die Beziehungen zwischen den USA und Russland einen plötzlichen Rückschlag. Putins Ankündigung, dass er und Medwedew erneut die Plätze tauschen und er im nächsten Jahr wieder als Präsident in den Kreml zurückkehren werde, löste in Russland wütende Proteste aus. Zehntausende von empörten Moskowitern, die sich nicht damit abfinden wollten, dass das russische Volk kein Mitspracherecht in der Frage, wer sie regieren würde, haben sollte, gingen im Dezember 2011 auf die Straße, um gegen die ihrer Meinung nach gefälschten Ergebnisse der Duma-Wahl zu protestieren und Putin aufzufordern, seinen Hut zu nehmen. Schockiert angesichts dieser unerwarteten Opposition gegen seine Herrschaft, warf Putin umgehend den Vereinigten Staaten vor, die Proteste finanziert zu haben. Dabei zielte er insbesondere auf Außenministerin Hillary Clinton, die ihre «ernsthafte Besorgnis über den Verlauf der Wahlen» bekundet und zu einer «umfassenden Untersuchung aller Berichte über Betrug und Einschüchterung» aufgerufen hatte.[28] Putin war außer sich vor Wut. Clinton, sagte Putin, habe «ein Signal» an «einige Akteure in unserem Land gesendet ... Sie hörten das Signal und machten sich mit Unterstützung des US-Außenministeriums an die Arbeit.»[29] Putins Hass auf Clinton geht mindestens auf diese Zeit, den Dezember 2011, zurück, ebenso wie seine Überzeugung, dass sich die Vereinigten Staaten in die russischen Präsidentschaftswahlen 2012 eingemischt und seine Gegner finanziert und unterstützt hatten. Das waren alles andere als gute Voraussetzungen für die nächste Phase der Beziehungen zwischen Washington und Moskau, die mit Putins dritter Amtszeit als Präsident begann.

## PUTINS RÜCKKEHR UND DAS ENDE DES DRITTEN NEUANFANGS

Aus der Sicht der Regierung Obama verlor die russische Seite mit der Rückkehr Putins in den Kreml das Interesse an einer Erneuerung der Beziehungen und reagierte auch nicht mehr auf die Angebote aus Washington, eine Agenda für den Dialog auszuarbeiten. Vielleicht wollte Putin den Ausgang der amerikanischen Präsidentschaftswahlen 2012 abwarten. Auf jeden Fall wendeten sich nach dem neuerlichen Wahlerfolg Obamas die Dinge zum Schlechteren. Russland war 2012 der WTO beigetreten, doch der Preis, den der amerikanische Kongress für die Gewährung des dauerhaften normalen Handelsstatus für Russland einforderte, war der «Magnitsky Act», ein Gesetz, das Sanktionen gegen russische Amtsträger verhängte, die mit dem Tod des russischen Anwalts Sergej Magnitzki in einem Moskauer Gefängnis, aber auch ganz allgemein mit Menschenrechtsverletzungen in Verbindung gebracht wurden. Als Gegenmaßnahme beendete Russland die Vermittlung russischer Adoptivkinder in die USA. Weiter belastet wurden die Beziehungen durch die in einem früheren Kapitel diskutierte Syrienkrise. Doch dass der Riss zu einem regelrechten Abgrund aufbrach, lag an der Ankunft Edward Snowdens in Moskau, eines unzufriedenen externen Mitarbeiters der National Security Agency, der sich aus den USA nach Hongkong abgesetzt hatte und Abermillionen von heimlich kopierten streng geheimen Dateien bei sich trug, die detaillierte Informationen über amerikanische Geheimdienstoperationen im In- und Ausland enthielten. Als die USA von Russland Snowdens Auslieferung verlangten, ergriff Putin die Gelegenheit und drehte den Spieß um. Snowden sei, verkündete er, ein «neuer Dissident», und gewährte ihm als «humanitäre» Geste politisches Asyl in Russland.[30] Die USA reagierten umgehend. Obama sagte ein mit Putin geplantes bilaterales Gipfeltreffen am Rande der G20-Konferenz Anfang September 2013 in Sankt Petersburg ab, das erste Mal seit 1960, dass eines der beiden Länder ein derart hochrangiges Treffen so kurzfristig stornierte. Wenig später attestierte der US-Präsident seinem russischen Amtskollegen in seinem Auftreten «eine schiefe Haltung, die ihn aussehen lässt wie einen gelangweilten Schuljungen aus der letzten Reihe».[31] Später sollte er Russland als «Regionalmacht» abtun und zu einer «Pause» in den Beziehungen aufrufen.[32] Eine Woche nach dem G20-Gipfel kritisierte Putin als Antwort auf eine im Fernsehen übertragene Rede Obamas das Konzept des amerikanischen Exzeptionalismus in einem Meinungskommentar in der *New York Times*: «Unabhängig von der Motivation ist es extrem gefährlich, Menschen zu ermutigen, sich selbst als außergewöhnlich zu betrachten.»[33]

Zwar kooperierten Russland und die USA 2013 bei der Vernichtung syrischer Chemiewaffen, doch die sich zuspitzende Entwicklung in der Ukraine, das harte Vorgehen der russischen Behörden gegen Putin-Opponenten im eigenen Land und die Verabschiedung von Gesetzen, die die LGBTQ-Gemeinschaft in Russland diskriminierten, provozierten weitere gegenseitige Vorwürfe. Dann folgten die Annexion der Krim, weitere US-Sanktionen gegen Putin nahestehende Personen, der Kriegsausbruch im Donbass und weitreichende finanzielle Sanktionen gegen russische Unternehmen. 2015, nach dem Eintritt Russlands in den Krieg in Syrien, mussten die USA und Russland ständig miteinander kommunizieren, um direkte Konflikte zwischen ihren in Syrien aktiven Militäreinheiten zu vermeiden. Doch die ausbleibenden Fortschritte in der Ukraine und der zunehmende gegenseitige Argwohn ließen wenig Hoffnung auf eine Verbesserung der Lage. «Es ist sehr schwer, eine Brücke nach Russland zu schlagen», kommentierte ein hochrangiger Obama-Beamter die Lage, «wenn Putins Hauptziel darin besteht, den Vereinigten Staaten Schwierigkeiten zu machen.»

Und dann kam der Präsidentschaftswahlkampf 2016. Das Verhältnis zwischen Washington und Moskau erreichte einen neuen Tiefpunkt, als die Frage nach der Rolle Russlands im Wahlkampf die amerikanische Politik vergiftete und das Land nach dem unerwarteten Sieg Trumps in einen erbitterten Streit zwischen Demokraten und Republikanern stürzte.

★ 12 ★

# DIE RIVALEN

## Russland und Amerika im Zeitalter Trumps

*Und denen, die in den letzten fünfzehn Jahren versucht haben, ein neues Wettrüsten in Gang zu setzen und einseitig Vorteile gegenüber Russland zu erlangen, die Restriktionen und Sanktionen verhängt haben, die nach internationalem Recht unerlaubt sind und darauf abzielen, die Entwicklung unserer Nation auch im militärischen Bereich zu behindern, möchte ich Folgendes sagen: Alles, was ihr mit dieser Politik zu verhindern versucht habt, ist bereits geschehen. Ihr habt es nicht geschafft, Russland am Boden zu halten.*

**Wladimir Putin, 1. März 2018**[1]

Zwei Wochen vor seiner Wiederwahl für eine vierte Amtszeit im März 2018 stand Wladimir Putin in der «Manege», einer Ausstellungshalle unweit des Kremls, und hielt vor einem begeisterten Publikum seine Rede an die Föderationsversammlung. Die erste Hälfte der Rede war vollgepackt mit Wahlversprechen, wie sie von Kandidaten in den meisten Ländern gemacht werden: das Wirtschaftswachstum anzukurbeln, mehr Arbeitsplätze zu schaffen, die Infrastruktur des Landes zu verbessern. Aber in der zweiten Hälfte ließ er – nahezu buchstäblich – gleich mehrere Bomben platzen. In kriegerischen Tönen schwärmte Putin von der neuen Generation russischer Atomwaffen, darauf ausgelegt, die der Vereinigten Staaten zu zerstören. In einer eingespielten Videoanimation verfolgte das Publikum gebannt mit, wie eine neue und verbesserte ballistische Interkontinentalrakete von Russland aus startet, über den Südpol fliegt, sich der Erkennung durch die amerikanische Raketenabwehr entzieht, Südflorida erreicht und mehrere Sprengköpfe über einem Ziel ausklinkt, das verdächtig nach Mar-a-Lago aussieht, dem weitläufigen Anwesen und Golfclub von US-Präsident Donald Trump.

Und es kam noch mehr. Als Nächstes pries Putin seinen Zuhörern vier neue Superwaffen an, die Russland entwickelt und bereits erfolgreich getestet habe, darunter einen atomar bewaffneten Marschflugkörper und eine interkontinentale Unterwasserdrohne. Anschließend lud er das russische Volk zu einem Wettbewerb ein – es sollte auf der Website des Verteidigungsministeriums Namensvorschläge für die neuen Waffensysteme einreichen. Und das russische Volk antwortete. Nachdem die insgesamt abgegebenen sieben Millionen Vorschläge ausgewertet worden waren, gab das Ministerium die drei siegreichen Namen bekannt: «Pereswet» für einen Laser, benannt nach einem mittelalterlichen Krieger-Mönch, der gegen die Mongolen gekämpft hatte, «Burewestnik», der Name eines Sturmvogels, für den Marschflugkörper, sowie «Poseidon» nach dem griechischen Gott des Meeres für die atomare Unterwasserdrohne.[2]

Die Botschaft, die Putin in seiner Rede an die Vereinigten Staaten schickte, war unmissverständlich: *Ihr habt uns nicht zugehört, als wir 2002 gegen euren einseitigen Austritt aus dem ABM-Vertrag protestierten oder als wir die NATO-Osterweiterung ablehnten. Ihr habt uns nicht respektiert, uns als Juniorpartner behandelt und uns als selbstverständlich hingenommen. Aber Russland ist zurück und wird auf jede Provokation von euch antworten. Jetzt, endlich, müsst ihr uns ernst nehmen.*

Es war eine Wahlkampfrede, die sich an ein inländisches Publikum richtete und in einer Zeit wirtschaftlicher Einschränkungen an den patriotischen Stolz der Zuhörer appellierte. Ob Russland tatsächlich eine dieser neuen Waffen besaß oder entwickelte, blieb unklar. Dennoch signalisierten Ton und Inhalt von Putins Rede die Rückkehr des Rüstungswettlaufs. Die Regierung Trump hatte einige Wochen vor Putins Auftritt mit ihrer neuen Nationalen Verteidigungsstrategie, die Russland (zusammen mit China) als eine der Hauptbedrohungen für die Vereinigten Staaten benannte, die Bühne dafür bereitet.[3] In der kurz darauf veröffentlichten *Nuclear Posture Review* identifizierte das Pentagon Russland als eine der größten Herausforderungen und kam zu dem Schluss, dass die Vereinigten Staaten ihre nukleare Abschreckung ausbauen müssten, um den zunehmenden globalen Bedrohungen gewachsen zu sein.[4] Darüber hinaus hatte Donald Trump verkündet, als Gegengewicht zur russischen nuklearen Aufrüstung das Atomwaffenbudget des Pentagons aufzustocken.

Putins Rede mit ihren unverkennbaren Anklängen an die Zeit des Kalten Krieges war weit entfernt von den Szenen am Tag nach Trumps Wahlsieg, als in Moskau die Champagnerkorken knallten. Doch der von vielen erwartete Neuanfang mit Russland unter Trump blieb aus. Seit seinem Einzug ins Weiße Haus ähneln die Beziehungen zwischen den USA und Russland dem Doppeladler auf der russischen Flagge. Ein Kopf repräsentiert eine konfliktbeladene Beziehung, ähnlich der in der zweiten Amtszeit Obamas, die vom Großteil der Exekutive unterstützt wird. Der andere, der von Trump selbst favorisiert wird, steht für den optimistischen, zukunftsorientierten Ansatz zweier pragmatischer «Deal Makers», die aus jeweils ganz eigenen Gründen die Beziehungen verbessern wollen, dabei aber ignorieren, was die beiden Länder in eine solche Sackgasse geführt hat.

Die Situation ist ziemlich einzigartig. Das neue Element in Putins Welt seit 2016 ist, dass Russland zu einem Gegenstand der innenpolitischen Debatte in den USA geworden ist. Die Beziehungen zwischen den USA und Russland sind so konfliktträchtig wie seit der Zeit vor dem Amtsantritt von Michail Gorbatschow nicht mehr, zum Teil, weil Russland auf beispiellose Weise zu einem toxischen Problem in den Vereinigten Staaten geworden ist. Die Behauptungen über die Einflussnahme Russlands auf die Präsidentschaftswahlen 2016 sowie über unzulässige finanzielle und politische Verbindungen zwischen der Trump-Kampagne und Russen haben den Präsidenten massiv behindert und es ihm erschwert, Fortschritte bei der Verbesserung der Beziehungen zu erzielen. Seit der McCarthy-Ära in den 1950er Jahren war Russland kein die Nation so sehr spaltendes politisches Thema mehr.

## DER PRÄSIDENTSCHAFTSWAHLKAMPF IN DEN USA 2016

Im Laufe des stark polarisierten amerikanischen Wahlkampfes wurden Regierungsbeamte darauf aufmerksam, dass das Hacking der E-Mail-Konten bei der Demokratischen Partei und die Weitergabe der Informationen an WikiLeaks mit russischen Aktivitäten zu tun hatte. Doch das ganze Ausmaß dieser Aktionen – und ihre Verbindungen zum Kreml – kam erst nach der Wahl von Donald Trump, dem unkonventionellsten Kandidaten, dem jemals der Einzug ins Weiße Haus gelang, ans Tageslicht. Laut der am 16. Februar 2018 von dem zuständigen Sonderermittler Robert Mueller eingereichten Klageschrift begann die in Sankt Petersburg ansässige und sich im Besitz des russischen Oligarchen Jewgeni Prigoschin befindende Internet Research Agency bereits ab Mai 2014 «mit Operationen zur Einflussnahme auf das politische System der USA einschließlich der Präsidentschaftswahlen von 2016».[5] Die russischen Hacker nutzen die sozialen Medien aus, um falsche Personae zu erschaffen, und organisierten aus über 8000 Kilometer Entfernung Kundgebungen rechter und linker Gruppen in Texas und anderen Bundesstaaten. Doch die russischen Angriffe gingen über die Instrumentalisierung der sozialen Medien hinaus bis zu direkten Cyber-Interferenzen, dem Hacken von E-Mail-Konten amerikanischer Politiker und der Weitergabe ihrer Inhalte an WikiLeaks. Die großen US-Geheimdienste veröffentlichten im Januar 2017 eine Version ihres Berichts zur Bewertung der russischen Aktivitäten und Absichten bei den vorangegangenen Wahlen. Die Schlussfolgerungen, die sie darin zogen, waren ernüchternd:

> Wir kommen zu dem Schluss, dass der russische Präsident Wladimir Putin eine auf die Präsidentschaftswahl 2016 in den USA abzielende Beeinflussungskampagne angeordnet hat. Damit wollte Russland das Vertrauen der Öffentlichkeit in den demokratischen Prozess der USA untergraben, Außenministerin Clinton verunglimpfen und ihrer Wählbarkeit sowie ihrer möglichen Präsidentschaft schaden. Wir kommen weiter zu dem Schluss, dass Putin und die russische Regierung eine klare Präferenz für den designierten Präsidenten Trump entwickelten.[6]

Seit Herbst 2016 dominiert Russland wegen seiner Rolle im Präsidentschaftswahlkampf die US-Nachrichten in einer Weise, wie das zu keinem Zeitpunkt während oder nach dem Kalten Krieg der Fall war. Russland ist Teil einer zunehmend erbitterten und kontroversen innenpolitischen Polarisierung geworden. Falls es Wladimir Putin darum ging, die Aufmerksamkeit der Vereinigten Staaten auf Russland zu lenken und Russland jeden Morgen prominent in den Schlagzeilen zu lesen, dann war die Aktion sicherlich ein Erfolg. Doch sie hat dem Kreml auch Kosten aufgebürdet. Die Aufdeckung der russischen Bemühungen, die Brüche innerhalb der amerikanischen Gesellschaft aktiv auszubeuten, hat dazu geführt, dass das längerfristige Ziel des Kremls, die USA zu einer Aufhebung der Sanktionen zu bewegen und zu einer weniger konfrontativen Beziehung zurückzukehren, vorerst vereitelt worden ist.

Warum haben sich die Russen in die amerikanischen Wahlen eingemischt, und wer genau steckt dahinter? Diese Fragen haben die Beziehungen zwischen den beiden Ländern seit 2016 in vielerlei Hinsicht bestimmt und bewirkt, dass der Weg zu besseren

Beziehungen seit der Wahl Trumps sehr viel steiniger geworden ist. Die anhaltende Einmischung Russlands hat im Verhältnis zwischen den beiden Mächten, wenn nicht gar einen neuen Kalten Krieg, dann doch einen neuartigen «eingefrorenen Konflikt» im großen Maßstab ausgelöst. Diesen Konflikt wieder aufzutauen dürfte sich als höchst schwierig erwiesen.

Beide Präsidentschaftskandidaten waren dem Kreml gut bekannt. Putin ließ keinen Zweifel an seiner Feindseligkeit gegenüber Hillary Clinton, die er für die Proteste 2011 in Moskau – und indirekt für die Einmischung in die russischen Wahlen 2012 – verantwortlich machte. So antwortete er Oliver Stone auf eine Frage nach der Einmischung der USA in die russischen Wahlen: «Es gab sowohl 2000 als auch 2012 Einmischungen, wobei die im Jahr 2012 besonders aggressiv waren.»[7] Clinton wiederum hatte ihre Kritik an der russischen Innen- und Außenpolitik – und an Putin selbst – immer lauter vorgetragen. Die Annexion der Krim durch Russland etwa kommentierte sie folgendermaßen: «Wem das bekannt vorkommt: Es ist das, was Hitler damals in den dreißiger Jahren tat.»[8] Im Falle ihrer Wahl würde sich, befand der Kreml, das Verhältnis zu den Vereinigten Staaten nicht verbessern. Aber sie war eine vorhersehbare Gegenspielerin, und im Kreml war man darauf vorbereit, ihr Paroli zu bieten.

Ganz anders verhielt es sich mit Donald Trump. Bemerkenswert war, dass er während seines gesamten Wahlkampfes nicht ein schlechtes Wort über Wladimir Putin verlor, im Gegensatz zu vielen anderen bedeutenden ausländischen Politikern verbündeter und gegnerischer Länder, die er oft und ausgiebig kritisierte. Und der russische Präsident zeigte sich erkenntlich für den Gefallen, so etwa, als er in einer Pressekonferenz Trump mit dem russischen Ausdruck *yarkii* ehrte.[9] Einige US-Medien übersetzten das mit «brillant», tatsächlich aber bedeutet es «lebhaft» oder «hell». Dennoch bedankte sich Trump hinterher bei Putin dafür, dass er ihn als «brillant» bezeichnet hatte.

Obwohl Trump und Putin sich noch nie begegnet waren, war

Trump in gewissen russischen Geschäftskreisen gut bekannt. Seine erste Reise als Immobilienmagnat nach Moskau hatte er 1987 unternommen, als Gorbatschow die sowjetische Wirtschaft für westliche Investoren öffnen wollte. (Zu dieser Zeit schob Putin noch in einem untergeordneten KGB-Außenposten in Dresden Dienst.) Trump, der sich mit der Absicht trug, in Moskau ein Luxushotel zu errichten, tourte durch die Stadt und beschrieb seinen Trip hinterher als ein «unvergleichliches Erlebnis». Obgleich er in der Nähe des Roten Platzes mehrere potenzielle Hotelstandorte in Augenschein nahm, führten seine Bemühungen, ein Geschäft in der UdSSR unter Dach und Fach zu bringen, nirgendwohin.[10] Als Gorbatschow kurz darauf nach New York kam, versuchte Trump, ihn zu treffen, doch Gorbatschows amerikanische Gastgeber wiesen das Ansinnen zurück.[11] Die nächsten zwanzig Jahre hindurch reiste Trump immer wieder nach Russland, wo er mit dem aserbaidschanisch-russischen Oligarchen Aras Agalarow zusammenarbeitete. 2007 etwa lancierte der Abstinenzler Trump 2007 auf Agalarows alljährlicher Millionärsmesse in Moskau seine Wodkamarke Trump Vodka, die bei den russischen Wodka-Trinkern allerdings auf wenig Gegenliebe stieß.

Obwohl er mit allen Versuchen, ein Hotel in Russland zu eröffnen, Schiffbruch erlitten hatte, flog er im November 2013 wieder nach Moskau, wo er zusammen mit Agalarow den in seinem Besitz befindlichen Miss-Universe-Schönheitswettbewerb ausrichtete.[12] In dieser Zeit kurz vor den Olympischen Winterspielen 2014 in Sotschi geriet Putin wegen seines harten Durchgreifens gegen Oppositionelle zunehmend unter Druck. Vor dem Wettbewerb hatte Trump getwittert: «Glaubt ihr, Putin wird sich den Miss-Universe-Wettbewerb ansehen? Falls ja, wird er mein neuer bester Freund.»[13] Das Treffen fand zwar nie statt, doch Trump sprach weiterhin positiv über Russland und seinen Präsidenten, während sich die Beziehungen zwischen den USA und Russland im Zuge der Ukrainekrise zusehends verschlechterten.[14] 2016 sollte Agalarows Sohn, der aserbaidschanische Popsänger Emin, wegen seiner Rolle bei der Organisation eines Treffens der Anwältin seines Vaters, Natalia Wesselnizkaja, mit Trumps Sohn und Schwiegersohn im Trump Tower in den USA in die Schlagzeilen geraten.

Der Unterschied in dem, was die beiden Präsidentschaftskandidaten im Wahlkampf 2016 über Russland sagten, hätte deutlicher kaum sein können. Im Verlauf der Kampagne schlug die Regierung Obama zunehmend schärfere Töne gegenüber Russland an, was darin gipfelte, dass ein hochrangiger Beamter im US-Finanzministerium Putin öffentlich als «persönlich korrupt» bezichtigte – eine Anklage, die der Sprecher des Letzteren als «Fiktion» zurückwies.[15] Derweil benannte das Pentagon Russland zum ersten Mal seit dem Ende des Kalten Krieges als die größte Bedrohung der amerikanischen nationalen Sicherheit. Doch Trump wollte davon nichts hören, kritisierte bei den Vorwahlen Obama und Clinton für ihre russlandkritische Haltung und behauptete, er könne mit Putin sehr viel besser verhandeln: «Ihr wollt ein gutes Geschäft für das Land machen, ihr wollt mit Russland verhandeln – und es ist nichts falsch daran, nicht gegen alle zu kämpfen, zum Beispiel Russland, zu dem wir ein gutes Verhältnis haben, im Gegensatz zu all den Dummheiten, die schon begangen worden sind.»[16] Putin sei schließlich, wiederholte er, ein «starker Führer». Und in seiner ersten großen außenpolitischen Rede im April 2016 sagte er über Russland: «Der gesunde Menschenverstand sagt, dass diese Spirale, diese schreckliche Spirale der Feindseligkeit, enden muss und idealerweise bald enden wird. Gut für beide Länder.»[17] Außerdem spielte er die russischen Aktionen in der Ostukraine herunter, und sein Wahlkampfmanager Paul Manafort – der enge Beziehungen zu Wiktor Janukowitsch unterhielt, dem aus dem Amt gejagten ukrainischen Expräsidenten – sorgte dafür, dass aus der Wahlplattform der Republikanischen Partei jeglicher Hinweis auf eine mögliche Unterstützung für die Ukraine in ihrem Konflikt mit Russland gestrichen wurde. Als die Wahlen im November näher rückten, war die Botschaft Trumps klar: Er wollte die Beziehungen zu Russland verbessern und einen «Deal» mit Präsident Putin machen. Die Details dieses Deals wurden zwar nie genau benannt, aber es schien um die Aufhebung der Sanktionen zu gehen, die Washington nach der Annexion der Krim und dem Ausbruch des Krieges in der Ostukraine gegen Russland verhängt hatte, sowie möglicherweise um eine Übereinkunft mit Putin, nach der die Ukraine neutral und innerhalb des russischen Einflussbereichs bleiben sollte. Was die Vereinigten Staaten bei diesem «Deal» gewinnen würden, sagte er nicht.

Während Trump Wahlkampf machte, kultivierten – wie sich später herausstellte – verschiedene Mitglieder seiner Familie und seines Wahlkampfteams ihre jeweils eigenen Beziehungen zu einer Reihe von Russen. Dabei verfolgten sie zwei Ziele: erstens, einen inoffiziellen Kommunikationskanal mit russischen Offiziellen einzurichten, um mit ihnen die weitere Entwicklung der russisch-amerikanischen Beziehungen nach der Wahl zu besprechen, und zweitens den «Schmutz» gegen Hillary Clinton zu beschaffen, den zu besitzen ihr russischer Kontakt behauptete. Im Nachhinein drängt sich der Eindruck auf, als hätten beide Seiten, die russische wie die amerikanische, einander sehr viel mehr versprochen, als sie einzulösen imstande waren, und wenn man in die Details der Intrigen und Komplotte eintaucht, hat man das Gefühl, einen billigen Krimi zu lesen, mit dubiosen Figuren wie einem mysteriösen maltesischen Professor, der in London eine inzwischen abgewickelte Diplomatenakademie leitete und sich seiner guten Verbindungen zum Kreml brüstete. Ein Vorfall, der später eine zentrale Rolle in den Untersuchungen von Trumps Beziehungen zu Russland spielen sollte, datiert auf den Juni 2016, als Emin Agalarows derangierter britischer PR-Agent eine E-Mail an Donald Trump jr. schickte, der häufig zu Besuch in Moskau weilte. Ein hochrangiger russischer Beamter habe ihm angeboten, schrieb der PR-Mann, «dem Trump-Wahlkampfteam amtliche Schriftstücke und Informationen zur Verfügung zu stellen, die Hillary und ihre Kontakte mit Russland in einem zweifelhaften Licht erscheinen lassen würden und für Ihren Vater sehr nützlich sein dürften».[18]

Worauf Trump jr. antwortete: «Wenn es das ist, was Sie sagen, liebe ich es.»[19]

Das Treffen zur Übergabe des Materials fand im Trump Tower in New York statt. Zu den Teilnehmern gehörten Donald Trump jr., sein Schwager Jared Kushner, Paul Manafort und mehrere Russen, die Prominenteste darunter sicherlich Natalia Wesselnizkaja, eine ehemalige russische Staatsanwältin, die inzwischen eine eigene Anwaltskanzlei betrieb. Einer ihrer Klienten stand auf der Liste des Magnitski-Gesetzes und durfte deshalb weder in die Vereinigten Staaten einreisen noch dort Geschäften nachgehen. Wesselnizkaja wollte wohl vor allem erreichen, dass im Falle von Trumps Wahl ihr Klient von der Liste gestrichen werde, offenbar ohne zu verstehen, dass in derlei Fragen der Kongress das Sagen hat und nicht das Weiße Haus. Bei dem Treffen sei es, sollte Trump jr. später erklären, um Adoptionen gegangen, darum, dass die Russen als Vergeltung für das Magnitski-Gesetz amerikanische Bürger von der Adoption russischer Kinder ausgeschlossen hatten. Welche, wenn überhaupt, abträgliche Informationen über Hillary Clinton die Russen im Gepäck hatten, ist nicht bekannt. Offenbar besaßen sie Informationen über einen Clinton-Spender, aber nichts über Clinton selbst. Allem Anschein nach gehörten dieses Treffen und andere Kontakte zu umfassenderen Bemühungen der Trump-Kampagne, den Boden für eine Verbesserung der Beziehungen zwischen den USA und Russland ab 2017 zu bereiten – und möglicherweise für einen erneuten Anlauf der Trump Organization, Hotels in Russland zu eröffnen, sollte ihr Spitzenkandidat die Wahl verlieren. Noch während des Wahlkampfes 2016 verhandelte die Trump Organization über ein mögliches Immobiliengeschäft in Russland, doch der Deal scheiterte, weil die für die Finanzierung des Deals vorgesehene Sberbank den nach der Annexion der Krim verhängten Sanktionen unterlag.

Im Mittelpunkt dieses Versuchs, die Beziehungen zu Russland zu verbessern, standen die Aktivitäten von Generalleutnant Michael Flynn, Trumps erstem Nationalen Sicherheitsberater. In seiner Zeit als Direktor des US-Militärgeheimdienstes, der Defense Intelligence Agency, hielt er 2013 im Hauptquartier der GRU – Moskaus verschwiegenem militärischen Nachrichtendienst – einen Vortrag über Führungsstärke. Eine ungewöhnliche Erfahrung und eine, die Flynn offenkundig genoss: «Ich hatte Gelegenheit, vor ihren Offizieren zu sprechen. Ich ging ausführlich auf die gegenwärtige internationale Lage ein ... Es war eine tolle Reise.»[20] Flynn war enttäuscht von der Politik der Regierung Obama, unter der er diente, da sie seiner Auffassung nach die dschihadistische Bedrohung unterschätzte. Für ihn waren die USA und Russland natürliche Verbündete im Kampf gegen den islamischen Terrorismus, ein Umstand, der in seinen Augen alle anderen Differenzen überspielen sollte. Schließlich wurde er von Obama als Direktor der DIA entlassen. Im Dezember 2015 kehrte Flynn nach Moskau zurück, wo er an der Feier zum zehnten Jahrestag von RT (Russian Today) teilnahm, dem wichtigsten für Propagandazwecke genutzten russischen Auslandsfernsehsender. Beim Galadinner erhielt er einen Ehrenplatz direkt neben Putin. Laut Flynn hatte Putin «keinen Respekt vor der Führung der Vereinigten Staaten».[21] Nach seinem Sieg bei den Vorwahlen berief Trump Flynn zu seinem Sicherheitsberater, und Flynn wandte sich an Sergej Kisljak, einen ehemaligen Physiker und Rüstungskontrollexperten, der seit 2008 russischer Botschafter in Washington war. Die beiden Männer trafen sich im Trump Tower mit Jared Kushner, der einen inoffiziellen Kommunikationskanal nach Moskau einrichten wollte.

Obwohl Flynn noch nicht im Weißen Haus saß, hielt er sich offenbar bereits zu diesem Zeitpunkt für befugt, Außenpolitik zu betreiben. Am 29. Dezember kündigte Obama an, als Vergeltung für die russische Wahleinmischung 35 verdächtige russische Geheimdienstler auszuweisen. Darüber hinaus verhängte er Sanktionen gegen die beiden wichtigsten russischen Geheimdienste und ließ zwei diplomatische Erholungseinrichtungen der Russen schließen, die nach Auffassung des Weißen Hauses auch für andere, weniger harmlose Zwecke genutzt wurden.[22] Am nächsten Tag trat Putin vor die Fernsehkameras, und entgegen der allgemein erwarteten «Wie-du-mir-so-ich-dir» -Antwort kündigte er an, Moskau werde im Gegenzug nicht seinerseits 35 US-Diplomaten ausweisen, sondern erst einmal abwarten, wie sich die US-Politik gegenüber Russland unter Trump entwickelt. Mehr noch, in einem ungewöhnlichen Akt der Großzügigkeit lud er die Kinder der US-Botschaftsmitarbeiter in Moskau zu einer Neujahrsfeier in den Kreml ein. Putins Entscheidung, erst einmal abzuwarten, sei, twitterte Trump, ein «großartiger Zug», und fügte hinzu, er habe schon «immer gewusst, dass Putin sehr intelligent ist».[23]

Warum überraschte Putin die Welt und verzichtete auf die erwarteten Vergeltungsmaßnahmen gegen die USA? Wie sich später herausstellte, hatte Flynn nach Obamas Bekanntgabe der Sanktionen mehrmals mit Kisljak telefoniert und ihm offenbar versichert, dass, sollte Russland keine Vergeltungsmaßnahmen ergreifen, Trump die Sanktionen nach seinem Amtsantritt zurücknehmen werde. Bei diesen Telefonaten gibt es zwei bemerkenswerte Aspekte. Erstens ist es für Privatpersonen illegal, mit einer ausländischen Macht zu verhandeln, und zu diesem Zeitpunkt war Flynn noch kein Regierungsbeamter. Zweitens und vielleicht noch überraschender: Flynn musste als ehemaliger DIA-Chef gewusst haben, dass das Telefon des russischen Botschafters überwacht und dessen Gespräche mit ihm aufgezeichnet wurden. Und man musste auch kein ehemaliger DIA-Chef sein, um das zu vermuten. Kurz nach seiner Berufung zum Nationalen Sicherheitsberater wurden den Medien Details seiner Telefonate mit Kisljak zugespielt. Zunächst bestritt Flynn mehrfach, mit Kisljak über Sanktionen gesprochen zu haben, doch nachdem herauskam, dass er den Vizepräsidenten angelogen hatte, sah sich Trump genötigt, ihn zu entlassen – nicht einmal einen Monat nach seiner Ernennung. Im Dezember 2017 bekannte sich Flynn schuldig, das FBI angelogen zu haben, und gab zu, dass er mit Kisljak über Sanktionen gesprochen hatte.[24]

Als immer mehr Details über die Kontakte zwischen der Trump-

Kampagne und den Russen ans Tageslicht kam, zielten die Fragen nach Trumps eigenen Verbindungen zu Russland und seiner durchweg positiven Sicht auf Putin zunehmend auch auf die beiden großen Geschichten von 2016: die russischen Einmischungen in die Präsidentschaftswahlen und mögliche Geheimabsprachen zwischen Trump-Vertrauten und den Russen.

## DIE RUSSISCHE WAHLEINMISCHUNG

Die russische Einmischungskampagne war eine mehrstufige Strategie, die von anspruchsvollen Cyber-Operationen bis hin zur Instrumentalisierung der sozialen Medien reichte. Sie begann bereits 2014, gelangte aber erst 2016 in das öffentliche Bewusstsein. Am 15. Juni 2016 stellte ein Hacker namens Guccifer 2.0 Dokumente mit Informationen über die Oppositionsforschung und Spender der Demokratischen Partei ins Netz, die von Servern des Democratic National Commitee (DNC) entwendet worden waren. Eine Cyber-Sicherheitsfirma, die den Datendiebstahl untersuchte, gelangte zu dem Schluss, dass Russland dahinterstecke, und später wurde Guccifer mit der GRU in Verbindung gebracht. Dann, im Juli – einen Tag vor Beginn des demokratischen Nationalkonvents –, stellte WikiLeaks 20 000 E-Mails von DNC-Mitarbeitern online, von denen einige abfällige Aussagen über Clintons Parteirivalen Bernie Sanders enthielten. Mit den gezielten Leaks sollten die Spannungen innerhalb der Demokratischen Partei angeheizt und die Legitimität von Clintons Nominierung in Frage gestellt werden. WikiLeaks-Gründer Julian Assange, der sich aus Angst vor einer Verhaftung wegen Vergewaltigungsvorwürfen in der ecuadorianischen Botschaft in London verschanzt hat, hegte einen persönlichen Groll gegen Clinton. Wie später aufgedeckt wurde, hatten die Russen die entwendeten E-Mails an WikiLeaks weitergegeben.[25] Neben einem steten Strom durchgesteckter E-Mails fuhren die staatlichen russischen Medien RT und Sputnik unablässig Angriffe gegen Clinton, beschuldigten sie der Korruption, stellten ihre geistige und körperliche Gesundheit in Frage und deuten an, sie würde Trump die Wahl «stehlen».

Als ob das nicht genug wäre, instrumentalisierte Russland auch die sozialen Medien, um Millionen von Amerikanern mit Desinformationen zu überhäufen. Die Russen programmierten Tausende von Bots (automatisierte Internet-Accounts) und bezahlten Internet-Trolle, um Falschnachrichten zu verbreiten. Laut Zeugenaussagen von Twitter-Führungskräften vom Oktober 2017 wurden in den letzten Monaten des Wahlkampfs von über 30 000 russischsprachigen Fake-Profilen rund 1,4 Millionen Tweets generiert.[26] Obwohl etliche dieser Beiträge verräterische Anzeichen einer fehlerhaften Grammatik und Syntax aufwiesen (etwa die Auslassung bestimmter Artikel, ein Charakteristikum der russischen Sprache), kam anscheinend niemand der Verdacht, sie könnten von Ausländern stammen. Laut Muellers Anklageschrift wurden die Social-Media-Kampagnen von der russischen Internet Research Agency koordiniert, deren Eigentümer Jewgeni Prigoschin in vielen Geschäftsfeldern aktiv ist. Neben Restaurants, die viele Kremlbosse und Staatsgäste verköstigen, gehört ihm auch Wagner, die größte militärische Vertragsorganisation des Landes, deren Söldner in der Ukraine, in Syrien und anderswo kämpfen und dem Kreml in seinen Hybridkriegen helfen, eine direkte russische Beteiligung abstreiten zu können. Für die Internet Research Agency tätige Personen reisten wiederholt in die Vereinigten Staaten, um dort Informationen über politische und soziale Bewegungen zu sammeln, und orchestrierten später aus der Ferne politische Kundgebungen in den USA, bei denen es mitunter auch fast zu gewaltsamen Auseinandersetzungen zwischen verfeindeten Demonstranten gekommen wäre. Natürlich zog Putin den Gedanken, Prigoschin könnte an dem Hacking beteiligt gewesen sein, ins Lächerliche:

Glauben Sie im Ernst, dass ein Restaurantbetreiber, auch wenn er über gewisse Möglichkeiten zum Hacken verfügt und eine Firma in diesem Bereich besitzt – ich weiß ja nicht einmal, was er dort genau tut –, also dass diese Person damit wirklich Wahlen in den USA oder in irgendeinem europäischen Staat beeinflussen kann?[27]

Schließlich berichtete auch noch das Heimatschutzministerium, dass Russland in mindestens 21 Einzelstaaten für die Präsidentschaftswahlen relevante Wahlsysteme zu manipulieren versucht hatte, darunter auch in entscheidenden Swing States – Wechselwählerstaaten – wie Florida, Ohio und Pennsylvania. Allerdings waren mit Ausnahme von Arizona und Illinois, die von erfolgreichen Angriffen auf ihre Wahlsysteme berichteten, die russischen Versuche, Wählerdaten zu manipulieren und zu sabotieren, gescheitert.[28]

Dies war ein beispielloser Angriff auf die amerikanische Demokratie. Während des Kalten Krieges hatten sowohl die USA als auch die Sowjetunion versucht, sich in die Innenpolitik des jeweils anderen einzumischen, und die Sowjets darüber hinaus antiamerikanische Friedensbewegungen in Europa finanziert und gefördert. Doch die Kampagne vor den Präsidentschaftswahlen unterschied sich nicht nur in ihrem Ausmaß, sondern auch qualitativ von früheren Einmischungsversuchen. Im Zeitalter der sozialen Medien und neuen Technologien sind die Möglichkeiten der Manipulation und Einflussnahme nahezu unbegrenzt. Und die Vereinigten Staaten wurden von dem Angriff völlig überrumpelt.

Welche Ziele verfolgten die Russen? Der Kreml war entschlossen, die Polarisierung innerhalb der US-Gesellschaft auszunutzen und die Amerikaner dazu aufzustacheln, die Legitimität ihrer Demokratie in Frage zu stellen. Zu diesem Zweck legten sie es darauf an, alles zu relativieren, zu hinterfragen, was wirklich Fakten waren, und, wie RT und das Schwester-Netzwerk Sputnik wiederholt argumentierten, zu zeigen, dass die Vereinigten Staaten nicht besser seien als Russland.

Einigen russischen Quellen zufolge soll Putin persönlich entschieden haben, die gehackten E-Mails durch die Weitergabe an WikiLeaks in Waffen zu verwandeln – und zwar als Vergeltung für die Veröffentlichung der Panama-Papiere. Im April 2016 hatte eine multinationale Gruppe von Reportern, die am Organized Crime and Corruption Reporting Project (OCCRP) beteiligt waren, einen hochexplosiven Bericht öffentlich gemacht, in dem sie darlegten, wie Regierungen und Oligarchen auf der ganzen Welt in Panama registrierte Offshore-Unternehmen für legale und illegale Zwecke einsetzten, einschließlich Betrug, Steuerhinterziehung und die Umgehung internationaler Sanktionen. In den Dokumenten waren russische Journalisten auf milliardenschwere Konten gestoßen, die auf Sergej Roldugin liefen, einen Cellisten und Jugendfreund Putins. In ihren Berichten über den Skandal deuteten die Journalisten an, dass das Geld Putin gehörte und der Cellist nur als Strohmann fungierte. Roldugin dementierte die Vorwürfe und behauptete, bei den insgesamt zwei Milliarden Dollar auf den Konten handele es sich um Spenden anderer Personen für den Kauf von Musikinstrumenten für junge Russen. Doch das konnte Putins Zorn nicht besänftigen. Er berief eine Sitzung seines Sicherheitsrates ein, auf der Berichten zufolge darüber diskutiert wurde, welche Vergeltungsmaßnahmen man ergreifen könnte. Und auf ebendieser Sitzung soll, heißt es, der Beschluss gefallen sein, die gehackten DNC-E-Mails WikiLeaks zuzuspielen.[29]

Der erste offizielle Hinweis auf das russische Hacking stammt vom Juli 2016, als niederländische Geheimdienste Washington eine entsprechende Warnung zukommen ließen, nachdem ihre eigenen Hacker zufällig in ein russisches Netzwerk eingedrungen waren, von dem aus Hacker die Angriffe auf die DNC führten.[30] So richtig bewusst wurde man sich des ganzen Ausmaßes der Bedrohung in Washington aber erst im August, als die CIA Obama einen Umschlag mit Informationen überreichte, die aus Quellen innerhalb der russischen Regierung stammten und Putins direkte Beteiligung an der Cyber-Kampagne zur Diskreditierung und Störung der amerikanischen Präsidentschaftswahlen detailliert beschrieben. Bis heute hat nur eine kleine Anzahl von Personen diese Informationen zu Gesicht bekommen, und erst im Januar 2017 wurde der Öffentlichkeit ein von den Geheimdiensten freigegebener Bericht über die russische Wahleinmischung vorgelegt.[31]

Die Neuigkeiten trafen die Beamten der Regierung Obama weitgehend unvorbereitet, und es dauerte einige Zeit, bis sie im Herbst 2016 sämtliche Teile der komplexen russischen Einmischungskampagne zusammengefügt hatten. Rückblickend muss man sagen, dass die Regierung und die zuständigen Behörden nicht darauf vorbereitet waren, angemessen auf eine vielschichtige Cyber- und Social-Media-Kampagne dieser Größenordnung zu reagieren.[32] Obama befand sich in einer unangenehmen Lage. Einerseits wollte er in einer Zeit, in der nach allgemeiner Meinung seine Parteifreundin Hillary Clinton das Rennen machen würde, nicht parteiisch erscheinen, also beschloss die Regierung, diese Informationen vorerst noch zurückzuhalten. Mit ihrem Vorschlag, eine von beiden Parteien getragene Erklärung zu der russischen Einmischung herauszugeben, biss sie bei den Republikanern auf Granit, die sich weigerten, ihre Stimme für etwas herzugeben, das den Eindruck vermitteln würde, Trumps Popularität beim Volk sei nicht legitim. Schließlich beschuldigte die Regierung am 7. Oktober 2016 die russische Regierung formell, E-Mails der DNC, anderer Institutionen und prominenter Personen gestohlen und offengelegt zu haben, ließ aber die Frage nach möglichen Vergeltungsmaßnahmen unbeantwortet. Der Bericht wurde jedoch wiederum überschattet durch die Veröffentlichung einer Aufnahme von Donald Trump, auf der er abfällige Bemerkungen über Frauen machte, woraufhin nur eine Stunde später WikiLeaks Tausende von E-Mails von Clintons Wahlkampfleiter John Podesta lancierte.

Auf dem G20-Gipfel im Herbst in China hatte Obama die Gelegenheit, Putin direkt auf das Thema anzusprechen – und beschied ihm unverblümt, er solle «damit aufhören».[33] In der Nacht des 8. November entschied Donald Trump die Präsidentschaftswahl für sich – zum großen Entsetzen vieler Menschen. Obwohl er landesweit drei Millionen weniger Stimmen als Hillary Clinton auf sich vereinigte, konnte er die Mehrheit im Wahlmännerkolleg erobern. In seiner letzten Pressekonferenz versuchte Obama, die russische Einmischung herunterzuspielen, indem er eine Sprache benutzte, die Putin reizen sollte. Obamas Problem, so berichtete ein hochrangiger Beamter später, sei sein Wunsch, «dass Russland einfach verschwindet».[34]

Aber Russland wird natürlich nicht verschwinden. Obamas abschließender Streich gegen Putin waren die Sanktionen, die er am 29. Dezember gegen Russland verhängte. Es gab auch Gerüchte über eine Cyber-Reaktion auf die russischen Aktionen. Zum Zeitpunkt von Obamas Abschied aus dem Amt waren viele Anhänger der Demokraten überzeugt, dass Trump die Wahl vor allem wegen der russischen Einmischung gewonnen hatte. Trump selbst hat nur gelegentlich und widerwillig eingeräumt, dass sich Russen in die Wahl eingemischt haben könnten, weil er glaubt, dass dies die Legitimität seines Wahlsiegs beeinträchtigen würde.

## RUSSIAGATE

Entgegen Trumps Wunsch, die Frage nach der russischen Wahleinmischung beiseitezuschieben, verfolgt sie ihn seit seinem ersten Tag im Amt und hat ihn in seinen Bemühungen behindert, auf Putin zuzugehen. Das für ihn gefährlichste Thema sind die vielen Hinweise auf geheime Absprachen zwischen Mitarbeitern seines Wahlkampfteams und Russen. Bei «Russiagate» geht es darum, was Russland in den Jahren 2014 bis 2016 getan hat. Doch es geht auch um amerikanische Innenpolitik und die tiefgreifenden politischen Zerwürfnisse innerhalb der amerikanischen Gesellschaft, die sich darin widerspiegeln. Der Öffentlichkeit bekannt wurde dieses Thema erstmals im Oktober 2016, als die linksliberale US-Zeitschrift *Mother Jones* in einem Artikel behauptete, dass das FBI Vorwürfen nachging, die ein ehemaliger Mitarbeiter des britischen MI6-Geheimdienstes in einer Reihe von Berichten erhob. Christopher Steele, so der Name des britischen Ex-Agenten, war von einer amerikanischen Firma beauftragt worden, die Beziehungen Donald Trumps zu Russland unter die Lupe zu nehmen. Die ihm vorliegenden Beweise zeigten, so Steeles Fazit, «dass das russische Regime TRUMP seit mindestens fünf Jahren kultiviert, unterstützt und hilft. PUTINS Ziel dabei ist es, die Risse und Differenzen im westlichen Bündnis zu fördern.» Weiter schreibt Steele, dass Trump «und sein innerer Kreis einen regelmäßigen Fluss nachrichtendienstlicher Informationen aus dem Kreml akzeptiert haben, auch über seine demokratischen und anderen politischen Gegner». Außerdem habe, behauptete er, der russische Geheimdienst Trump während seiner Aufenthalte in Moskau «kompromittiert» und könne «ihn erpressen».[35]

Steele war seit seinem Einsatz als Geheimdienstoffizier Anfang der 1990er Jahre nicht mehr in Russland, verfügte dort aber über ein Netzwerk von Kontakten, die er mit Nachforschungen vor Ort beauftragte. Ursprünglich hatten Republikaner, die Trump in der Vorwahlphase schaden wollten, die Recherchen zu dessen Russlandkontakten in Auftrag gegeben. Doch nach Trumps Wahl zum republikanischen Präsidentschaftskandidaten übernahmen Demokraten das Projekt und finanzierten die Recherchen. Insgesamt verfasste Steele sechzehn Einzelberichte über Trumps Verbindungen nach Russland, die zusammen das sogenannte «Steele-Dossier» bilden.

Sofort nachdem die US-Website «BuzzFeed» das Dossier veröffentlicht hatte, wurde es von Republikanern angegriffen und ist seitdem Gegenstand heftiger Kontroversen. Die in dem Dossier aufgestellten Behauptungen zu verifizieren ist überaus schwierig, doch laut mehreren ehemaligen US-Geheimdienstmitarbeitern klingt vieles davon sehr plausibel.[36] Das Material zumindest über die russische Manipulation sozialer Medien zur Unterstützung Trumps ist von Sonderermittler Mueller in seiner Anklageschrift bestätigt worden. Steele selbst hat offenbar gesagt, dass er 70 bis 90 Prozent seines Dossiers für zutreffend hält.[37] Lässt man einmal die schlüpfrigen Details darüber weg, was Trump während seines Aufenthalts anlässlich des Miss-Universe-Wettbewerbs in Moskau so alles trieb, zeichnet das Dossier detailliert nach, wie die Russen über mehrere Jahre hinweg die Beziehungen zu Trump und seinen Getreuen kultiviert und sie mit nachteiligen Informationen über Hillary Clinton versorgt haben. Steeles Aussagen über die Treffen diverser Trump-Mitarbeiter mit russischen Offiziellen und Geschäftsleuten sind inzwischen bestätigt worden, und das Dossier dürfte noch auf längere Zeit im Zentrum eines erbitterten Kampfes zwischen Demokraten und Republikanern im US-Kongress sowie zwischen der Regierung Trump und dem FBI stehen, dem Steele sein Material überreicht hat.

Trump hatte sich kaum im Weißen Haus eingerichtet, als die Ermittlungen wegen der russischen Aktivitäten 2016 aufgenommen wurden. Dabei handelt es sich um zwei Untersuchungen: eine über die russische Einmischung in die Wahlen und eine über mögliche Absprachen zwischen Russen und der Trump-Kampagne. Die prominenteste Untersuchung, die strafrechtliche Untersuchung des Justizministeriums, wird von Sonderermittler Robert Mueller geleitet, einem ehemaligen FBI-Direktor. Mueller befasst sich mit den russischen Aktionen im Jahr 2016 sowie denen von Trumps Wahlkampfteam. Sein Mandat erlaubt es ihm, alle Verbindungen und Absprachen zwischen der Trump-Kampagne und der russischen Regierung zu verfolgen, einschließlich sämtlicher Versuche, solche Nachforschungen zu behindern. Parallel dazu ermitteln die Geheimdienstausschüsse des Senats und des Repräsentantenhauses wie auch der Unterausschuss des Senats für Verbrechen und Terrorismus in der Frage der russischen Einmischung. Im Gegensatz zu Mueller, der Einzelpersonen wegen Bundesverbrechen vor Gericht stellen kann, können vom Kongress eingesetzte Untersuchungsausschüsse keine Strafverfolgungen auslösen, es sei denn, Zeugen sagen unter Eid falsch aus. Rein rechtlich betrachtet, geht es auch nicht um Absprachen – was schwer zu definieren ist –, sondern darum, ob sich Leute mit Russland verschworen haben, um ein Strafgesetz zu brechen, bzw. darum, ob sie das Gesetz selbst gebrochen haben.

Bisher sind im Rahmen der Ermittlungen mehrere Anklagen gegen US-Bürger erhoben worden. General Flynn hat sich der Falschaussagen gegenüber dem FBI für schuldig bekannt, ebenso haben zwei weitere Trump-Mitarbeiter zugegeben, über ihre Kontakte zu Russen gelogen zu haben. Paul Manafort – der in mehreren Punkten wegen der Verschwörung zur Geldwäsche und der Nichtregistrierung als ausländischer Agent vor Gericht steht – ist in einem Prozess verurteilt worden. Um einen zweiten Prozess zu verhindern, hat er einem Schuldbekenntnis zugestimmt und sich einverstanden erklärt, mit Sonderermittler Mueller zu kooperieren.[38] Mueller, der ein Team von erstklassigen Geldwäscheexperten zusammengestellt hat, scheint sich auf die finanziellen Beziehungen zwischen Russen und Leuten aus Trumps Umfeld zu konzentrieren.

Die US-Bevölkerung ist in Sachen Russiagate nach wie vor stark gespalten. Eine Mehrheit der Amerikaner (59 Prozent) ist überzeugt, dass hochrangige Mitglieder der Regierung von Donald Trump während des Präsidentschaftswahlkampfes definitiv oder wahrscheinlich unangemessene Kontakte mit Russland hatten, und die meisten glauben, dass Sonderermittler Mueller eine unparteiische Untersuchung durchführen wird. Aber während 71 Prozent der Demokraten die Ermittlung zu Russland als «sehr wichtig» für die Nation erachten, finden das nur 19 Prozent der Republikaner.[39] Trump hat bislang jegliche Absprache mit Russland abgestritten, sich in den allermeisten Fällen geweigert, eine russische Einmischung anzuerkennen, und seine Geheimdienste immer noch nicht angewiesen, Maßnahmen gegen die bis heute fortdauernden russischen Cyber- und Social-Media-Aktivitäten zu ergreifen. Stattdessen hat er im Laufe der Untersuchungen immer wieder das FBI und die eigenen Geheimdienste verächtlich gemacht.

Putin seinerseits hat den Vorwurf einer von Moskau gesteuerten Einmischung wiederholt zurückgewiesen, so zum Beispiel beim Treffen des Internationalen Diskussionsklubs «Waldai» in Sotschi Ende Oktober 2016. «Glaubt irgendjemand ernsthaft, dass Russland irgendwie die Wahl des amerikanischen Volkes beeinflussen kann?», rief er seinem Publikum zu. «Amerika ist schließlich keine ‹Bananenrepublik›, sondern eine Großmacht. Korrigieren Sie mich, wenn ich mich irre.»[40]

## TRUMP UND PUTIN

Was erhoffte sich Trump nach seinem Einzug ins Weiße Haus von der Zusammenarbeit mit Putin? Während des Wahlkampfs lieferte er ein paar Hinweise. Russland sei, sagte er, ein wichtiger Verbündeter im Kampf gegen einen gemeinsamen Feind, den Terrorismus. Russland könnte den USA helfen, eine Lösung für den syrischen Bürgerkrieg zu finden. Es könnte im Fall Nordkorea hilfreich sein. Und engere Beziehungen zwischen Washington und Moskau könnten dazu beitragen, Russland von seiner Partnerschaft mit China abzubringen. Darüber hinaus könnte Russland mithelfen, die nuklearen und regionalen Ambitionen des Iran einzudämmen. «Russland ist der Schlüssel, der die Tür öffnet», schrieb Kathleen T. McFarland, die im Frühjahr 2017 vier Monate lang als Stellvertretende Nationale Sicherheitsberaterin für Trump tätig war, in einer durchgesickerten E-Mail, nachdem Obama im Dezember 2016 Sanktionen gegen Russland verhängt hatte, und fügte hinzu, dass die Trump-Administration in der Lage sein sollte,

Russland von Verbündeten wie dem Iran fernzuhalten.[41] Die Vorstellung, Russland könnte für die USA ein echter Partner bei der Terrorismusbekämpfung und anderen globalen Themen sein, war im inneren Kreis um Trump weit verbreitet. Doch die Annahme, man könne Moskau davon abbringen, seine Partnerschaft mit China zu vertiefen, offenbarte ein grundlegendes Missverständnis der Natur der chinesisch-russischen Beziehungen. Das bessere Verhältnis zu China gehörte zu den bis dato wichtigsten außenpolitischen Erfolgen Putins, ein Erfolg, den er für engere Beziehungen zu den Vereinigten Staaten und ihrer schwer vorhersehbaren Politik wohl kaum aufs Spiel setzen würde.

Die Russen begrüßten die Wahl von Trump zum neuen Präsidenten der USA. In Moskauer Bars feierten die Menschen nach Bekanntwerden des Wahlausgangs, und die russischen Staatsmedien überschlugen sich in ihren Lobgesängen. Putin rief Trump an, um ihm zu seinem Erfolg zu gratulieren, und bekundete die Hoffnung, sie könnten den «absolut unbefriedigenden Zustand der bilateralen Beziehungen» verbessern und bei «einem möglichst breiten Themenspektrum» zusammenarbeiten.[42] Eine Gruppe vermögender Russen nahm an der Zeremonie anlässlich der Amtseinführung Trumps teil, und einer von ihnen postete auf Facebook ein Bild, auf dem er Erinnerungsstücke an die Amtseinführung in den Händen hielt und das er mit den Worten «Ich bin überzeugt, dass Präsident Donald Trump eine neue Seite in der amerikanischen Geschichte aufschlagen wird» kommentierte. Die Abordnung russischer Geschäftsleute war unverkennbar von der Hoffnung erfüllt, dass Trumps Wahl zu einem Tauwetter in den Beziehungen zwischen den USA und Russland führen und ihnen nach der Aufhebung der von Obama verhängten Sanktionen neue Geschäftschancen eröffnen würde.[43]

In den ersten vier Monaten seiner Regierungszeit sprach Trump mehrmals mit Putin, hauptsächlich über Syrien, die Terrorismusbekämpfung und Nordkorea. Sein erstes Treffen mit hochrangigen russischen Regierungsvertretern fand im Mai statt, als er Außenminister Lawrow und Botschafter Kisljak im Oval Office empfing. Trump hatte eben erst FBI-Direktor James Comey entlassen, den er aufgrund seiner Ermittlungen wegen der angeblichen Wahleinmischung der Illoyalität bezichtigte. (Anstelle von Comey übernahm dann Mueller die Untersuchungen.) Obwohl die amerikanischen Medien von dem Treffen ausgeschlossen waren, gelang es den Russen, ihren Fotografen mit ins Weiße Haus zu nehmen, und so tauchten bald schon Aufnahmen von Trump auf, auf denen er mit seinen beiden russischen Gästen lachte und sie alle bester Stimmung zu sein schienen. Sie hätten, verkündete Trump hinterher, ein «sehr, sehr gutes Treffen» gehabt. Später wurde aufgedeckt, dass er den Russen aus Israel stammende, streng geheime Informationen über Terroristen enthüllt hatte, die sich damit beschäftigten, wie man mit Hilfe von Computern Flugzeuge in die Luft jagen kann.[44]

Zu einem persönlichen Treffen der beiden Präsidenten kam es erst im Juli 2017. Bei ihrer ersten Begegnung während des G20-Gipfels in Hamburg wirkten Wladimir Putin und Donald Trump entspannt und lächelten sich an; insgesamt herrschte, so der damalige Außenminister Rex Tillerson, zwischen beiden eine «positive Chemie».[45] Das Meeting dauerte viel länger als geplant, und nach zweieinhalb Stunden wurde First Lady Melania Trump hineingeschickt, um sie daran zu erinnern, dass es an der Zeit war, die Unterredung abzuschließen. Trump war überschwänglich in seinem Lob für den russischen Staatschef: «Wir hatten einige sehr gute Gespräche – wir freuen uns auf viele sehr positive Dinge, die für Russland, die Vereinigten Staaten und alle anderen Beteiligten passieren werden. Es ist eine Ehre, Sie zu treffen.» Putin erwiderte das Kompliment: «Ich freue mich, Sie persönlich treffen zu können, Mr. President.»[46] Putin lobte seinen amerikanischen Gesprächspartner: «Das Fernsehimage von Mr. Trump unterscheidet sich sehr von der realen Person; er ist ein sehr bodenständiger und direkter Mensch, und er hat eine absolut angemessene Einstellung zu der Person, mit der er spricht.»[47]

Während des Treffens diskutierten die beiden den Konflikt in Syrien, und als die Frage der russischen Einmischung bei den US-Wahlen 2016 zur Sprache kam, stritt Putin eine derartige Einmischung entschieden ab. Für die Öffentlichkeit war es die einzige Begegnung zwischen Trump und Putin bei dieser Konferenz. Doch wie sich herausstellte, ging Trump später am Abend nach dem Abendessen zu Putin hinüber, der neben Melania Trump gesessen hatte, und unterhielt sich nochmals rund eine Stunde mit ihm. Ungewöhnlich daran war, dass Trump seinen Dolmetscher nicht mitnahm, sodass der einzige Zeuge des Gesprächs der russische Dolmetscher war und keine Aufzeichnungen davon existieren, was die beiden Politiker miteinander besprachen – zumindest nicht auf amerikanischer Seite.[48] Nach dem Hamburger Treffen sprach Trump mit einem Journalisten einer großen Zeitung und sagte ihm: «Putin fraß mir aus der Hand.»

In diesen paar Stunden in Hamburg stellten die beiden sämtliche Anomalien zur Schau, die ihre singuläre Beziehung zueinander charakterisieren: ein US-Präsident, der entschlossen war, eine gute Beziehung zu einem Führer zu sichern, den er während seines Wahlkampfes und nach seinem Einzug ins Weiße Haus trotz der immer klareren Beweise für eine russische Einmischung bei den Wahlen 2016 durchgängig gelobt hatte, und ein russischer Präsident und Ex-KGB-Chef, der darauf bedacht war, dem amerikanischen Präsidenten die Hand zu reichen und Honig um den Mund zu schmieren, gleichzeitig jedoch die Vereinigten Staaten einer ganzen Palette von Sünden wegen heftig angriff.

Trump hatte in seinem ersten Amtsjahr nur noch ein weiteres Meeting mit Putin, am Rande des Gipfeltreffens der Asiatisch-Pazifischen Wirtschaftsgemeinschaft in Vietnam. Laut einer nach dem Zweiergespräch veröffentlichten gemeinsamen Erklärung bekräftigten sie ihre Entschlossenheit, den IS in Syrien zu besiegen, ihre militärischen Kommunikationswege zur Konfliktvermeidung im syrischen Krieg aufrechtzuerhalten und weiter an einer politischen Lösung für die Krise zu arbeiten.[49]

Trumps im Wahlkampf geäußerte Hoffnungen auf einen frühen Staatsbesuch in Moskau hatten sich zwischenzeitlich zerschlagen. Angesichts der auf Hochtouren laufenden Ermittlungen zur russischen Einmischung und der immer lauter werdenden Kritik an dem Lob, mit dem er Putin bei ihrem ersten Treffen überhäuft hatte, waren Trump die Hände gebunden. Doch Putin ließ die Tür weiterhin offen für bessere Beziehungen. Nachdem er in seiner Rede beim Internationalen Diskussionsklub «Waldai» 2017 die Vereinigten Staaten wegen diverser Fehltritte noch harsch angegangen hatte, tadelte er diejenigen im Publikum, die Trumps Leistungen im Amt in Frage stellten: «Er wird im eigenen Land nicht respektiert. Das ist ein bedauernswerter, negativer Aspekt des amerikanischen politischen Systems. Man darf streiten, aber man darf nicht respektlos sein.»[50]

Die innenpolitischen Hindernisse, die einer engeren Beziehung zwischen Trump und Putin entgegenstanden, verschleierten eine wichtige Realität: Selbst ohne ein «Russiagate», worin bestand die russisch-amerikanische Agenda? Was wollten beide Seiten voneinander, und wie definierten sie ihre jeweiligen Interessen? Was auch immer der Präsident selbst wollte, er hatte ein nationales Sicherheitsteam zusammengestellt – Rex Tillerson im Außenministerium, James Mattis als Verteidigungsminister und H. R. McMaster als Nationaler Sicherheitsberater –, das mit seinen russischen Amtskollegen verhandelte und vorsichtig nach Wegen suchte, wie es die Beziehungen voranbringen konnte. Unterdessen verfolgte der Kongress seine eigene konfrontative Politik gegenüber Russland. Unter Präsident Trump gab es allem Anschein nach drei Ansätze in der Russlandpolitik: den des Weißen Hauses, den der restlichen Regierung und den des Kongresses.

## DIE DREI RUSSLAND-POLITIKEN DER REGIERUNG TRUMP

Trumps Wahl werde, so hoffte man in Russland, eine neue Ära engerer Beziehungen zwischen den USA und Russland einleiten und Washington Moskau endlich jenen Respekt entgegenbringen, den es ihm seit Putins Rückkehr in den Kreml 2012 verweigert hatte. Schon bald nach Trumps Amtsantritt ergriff Putin die Initiative und entsandte seinen Stellvertretenden Außenminister Sergej Rjabkow mit dem Angebot einer umfassenden Umgestaltung der Beziehungen ins State Department. Der Neuanfang sollte Gespräche über Cybersicherheit, Afghanistan, das Atomabkommen mit dem Iran, die Situation in der Ukraine und die Denuklearisierung der koreanischen Halbinsel umfassen. Weiter waren regelmäßige Konsultationen zwischen den beiden Präsidenten, ihren Geheimdienstchefs und anderen Kabinettsmitgliedern beider Seiten vorgesehen, und viele der militärischen und diplomatischen Kanäle aus der Zeit Obamas, die nach der Annexion der Krim geschlossen worden waren, sollten reaktiviert werden. Zusammengenommen hätte das eine vollständige Normalisierung der Beziehungen bedeutet, wie es sie zuletzt unter den Präsidenten Obama und Medwedew gegeben hatte. Allerdings sparte Rjabkows Vorschlag alles aus, was dazu geführt hatte, dass sich die Beziehungen seither so drastisch verschlechtert hatten, so als ob es die Wahleinmischung und die Ukrainekrise nie gegeben hätte.[51] Das US-Außenministerium weigerte sich zwar, einen Bericht über den russischen Vorstoß zu bestätigen, doch Moskau tat es. «Ja, natürlich, solche Vorschläge wurden in verschiedenen Formaten an die USA weitergeleitet», erklärte Putin-Sprecher Dmitri Peskow gegenüber Reportern. «Moskau hat sich immer wieder für die Wiederaufnahme des Dialogs, für den offenen Meinungsaustausch sowie für den Versuch eingesetzt, gemeinsame Entschließungen zu finden, ist damit jedoch in Washington leider nicht auf Gegenliebe gestoßen.»[52]

Offenkundig nahm man im Kreml an, dass Trump und seine Berater offen seien für diese Vorschläge und dass das Wissen um die russische Einmischung in die US-Präsidentschaftswahlen wenig Einfluss auf die bilateralen Beziehungen haben werde. Schließlich hatte Trump die Wahl ja gewonnen und sollte nun alle Freiheiten haben, in den Beziehungen zu Russland ein neues Kapitel aufzuschlagen. Bis die russische Führung die vollen Konsequenzen ihrer Hantierungen erfasst hatte, verging noch einige Zeit.

Wie sich bald herausstellte, standen die zukunftsgerichtete Haltung Trumps zu Russland einerseits und die seiner Kabinettsmitglieder und des US-Kongresses andererseits unverbunden nebeneinander, ein Umstand, der in der Russlandpolitik der Vereinigten Staaten für erhebliche Inkohärenz sorgte. Außenminister Rex Tillerson war, wie seine Kollegen im Verteidigungsministerium und im Nationalen Sicherheitsrat, entschlossen, behutsam auf Russland zuzugehen. Der ehemalige CEO (einem Vorstandsvorsitzenden vergleichbar) von ExxonMobil verfügte über umfangreiche Erfahrung im Umgang mit Russland; seit den 1990er Jahren hatte er sich häufig in Russland aufgehalten und war 2013 von Putin mit dem Orden der Freundschaft ausgezeichnet worden. Tillerson hatte eng mit Igor Setschin zusammengearbeitet, CEO von Rosneft und nach Meinung vieler Experten zweitmächtigster Mann Russlands.[53] Rosneft und ExxonMobil hatten ein Multi-Milliarden-Dollar-Abkommen unterzeichnet, um gemeinsam die Rohstoffvorkommen der Arktis zu erkunden, ein Geschäft, das aber wegen der Santionen, die auch Energietechnologien betrafen, gescheitert war. Nach seinem ersten Russlandbesuch als Außenminister und Gesprächen mit Putin und Lawrow im April 2017 konstatierte Tillerson ein «geringes Maß an Vertrauen» im gegenseitigen Verhältnis. In der Folgezeit entwarf er einen Drei-Punkte-Plan für die Zusammenarbeit mit Russland: erstens gegen die russischen Aggressionen gegen die Vereinigten Staaten vorzugehen; zweitens Russland in Fragen einzubinden, die für die Vereinigten Staaten von strategischer Bedeutung sind; drittens auf einer längerfristigen Basis eine «strategische Stabilität» im Verhältnis mit Russland herzustellen. Diese Strategie entsprach weitgehend der, die die Regierung Obama nach 2015 verfolgte hatte,[54] was nicht weiter verwunderlich war, da die Themen, die die Beziehungen zwischen den USA und Russland nach 2014 dominiert hatten, nicht verschwunden waren.

Die Trump-Administration reaktivierte einige zuvor ausgesetzte Kommunikationskanäle, etwa direkte Gespräche zwischen den amerikanischen und russischen Generalstabschefs, den Geheimdienstchefs und zwischen Tillerson und Lawrow. Darüber hinaus wurde ein strategischer Stabilitätskanal zwischen dem stellvertretenden amerikanischen Außenminister und seinem russischen Pendant eingerichtet. Der neue russische Botschafter in Washington, Anatoli Antonow, ein Veteran aus dem Verteidigungsministerium, suchte – mit begrenztem Erfolg – Kontakte zu verschiedenen Interessengruppen in Washington zu knüpfen. Botschafter Jon Huntsman, ehemaliger Gouverneur von Utah und bis 2011 US-Botschafter in China, tat dasselbe in Moskau und versuchte, die wirtschaftlichen Beziehungen zu fördern – eine große Herausforderung in einer Zeit, in der der US-Kongress immer neue Sanktionen verhängte. Huntsman, der die Idee eines Neuanfangs mit Distanz sah, erklärte seine Politik folgendermaßen: «Nehmen wir die Beziehung, klarsichtig und realistisch, einfach als das, was sie ist», und fügte hinzu, seine Arbeit sei «völlig losgelöst von Muellers Untersuchung, weil es Arbeit ist, die man in einer Beziehung zwischen Großmächten einfach machen muss».[55]

Im weiteren Verlauf des Jahres 2017 belastete eine Abfolge von Sanktionen, Gegensanktionen und diplomatischen Abschiebungen die Beziehungen weiter. Der Kongress, der einen noch härteren Ansatz gegenüber Russland verfolgte als das nationale Sicherheitsteam der Exekutive und das Weiße Haus sowieso, war entschlossen, jeden Neuanfang mit Russland zu verhindern, bei dem Moskau nicht die Rechnung für seine Wahleinmischung präsentiert wurde. Im Juli verabschiedete der Senat aus Angst, Trump könnte die von

Obama gegen Russland verhängten Sanktionen einseitig aufheben, mit 98:2 Stimmen den Countering America's Adversaries Through Sanctions Act (CAATSA). Das Gesetzespaket sieht unter anderem Sanktionen für eine Reihe von Energiegeschäften mit Russland vor, doch seine potenziell weitreichendste Auswirkung ist in einer Klausel enthalten, die die Regierung verpflichtet, dem Kongress eine Liste russischer Oligarchen und politischer Persönlichkeiten aus Putins Umfeld vorzulegen, gegen die persönliche Sanktionen verhängt werden können. Trump, dessen Macht, Sanktionen aufzuheben, durch das neue Gesetz massiv eingeschränkt wurde, unterzeichnete den Gesetzentwurf, der, wie er erklärte, «eindeutig verfassungswidrige Bestimmungen enthält», nur widerstrebend.[56] Igor Setschin, gegen den schon 2014 persönliche Sanktionen verhängt worden waren, bezeichnete das neue Gesetz denn auch als eine «Sanktion gegen Trump». Als die Regierung schließlich die Namen der betroffenen Personen dem Kongress übergab, bestand sie aus der Forbes-Liste der 96 russischen Milliardäre und mehr oder weniger den Telefonbucheinträgen von 114 russischen Regierungsbeamten, was den Eindruck erweckte, als ziehe sie es vor, das überhaupt niemand bestraft werde. Am 15. März 2018 begann die erste Sanktionsrunde, als das Finanzministerium Strafmaßnahmen gegen eine Gruppe von Einzelpersonen und Organisationen wegen «destabilisierender Aktivitäten verhängte, die von der Einmischung in die US-Wahlen 2016 bis hin zur Durchführung destruktiver Cyberangriffe reichen». Die Sanktionen betrafen neben in Muellers Anklageschrift aufgeführten Personen auch Akteure, die «darüber hinaus US-Regierungsorgane und mehrere kritische Infrastrukturbereiche der USA ins Visier genommen haben, darunter die Sektoren Energie, Kernenergie, kommerzielle Einrichtungen, Wasser und Luftfahrt sowie kritische Fertigungssektoren».[57]

Als Vergeltung für die Sanktionen ließ der Kreml zwei diplomatische Liegenschaften der USA in Russland beschlagnahmen und ordnete an, dass die Vereinigten Staaten ihr Moskauer Botschaftspersonal um 755 Mitarbeiter reduzierten. Bei den meisten der davon betroffenen Personen handelte es sich um russische Staatsangehörige, die in der Visaabteilung und vielen anderen Bereichen der Botschaft unerlässliche Arbeiten verrichteten. Trump antwortete mit einem Dank an Putin: «Ich bin sehr dankbar, dass er eine große Anzahl an Leuten entlassen hat, denn jetzt haben wir eine kleinere Gehaltsliste und werden eine Menge Geld sparen».[58] Aber natürlich wirkten sich die Kürzungen negativ auf die Leistungsfähigkeit der Botschaft und Konsulate aus, unter anderem bei der fristgerechten Ausstellung der Visa für Russen. Einige in Moskau lebende Russen, die ein Visum für die USA beantragen wollten, mussten für ein Visum zum US-Konsulat in Wladiwostok – knapp 6500 Kilometer und sieben Zeitzonen von Moskau entfernt – und zum Teil sogar in andere Länder reisen. Darüber hinaus verlor der amerikanische Botschafter seinen Chefdolmetscher und den größten Teil seines politischen Personals.

Der nächste Akt in dieser «Wie-du-mir-so-ich-dir»-Sanktionsrunde war die Schließung des russischen Konsulats in San Francisco durch die USA. Das Gebäude, in dem das Konsulat untergebracht war, liegt hoch oben auf einem Hügel mit direkter Sicht auf den Ozean und nicht weit entfernt vom Silicon Valley, von Bildungseinrichtungen wie Stanford und Berkeley sowie einer großen Anzahl von Unternehmen und Forschungseinrichtungen des Verteidigungssektors, darunter zwei dem Energieministerium angeschlossene Atomwaffenlabors. Amerikanische Beamte hegten seit langer Zeit den Verdacht, dass das Konsulat ein Zentrum der russischen Spionageaktivitäten in den USA sei. Und tatsächlich quollen in den 48 Stunden Frist, die nach der Ankündigung bis zur Räumung des Konsulats galten, schwarze Rauchwolken aus dem Schornstein des Gebäudes, vermutlich, weil die Konsulatsmitarbeiter noch so viele Dokumente wie möglich verbrannten, bevor sie das Gebäude verlassen mussten.[59] Darüber hinaus schlossen die Vereinigten Staaten auch das russische Konsulat in Seattle. Die Russen revanchierten sich mit der Schließung des amerikanischen Konsulats in Sankt Petersburg.

Dieses Muster – Trump lobt Moskau in einem fort, während seine Regierung weitere Sanktionen gegen Russland verhängt – trat gegen Mitte seines zweiten Amtsjahrs immer deutlicher hervor. Als Putin seine vierte Amtszeit im Kreml begann, trat der Widerspruch zwischen Trump und seiner Regierung überdeutlich zutage. Am Tag bevor Trump seinen gerade in Afrika weilenden Außenminister Rex Tillerson per Twitter feuerte, hatte dieser Russland schärfer denn je zuvor kritisiert. Großbritannien hatte eben erst den Kreml direkt für den Mordanschlag auf Sergej Skripal und dessen Tochter verantwortlich gemacht, woraufhin Tillerson den Kreml als einen «unverantwortlichen und destabilisierenden Faktor in der Welt» bezeichnete und seine Solidarität mit der britischen Regierung bekundete.[60] Tage später rief Präsident Trump, entgegen dem ausdrücklichen Rat seines nationalen Sicherheitsteams, Putin an und beglückwünschte ihn zu seiner Wiederwahl. «Wir hatten ein sehr gutes Gespräch», sagte Trump im Oval Office zu Reportern. «Wir werden uns wahrscheinlich in nicht allzu ferner Zukunft zusammensetzen, um über das Wettrüsten zu diskutieren, das außer Kontrolle gerät.»[61] Der Kreml sekundierte: «Insgesamt war das Gespräch konstruktiv und sachlich, wobei der Schwerpunkt auf der Überwindung der Probleme lag, die sich in den russisch-amerikanischen Beziehungen angesammelt haben.»[62]

Die nächste Sanktionsrunde, die vom Office of Foreign Assets Control (OFAC) des Finanzministeriums verhängt wurde, erfolgte im April und richtete sich gegen sieben Oligarchen mit Verbindungen zu Putin sowie gegen zwölf Unternehmen, die sich in ihrem Besitz befinden oder von ihnen kontrolliert werden. Strafmaßnahmen wurden auch gegen siebzehn hochrangige Regierungsbeamte und das staatliche russische Waffenhandelsunternehmen Rosoboronexport verhängt, das seit langem mit Syrien verbunden ist, sowie die Rosoboronexport-Tochtergesellschaft Russian Financial Corporation Bank. Laut Weißem Haus würden diese gezielten Sanktionen dazu beitragen, dass russische Oligarchen, die von den destabilisierenden Aktivitäten des Kremls profitieren, einschließlich seiner Einmischung in die Wahlen 2016, mit Konsequenzen für ihr Handeln rechnen müssten. Ein Oligarch war besonders bemerkenswert: Oleg Deripaska, der Aluminium-Magnat, der in der Vergangenheit mit Paul Manafort zusammengearbeitet hatte. Infolge der Sanktionen sah sich Deripaskas Firma Rusal außerstande, ihre auf Dollar lautenden Schulden zu begleichen, und die wirtschaftlichen Schwierigkeiten, in die das Unternehmen daraufhin schlitterte, wirkten sich nachteilig auf die globale Aluminiumindustrie aus. Am Ende musste das OFAC die Frist für die Rusal-Gläubiger verlängern, woraufhin Finanzminister Steven Mnuchin ankündigte, man werde die Sanktionen gegen Rusal neu bewerten. Die von den Strafmaßnahmen betroffenen Personen können keine Einreisevisa für die Vereinigten Staaten mehr beantragen, und sämtliche Vermögenswerte, die sie in den USA halten, werden eingefroren.

Im Juni verhängte das Finanzministerium eine neue Runde von Sanktionen gegen Russland, diesmal gegen fünf russische Unternehmen und drei Personen, von denen einige im Verdacht stehen, den russischen Geheimdienst FSB direkt zu unterstützen. «Die Vereinigten Staaten», erklärte Mnuchin, «unternehmen kontinuierliche Anstrengungen zur Bekämpfung böswilliger Akteure, die auf Geheiß der Russischen Föderation und ihrer Militär- und Geheimdienste daran arbeiten, die offensiven Cyberfähigkeiten Russlands zu erhöhen.»[63] Gleichzeitig signalisierte der Kongress, dass als Reaktion auf die anhaltenden russischen Wahlmanipulationen, darunter Hacking-Angriffe auf die Computer von Kongressabgeordneten, neue Sanktionen bevorstehen.

Am 13. Juli 2018, drei Tage bevor sich Trump in Helsinki mit Putin zu einem Gipfel traf, erhob Mueller Anklage gegen zwölf GRU-Agenten, die «an Cyber-Operationen beteiligt waren, bei denen es um die schrittweise Freigabe von Dokumenten ging, die durch Computereinbrüche gestohlen wurden. Diese Einheiten führten großangelegte Cyber-Operationen mit dem Ziel durch, die US-Präsidentschaftswahlen 2016 zu manipulieren.»[64] Die US-

Geheimdienstgemeinde hatte sich, wieder einmal, in deutlichen Worten zur russischen Wahleinmischung geäußert. Der stellvertretende Generalstaatsanwalt Rod Rosenstein hatte die Anklagen mit Trump vor dessen Abreise nach Europa besprochen, und Trump hatte einer Veröffentlichung der Anklagen noch vor seinem Treffen mit Putin zugestimmt.[65] Doch drei Tage später stellte er sich in Helsinki neben Putin und erklärte: «Ich habe großes Vertrauen in meine Geheimdienstleute, aber ich werde Ihnen sagen, dass Präsident Putin heute in seinem Dementi extrem stark und kraftvoll war.»[66]

## DER HELSINKI-GIPFEL: «BESSER ALS SUPER»[67]

Wie konnte Trump seine skeptischen Berater von seinem Wunsch nach einem bilateralen Gipfel mit Putin überzeugen? Im Frühjahr 2018 verleitete ihn sein – insbesondere nach dem historischen Treffen mit dem nordkoreanischen Diktator Kim Jong-un in Singapur – überbordendes Selbstvertrauen dazu, sowohl Tillerson als auch McMaster, dem er mangelnde Loyalität vorhielt, völlig abrupt zu feuern. An ihrer Stelle ernannte er den bisherigen CIA-Direktor Mike Pompeo zum Außenminister und John Bolton zum Nationalen Sicherheitsberater. Beide Männer standen zwar in dem Ruf, eine harte Linie gegenüber Russland zu verfolgen, aber sie waren auch loyale Trump-Anhänger, die sich für die Umsetzung der Politik des Präsidenten einsetzten. Bolton, der 2017 die russische Wahleinmischung noch als «kriegerischen Akt» bezeichnet hatte, sprach im Juli 2018 im Zusammenhang mit der Mueller-Untersuchung denn auch von einer «Hexenjagd».[68]

Das eilig vorbereitete Gipfeltreffen mit Putin fand am Ende einer turbulenten Reise zum NATO-Gipfel in Brüssel und nach Großbritannien statt. In Brüssel stieß Trump die NATO-Verbündeten vor den Kopf und stellte das Engagement der Vereinigten Staaten für die kollektive Selbstverteidigung in Frage. In Großbritannien kritisierte er Premierministerin Theresa May und bekundete Sympathien für ihren Rivalen Boris Johnson. Doch an der Seite von Wladimir Putin in Helsinki gab er sich jovial und respektvoll. Putin und Trump scheinen eine ähnliche Weltanschauung zu teilen; beide kritisieren Allianzen, die die Handlungsfreiheit einer Großmacht einschränken, unterstützen das Konzept der absoluten Souveränität und lehnen die liberale internationale Ordnung zugunsten eines auf Stärke basierenden Nationalismus ab.

Die beiden Präsidenten kamen zu einem neunzigminütigen Gespräch zusammen, bei dem – höchst ungewöhnlich für derart hochrangige Meetings – nur ihre Dolmetscher zugegen waren. Daher gibt es kein offizielles Protokoll über den Inhalt der Unterredung. Obwohl die Russen anschließend Informationen über eine Vielzahl von Vereinbarungen veröffentlichten, auf die sich Trump und Putin angeblich verständigt hatten, lieferte die US-Seite keine Details zu dem präsidialen Tête-à-Tête. Spätere Interviews mit Pompeo und Bolton warfen Fragen darüber auf, inwieweit die beiden über das, was Trump mit Putin besprochen hatte, überhaupt im Bilde waren. Bolton behauptete, das Treffen habe keine Tagesordnung gehabt und sei lediglich als «Meinungsaustausch» konzipiert gewesen.[69] Im Gegensatz dazu erklärte Russland in den Tagen nach dem Gipfel, dass man sich auf vier Maßnahmen geeinigt habe: die Einsetzung eines Expertenrats zur Förderung von «Kontaktpunkten» zwischen den beiden Ländern, die Gründung eines amerikanisch-russischen Wirtschaftsforums mit dem Ziel, die Handelsbeziehungen zu fördern, die Wiedereinsetzung einer Arbeitsgruppe zur Terrorismusbekämpfung und die Einrichtung einer Arbeitsgruppe für Cybersicherheit.[70]

Ein selbstbewusster Putin eröffnete die Pressekonferenz in Helsinki mit der Feststellung, er und Trump hätten ein «konstruktives Gespräch» geführt und sich über Abrüstungsfragen, den INF-Vertrag, strategische Stabilität, Terrorismusbekämpfung, Syrien, die

Ukraine, den Iran und Nordkorea ausgetauscht. Trump, der gleichermaßen die USA wie Russland für den schlechten Zustand der Beziehungen verantwortlich machte, ließ sich kaum über Details der Unterredung aus, lobte den russischen Präsidenten aber als «guten Konkurrenten». Im Laufe der anschließenden Frage-und-Antwort-Runde wurde Putin gefragt, ob er sich einen Wahlsieg Trumps erhofft hatte. «Ja», antwortete er. «Ja, ich wollte, dass er gewinnt.» Auch wenn sich Trump ausführlich über seine Zweifel an den Ermittlungen seiner eigenen Geheimdienste zu den russischen Einmischungen und möglichen Absprachen ausließ,[71] die schlimmsten Befürchtungen seiner Bündnispartner – namentlich, er könnte sagen, dass die Krim zu Russland gehört oder die USA mit dem Gedanken an einen Austritt aus der NATO spielten – bewahrheiteten sich nicht. Im Gegenteil, Putin erklärte explizit, dass Trump das Referendum auf der Krim für ungesetzlich hielt. Doch Putins selbstbewusster Auftritt und die Tatsache, dass Trump vor den Augen der Welt die Arbeit seiner eigenen Geheimdienste hinterfragte, hinterließen auf russischer und amerikanischer Seite einen starken Eindruck.

Die staatlich kontrollierten russischen Medien priesen den Gipfel als ersten Schritt auf dem Weg zu besseren Beziehungen zwischen Moskau und Washington.[72] Die amerikanischen Medien waren in ihrer Bewertung des Gipfels sehr viel gespaltener, und der ehemalige CIA-Direktor John Brennan beschuldigte Trump gar des Verrats.[73] In den Tagen nach dem Gipfel brachte der Kreml zwei Ideen auf den Tisch, über die, wie er behauptete, in Helsinki ebenfalls gesprochen worden sei: erstens die Durchführung einer Volksabstimmung im Donbass, um über die Zukunft der Region zu entscheiden, und zweitens das Angebot an Mueller, nach Russland zu kommen und den Vernehmungen der zwölf beschuldigten GRU-Agenten beizuwohnen, wofür im Gegenzug die russische Kriminalpolizei die Erlaubnis erhalten sollte, mit der Magnitski-Liste in Verbindung stehende ehemalige US-Beamte und Geschäftsleute zu verhören.[74] Beide Vorschläge wurden rasch zurückgewiesen – doch es vergingen mehrere Tage, bis das Weiße Haus das Ansinnen der Russen kritisierte, US-Bürger zu verhören.

Helsinki markierte für Putin einen Sieg, eine bedeutende Errungenschaft in seiner Welt. Nach achtzehn Jahren an der Macht hatte er endlich das bekommen, was er von den USA wollte und was sie ihm in seinen Augen seit dem ersten Gipfeltreffen mit Bush in Slowenien 2001 verweigert hatten: Respekt und eine Beziehung auf Augenhöhe. Nun aber hatte der amerikanische Präsident ihn vor den Augen der Welt gelobt und zugleich seine eigenen Beamten kritisiert. Einige Tage nach seiner Rückkehr lud Trump Putin zu einem Besuch nach Washington ein. Im Gefolge des Gipfels spitzte sich der innenpolitische Kampf zwischen Trump-Anhängern und -Gegnern weiter zu und führte in der Russland-Frage zu einer noch stärkeren Polarisierung. Nicht wenige Russen fragten sich, ob Putin es nicht noch bereuen würde, sich mit seinem klaren Bekenntnis zu Trump in die vergiftete innenpolitische Debatte in den USA eingemischt zu haben.[75] Nach Helsinki setzte sich die unterschiedliche Bewertung Russlands durch Trump einerseits und Schlüsselmitglieder seiner Regierung andererseits weiter fort. Doch die sich anbahnende Wiederherstellung der Beziehungen ließ darauf hoffen, dass beide Seiten endlich die Arbeit an der langen Liste der Probleme aufnehmen würden, die ihre dringende Aufmerksamkeit erforderten.

## DIE AGENDA FÜR DIE BEZIEHUNGEN ZWISCHEN WASHINGTON UND MOSKAU IN PUTINS VIERTER AMTSZEIT

Unabhängig davon, wohin die Russiagate-Untersuchungen führen werden, gibt es mehrere Punkte in den Beziehungen zwischen Moskau und Washington, die keinen weiteren Aufschub dulden. Die Agenda der USA und Russlands konzentriert sich auf einige wenige multilaterale Themen, bei denen die Interessen beider Seiten aufgrund anhaltender Konflikte rasches Handeln erfordern. Das erste dieser Themen ist Syrien. Die Luftstreitkräfte beider Länder sind in Syrien präsent, und die Koordination ihrer Einsätze bleibt ein wichtiges Anliegen. Während die Russen versuchen, die USA auf eine Mithilfe beim Wiederaufbau Syriens zu verpflichten, drängen die USA darauf, dass Russland die iranischen Aktivitäten in Syrien einschränkt. Darüber hinaus könnten die beiden Mächte in Syrien die Zusammenarbeit bei der Terrorismusbekämpfung vertiefen, was sich bisher aber als schwierig erwiesen hat.

Ebenfalls weit oben auf der Liste steht die Ukraine. Der Kommunikationskanal unter Führung von Kurt Volker und Wladislaw Surkow weckte Hoffnungen auf Fortschritte bei der Lösung der Krise, doch bislang schreiten die Verhandlungen nur im Schneckentempo voran. Das von Putin angeregte Referendum im Donbass steht nicht zur Diskussion, solange russische Truppen in der Region präsent sind, und an einer vollständigen Umsetzung der Minsk-II-Abkommen scheint keine Seite interessiert zu sein. 2019, nach den Wahlen in der Ukraine, könnte sich daran zwar etwas ändern, doch bislang scheint es wenig Anreize zu geben, die anhaltenden Feindseligkeiten zu beenden.

Nordkorea ist ein weiterer potenzieller Bereich für eine engere Zusammenarbeit. Russland unterstützt zwar strengere UN-Sanktionen gegen das nordkoreanische Regime, doch es gab auch Hinweise darauf, dass es seine Wirtschaftsbeziehungen zum Norden ausbaute, als China seine Handelsbeziehungen mit Pjöngjang einschränkte. Darüber hinaus ist eine beträchtliche Anzahl nordkoreanischer Arbeiter unter extrem harten Bedingungen im Fernen Osten Russlands im Einsatz, und bislang widersetzt sich Moskau ihrer unter den UN-Sanktionen vorgeschriebenen Rückführung in die Heimat.[76] Bei den Bemühungen um eine Denuklearisierung Nordkoreas hat Russland bislang kaum eine Rolle gespielt, doch Putin hofft, hier in Zukunft stärker mitreden zu können.

Die wichtigste bilaterale Angelegenheit zwischen den USA und Russland sind die Atomwaffenarsenale beider Länder und das bevorstehende Auslaufen bzw. die drohende Aufkündigung zweier Verträge, die die Basis für ein berechenbares und stabiles Rüstungskontrollregime bilden, seit Richard Nixon und Leonid Breschnew vor fast einem halben Jahrhundert 1972 die SALT-Verträge zur nuklearen Rüstungsbegrenzung unterzeichnet haben: die INF-Verträge von 1987 über nukleare Mittelstreckensysteme sowie der 2011 beschlossene New-START-Vertrag, mit dem sich beide Seiten verpflichteten, ihre Bestände an strategischen Kernwaffen abzubauen, und dessen Vorgaben sie, wie sie im Februar 2018 bekanntgaben, auch umgesetzt haben.[77] Doch das ändert nichts daran, dass in den Arsenalen der USA und Russlands weiterhin jeweils rund viertausend Kernwaffen lagern – über zehnmal mehr als bei irgendeiner anderen Atommacht.[78] Zudem wollen sowohl die USA als auch Russland ihre Kernwaffen modernisieren und neue, leistungsfähigere Waffensysteme entwickeln. Putin hat dies in der Rede vor seiner Wahl mehr als deutlich gemacht, und auch Trump hat erklärt, die USA müssten ihr «Atomwaffenarsenal modernisieren und neu aufbauen».[79] Russland strebt, wie der Kreml zwischenzeitlich hat durchblicken lassen, keine weitere Reduzierung seines strategischen Atomwaffenarsenals an, und angesichts der angespannten Beziehungen zwischen den beiden Atommächten sind bislang alle Versuche, ein Folgeabkommen für den 2021 auslaufenden New-START-Vertrag auszuhandeln, im Sand verlaufen. Der Vertrag könnte per Präsidialerlass um weitere fünf Jahre verlängert werden, was möglicherweise noch die realistischste Option zur Rettung der strategischen Rüstungskontrolle darstellt. Doch eine Verlängerung um fünf Jahre würde bestenfalls den Status quo festschreiben. Was mit Blick auf die Zukunft benötigt wird, ist ein neues, übergreifendes Regime, das neue Technologien wie verbesserte Cyberfähigkeiten, den Weltraum, künstliche Intelligenz und Raketenabwehrsysteme abdeckt. Ohne einen solchen Vertrag droht ein neues, unvorhersehbares und gefährliches atomares, cybertechnologisches und weltraumgestütztes Wettrüsten zwischen den USA und Russland.

Der andere Vertrag ist der INF-Vertrag, mit dem sich beide Seiten verpflichtet haben, eine komplette Klasse atomarer Mittelstreckenwaffen zu eliminieren. Die USA behaupten, dass Russland mit der Aufstellung von Marschflugkörpern mittlerer Reichweite gegen diesen Vertrag verstoßen hat. Russland bestreitet das und wirft seinerseits den USA vor, mit dem Aufbau von Raketenabwehrsystemen in Rumänien und Polen, von denen aus Mittelstrecken-Marschflugkörper gestartet werden können, gegen den Vertrag zu verstoßen. Im Oktober 2018 traf sich Trumps Nationaler Sicherheitsberater John Bolton in Moskau mit Putin und informierte ihn über die Absicht der Vereinigten Staaten, den INF-Vertrag aufzukündigen, was in Russland, Europa und den Vereinigten Staaten selbst auf breite Kritik stieß. Angesichts der Gefahren der nuklearen Proliferation ist es ein zwingendes Gebot, diese Herausforderungen anzugehen. Falls die USA und Russland, auf die 90 Prozent des weltweiten Atomwaffenarsenals entfallen, nicht mehr durch Rüstungskontrollvereinbarungen eingeschränkt werden, wie wird sich das auf die Bemühungen auswirken, andere Staaten davon abzuhalten, ihrerseits Atomwaffen zu beschaffen oder zu entwickeln?[80] Im Februar 2019 erklärten dann die USA und Russland, sich nicht länger an den INF-Vertrag halten zu wollen.

Es gibt einige Bereiche, in denen die Vereinigten Staaten und Russland weiterhin zusammenarbeiten. Einer davon ist der Weltraum. Die USA sind auf russische Trägerraketen und Raumschiffe angewiesen, um ihre Astronauten in den Weltraum und wieder zurück zu transportieren und Satelliten ins Weltall zu schießen. Russland verdient mit seiner Weltraumkooperation mit den Vereinigten Staaten Geld, und seine Kosmonauten haben produktive Beziehungen zu ihren amerikanischen Kollegen aufgebaut. Darüber hinaus unterhält der Flugzeughersteller Boeing seit Jahrzehnten enge Geschäftsbeziehungen zu Russland. Ohne russisches Titan könnte der Konzern seine Flugzeuge nicht bauen, und er arbeitet bei deren Entwicklung eng mit russischen Ingenieuren zusammen. Das russische Unternehmen TMK stellt Rohre her, die bei der Exploration und Förderung von amerikanischem Schieferöl eingesetzt werden.[81] In abgegrenzten öffentlichen und privaten Bereichen, in denen Spezialisten in einem von politischen Zwängen weitgehend isolierten Umfeld zusammenarbeiten, können Amerika und Russland effektiv kooperieren.[82]

Ein weiterer Bereich, der sich für eine Zusammenarbeit anbietet, ist die Cybersicherheit. Washington und Moskau sollten sich zusammensetzen und über Regeln für die zukünftige Entwicklung auf dem Gebiet diskutieren. Dafür gibt es Präzedenzfälle. So haben die USA und China ein kommerzielles Cybersicherheitsabkommen über Wirtschaftsspionage abgeschlossen, das trotz ihrer sehr unterschiedlichen Ansichten in diesem Bereich recht gut funktioniert.[83] Moskau hat mehrmals – zuletzt in Helsinki – die Aufnahme von Gesprächen über Cybersicherheit angeregt. Doch bislang haben die USA diese Vorstöße zurückgewiesen, hauptsächlich weil sie wegen der – von Moskau abgestrittenen – anhaltenden russischen Einmischungen in den US-Cyberspace an der Bereitschaft der Russen zweifeln, sich an ein neues Abkommen zu halten. Das grundlegende Problem ist hierbei natürlich das fehlende Vertrauen im Verhältnis zwischen den beiden Ländern, das einem echten Engagement in diesem Bereich entgegensteht. Voraussetzung für eine Einigung über einen Cyber-Verhaltenskodex wäre also, zunächst mit kleinen vertrauensbildenden Maßnahmen zu beginnen. Allerdings ist bislang noch nicht klar, wo diese ansetzen könnten.

Selbst wenn es den USA und Russland gelingt, Arbeitsgruppen zu diesen Themen einzurichten, dürfte der Kongress seine Befugnisse wahrnehmen und die CAATSA-Sanktionen umsetzen. Damit drohen weitere Sanktionen gegen Oligarchen, die dem Umfeld Putins zugerechnet werden. Im September 2018 kündigte die Regierung Trump neue Sanktionen gegen Einzelpersonen und Länder an, die der Einmischung in die US-Wahlen verdächtigt werden.[84] Bislang ist es Russland gelungen, die schlimmsten wirtschaftlichen Auswirkungen der Sanktionen zu kompensieren. Statt sich den Forderungen der USA zu beugen, setzt Moskau weiter darauf, die Folgen der Sanktionen so weit wie möglich zu neutralisieren, etwa indem man China um finanzielle Unterstützung bittet oder die Zusammenarbeit mit Beijing im Energiebereich ausbaut. Zudem ist auch nicht ganz klar, was Russland tun müsste, um eine Aufhebung der Sanktionen wegen der Ukraine oder der Wahleinmischungen zu erreichen. Zwar hat mit dem neuerlichen Anstieg der Ölpreise der wirtschaftliche Druck auf Moskau nachgelassen, doch die Möglichkeit der extraterritorialen Anwendung der jüngsten US-Sanktionen und die Unsicherheit darüber, wen sie als Nächstes treffen, verringern die Anreize für westliche Unternehmen, Geschäfte in und mit Russland zu machen.

Wie wichtig ist es für Wladimir Putin, die Beziehungen zu den Vereinigten Staaten zu reparieren? Die beiden großen außenpolitischen Erfolge seiner ersten drei Amtsperioden waren die Stärkung der Beziehungen zu China und die Rückkehr Russlands in den Nahen Osten als der entscheidende Machtmakler. Diese Erfolge resultierten aus zunehmenden Spannungen in den Beziehungen zu den Vereinigten Staaten und dem teilweisen Rückzug der USA aus dem Nahen Osten. Die offiziellen russischen Staatsmedien stellen die Vereinigten Staaten extrem negativ dar, obwohl sie wie auch ihr Präsident Donald Trump weiterhin loben. Beide bezichtigen das amerikanische Volk des Versuchs, Trumps Annäherung an Russland zu verhindern. Viele führen die Tatsache, dass Putin bei den Wahlen im März 2018 76 Prozent der Stimmen erhalten hat, auf die wahrgenommene Bedrohung durch den Westen und Putins Versprechen zurück, das Mutterland gegen alle Feinde zu verteidigen.

Doch Putin steht in seinem Verhältnis zu den Vereinigten Staaten vor einem Dilemma. Auf der einen Seite will er von den USA als gleichwertiger Partner anerkannt werden und damit Russlands Status als Großmacht legitimieren. Zudem möchte er, dass die USA die Sanktionen gegen Russland aufheben.

Andererseits werden die USA mit ihren – zumindest bis zur Machtübernahme von Donald Trump – unrunden Bemühungen, Demokratie und Rechtsstaatlichkeit in Russland zu fördern, als eine direkte Bedrohung für die derzeitige herrschende Elite wahrgenommen.

Engere Beziehungen zu China, das gegenüber Moskau weder die russische Innenpolitik zur Sprache bringt noch irgendein Interesse an Demokratieförderung hat, sind da sehr viel unproblematischer.

Putin hat die Chance genutzt, die sich aus Trumps offensichtlichem Wunsch nach besseren Beziehungen zu ihm ergeben hat. Außerdem sieht der Kreml einen von Auflösungstendenzen erfassten Westen. Mit seinen heftigen Attacken gegen mehrere NATO-Mitglieder und seinen laut geäußerten Zweifeln am Nutzen des Bündnisses sowie dem Handelskrieg, den er gegen die Europäische Union vom Zaun gebrochen hat, könnte Trump im Verein mit dem EU-Austritt Großbritanniens durchaus das erreichen, was weder den Sowjets noch dem postsowjetischen Russland jemals gelungen ist: einen Keil in das westliche Bündnis treiben. Der Kreml kann sich zurücklehnen und voller Genugtuung die transatlantischen Streitigkeiten beobachten, während er zugleich versucht, Kapital daraus zu schlagen. Putin ist offenbar zu dem Schluss gekommen, dass er die Beziehungen zum Amerika Donald Trumps verbessern kann, auch wenn Russland sein Verhalten in Syrien, der Ukraine oder im Cyberspace nicht ändert. Immerhin konnte er vier Jahre nach dem Versuch der Regierung Obama, Russland wegen seines Vorgehens in der Ukraine zu isolieren, mit Trump ein Gipfeltreffen vereinbaren, und das, obwohl in der Ostukraine immer noch gekämpft wird und Russland die Separatisten weiterhin unterstützt. Von den unvermindert andauernden Cyber-Interventionen in den Vereinigten Staaten ganz zu schweigen. Putin mag durchaus zu der Überzeugung gelangt sein, dass sich die Vereinigten Staaten, wenn er nur lange genug abwartet, Russland wieder annähern und ihre früheren Vorbehalte beiseiteschieben werden. Allerdings könnte sich das auch als eine Fehleinschätzung erweisen.

Man sollte eine nach außen hin herzliche Beziehung zwischen Donald Trump und Wladimir Putin nicht mit konkreten Fortschritten in realen Fragen verwechseln. Die beiden Führer mögen sich gegenseitig loben und einander versprechen, schwierige Probleme in den Beziehungen anzugehen, aber wie die stark voneinander abweichenden offiziellen russischen und amerikanischen Reaktionen auf Helsinki gezeigt haben, können beide Seiten das, worauf sie sich geeinigt haben und was sie zu unternehmen gedenken, durchaus sehr unterschiedlich interpretieren. «Ich bin anders als andere Präsidenten», verkündete Trump nach seiner Rückkehr aus Helsinki. «Ich bin ein Dealmaker. Ich habe mein ganzes Leben lang Deals gemacht. Ich kann das wirklich gut. Ich mache tolle Deals.»[85] Aber was ist der Deal? Lässt man die Rhetorik einmal außen vor, sind Putins Ziele ziemlich klar, die Trumps nicht. Was also will er wirklich von Russland?

In guten Zeiten ist die Beziehung zwischen den USA und Russland in Einzelbereiche aufgeteilt, eine Beziehung, in der Bereiche der Kooperation mit solchen koexistieren, die von Rivalität oder Konflikten geprägt sind. In weniger guten Zeiten aber, Zeiten, in denen die Konfliktbereiche die der Kooperation bei weitem überwiegen, besteht die Herausforderung darin, Themen zu finden, die ein gemeinsames Engagement erfordern, und dann mit Zurückhaltung und Sinn für das Machbare vorzugehen. Seit ihrem Treffen in Helsinki vermitteln sowohl Trump als auch Putin den Eindruck, als hätten sie in ihrer Beziehung Fortschritte erzielt. Aber in Wirklichkeit können die amerikanisch-russischen Beziehungen noch viele Jahre lang konfrontativ bleiben, mit all den Risiken, die daraus folgen.

★ 13 ★

# WELCHE ART VON KOOPERATION MIT RUSSLAND?

*Russland ist ein Mischling, wie jemand, der aus einer Mischehe stammt. Es ist der Verwandte aller, aber niemandes Familie. Von Ausländern behandelt wie einer ihrer Eigenen, doch ein Ausgestoßener unter seinem eigenen Volk. Es versteht jeden und wird von niemandem verstanden. Ein Halbblut, ein Mischling, ein Fremder. Es liegt nun an dem russischen Volk, ob Russland zu einem Einzelbrötler in einem Altwasser oder eine Alpha-Nation wird, die sich zu einem weiten Vorsprung vor anderen Nationen aufschwingt. Der Weg wird hart sein, aber Russland steht vor einer langen Reise durch die Dornen hinauf zu den Sternen. Es wird aufregend werden, und es wird Sterne geben.*

**Wladislaw Surkow, Berater des russischen Präsidenten, 2018**[1]

Konzentriert auf einen Monat im Sommer 2018, konnte man in einem Wirbelsturm der Aktivitäten die vielen Dimensionen von Putins Welt bewundern. Den Anfang machten die Fußball-Weltmeisterschaften in Russland und der gute Eindruck, den das Turnier bei russischen ebenso wie bei ausländischen Fans hinterließ. Einen Tag nach dem Finale, bei dem Emmanuel Macron an der Seite des russischen Präsidenten das siegreiche französische Team anfeuerte, flog Putin zu einem Gipfeltreffen mit Donald Trump nach Helsinki. Auf der anschließenden Pressekonferenz hielt Putin das Heft in der Hand und beglückwünschte seinen amerikanischen Amtskollegen zu ihren gemeinsamen Leistungen, derweil der amerikanische Präsident ihn lobte und seine eigenen Geheimdienste brüskierte. Danach ging es weiter nach Johannesburg zu einem BRICS-Gipfel, auf dem Putin die Organisation pries, die Russland zwölf Jahre zuvor gemeinsam mit China ins

Leben gerufen hatte, eine Organisation, von der der Westen ausdrücklich ausgeschlossen ist. Hier bekräftigte er die Absicht der BRICS-Staaten, am Atomabkommen mit dem Iran festzuhalten, das die Regierung Trump Monate zuvor aufgekündigt hatte. Von Johannesburg kehrte Putin zurück in den Kreml, wo er die russische Fußballmannschaft empfing, die sich bei der WM weitaus besser als erwartet geschlagen hatte. Als Nächstes nahm er unter der gewaltigen 2016 fertiggestellten Statue seines Namensvetters, Wladimir des Großen, der im Jahr 988 Russland bekehrt hatte, an einer feierlichen Zeremonie anlässlich des 1030. Jahrestags der Konversion Russlands zum Christentum teil. Einen Steinwurf vom Kreml entfernt richtete sich Putin in goldenen Gewändern an die vor ihm versammelten Priester und hielt eine Lobrede auf Fürst Wladimir I., den – zum Leidwesen des Kremls – auch die Ukrainer als ihren historischen Souverän beanspruchen. Am darauffolgenden Tag beging er in Sankt Petersburg mit einer beeindruckenden Militärparade den Tag der Marine. Vor der Statue Peters des Großen – eines weiteren seiner Helden – an der Newa sprach er in hehren Worten von der großen russischen Flotte, die «das Mutterland verteidigt».[2] Innerhalb von nur zwei Tagen hatte sich Putin also an die Seite von zwei «Gründervätern» des russischen Staates gestellt: Wladimir der Große, der Russland zu einer orthodoxen christlichen Nation gemacht hatte, und Peter der Große, der das Großfürstentum Moskau in das Russische Reich verwandelt und Russland nach Westen geöffnet hatte. Das ist Putins Welt: Treffen mit führenden Persönlichkeiten der Welt in Foren, in denen Russland ein wichtiger Akteur ist, die militärische Stärke Russland hervorheben, die engen Beziehungen des Kremls zur orthodoxen Kirche zelebrieren und die großen Symbole der Vergangenheit zur Unterstützung eines Präsidenten heraufbeschwören, der nun seit fast zwei Jahrzehnten an der Spitze Russlands steht und sich aufmacht, das Land in die Zukunft zu führen.

In einer neuen Ära der starken Männer ragt Wladimir Putin als einer der stärksten hervor. Unter seiner Herrschaft hat sich Russland auf der Weltbühne behauptet, eine bemerkenswerte Leistung für ein Land, das in den 1990er Jahren einen dramatischen Niedergang erlebte, nur um nach Putins Einzug in den Kreml unerwartet zu einem neuen Höhenflug anzusetzen. Putin hat es sich zur Aufgabe gemacht, den Ausgang des Kalten Krieges und seine Bedingungen neu zu verhandeln. Zu Beginn seiner vierten Amtszeit waren die Beziehungen Russlands zum Westen so schlecht wie seit den letzten Jahren der Herrschaft Breschnews Anfang der 1980er Jahren nicht mehr, als das Wettrüsten außer Kontrolle zu geraten drohte und beide Seiten in einen erbitterten ideologischen Kampf verstrickt waren. Vor 35 Jahren sah sich eine Abfolge alter und gebrechlicher Sowjetführer mit Ronald Reagan konfrontiert, einem selbstbewussten US-Präsidenten, der ihr Land als das «Reich des Bösen» anprangerte. Heute erinnern nicht nur das gegenseitige Misstrauen, der rhetorische Schlagabtausch und die neuerliche, von beiden Seiten betriebene militärische Aufrüstung stark an die Zeit des Kalten Krieges, sondern auch das Missverhältnis in der Art und Weise, wie Amerika und Russland einander sehen.

Doch dieser Kalte Krieg 2.0 ist anders als sein Vorläufer. Wir haben es nicht mehr mit einem universellen ideologischen Wettstreit zwischen dem Westen und Russland zu tun. Russlands ideologische Anziehungskraft beschränkt sich auf seine «Landsleute» im postsowjetischen Raum, auf linke und rechte Populisten im Westen sowie auf eine vielfältige Gruppe von Ländern und Menschen auf der ganzen Welt, die die Vereinigten Staaten nicht mögen. Diese sind Russland militärisch weit überlegen und haben Moskau in der jüngeren Vergangenheit weniger als globalen denn als regionalen strategischen Konkurrenten betrachtet, obwohl die Russen glauben, dass sich ihr Land in den letzten Jahren dank Putins Erfolgen tatsächlich zu einem größeren und einmal mehr globalen Konkurrenten für die USA aufgeschwungen haben. Darüber hinaus ist Russland im Gegensatz zur UdSSR in die Weltwirtschaft integriert, was ihm einen Hebel in die Hand gibt, den die Sowjets nie besaßen – es allerdings auch verwundbarer macht.

Außerdem ist es keine bipolare Welt mehr; China hat sich als wichtigste aufstrebende Macht etabliert und hält viele globale Trümpfe in der Hand. Und es gibt noch einen weiteren Unterschied. Während des Kalten Krieges verhandelten die UdSSR und der Westen über etablierte, auf Regierungsebene angesiedelte politische und militärische Kanäle und nach beiderseits akzeptierten Spielregeln. In dem System der personalisierten Herrschaft, das Putin errichtet hat, haben diese Kanäle ihre Funktion verloren oder sich weitgehend aufgelöst, was bedeutet, dass es weniger Kommunikationswege gibt und damit die Gefahr für Fehleinschätzungen und Folgefehler steigt. So hat sich der Westen wieder auf das bekannte zweigleisige Rezept des Kalten Krieges für den Umgang mit einem antagonistischen Russland besonnen: Abschreckung und Engagement.

Aus Sicht des Kremls jedoch hat Putin seine wichtigsten Ziele erreicht. Russland ist wieder auf seinen «rechtmäßigen» Platz auf der Weltbühne zurückgekehrt und einmal mehr in den Vorstand der Welt eingezogen. Die Welt kann Moskau nicht länger ignorieren. Russland wird wieder respektiert – und gefürchtet. Auch wenn sich die Beziehungen verschlechtert haben, muss sich der Westen mit Russland auseinandersetzen. Auf einer großen Verteidigungs- und Sicherheitskonferenz in Moskau rüttelte der chinesische Verteidigungsminister sein Publikum auf, als er versprach, China werde Russland zu Hilfe eilen, sollte es vom Westen angegriffen werden, und im Herbst 2018 nahm China im Fernen Osten an dem großangelegten russischen Wostok-Manöver teil. Westliche Kommentatoren mögen Russland als «Paria» oder «Mafia-Staat» abtun. Doch Beijing stellt sich, wie wir gesehen haben, in internationalen Foren in eine Linie mit Moskau, und ein Großteil der Länder im Nahen und Mittleren Osten betrachtet Russlands Rolle in der Region als die eines pragmatischen Vermittlers und Maklers. Auch in Zentralasien wird Russland als eine Großmacht anerkannt, mit der man jederzeit rechnen muss.

Während der Westen um den richtigen Umgang mit Putin ringt, darf man nicht übersehen, dass Russland in vielen Teilen der Welt als ein großes, gebieterisches Land angesehen wird, regiert von einem erfolgreichen Staatschef, der die legitimen nationalen Interessen seines Landes verfolgt – so wie er sie definiert. Darüber hinaus wird ein Großteil der Weltsicht auf Russland davon geprägt, wie die Welt die Vereinigten Staaten betrachtet. Die Unwägbarkeit der amerikanischen Politik unter Donald Trump hat Russland für manche Länder attraktiver gemacht. Wie dieses Buch zeigt, hat China ab 2014 Russland als Partner aufgewertet und die Bemühungen des Westens, Putin zu isolieren, dazu benutzt, Moskau für seine Version einer postwestlichen Weltordnung zu gewinnen. Einige Nachbarn Russlands, insbesondere die Ukraine, mögen in Russland vor allem einen Gegner sehen, doch Russland hat es geschafft, im postsowjetischen Raum eine Reihe funktionierender multilateraler Institutionen aufzubauen, darunter die Shanghaier Organisation für Zusammenarbeit, die Organisation des Vertrags über kollektive Sicherheit und die Eurasische Wirtschaftsunion. Die wichtigsten Länder des Nahen und Mittleren Ostens – Iran, Syrien, Saudi-Arabien, Ägypten und Israel – setzen darauf, dass Russland ihre Interessen in der Region unterstützt, selbst wenn diese Länder in laufenden Konflikten auf entgegengesetzten Seiten stehen und in einigen Fällen sogar Todfeinde sind. Und der Westen selbst ist zerstritten und sich seiner Sicht auf Russland als feindlichen Akteur keineswegs einig. So unterstützten nach dem Giftanschlag auf den ehemaligen russischen Doppelagenten Sergei Skripal und seine Tochter in Großbritannien zwar die Vereinigten Staaten sowie über zwei Dutzend weitere Länder Großbritannien, als London der Spionage verdächtigte russische Diplomaten auswies. Doch dabei handelte es sich neben Australien und der Ukraine fast ausnahmslos um NATO- oder EU-Mitglieder, und selbst einige EU-Mitglieder wie Österreich und die Slowakei versagten London die Solidarität. Unter Putin haben sich einige ehemalige russische Verbündete aus dem Warschauer Pakt, insbesondere Ungarn, die Slowakei, Bulgarien und die Tschechische Republik, Moskau wieder angenähert.

Wladimir Putin hat seine Wiederwahl 2018 mit einem beispiellosen Vorsprung gewonnen. Natürlich stimmt es, dass es keine ernsthaften Herausforderer gab und bei der Wahl zahlreiche Unregelmäßigkeiten gemeldet wurden. Doch es ist unbestreitbar, dass er in der Bevölkerung nach wie vor sehr beliebt ist, insbesondere außerhalb der Ballungszentren. Der Kreml kontrolliert praktisch alle elektronischen Medien und setzt das Fernsehen geschickt ein, um die Menschen im Land von seiner Version des Weltgeschehens zu überzeugen. Viele junge Russen, die nur Putin als Präsidenten kennen, unterstützen ihn; sie glauben, dass Russland einen starken Führer braucht, und sind, wie so viele Generationen von Russen vor ihnen, bereit, ihm die Autorität, Entscheidungen für sie zu treffen, zu übertragen. Während seines Wahlkampfes appellierte Putin an das Volk, indem er es vor der Gefahr warnte, die die Vereinigten Staaten und ihre Verbündeten für Russland darstellen, es aber auch daran erinnerte, dass er es war, der Russland zu alter Größe zurückgeführt hatte. Nach Angaben des angesehenen russischen Meinungsforschungsinstituts Lewada glauben viele Russen, dass die Annexion der Krim den Westen gezwungen hat, Russland zu respektieren, und sind über 70 Prozent der Ansicht, dass Russland international wieder eine Supermacht ist. Russland verfügt jetzt über die Fähigkeit, Macht weit über seine direkte Nachbarschaft hinaus zu projizieren, und engagiert sich wieder in Lateinamerika, Afrika und anderen Regionen, aus denen es sich nach dem Zusammenbruch der Sowjetunion zurückgezogen hat. Besonders eindrucksvoll ist die Rückkehr Moskaus nach Lateinamerika mit einem Schwerpunkt auf Kuba, Kolumbien, Mexiko, Brasilien und Venezuela, wo es das unter massivem Druck stehende Maduro-Regime sowohl wirtschaftlich als auch militärisch weiter unterstützt.[3] Ungeachtet seiner ökonomischen Schwäche und einer

Volkswirtschaft, die kleiner ist als die Italiens, nimmt sein globaler Einfluss weiter zu. (Besonders augenfällig ist der Unterschied zu den USA: 2017 erreichte Russland bei einem Pro-Kopf-Einkommen von 11 440 Dollar ein BIP von 1,3 Billionen Dollar, verglichen mit einem BIP in Höhe von 18,6 Billionen Dollar und einem Pro-Kopf-Einkommen von 53 528 Dollar in den USA.)[4]

## DIE SIEBEN SÄULEN VON PUTINS WELT

Der Hauptantrieb von Putins Politik ist das Bestreben, den Westen dazu zu bringen, Russland so zu behandeln, als wäre es die Sowjetunion. Eine Überprüfung sowohl seiner Worte als auch seiner Taten deutet darauf hin, dass seine Außenpolitik von sieben Kernthesen geprägt wird – aus Moskauer Sicht eine Art Rechtekatalog – für Russland auf der internationalen Bühne. Zusammengenommen zielen sie darauf ab, die Folgen des sowjetischen Zusammenbruchs umzukehren und das Ende des Kalten Krieges neu zu verhandeln:

Erstens hat Russland in seinen Augen das Recht auf einen Platz am Tisch bei allen wichtigen internationalen Entscheidungen und wird darauf auch bestehen. Russland steht, und das sollte der Westen anerkennen, ein Sitz im globalen Vorstand zu.

Zweitens, die russischen Interessen sind ebenso legitim wie die des Westens, und Moskau wird darauf drängen, dass die USA und Europa dieses Faktum anerkennen und akzeptieren, selbst wenn sie mit Russland nicht übereinstimmen.

Drittens hat Russland das Anrecht auf eine Sphäre privilegierter Interessen im postsowjetischen Raum, wobei es den Umkreis seiner vitalen Sicherheitsinteressen nicht als die Grenzen der Russischen Föderation, sondern als die Grenzen des postsowjetischen Raums definiert. Russland wird sich dafür einsetzen, dass seine ehemaligen sowjetischen Nachbarn nicht Bündnissen beitreten, die es als ihm feindlich betrachtet. Daher wird Moskau alles daransetzen zu verhindern, dass die euro-atlantischen Strukturen, die seine vitalen Interessen bedrohen, in erster Linie die NATO und die EU, noch näher an Russland heranrücken, als sie das bereits getan haben.

Viertens, einige Staaten sind souveräner als andere. Großmächte wie Russland, China, Indien und die Vereinigten Staaten genießen absolute Souveränität, was bedeutet, dass sie frei darüber bestimmen können, welchen Bündnissen sie beitreten. Kleinere Länder wie die Ukraine oder Georgien sind in diesem Sinne nicht völlig souverän, und Russland wird darauf bestehen, dass sie seine Wünsche respektieren. Russland sucht keine Verbündeten im westlichen Sinne des Wortes, sondern für beide Seiten vorteilhafte instrumentelle Partnerschaften mit Ländern wie China, die die Handlungsfreiheit Russlands weder einschränken noch sich Urteile über seine innere Verfasstheit anmaßen.

Fünftens wird sich Russland weiterhin als Unterstützer des Status quo, als Verfechter konservativer Werte und als internationale Macht präsentieren, die etablierte Führer respektiert. In den Augen des Kremls fördert der Westen Chaos und Regimewechsel, wie zum Beispiel während des Arabischen Frühlings, ohne über die Folgen seiner Handlungen nachzudenken. (Natürlich darf Russland in seinem eigenen Bereich privilegierter Interessen als revisionistische Macht agieren und den Status quo kippen, sollte es seine Interessen für bedroht halten, wie die Annexion der Krim und die Invasionen in Georgien und der Ukraine zeigen.)

Sechstens glaubt Russland, dass es gegen ein gespaltenes westliches Bündnis am ehesten seine Interessen durchsetzen kann; daher wird es weiterhin antiamerikanische und euroskeptische Gruppen in Europa und populistische Bewegungen auf beiden Seiten des Atlantiks unterstützen.

Schließlich wird Russland darauf drängen, das nach dem Kalten Krieg von den USA und Westeuropa durchgesetzte liberale und regelbasierte internationale System durch ein postwestliches

System zu ersetzen. Für Russland wäre das ein an das europäische Konzert der Großmächte im 19. Jahrhundert angelehntes System, in dem China, Russland und die Vereinigten Staaten die Welt in separate Einflussbereiche unterteilen.

Putin kann es sich auf die Fahnen schreiben, dass er bei der Verfolgung seiner Ziele große Fortschritte erzielt hat. Im Gefolge der Ukrainekrise bemühte sich der Westen erfolglos darum, Russland international zu isolieren. Doch Russland hat in verschiedenen multilateralen Foren wie BRICS und der Shanghaier Organisation für Zusammenarbeit sich vertiefende Partnerschaften aufgebaut und arbeitet in diesen mit China, Indien, Pakistan, Brasilien, Südafrika, der Türkei und dem Iran zusammen. Die Liste der 58 Länder, die sich 2014 in der UN-Generalversammlung der Stimme enthielten, als es darum ging, Russland wegen der Annexion der Krim zu verurteilen, ist mehr als genug Beweis dafür, dass eine Vielzahl von Ländern – demokratische wie undemokratische – Russland nicht gegen sich aufbringen oder ihm Sanktionen auferlegen wollen.

Tatsächlich jedoch fällt Putins außenpolitische Bilanz bislang ausgesprochen gemischt aus. Seine Zusammenstöße mit dem Westen – ausgelöst durch die russische Aggression gegen die Ukraine, die militärische Unterstützung Assads im Kampf gegen sein eigenes Volk, mit der es die dortige humanitäre Katastrophe ignoriert, die fortdauernden Wahleinmischungen in den USA und Europa und die Giftanschläge auf russische Ex-Spione im Vereinigten Königreich – sind mit erheblichen Kosten verbunden und haben den Abstand zu den USA und Europa weiter vergrößert. Darüber hinaus hat sich Moskau mit der Intervention in der Ukraine in eine Situation hineinmanövriert, aus der es keinen einfachen Ausweg gibt, abgesehen von einem vollständigen Rückzug, den Putin allerdings bislang kategorisch ausschließt. Und obwohl Russland formell zwei der wichtigsten multilateralen eurasischen Organisationen – die Organisation des Vertrags über kollektive Sicherheit sowie die Eurasische Wirtschaftsunion – anführt, besitzt es keine wirklichen Verbündeten im westlichen Sinne des Konzepts. Von China bis Weißrussland hat Russland Partner, die es in den Vereinten Nationen und anderen Foren unterstützen mögen, doch diese Partnerschaften sind, wie dieses Buch gezeigt hat, von Skepsis geprägt und auf Teilbereiche beschränkt. Russland hat keine Verbündeten, mit denen es einen gemeinsamen Wertekanon oder eine verbindliche gemeinsame Strategie in der Art und Weise teilt, wie es bei der NATO oder der EU der Fall ist. Die russischen Partnerschaften sind ad hoc und vor dem Hintergrund begrenzter gemeinsamer Interessen weitgehend instrumental. Vielleicht bevorzugt Putin ja ebendas, doch die Folge ist ein Russland, das weitgehend abhängig von seinen eigenen Ressourcen innerhalb seines eigenen Orbits operiert und dabei versucht, die bestehenden Spaltungen im Westen auszunutzen und Kapital daraus zu schlagen. Und trotz des Redens von einer postwestlichen internationalen Ordnung und ungeachtet der derzeitigen globalen Turbulenzen deutet momentan nur wenig darauf hin, dass sich so etwas wie ein neues internationales System herausbilden würde.

Darüber hinaus ist es wichtig, in der russischen Außenpolitik zwischen Schein und Sein zu unterscheiden. So stellten Beobachter trotz der beeindruckenden Demonstration militärischer Macht bei den Wostok-Militäroperationen mit China 2018 die Frage, was die massenhaft aufgebotenen Truppen und Panzer tatsächlich taten. Putin wollte die Welt mit 300 000 Soldaten und 36 000 gepanzerten Fahrzeugen beeindrucken und im Westen Ängste angesichts der militärischen Schlagkraft Russlands provozieren. Am Ende jedoch könnte die Bilanz der gemeinsamen Manöver weniger beeindruckend ausgefallen sein, als dies der gewaltige Aufmarsch anfangs vermuten ließ. Und wenn Delegationen aus dem Nahen Osten und anderen Regionen nach Russland reisen und dort Absichtserklärungen für Milliardenprojekte unterzeichnen, heißt das noch lange nicht, dass diese Absichtserklärungen auch tatsächlich zu Aufträgen führen. Putins Welt ist darauf ausgerichtet, ein Außenbild von militärischer Macht, Vorwärtsbewegung und ökonomischer

Dynamik zu vermitteln. Doch die Realität könnte ganz anders aussehen. Hinter der großspurigen Rhetorik und demonstrativen Zurschaustellung militärischer Macht in Putins Welt verbergen sich gravierende innenpolitische Schwächen.

## INNENPOLITISCHE REALITÄTEN IN PUTINS WELT

Außenpolitische Erfolge mögen Putin bei seiner Wiederwahl geholfen haben, die innenpolitische Realität in seiner Welt jedoch präsentiert sich angesichts des Zustandes der russischen Wirtschaft, des Bevölkerungsrückgangs und der ungelösten Frage nach seiner Nachfolge sehr viel schwieriger. In fast zwei Jahrzehnten an der Macht hat Putin ein Wirtschaftssystem geschaffen, dessen hauptsächliche Leistung darin besteht, die Autorität und Macht des Staates und deren Ausstrahlung über die Landesgrenzen hinaus bewahrt zu haben. Von 2000 bis 2008, als die Ölpreise von 25 Dollar auf bis zu 147 Dollar pro Barrel stiegen, wuchs das russische BIP um durchschnittlich 7 Prozent pro Jahr, und auch die Einkommen der Privathaushalte zogen nach den Turbulenzen der späten 1990er Jahre wieder an. Putin war ein Profiteur der steigenden Ölpreise. Die Finanzkrise 2008 traf Russland hart, doch das BIP-Wachstum erholte sich rasch wieder – bis 2014. Seit dem Ausbruch der Ukrainekrise hat sich der Anstieg des russischen Bruttoinlandsprodukts abgeschwächt und verharrt heute bei unter 2 Prozent.

Mittelfristig jedoch könnte sich das Putin'sche Wirtschaftssystem als unzureichend für ein Russland erweisen, das seine internationale Rolle weiter ausbauen möchte. Obwohl die russische Wirtschaft den Doppelschlag sinkender Ölpreise und der ab 2014 verhängten westlichen Finanzsanktionen überwunden hat, ist das Land nach wie vor weitgehend von den Einnahmen aus dem Öl- und Gasexport abhängig, die 50 Prozent seines Staatshaushalts ausmachen. Putin steht vor der Herkulesaufgabe, weitreichende Wirtschaftsreformen umzusetzen, von der Anhebung des Rentenalters über die Diversifizierung der Wirtschaft weg von Öl und Gas und der Förderung kleiner und mittlerer Unternehmen bis hin zur umfassenden Modernisierung der Wirtschaft. Diese Reformen sind ihm seit Anfang der 2000er Jahre von mehreren aufeinanderfolgenden Beratern empfohlen worden, allen voran seinem langjährigen Finanzminister Alexej Kudrin. Noch ist unklar, ob er diese Reformen in seiner vierten Amtszeit in Angriff nehmen wird. Im Jahr 2005 gab Putin die Rentenreform auf, als vor allem ältere Russen auf die Straße gingen und gegen das Vorhaben demonstrierten. Auch 2018 modifizierte er nach Protesten den zweiten Versuch, das Renteneintrittsalter zu erhöhen, setzte es aber immerhin auf 60 Jahre für Frauen und 65 Jahre für Männer herauf – in einem Land, in dem die durchschnittliche Lebenserwartung für Männer bei 66,5 Jahren und bei Frauen bei 77 Jahren liegt.[5] Die Wirtschaftsreform könnte in dem in Russland vorherrschenden System der patrimonialen Rentenökonomie die angestammten Ansprüche vieler Menschen und Gruppen untergraben, die bislang Putin unterstützen. Doch ohne eine tiefgreifende strukturelle Modernisierung droht Russland immer weiter hinter viele seiner Nachbarn, nicht zuletzt China, zurückzufallen. Die russische Wirtschaft kann und wird sich weiterhin irgendwie durchwursteln, doch ohne die effektiven Institutionen eines modernen Staates und angesichts der auf allen Ebenen der Gesellschaft weitverbreiteten Korruption wird Putins Russland wirtschaftlich mit vielen seiner Konkurrenten nicht mithalten können und notgedrungen das historische Muster der Projektion militärischer Macht als Hauptquelle seines Einflusses fortführen.

Die Sanktionen der Vereinigten Staaten vom April 2018 gegen 24 Geschäftsleute und Amtsträger aus Putins engerem Umfeld sowie zwölf Unternehmen haben den nationalen und internationalen Beteiligungen der russischen Oligarchen zwar geschadet. Doch wenn überhaupt, dann werden die Sanktionen ihre Abhängigkeit vom Wohlwollen Putins nur noch verstärken und die Gefahr erhöhen, dass im Falle eines Falles der Kreml zu ihrer Rettung einspringen muss und sie damit de facto verstaatlicht werden. Der Westen kann durch Sanktionen die Oligarchen zwar empfindlich treffen, steigert damit aber zugleich auch Putins Fähigkeit, die russische Wirtschaft stärker unter staatliche Kontrolle zu bringen.

Eine weitere große Herausforderung für Russland ist der demographische Wandel. Trotz eines Mini-Babybooms in den letzten Jahren nimmt die russische Bevölkerung weiter ab, und die durchschnittliche Lebenserwartung der Russen liegt deutlich unter der der meisten Industrieländer. Besonders auffällig sind die Sterblichkeitsraten junger Männer im Alter von achtzehn bis dreißig Jahren, die eher denen des subsaharischen Afrikas entsprechen und nicht denen der fortgeschrittenen Industrieländer – mit erheblichen Konsequenzen für das zukünftige Arbeitskräftepotenzial und die Personalstärke des russischen Militärs. Dazu kommt, dass die Geburtenrate der ethnischen Slawen sinkt, die muslimische Bevölkerung aber hohe Geburtenraten aufweist. Prognosen zufolge werden Muslime bis 2020 ein Fünftel der Bevölkerung der Russischen Föderation ausmachen, eine Entwicklung, die den von Putin geförderten, aber dennoch brüchigen ethnischen Frieden in dem Riesenreich vor neue Belastungen stellen dürfte.[6] Viele der intelligentesten und am besten ausgebildeten jungen Russen sind bereits ausgewandert, und momentan deutet nichts darauf hin, dass sich dieser fatale Braindrain abschwächen würde. Darüber hinaus hat eine Kombination aus Vernachlässigung und systemischer Korruption dem Land eine zerfallende physische Infrastruktur beschert, deren Wiederaufbau gewaltige Anstrengungen erfordern wird. So ist es ein offenes Rätsel, ob Putin weiter dem Muster der späten Breschnew-Ära folgen wird: Stagnation im Innern, weil Reformen politisch als zu destabilisierend angesehen werden, kombiniert mit außenpolitischem Aktivismus, der an den Patriotismus der Bevölkerung appelliert, und einen neubelebten Nationalismus, der den Westen verteufelt.

Eine Schlüsselfrage für die Zukunft ist, wer Putin nachfolgen wird. Unter der russischen Verfassung hat Putin 2018 seine letzte Amtszeit angetreten. Wenn er, wie vorgesehen, 2024 abtritt, wird er nur ein Jahr weniger an der Macht gewesen sein als Stalin. Historisch gesehen finden sich in einem Jahrtausend russischer Geschichte mehrere Modelle für den Machtübergang. Der häufigste Nachfolgemechanismus in der zaristischen und sowjetischen Zeit war der Tod des Herrschers durch natürliche Ursachen. Daneben gab es auch mehrere Fälle, in denen der Tod auf unnatürliche Ursachen zurückging, etwa Zaren, die ermordet wurden. Auch Palastrevolutionen waren für den Sturz von Herrschern verantwortlich, sowohl in zaristischer als auch in sowjetischer Zeit, etwa im Falle Chruschtschows, der von seinen ehemaligen Kameraden aus dem Amt gedrängt wurde, ebenso wie Volksrevolutionen wie die von 1917. In der postsowjetischen Ära gab es nur zwei kontrollierte Machtwechsel: im März 2000, als der von Boris Jelzin zu seinem Nachfolger gekürte Putin die Präsidentschaftswahlen gewann, und 2008, als Putin Ministerpräsident Medwedew auf den Präsidentensessel hievte – allerdings nur, um vier Jahre später mit diesem erneut den Platz zu tauschen und in den Kreml zurückzukehren.

Wird Putin auch dieses Mal seinen Nachfolger auswählen? Manche Russen fragen sich, ob er tatsächlich zurücktreten oder nicht doch, wie sie es für durchaus möglich halten, für den Rest seines Lebens im Kreml bleiben wird. Unmittelbar nach seiner Wahl 2018 twitterte Margarita Simonjan, Chefredakteurin des staatlichen russischen Auslandsfernsehsenders RT, begeistert Richtung Westen: «Früher war er einfach unser Präsident, und man hätte ihn ersetzen können. Aber jetzt ist er unser Führer. Wir werden nicht zulassen, dass ihr ihn auswechselt.»[7] In ihrem Tweet benutzte Simonjan dabei das Wort *Woschd* (Führer) – eine Reminiszenz an den Ausdruck, mit dem einst Stalin tituliert wurde. Wird Putin sich an Xi Jinping und Nursultan Nasarbajew orientieren und sich von der Duma zum Präsidenten auf Lebenszeit küren lassen? Er könnte auch die Verfassung ändern und sich eine weitere Amtszeit zugestehen lassen, oder er könnte aus dem Kreml ausscheiden, auf die Position des «Elder Statesman» wechseln und ähnlich wie Deng Xiaoping in China als «Vater der Nation» im Hintergrund Macht ausüben.

Schon jetzt, zu Beginn von Putins vierter und nominell letzter Amtszeit, sorgt die Ungewissheit über seine Nachfolge für Unruhe in der politischen Klasse, wo man einerseits versucht, den Fortgang der Dinge zu antizipieren und sich selbst in eine möglichst vorteilhafte Position zu manövrieren, zugleich aber vermeiden möchte, bei dem, was als Nächstes kommen könnte, unter die Räder zu geraten. Putin hat sich mit einer Gruppe junger Technokraten umgeben, die ihm ihre Karriere und ihren Aufstieg verdanken. Wenn er sich dazu entscheidet, einen Nachfolger auszuwählen, könnte der nächste Präsident durchaus aus dieser Gruppe kommen, von denen viele momentan Regionalregierungen leiten, aber noch nicht über eine unabhängige politische Basis verfügen. Die Wahl von 2018 markiere, so ein ehemaliger Spindoktor im Kreml, «den Beginn der Post-Putin-Ära in Russland, unabhängig davon, ob Putin die nächsten sechs oder sechzehn Jahre Staatsoberhaupt bleibt».[8] Sollte Putin einen Nachfolger aufbauen und auswählen, müsste er Mittel und Wege finden, um zu verhindern, dass er im Vorfeld seines Abschieds 2024 als lahme Ente angesehen wird. All dies erhöht die Unsicherheit über die Nachfolge und erzeugt im System eine latente Instabilität – und fügt Russland in der Welt eine neue Dimension hinzu.

Putins System hat ein Nachfolge-Dilemma erzeugt: Die russischen Eliten sind auf seine Patronage angewiesen, um das Eigentum an ihren Vermögenswerten nicht zu verlieren und ihre Macht zu bewahren. Mit anderen Worten, für eine geregelte Nachfolge kommen nur Kandidaten in Frage, die gewährleisten, dass Putin und sein innerer Kreis nach seinem Rückzug ihre Vermögen und ihre persönliche Freiheit behalten. Als Putin Jelzins Nachfolge antrat, versprach er ihm, die Jelzin-Familie weder juristisch zu belangen noch ihr Vermögen anzutasten. Diesen Teil der Abmachung hielt er auch ein. Doch schon in den ersten drei Jahren nach Amtsantritt knöpfte er sich mehrere von Jelzins Oligarchen vor; einige zwang er ins Exil und beschlagnahmte ihre Unternehmen, andere schickte er ins Gefängnis, darunter den zu einer zehnjährigen Haftstrafe verurteilten ehemaligen Jukos-Boss Michail Chodorkowski. Putins Nachfolger könnte die mit dem Präsidenten getroffene Vereinbarungen durchaus respektieren, aber wären auch die unter ihm groß gewordenen Oligarchen sicher? Die Auswahl eines Nachfolgers für Putin verspricht ein ebenso nervenaufreibender wie unberechenbarer Prozess zu werden.

## DIE HERAUSFORDERUNG FÜR DEN WESTEN

Wie soll der Westen auf ein unter Putin weiter auf mehr Macht und Einfluss drängendes Russland reagieren? Seit Putins Aufstieg an die Kremlspitze haben sich sämtliche großen westlichen Nationen und Japan um Neuanfänge mit Russland bemüht – bislang ausnahmslos mit enttäuschenden Ergebnissen.

Der Westen sollte zunächst seine fehlerhaften Annahmen revidieren, was die Russen nach 1991 wollten und wie sich eine stärkere wirtschaftliche Integration auf die politischen Beziehungen auswirkt. Er sollte sich fragen, was im letzten Vierteljahrhundert schiefgelaufen ist, und versuchen zu verstehen, warum sich die Beziehungen zu Russland nicht so entwickelt haben, wie man allgemein erwartet und erhofft hatte. Nach dem Zusammenbruch der Sowjetunion glaubten viele im Westen, dass vor allem die kommunistische Ideologie, an der sich die sowjetische Innen- und Außenpolitik offiziell ausrichtete, die UdSSR und den Westen daran gehindert hatten, produktive Beziehungen aufzubauen. Nun, da, um Trotzki zu paraphrasieren, das kommunistische System auf dem Müllhaufen der Geschichte gelandet war, werde Russland, so glaubte man, den schwierigen Übergang zu einer marktwirtschaftlichen, demokratischen Gesellschaft und einer postimperialen Außenpolitik in Angriff nehmen. Übergangstheorien boomten, und westliche Wirtschafts- und Politikberater strömten in begeisterten Scharen nach Russland, wo sie Programme zur Demokratieförderung starteten und die Russen bei der Umsetzung von Wirtschaftsreformen und dem Aufbau eines freien Markts berieten. Ohne nochmals in eine Diskussion der langen Liste der Fehler einzusteigen, die dem Westen und Russland in den 1990er Jahren angekreidet werden, soll hier der Hinweis genügen, dass bereits 2000 bei der Wahl Putins zum Präsidenten viele Russen die westlichen Strategien und Programme für das Chaos und die Verarmung vieler und die Bereicherung einiger weniger verantwortlich machten und überzeugt waren, dass der Westen seine anfänglichen Versprechen auf signifikante Finanzhilfen nicht erfüllt hatte. Vielleicht aber hatte sich auch nur niemand vorstellen können, wie gewaltig die Herausforderung war, aus den Trümmern einer über sieben Jahrzehnte hinweg staatlich kontrollierten und zentral geplanten Wirtschaft eine kapitalistische Wirtschaftsordnung aufzubauen.

Doch nachdem Putin seine Herrschaft konsolidiert hatte, erkannte ein Großteil der Welt, dass die Russen die wirtschaftlichen und politischen Programme westlicher Machart nicht etwa abgelehnt hatten, weil sie Kommunisten waren, sondern weil sie Russen waren. George F. Kennan hatte schon vor 70 Jahren verstanden, dass die kommunistische Ideologie den charakteristischen Merkmalen der traditionellen zaristischen Herrschaft keineswegs widersprach, sondern sie vielmehr fortführte und verschärfte. Der Kommunismus war der jahrhundertealten russischen Autokratie und personalistischen Herrschaft übergestülpt worden und hatte diese Traditionen, wenn überhaupt, nur noch gestärkt. Die Ideologie war für die Bolschewiki ein Mittel, um ihre Herrschaft zu festigen, die Gesellschaft zu mobilisieren und die russischen Bauern unter immensen Opfern in die Moderne zu zerren. Doch nach und nach musste sie dem traditionellen Nationalismus und einer expansionistischen Außenpolitik weichen, und so wenige Parteimitglieder beim Zusammenbruch der UdSSR noch an die Grundsätze des Marxismus-Leninismus glaubten, so viele waren zu russischen Nationalisten mit imperialer Denkweise mutiert. Die Russen, die Gorbatschow und Jelzin unterstützten und von einem politisch und wirtschaftlich stärker an den Westen angelehnten Russland träumten, befanden sich von Anfang an in der Unterzahl. Kein Wunder, dass Putin sich seinem Volk so gerne vor den Statuen von Fürst Wladimir I. und Zar Peter dem Großen zeigt. Putin repräsentiert die traditionelle, kollektivistische und autoritäre politische Kultur Russlands und appelliert an einen russischen Exzeptionalismus, der sich im Gegensatz zum Westen definiert. Das Verständnis der Russen für ihre einzigartige Geschichte und für die Triebkräfte der Weltpolitik unterscheidet sich stark von dem des Westens. Was nicht bedeutet, dass Amerika und Europa nicht mit Russland zusammenarbeiten könnten. Doch es zeigt, dass der Westen Russland als das anerkennen muss, was es ist – und nicht als das, was er gerne hätte.

Ein weiterer Irrtum war die Annahme, die wirtschaftliche Integration Russlands in den Westen würde sich mäßigend auf sein politisches Verhalten auswirken. Ebendies war die Grundlage der Entspannungspolitik des Westens in den 1970er Jahren, die Überzeugung, engere Wirtschaftsbeziehungen würden zwangsläufig produktivere politische Beziehungen nach sich ziehen. Seinerzeit funktionierte die Entspannungspolitik einige Jahre lang, weil die UdSSR erkannt hatte, dass sie westliche Technologie importieren musste, und sie bereit war, dafür politische Gegenleistungen zu erbringen. Die Entspannungspolitik schenkte der Welt einen wegweisenden Rüstungskontrollvertrag, führte zu erheblich besseren politischen Beziehungen und öffnete einigen Russen ein Fenster zur Welt – bis der Einmarsch der Sowjetunion in Afghanistan das Ende der Entspannungspolitik einläutete. In den frühen 1990er Jahren unterstützte Jelzin auf dem Balkan eine westliche Agenda, weil er für seine Reformen die Wirtschaftshilfe und politische Unterstützung des Westens benötigte. Diese eher marxistische

Überzeugung des Westens, dass das Ökonomische das Politische beeinflussen kann, lebt fort, insbesondere in Europa. 2010 führte Deutschland die EU in ihrer «Partnerschaft für Modernisierung» mit Russland an, beseelt von dem Glauben, dies würde in einer «strategischen Partnerschaft» münden.[9] Putin dagegen hat versucht, die russische Wirtschaft von den politischen Beziehungen Russlands zum Westen abzukoppeln. Obwohl das EU-Programm auf dem Papier fortbesteht, liegt es seit der Annexion der Krim durch Russland und dem Kriegsausbruch im Donbass effektiv auf Eis. Die Versuche, im Rahmen der Partnerschaft für Modernisierung die Wirtschafts- und Justizreformen zu fördern und die Zivilgesellschaft zu stärken, waren inkonsequent und ließen manche gar von einer «Partnerschaft ohne Modernisierung» sprechen.

Anfangs hoffte der Westen, Russland als verantwortungsvollen Akteur in eine nach dem Kalten Krieg geschaffene, regelbasierte und liberale internationale Ordnung integrieren zu können. Der Kreml jedoch interpretierte das vor allem als Versuch der Vereinigten Staaten, mit Unterstützung ihrer Verbündeten Russland eine Agenda aufzuzwingen, bei deren Festlegung es kein Mitspracherecht hatte und die den wahren Interessen Russlands abträglich war. Putin interessiert sich mehr für Macht und Größe als für Regeln. Der Westen mag auf die 1990er Jahre in Russland als eine Zeit der Verheißung, des größeren Pluralismus und des Übergangs zu einer Marktgesellschaft zurückblicken. Doch die meisten Russen empfinden das, angeführt von Putin, heute ganz anders. Für sie war es eine Zeit der Armut, des Umbruchs und des Chaos, die einherging mit zunehmender wirtschaftlicher Ungleichheit und der Demütigung durch den Westen – ein Beschwerdenkatalog, den Putin gegenüber seinen westlichen Gesprächspartnern häufig wiederholt.

Historisch gesehen, waren Phasen der Zusammenarbeit mit Russland eher die Ausnahme als die Regel, zumindest in den Beziehungen zwischen den USA und Russland. Wenn Leute heute davon sprechen, die Beziehungen zwischen Washington und Moskau zu «normalisieren», meinen sie damit ein Gleichgewicht zwischen Kooperation und Wettbewerb. In den Beziehungen zwischen den USA und Russland gab es zwei Höhepunkte: die Große Allianz während des Zweiten Weltkriegs und die Zusammenarbeit und der Austausch von geheimdienstlichen Informationen im Afghanistankrieg nach den Anschlägen vom 11. September 2001. In beiden Fällen war Russland trotz Spannungen in den Beziehungen ein enthusiastischer Partner. Washington und Moskau hatten einen gemeinsamen Feind identifiziert, den es zu besiegen galt – und der Kreml hatte das Gefühl, die USA würden ihn als gleichwertigen Partner akzeptieren. Doch nachdem der gemeinsame Feind besiegt war, brach das Bündnis in beiden Fällen auch wieder schnell auseinander. Bei der Rüstungskontrolle hat eine engere Zusammenarbeit ebenfalls funktioniert. Und es gab weitere Beispiele für eine erfolgreiche Kooperation, so während der deutschen Wiedervereinigung, während des Zweiten Golfkriegs und während des Bosnienkriegs. Abgesehen von diesen Fällen jedoch waren die Beziehungen zwischen den USA und Russland weitgehend von Misstrauen und Argwohn geprägt. Was zwischen Moskau und Washington besteht, ist im besten Falle eine begrenzte Partnerschaft, in der Kooperation mit Konkurrenz und Konflikt koexistiert.

Die Beziehungen Europas zu Russland sind historisch betrachtet komplizierter, wobei die Beziehung zwischen Deutschland und Russland die wichtigste ist. Die beiden Länder standen sich in zwei Weltkriegen als Feinde gegenüber, das geteilte Deutschland war das Herzstück des Kalten Krieges in Europa, und während des Kalten Krieges und darüber hinaus dominierte gegenseitiges Misstrauen das Verhältnis. Seit dem Zusammenbruch der Sowjetunion sind die Beziehungen in der Regel kooperativ – bzw. waren es bis 2014. Frankreich und Russland haben ebenfalls Perioden der Allianz und Kooperation erlebt. Die Beziehungen Polens zu Russland hingegen sind seit jeher fast durchgängig antagonistischer Natur, während die britisch-russischen Beziehungen derzeit die schlechtesten aller europäischen Länder sind. Seit dem Zusammenbruch der Sowjetunion neigt Europa dazu, den wirtschaftlichen und politischen Dialog und die Zusammenarbeit zu fördern, aber die damit verbundenen Erwartungen sind seit Ausbruch der Ukrainekrise und den Wahleinmischungen Russlands ernsthaft in Frage gestellt worden. Die Realität sieht so aus, dass Russland teilweise in die Weltwirtschaft integriert und ein bedeutender Exporteur von Öl und Gas nach Europa und zunehmend auch nach Asien ist. Wann immer Russland Maßnahmen ergreift, die den Vereinigten Staaten oder Europa abträglich erscheinen, sind Sanktionen das erste Mittel der Maßregelung. Allerdings haben Sanktionen nur begrenzte Auswirkungen auf die russischen Aktionen. Obwohl die Regierung Trump und der US-Kongress die Sanktionen gegen Russland verschärft haben, deutet bislang nichts darauf hin, dass Russland dem Druck nachgeben würde; im Gegenteil, es führt seine Cyber-Aktivitäten unvermindert fort und weist weiterhin kategorisch jede Schuldzuweisung des Westens zurück, egal ob es um die Wahleinmischungen geht, den MH-17-Abschuss über der Ostukraine, die Präsenz russischer Soldaten im Donbass oder den Giftanschlag auf die Skripals. Und daran dürfte sich auch wenig ändern, solange Putin im Kreml im Sattel sitzt.

Auch in der restlichen Amtszeit Putins wird Russland seine Interessen in seiner direkten Nachbarschaft durchsetzen und jeden Einmischungsversuch des Westens dort als Bedrohung seiner Kerninteressen interpretieren – und vom Westen erwarten, dies als völlig legitim zu akzeptieren. Russland wird seine Macht ins Ausland projizieren, wo immer sich ihm die Gelegenheit dazu bietet, und dabei nach Kräften das Chaos in der US-Außenpolitik für sich ausnutzen. Putin wird weiterhin das Staatsfernsehen und andere Medien einsetzen, um das Feindbild der Vereinigten Staaten und Europas zu propagieren, um seine Popularität und Macht zu Hause und bei prorussischen Gruppen im Westen sicherzustellen. Unter diesen Umständen bleibt Amerika und seinen Verbündeten nur eine begrenzte Zahl allesamt schwieriger Optionen im Umgang mit Russland.

# WAS TUN?

Russlands Größe und strategische Lage, sein Atomwaffenarsenal, sein Vetorecht im Sicherheitsrat der Vereinten Nationen und sein gigantischer Reichtum an natürlichen Ressourcen sowie seine Fähigkeit, westliche Interessen zu durchkreuzen, erfordern es, sich mit ihm auseinanderzusetzen. Russland kann nicht isoliert werden, weil es Partnerschaften mit vielen Ländern unterhält, die in dem Vorgehen Russlands in der Ukraine keine Bedrohung ihrer eigenen Interessen sehen und sich weigern, Russland zu kritisieren oder sich gar an Sanktionen zu beteiligen.

Darüber hinaus haben die USA und Europa es in zwei Jahrzehnten der Demokratieförderung nicht vermocht, in Russland eine demokratischere Gesellschaft zu schaffen oder die Rechtsstaatlichkeit zu institutionalisieren. Tatsächlich sieht der Kreml diese Bemühungen als Deckmantel für einen «Regimewechsel». Unter Putin hat der Kreml die Freiräume für politischen Wettbewerb stetig eingegrenzt und amerikanische und britische Organisationen, die die russische Zivilgesellschaft unterstützen wollen, aus dem Land geworfen. Gleichzeitig arbeitet der Kreml durch die von ihm kontrollierten staatlichen Medien, insbesondere das russische Fernsehen, intensiv daran, die russische Gesellschaft gegenüber westlichen Einflüssen zu immunisieren.

Angesichts dieser Einschränkungen plädiert Trumps Botschafter in Moskau, Jon Huntsman, dafür, sich auf die Aspekte der Beziehung zu konzentrieren, die ein pragmatisches Engagement erfordern:

> Wo [Russland] ein nationales Interesse hat, wird es sich engagieren. Und wir müssen klug genug sein, jene Bereiche zu identifizieren, in denen wir überlappende Interessen haben. Wo wir Interessen haben und sie nicht, werden sie einfach keine Zeit verschwenden. Und ebenso wenig sollten wir das tun.[10]

Für die Vereinigten Staaten sind die Gebiete, auf denen sich Washington und Moskau gemeinsam engagieren können, Syrien, der Terrorismus, die Ukraine und die strategische Stabilität, sprich Rüstungskontrolle und Nichtverbreitung von Atomwaffen. Sich in diesen Fragen zu koordinieren und vielleicht sogar zu kooperieren wird eine dauerhafte Herausforderung darstellen, aber wenn man sich nicht mit Russland auseinandersetzt, könnte das die Spannungen nur noch weiter eskalieren lassen. Für Europa, dessen viel engere Verflechtung mit Moskau im wirtschaftlichen Bereich und insbesondere im Energiesektor eine nachhaltige Verbindlichkeit erfordert, ist die Ukrainekrise das Schlüsselthema, weil die Krise die Peripherie Europas destabilisiert und die EU-Sanktionen und die russischen Gegensanktionen die europäischen Volkswirtschaften negativ beeinflussen.

Die anhaltende Ukrainekrise zeigt ein durchgängiges Problem in den Beziehungen Russlands zum Westen auf, namentlich die unterschiedlichen Auffassungen über die Ausgestaltung der euroatlantischen Sicherheitsarchitektur und das Beharren Russlands darauf, dass der Westen das Konzept der europäischen Sicherheit mit Moskau neu verhandelt. Bisher hat der Westen die russischen Vorschläge abgelehnt, weil sie die NATO im Wesentlichen obsolet machen würden. Doch seit der Annexion der Krim sind zwei Tatsachen deutlich geworden: Der Westen wird keine militärische Konfrontation mit Russland wegen dessen Aktionen im postsowjetischen Raum riskieren, und als Folge dieser Aktionen erscheint eine weitere NATO- oder EU-Erweiterung um postsowjetische Länder höchst unwahrscheinlich. Damit hat Russland eines der wichtigsten außenpolitischen Ziele Putins erreicht.

Die Herausforderung für die USA und Europa besteht darin, sich in der Ära von Brexit und Trump und der auf beiden Seiten des Atlantiks wachsenden populistischen Bewegungen nicht auseinanderdividieren zu lassen. Das Wiederaufleben von Handelsstreitigkeiten wird zwangsläufig das Engagement für die transatlantischen Beziehungen schwächen. Auch wenn das transatlantische

Sanktionsregime noch Bestand hat, die gemeinsame Front, die die USA und Deutschland nach der Krim-Annexion aufgebaut haben, ist zerbrochen. Angesichts der russischen Versuche, einen Keil zwischen die NATO-Mitglieder zu treiben und eine koordinierte Antwort auf Moskaus Aktionen zu verhindern, sollten die USA und Europa der Aufrechterhaltung einer starken und handlungsfähigen Allianz Priorität einräumen. Und Washington sollte von Handlungen absehen, die darauf abzielen, das Bündnis zu untergraben.

Solange es kein umfassenderes Einvernehmen zwischen Moskau und dem Westen gibt, wird Russland seine immer längere Liste der Anklagen gegen die USA und Europa weiter hegen und pflegen. Die Aufgabe des Westens für den Rest von Putins Amtszeit ist eine zweifache: Zum einen muss er sich in strategischer Geduld üben, und zum anderen sollte er seine Abwehrmaßnahmen gegen russische Übergriffe ausbauen und so die Fähigkeit Russlands eindämmen, Zwietracht in den transatlantischen Beziehungen zu säen. Insbesondere muss er konsequent und entschlossen gegen die russischen Wahleinmischungen vorgehen. Zugleich aber muss er sich auch auf neue Herausforderungen einstellen, da Putin den Ausbau der Fähigkeiten Russlands auf dem Gebiet der künstlichen Intelligenz und den Einsatz seiner beträchtlichen Cyber-Fähigkeiten unbeirrt vorantreibt. Dessen ungeachtet sollten die USA und Europa bereit sein, sich wieder aktiver mit Russland zu befassen, sollte der Kreml von seiner derzeitigen Konfrontationspolitik ablassen und seine antiwestliche Haltung mäßigen. Der Westen sollte Russland mögliche Auswege nicht verbauen und ansonsten langfristig denken und nicht erwarten, dass sich rasch wesentliche Veränderungen ergeben.

Doch Putins Russland könnte in der vierten Amtszeit des Präsidenten auch neue Herausforderungen aufwerfen. Der russische Führer ist bekannt dafür, unerwartet den Kurs zu ändern und Maßnahmen zu ergreifen, die nur wenige auf dem Schirm haben – nicht zuletzt, weil der Westen Putins Worte, wenn er seine

Absichten kundtut, häufig nicht ernst genug nimmt. Russland ist berechenbar, bis es das nicht mehr ist, und der Westen könnte sich in den kommenden Jahren mit unerwarteten Entwicklungen konfrontiert sehen. Putins Welt ist eine Welt, in der Russland in dem Streben nach Einfluss und Anerkennung mit aller Macht zurück in die globale Arena drängt. Mit seiner Strategie – falls das tatsächlich der angemessene Ausdruck für eine Politik ist, die häufig davon mitbestimmt wird, rasch und geschickt Chancen zu ergreifen, die sich durch das Chaos im Westen oder dessen Untätigkeit ergeben – hat Putin Russland zurück auf die weltpolitische Bühne geführt, und zwar mit unerwarteten Mitteln und auf Wegen, die die Welt auch in Zukunft vor Herausforderungen stellen werden.

Der Aufstieg von Putins Welt in den vergangenen knapp zwei Jahrzehnten hat mehrere Dinge deutlich gemacht. Russland isolieren und sich einer Auseinandersetzung mit ihm verweigern ist keine Option, so verlockend dieser Weg manchen auch erscheinen mag. Andererseits verspricht auch der Versuch, mittels «Neuanfängen» eine qualitative Verbesserung der Beziehungen zu Putins Russland zu erreichen, auf absehbare Zeit hinaus wenig Erfolg. Das Engagement muss realistisch und flexibel sein. Engagieren wir uns in Fragen, die gemeinsame Interessen berühren, und seien wir bereit, den Blick nach vorne zu richten, wenn Russland sein Verhalten mäßigt. Es ist wichtig, sich daran zu erinnern, dass der Kreml nicht für alle russischen Bürger spricht. Der Westen sollte nach Möglichkeit einen breiteren Dialog mit den Russen fördern. Vor allem sollte er auf Überraschungen im Umgang mit Russland vorbereitet und beweglich genug sein, um darauf zu reagieren, so wie Putins Judo-Kunst ihn gelehrt hat, wie man die Oberhand über einen unentschlossenen Gegner gewinnen kann. In Putins Welt ist es ratsam, das Unerwartete zu erwarten.

# DANKSAGUNG

Dieses Buch ist die Bilanz des jahrzehntelangen Nachdenkens, Schreibens und Unterrichtens zu Fragen russischer Außenpolitik, meiner Mitarbeit an politischen Entscheidungsprozessen und der zahlreichen Reisen nach Russland und in seine Nachbarländer. Als ich in diesem Feld zu arbeiten begann, war die UdSSR eine von alten Männern geführte Supermacht kurz vor dem Beginn ihres Niedergangs. Michail Gorbatschow läutete eine Ära der Liberalisierung ein – und der Hoffnung. Aber die Sowjetunion war letztlich nicht reformierbar und brach an der eigenen inneren Schwäche zusammen; das neue Russland musste danach seine neue, verminderte Rolle in der Welt erst definieren. Die Jelzin-Dekade war wiederum eine von Reformen und Hoffnung – aber auch von Chaos und Armut. Als Wladimir Putin, der junge, relativ unbekannte ehemalige KGB-Offizier, 2000 Präsident wurde, versprach er dem Land Ordnung durch die Stärkung der staatlichen Macht und die Rückkehr zum Status einer Supermacht. Dieses Buch handelt davon, wie Putin Russland zurück auf die Bühne der Welt gebracht hat, welche Rolle Russland heute weltweit spielt, und was das für die Vereinigten Staaten, für Europa, China, den Nahen Osten und andere Länder – und für die Zukunft – bedeutet. Zugleich werden die Beziehungen Russlands von der Geschichte beeinflusst, ob gegen den Westen oder mit dem Rest der Welt, und in diesen größeren Kontext habe ich versucht, dieses Buch zu stellen.

Meine Beschäftigung mit der russischen Außenpolitik ist geprägt von meiner Forschungsarbeit als Wissenschaftlerin einerseits und von meiner zweimaligen Mitarbeit in der amerikanischen Regierung andererseits. Ich war im Office of Policy

Planning des Außenministeriums, als Putin gerade begann, seine Macht zu konsolidieren. Später, als ich National Intelligence Officer for Russia and Eurasia im National Intelligence Council war, hatte Putin sein Großmachtstreben bereits deutlich gemacht. Ich danke meinen Regierungskollegen für ihre Einschätzungen der russischen Außenpolitik über all die Jahre und für unsere fortgesetzten Gespräche.

Die Georgetown University ist seit vielen Jahren meine akademische Heimat und liefert eine kollegiale und konzentrierte Atmosphäre für Forschung und Lehre. Ich möchte der Leitung der Georgetown University – Präsident John J. DeGioia und Joel Hellman, dem Dean der School of Foreign Service – danken, dass sie ein Umfeld geschaffen haben, in dem Politik-relevante akademische Forschung gedeihen kann.

Ich danke meinem Kollegen Dr. Michael David-Fox, dass er die Leitung des Center for Eurasian, Russian and East European Studies übernommen hat, während ich dieses Buch geschrieben habe. Ich bin den exzellenten und kollegialen Mitarbeitern des Center für ihren Einsatz für unser Master-Programm und für die Veranstaltungen und Diskussionen dankbar, die sie um das Thema meines Buches herum organisiert haben – Benjamin Loring, Sarah Radomsky und Allie Vreeman. Besonderer Dank geht an meinen Georgetown-Kollegen Andrew Kuchins, mit dem ich immer wieder diese Themen diskutiere. Ich danke auch meinem Kollegen und Fachbereichsleiter Charles King für seine Unterstützung meiner Arbeit. Und ich bin den vielen Georgetown-Studenten dankbar für unsere belebenden Diskussionen im und außerhalb des Seminarraums. Dass viele von ihnen inzwischen beruflich mit Russland zu tun haben, als Teil der Regierung oder in der Privatwirtschaft, erfüllt mich mit Stolz.

Ich bin all denen Menschen und Institutionen dankbar, die die Arbeit für dieses Buch unterstützt haben. Die Transatlantic Academy des German Marshall Fund und ihr Direktor Steven Szabo waren während meines Sabbaticals ein kongeniales und inspirierendes Umfeld für die sechs Fellows, die zusammen an einem Projekt zu Russland und dem Westen arbeiteten. Wir lieferten uns engagierte und bisweilen harte Schlagabtausche über Russlands Intentionen und die Reaktionen des Westens. Ich möchte auch Deana Arsenian und der Carnegie Corporation in New York danken für ihre Unterstützung der Arbeit des CERES, der Professoren und Studenten, und dafür, dass sie sich weiterhin der Bedeutung der russisch-amerikanischen Beziehungen bewusst sind und die Arbeit daran unterstützen.

Ich bin der Brookings Institution und ihrem ehemaligen Präsidenten Strobe Talbott, ein anerkannter Russland-Kenner, dankbar, dass sie mir die Gelegenheit gegeben haben, als Non-Resident Senior Fellow das monatlich stattfindende und anregende Hewett Forum on Russian and Eurasian Affairs zu leiten, für das sich führende Vertreter aus Politik und Wissenschaft versammeln. Mein Dank an Steven Pifer und Alina Poliakova dafür, dass sie meine Co-Vorsitzende waren.

Ich danke meinen Kollegen, mit denen ich in den vergangenen Jahren über diese Themen gesprochen habe: Horton Beebe-Center, John Beyrle, James Collins, Toby Gati, Fiona Hill, Jeffrey Mankoff, Eugene Rumer, Daniel Russell und Steven Weisman.

Besonderer Dank gilt denen, die das Manuskript oder Teile davon gelesen haben und mir hilfreiche Kommentare gaben: Thane Gustafson, Bobo Lo, Robert Nurick, Strobe Talbott, Nina Tumarkin, Daniel Yergin, and Rebecca Yergin.

Ich danke Paula Ganga, Rianna Jansen und Anna Bar für ihre ausgezeichnete Arbeit als wissenschaftliche Hilfskräfte. Dank auch an Matt Sagers, dem Chef des Russian and Caspian Energy Service von IHSMarkit und den Mitarbeitern von IHSMarkit in Moskau, allen voran Irina Zamarina für ihre Unterstützung bei meinen Rechercheреisen nach Moskau. Das halbjährliche RAND US-Russia Business Forum mit seinem Vorsitzenden William Courtney war ebenfalls eine anregende Veranstaltung, um in Moskau, New York und Washington über Russland zu reden.

Eine besondere Würdigung verdient Sean Desmond, mein herausragender Lektor bei Twelve, für seine Ermunterung und seinen Rat. Er ist in der Tat ein außergewöhnlicher Lektor, der dieses Buch zu einem besseren gemacht hat. Die Idee dazu entstand nach einem Abendessen mit Deborah Futter, die damals bei Twelve Books war. Ihr bin ich Dank schuldig, sie hat mit meiner ausgezeichneten Agentin Suzanne Gluck konspiriert, um dieses Buch unter Dach und Fach zu bringen. Dank auch an Rachel Kambury von Twelve und an Ruth Mandel für ihre Raffinesse bei der Bildersuche.

Geholfen haben mir die Gespräche mit hochrangigen Beamten in den USA, Russland, Europa, Asien und Zentralasien. Ihnen allen danke ich für ihre Einschätzungen zum Entstehen von *Putins Russland.*

Ich möchte auch den nachhaltigen Einfluss meines Mentors und Doktorvaters Adam Ulam betonen, dessen bahnbrechende Forschung zur sowjetischen Außenpolitik meine Begeisterung für dieses Thema geweckt hat und dessen vernünftige Skepsis stets ein Realitätstest war.

Meine Einschätzung der Überzeugungen der russischen Führung – und von Wladimir Putin selbst – wurde bereichert durch den Valdai International Discussion Club, an dessen jährlichen Zusammenkünften ich in den vergangenen fünfzehn Jahren teilgenommen habe. Dort hatte ich die einzigartige Gelegenheit, die Sichtweisen von russischen Kollegen, Politikern und Vordenkern kennenzulernen – und deren Veränderung im Laufe der Jahre. Auf diesen Konferenzen kamen wir jedes Jahr für mehrere Stunden mit Putin zusammen, sowohl in großer Runde als auch im kleineren privaten Rahmen, um über russische Innen- und Außenpolitik zu reden.

Ein ganz besonderer Dank gilt meiner Familie, die mich beim Schreiben dieses Buches ermutigt hat. Meine Kinder – Rebecca und Alexander und Alex' Ehefrau Jessica – liefern mir immer neue Einblicke und stellen vergnügt meine Thesen in Frage. Am meisten

Dank schulde ich meinem Ehemann, Daniel Yergin, meinem glühendsten Unterstützer – und härtesten Kritiker. Er hat mehrere Versionen des Manuskripts gelesen und es mit klaren Einschätzungen und beeindruckendem Sprachgefühl verbessert und mich ermuntert, das Beste erreichen zu wollen. Seine Liebe und Unterstützung, und die meiner Kinder, haben mich durch all die Jahre getragen.

# ANMERKUNGEN

## EINLEITUNG

1 «Putin Says World Cup Has Broken Stereotypes About Russia», Reuters, 6. Juli 2018, https://www.reuters.com/article/us-soccer-worldcup-putin-fifa/putin-says-world-cup-has-broken-stereotypes-about-russia-idUSKBN1JW1IO.
2 Gideon Rachman, «Russia ‹Mood Swing› Points to Trouble for Putin», in: *Financial Times*, 8. August 2018, https://www.ft.com/content/15f4d8f2-9a32-11e8-9702-5946bae86e6d.
3 Julian Borger, «Barack Obama: Russia is a regional power showing weakness over Ukraine», in: *The Guardian*, 24. März 2015, https://www.theguardian.com/world/2014/mar/25/barack-obama-russia-regional-power-ukraine-weakness.
4 Jeffrey Taylor, «Russia Is Finished», in: *The Atlantic*, Mai 2001, https://www.theatlantic.com/magazine/archive/2001/05/russia-is-finished/302220.
5 Steven Lee Myers, *The New Tsar*, New York, 2015, S. 16 [deutsche Ausgabe: Putin – der neue Zar: seine Politik – sein Russland, Zürich, 2016]; in: *Wetscherni Leningrad*, 4. Mai 1976.
6 George F. Kennan, *Russia and the West under Lenin and Stalin*, New York, 1961, S. 367–368 [hier zitierte deutsche Ausgabe: *Sowjetische Außenpolitik unter Lenin und Stalin*, Stuttgart, 1961, S. 524].

## KAPITEL 1 DAS GEWICHT DER VERGANGENHEIT

1 «Full Text of Putin's Speech on Crimea», in: *Prague Post*, 19. März 2014, http://praguepost.com/eu-news/37854-full-text-of-putin-s-speech-on-crimea.
2 «Foreign Minister Sergey Lavrov's Remarks and Replies to Questions at the Russian Terra Scientia Educational Youth Forum on Klyazma Rover, Dvoriki, Vladimir Region, August 24, 2015», Ministry of Foreign Affairs of the Russian Federation, MID speech no. 1595-24-08-2015, http://www.mid.ru/en/foreign_policy/news/-/asset_publisher/cKNonkJE02Bw/content/id/1680936.
3 «Meeting of the Valdai International Discussion Club», Website des russischen Präsidenten, 24. Oktober 2014, http://en.kremlin.ru/events/president/news/46860.
4 Vielen auf der Krim lebenden Nichtrussen – hauptsächlich Ukrainern und Krimtataren – wurde im Endeffekt ihr Stimmrecht verweigert, sodass sie nicht an der Volksbefragung teilnehmen konnten.
5 Adam B. Ulam, *Expansion and Coexistence: Soviet Policy 1917–'73*, 2. Aufl., New York, 1974.
6 «Es ist extrem gefährlich, Menschen zu ermutigen, sich selbst als exzeptionell zu sehen, aus welchen Motiven auch immer», lautete Putins Rat an die Vereinigten Staaten in einem in der *New York Times*

erschienenen Gastkommentar. Wladimir Putin, «A Plea for Caution», Gastkommentar in: *New York Times*, 11. September 2013, http://www.nytimes.com/2013/09/12/opinion/putin-plea-for-caution-from-russia-on-syria.html?_r=0.

7 Für die ursprüngliche Ankündigung des Nichtangriffspakts und seine spätere Rechtfertigung, siehe «Sovetsko-Germanskii Dogovor o Nenapadenie», in: *Prawda*, 24. August 1939, sowie «Sowetskaja Politika Mira I Druschby Narodow», in: *Prawda*, 30. September 1939.

8 «Putin Polozhitel'no Otsenil Pakt Molotova-Ribbentropa», in: *Politika*, 10. Mai 2015.

9 Es besteht keine Einigkeit unter Historikern, wie viele Sowjetbürger in den Pogromen starben, aber zwei wichtige Experten, Robert Conquest und Alexander Jakowlew, sind sich über diese Zahl einig.

10 Bill Keller, «Major Soviet Paper Says 20 Million Died as Victims of Stalin», in: *New York Times*, 4. Februar 1989, https://www.nytimes.com/1989/02/04/world/major-soviet-paper-says-20-million-died-as-victims-of-stalin.html.

11 «Putin Accuses Russia's Foes of ‹Excessive Demonization› of Stalin», Radio Free Europe / Radio Liberty, https://www.rferl.org/a/russia-putin-decries-excessive-demonization-stalin/28559464.html.

12 Dominic Lieven, Einführung zu Ian Barnes, *Restless Empire: A Historical Atlas of Russia*, Cambridge, MA, 2015, S. 1–5.

13 Fiona Hill und Clifford G. Gaddy, *The Siberian Curse: How Communist Planners Left Russia Out in the Cold*, Washington, D.C., 2003.

14 Marshall Poe, *The Russian Moment in World History*, Princeton, NJ, 2003, S. xii.

15 «SSHA Postavili Zadachu Unichtozhit' Rossiiu», Putin News, https://putin-news.ru/3348-ssha-postavili-zadachu-unichtozhit-rossiyu.html.

## KAPITEL 2
## DIE RUSSISCHE IDEE

1 Kirk Bennett, «The Myth of Russia's Containment», in: *American Interest*, 21. Dezember 2015, https://www.the-american-interest.com/2015/12/21/the-myth-of-russias-containment.

2 «Interview, Mikhail Gorbachev: The Impetus for Change in the Soviet Union», Transkript, *Commanding Heights*, PBS, 23. April 2001, http://www.pbs.org/wgbh/commanding-heights/shared/minitext/int_mikhailgorbachev.html.

3 Neil Hauer, «Putin's Plan to Russify the Caucasus», in: *Foreign Affairs*, 1. August 2018, https://www.foreignaffairs.com/articles/russia-fsu/2018-08-01/putins-plan-russify-caucasus?cid=nlc-fa_fatoday-20180801.

4 Timothy J. Colton, *Yeltsin: A Life*, New York, 2008, S. 389–390.

5 Tim McDaniel, *The Agony of the Russian Idea*, Princeton, NJ, 1996, S. 11.

6 Edward L. Keenan, «Muscovite Political Folkways», in: *Russian Review* 45, Nr. 2 (1986): S. 115–181.

7 Zitiert in Fiona Hill und Clifford G. Gaddy, *Mr. Putin: Operative in the Kremlin*, Washington, D.C., 2015, S. 17.

8 Angela E. Stent, «Reluctant Euro-

peans: Three Centuries of Russian Ambivalence Toward the West», in Robert Legvold (Hg.), *Russian Foreign Policy in the Twenty-First Century and the Shadow of the Past*, New York, 2007.

9 Astolphe de Custine, *Empire of the Czar: A Journey Through Eternal Russia*, englische Übersetzung von *La Russie en 1839*, New York, 1989, S. 619 [hier zitierte, gekürzte deutsche Ausgabe: *Russische Schatten – prophetische Briefe aus dem Jahre 1839*, Nördlingen, 1985, S. 481–482].

10 https://collections.dartmouth.edu/teitexts/arctica/diplomatic/EA15-39-diplomatic.htm.

11 Marshall Poe, *The Russian Moment in World History*, Princeton, NJ, 2003, S. 82.

12 *The Communist Manifesto*, https://www.marxists.org/archive/marx/works/1848/communist-manifesto/ch02.htm [hier zitierte deutsche Ausgabe: Karl Marx und Friedrich Engels, *Manifest der Kommunistischen Partei*, Berlin, 1945, S. 64].

13 V. Orlov, «Evraziistvo: V Chem Sut'?», in: *Obtschestwo i Ekonomika*, 1. September 2001.

14 Marlene Laruelle, *Russian Eurasianism: An Ideology of Empire*, Washington, D.C., 2008.

15 McDaniel, *The Agony of the Russian Idea*, S. 10.

16 Zitiert in Angela E. Stent, *Russia and Germany Reborn: Unification, the Soviet Collapse, and the New Europe*, Princeton, NJ, 1999, S. 188 [hier zitierte deutsche Ausgabe: *Rivalen des Jahrhunderts – Deutschland und Rußland im neuen Europa*, Berlin / München, 2000, S. 318].

17 «Interesi Rossii I Vneshnaia Politika. Andrei Kozyrev: K Slovu Patriotizm Prilagatel'nie ne Nuzhni», in: *Krasnaja Swesda*, 20. November 1992.

18 «Evgenii Primakov o Vneshnei Politike Rossii v Novom Godu», in: *Krasnaja Swesda*, 1. Oktober 1997.

19 Fiona Hill, «In Search of Great Russia: Elites, Ideas, Power, the State, and the Pre-Revolutionary Past in the New Russia, 1991–1996», unveröffentlichte Dissertation, Harvard University, 1998.

20 Mark MacKinnon, «Sergey Karaganov: The Man Behind Putin's Pugnacity», in: *Globe and Mail*, 20. März 2014, https://www.theglobeandmail.com/news/world/sergey-karaganov-the-man-behind-putins-pugnacity/article17734125.

21 Bobo Lo, *Russian Foreign Policy in the Post-Soviet Era*, London, 2002, S. 52.

22 «Meeting of the Valdai International Discussion Club», Website des russischen Präsidenten, 19. September 2013, http://en.kremlin.ru/events/president/news/19243.

23 «Vladimir Putin Prinial Uchastii v Plenarnom Zasedanii Iubilneinoi Sessii Generalnoi Assemblii OON v Niu Yorki», Website des russischen Präsidenten, 28. September 2015, http://kremlin.ru/events/president/news/50385.

24 Angela Stent, *Russia and Germany Reborn*, S. 21–26 [deutsche Ausgabe: *Rivalen des Jahrhunderts – Deutschland und Rußland im neuen Europa*, Berlin / München, 2000].

25 Mr. X [George F. Kennan], «The Sources of Soviet Conduct», in: *Foreign Affairs*, Juli 1947, https://www.foreignaffairs.com/articles/russian-federation/1947-07-01/sources-soviet-conduct.

26 Jonathan Steele, «Putin Warns of Security Backlash», in: *The Guardian*, 5. September 2004, https://www.theguardian.com/world/2004/sep/06/chechnya.russia2.

27 Peter Pomerantsev, «The Hidden Author of Putism», in: *The Atlantic*, 7. November 2014, https://www.theatlantic.com/international/archive/2014/11/hidden-author-putinism-russia-vladislav-surkov/382489.

28 Michael McFaul, *From Cold War to Hot Peace: An American Ambassador in Putin's Russia*, Boston, 2018.

29 «Transcript of the Inauguration of Vladimir Putin as President of Russia», Website des russischen Präsidenten, 7. Mai 2004, http://en.kremlin.ru/events/president/news/57416

## KAPITEL 3 AMBIVALENTE EUROPÄER

1 *Prawda*, 19. Dezember 1984.

2 «Wladimir Putin, Interview mit der italienischen Zeitung *Il Corriere della Sera*», in: *Corriere della Sera*, 7. Juni 2015, https://www.corriere.it/english/15_giugno_07/vladimir-putin-interview-to-the-italian-newspaper-corriere-sera-44c5a66c-0d12-11e5-8612-1eda5b996824.shtml?refresh_ce-cp.

3 Edward H. Carr, «Russia and Europe as a Theme of Russian History», in: *Essays Presented to Sir Lewis Namier*, hrsg. von Richard Pares und Alan John Percivale Taylor, London 1956, S. 385.

4 Angela E. Stent, «Reluctant Europeans: Three Centuries of Russian Ambivalence Toward the West», in: *Russian Foreign Policy in the Twenty-First Century and the Shadow of the Past*, hrsg. von Robert Legvold, New York 2007, Kapitel 7.

5 Simon Sebag Montefiore, *Die Romanows. Glanz und Untergang der Zarendynastie 1613–1918*, Frankfurt am Main 2016, S. 137.

6 «Wystuplenije M. S. Gorbatschowa w britanskom parlamente» [Rede Gorbatschows im britischen Parlament], in: *Iswestija*, 18. Dezember 1984.

7 Rede Michail Gorbatschows vor dem Europarat, 6. Juli 1989, https://www.cvce.eu/content/publication/2002/9/20/4c021687-98f9-4727-9e8b-836e0bc1f6fb/publishable_en.pdf.

8 «U. S.: Rumsfeld's ‹Old› And ‹New› Europe Touches On Uneasy Divide», Radio Free Europe / Radio Liberty, 24. Januar 2003, https://www.rferl.org/a/1102012.html.

9 Susan Stewart, *Russland und der Europarat*, Berlin 2013, S. 7.

10 Website des Europarates, «Who We Are», https://www.coe.int/en/web/about-us/who-we-are.

11 William E. Pomeranz, «Uneasy Partners: Russia and the European Court of Human Rights», in: *Human Rights Brief* 19, Nr. 3 (2012), S. 17–21, http://digitalcommons.wcl.american.edu/hrbrief/vol19/iss3/3/.

12 «Russia Tests Council of Europe in Push to Regain Vote», in: *Financial Times*, 26. November 2017, https://www.ft.com/content/3cccaf92-d12c-11e7-b781-794ce08b24dc.

13 Adam Davy, «Pussy Riot Protestors Jailed for Word Cup Final Pitch Invasion», in: *Moscow Times*, 17. Juli 2018, https://themoscowtimes.com/news/pussy-riot-protesters-jailed-world-cup-final-pitch-invasion-62267.

14 Michael Emerson, «EU-Russia: Four Common Spaces and the Proliferation of the Fuzzy», Opinions, EurActiv, 24. Mai 2005, https://www.euractiv.com/section/global-europe/opinion/eu-russia-four-common-spaces-and-the-proliferation-of-the-fuzzy.

15 «Soglaschenije ob assoziazii meschdu Ukrainoi i ES» [Assoziierungsabkommen zwischen der Ukraine und der EU], 27. Juni 2014, https://ria.ru/spravka/20140627/1013902739.html.

16 Presse- und Informationsteam der Russlanddelegation, «The European Union and the Russian Federation», European External Action Service, 21. November 2017, https://eeas.europa.eu/headquarters/headquarters-homepage/35939/european-union-and-russian-federation_en.

17 European Parliamentary Research Service (EPRS), *EU-Russia Trade*, PE 557 023 (Brüssel: Mai 2015); und EPRS, *Economic Impact on the EU of Sanctions over Ukraine Conflict*, PE 569 020 (Brüssel: Oktober 2015).

18 Péter Krekó, Marie Macaulay, Csaba Molnár und Lóránt Győri, «Europe's New Pro-Putin Coalition: The Parties of ‹No›», Institute of Modern Russia, 3. August 2105, https://imrussia.org/en/analysis/world/2368-europes-new-pro-putin-coalition-the-parties-of-no.

19 Luke Harding, «We Should Beware Russia's Links with Europe's Right», in: *The Guardian*, 8. Dezember 2014, https://www.theguardian.com/commentisfree/2014/dec/08/russia-europe-right-putin-front-national-eu.

20 «Marine Le Pen's Party Asks Russia for € 27 Million Loan», in: *Moscow Times*, 19. Februar 2016, https://themoscowtimes.com/news/marine-le-pens-party-asks-russia-for-27-million-loan-51896.

21 David D. Kirkpatrick und Matthew Rosenberg, «Russians Offered Business Deals to Brexit's Biggest Backer», in: *New York Times*, 29. Juni 2018, https://www.nytimes.com/2018/06/29/world/europe/russia-britain-brexit-arron-banks.html.

22 Nico Hines und Pierre Vaux, «Why Putin Is Meddling in Britain's Brexit Vote», The Daily Beast, 8. Juni 2016, http://www.thedailybeast.com/articles/2016/06/08/why-putin-is-meddling-in-britain-s-brexit-vote.html; und T. Bordachev, J. A. Goldstone, A. Braun und D. Elkin, «Russia and the Europe of the Future», in: *Is Europe Unraveling?*, Bericht Nr. 29 (Juli 2016) von Russia Direct, http://www.russia-direct.org/catalog/product/russia-direct-report-europe-unraveling.

23 Harriet Agerholm, «New UKIP Leader Diane James Names Thatcher, Churchill, and Putin as Her Political Heroes», in: *The Independent*, 18. September 2016, http://www.independent.co.uk/news/uk/politics/ukip-leader-diane-james-names-thatcher-churchill-and-putin-political-heroes-a7314946.html.

24 «Russian, European Far-Right Parties Converge in St. Petersburg», in: *Moscow Times*, 22. März 2015, https://themoscowtimes.com/articles/russian-european-far-right-parties-converge-in-st-petersburg-45010.

25 «Front soprotiwlenija Waschingtonskim upyrijam» [Front des Widerstands gegen die Washingtoner Vampire], in: *Gaseta*, 20. September 2015, https://www.gazeta.ru/politics/2015/09/20_a_7767635.shtml.

26 Alec Luhn, «Russia Funds Moscow Conference for US, EU, Ukraine Separatists», in: *The Guardian*, 20. September 2015, https://www.theguardian.com/world/2015/sep/20/russia-funds-moscow-conference-us-eu-ukraine-separatists.

27 Lukasz Adamski und Reinhard Krumm, *Russia and East Central Europe: A Fresh Start*, Berlin 2013.

28 Slawomir Budziak, «Czech Echoes of the Kremlin's Information War», in: *New Eastern Europe*, 30. März 2015, http://neweasterneurope.eu/2015/03/30/czech-echoes-kremlins-information-war.

29 Václav Klaus, «Valdai's Debate About Threats: The Threat Is Us», Diskussionsklub Waldai, 27. Oktober 2015, http://valdaiclub.com/a/highlights/v-clav-klaus-valdai-s-debate-about-threats-the-threat-is-us.

30 Ivan Krastev, «What Central Europe Really Thinks About Russia», Meinungskommentar, in: *New York Times*, 27. April 2015, http://www.nytimes.com/2015/04/28/opinion/what-central-europe-really-thinks-about-russia.html.

31 Dimitar Bechev, *Rival Power: Russia's Influence in Southeast Europe*, New Haven 2017.

32 Ben Farmer, «Surveillance Photos ‹Show Russian Intelligence Officers Plotting Montenegro Coup›», in: *The Telegraph*, 29. August 2017, https://www.telegraph.co.uk/news/2017/08/28/surveillance-photos-show-russian-intelligence-officers-plotting.

33 Jasmin Mujanovic, «Russia's Bosnia Gambit», in: *Foreign Affairs*, 6. September 2017, https://www.foreignaffairs.com/articles/bosnia-herzegovina/2017-09-06/russias-bosnia-gambit.

34 Angela Stent, «Franco-Soviet Relations from de Gaulle to Mitterrand», in: *French Politics and Society*, Winter 1989.

35 Tita Aver, «Russia-France Relations: The Fools of the Georgia War», in: *Nouvelle Europe*, 18. Januar 2011, http://www.nouvelle-europe.eu/en/russia-france-relations-fools-georgia-war.

36 Celestine Bohlen, «What Lies Behind French Conservatives' Love of Putin?», in: *New York Times*, 4. Oktober 2016, https://www.nytimes.com/2016/10/04/world/europe/french-conservatives-sarkozy-putin-russia.html.

37 Marie Mendras, «Russia–France: A Strained Political Relationship», in: *Russian Analytical Digest* 130 (1. Juli 2013), http://www.css.ethz.ch/content/dam/ethz/special-interest/gess/cis/center-for-securities-studies/pdfs/RAD-130.pdf.

38 Begum Tunakan, «France to Make a Choice Between NATO and Russia», in: *Daily Sabah*, 7. Januar 2015, http://www.dailysabah.com/europe/2015/01/07/france-to-make-a-choice-between-nato-and-russia.

39 «Meeting with Marine Le Pen», Website des russischen Präsidenten, 24. März 2017, http://en.kremlin.ru/events/president/news/54102.

40 «Prawoslawny zentr w Parische: Simwol wery i pamjatnik swjasiwa-

juschtschii Rossiju i Franziju» [Das orthodoxe Zentrum in Paris: Ein Symbol des Glaubens und Denkmal, das Russland und Frankreich verbindet], TASS, 14. März 2016, http://tass.ru/obschestvo/2736582.

41 Patrick Reevell, «Macron Tries to Woo Putin During State Visit», ABC News, 25. Mai 2018, https://abcnews.go.com/International/macron-woo-putin-state-visit/story?id=55433452.

42 «French Businessmen to Sign Around 20 Deals at SPIEF-2018 – Embassy», TASS, 24. Mai 2018, http://tass.com/economy/1006144.

43 Mark Hollingsworth und Stewart Lansley, *Londongrad: From Russia with Cash: The Inside Story of the Oligarch*, London 2009.

44 «Eton Boys Given Private Audience with Vladimir Putin», BBC News, 1. September 2016, http://www.bbc.com/news/world-europe-37242146.

45 Owen Matthews, «Should Britain's Crackdown on Dirty Money Worry Russian Oligarchy?», in: *Newsweek*, 27. Februar 2018, http://www.newsweek.com/2018/03/09/britain-unexplained-wealth-orders-russian-oligarchs-821009.html.

46 Alan Cowell, «Putin ‹Probably Approved› Litvinenko Poisoning, British Inquiry Says», in: *New York Times*, 21. Januar 2016, http://www.nytimes.com/2016/01/22/world/europe/alexander-litvinenko-poisoning-inquiry-britain.html?_r=0.

47 House of Lords, European Union Committee, *The EU and Russia: Before and Beyond the Crisis in Ukraine, 6th Report of Session 2014–15*, London 2015, https://www.publications.parliament.uk/pa/ld201415/ldselect/ldeucom/115/115.pdf.

48 Daniel Yergin, *The Quest: Energy, Security, and the Remaking of the Modern World*, New York 2012, S. 38.

49 BP, «Rosneft and BP Complete TNK-BP Sale and Purchase Transaction», Pressemitteilung, 20. März 2013, https://www.bp.com/en/global/corporate/media/press-releases/rosneft-and-bp-complete-tnk-bp-sale-and-purchase-transaction.html.

50 Elsa Vulliamy, «Vladimir Putin Says David Cameron's Claims About Russia's Pro- Brexit Stance ‹Have No Basis and Never Did›», in: *The Independent*, 26. Juni 2016, http://www.independent.co.uk/news/world/europe/brexit-vladimir-putin-david-cameron-resigns-eu-referendum-russia-uk-a7104086.html.

51 James Landale, «Russian Spy: What Now for the UK / Russia Relationship?», BBC News, 7. März 2018, http://www.bbc.com/news/uk-43318103.

52 «Skripal? Pora bainki, deti, a sawtra my rasskaschem wam drugije skaski» [Skripal? Zeit für den Sandmann, Kinder, und morgen erzählen wir euch neue Märchen], 6. April 2018, https://inosmi.ru/politic/20180406/241923955.html.

53 «Novichok: Amesbury Poisoning Couple ‹Had High Dose›», BBC News, 9. Juli 2018, https://www.bbc.com/news/uk-44768229.

54 Michael Schwirtz und Eric Schmitt, «Novichok Was in a Perfume Bottle, UK Victim Says», in: *New York Times*, 24. Juli 2018, https://www.nytimes.com/2018/07/24/world/

europe/russia-uk-poison-charlie-rowley.html.

55 Richard Pérez-Peña und Ellen Barry, «U. K. Charges 2 Men in Novichok Poisoning, Saying They're Russian Agents», in: *New York Times*, 5. September 2018, https://www.nytimes.com/2018/09/05/world/europe/russia-uk-novichok-skripal.html.

56 «Skripal poisoning: suspects are civilians, not criminals, says Putin», in: *The Guardian*, https://www.theguardian.com/uk-news/2018/sep/12/skripal-poisoning-suspects-are-civilians-not-criminals-says-putin-novichok.

57 Heather Murphy, «Cheer Up, Berlusconi», in: *Slate*, 9. November 2011, http://www.slate.com/articles/news_and_politics/low_concept/2011/11/vladimir_putin_and_silvio_berlusconi_putin_s_sweet_attempt_to_cheer_up_his_italian_friend_html.

58 *Financial Times*, https://www.ft.com/content/7bb8d0fa-34a7-11e6-ad39-3fee5ffe5b5b.

59 «Transcript of Meeting with Participants in the Third Meeting of the Valdai Discussion Club», Website des russischen Präsidenten, 9. September 2006, http://en.kremlin.ru/events/president/transcripts/23789.

60 Siehe Angela E. Stent, *From Embargo to Ostpolitik: The Political Economy of West German–Soviet Relations, 1955–1980*, New York und Cambridge, GB, 1981.

61 Jon Nordheimer, «Britain, Angry at US, Again Defies Sanctions», in: *New York Times*, 11. September 1982, http://www.nytimes.com/1982/09/11/business/britain-angry-at-us-again-defies-sanctions.html.

62 Yergin, *The Quest*, S. 341.

63 Jakub Godzimirski, PISM Strategic File no. 27, http://www.pism.pl/Publications/PISM-Strategic-Files/PISM-Strategic-File-no-27-63.

64 «Lawrow napomnil ob ekonomitscheskoi wygode ‹Sewerno Potoki 2›» [Lawrow erinnerte an den ökonomischen Nutzen von ‹Nord Stream 2›], 17. Februar 2018, https://ria.ru/economy/20180217/1514835334.html.

65 «Vladimir Putin Arrived in Austria», Website des russischen Präsidenten, 5. Juni 2018, http://en.kremlin.ru/events/president/news/57677.

66 Justin Huggler, «Austria Rolls Out Red Carpet for Putin Despite Skripal Controversy», in: *The Telegraph*, 5. Juni 2018, https://www.telegraph.co.uk/news/2018/06/05/putin-denies-trying-divide-europe-ahead-visit-austria-accused/.

## KAPITEL 4 RUSSLAND UND DEUTSCHLAND

1 Putin, Wladimir, «Rede im Deutschen Bundestag, Wortprotokoll vom 25 September 2001», online verfügbar unter: www.bundestag.de/parlament/geschichte/gastredner/putin/putin/_wor.html.

2 Regierungserklärung von Angela Merkel, 13. März 2014.

3 www.aparchive.com/ ... /RUSSIA ... SCHROEDER ... VLADIMIR-PUTIN.

4 «Schreder-perwy, Alexej-wtoroi» [Schröder an erster Stelle, Alexej an zweiter], in: *Komsomolskaja Prawda*, 6. Januar 2001.

5 «Leaders shun cosy diplomacy», in: *The Guardian*, https://www.theguardian.com/world/2000/jun/17/russia.johnhooper.

6 Stephen F. Szabo, *Germany, Russia, and the Rise of Geo-Economics*, London 2015, S. 76.

7 Guy Chazan und David Crawford, «A Friendship Forged in Spying Pays Dividends in Russia Today», in: *Wall Street Journal*, 23. Februar 2005, http://www.wsj.com/articles/SB110911748114361477.

8 «‹Dekabr›: Shreder» [‹Dezember›: Schröder], in: *Profil*, 19. Dezember 2005.

9 «Schröder: ‹Putin ist lupenreiner Demokrat›», in: *Hamburger Abendblatt*, 23. November 2004, http://www.abendblatt.de/politik/deutschland/article106930893/Schroeder-Putin-ist-lupenreiner-Demokrat.html.

10 Patrick Wintour und Ben Doherty, «Vladimir Putin Leaves G20 After Leaders Line Up to Browbeat Him over Ukraine», in: *The Guardian*, 16. November 2014, https://www.theguardian.com/world/2014/nov/16/vladimir-putin-leaves-g20-after-leaders-line-up-to-browbeat-him-over-ukraine.

11 John Lough, *Germany's Russia Challenge*, Fellowship Monograph 11, Rom, Februar 2018, S. 34, http://www.ndc.nato.int/news/news.php?icode=1139.

12 «The 2014 Lowy Lecture: Dr. Angela Merkel, Chancellor of Germany», Abschrift der Rede, Lowy Institute, 21. November 2014, https://www.lowyinstitute.org/publi cations/2014-lowy-lecture-dr-angela-merkel-chancellor-germany.

13 Bertelsmann Stiftung, Institute of Public Affairs, *Frayed Partnership: German Public Opinion on Russia* (Gütersloh, Deutschland: Bertelsmann Stiftung; Warschau: Institute of Public Affairs, 2016), http://www.bertelsmann-stiftung.de/fileadmin/files/user_upload/EZ_Frayed_Partnership_2016_ENG.pdf.

14 Alexander Rahr, *Wladimir Putin: Der «Deutsche» im Kreml*, München 2000.

15 Natalija Geworkjan, Andrei Kolesnikow und Natalja Timakow, *Aus erster Hand. Gespräche mit Wladimir Putin*, München 2000, S. 26.

16 Ebenda, S. 67.

17 Ebenda, S. 89.

18 Ebenda, S. 82.

19 Fiona Hill und Clifford G. Gaddy, *Mr. Putin: Operative in the Kremlin*, Washington, D. C., 2014, S. 167.

20 Rahr, *Wladimir Putin*, S. 55.

21 Ebenda, S. 56.

22 Hill und Gaddy, *Mr. Putin*, S. 111.

23 Karen Dawisha, *Putin's Kleptocracy: Who Owns Russia?*, New York 2014, S. 46 f.

24 Steven Lee Myers, *Putin – der neue Zar: seine Politik – sein Russland*, Zürich 2016, S. 73 ff.

25 Angela E. Stent, *Rivalen des Jahrhunderts. Deutschland und Russland im neuen Europa*, München 1999, Kapitel 4.

26 Dawisha, *Putin's Kleptocracy*, S. 47.

27 Ebenda.

28 Geworkjan, *Aus erster Hand*, S. 93.

29 Ebenda, S. 95.

30 Dirk Banse, Florian Flade, Uwe Müller, Eduard Steiner und Daniel Wetzel, «Circles of Power: Putin's Secret Friendship with Ex-Stasi Officer», in: *The Guardian*, 13. August 2014, https://www.theguardian.com/

world/2014/aug/13/russia-putin-german-right-hand-man-matthias-warnig.

31 Stefan Kornelius, *Angela Merkel. Die Kanzlerin und ihre Welt*, Hamburg 2013, S. 22.

32 George Packer, «The Quiet German», in: *New Yorker*, 1. Dezember 2014, http://www.newyorker.com/maga zine/2014/12/01/quiet-german.

33 Simon Sebag Montefiore, *Die Romanows: Glanz und Untergang der Zarendynastie 1613–1918*, Frankfurt am Main 2016, S. 907 f.

34 Angela E. Stent, *From Embargo to Ostpolitik: The Political Economy of West German–Soviet Relations 1955–1980*, New York und Cambridge, GB, 1981.

35 Stent, *Rivalen des Jahrhunderts*, S. 275.

36 «Prowody proidut w Berline, a otnoschenija budut raswiwatsja» [In Berlin gibt es Abschiede, doch die Beziehungen werden sich entwickeln], in: *Krasnaja Swesda*, 31. August 1994.

37 U. Brandenburg, «The ‹Friends› Are Leaving: Soviet and Post-Soviet Troops in Germany», in: *Außenpolitik* (englische Ausgabe) 44, Nr. 1 (1993). S. 76–88.

38 Zitiert in: *Germany, Russia, and the Rise of Geo-Economics* von Stephen Szabo, S. 32.

39 Gregor Schöllgen, *Gerhard Schröder: Die Biographie*, München 2015, S. 770.

40 Wladimir Putin, «Rossija na rubesche tysjatscheletii» [Russland an der Jahrtausendwende], in: *Nesawissimaja Gaseta*, 30. Dezember 1999.

41 Schöllgen, *Gerhard Schröder*, Meinungskommentar.

42 Gerhard Schröder, *Die Zeit*, 15. Dezember 2001.

43 Angela E. Stent, *The Limits of Partnership: US-Russian Relations in the Twenty-First Century*, Princeton, NJ, 2015, S. 91.

44 Packer, «The Quiet German», http://www.newyorker.com/magazine/2014/12/01/quiet-german.

45 Stephen Szabo, *Germany, Russia, and the Rise of Geo-Economics*, S. 8.

46 «Wystuplenije na wstretsche s predstawiteljami polititscheskich, parlamentskich i obschtschestwennych krugow Germanii, Speech at Meeting with German Political Parliamentary and Civic Leaders», Website des russischen Präsidenten, 5. Juni 2008, http://en.kremlin.ru/events/president/transcripts/320.

47 eeas.europa.eu/delegations/russia/eu_russia/tech_financial_cooperation/partnership_modernisation_facility/index_en.htm.

48 «Auszüge aus der gemeinsamen Pressekonferenz mit der deutschen Bundeskanzlerin Angela Merkel nach den russisch-deutschen Gesprächen», Europäisches Parlament, 5. Juni 2010, http://www.europarl.europa.eu/meetdocs/2009_2014/documents/d-ru/dv/d_ru_20100916_23_/d_ru_20100916_23_en.pdf.

49 Kornelius, *Angela Merkel*, S. 199.

50 Packer, «The Quiet German», http://www.newyorker.com/magazine/2014/12/01/quiet-german.

51 Tuomas Forsberg, «From Ostpolitik to ‹Frostpolitik›? Merkel, Putin, and German Foreign Policy Towards Russia», in: *International Affairs* 92, Nr. 1 (2016), S. 21–42,

https://www.chathamhouse.org/sites/default/files/publications/ia/INTA92_1_02_Forsberg.pdf.

52 «German Industry Lobby Supports Tougher Sanction on Russia», Reuters, 28. Juli 2014, http://uk.reuters.com/article/uk-ukraine-crisis-sanctions-germany-idUKKBNoFXoI320140728.

53 Schöllgen, *Gerhard Schröder*, S. 772 f.

54 2016, https://ru.tsn.ua/svit/shtayn-mayer-zhestko-otvetil-lavrovu-po-iznasilovannoy-mig rantami-russkoyazychnoy-devushki-568665.html.

55 Bertelsmann Stiftung, Institute of Public Affairs, *Frayed Partnership: German Public Opinion on Russia* [Gütersloh, Deutschland: Bertelsmann Stiftung; Warschau: Institute of Public Affairs, 2016], http://www.bertelsmann-stiftung.de/fileadmin/files/user_upload/EZ_Frayed_Partnership_2016_ENG.pdf.

56 Katie Simmons, Bruce Stokes und Jacob Poushter, «2. Russian Public Opinion: Putin Praised, West Panned», Pew Research Center, 10. Juni 2015, http://www.pewglobal.org/2015/06/10/2-russian-public-opinion-putin-praised-west-panned/.

57 Szabo, *Germany, Russia, and the Rise of Geo-Economics*, S. 106.

58 «Tramp naswal stroitelstwo ‹Severnogo Potoka-2› bolschoi oschibkoi» [Trump nannte den Bau von ‹Nord Stream 2› einen schweren Fehler], https://tvzvezda.ru/news/vstrane_i_mire/content/201807131636-1m7c.htm.

59 «Germany's Heiko Maas Urges Russia to Change Its Ways», Deutsche Welle, 15. April 2018, http://www.dw.com/en/germanys-heiko-maas-urges-russia-to-change-its-ways/a-43397881.

60 «Germany's Angela Merkel Meets Russia's Vladimir Putin», Deutsche Welle, 18. Mai 2018, http://www.dw.com/en/germanys-angela-merkel-meets-russias-vladimir-putin/a-43838039.

61 «Joint News Conference with Federal Chancellor of Germany Angela Merkel». Website des russischen Präsidenten, 18. Mai 2018, http://en.kremlin.ru/events/president/transcripts/57497.

62 Alex Lockie, «Trump Slams a Weakened Germany as ‹Controlled by Russia› in Blistering Open to NATO Summit», in: *Business Insider*, 11. Juli 2018, http://www.businessinsider.com/trump-slams-germany-as-controlled-by-russia-in-open-to-nato-summit-2018-7.

63 Philip Kaleta und Emma Anderson, «Merkel Hits Back at Trump's Attack: I Remember Soviet Occupation», in: *Politico*, 11. Juli 2018, https://www.politico.eu/article/merkel-hits-back-at-trumps-attack-i-remember-soviet-occupation/.

64 Guy Chazan, «How Germany Became Trump's European Punchbag», in: *Financial Times*, 3. August 2018, https://www.ft.com/content/8f87c03c-93dc-11e8-b67b-b8205561c3fe.

## KAPITEL 5
## DER «HAUPTFEIND»

1 Wladimir Putin, *First Person: An Astonishingly Frank Self-Portrait by Russia's President*, New York 2000, S. 6.

2 Lord Hastings Ismay, NATO.org, https://www.nato.int/cps/us/natohq/declassified_137930.htm.

3 The Avalon Project, «Washington's Farewell Address 1796», Yale Law School-Website, http://avalon.law.yale.edu/18th_century/washing.asp. Deutscher Wortlaut nach: https://www.wissen.de/lexikon/washington-george.

4 Dean Acheson, *Present at the Creation*, New York 1969, S. 283.

5 Ebenda, S. 284.

6 Vojtech Mastny, *The Cold War and Soviet Insecurity: The Stalin Years*, New York 1998, S. 74 f.

7 Frederick Kempe, «Colin Powell Looks Back – And Ahead», Atlantic Council-Blog, 14. Dezember 2009, http://www.atlanticcouncil.org/blogs/new-atlanticist/colin-powell-looks-back-and-ahead.

8 Julij A. Kwizinskij, *Vor dem Sturm: Erinnerungen eines Diplomaten*, Berlin 1993, S. 34.

9 http://static.kremlin.ru/media/acts/files/0001201612010045.pdf.

10 John J. Mearsheimer, «Why the Ukraine Crisis Is the West's Fault», in: *Foreign Affairs*, September / Oktober 2014, https://www.foreignaffairs.com/articles/russia-fsu/2014-08-18/why-ukraine-crisis-west-s-fault.

11 Angela E. Stent, *Rivalen des Jahrhunderts: Deutschland und Russland im neuen Europa*, Berlin 2000, Kap. 5.

12 James Goldgeier, «Promises Made, Promises Broken? What Yeltsin Was Told About NATO in 1983 and Why It Matters», Kommentar, *War on the Rocks*, 12. Juli 2016, https://warontherocks.com/2016/07/promises-made-promises-broken-what-yeltsin-was-told-about-nato-in-1993-and-why-it-matters/.

13 Mark Kramer, «The Myth of a No-NATO-Enlargement Pledge to Russia», in: *Washington Quarterly* 32, Nr. 2 (2009): S. 39 – 61.

14 Ebenda.

15 Michail S. Gorbatschow, *Erinnerungen*, Berlin 1995, S. 716.

16 *U. S. Policy Toward NATO Enlargement: Hearing Before the Committee on International Relations*, 104. Kongress, 2. Sitzungsperiode,Washington, D. C.: US Government Printing Office, 20. Juni 1996, S. 31, https://archive.org/details/uspolicytowardna00unit.

17 Maxim Korshunov, «Mikhail Gorbachev: I Am Against All Walls», in: *Russia Beyond*, 16. Oktober 2014, https://www.rbth.com/international/2014/10/16/mikhail_gorbachev_i_am_against_all_walls_40673.html.

18 «Rasschirenije NATO: Obmanuli li sapad Gorbatschowa? [NATO-Erweiterung: Hat der Westen Gorbatschow betrogen?], Radio Free Europe / e rest.thor name and date (in russian) nozine», in: *BBC News* (russische Ausgabe), 2017, https://www.bbc.com/russian/features-42483896.

19 George F. Kennan, «A Fateful Error», Kommentar, *New York Times*, 5. Februar 1997, https://www.nytimes.com/1997/02/05/opinion/a-fateful-error.html.

20 Steven Erlanger, «Russia Warns NATO on Expanding East», in: *New York Times*, 26. November 1993, https://www.nytimes.com/1993/11/26/world/russia-warns-nato-on-expand ing-east.html.

21 James Goldgeier, «Promises Made, Promises Broken?», https://warontherocks.com/2016/07/promisesmadepromisesbroken-whatyeltsinwastoldaboutnato-in-1993-and-why-it-matters/.

22 Stent, *Rivalen des Jahrhunderts*, S. 216.

23 «Potschemu rasschirenije NATO predstawljajet ugrosu dlja Rossii: Memorandum» [Warum die NATO-Erweiterung für Russland eine Bedrohung ist. Memorandum], in: *Pravda*, 15. März 1999, https://www.pravda.ru/news/world/15-03-1999/903901-0/.

24 Boris Jelzin, *Mitternachtstagebuch: Meine Jahre im Kreml*, München 2001, S. 129.

25 Strobe Talbott, *The Russia Hand: A Memoir of Presidential Diplomacy*, New York 2000, S. 76.

26 Richard C. Holbrooke, *To End a War*, New York 1999, *Meine Mission: Vom Krieg zum Frieden in Bosnien*, München 1998, S. 188.

27 Jelzin, *Mitternachtstagebuch*, S. 248.

28 Angela E. Stent, *The Limits of Partnership: US-Russian Relations in the Twenty-First Century*, Princeton, NJ, 2015, S. 161.

29 «Putin: Crimea Similar to Kosovo, West Is Rewriting Its Own Rule Book», RT, 18. März 2014, https://www.rt.com/news/putin-address-parliament-crimea-562/.

30 «Putin rasskasal, tschto on obsuschdal s Klintonom wystuplenije Rossii w NATO» [Putin sagte, er habe mit Clinton über einen Auftritt Russlands vor der NATO gesprochen], 3. Juni 2017, https://ria.ru/politics/20170603/1495759550.html.

31 Interview mit Lord George Robertson in *Putin, Russia, and the West*, TV-Dokumentation, produziert von Norma Percy, BBC, gesendet im Januar / Februar 2012 auf BBC Two.

32 Stent, *The Limits of Partnership*, S. 75.

33 Ebenda.

34 James A. Baker III, «Russia in NATO?», in: *Washington Quarterly* 25, Nr. 1 (2010): S. 93–103.

35 «BBC Breakfast with Frost Interview: Vladimir Putin», Mitschrift, *BBC News*, 5. März 2000, http://news.bbc.co.uk/hi/english/static/audio_video/programmes/breakfast_with_frost/transcripts/putin5.mar.txt.

36 «Speech by NATO Secretary General, Lord Robertson, and the Russian President Putin», Mitschrift, NATO Online Library, zuletzt verändert am 4. Oktober 2001, http://nato.int/docu/speech/2001/s011003a.htm.

37 White House, Office of the Press Secretary, «Remarks by President Obama to the People of Estonia», Presseerklärung, 3. September 2014, https://obamawhitehouse.archives.gov/the-press-office/2014/09/03/remarks-president-obama-people-estonia.

38 David A. Shlapak und Michael Johnson, *Reinforcing Deterrence on NATO's Eastern Flank*, Forschungsbericht, RR-1253-A, Santa Monica, CA, 2016, http://www.rand.org/pubs/research_reports/RR1253.html.

39 Richard Shirreff, *War with Russia: An Urgent Warning from Senior Military Command*, London 2016.

40 Präsident der Russischen Föderation, «Berlin: Speech at Meeting with German Political,

Parliamentary, and Civic Leaders», Mitschrift, 5. Juni 2008, http://www.europarl.europa.eu/meetdocs/2004_2009/documents/dv/d_ru_20080617_04_/D_RU_20080617_04_en.pdf. Deutscher Wortlaut von Medwedews Rede nach: https://russische-botschaft.ru/de/2008/06/07/vortrag-des-russischen-prasidenten-d-a-medwedew-am-5-juni-2008-in-berlin/.

41 «The Draft of the European Security Treaty», von der Website des russischen Präsidenten, 29. November 2009, http://en.kremlin.ru/events/president/news/6152.

42 Richard Weitz, «The Rise and Fall of Medvedev's European Security Treaty», Kurzdossier, German Marshall Fund of the United States, 29. Mai 2012, http://www.gmfus.org/publications/rise-and-fall-medvedev%E2%80%99s-european-security-treaty.

43 *The Military Doctrine of the Russian Federation*, von der Website des russischen Präsidenten, 5. Februar 2010, CarnegieEndowment.org, http://carnegieendowment.org/files/2010russia_military_doctrine.pdf; NATO-Forschungsbericht, *The 2010 Strategic Concept: Active Engagement, Modern Defence*, Brüssel: NATO Publications, 2010, http://www.nato.int/cps/en/natohq/topics_82705.htm.

44 Condoleezza Rice, *No Higher Honor: A Memoir of My Years in Washington*, New York 2011, S. 672.

45 Zitiert in Stent, *The Limits of Partnership*, S. 168.

46 Kommersant, «NATO Was Sold to a Blocking State», 7. April 2008, http://www.kommersant.ru/doc/877224.

47 Stent, *The Limits of Partnership*, S. 173 f.

48 «Lavrov Nazval Rasshirenie NATO Oshibkoi, ugrozaiushchei Bezopasnosti Evropa», https://www.kp.ru/online/news/3026757/.

49 Daniel Treisman, «Why Putin Took Crimea», in: *Foreign Affairs*, Mai / Juni 2016, https://www.foreignaffairs.com/articles/ukraine/2016-04-18/why-putin-took-crimea.

50 «Address by President of the Russian Federation», Website des russischen Präsidenten, 18. März 2014, http://en.kremlin.ru/events/president/news/20603.

51 Oksana Grytsenko und Veronika Melkozerova, «Ukrainians Fight and Die Among Russian Wagner Mercenaries», in: *Kyiv Post*, 27. Februar 2018, https://www.kyivpost.com/ukraine-politics/ukrainians-fight-die-among-russian-wagner-mercenaries.html.

52 Shaun Walker, «Vladimir Putin Admits Russian Military Presence in Ukraine for First Time», in: *The Guardian*, 17. Dezember 2015, https://www.theguardian.com/world/2015/dec/17/vladimir-putin-admits-russian-military-presence-ukraine.

53 Agence-France Presse in Moscow, «Thousands of Russian Soldiers Sent to Ukraine, Say Rights Groups», in: *The Guardian*, 1. September 2014, https://www.theguardian.com/world/2014/sep/01/russian-soldiers-ukraine-rights-groups.

54 Interfax, «No Russian Troops in Ukraine – Pestov After Obama's Statement», in: *Russia Beyond*, 4. September 2014, https://rbth.com/news/2014/09/03/no_russian_

troops_in_ukraine_-_peskov_after_obamas_statement_39528.html.

55 NATO, *Wales Summit Declaration*, Brüssel: NATO e-Library, 5. September 2014, http://www.nato.int/cps/en/natohq/official_texts_112964.htm. Deutscher Wortlaut nach: https://docplayer.org/37660566-Gipfelerklaerung-von-wales.html.

56 Cheryl Pellerin, «2018 Budget Request for European Reassurance Initiative Grows to $ 4.7 Billion», US Department of Defense News, 1. Juni 2017, https://www.defense.gov/News/Article/Article/1199828/2018-budget-request-for-european-reassurance-initiative-grows-to-47-billion/.

57 «Jens Stoltenberg: NATO Responds to ‹Russia's Aggression Against Ukraine›», interview, TASS, 17. Juni 2016, http://tass.com/world/883050.

58 Ewen MacAskill, «Russia Says US Troops Arriving in Poland Pose Threat to Its Security», in: *The Guardian*, 12. Januar 2017, https://www.theguardian.com/us-news/2017/jan/12/doubts-over-biggest-us-deployment-in-europe-since-cold-war-under-trump.

59 Steven Sestanovich, «Could It Have Been Otherwise?», in: *American Interest*, Mai / Juni 2015, http://www.the-american-interest.com/2015/04/14/could-it-have-been-otherwise/.

60 Cyra Master, «Trump Tells German Paper: NATO Is ‹Obsolete›», in: *The Hill*, 15. Januar 2017, http://thehill.com/homenews/administration/314432-trump-nato-is-obsolete.

61 «Russia Welcomes Trump Calling NATO ‹Obsolete›», in: Radio Free Europe / Radio Liberty, 16. Januar 2017, http://www.rferl.org/a/russia-welcomes-trump-nato-obsolete/28236452.html.

62 Lisa Ferdinando, «Mattis Stresses NATO Importance at Munich Security Conference», US Department of Defense News, 17. Februar 2017, https://www.defense.gov/News/Article/Article/1087792/mattisstressesnatoimportance-at-munichsecurity-conference.

63 Jonathan Lemire und Jill Colvin, «Trump Claims Germany ‹Controlled› by Russia, Merkel Differs», Associated Press, 11. Juli 2018.

64 David M. Herszenhorn und Lili Bayer, «Trump's Whiplash NATO Summit», in: *Politico*, 12. Juli 2018, https://www.politico.eu/article/trump-threatens-to-pull-out-of-nato/.

65 NATO, *Gipfelerklärung von Brüssel*, https://nato.diplo.de/blob/2117930/013c5039a92ee43bd31dd9002d792b3f/erklaerung-gipfeltreffen-bruessel-data.pdf.

## KAPITEL 6
## RUSSLAND UND SEIN «NAHES AUSLAND»

1 Tom Parfitt, «Spy Who Came in from the Cold», *The Guardian*, 23. Dezember 2007, https://www.theguardian.com/world/2007/dec/23/russia.tomparfitt.

2 «Conference of Russian Ambassadors and Permanent Representatives», Website des russischen Präsidenten, 1. Juli 2014, http://en.kremlin.ru/events/president/news/46131.

3 «Moldova's President Dodon Lines Up with Putin at St. Petersburg Forum», BNE IntelliNews, 2. Juni 2017, http://www.intellinews.com/moldova-s-president-dodon-lines-up-with-putin-at-st-petersburg-forum-122814.

4 Damien Sharkov, «Moldova's Prime Minister and President at Odds After Putin Trip», in: *Newsweek*, 18. Januar 2017, http://www.newsweek.com/moldovas-pm-president-odds-after-putin-trip-544008.

5 Alexander Cooley, *Great Games, Local Rules*, New York, 2012, S. 16–18.

6 Dmitri Trenin, *Post-Imperium: A Eurasian Story*, Washington, D.C., 2011, S. 27.

7 Bobo Lo, *Russia and the New World Disorder*, Washington, D.C., 2014, S. 101.

8 Gerard Toal, *Near Abroad: Putin, the West, and the Contest over Ukraine and the Caucasus*, New York, 2016. Auf Seite 34 beschreibt Toal das als «Heimat-Nationalismus – den Nationalismus eines Nachfolgestaates, der sich über die durch die Auflösung des multinationalen Staates geerbten Grenzen hinaus erstreckt».

9 Die baltischen Staaten fallen aus Russlands Sicht in eine andere Kategorie. Obwohl Russland nicht gerade erfreut war, als sie der NATO beitraten, hat der Kreml sie anders behandelt als die anderen postsowjetischen Länder, weil sie erst 1940 zu einem Teil der UdSSR wurden.

10 Shaun Walker, «Russia's Rouble Crisis Poses Threat to Nine Countries Relying on Remittances», in: *The Guardian*, 18. Januar 2015, https://www.theguardian.com/world/2015/jan/18/russia-rouble-threat-nine-countries-remittances.

11 Sabine Fischer (Hg.), *Not Frozen!*, SWP Research Paper 2016 / RP 09, Berlin, 2016, S. 13–14, https://www.swp-berlin.org/en/publication/not-frozen-conflicts-in-the-post-soviet-area.

12 «Viacheslav Nikonov: Russkii, Rossiiskii, Russkoiazichny Mir», 28. Februar 2011, http://ruskline.ru/news_rl/2011/02/28/net_nichego_rossijskogo_chto_ne_bylo_by_russkim.

13 Michail Suslow, *«Russian World»: Russian Policies Towards Its Diaspora*, Report No. 103, Paris, 2017, https://www.ifri.org/sites/default/files/atoms/files/suslov_russian_world_2017.pdf.

14 Wjatscheslaw Nikonow, «O Sozdanii Fonda ‹Russkii Mir›», in: *Russian Language Journal* 57 (2007): S. 222–228, http://rlj.americancouncils.org/issues/57/files/Nikonov_2007.pdf.

15 «About Russky Mir Foundation», Website von Russki Mir, http://russkiymir.ru/en/fund.

16 Igor Zevelev, «The Russian World in Moscow's Strategy», Kommentar auf der Website des Center for Strategic and International Studies, 22. August 2016, https://www.csis.org/analysis/russian-world-moscows-strategy.

17 Toal, *Near Abroad*, S. 89.

18 *The Basic Provisions of the Military Doctrine of the Russian Federation*, präsentiert am 3. und 6. Oktober 1993 vor dem Sicherheitsrat der Russischen Föderation, verabschiedet am 2. November 1993, https://fas.org/nuke/guide/russia/doctrine/russia-mil-doc.html.

19 Das CSTO-Abkommen enthält eine allgemeine Klausel, die besagt, dass jeder Angriff auf eine Partei als Angriff auf alle Parteien aufgefasst wird, und spricht vom «Schutz der Unabhängigkeit auf kollektiver Basis», doch es gibt keine konkreten Durchführungsbestimmungen zu dieser Klausel.

20 Nikolai Bordjuscha, «Integratsiia: Organizatsiia dogovora o kollektivnoi bezopasnosti», in: *Meschdunarodnaja Schisn*, 28. Februar 2005.

21 Cooley, *Great Games, Local Rules*, S. 57–58.

22 Joshua Kucera, «US Blocking NATO-CSTO Cooperation», Eurasianet, 12. Februar 2011, http://www.eurasianet.org/node/62882.

23 Trenin, *Post-Imperium*, S. 120.

24 Remi Camus, «‹We'll Whack Them, Even in the Outhouse›: On a Phrase by V. V. Putin», in: *Kultura*, 10. Oktober 2006, https://www.academia.edu/489390/_We_ll_whack_them_even_in_the_outhouse_on_a_phrase_by_V. V._Putin.

25 Luke Harding, «WikiLeaks Cables: Chechnya's Ruler, a Three-Day Wedding, and a Golden Gun», in: *The Guardian*, 1. Dezember 2010, https://www.theguardian.com/world/2010/dec/01/wikileaks-cables-ramzan-kadyrov-chechnya.

26 Shaun Walker, «‹We Like Partisan Warfare.› Chechens Fighting in Ukraine – on Both Sides», in: *The Guardian*, 24. Juli 2015, https://www.theguardian.com/world/2015/jul/24/chechens-fighting-in-ukraine-on-both-sides.

27 Joshua Yaffa, «Chechnya's ISIS Problem», in: *New Yorker*, 12. Februar 2016, http://www.newyorker.com/news/news-desk/chechnyas-isis-problem.

28 Joshua Yaffa, «Putin's Dragon», in: *New Yorker*, 8. und 15. Februar 2016, http://www.newyorker.com/magazine/2016/02/08/putins-dragon.

29 Fiona Hill, Kemal Kirisci und Andrew Moffatt, «Armenia and Turkey: From Normalization to Reconciliation», Brookings Institution, 24. Februar 2015, https://www.brookings.edu/articles/armenia-and-turkey-from-normalization-to-reconciliation.

30 Thomas De Waal, «Nagorno-Karabakh: Crimea's Doppelganger», Open Democracy, 13. Juni 2014, https://www.opendemocracy.net/od-russia/thomas-de-waal/nagorno-karabakh-crimea-doppelganger-azerbaijan-armenia.

31 Anna Nemtsowa, «A Bloodless Uprising in Armenia Just Forced the Leader to Resign: Will New Peaceful Revolutions Follow?», Daily Beast, 23. April 2018, https://www.thedailybeast.com/a-bloodless-uprising-in-armenia-just-forced-the-president-to-resign-will-new-peaceful-revolutions-follow.

32 Charles King, *The Moldovans: Romania, Russia, and the Politics of Culture*, Stanford, CA, 2000.

33 Charles King, «The Benefits of Ethnic War: Understanding Eurasia's Unrecognized States», in: *World Politics* 53, Nr. 4 (2001): S. 524–552.

34 Valentina Basiul, «2003: Proval ‹Plana Kozaka›», Radio Free Europe, 20. August 2016, https://www.europalibera.org/a/27935462.html.

35 William H. Hill, *Russia, the Near Abroad, and the West: Lessons from the Moldova-Transdniestria Conflict*,

Washington, D. C.; Baltimore, 2012, Kapitel 10 und 11.

36 Luke Coffey, «A Tangled Web of Corruption Is Strangling Moldova», in: *National Interest*, 29. August 2016, http://nationalinterest.org/feature/tangled-web-corruption-strangling-moldova-17518.

37 Fischer, *Not Frozen!*, S. 46.

38 Ronald D. Asmus, *A Little War That Shook the World*, New York, 2010, S. 56–57.

39 Clifford J. Levy, «The Georgian and Putin: A Hate Story», in: *New York Times*, 18. April 2009, http://www.nytimes.com/2009/04/19/weekinreview/19levy.html.

40 Independent International Fact-Finding Mission on the Conflict in Georgia, http://www.ceiig.ch/report.html.

41 «Rossiia Priznala Nezavisimost' Abkhazii I Iuzhnoi Osetii», Lenta, https://lenta.ru/news/2008/08/26/medvedev.

42 Ellen Barry, «Abkhazia Is Recognized – by Nauru», in: *New York Times*, 15. Dezember 2009, http://www.nytimes.com/2009/12/16/world/europe/16georgia.html?mcubz=1.

43 Oliver Stone, *The Putin Interviews: Oliver Stone Interviews Vladimir Putin*, New York, 2017, S. 186 [hier zitierte deutsche Ausgabe: *Die Putin-Interviews: die vollständigen Abschriften – Oliver Stone interviewt Wladimir Putin*, Rottenburg, 2018, S. 250].

44 Lucy Pasha-Robinson, «Russia Quietly Moves Border Hundreds of Yards into Occupied Georgia», in: *Independent*, 11. Juli 2017, http://www.independent.co.uk/news/world/politics/russia-georgia-border-south-ossetia-move-hundreds-yards-occupied-nato-putin-west-ukraine-a7835756.html.

45 «Putin Visits Abkhazia on Anniversary of Russia-Georgia War», Radio Free Europe / Radio Liberty, 8. August 2017, https://www.rferl.org/a/putin-georgia-abkhazia/28665867.html.

46 Ivan Nechepurenko, «Russia-West Balancing Act Grows Ever More Wobbly in Belarus», in: *New York Times*, 13. August 2017, https://www.nytimes.com/2017/08/13/world/europe/belarus-russia-aleksandr-lukashenko.html.

47 Pravda.ru, 19. Februar 2004.

48 OSW 2017-01-04, Kamil Kłysiński, https://www.osw.waw.pl/en/publikacje/analyses/2017-01-04/risk-escalating-tensions-minsk-moscow-relations.

49 Lo, *Russia and the New World Disorder*, S. 115–116.

50 «Official Opening Ceremony of AIFC», Kazakh TV, 5. Juli 2018, http://kazakh-tv.kz/en/view/politics/page_195523_official-opening-ceremony-of-aifc.

51 «UN Nuclear Watchdog Opens Uranium Bank in Kazakhstan», Reuters, 29. August 2017, https://www.reuters.com/article/us-nuclear-kazakhstan-bank/u-n-nuclear-watchdog-opens-uranium-bank-in-kazakhstan-idUSKCN1B917V?il=0.

52 OSCE / ODIHR Election Observation Mission, *Republic of Kazakhstan: Early Presidential Election, 26 April 2015*, Warschau, 29. Juli 2015, http://www.osce.org/odihr/elections/kazakhstan/174811?download=true.

53 Cooley, *Great Games, Local Rules*, S. 22.

54 Aussage eines hochrangigen kasachischen Regierungsbeamten im Gespräch mit der Autorin.

55 David Trilling, «As Kazakhstan's Leader Asserts Independence, Did Putin Just Say, ‹Not So Fast›?», Eurasianet, 30. August 2014, http://www.eurasianet.org/node/69771.

56 Casey Michel, «Take Note, Putin: Kazakhstan Celebrates 550 Years of Statehood», in: *The Diplomat*, 14. September 2015, http://thediplomat.com/2015/09/take-note-putin-kazakhstan-celebrates-550-years-of-statehood.

57 Radio Free Europe / Radio Liberty, «Kazakhs Celebrate 550 Years of Statehood», veröffentlicht am 11. September 2015, YouTube-Video, 0:53, https://www.youtube.com/watch?v=j8eA7tX6BMU.

58 «Nazarbaev: Moe Mnogoletnee Sotrucnichestvo s Putinym: eto Fenomen», https://mir24.tv/news/16285556/nazarbaev-moe-mnogoletnee-sotrudnichestvo-s-putinym-eto-fenomen.

59 Gleb Bryanski, «Russia's Putin Says Wants to Build ‹Eurasian Union›», Reuters, 3. Oktober 2011, http://www.reuters.com/article/us-russia-putin-eurasian-idUSTRE7926ZD20111003.

60 «Meeting of the Valdai International Discussion Club», Website des russischen Präsidenten, 19. September 2013, http://en.kremlin.ru/events/president/news/19243.

61 Jan Strzelecki, «The Eurasian Economic Union: A Time of Crisis», Kommentar, Osrodek Studiow Wschodnich, 1. Februar 2016, https://www.osw.waw.pl/en/publikacje/osw-commentary/2016-02-01/eurasian-economic-union-a-time-crisis.

62 «Suverenitet ne Ikona», Gazeta, 24. Oktober 2016, http://gazta.ru/business/2013/10/24/5722545.shtml.

63 Rilka Dragneva und Kataryna Wolczuk, Russia and Eurasia Programme, *The Eurasian Economic Union: Deals, Rules, and the Exercise of Power*, London, Mai 2017, https://www.chathamhouse.org/sites/default/files/publications/research/2017-05-02-eurasian-economic-union-dragneva-wolczuk.pdf.

64 «‹Nobody in Uzbekistan Knows Who Pushkin Is›?», Meduza, 15. Juni 2017, https://meduza.io/en/shapito/2017/06/15/nobody-in-uzbekistan-knows-who-pushkin-is.

65 Armenischer Funktionär in einem Gespräch mit der Autorin, Moskau, im Mai 2017.

## KAPITEL 7 «DIE VERGANGENHEIT ÄNDERT SICH STÄNDIG»

1 Simon Sebag Montefiore, *Die Romanows: Glanz und Untergang der Zarendynastie 1613–1918*, Frankfurt 2018, S. 337.

2 Das bezieht sich auf den alten Schein. Auf dem neuen (ab 2004) trägt er Vollbart und Krone.

3 Serhii Plokhy, *The Gates of Europe: A History of Ukraine*, New York 2015, S. 41–42.

4 Oliver Stone, *Die Putin-Interviews. Die vollständigen Abschriften*, Rottenburg 2018, S. 260.

5 Anatol Lieven, *Ukraine and Russia: A Fraternal Rivalry*, Washington, D. C., 1999, S. 13.

6 Orest Subtelny, *Ukraine: A History*, Toronto 2009, S. 42.
7 Plokhy, *The Gates of Europe*, S. 50.
8 Paul Robert Magocsi, *A History of Ukraine: The Land and Its Peoples*, Toronto 2010, S. 194.
9 Plokhy, *The Gates of Europe*, S. 98–100.
10 «From ‹Malorossiya› with Love?» («Herzliche Grüße aus ‹Kleinrussland›?») Digital Forensic Research Lab, 18. Juli 2017, https://medium.com/dfrlab/from-malorossiya-with-love-8765ed30242d.
11 Marvin L. Kalb, *Imperial Gamble: Putin, Ukraine, and the New Cold War*, Washington, D. C., 2015, S. 55.
12 Plokhy, *The Gates of Europe*, S. 226–227.
13 Ebenda, S. 253.
14 Magocsi, *A History of Ukraine*, S. 574.
15 Mark Kramer, «Why Did Russia Give Away Crimea Sixty Years Ago?», in: *Cold War International History Project*, Wilson Center, 19. März 19, 2014, https://www.wilsoncenter.org/publication/why-did-russia-give-away-crimea-sixty-years-ago.
16 Plokhy, *The Gates of Europe*, S. 298–299.
17 Roger Highfield, «25 Years After Chernobyl, We Don't Know How Many Died», in: *New Scientist*, 21. April 2011, https://www.newscientist.com/article/dn20403-25-years-after?-chernobyl-we-dont-know-how-many-died.
18 Reuters, «After the Summit; Excerpts from Bush's Ukraine Speech: Working ‹for the Good of Both of Us›», in: *New York Times*, 2. August 1991, http://www.nytimes.com/1991/08/02/world/after-summit-excerpts-bush-s-ukraine-speech-working-for-good-both-us.html?pagewanted=all.
19 Serhii Plokhy, *The Last Empire: The Final Days of the Soviet Union*, New York 2014, S. 306–315.
20 «Annual Address to the Federal Assembly of the Russian Federation», Website des russischen Präsidenten, 25. April 2005, http://en.kremlin.ru/events/president/transcripts/22931.
21 Samuel Charap und Timothy Colton, *Everyone Loses: The Ukraine Crisis and the Ruinous Contest for Post-Soviet Eurasia*, in: London: International Institute for Strategic Studies, 2016, S. 56.
22 Global Witness, It's a Gas: Funny Business in the Turkmen-Ukraine Gas Trade, https://www.globalwitness.org/en/reports/its-gas.
23 Steven Pifer, *The Eagle and the Trident: US-Ukraine Relations in Turbulent Times*, Washington, D. C., 2017.
24 «Rossisko-amerikanski dialog w Kremlje» [Russisch-amerikanischer Dialog im Kreml], in: *Krasnaja Swesda*, 14. Januar 1994.
25 Strobe Talbott, *The Russia Hand: A Memoir of Presidential Diplomacy*, New York 2002, S. 114. Siehe «Tri presidenta stawit w Kremlje poslednjuju totschku w Cholodnoi Woine» [Drei Präsidenten setzen im Kreml einen Schlusspunkt im Kalten Krieg], in: *Iswestija*, 15. Januar 1994.
26 Pifer, *The Eagle and the Trident*, S. 70.
27 Celestine Bohlen, «Ukraine Agrees to Allow Russians to Buy Fleet and Destroy Arsenal», in: *New York Times*, 4. September 1993,

http://www.nytimes.com/1993/09/04/world ?/ukraine-agrees-to-allow-russians-to-buy-fleet-and-destroy-arsenal.html.

28 Pifer, *The Eagle and the Trident*, S. 31.

29 Angela E. Stent, «Ukraine's Fate», in: *World Policy Journal* 11, Nr. 3, 1994, S. 83–87.

30 Michael Specter, «Setting Past Aside, Russia and Ukraine Sign Friendship Treaty», in: *New York Times*, 1. Juni 1997, http://www.nytimes.com/1997/06/01/world/setting-past-aside-russia-and-ukraine-sign-friendship-treaty.html.

31 Pifer, *The Eagle and the Trident*, S. 197–198.

32 Margareta M. Balmaceda, *Energy Dependency, Politics, and Corruption in the Former Soviet Union*, New York 2008.

33 Andrew Fedynsky, «Perspectives», in: *Ukraine Weekly*, 21. September 2003, http://www.ukrweekly.com/old/archive/2003/380316.shtml.

34 Condoleezza Rice, *No Higher Honor: A Memoir of My Years in Washington*, New York 2011, S. 358.

35 Andrej Litwinow, «Wybory. Wladimir Putin ukasal Viktoru Janukowytschu na mesto» [Wahlen. Wladimir Putin verwies Wiktor Janukowitsch auf seinen Platz], in: *Gaseta 188*, 11. Oktober 2004.

36 Oleksandr Sushko und Olena Prystayko, «Western Influence» in: Anders Aslund und Michael McFaul (Hg.), *Revolution in Orange: The Origins of Ukraine's Democratic Breakthrough*, Washington, D.C., 2006.

37 Kenzi Abou-Sabe, Tom Winter und Max Tucker, «What Did Ex-Trump Aide Paul Manafort Really Do in Ukraine?», in: NBC News, 27. Juni 2017, http://www.nbc news.com/news/us-news/what-did-ex-trump-aide-paul-manafort-really-do-ukraine-n775431.

38 Steven R. Weisman, «Powell Says Ukraine Vote Was Full of Fraud», in: *New York Times*, 25. November 2004, http://www.nytimes.com/2004/11/25/politics/powell-says-ukraine-vote-was-full-of-fraud.html.

39 Angela E. Stent, *The Limits of Partnership: US-Russian Relations in the Twenty-First Century*, Princeton 2015, S. 115.

40 Stone, *Die Putin-Interviews*, S. 236.

41 Rajan Menon und Eugene Rumer, *Conflict in Ukraine: The Unwinding of the Post-Cold War Order*, Cambridge, MA, und London 2016, S. 38.

42 «Ukraine Ditches Plans for EU Deal, Turns to Russia», Sputnik, 21. November 2013, http://en.ria.ru/russia/20131121/184845623/Ukraine-Rejects-Laws-to-Free-Tymoshenko-Jeopardises-EU-Deal.html.

43 «Joint Declaration of the Eastern Partnership Summit, Vilnius, 28.–29. November 2013», Lithuanian Presidency of the Council of the European Union, archives, 2. Dezember 2013, http://www.eu2013.lt/en/news/statements/joint-declaration-of-the-eastern-partnership-summit-vilnius-28-29-november-2013.

44 «In Pictures: Inside the Palace Yanukovych Didn't Want Ukraine to See», *The Telegraph*, 2014, http://www.telegraph.co.uk/news/worldnews/europe/ukraine/10656023 /

In-pictures-Inside-the-palace-Yanukovych-didnt-want-Ukraine-to-see.html?frame=2834873.

45 «Demokratitscheski gosperevorot w Ukraine» [Demokratischer Staatsstreich in der Ukraine], http://ru-an.info/новости/государственный-переворот-в-украине-подготовлен-сионистской-мафией/. (/nowosti/gossudarstwenny-pereworot-w-ukraine-podgotowlen-sionistskoi-mafijej).

46 «Kerry's Statement on Ukraine», in: *New York Times*, 10. Dezember 2013, http://www.nytimes.com/2013/12/11/world/europe/kerrys-statement-on-ukraine.html.

47 Marci Shore, *The Ukrainian Night: An Intimate History of Revolution*, New Haven 2017, S. 69.

48 So ein hochrangiger deutscher Diplomat und Teilnehmer an den Konsultationen im Gespräch mit der Autorin. Die Europäer waren der Ansicht gewesen, Janukowitsch habe die Vereinbarung in gutem Glauben unterzeichnet.

49 Mikhail Zygar, *All the Kremlin's Men*, New York 2016, S. 275.

50 Viele Ukrainer und Krimtataren wurden allerdings an der Wahl gehindert, weshalb die offiziellen russischen Angaben mit Vorsicht zu genießen sind.

51 «Ansprache des Präsidenten der Russischen Föderation», Website des russischen Präsidenten, 18. März 2014, http://en.kremlin.ru/events/president/news/20603.

52 Sergej Lawrow in: «Rede von Sergej Lawrow bei der 51. Münchner Sicherheitskonferenz», Voltaire-Netzwerk, 7. Februar 2015, http://www.voltairenet.org/article186844.html.

53 Sabrina Tavernise und Noah Sneider, «Bodies from Malaysia Airlines Flight Are Stuck in Ukraine, Held Hostage over Distrust», in: *New York Times*, 20. Juli 2014, http://www?.nytimes.com/2014/07/21/world/europe/malaysia-airlines-jet-ukraine.html?_r=0.

54 «Intercepted Audio of Ukraine Separatists», in: *New York Times*, 17. Juli 2014, Video, 2:13, http://www.nytimes.com/video/world/europe/100000003007434/intercepted-audio-of-ukraine-separatists.html.

55 Will Stewart, Jill Reilly und Gordon Darroch, «How Do You Solve a Problem Like Maria?», in: *Daily Mail*, 25. Juli 2014, http://www.dailymail.co.uk/news/article-2705308/How-solve-problem-like-Maria-Putin-s-daughter-said-fled-Holland-boyfriend-Dutch-fury-Russia-s-response-MH17-disaster.html.

56 «Full Text of the Minsk Agreement», *Financial Times*, https://www.ft.com/content /21b8f98e-b2a5-11e4-b234-00144feab7de.

57 Natalia Zinets und Matthias Williams, «Russia to Blame for ‹Hot War› in Ukraine: US Special Envoy», in: Reuters, 23. Juli 2017, https://www.reuters.com/article/us-ukraine-crisis-volker-idUSKBN1A80M4.

58 Alexander J. Motyl, «Kiev Should Give Up on the Donbass», in: *Foreign Policy*, 2. Februar 2017, http://foreignpolicy.com/2017/02/02/ukraine-will-lose-its-war-by-winning-it.

59 Terence McCoy, «What Does Russia Tell the Mothers of Soldiers Killed in Ukraine? Not Much», in: *Washington Post*, 29. August 2014, https://

www.washingtonpost.com/news/morning-mix/wp/2014/08/29/what-does-russia-tell-the-mothers-of-soldiers-killed-in-ukraine-not-much/?utm_term=.d78235ee6a87.

60 «MH17: The Netherlands and Australia Hold Russia Responsible», Ministerium für Allgemeine Angelegenheiten, Regierung der Niederlande, 25. Mai 2018, https://www.government.nl/topics/mh17-incident/news/2018/05/25/mh17-the-netherlands-and-australia-hold-russia-responsible.

61 Michael Birnbaum, «Dutch-Led Investigators Say Russian Missile Shot Down Malaysia Airlines Flight 17 over Ukraine in 2014», in: *Washington Post*, 24. Mai 2018, https://www.washingtonpost.com/world/dutch-led-investigators-say-russian-military-missile-shot-down-ight-mh17-over-ukraine-in-2014/2018/05/24/1e2ff92e-5f3c-11e8-8c93-8cf33c21da8d_story.html?utm_term=.80db8e0fcacf.

62 Kevin G. Hall, «Russian GRU Officer Tied to 2014 Downing of Passenger Plane in Ukraine», in: McClatchy D.C. Bureau, 25. Mai 2018, http://www.mcclatchydc.com/news/nation-world/world/article211836174.html.

63 «Rossii priswali dokasat tschto obwinenija protiw Moskwy po delu MH 17 loschnyje» [Man hat Russland aufgefordert zu beweisen, dass die Anklagen gegen Moskau im Fall MH17 falsch sind], https://ria.ru/mh17/20180610/1522491823.html.

64 Joost Akkermans und Henry Meyer, «Putin Rejects Dutch, Australian Claim of Russia Role in MH17», in: Bloomberg, 25. Mai 2018, https://www.bloomberg.com/news/articles/2018-05-25/netherlands-australia-hold-russia-liable-for-its-part-in-mh17-jhlqz5ti Bloomberg news.

65 Patricia Zengerle, «U.S. doesn't want to be ‹handcuffed› to Ukraine agreement», in: Reuters, https://www.reuters.com/article/us-usa-diplomacy-tillerson-idUSKBN19528J.

66 Henry A. Kissinger, «To Settle the Ukraine Crisis, Start at the End», in: *Washington Post*, 5. März 2014, https://www.washingtonpost.com/opinions/henry-kissinger-to-settle-the-ukraine-crisis-start-at-the-end/2014/03/05/46dad868-a496-11e3-8466-d34c451760b9_story.html?utm_term=.e5f9f68a043a.

67 Victor Pinchuk, «Ukraine Must Make Painful Compromises for Peace with Russia», in: *Wall Street Journal*, 29. Dezember 2016, https://www.wsj.com/articles/ukraine-must-make-painful-compromises-for-peace-with-russia-1483053902.

## KAPITEL 8
## RUSSLAND UND CHINA

1 «Interview to TASS and Xinhua News Agencies», Website des russischen Präsidenten, 1. September 2015, http://en.kremlin.ru/events/president/news/50207.

2 Associated Press, «In Putin Meeting, China's Xi Praises Russia Ties», 7. Februar 2014, https://english.alarabiya.net/en/News/world/2014/02/07/In-Putin-meeting-China-s-Xi-praises-Russia-ties.html.

3 «Former Russian Embassy – Beiguan, Short Introduction and

Directions», in: DrBn.net, letztes Update 28. Juni 2017, http://www.drben.net/ChinaReport/Beijing/Landmarks-Hotspots/DongCheng/Frmr_Russian_Embassy/Russian_Embassy-Bei_Guan-Introduction-Directions1.html.

4 Henry Kissinger, *China. Zwischen Tradition und Herausforderung*, München 2012, S. 69.

5 Harrison E. Salisbury, *Krieg zwischen Russland und China*, Frankfurt 1970, S. 114 f.

6 Bobo Lo, Axis of Convenience: Moscow, Beijing, and the New Geopolitics, London und Washington, D. C., 2008.

7 Salisbury, *Krieg zwischen Russland und China*, S. 17.

8 Jonathan D. Spence, *Chinas Weg in die Moderne*, München 1995, S. 153.

9 Ian Barnes, *Ruheloses Russland. 3000 Jahre Geschichte in Karten*, Darmstadt 2016, S. 76.

10 Fu Ying, «How China Sees Russia», in: *Foreign Affairs*, Januar / Februar 2016, S. 99, https://www.foreignaffairs.com/articles/china/2015-12-14/how-china-sees-russia.

11 John K. Fairbank (Hg.), *The Cambridge History of China*, Bd. 12, Pkt. 1, Cambridge 1983, S. 656–657.

12 Philip Short, *Mao: A Life*, New York 1999, S. 422.

13 Adam B. Ulam, *Expansion and Coexistence: Soviet Policy 1917–73*, New York 1974 (2. Auflage), S. 492–493.

14 Kissinger, *China*, S. 131.

15 Ebenda, S. 180.

16 Daniel Wolf, Eugene B. Shirley jr. und E. G. Marshall (Produzenten), *Messengers from Moscow: The East Is Red*, Folge 2 von 4, Fernsehdokumentation ausgestrahlt 1995, 59:44 Minuten, London und New York: Barraclough Carey Productions, WNET, Pacem Productions, BBC Bristol, 1994.

17 Spence, *Chinas Weg in die Moderne*, S. 694.

18 William E. Griffith, *The Sino-Soviet Rift*, Cambridge, MA, 1964.

19 Als die Autorin 1974 an der Staatlichen Universität Moskau studierte, sah sie eines Tages in der U-Bahn eine Gruppe von Chinesen den Bahnsteig betreten. Die anwesenden Russen beschimpften sie und erklärten ihr, dass Chinesen «Fanatiker» seien.

20 Ezra Vogel, *Deng Xiaoping and the Transformation of China*, Cambridge 2011, S. 610; und «Sowetsko-kitaiskije otnoschenija normalisirowany» [Sowjetisch-chinesische Beziehungen sind normalisiert], in: *Iswestija*, 16. Mai 1989.

21 «Nowy etap w sowetsko-kitaiskich otnoschenijach» [Neue Etappe in den sowjetisch-chinesischen Beziehungen], *Prawda*, 20. Mai 1989.

22 «Interwju M. S. Gorbatschowa kitaiskomu telewidenii» [Interview Gorbatschows für das chinesische Fernsehen], *Prawda*, 18. Mai 1989.

23 So ein Diplomat, der Schewardnadse begleitete, brieflich an die Autorin.

24 Vogel, *Deng Xiaoping*, S. 626.

25 Kissinger, *China*, S. 471.

26 Treffen des Waldai-Diskussionsklubs, Oktober 2014.

27 Zitiert in: John Lewis Gaddis, *We Now Know: Rethinking Cold War History*, Oxford 1997, S. 67. Nach Lius Übersetzer waren die Chinesen wegen des Trinkspruchs so beleidigt, dass sie sich zu Stalins Verärgerung weigerten, mit ihm zu trinken.

28 «Graniza s Kitajem stanowitsja sona sotrudnitschestwo» [Die Grenze zu China wird zu einer Zone der Zusammenarbeit], *Krasnaja Swesda*, 11. November 1993.
29 *Washington Post*, 19. Dezember 1992.
30 Zum Inhalt siehe *Rossiskije Westi*, 25. April 1997.
31 Daniel Williams, «Missiles Hit Chinese Embassy», in: *The Washington Post*, 8. Mai 1999, http://www.washingtonpost.com/wp-srv/inatl/longterm/balkans/stories/belgrade?050899.htm.
32 *Kommersant*, 10. Dezember 1999.
33 «Perwy wisit – Putin w Kitaje?» [Erster Besuch – Putin in China?], *Nesawissimaja Gaseta*, 2. März 2000.
34 «Putin prowedjot w Kitaje dwa dnja» [Putin verbringt zwei Tage in China], *Ekonomitscheskije Nowosti*, 5. Juni 2012.
35 «Ich bin einfach zu beschäftigt für den Gipfel in Amerika, sagte Putin Obama», *The Times UK*, https://www.thetimes.co.uk/article/i-am-just-too-busy-for-summit-in-america-putin-tells-obama-d7ncdknhghc.
36 Joshua Kucera, «China's Russian Invasion», in: *The Diplomat*, 19. Februar 2010, https://thediplomat.com/2010/02/chinas-russian-invasion.
37 P. Uchutubuschski [ein Pseudonym für Nikolai Dmitrijewitsch Obleuchow], zitiert in: «Chinese Migrants and Anti-Chinese Sentiments in Russian Society», von Viktor Dyatlov, Kap. 5 in: Franck Billé, Gregory Delaplace und Caroline Humphrey (Hg.), *Frontier Encounters*, Cambridge 2012, S. 71–87, https://books.openedition.org/obp/1531.
38 Dragos Tirnoveanu, «Russia, China, and the Far East Question», in: *The Diplomat*, 20. Januar 2016, http://thediplomat.com/2016/01/russia-china-and-the-far-east-question.
39 Mikhail Alekseev, «‹They Take a Long View›: Russian Perceptions of Border Disputes with China», PowerPoint-Präsentation, Kennan Institute, Washington, D. C., 24. Februar 2016.
40 *Financial Times*, http://www.ft.com/intl/cms/s/0/700a9450-1b26-11e5-8201-cbdb03d71480.html#axzz473m2bPvL.
41 *Financial Times*, 6.–7. Februar 2016.
42 Tatiana Sidorenko, «The Scope of Economic Cooperation Between Russia and China and Future Prospects», in: *Problemas del Desarrollo* 45, Nr. 176, 2014, http://www.probdes.iiec.unam.mx/en/revistas/v45n176/body/v45n176a2_1.php.
43 «S-500 in 2016?» *Russian Defense Policy* (Blog), gepostet am 18. April 2016, https://russiandefpolicy.wordpress.com/2016/04/18/s-500-in-2016.
44 http://www.minergo.gov.ru/china/oil.
45 «Putin otprawil gas w Kitai» [Putin schickte Gas nach China], *Iswestija*,14. Oktober 2009.
46 Elena Mazneva und Stepan Kravchenko, «Russia, China Sign $400B Gas Deal After Decade of Talks», *Bloomberg*, 21. Mai 2014, http://www.bloomberg.com/news/articles/2014-05-21/russia-signs-china-gas-deal-after-decade-of-talks.
47 Gazprom, «Linear Part of Power of Siberia Gas Pipeline Completed by

75.5 Per Cent», Pressemitteilung vom 21. März 2018, http://www.gazprom.com/press/news/2018/march/article413496.

48 «The Evolution of the Shanghai Cooperation Organization», *IISS Strategic Comments*, Bd. 24, Juni 2018, https://mail.google.com/mail/u/0/#search/Strategic.comments%40iiss.org/164463b26184ad88.

49 Richard Weitz, «The Shanghai Cooperation Organization's Growing Pains», in: *The Diplomat*, 18. September 2015, http://thediplomat.com/2015/09/the-shanghai-cooperation-organizations-growing-pains.

50 http://www.thenewage.co.za/164578-1020-53–.

51 Lo, *Axis of Convenience*, S. 95–96.

52 Stent, *The Limits of Partnership*, Kap. 4.

53 Alexander Gabuev, «China's Silk Road Challenge», Carnegie Moscow Center, 11. Dezember 2015, https://carnegie.ru/commentary/61949.

54 Nathan Hutson, «Projekt ‹Odin pojas, odin put›: Kto w wyigrysche i naskolko?» [Projekt ‹Ein Gürtel, ein Weg›: Wer zählt zu den Verlierern und wie sehr?], in: Eurasianet, 22. Dezember 2017, https://inosmi.ru/economic/20171222/241057172.html.

55 «W Pekine sostajalsja Forum ‹Odin pojas, odin put› s utschastijem glaw 29 gossudarstw» [In Peking fand das Forum ‹Ein Gürtel, ein Weg› unter Teilnahme der Staatschefs von 29 Staaten statt], 14. März 2017, https://www.rbc.ru/newspaper/2017/05/15/59159e0d9a7947318586f81f.

56 «Belt and Road International Forum», Website des russischen Präsidenten, 14. Mai 2017, http://en.kremlin.ru/events/president/news/54491.

57 *Kommersant*, 6. März 2017, https://www.kommersant.ru/doc/3235889.

58 http://russiancouncil.ru/rucn2016; http://russiancouncil.ru/en/rucn2017.

59 Alexander Gabuev, «Belt and Road to Where?», Carnegie Moscow Center, ?8. Dezember 2017, http://carnegie.ru/2017/12/08/belt-and-road-to-where-pub-74957.

60 Alexander Gabuev, «Did Western Sanctions Affect Sino-Russian Economic Ties?», in: *Asia Dialogue*, 26. April 2016, https://blogs.nottingham.ac.uk/chinapolicyinstitute/2016/04/26?/did-western-sanctions-affect-sino-russian-economic-ties.

61 Alexander Gabuev, «A Pivot to Nowhere: The Realities of Russia's Asia Policy», Carnegie Moscow Center, 22. April 2016, http://carnegie.ru/commentary/2016/04/22/pivot-to-nowhere-realities-of-russia-s-asia-policy/ixfv.

62 Bobo Lo, *A Wary Embrace: What the Russia-China Relationship Means for the World*, Victoria 2017, S. 138.

63 Stephen Blank, «New Momentum in the Russia-China Partnership», in: *Eurasia Daily Monitor*, 30. März 2016, https://jamestown.org/program/new-momentum-in-the-russia-china-partnership/#.VwEtsBIrLdQ.

64 Lo, *A Wary Embrace*, xiv.

65 Franz-Stefan Gady, «Russian, Chinese Troops Kick off Russia's Largest Military Exercise Since 1981», 12. September 2018, in: *The*

*Diplomat*, https://thediplomat.com/2018/09 /russian-chinese-troops-kick-off-russias-largest-military-exercise-since-1981.
66 *The Economist*, 8. September 2018, S. 43.
67 *Financial Times*, 6./7. Februar 2016.
68 Anna Dolgov, «Russia and China Boost Student Exchange Programs», in: *Moscow Times*, 13. Oktober 2014, http://www.themoscowtimes.com/article.php?id=509353.
69 Fu Ying, «How China Sees Russia», S. 104–105, https://www.foreignaffairs.com/articles/china/2015-12-14/how-china-sees-russia.

## KAPITEL 9 ARGWÖHNISCHE NACHBARN

1 Daniel Sneider, «Japan», *Christian Science Monitor*, 10. April 1991, http://www.csmonitor.com/1991/0410/otrip.html.
2 «Interview by Vladimir Putin to Nippon TV and Yomiuri Newspaper», Website des russischen Präsidenten, 3. Dezember 2013, http://en.kremlin.ru/events/president/news /53455.
3 Ein hoher japanischer Regierungsbeamter 2017 im Gespräch mit der Autorin.
4 Geoffrey Jukes, *The Russo-Japanese War 1904–1905*, Oxford 2002, S. 21.
5 Joseph P. Ferguson, *Japanese-Russian Relations 1907–2007*, New York 2008, S. 1f.
6 Jukes, Russo-Japanese War 1904–1905, S. 21–23.
7 Joseph P. Ferguson, *Japanese-Russian Relations 1907–2007*, London 2008, S. 12.
8 Simon Sebag Montefiore, *Die Romanows: Glanz und Untergang der Zarendynastie 1613–1918*, Frankfurt 2018, S. 737.
9 Ian Barnes, *Ruheloses Russland. 3000 Jahre Geschichte in Karten*, Darmstadt 2016, S. 78.
10 Jukes, *Russo-Japanese War 1904–1905*, S. 86.
11 Adam B. Ulam, *Expansion and Coexistence: Soviet Policy 1917–73*, 2. Ausgabe, New York 1974, S. 308.
12 Hiroshi Kimura, *The Kurillian Knot: A History of Japanese-Russian Border Negotiations*, Palo Alto 2008, S. 41.
13 Ulam, *Expansion and Coexistence*, S. 308.
14 Kimura, *The Kurillian Knot*, S. 1.
15 John H. Miller, «Russia-Japan Relations: Prisoners of History?», in: Satu P. Limaye (Hg.), *Asia's Bilateral Relations Special Assessment Series*, Honolulu 2004, S. 6, https://apcss.org/wp-content/uploads/2010/PDFs/SAS/AsiaBilateralRelations/AsiasBilateralRelationsComplete.pdf.
16 Miller, «Russia-Japan Relations: Prisoners of History?», S. 44 und 46, https://apcss.org/wp-content/uploads/2010/PDFs/SAS/AsiaBilateralRelations/AsiasBilateralRelationsComplete.pdf.
17 Office of the Historian, «Agreement Regarding Entry of the Soviet Union into the War Against Japan», US Department of State, 11. Februar 1945, https://history.state.gov/historicaldocuments/frus1945Malta/d503.
18 «Stalin's Address to the People, September 2, 1945», Niederschrift, Marxist Internet Archive 2009, ursprünglich veröffentlicht als

*Works*, Bd. 16, London 1986, https://www.marxists.org/reference/archive/stalin/works/1945/09/02.htm.

19 A. Y. Song, «A Half-Step Forward: An Assessment of the April 1991 Soviet-Japanese Summit», in: *Asian Perspective* 16, Nr. 1, 1992, S. 103–128.

20 «Normalisazija sowetsko-japonskich otnoschenii» [Die Normalisierung der sowjetisch-japanischen Beziehungen], *Iswestija*, 4. August 1956.

21 «Sowmestnjaja deklarazija Sojusa Sowetskich Sozialistitscheskich Respublik i Japonia» [Gemeinsame Erklärung der Union der Sozialistischen Sowjetrepubliken und Japans], *Prawda*, 20. Oktober 1956.

22 Michail S. Gorbatschow, *Erinnerungen*, Berlin 1995, S. 791.

23 «Territorialny spor meschdu SSSR i Japonijej kassajetsja ostrow: Iturup, Kunaschir, Schikotan, i ostrownoi grjady. Chabomai, mirny dogowor ‹Sewernyje Territorii›» [Der Gebietsstreit zwischen der UdSSR und Japan betrifft die Inseln Iturup, Kunaschir, Schikotan und die Inselgruppe Chabomai, Friedensvertrag ‹Nördliche Territorien›], *Argumenty i Fakty*, Nr. 15, 11. April 1991.

24 «Sowmestnoje sowetsko-japonskoje sajawlenije» [Gemeinsame sowjetisch-japanische Erklärung], in: *Prawda*, 19. Mai 1991.

25 Nobuo Shimotomai, «Japan's Russia Policy and the October 1993 Summit», in: James Goodby, Vladimir Ivanov und Nobuo Shimotomai (Hg.), *Northern Territories and Beyond: Russian, Japanese, and American Perspectives*, Westport, CT, 1995, S. 121.

26 John-Thor Dahlburg und Teresa Watanabe, «Yeltsin Shocks Japanese by Calling Off Sensitive Visit [...]», in: *Los Angeles Times*, 10. September 1992, http://articles.latimes?.com/1992-09-10/news/mn-329_1_disputed-islands.

27 Peggy Falkenheim Meyer, «Moscow's Relations with Tokyo: Domestic Obstacles to a Territorial Agreement», *Asian Survey*, Bd.. 33, Nr. 10. Oktober 1993, S. 953–967.

28 Thomas Easton, «Yeltsin Visits Japan Under Heavy Guard», in: *Baltimore Sun*, 12. Oktober 1993, http://articles.baltimoresun.com/1993-10-12/news/1993285082_1_trip-to-japan?-ministry-of-foreign-yeltsin.

29 Richard Boudreaux and Teresa Watanabe, «Yeltsin Apologizes to Japan for Abuse of WWII Prisoners [...]», in: *Los Angeles Times*, 13. Oktober 1993, http://articles.latimes.com/1993-10-13/news/mn-45338_1_russian-president.

30 Hiroshi Kimura, *Japanese-Russian Relations Under Gorbachev and Yeltsin*, New York 2000, S. 211–213.

31 «Jelzin i Chaschimoto islutschajut optimism» [Jelzin und Hashimoto verbreiten Optimismus], in: *Komsomolskaja Prawda*, 4. November 1997.

32 Boris Jelzin, *Mitternachtstagebuch. Meine Jahre im Kreml*, München 2001, S. 115–117.

33 Natalja Geworkjan, Andrei Kolesnikow und Natalja Timakowa, *Aus erster Hand. Gespräche mit Wladimir Putin*, München 2000, S. 29.

34 Hisane Masaki, «Putin's Diplomatic Victory in Tokyo: Regional Perspectives on Russia-Japan Relations», in: *Asia-Pacific Journal* 3, Nr. 11, 2005, S. 8, https://apjjf.org/-Hisane-MASAKI/2081/article.html.

35 Ferguson, *Japanese-Russian Relations 1907–2007*, S. 103.
36 Kimura, *The Kurillian Knot*, S. 117 f.
37 Leszek Buszynski, «Oil and Territory in Putin's Relations with China and Japan» in: *Pacific Review* 19, Nr. 3, 2006, S. 297.
38 Kimura, *The Kurillian Knot*, S. 122.
39 Natasha Kuhrt, *Russian Policy toward China and Japan*, Abingdon 2011, S. 145.
40 Ferguson, *Japanese-Russian Relations 1907–2007*, S. 109 f.
41 «Dmitri Medwedew possetil juschnyje Kurily» [Dmitri Medwedew besuchte die Südkurilen], Website des russischen Präsidenten, http://kremlin?.ru/events/presidint/news9388.
42 «Russian PM Medvedev's Visit to Disputed Islands Irks Japan», *BBC News*, 3. Juli 2012, http://www.bbc.com/news/world-asia-18688388.
43 David Nowak, Associated Press, «Russia Flexes Muscles over Island Spat with Japan», in: *Washington Post*, 3. November 2010, http://www.washingtonpost.com/wp-dyn/content/article/2010/11/03/AR2010110304682.html.
44 Abrahm Lustgarten, «Shell Shakedown», *Fortune* (Archiv), 1. Februar 2007, http://archive.fortune.com/magazines/fortune/fortune_archive/2007/02/05/8399125/index.htm.
45 Buszynski, «Oil and Territory in Putin's Relations with China and Japan», S. 290.
46 *Financial Times*, https://www.ft.com/content/bb70550a-47c3-11e5-b3b2-1672f710807b?mhq5j=e1.
47 Ein Geschäftsmann 2017 in Tokio im Gespräch mit der Autorin.
48 Ankit Panda, «Japan Sanctions Russia over Ukraine», in: *The Diplomat*, 29. Juli 2014, http://thediplomat.com/2014/07/japan-sanctions-russia-over-ukraine.
49 Ein Vertreter des japanischen Außenministeriums ereiferte sich in einem Gespräch mit der Autorin über die für Europa und Eurasien zuständige Abteilungsleiterin des US-Außenministeriums Victoria Nuland: «Sie hielt uns Vorträge über Russland. Aber sie hat von Asien keine Ahnung und versteht nicht, warum bessere Beziehungen zu Russland für uns so wichtig sind.»
50 «Japanese PM Wants to Invite Putin to G7 Summit», Joinfo.com, 1. Januar 2016, https://joinfo.com/world/1013579_japanese-pm-wants-to-invite-putin-to-g7-summit.html.
51 Samuel Osborne, «Japanese Prime Minister Shinzo Abe Says Donald Trump Encouraged Him to Improve Relations with Vladimir Putin», in: *Independent*, 14. Februar 2017, http://www.independent.co.uk/news/world/americas/us-politics/japan-prime-minister-shinzo-abe-donald-trum-p-improve-russia-relations-valdimir-putin-us-president-a7579166.html.
52 «Ahead of His Official Trip to Japan, Putin On The Kuril Islands Dispute: ‹We Have No Territorial Problems At All; It Is Only Japan That Believes It Has Territorial Problems With Russia›», MEMRI, 15. Dezember 2016, https://www.memri.org/reports/ahead-his-official-trip-japan-putin-kuril-islands-dispute-we-have-no-territorial-problems.
53 John Micklethwait, «Putin Discusses Trump, OPEC, Rosneft, Brexit,

Japan (Transcript)», in: Bloomberg, 5. September 2016, https://www.bloomberg.com/news/articles/2016-09-05/putin-discusses-trump-opec-rosneft-brexit-japan-transcript.

54 Atsuhito Isozaki, «Time for a Japanese Rethink on North Korea?», in: *The Diplomat*, 7. Juni 2017, http://thediplomat.com/2017/06/time-for-a-japanese-rethink-on-north-korea.

55 Franz-Stefan Gady, «Putin: Russian Force Buildup in Kuril Islands a Response to US Military Actions», in: *The Diplomat*, 5. Juni 2017, http://thediplomat.com/2017/06/putin-russian-force-buildup-in-kuril-islands-a-response-to-us-military-actions.

56 «Uschakow rasskasal o prinzipach buduschtschego mirnogo dogowora s Japonijej» [Uschakow berichtete über die Grundsätze eines künftigen Friedensvertrags mit Japan], in: *RIA Nowosti, Rossija Segodnja*, 23. Mai 2018.

57 «Abe nadejetsja, tschto Kurilskije Ostrowa stanut symwolom sotrudnitschestwa» [Abe hofft, dass die Kurilen zu einem Symbol der Zusammenarbeit werden], in: *RIA Nowosti*, 25. Mai 2018.

58 National Institute for Defense Studies (Japan), *East Asian Strategic Review: 2016*, Tokio 2016, 223 f.

59 Hiroko Maeda, «Japan-China Relations at a Crossroads», in: *The Diplomat*, 22. Juli 2016, https://thediplomat.com/2016/07/japan-china-relations-at-a-crossroads.

60 Zachary Keck, «Most Chinese Expect War with Japan», in: *The Diplomat*, 11. September 2014, https://thediplomat.com/2014/09/poll-majority-of-chinese-expect-war-with-japan.

61 http://en.Kremlin.ru/events/president/transkripts/58848

## KAPITEL 10 DER NEUE DRAHTZIEHER

1 Hochrangiger israelischer Regierungsvertreter in einem Gespräch mit der Autorin im Januar 2018.

2 Owen Matthews, Jack Moore und Damien Sharkov, «How Russia Became the Middle East's New Power Broker», in: *Newsweek*, 9. Februar 2017, http://www.newsweek.com/how-russia-became-middle-easts-new-power-broker-554227.

3 Andrew Roth, «On Visit to Syria, Putin Lauds Victory over ISIS and Announces Withdrawals», in: *Washington Post*, 11. Dezember 2017, https://www.washingtonpost.com/world/putin-makes-first-visit-to-syria-lauds-victory-over-isis-and-announces-withdrawals/2017/12/11/f75389de-de61-11e7-8679-a9728984779c_story.html.

4 Yonetim, «Jerusalem, Missile Defense Dominate Putin's Quick Turkey Visit», Kafkassam, 14. Dezember 2017, https://kafkassam.com/jerusalem-missile-defense-dominate-putins-quick-turkey-visit.html.

5 Adam B. Ulam, *Expansion and Coexistence: Soviet Foreign Policy 1917–73*, 2. Aufl., New York 1974, S. 584.

6 Yevgeny Primakov, *Russia and the Arabs: Behind the Scenes in the Middle East from the Cold War to the Present*, New York 2009, S. 101.

7 Zitiert in Robert O. Freedman, *Russia, Iran, and the Nuclear Question: The Putin Record*, Carlisle, PA, 2006, S. 81.
8 «Iran Shchastlivo, Chto Eltsin I Klinton ne Dogovorilis' I Predlagaet Soiuz I Druzhby», in: *Iswestija*, 30. Mai 1995.
9 «Vladimir Putin delivered a speech at the Organization of Islamic Conference Summit», 16. Oktober 2003, The Kremlin, http://en.kremlin.ru/events/president/news/29550.
10 Zitiert in Nikolas Gvosdev und Christopher Marsh, *Russian Foreign Policy: Interests, Vectors, Sectors*, Thousand Oaks, CA, S. 297.
11 Primakov, *Russia and the Arabs*, S. 320–321.
12 Woloschin zitiert in Angela E. Stent, *The Limits of Partnership*, S. 91.
13 Alex Rodriguez, «Putin calls war on Iraq a ‹mistake›», in: *The Chicago Tribune*, 21. März 2003, http://www.chicagotribune.com/news/ct-xpm-2003-03-21-0303210260-story.html.
14 «Medvedev: RF Soznatel'no ne Nalozhil Veto na Rezolutsiu SBOON Po Livii», 21. März 2011, https://ria.ru/arab_ly/20110321/356344423.html.
15 RBC.ru, 21. März 2011, http://www.rbc.ru/fnews.open/20110321190605.shtml.
16 Clifford J. Levy und Thom Shanker, «In Rare Split, Two Leaders in Russia Differ on Libya», in: *New York Times*, 21. März 2011, https://www.nytimes.com/2011/03/22/world/europe/22russia.html.
17 «Putin: Nevozmozhno Bez Otvrashcheniia Smotret' Na Kadry Ubiistva Kadaffi», https://ria.ru/arab_ly/20111026/471693000.html.
18 Dmitri Trenin, *What Is Russia Up to in the Middle East?*, Cambridge, UK, 2017, S. 47.
19 «Za Siriu Za Asada: Kogda and Zachem Moskva Reshila Voevat», https://www.rbc.ru/politics/30/09/2015/560bffdd9a794744eb92da3b.
20 Zitiert in Peter Frankopan, *The Silk Roads: A New History of the World*, New York 2017, S. 443 [hier zitierte deutsche Ausgabe: *Licht aus dem Osten: eine neue Geschichte der Welt*, Berlin 2016, S. 651].
21 David M. Herszenhorn, «For Syria, Reliant on Russia for Weapons and Food, Old Bonds Run Deep», in: *New York Times*, 18. Februar 2012, http://www.nytimes.com/2012/02/19/world/middleeast/for-russia-and-syria-bonds-are-old-and-deep.html.
22 David M. Herszenhorn, «Russia Rejects U. S. Evidence on Syrian Chemical Attack», in: *New York Times*, 2. September 2013, https://www.nytimes.com/2013/09/03/world/middleeast/russia-syria.html.
23 Vladimir V. Putin, «A Plea for Caution from Russia», Gastkommentar, in: *New York Times*, 11. September 2013, http://www.nytimes.com/2013/09/12/opinion/putin-plea-for-caution-from-russia-on-syria.html.
24 Trenin, *What Is Russia Up to in the Middle East?*, S. 54.
25 Zitiert in Angela E. Stent, «Putin's Power Play in Syria», in: *Foreign Affairs*, Januar / Februar 2016, https://www.foreignaffairs.com/articles/united-states/2015-12-14/putins-power-play-syria.
26 Oliver Stone, *The Putin Interviews: Oliver Stone Interviews Vladimir*

*Putin*, New York, 2017, S. 132 [hier zitierte deutsche Ausgabe: *Die Putin-Interviews: Die vollständigen Abschriften – Oliver Stone interviewt Wladimir Putin*, Rottenburg 2018, S. 177].

27 Erik de Castro, Reuters, «Russia Named Top Source of Foreign Fighters in Syria and Iraq», in: *Moscow Times*, 26. Oktober 2017, https://themoscowtimes.com/news/russia-named-top-source-of-foreign-fighters-in-syria-and-iraq-59380.

28 «John Kerry Says Assad ‹Has to Go› – But Only Through Negotiation», Vice.com, 19. September 2015, https://news.vice.com/article/john-kerry-says-assad-has-to-go-but-only-through-negotiation.

29 Michael R. Gordon, Helene Cooper und Michael D. Shear, «Dozens of US Missiles Hit Air Base in Syria», in: *New York Times*, 6. April 2017, https://www.nytimes.com/2017/04/06/world/middleeast/us-said-to-weigh-military-responses-to-syrian-chemical-attack.html.

30 Shaun Walker, «Moscow: Syria Airstrikes ‹Significant Blow to Russian-US Relations›», in: *The Guardian*, 7. April 2017, https://www.theguardian.com/world/2017/apr/07/us-airstrikes-syria-russian-american-relations-vladimir-putin.

31 Katya Golubkova und Tom Perry, «Russia's Putin Hosts Assad in Fresh Drive for Syria Peace Deal», Reuters, 20. November 2017, https://www.reuters.com/article/us-mideast-crisis-putin-assad/russias-putin-hosts-assad-in-fresh-drive-for-syria-peace-deal-idUSKBN1DL0D5.

32 Justin Worland, «President Trump's Pick for Secretary of State Just Confirmed ‹Hundreds› of Russians Were Killed in a US Attack in Syria», in: *Time*, 12. April 2018, http://time.com/5237922/mike-pompeo-russia-confirmation. Siehe auch Eric Schmitt und Thomas Gibbons-Neff, «American-Russian Relations in Syria? Less Rosy Than Trump and Putin Claim», in: *New York Times*, 17. Juli 2018, https://www.nytimes.com/2018/07/17/world/middleeast/american-russian-military-syria.html.

33 Sergey Sukhankin, *«Continuing War By Other Means»: The Case of Wagner, Russia's Premier Private Military Company on the Middle East*, Washington, D. C., 13. Juli 2018, https://jamestown.org/program/continuing-war-by-other-means-the-case-of-wagner-russias-premier-private-military-company-in-the-middle-east.

34 Julie Hirschfeld Davis, «Pompeo Defends Trump with Proof, of Administration's Actions vs. Russia›», in: *New York Times*, 25. Juli 2018, https://www.nytimes.com/2018/07/25/us/politics/senate-pompeo-trump-putin-north-korea.html.

35 Fiona Hill und Omer Taspinar, «Turkey and Russia: Axis of the Excluded?», Brookings Institution, 1. März 2006, https://www.brookings.edu/articles/turkey-and-russia-axis-of-the-excluded.

36 «Turtsia Sbila Rossiiskii SU-24», https://www.kp.ru/daily/26461/3332082.

37 Associated Press, «Turkey Slapped with Russian Sanctions over Jet Downing», Al Jazeera, 28. Novem-

ber 2015, http://www.aljazeera.com/news/2015/11/erdogan-expresses-sadness-russian-jet-shot-151128112138694.html.

38 «Turtsia Sbila SU-24 Chtob Obezopasit' Perevozku Nefti Boekov: Putin», https://tvzvezda.ru/news/vstrane_i_mire/content/201511302145-g2kb.htm.

39 Neil MacFarquhar, «Russia and Turkey Hurl Insults as Feud Deepens», in: *New York Times*, 3. Dezember 2015, https://www.nytimes.com/2015/12/04/world/europe/putin-russia-turkey.html.

40 «Turtsia Izvinilas' Za Sbityi Samolot», http://www.interfax.ru/russia/515570.

41 Neil MacFarquhar, «Russia and Turkey Vow to Repair Ties as West Watches Nervously», in: *New York Times*, 9. August 2016, https://www.nytimes.com/2016/08/10/world/europe/putin-erdogan-russia-turkey.html.

42 Reuters, «NATO-Member Turkey Finalizes Deal to Buy Advanced Russian S-400 Missile Systems», in: *Haaretz*, 31. Dezember 2017, https://www.haaretz.com/middle-east-news/turkey/1.832142.

43 Nolan D. McCaskill, «Trump Says Turkish President Gets ‹Very High Marks›», in: *Politico*, 21. September 2017, https://www.politico.com/story/2017/09/21/trump-erdogan-turkey-praise-242986.

44 Sevil Erkus, «Eurasian Economic Union ‹Would Welcome› Turkey's Membership», in: *Hürriyet Daily News*, 23. Januar 2015, http://www.hurriyetdailynews.com/eurasian-economic-union-would-welcome-turkeys-membership-77316.

45 Kemal Kirisci, «The Implications of a Turkish-Russian Rapprochement», Brookings Institution, 10. August 2016, https://www.brookings.edu/blog/order-from-chaos/2016/08/10/the-implications-of-a-turkish-russian-rapprochement.

46 Reuters, «US ‹Surprised› Israel Did Not Support UN Vote on Ukraine's Territorial Integrity», in: *Jerusalem Post*, 15. April 2014, http://www.jpost.com/International/US-surprised-Israel-did-support-UN-vote-on-Ukraines-territorial-integrity-348564.

47 Vladimir Putin, *First Person: An Astonishingly Frank Self-Portrait by Russia's President*, New York 2000, S. 11.

48 Michal Margalit und Polina Garaev, «I Was Vladimir Putin's Teacher», YNetNews.com, 29. März 2014, https://www.ynetnews.com/articles/0,7340,L-4504539,00.html.

49 Cnaan Lipshiz, «Why Russian Chief Rabbi Stands by Vladimir Putin», in: *The Forward*, 5. Juni 2015, http://forward.com/news/breaking-news/309514/russian-chief-rabbi-berel-lazar-stands-by-vladimir-putin.

50 Olga Gershenson, «How Russia Created a Jewish Museum and Tolerance Center Even Vladimir Putin Can Tolerate», in: *The Forward*, 8. Januar 2016, http://forward.com/culture/art/328682/how-russia-created-a-jewish-museum-and-tolerance-center-even-vladimir-putin.

51 Aus den Notizen der Autorin, Zusammenkunft des Valdai Discussion Club in Sotschi, September 2010.

52 Yaakov Katz und Amir Bohbot, «How Israel Sold Russia Drones to Stop Missiles from Reaching Iran»,

Auszug aus *The Weapon Wizards*, in: *Jerusalem Post*, 15. Juni 2017, http://www.jpost.com/Magazine/Books-Israel-and-the-saleof-advanced-drones-to-Russia-480326.

53 Dmitri Trenin, *What Is Russia Up to in the Middle East?*, Cambridge, UK, 2017, S. 89–90.

54 JPost.com Staff, «Watch: Russian Ambassador to Israel – Hamas, Hezbollah Not Terrorists at All», in: *Jerusalem Post*, 15. Juni 2017, http://www.jpost.com/Arab-Israeli-Conflict/WATCH-Russian-Ambas sador-to-Israel-Hamas-Hezbollah-not-terrorists-at-all-496829.

55 Raoul Wootliff, «Netanyahu to Putin: Israel Will Act If Needed Against Iran in Syria», in: *Times of Israel*, 23. August 2017, https://www.time sofisrael.com/netanyahu-to-putin-israel-willing-to-act-against-iran-in-syria.

56 «Putin Poblagodaril Netaniakhu za Vizit v Moskvu na 9 Maia», https://life.ru/t/novosti/1115161.

57 Dies war eine Geste des Respekts gegenüber Russland. Die Kapitulation der Nazis gegenüber den USA und Großbritannien trat am 8. Mai in Kraft, doch aus protokollarischen Gründen wurde eine zweite Kapitulationsurkunde am 9. Mai in Berlin-Karlshorst unterzeichnet.

58 Maxim A. Suchkov, «As Tensions Flare with Iran, Israel Embraces Russia», AL Monitor, 10. Mai 2018, https://www.al-monitor.com/pulse/originals/2018/05/tensions-flare-israel-iran-russia-netanyahu-putin.html.

59 «‹Peregovory Budut Tiazhelymi›: Chto Planiruiut Obsuzhdit Lideri Rossii I Izraeilia v Den' Pobedy», RT, 2018, https://russian.rt.com/world/article/510647-putin-netanyahu-vizit-den-pobedy.

60 Nikita Vladimirov, «Russia Recognizes Jerusalem as Israel's Capital», in: *The Hill*, 6. April 2017, http://thehill.com/policy/international/327673-russia-recognizes-jerusalem-as-israeli-capital.

61 «Putin Obsuzhdet s Salmanom Situatsiu Na Neftianom Rynke», Gazeta, https://www.gazeta.ru/politics/2017/10/04_a_10917716.shtml?updated.

62 «Saudovskii Korol' Potratit Chetvert' Millairda Na Moskovskie Oteli», https://mir24.tv/news/16270892/saudovskii-korol-potratit-chetvert-milliarda-na-moskovskie-oteli.

63 Donna Abu-Nasr, Associated Press, «Putin 1st Russian Leader to Visit Saudis», in: *Washington Post*, 11. Februar 2007, http://www.washingtonpost.com/wp-dyn/content/article/2007/02/11/AR2007021100048.html.

64 Stephen Letts, «Oil Supply Deal Between Saudi Arabia and Russia an Unlikely Alliance», ABC News (Australia), 8. September 2016, http://www.abc.net.au/news/2016-09-09/saudi-arabia-russia-oil-deal/7831902.

65 Richard Mably und Yara Bayoumy, «Exclusive: OPEC, Russia Consider 10-to 20-Year Oil Alliance – Saudi Crown Prince», Reuters, 27. März 2018, https://www.reuters.com/article/us-saudi-oil-exclusive/exclusive-opec-russia-consider-10-to-20-year-oil-alliance-saudi-crown-prince-idUSKBN1H31SK.

66 Javier Blas und Jack Farchy, «Riyadh Dances with Trump but Goes Home with Putin to Prop Up Oil», Bloomberg, 20. Mai 2017, https://www.

bloomberg.com/news/articles/2017-05-21/setting-differences-aside-saudi-russian-courtship-underpins-oil.

67 Mark N. Katz, «Russia Sees New Saudi ‹Realism› on Display at Moscow Summit», Arab Gulf States Institute in Washington, 10. Oktober 2017, http://www.agsiw.org/russia-sees-new-saudi-realism-display-moscow-summit.

68 Henry Meyer und Glen Carey, «Even the Saudis Are Turning to Russia as Assad's Foes Lose Heart», Bloomberg, 8. September 2017, https://www.bloomberg.com/news/articles/2017-09-08/even-the-saudis-are-turning-to-russia-as-assad-s-foes-lose-heart.

69 Karoun Demirjian, «Russia-Iran Relationship Is a Marriage of Opportunity», in: *Washington Post*, 18. April 2015, https://www.washingtonpost.com/world/russia-iran-relationship-is-a-marriage-of-opportunity/2015/04/18/5de80852-e390-11e4-ae0f-f8c46aa8c3a4_story.html.

70 «Acting Foreign Minister Sergey Lavrov's Remarks and Answers to Media Questions at a Joint News Conference Following Talks with German Federal Minister for Foreign Affairs Heiko Maas, Moscow, May 10, 2018», Ministry of Foreign Affairs of the Russian Federation, http://www.mid.ru/en/web/guest/meropriyatiya_s_uchastiem_ministra/-/asset_publisher/xK1BhB2bUjd3/content/id/3213546.

71 Stiftung Wissenschaft und Politik, Deutsches Institut für Internationale Politik und Sicherheit sowie Azadeh Zamirirad, *Iran und Russland: Perspektiven der bilateralen Beziehungen aus Sicht der Islamischen Republik*, Berlin, 2017.

72 Ellie Geranmayeh und Kadrii Liik, «The New Power Couple: Russia and Iran in the Middle East», European Council on Foreign Relations, September 13, 2016, http://www.ecfr.eu/publications/summary/iran_and_russia_middle_east_power_couple_7113.

73 Dmitri Trenin, *Post-Imperium: A Eurasian Story*, Washington, D. C., 2011, S. 73.

74 Stepan Kravchenko, Henry Meyer und Golnar Motevalli, «Putin in Iran Rallies Opposition to Trump Threat on Nuclear Deal», Bloomberg, 1. November 2017, https://www.bloomberg.com/news/articles/2017-11-01/putin-to-visit-iranian-leaders-as-moscow-defends-nuclear-accord.

75 Olzhas Auyezov, «Russia, Iran, and three others agree Caspian status, but not borders», Reuters, https://www.reuters.com/article/us-kazakhstan-caspian-borders/russia-iran-and-three-others-agree-caspian-status-but-not-borders-idUSKBN1KX0CI.

76 Siehe Liik und Zamirirad.

77 Reuters, Associated Press, «Israel Rejects Russian Offer to Keep Iranian Forces 100 km from Golan», 23. Juli 2018, YNetNews.com, https://www.ynetnews.com/articles/0,7340,L-5315360,00.html.

## KAPITEL 11
## DREI MISSGLÜCKTE NEUANFÄNGE

1 «Speech and the Following Discussion at the Munich Conference

on Security Policy», Website des russischen Präsidenten, 10. Februar 2007, http://en.kremlin.ru/events/president/transcripts/24034. Deutscher Wortlaut des Zitats nach: http://www.ag-friedensforschung.de/themen/Sicherheitskonferenz/2007-putin-dt.html.

2 «Transcript: Obama's End-of-Year News Conference on Syria, Russian Hacking, and More», in: *Washington Post*, 16. Dezember 2016, https://www.washingtonpost.com/news/post-politics/wp/2016/12/16/transcript-obamas-end-of-year-news-conference-on-syria-russian-hacking-and-more/?utm_term=.5a42c8a154f1.

3 «Cheney's Speech in Lithuania», Mitschrift, in: *New York Times*, 4. Mai 2006, https://www.nytimes.com/2006/05/04/world/europe/04cnd-cheney-text.html.

4 «Speech and the Following Discussion at the Munich Conference», http://en.kremlin.ru/events/president/transcripts/24034.

5 Ebenda. Deutscher Wortlaut des Zitats nach: http://www.ag-friedensforschung.de/themen/Sicherheitskonferenz/2007-putin-dt.html.

6 «Gates‹ Prepared Remarks at 43rd Munich Security Conference», Mitschrift, in: *Washington Post*, 12. Februar 2007, http://www.washingtonpost.com/wp-dyn/content/article/2007/02/12/AR2007021200572.html.

7 Zitiert in *George F. Kennan: An American Life*, John Lewis Gaddis (Hg.), New York 2011, S. 51.

8 Mr. X [George F. Kennan], «The Sources of Soviet Conduct», in: *Foreign Affairs*, Juli 1947, https://www.foreignaffairs.com/articles/russian-federation/1947-07-01/sources-soviet-conduct.

9 William Taubman, *Khrushchev: The Man and His Era*, New York 2003, S. 420–431.

10 Daniel Yergin, *Shattered Peace: The Origins of the Cold War and the National Security State*, London 1990, S. 66.

11 Raymond L. Garthoff, *Détente and Confrontation: American-Soviet Relations from Nixon to Reagan*, Washington, D. C., 1985, S. 26, 30, 36, 43.

12 Abraham Rabinovich, «The Little-Known US-Soviet Confrontation During Yom Kippur War», PRI, 26. Oktober 2012, https://www.pri.org/stories/2012-10-26/little-known-us-soviet-confrontation-during-yom-kippur-war.

13 Ronald Reagan, «Evil Empire Speech, Voices of Democracy», 8. März 1983, http://voicesofdemocracy.umd.edu/reagan-evil-empire-speech-text/.

14 William Taubman, *Gorbatschow: Der Mann und seine Zeit. Eine Biographie*, München 2018, S. 348.

15 Angela Stent, «Gorbachev's Reagan», in: *Weekly Standard*, 27. Oktober 1996, http://www.weeklystandard.com/gorbachevs-reagan/article/9118.

16 Zitiert in *The Russia Hand*, Strobe Talbott (Hg.), New York 2003, S. 42.

17 Angela E. Stent, *The Limits of Partnership: US-Russian Relations in the Twenty-First Century*, Princeton, NJ, 2015.

18 Bill Clinton, *Mein Leben*, Berlin 2004, S. 770 f.

19 Jelzin, *Mitternachtstagebuch*, S. 132.

20 Angela E. Stent, *The Limits of Partnership: US-Russian Relations in the Twenty-First Century*, Princeton, NJ, 2015, S. 52.
21 Fiona Hill und Clifford G. Gaddy, *Mr. Putin: Operative in the Kremlin*, Washington, D. C., 2015, Kap. 12.
22 Stent, *The Limits of Partnership*, S. 53.
23 Ebenda, S. 61 f.
24 Donald Rumsfeld, *Known and Unknown*, New York 2011, S. 167.
25 Joseph Biden, «Remarks by the Vice President at the 45th Munich Conference on Security Policy», American Presidency Project, 7. Februar 2009, http://www.presidency.ucsb.edu/ws/index.php?pid=123108. Deutscher Wortlaut des Zitats nach: http://www.ag-friedensforschung.de/themen/Sicherheitskonferenz/2009-biden-dt.html.
26 «Medwedew w SSchA: iPhone w podarok i gamburger s Obamoi» [Medwedew in den USA: iPhone zum Geschenk und Hamburger mit Obama], in: *Postimees*, https://rus.postimees.ee/280187/medvedev-v-ssha-iphone-v-podarok-i-gambur ger-s-obamoy.
27 Stent, *The Limits of Partnership*, S. 219 f., 241 f. Die populäre amerikanische TV-Serie *The Americans* basierte lose auf dem Leben dieser Spione.
28 Elise Labott, «Clinton Cites ‹Serious Concerns› About Russian Election», CNN, 6. Dezember 2011, https://www.cnn.com/2011/12/06/world/europe/russia-elections-clinton/index.html.
29 David M. Herszenhorn und Ellen Barry, «Putin Contends Clinton Incited Unrest over Vote», in: *New York Times*, 8. Dezember 2011, http://www.nytimes.com/2011/12/09/world/europe/putin-accuses-clinton-of-instigating-russian-protests.html.
30 Andrew Roth und Ellen Barry, «Snowden Seeks Asylum in Russia, Putting Kremlin on the Spot», in: *New York Times*, 1. Juli 2013, https://www.nytimes.com/2013/07/02/world/europe/snowden-applies-for-asylum-in-russia.html.
31 Steve Holland und Margaret Chadbourn, «Obama Describes Putin as ‹Like a Bored Kid›», Reuters, 9. August 2013, https://www.reuters.com/article/us-usa-russia-obama/obama-describes-putin-as-like-a-bored-kid-idUSBRE9780XS20130809.
32 Scott Wilson, «Obama dismisses Russia as ‹regional power› acting out of weakness», in: *New York Times*, 25. März 2014, https://www.washingtonpost.com/world/national-security/obama-dismisses-russia-as-regional-power-acting-out-of-weakness/2014/03/25/1e5a678e-b439-11e3-b899-20667de76985_story.html?utm_term=.be73e35362e6.
33 Vladimir V. Putin, «A Plea for Caution from Russia», Meinungskommentar, in: *New York Times*, 11. September 2013, http://www.nytimes.com/2013/09/12/opinion/putin-plea-for-caution-from-russia-on-syria.html.

## KAPITEL 12 DIE RIVALEN

1 «Presidential Address to the Federal Assembly», Website des russischen Präsidenten, 1. März 2018, http://

en.kremlin.ru/events/president/news/56957.

2 Reuters, «Russia Names Putin's New ‹Super Weapons› After a Quirky Public Vote», in: *Moscow Times*, 23. März 2018, https://themoscowtimes.com/news/russia-names-putins-new-super-weapons-after-a-quirky-public-vote-60924.

3 US Department of Defense, *Summary of the 2018 National Defense Strategy of the United States of America*, https://www.defense.gov/Portals/1/Documents/pubs/2018-National-Defense-Strategy-Summary.pdf.

4 US Department of Defense, *Nuclear Posture Review*, Februar 2018, https://media.defense.gov/2018/Feb/02/2001872877/-1/-1/1/EXECUTIVE-SUMMARY.PDF.

5 «Text: Mueller Indictment on Russian Election Case», in: *Politico*, 16. Februar 2018, https://www.politico.com/story/2018/02/16/text-full-mueller-indictment-on-russian-election-case-415670.

6 Office of the Director of National Intelligence, Hintergrundinformationen zu «Assessing Russian Activities and Intentions in Recent US Elections: The Analytic Process and Cyber Incident Attribution», Intelligence Community Assessment, 6. Januar 2017, https://www.dni.gov/files/documents/ICA_2017_01.pdf.

7 *Die Putin-Interviews: Die vollständigen Abschriften: Oliver Stone interviewt Wladimir Putin.* Rottenburg 2018, S. 296.

8 Philip Rucker, «Hillary Clinton Says Putin's Actions Are Like ‹What Hitler Did Back in the 1930s›», in: *Washington Post*, 5. März 2014, https://www.washingtonpost.com/news/post-politics/wp/2014/03/05/hillary-clinton-says-putins-action-are-like-what-hitler-did-back-in-the-30s/?utm_term=.561aee30b05a.

9 «Putin o Trampe: On jarki tschelowek, drugich charakteristik ja ne dawal» [Putin über Trump: Er ist ein schillernder Mensch, andere Eigenschaften habe ich nicht genannt], 17. Juni 2016, https://ria.ru/politics/20160617/1448985748.html.

10 Luke Harding, *Verrat: Geheime Treffen, schmutziges Geld und wie Russland Trump ins Weiße Haus brachte*, München 2017, S. 238.

11 Gespräch der Autorin mit einem russischen Mitglied der Gorbatschow-Delegation.

12 «Moskwa primjot u sebja konkurs ‹Miss Wselennaja›» [Moskau übernimmt den Konkurs von ‹Miss Universum›], 17. Juni 2013, https://rg.ru/2013/06/17/miss-vselennaya-site-anons.html.

13 Harding, *Verrat*, S. 252.

14 «Donald Tramp naswal Wladimira Putina schestkim tschelowekom, s kotorym moschno poladit» [Donald Trump nannte Wladimir Putin einen strengen Menschen, mit dem man auskommen könne], in: *Kommersant*, 15. Juli 2018, https://www.kommersant.ru/doc/3687698

15 «‹Putin Is Corrupt› Says US Treasury», in: *BBC News*, 25. Januar 2016, http://www.bbc.com/news/world-europe-35385445.

16 Andrew Kaczynski, Chris Massie und Nathan McDermott, «80 Times Trump Talked About Putin», *CNN*, März 2017, http://www.cnn.com/interactive/2017/03/politics/trump-putin-russia-timeline.

17 «Donald Trump's Foreign Policy Speech», Mitschrift, in: *New York Times*, 28. April 2016, https://www.nytimes.com/2016/04/28/us/politics/transcript-trump-foreign-policy.html.

18 Harding, *Verrat*, S. 257.

19 Miles Parks und Tamara Keith, «Timeline of Trump and Russia in Mid-2016: A Series of Coincidences or Something More?», in: *Morning Edition*, National Public Radio, 17. Juli 2017, https://www.npr.org/2017/07/17/537323120/timeline-of-trump-and-russia-in-mid-2016-a-series-of-coincidences-or-something-m.

20 Harding, *Verrat*, S. 127.

21 Dana Priest, «Trump Adviser Michael T. Flynn on His Dinner with Putin and Why Russia Today Is Just Like CNN», in: *Washington Post*, 15. August 2016, https://www.washingtonpost.com/news/checkpoint/wp/2016/08/15/trump-advisermichael-t-f lynn-on-hisdinnerwithputinandwhyrussiatoday-is-justlike-cnn/?utm_term=.ce89b012e887.

22 David E. Sanger, «Obama Strikes Back at Russia for Election Hacking», in: *New York Times*, 29. Dezember 2016, https://www.nytimes.com/2016/12/29/us/politics/russia-election-hacking-sanctions.html.

23 Patrick Reevell, «Timeline of the US and Russia Trading Diplomatic Blows», in: *ABC News*, 1. September 2017, http://abcnews.go.com/International/timeline-us-russia-trading-diplo matic-blows/story?id=49564623.

24 John Kruzel, «Flynn's Guilty Plea Confirms He Talked Russian Sanctions, Misled FBI», Politifact, 1. Dezember 2017, http://www.politifact.com/truth-o-meter/article/2017/dec/01/flynns-guilty-plea-confirms-he-talked-russian-sanc.

25 In den Klageschriften vom 13. Juli 2018 legt Sonderermittler Robert Mueller dar, wie mit der GRU assoziierte Hacker die E-Mails an «Organization One», sprich WikiLeaks, weitergaben. US Department of Justice, «Grand Jury Indicts 12 Russian Intelligence Officers for Hacking Offenses Related to the 2016 Election», Presseerklärung, 13. Juli 2018, https://www.justice.gov/opa/pr/grand-jury-indicts-12-russian-intelligence-officers-hacking-offenses-related-2016-election.

26 Robert D. Blackwill und Philip H. Gordon, *Containing Russia*, Council Special Report No. 80, New York: Council on Foreign Relations, Januar 2018, S. 7, https://www.cfr.org/sites/default/files/report_pdf/CSR80_BlackwillGordon_ContainingRussia.pdf.

27 «Interview with Austrian ORF Television Channel», Website des russischen Präsidenten, 4. Juni 2018, http://en.kremlin.ru/events/president/news/57675.

28 Blackwill und Gordon, *Containing Russia*, S. 8, https://www.cfr.org/sites/default/files/report_pdf/CSR80_BlackwillGordon_ContainingRussia.pdf.

29 Andrej Soldatow und Irina Borogan, *The Red Web: The Kremlin's War on the Internet*, New York 2017, Kap. 16.

30 Huib Modderkolk, «Dutch Agencies Provide Crucial Intel About Russia's Interference in US Elections», in: *De*

*Volkskrant*, 25. Januar 2018, https://www.volkskrant.nl/tech/dutch-agencies-provide-crucial-intel-about-russia-s-interference-in-us-elections~a4561913/.

31 Greg Miller, Ellen Nakashima und Adam Entous, «Obama's Secret Struggle to Punish Russia for Putin's Election Assault», in: *Washington Post*, 23. Juni 2017, https://www.washingtonpost.com/graphics/2017/world/national-security/obama-putin-election-hacking/?utm_term=.fa240cf45dc6.

32 Hochrangiger Geheimdienstbeamter im Gespräch mit der Autorin.

33 Louis Nelson, «Obama Says He Told Putin to ‹Cut It Out› on Russia Hacking», in: *Politico*, 16. Dezember 2016, https://www.politico.com/story/2016/12/obama-putin-232754.

34 Hochrangiger Beamter des State Department im Gespräch mit der Autorin.

35 David Corn, «A Veteran Spy Has Given the FBI Information Alleging a Russian Operation to Cultivate Donald Trump», in: *Mother Jones*, 31. Oktober 2016, https://www.motherjones.com/politics/2016/10/veteran-spy-gave-fbi-info-alleging-russian-operation-cultivate-donald-trump/.

36 John Sipher, «A Second Look at the Steele Dossier», Just Security, 6. September 2017, https://www.justsecurity.org/44697/steele-dossier-knowing/.

37 Harding, *Verrat*, S. 38.

38 Spencer S. Hsu, Devlin Barrett und Justin Jouvenal, «Manafort will cooperate with Mueller as part of guilty plea, prosecutor says», in: *The Washington Post*, 14. September 2018, https://www.washingtonpost.com/world/national-security/manafort-plans-to-plead-guilty-to-second-set-of-charges/2018/09/14/a1541068-b5c9-11e8-a7b5-adaaa5b2a57f_story.html?utm_term=.3f5ec64c6c3d&wpisrc=nl_headlines&wpmm=1.

39 Pew Research Center, *Stark Partisan Divisions over Russia Probe, Including Its Importance to the Nation*, 7. Dezember 2017, http://www.people-press.org/2017/12/07/stark-partisan-divisions-over-russia-probe-including-its-importance-to-the-nation/.

40 «Meeting of the Valdai International Discussion Club», Website des russischen Präsidenten, 19. Oktober 2017, http://en.kremlin.ru/events/president/transcripts/53151.

41 Andrew S. Weiss, «What Was Trump's Russia Plan?», in: *Wall Street Journal*, 8. Dezember 2017, https://www.wsj.com/articles/what-was-trumps-russia-plan-1512752496.

42 Neil MacFarquhar, «Putin and Trump Talk on Phone and Agree to Improve Ties, Kremlin Says», in: *New York Times*, 14. November 2016, https://www.nytimes.com/2016/11/15/world/europe/putin-calls-trump.html?mtrref=query.nytimes.com.

43 Craig Timberg, Rosalind S. Helderman, Andrew Roth und Carol D. Leonnig, «In a Crowd at Trump's Inauguration, Members of Russia's Elite Anticipated a Thaw Between Moscow and Washington», in: *Washington Post*, 20. Januar 2018, https://www.washingtonpost.com/politics/amid-trumps-inaugural-festivities-members-of-russias-

elite-anticipated-a-thaw-between-moscow-and-washington/2018/01/20/0d767f46-fb9f-11e7-ad8c-ecbb62019393_story.html?utm_term=.e5d3bd913d3b.
44 Greg Miller und Greg Jaffe, «Trump Revealed Highly Classified Information to Russian Foreign Minister and Ambassador», in: *Washington Post*, 15. Mai 2017, https://www.washingtonpost.com/world/national-security/trump-revealed-highly-classified-information-to-russian-foreign-minister-and-ambassador/2017/05/15/530c172a-3960-11e7-9e48-c4f199710b69_story.html?utm_term=.e446a9bb3fe7.
45 Roberta Rampton und Jeff Mason, Reuters, 7. Juli 2017, «Trump and Putin find chemistry, draw criticism in first meeting», https://www.reuters.com/article/us-g20-germany-trump-putin-talks-idUSKBN19S24E.
46 Ebenda.
47 «News Conference Following the G20 Summit», Website des russischen Präsidenten, 8. Juli 2017, http://www.en.kremlin.ru/events/president/news/55017.
48 David A. Graham, «The Other Putin-Trump Meeting», in: *The Atlantic*, 18. Juli 2017, https://www.theatlantic.com/politics/archive/2017/07/trump-putin-second-meeting/534099/.
49 Office of the Spokesperson, «Joint Statement by the President of the United States and the President of the Russian Federation», Presseerklärung, US Department of State, 11. November 2017, https://www.state.gov/r/pa/prs/ps/2017/11/275459.htm.
50 «Meeting of the Valdai International Discussion Club», Website des russischen Präsidenten, 19. Oktober 2017, http://en.kremlin.ru/events/president/news/55882.
51 John Hudson, «Russia Sought a Broad Reset with Trump, Secret Document Shows», BuzzFeed, 12. September 2017, https://www.buzzfeed.com/johnhudson/russia-sought-a-broadresetwithtrumpsecretdocumentshows?utm_term=.ikqEoR1wZo#.ov3WyZqaAN.
52 John Hudson, «Putin Spokesman Confirms Russia Offered a Reset with Trump», BuzzFeed, 13. September 2017, https://www.buzzfeed.com/johnhudson/putin-spokesman-confirms-russia-reached-out-to-trump?utm_term=.hxVa8KdlqZ#.dnO6Pe3YOk.
53 Henry Foy, «‹We Need to Talk About Igor›: The Rise of Russia's Most Powerful Oligarch», in: *Financial Times*, 1. März 2018, https://www.ft.com/content/dc7d48f8-1c13-11e8-aaca-4574d7dabfb6.
54 John Hudson, «The Trump Administration Has a New Plan for Dealing with Russia», BuzzFeed, 19. Juni 2017, https://www.buzzfeed.com/johnhudson/this-is-the-trump-administrations-plan-for-dealing-with?utm_term=.digvxJ512z#.ys2ZV3Ny7b.
55 Amie Ferris-Rotman, Emily Tamkin und Robbie Gramer, «Trump's Man in Moscow», in: *Foreign Policy*, 14. März 2018, http://foreignpolicy.com/2018/03/14/trumps-man-in-moscow-ambassador-jon-huntsman-russia-trump-investigation/.
56 «Statement by President Donald J. Trump on the Signing of H. R. 3364», Whitehouse.gov, 2. August 2017, https://www.whitehouse.gov/

briefings-statements/statement-president-donald-j-trump-signing-h-r-3364/.

57 US Department of the Treasury, «Treasury Sanction Russian Cyber Actors for Interference with the 2016 US Elections and Malicious Cyber-Attacks», Presseerklärung, 15. März 2018, https://home.treasury.gov/news/press-releases/sm0312.

58 Peter Baker, «Trump Praises Putin Instead of Critiquing Cuts to US Embassy Staff», in: *New York Times*, 10. August 2017, https://www.nytimes.com/2017/08/10/world/europe/putin-trump-embassy-russia.html.

59 Zach Dorfman, «The Secret History of the Russian Consulate in San Francisco», in: *Foreign Policy*, 14. Dezember 2017, http://foreignpolicy.com/2017/12/14/the-secret-history-of-the-russian-consulate-in-san-francisco-putin-trump-spies-moscow.

60 Nahal Toosi, «Tillerson Blasts Russia over Alleged Nerve Agent Attack in UK», in: *Politico*, 12. März 2018, https://www.politico.com/story/2018/03/12/tillerson-russia-nerve-gas-attack-457845.

61 Mark Landler, «Trump Congratulates Putin, but Doesn't Mention Meddling in US», in: *New York Times*, 20. März 2018, https://www.nytimes.com/2018/03/20/us/politics/trump-putin-russia.html.

62 «Telephone Conversation with US President Donald Trump», Website des russischen Präsidenten, 20. März 2018, http://en.kremlin.ru/events/president/news/57100.

63 Alan Rappaport, «Treasury Dept. Hits Russia with New Sanctions», in: *New York Times*, 11. Juni 2018, https://www.nytimes.com/2018/06/11/us/politics/russia-sanctions-treasury-department.html.

64 United States of America v. Viktor Borisovich Netyksho et al., 18 USC 2, 371, 1030, 1028A, 1956, 3551 ff., https://d3i6fh83elv35t.cloudfront.net/static/2018/07/Muellerindictment.pdf.

65 Philip Rucker, «After Being Told of Russian Indictments, Trump Still Aspired to Be Friends with Putin», in: *Washington Post*, 13. Juli 2018, https://www.washingtonpost.com/politics/after-being-told-of-russia-indictments-trump-still-aspired-to-be-friends-with-putin/2018/07/13/c24f5420-86b8-11e8-8553-a3ce89036c78_story.html?utm_term=.6165027e2776.

66 «Trump glaubt Putin, dass die Russische Förderation keinen Einfluss auf die Wahlen genommen hat» [auf Russisch], 17. Juli 2018, https://korrespondent.net/world/3990660-tramp-veryt-putynu-chto-rf-ne-vmeshyvalas-v-vybory.

67 «Putin-Trump Talks Were Better than Super, Says Russian Top Diplomat», TASS, 16. Juli 2018, http://tass.com/politics/1013439.

68 Alex Ward, «John Bolton's Complete Reversal on Russia, in One Tweet», in: *Vox*, 26. Juli 2018, https://www.vox.com/2018/7/26/17617096/bolton-russia-trump-mueller-witch-hunt.

69 Nick Schifrin, Dan Sagalyn und Larisa Epatko, «John Bolton: North Korea Has Not ‹Taken Effective Steps› to Denuclearize», in: *PBS News Hour*, 6. August 2018, https://www.pbs.org/newshour/show/john-

bolton-north-korea-has-not-taken-effective-steps-to-denuclearize.

70 Tatiana Stanovaya, «Two Trumps in Helsinki: Russia's Approach to the US President», Carnegie Moscow Center, 2. August 2018, https://carnegie.ru/commentary/76962.

71 «Wladimir Putin i Donald Tramp: Press konferenzija» [Wladimir Putin und Donald Trump: Pressekonferenz], Echo, 16. Juli 2018, https://echo.msk.ru/blog/day_video/2241360-echo.

72 «‹Konkretniki bylo mnogo›: A tschom goworili Wladimir Putin i Donald Tramp na sammite w Chelsinki» [‹Konkrete Themen gab es viele›: Und worüber sprachen Wladimir Putin und Donald Trump nun auf dem Gipfel in Helsinki], RT, 16. Juli 2018, https://russian.rt.com/world/article/537125-putin-tramp-sammit-helsinki-itogi.

73 Maegan Vazquez, «Former Intel Chiefs Condemn Trump's News Conference with Putin», *CNN*, 17. Juli 2018, https://www.cnn.com/2018/07/16/politics/john-brennan-donald-trump-treasonous-vladimir-putin/index.html.

74 David J. Kramer, «I'm on Putin's Hit List but I'm Not the Real Victim», in: *Politico*, 22. Juli 2018, https://www.politico.eu/article/vladimir-putin-william-browder-the-real-victims-of-putins-enemies-list.

75 Dmitri Trenin, «Russia Must Show Caution Now That It Has Publicly Sided with Trump», Carnegie Moscow Center, 23. Juli 2018, https://carnegie.ru/commentary/76883.

76 Andrew Higgins, «North Koreans in Russia Work ‹Basically in the Situation of Slaves›», in: *New York Times*, 11. Juli 2017, https://www.nytimes.com/2017/07/11/world/europe/north-korea-russia-migrants.html.

77 Heather Nauert, «New START Treaty Central Limits Take Effect», Presseerklärung, US Department of State, 5. Februar 2018, https://www.state.gov/r/pa/prs/ps/2018/02/277888.htm.

78 Steven Pifer, «Arms Control, Security Cooperation, and US-Russian Relations», Brookings Institution, 17. November 2017, https://www.brookings.edu/research/arms-control-security-cooperation-and-u-s-russian-relations.

79 Rebecca Kheel, «Trump: We Must ‹Modernize and Rebuild› Nuclear Arsenal», in: *The Hill*, 30. Januar 2018, http://thehill.com/policy/defense/371537-trump-we-must-modernize-and-rebuild-nuclear-arsenal.

80 Steven Pifer, «The Future of the INF Treaty», Brookings Institution, 25. Januar 2018, https://www.brookings.edu/testimonies/the-future-of-the-inf-treaty.

81 «Russian Oil Industry Pipe Maker TMK Prepares for US Spin-Off», Reuters, 30. November 2017, https://www.reuters.com/article/us-trubnaya-metal-ipo/russian-oil-industry-pipe-maker-tmk-prepares-for-u-s-spin-off-idUSKBN1DU10G.

82 Simon Saradzhyan und William Tobey, «US-Russian Space Cooperation: A Model for Nuclear Security», in: *Bulletin of the Atomic Scientists*, 7. März 2017, https://thebulletin.org/us-russian-space-cooperation-model-nuclear-security10600.

83 Gary Brown und Christopher D. Yung, «Evaluating the US-China Cybersecurity Agreement, Part 1:

The US Approach to Cyberspace», in: *The Diplomat*, 19. Januar 2017, https://thediplomat.com/2017/01/evaluating-the-us-china-cyber-security-agreement-part-1-the-us-approach-to-cyberspace.

84 Anne Gearan und Felicia Sonmez, «Trump issues new order authorizing additional sanctions for interfering in upcoming U. S. elections», in: *The Washington Post*, 12. September 2018, https://www.washingtonpost.com/politics/trump-issues-new-order-authorizing-additional-sanctions-for-interfering-in-upcoming-us-elections/2018/09/12/a908 98a0-b6b0-11e8-a7b5-adaaa5b2a57f_story.html?noredirect=on&utm_term=.26fb07ab8bac.

85 «CNBC Transcript: President Donald Trump Sits Down with CNBC's Joe Kernen», Presseerklärung, CNBC, 20. Juli 2018, https://www.cnbc.com/2018/07/20/cnbc-transcript-president-donald-trump-sits-down-with-cnbcs-joe-kern.html?source=sharebar|email&par=sharebar.

## KAPITEL 13 WELCHE ART VON KOOPERATION MIT RUSSLAND?

1 Wladislaw Surkow, «Odinotschestwo polukrowki (14+)» [Die Einsamkeit des Halbblüters (14+)], in: *Rossija w Globalnoi Politike*, 9. April 2018, https://www.globalaffairs.ru/global-processes/Odinochestvo-polukrovki-14-19477.

2 Für Videos dieser Ereignisse siehe www.kremlin.ru.

3 Julia Guganus, «Russia is Playing a Geopolitical Game in Latin America», https://carnegieendowment.org/2018/05/03/russia-playing-geopolitical-game-in-latin-america-pub-76228.

4 https://tradingeconomics.com/russia/gdp-per-capita.

5 «Pension Reform in Russia in 2018 and Putin in 2005. What changed?», Polygraph.info, 12. Juni 2018, https://www.polygraph.info/a/pension-reform-in-russia-in-2018-and-putin-in-2005/29311267.html; Sasha Trubetskoy, «Life expectancy in Russia», Sashat.me, https://sashat.me/2018/03/27/life-expectancy-in-russia/.

6 «Islam in Russia», Al Jazeera, 7. März 2018, https://www.aljazeera.com/indepth/features/islam-russia-1803 07094248743.html.

7 Radio Free Europe / Radio Liberty editors, «RT's Top Editor Toasts Putin: ‹He Used to Be Our President; Now He Is Our Leader›», Transmission (Blog), 19. März 2018, https://www.rferl.org/a/rt-top-editor-simonyan-toasts-putin-he-is-now-our-leader/29109679.html.

8 Ivan Krastev und Gleb Pawlowski, «The Arrival of Post-Putin Russia», Kurzdossier, European Council on Foreign Relations, 1. März 2018, http://www.ecfr.eu/publications/summary/the_arrival_of_post_putin_russia.

9 «‹Auf dem europäischen Kontinent wollen wir einen Raum der Stabilität und Sicherheit ohne Trennlinien und Abgrenzungen schaffen ...› – Außenminister Guido Westerwelle und der russische Außenminister Sergej Lawrow in der FAZ», Auswärtiges Amt, 31. Mai 2010, https://www.auswaertiges-amt.de/de/newsroom/100531-bm-faz/216050.

10 Amie Ferris-Rotman, Emily Tamkin und Robbie Gramer, «Trump's Man in Moscow», *Foreign Policy*, 14. März 2018, http://foreignpolicy.com/2018/03/14/trumps-man-in-moscow-ambassador-jon-huntsman-russia-trump-investigation.

# LITERATUR


Acheson, Dean, *Present at the Creation*, New York 1969.

Adamski, Lukasz, und Reinhard Krumm, *Russia and East Central Europe: A Fresh Start*, Friedrich-Ebert-Stiftung and International Policy Analysis, Berlin 2013.

Aslund, Anders, und Michael McFaul (Hg.), *Revolution in Orange: The Origins of Ukraine's Democratic Breakthrough*, Carnegie Endowment for International Peace, Washington 2006.

Asmus, Ronald D., *A Little War That Shook the World*, New York 2010.

Barnes, Ian, *Ruheloses Russland: 300 Jahre Geschichte in Karten*, Stuttgart 2016.

Bechew, Dimitar, *Rival Power: Russia's Influence in Southeast Europe*, New Haven 2017.

Charap, Samuel, und Timothy Colton, *Everyone Loses: The Ukraine Crisis and the Ruinous Contest for Post-Soviet Eurasia*, International Institute for Strategic Studies, London 2016.

Clinton, Bill, *Mein Leben*, München 2004.

Colton, Timothy J., *Yeltsin: A Life*, New York 2008.

Cooley, Alexander, *Great Games, Local Rules*, New York 2012.

Dawisha, Karen, *Putin's Kleptocracy: Who Owns Russia?*, New York 2014.

De Custine, Astolphe, *Empire of the Czar: A Journey Through Eternal Russia* (Übersetzung von *La Russie en 1839*), New York 1989.

Fairbank, John K. (Hg.), *The Cambridge History of China 12/1*, Cambridge (England) 1983.

Ferguson, Joseph P., *Japanese-Russian Relations 1907–2007*, New York 2008.

Frankopan, Peter, *Licht aus dem Osten: Eine neue Geschichte der Welt*, Berlin 2016

Freedman, Robert O., *Russia, Iran, and the Nuclear Question: The*

*Putin Record*, Strategic Studies Institute, US Army War College, Carlisle 2006.
Gaddis, John Lewis, *George F. Kennan: An American Life*, New York 2011.
Gaddis, John Lewis, *We Now Know: Rethinking Cold War History*, Oxford 1997.
Garthoff, Raymond L., *Détente and Confrontation: American-Soviet Relations from Nixon to Reagan*, Washington 1985.
Goodby, James, Vladimir Ivanov und Nobuo Shimotomai (Hg.), *«Northern Territories» and Beyond: Russian, Japanese, and American Perspectives*, Westport 1995.
Gorbatschow, Michail S., *Erinnerungen*, Berlin 1995.
Griffith, William F., *The Sino-Soviet Rift*, Cambridge (USA) 1964.
Gwosdew, Nikolas, und Christopher Marsh, *Russian Foreign Policy: Interests, Vectors, Sectors*, Los Angeles 2013.
Harding, Luke, *Verrat: Geheime Treffen, schmutziges Geld und wie Russland Trump an die Macht brachte*, München 2017.
Hill, Fiona, und Clifford G. Gaddy, *Mr. Putin: Operative in the Kremlin*, Washington 2015.
Hill, Fiona, und Clifford G. Gaddy, *The Siberian Curse: How Communist Planners Left Russia Out in the Cold*. Washington, D. C.: Brookings Institution Press, 2003.
Hill, William H., *Russia, the New Abroad, and the West: Lessons from the Moldova-Transniestria Conflict*, Baltimore 2012.
Holbrooke, Richard C., *Meine Mission. Vom Krieg zum Frieden in Bosnien*, München 1998.
Hollingsworth, Mark, und Stewart Lansley, *Londongrad. From Russia with Cash: The Inside Story of the Oligarchs*, London 2009.
Jukes, Geoffrey, *The Russo-Japanese War 1904–1905*, Oxford 2002.
Kalb, Marvin L., *Imperial Gamble: Putin, Ukraine, and the New Cold War*, Washington 2015.
Kennan, George F., *Russia and the West under Lenin and Stalin*, New York 1961.

Kimura, Hiroshi, *The Kurillian Knot: A History of Japanese-Russian Border Negotiations*, Palo Alto 2008.

King, Charles, *The Moldovans: Romania, Russia, and the Politics of Culture*, Stanford 2000.

Kissinger, Henry, *China. Zwischen Tradition und Herausforderung*, München 2012.

Kornelius, Stefan, *Angela Merkel: Die Kanzlerin und ihre Welt*, Hamburg 2013.

Kuhrt, Natasha, *Russian Policy toward China and Japan*, Abingdon 2011.

Kwizinskij, Julij A., *Vor dem Sturm: Erinnerungen eines Diplomaten*, Berlin 1993.

Laruelle, Marlene, *Russian Eurasianism: An Ideology of Empire*, Washington 2008.

Legvold, Robert, *Russian Foreign Policy in the Twenty-First Century and the Shadow of the Past*, New York 2007.

Lieven, Anatol, *Ukraine and Russia: A Fraternal Rivalry*, Washington 1999.

Lo, Bobo, *Axis of Convenience: Moscow, Beijing, and the New Geopolitics*, London 2008.

Lo, Bobo, *Russia and the New World Disorder*, Washington 2014.

Lo, Bobo, *Russian Foreign Policy in the Post-Soviet Era*, London 2002.

Lo, Bobo, *A Wary Embrace: What the Russia-China Relationship Means for the World*, Docklands, Victoria 2017.

Magocsi, Paul Robert, *A History of Ukraine: The Land and Its Peoples*, Toronto 2010.

Mastny, Vojtech, *The Cold War and Soviet Insecurity: The Stalin Years*, New York 1998.

McDaniel, Tim, *The Agony of the Russian Idea*, Princeton 1996.

McFaul, Michael, *From Cold War to Hot Peace: An American Ambassador in Putin's Russia*, Boston 2018.

Menon, Rajan, und Eugene Rumer, *Conflict in Ukraine: The Unwinding of the Post-Cold War Order*, London 2016.

Montefiore, Simon Sebag, *Die Romanows. Glanz und Untergang der Zarendynastie 1613–1918*, Frankfurt am Main 2016.

Myers, Steven Lee, *Putin. Der neue Zar. Seine Politik – Sein Russland*, Zürich 2016.

Pares, Richard, und Alan John Percival Taylor (Hg.), *Essays Presented to Sir Lewis Namier*, London 1956.

Pifer, Steven, *The Eagle and the Trident: US-Ukraine Relations in Turbulent Times*, Washington 2017.

Plokhy, Serhii, *The Gates of Europe: A History of Ukraine*, New York 2015.

Plokhy, Serhii, *The Last Empire: The Final Days of the Soviet Union*, New York 2014.

Poe, Marshall, *The Russian Moment in World History*, Princeton 2003.

Primakow, Jewgeni, *Russia and the Arabs: Behind the Scenes in the Middle East from the Cold War to the Present*, New York 2009.

Putin, Wladimir, *Aus erster Hand. Gespräche mit Wladimir Putin*, München 2000.

Rahr, Alexander, *Wladimir Putin: Der «Deutsche» im Kreml*, München 2000.

Rice, Condoleezza, *No Higher Honor: A Memoir of My Years in Washington*, New York 2011.

Rumsfeld, Donald, *Known and Unknown*, New York 2011.

Salisbury, Harrison E., *Krieg zwischen Russland und China*, Frankfurt am Main 197.

Shirreff, Richard, *War with Russia: An Urgent Warning from Senior Military Command*, London 2016.

Shore, Marci, *The Ukrainian Night: An Intimate History of Revolution*, New Haven 2017.

Short, Philip, *Mao: A Life*, New York 1999.

Soldatow, Andreij, und Irina Borogan, *The Red Web: The Kremlin's War on the Internet*, New York 2017.

Spence, Jonathan D., *Chinas Weg in die Moderne*, München 2001.

Stent, Angela E., *Franco-Soviet Relations from De Gaulle to Mitter-*

*rand*, National Council for Soviet and East European Research, Washington 1989.

Stent, Angela E., *From Embargo to Ostpolitik: The Political Economy of West German-Soviet Relations, 1955–1980*, Cambridge (England) 1981.

Stent, Angela E., *The Limits of Partnership: US-Russian Relations in the Twenty-First Century*, Princeton 2015.

Stent, Angela E., *Russia and Germany Reborn: Unification, the Soviet Collapse, and the New Europe*, Princeton 1999.

Stewart, Susan, *Russland und der Europarat*, Stiftung Wissenschaft und Politik, Berlin 2013.

Stone, Oliver, *Die Putin-Interviews: Die vollständigen Abschriften*, Rottenburg 2018.

Subtelny, Orest, *Ukraine: A History*, Toronto 2009.

Surkow, Wladislaw, *«Odinochestvo Polukrovki» (14+)*, Rossiia v Global'noi Politike, 9.4.2018.

Szabo, Stephen F., *Germany, Russia, and the Rise of Geo-Economics*, London 2015.

Talbott, Strobe, *The Russia Hand: A Memoir of Presidential Diplomacy*, New York 2000.

Taubman, William, *Gorbatschow: Der Mann und seine Zeit*, München 2018.

Taubman, William, *Khrushchev: The Man and His Era*, New York 2003.

Toal, Gerard, *Near Abroad: Putin, the West, and the Contest over Ukraine and the Caucasus*, New York 2016.

Trenin, Dmitri, *Post-Imperium: A Eurasian Story*, Carnegie Endowment for International Peace, Washington 2011.

Trenin, Dmitri, *What is Russia Up to in the Middle East?*, Cambridge (England) 2017.

Ulam, Adam B., *Expansion and Coexistence: Soviet Foreign Policy 1917–73* (2. Ausgabe), New York 1974.

Voennaia Doktrina Rossiiskoi Federatsii, 5.2.2010 (kremlin.ru/supplement/461).

Vogel, Ezra, *Deng Xiaoping and the Transformation of China*, Cambridge (USA) 2011.

Jelzin, Boris N., *Mitternachtstagebuch. Meine Jahre im Kreml*, Berlin 2000.

Yergin, Daniel, *Der Preis: Die Jagd nach Öl, Geld und Macht*, Frankfurt am Main 1991.

Yergin, Daniel, *Shattered Peace: The Origins of the Cold War and the National Security State*, London 1990.

Zygar, Michail, *All the Kremlin's Men*, New York 2016.

# REGISTER

## B

## C



## D

## E



## F

## G



## H

## I



## J

## K



## L

## M

## N



## O

## P

## R



## S

## W



## X



## Y



## Z

MIX
Papier aus verantwortungsvollen Quellen
FSC® C083411
FSC
www.fsc.org

Das für dieses Buch verwendete Papier ist FSC®-zertifiziert.

# Geflügelställe und Ausläufe

Ratschläge zum Planen und Bauen
von Geflügelställen unter Berücksichtigung
ihrer Einrichtungen und Außenanlagen

Von Günter Stach

Oertel+Spörer

**Bildnachweis**

Sämtliche Fotos und Zeichnungen stammen vom Autor.

**Haftungsausschluss**

Die Hinweise in diesem Buch stammen vom Autor.
Es können jedoch keinerlei Garantien übernommen werden. Eine Haftung des Autors bzw. des Verlages und seiner Beauftragten für Personen-, Sach- und Vermögensschäden ist ausgeschlossen.

**Bibliografische Information Der Deutschen Bibliothek**

Die Deutsche Bibliothek verzeichnet diese Publikation in der Deutschen Nationalbibliografie; detaillierte bibliografische Daten sind im Internet über http://dnb.d-nb.de abrufbar.


Postfach 16 42, 72706 Reutlingen

Schrift: 9,5/11 p Stone
DTP und Repro: Raffdigital GmbH, Riederich
Überarbeitung: Uhl + Massopust, Aalen
Druck: Oertel+Spörer Druck und Medien-GmbH+Co., Riederich
Bindung: Realwerk G. Lachenmaier, Reutlingen
Printed in Germany
ISBN 978-3-88627-544-1

# Inhaltsverzeichnis

# Vorwort der Vorsitzenden der Fachverbände VHGW und VZV

Geflügelzucht und -haltung ist heute mehr als eine sinnvolle Freizeitgestaltung. Über die Rassegeflügelzucht in den traditionsreichen Vereinen hinaus wenden sich immer mehr Tierliebhaber den gefiederten Freunden des Menschen zu. Für sie bedeutet ein Leben mit Haustieren Freude und Entspannung. Auch aus wirtschaftlicher Sicht erkennen sie Vorteile. Das Ei aus dem eigenen Hühnerstall ist „unschlagbar“ im Vergleich zu den Eiern von Tieren aus Käfighaltung oder Massen-Freilandhaltung. Erfreulicherweise gewinnt die Erhaltung alter unersetzlicher Rassen mit ihrem einzigartigen Genpotenzial nicht nur in den Kreisen der Rassegeflügelzüchter immer mehr an Bedeutung.

Abgesehen davon, dass eine art- und rassegerechte Haltung und Unterbringung der Tiere schon aus Gründen des praktischen Umweltschutzes die Grundvoraussetzung für eine erfolgreiche Geflügelzucht ist, kommt diesem Thema auch im Rahmen der Öffentlichkeitsarbeit eine große Bedeutung zu. Nur die Geflügelställe und -ausläufe, die neben den art- und rassespezifischen Anforderungen auch optisch ansprechend sind, können bei unseren Mitmenschen die Freude an der Geflügelzucht wecken. Zur Umsetzung dieser Ziele sind fundierte Fachkenntnisse unerlässlich. Den Fragen nach der Planung von Geflügelställen und Ausläufen, den rechtlichen Bestimmungen und der geeigneten Bauweise folgen die Überlegungen zur Gestaltung des Stalles und der Materialauswahl. Damit nicht genug. Auch die Anlage von Ausläufen und Volieren muss wohlüberlegt sein, wenn sie einer erfolgreichen Zucht und Haltung von Hühnern und Zwerghühnern dienen sollen.

Fachkompetenz ist also gefragt. Nur dadurch lassen sich unnötige und kostenintensive Fehler bei der Planung und dem Bau von Geflügelställen und Ausläufen vermeiden. Der Autor und aktive Rassegeflügelzüchter Günter Stach ist als Architekt geradezu prädestiniert, sich diesem umfassenden Thema zu widmen. In dem vorliegenden Buch beschreibt er in übersichtlicher Gliederung und verständlicher Form das gesamte Spektrum der Rassegeflügelzucht. Zahlreiche Fotos, 4 Bauantrag-Musterseiten sowie 38 Zeichnungen ermöglichen die praktische Umsetzung der Ideen und geben wertvolle Tipps für eine handwerkliche Herstellung von Geflügelbehausungen auch auf kleinstem Raum.

Wir danken dem Autor Günter Stach für dieses ausgezeichnete Werk, das wir als Do-it-yourself-Ratgeber für die Gestaltung von Geflügelställen und Ausläufen den interessierten Züchterinnen und Züchtern dringend empfehlen. Die neuen Ideen, handwerklichen Tipps und praktischen Anregungen sind für Anfänger und Handwerker jeden Alters wertvoll und unverzichtbar.

Espelkamp und Herzebrock-Clarholz, im April 2004

VHGW
Verband Hühner-, Groß- und Wassergeflügelzüchtervereine e.V. im BDRG
Wilfried Windhorst

VZV
Verband der Zwerghuhnzüchter-Vereine e.V. im BDRG
Karl Stratmann

# Vorwort des Autors zur 2. Auflage

Großes Interesse an der Geflügelhaltung sowie die Investitionsbereitschaft der Rassegeflügelzüchter führte schließlich zu einer weiteren Auflage von GEFLÜGELSTÄLLE UND AUSLÄUFE. Unter Verwendung von Anregungen sowohl aus der Leserschaft als auch aktueller Erkenntnisse aus der Praxis bei Besuchen von Züchtern in ihren Stallanlagen, erleichterten die Überarbeitung des Inhaltes; ihn teilweise zu ergänzen, war deshalb naheliegend.

Nach Auftreten der Vogelgrippe in Europa schien es zudem unerlässlich, im Hinblick auf gegenwärtig bestehende Unsicherheiten, die Haltung von Geflügeltieren besonderes aufmerksam zu hinterfragen. So rückt die art- bzw. rassegerechte Unterbringung des Geflügels: Puten, Perlhühner, Hühner und Zwerghühner sowie Enten und Gänse, vor allem wenn die Aufstallpflicht wahrgenommen werden soll, einmal mehr in den Blick der Behörden und ihrer eingreifenden Organen.

Nach wie vor sollen diese Bauanleitungen den Geflügelhaltern sowie den engagierten Rassegeflügelzüchtern, und denen, die es werden wollen, eine Lektüre an die Hand geben, die dazu beiträgt der traditionsreichen Freizeitbeschäftigung mit edlen Geflügeltieren in der Öffentlichkeit eine besondere, obendrein eine werbewirksame Note zu verleihen.

An dieser Stelle sei dem Herausgeberverlag Oertel & Spörer gebührender Dank für die Fortsetzung seiner Fachliteraturreihe ausgesprochen; ein Engagement, in diesem Falle speziell auf die Rassegeflügelzucht ausgerichtet, das nicht hoch genug eingeschätzt werden kann.

Schömberg, im Mai 2008 Günter Stach

# Vorwort des Autors

Nach einer Reise weiß man viel zu erzählen. Und Reisen bildet – kein Zweifel. Wenn man dann noch das Schöne mit dem Nützlichen verbinden kann – darüber ein Buch zu schreiben – erweisen sich die Erlebnisse obendrein als segensreich. Ein solches Resultat liegt, sehr geehrte Leserschaft, vor Ihnen. Es ist das Ergebnis meiner Begegnungen mit Zuchtfreunden, die mir in ihre Stallungen Einlass gewährten und über die ich unter dem Thema „Züchterporträt" gelegentlich in der Fachpresse berichtete.

Schon während der Vorbereitungen zu dem Titel „Taubenschläge und Volieren" haben wir während einer Besprechung im Oertel+Spörer-Verlagshaus festgelegt, parallel dazu einen ähnlichen Band über „Geflügelställe" folgen zu lassen. Mein Freund Walter Schwarz, der langjährige Chefredakteur der ehemaligen, legendären Fachzeitschrift „Deutscher Kleintier-Züchter", bot sich spontan an, dort seine Erfahrungen mit einfließen zu lassen. Leider verstarb er viel zu früh – nun bedeckt ihn der grüne Rasen, wie er persönlich in sehr einfühlsamen Nachrufen nicht selten formulierte.

Das Thema Geflügelställe wurde auf meinen Wunsch um Ausläufe erweitert, sodass die Leser jetzt kompakt in das Thema „Geflügelställe und Ausläufe" interessiert Einsicht nehmen können. Eine sachdienliche Bearbeitung, die das gesamte Spektrum der Geflügelhaltung umfassen soll. Schließlich resümiert das Wohlbefinden unserer Pfleglinge, der Haustiere, sowohl aus der schutzgebenden Unterbringung als auch aus den Einflüssen ihrer Umwelt im Freien.

Die zahlreichen Einflechtungen von Verhaltensweisen der Geflügeltiere im Haustierstand unter Berücksichtigung von Vorgängen aus der Zeit ihrer Ahnen in freier Natur lassen sich bei der Vergegenwärtigung des heutigen Wissensstandes nicht vermeiden. Im Erforschen der historischen Domestikation steht die Wissenschaft noch auf verhältnismäßig jungen Beinen, wobei sie sich zu jeder Zeit des existenziellen Fortschritts auf die Erfahrungen aus der Rassegeflügelzucht berufen konnte. Als weiterer Beitrag dazu soll – gewissermaßen als eine Aufstockung aller unserer Grundkenntnisse – dieser Buchtitel der Leserschaft wirklich zugutekommen.

Mit Eröffnung der 1. Staatlichen Lehranstalt für Geflügelzucht im Stadtteil Cröllwitz von Halle an der Saale 1901 bemühten sich die damals im heutigen Dachverband, dem BDRG, organisierten Rassegeflügelzüchter auf züchterischem Wege Leistung und Schönheit nutzbringend zu verbinden, sowie vor allem durch Ertragssteigerung im Sinne der Bevölkerungsversorgung vom Ausland unabhängig zu werden.

Mit erreichter Widerstandsfähigkeit gegenüber Witterungsunbilden und nicht ausbleibenden Gesundheitsbeeinträchtigungen lieferten experimentell angelegte Versuchsreihen im Hinblick auf die Unterbringung sowie der praktische Umgang mit Zubehörteilen nachahmenswerte Erkenntnisse, die methodisch heute noch die Fertigung vieler Gerätschaften und deren traditionellen Einsatz sichern.

Die Technik hat speziell auch in der freizeitlich betriebenen Rassegeflügelhaltung ihren viele Vorteile bringenden Einzug gehalten. Die Versorgung der Stallungen mit Strom und fließendem Wasser wie auch die Installationen von Abwasserleitungen gehören heute schon zur Standardausstattung von Kleintierzuchtanlagen.

Als ein richtungweisendes Beispiel dafür kann der BDRG-eigene „Wissenschaftliche Geflügelhof", seit dem 3. April 2004 offiziell als „Bruno Dürigen Institut" unter wissenschaftlicher Leitung mit Vorbildfunktion geführt, bezeichnet werden. Vor allem sind es die Stallungen und deren Einrichtungen dort, denen ich in Übereinstimmung mit dem akademischen Führungsstab dieses Institutes als Autor von „Geflügelställe und Ausläufe" meine spezielle Aufmerksamkeit schenke. Unter Berufung auf ihre Vorzüge und verbunden mit optimierenden Hinweisen darf sich die Leserschaft inhaltlich sowohl auf die baufachliche Kompetenz verlassen als auch den tierschutzrelevanten Argumenten vertrauen, in Fällen, wo als Vergleichsobjekt bei regionalen Unstimmigkeiten auf die Mustergültigkeit einer Zuchtanlage hingewiesen werden muss.

In diesem Zusammenhang sei an dieser Stelle nochmals allen Zuchtfreunden für die bereitwillige Öffnung ihrer Zuchtanlagen gedankt. Ihre auf Erfahrung basierenden Mitteilungen gebe ich deshalb sehr gerne weiter; ich bin mir bewusst, dass die Leser von diesem Wissen profitieren werden. Den Geflügelhaltern soll der Inhalt informative Anregungen geben sowie den Mitgliedern des Bundes Deutscher Rassegeflügelzüchter und seinen Fachverbänden damit Ansporn sein, unseren Mitmenschen mit Geflügelställen und Ausläufen nachahmenswerte Voraussetzungen vorzustellen.

Eingebunden in den Dank, sei dem Oertel+Spörer Verlag, Reutlingen, meine Anerkennung ausgesprochen, der sich entschied, dieses Druckwerk in die Reihe seiner so vorzüglich ausgestatteten Buchtitel aufzunehmen und der darum bemüht ist, die kulturelle Landschaft der Rassegeflügelzucht damit zu bereichern.

Langenbrand/Schwarzwald, im April 2004 — Günter Stach

# Geflügelställe und Ausläufe

## Ein allgemeiner Vorspann

So lange sich die Menschen erinnern, werden sie mit der eigentlichen Geflügelhaltung bereits am frühen Morgen konfrontiert, wenn sie sich nämlich am Frühstücksei erfreuen und schließlich im Laufe des Tages vielerorts dem gebratenen Hendl begegnen. Und nicht nur das: Die Verbraucher genießen bei vielerlei Gelegenheiten entzückt dann noch Backwaren, die den Eianteil nicht leugnen können. Putenfleisch gehört zum Alltag, Enten bereichern zunehmend den Speisezettel und Gänsebraten zum Weihnachtsfest wird alljährlich zum lukullischen Höhepunkt.

Das war nicht immer so: Den Rassegeflügelzüchtern unserer Organisation, den Mitgliedern des heutigen BDRG (Bund Deutscher Rassegeflügelzüchter), ist es zu verdanken, dass zum einen die Eiererzeugung und zum anderen die Geflügelfleischproduktion vor hundert Jahren zunächst erst einmal einen zögerlichen Aufschwung nahm, um dann hierzulande gegenüber dem Ausland weltweit konkurrenzfähig zu werden. Das Interesse an Leistungsrassen stieg zunehmend, war man doch damals überwiegend auf Importe angewiesen, um den Versorgungsbedarf der Bevölkerung wenigstens einigermaßen zu decken.

*Nostalgische Schattenspiele an einem Hausgiebel bei Halle a. d. Saale, der einstigen Hochburg rassegeflügelzüchterischer Bestrebungen.*

*Noch immer attraktiv: Das 1907 eröffnete Hühner- und Taubenhaus im Zoologischen Garten von Berlin.*

Die Unterbringung des Federviehs in den ländlichen Gemeinden war freilich unproblematisch, da oftmals in Schweine- und Kuhställen eingepfercht; sie stellte jedoch keine zufriedenstellende Lösung dar. Anfälligkeit gegenüber Krankheiten war bei dieser Haltung die Folge und der Rückgang der Legeleistung ein deutliches Anzeichen. In den Städten hingegen versuchte sich die Bevölkerung auf engstem Raume mit der Geflügelhaltung zu behelfen; im Hof oder in den Gärten von Wohnsiedlungen, sogar in den Hinterhöfen der Mietskasernen entstanden Ausläufe mit kleinsten Ausmaßen, die dennoch – insbesondere nach den beiden Weltkriegen – die Menschen mit ihren Familien zu Selbstversorgern werden ließen.

Gerade während dieser auszehrenden Zeiten erfuhren die Geflügelzuchtvereine – die Kleintierzuchtvereine allgemein, denn die Kaninchenhaltung bzw. -zucht florierte genauso – regen Zuspruch. Hier ging es um den echten Erfahrungsaustausch, um die Haltung und Pflege, darum Wissenswertes zu erfahren, eben Erträge zu steigern, bis dann mit dem Wohlstand die reine Freude am Züchten als Freizeitbeschäftigung in den Vordergrund rückte, mit der Sehnsucht nach friedfertiger Geselligkeit und nach züchterischem Wettbewerb mit Gleichgesinnten.

Heute sprechen wir von einem sinnvollen Hobby, von einer klugen Betätigung, mit der wir uns aus der Masse Mensch hervortun. Diese Einschätzung verschafft uns aber auch Neider, vor allem Argwohn, dem wir bislang standhalten mussten und gegen den wir uns mittlerweile unter Zuhilfenahme wissenschaftlicher Belege mit Rechtfertigungen verwahren müssen.

*Teilansicht der Zuchtanlage bei Fritz Schöne in Sebnitz/Sachsen.*

Wissenschaft und Forschung richteten längst ihr Augenmerk auf die Federtiere im Haustierstand. Nicht nur der wirtschaftliche Erfolg war für sie von Interesse. Als der Norweger Schjelderupp-Ebbe 1921 nämlich zum ersten Mal über Beobachtungen an Hühnern berichtete, deren Sozialverhalten er unter die Lupe nahm und die Hackordnung ausgemachter Rangordnungskämpfe definierte, schien das die Leser zu amüsieren. Nachdem schließlich die bemerkenswerte Verhaltensforschung vor etwa 60 Jahren zu einem vielschichtigen Wissenschaftszweig herangereift ist, vermitteln uns die Erkenntnisse artspezifische Grundlagen, um die Materie Rassegeflügelzucht unter Berücksichtigung der Lebensnotwendigkeiten unserer Schutzbefohlenen (Puten, Perlhühner, Hühner, Zwerghühner, Enten und Gänse) im Hinblick auf ihre art- und rassegerechte Unterbringung, aber speziell auch den Stallbau, zu bewerten.

Fairerweise wird die Wissenschaft den traditionellen Geflügelhaltern zugestehen müssen, dass man nur dank ihrer Beobachtungsgabe sowie ihres Einfühlungsvermögens im Umgang mit Geflügelnutztieren für wissenschaftliche Zwecke ein wohl aufbereitetes Betätigungsfeld vorfanden. Die historische Geflügelliteratur belegt uns sehr lange schon, wie zweckmäßig die Stallungen auf die Bedürfnisse der Insassen zu ihrer Zeit ausgerichtet waren, und bis heute im Wesentlichen kaum eine Änderung geschehen ist. Die Ergebnisse der Forschung aber unterstreichen einmal mehr den intelligenten Weitblick unserer Ahnen, wie sie aus ihrer Sicht die Sinnesleistungen und das Verhalten ihrer Federtiere zu deuten wussten, in einer Zeit, als die Menschen wirklich nur an das reine Überleben zu denken hatten, die Vorsorge gegenüber ihren Nutztieren aus guten Gründen jedoch nicht vernachlässigten.

Wie den Lesern in dem von mir verfassten Buch „Taubenschläge und Volieren“ geraten, empfehle ich, zum Verständnis der Thematik, auch dieses Kapitel mit Aufmerksamkeit zu lesen. Dem einen oder anderen Züchter bzw. Bauherren werden so manche Hinweise absurd oder übertrieben erscheinen. Sämtliche Ratschläge sind begründbar und resultieren aus Erfahrungen. Aus der Praxis für die Praxis sollen somit günstige Ergebnissen erzielt werden; auch mit Rücksicht auf nachbarschaftsrechtliche Auflagen sowie vor allem dem praktizierten Tierschutz zuliebe.

Wer Tiere hält, muss – um sie als Lebensgefährten, als Familienmitglieder behandeln zu können – sowohl mit ihren Lebensgewohnheiten als auch mit dem Umfang dessen, was ihnen zugemutet werden kann, vertraut sein, damit sie sich wohlfühlen. Die Kenntnis ihrer Physis ist eine Grundvoraussetzung, der Umgang mit ihrer Psyche ein Kriterium für ihr Wohlbefinden. Den Tieren zur Fürsorge, dem Pfleger als Genugtuung, der menschlichen Umgebung zur Rechtfertigung. Unumgänglich ist es deshalb, ihre artspezifischen Eigenheiten treffend einzuschätzen; das ist die eine Seite – die andere wäre das Umsetzen der Erkenntnisse vorbehaltlich der stammelterlichen Verhaltensweisen, mit lebensbejahenden Umweltangeboten den Domestizierten und ihren Ansprüchen entgegenzukommen.

Wenn auch seit Hunderten und Tausenden von Generationen im Haustierstand befindlich, reagieren die züchterisch modernisierten Enkel von heute trotz des Verlustes ihrer Wildheit auf Umweltreize immer noch ähnlich wie ihre Stammeltern – sowohl misstrauisch als auch berechenbar. Bei der Gestaltung ihres Lebensraumes heißt dies, Verantwortungsbewusstsein zu beweisen und bei der Planung ein Mindestmaß an Wachsamkeit an den Tag zu legen, ja sogar Skepsis, wenn Empfehlungen von angeblich mit der Materie Vertrauter den tiergerechten Komfort womöglich verharmlosen.

Die Leser vor solchen Schäden zu schützen, ist die Begründung für den so ausschweifenden Textvorspann.

## Tierbiologische Einschätzungen

Mit der Haustierwerdung und der damit verbundenen Verbreitung und Nutzung haben sich die Menschen – bezogen auf ihren Lebensraum und in Anpassung an die Gegebenheiten der Umwelt – dazu geeignete, besonders widerstandsfähige Hühnerrassen geschaffen; resultierend aus den asiatischen und Mittelmeerraumtypen bzw. aus beiden, miteinander verwandten Nachkommen. Hühner- und Zwerghühnerrassen mit deutlich voneinander abweichenden Staturen sowie ausgeprägter Widerstandsfähigkeit gegenüber lang anhaltenden Regenperioden, Nebel, Wind und Sturm sowie auch längeren Winterzeiten fordern eben dementsprechende Dauerherbergen, die auch für Langzeitaufenthalte geeignet sind.

Mit der Kenntnis solcher Besonderheiten ist zu entscheiden, wie geräumig ein Hühner- bzw. Zwerghühnerstall ausfallen muss. Sowohl die Anzahl und Größe der Stämme als auch deren individuelle Zusammensetzung werden flächenmäßig zu Buche schlagen, und das Temperament der Rasse die räumliche Ausstattung beeinflussen.

Die Größe des Auslaufes – teilweise überdacht oder nicht – samt der strukturellen Umweltangebote wird jeweils die Lebensqualität begünstigen. Es gilt also Zugeständnisse zu machen, die in jedem Falle eine angemessene Kompromissbereitschaft abverlangen.

Die normale Körpertemperatur des Geflügels schwankt zwischen 40 und 43 °C. Empfindlich reagieren Hühner auf Außentemperaturen unter 17 °C; ein hungerndes Tier muss dabei durch Muskelzittern oder Stoffwechselsteigerung die eigene Körperwärme auf den Normalwert bringen. Hohe Lufttemperaturen ab 27,5 °C gelten als kritisch. Nur durch Hecheln oder Wasseraufnahme kann sich das Tier bei starker Hitze selbst ein erträgliches Dasein verschaffen. Allerdings fällt die Widerstandsfähigkeit gegen Hitze von Rasse zu Rasse sehr unterschiedlich aus. Einfluss darauf nimmt, wie es wissenschaftliche Beobachtungen belegen, das Verhalten: Leichte Rassen trinken anhaltender als schwerere, um sich auf diese Weise abzukühlen.

Enten, Hühner und auch Tauben reagieren ohnehin auf Futter- bzw. Trinkwassererwärmung sehr sensibel, während ihnen Temperaturabsenkungen weit weniger zu schaffen machen. Hühner empfinden Trinkwasser mit 35 °C als unangenehm, 40 °C als mäßig und auf 45 °C erwärmtes Trinkwasser lehnen sie völlig ab. Wenn Hühner auswählen können, ziehen sie 3 °C kühles dem auf 20 °C erwärmten Wasser zum Durststillen vor. Offensichtlich wählerischer sind Enten: Sie trinken Wasser mit 15 °C lieber als das um 10 °C wärmere.

Dass sowohl hohe als auch niedrige Temperaturen sehr entscheidend sogar die Legeleistung negativ beeinflussen, steht außer Zweifel. Vorausgesetzt, die Tiere sind gesund und die Versorgung ist ausgewogen, liegt die ertragreichste Legeleistung der Hühner bei 12 °C. Erhöht sich die Umgebungstemperatur, reduziert sich die Eigröße bei knapp über 20 °C. Hitzegrade ab 30 °C und mehr, wie sie nicht selten in primitiven Unterkünften zeitweise herrschen, führen regelrecht zur Stagnation, zum Legestillstand. Abhilfe schaffen da nur häufig wiederholte Frischwassergaben und auch situationsbedingt energiereiche Kost, wenn schon nicht die Abkühlung durch Lüftungsregulierung zu bewerkstelligen ist.

Beeinträchtigt wird nicht nur die Legeleistung während der Hitzestaus; infolge mangelnder Frischluftzufuhr ist die Gesundheit gefährdet. Stickige, stehende Luft, verursacht durch zunehmende Kotmengen und Feuchtigkeitsausscheidungen, ist äußerst schädlich für die Atemwege. Hier gilt es Abhilfe zu schaffen: Bautechnische Hilfsmittel wie Lüftungsklappen können hierbei vorübergehend sehr wirksam ihren Zweck für ein erträgliches Stallklima erfüllen.

## Behördliche Einflussnahme auf die Geflügelhaltung

Unter den Geflügelhaltern brach Unruhe aus, als während der zweiten Jahreshälfte 2005 von Asien kommend die Ausbreitung des auch für den Menschen lebensbedrohlichen Vogelgrippevirus H5 N1 bekannt wurde. Schon im Jahr zuvor waren Einzelfälle im sibirischen Russland, danach auch in Europa registriert worden.

Von absehbaren Auswirkungen dieser Seuche beunruhigt, folgten seitens der Regierung das Verbot der Freilandhaltung, die Untersagung von Vogel- bzw. Geflügelmärkten sowie auch regional unterschiedlich gehandhabt die Durchführung von Rassegeflügelausstellungen.

In ähnlicher Weise wurde in der Folge die Haltung außerhalb von Ställen in begrenztem Maße in solchen Gehegen erlaubt, die gegen das Eindringen von Wildvögeln abgeschirmt waren. Bis es zur Aufhebung der Einsperrpflicht kam, war die Unterbringung in sogenannten Kaltscharrräumen gestattet, in Behältnissen, die durch ihre Bauweise als Gebäude definiert werden könnten. Die bauliche Ausstattung sah eine konstruktiv geschlossene Überdachung vor, die in jedem Falle das Eindringen von herabfallendem Vogelkot verhindert.

Behördliche Auflagen als Folge kritischer Ereignisse werden in den Amtsblättern sowie in der örtlichen Presse publik gemacht. Überwachungsfunktionen üben je nach bundesländerspezifischer Regelung die Landwirtschafts-, Landrats- oder Kreisveterinärämter aus. Schutzverordnungen sehen zuweilen vor, dass bei diesen Behörden die Geflügelbestände bekannt gemacht und zahlenmäßig gemeldet werden müssen.

Zur Zeit der Drucklegung dieser Auflage scheinen sich die Impulsgeber der Horrorszenarien beruhigt zu haben, zumal die Ursachen für das Ausbrechen dieser Vogelgrippe längst noch nicht einwandfrei ermittelt werden konnten und die Rahmenbedingungen nicht endgültig definiert sind.

# Hühnervögel

Die Stammeltern des Haushuhnes sind die zu den Roten Kammhühnern gehörenden Bankivahühner. Ihr asiatischer Lebensraum, dessen Klima sowie seine topografischen Gegebenheiten mit allen Vegetationsstrukturen können mit den mitteleuropäischen Verhältnissen kaum in Einklang gebracht werden, sie sind demnach unter Beachtung schutzgebender Maßnahmen künstlich zu ersetzen. Tropische Biotope mit gegensätzlichen Regionen reichen vom Meeresniveau der südlichen bis in die Höhenlagen der nördlichen Hemisphäre. Die Biologie der Hühnerartigen beruft sich offensichtlich überwiegend auf den beanspruchten Wärmebedarf, der bei Puten und Perlhühnern ebenso sensibel angelegt ist. Bereits domestiziert, fanden die Truten unmittelbar nach der Entdeckung Amerikas den Weg vom südlichen Nord- und Mittelamerika nach Europa, während die Perlhühner aus dem näher gelegenen Afrika zu uns kamen. Die Lebensbedingungen dieser Spezies aus vergleichsweise trockeneren Gebieten auf Dauer bei uns bereitzuhalten, lässt bei der Beurteilung der Lebensraumgestaltung gelegentlich doch Unsicherheiten aufkommen.

*Perlhühner im Zoologischen Garten Heidelberg.*

# Wassergeflügel

Die Enten und Gänse, die wir pflegen, stellen an die Haltung bzw. Unterbringung kaum beschwerliche Anforderungen. An Wasser, dem einzigen Lebenselixier – stehend oder fließend –, sollte es jedoch nicht fehlen. Egal, wie lange es zugefroren ist, sie kommen mit niedrigen Außentemperaturen ohne Schaden zu nehmen gut zurecht. Diese Widerstandsfähigkeit haben diese Haustiere von den Eltern geerbt. Grau- und Schwanengans, die als Vorfahren in Frage kommenden Wildformen, sowie die uns vielerorts an zugänglichen Gewässern begegnenden Stockenten bedurften keiner züchterischen Akklimatisierung. Ihre Haustierentwicklung kommt deshalb einer regelrechten Zähmung gleich. Weil eben nicht empfindlich, werden wir ihre Unterkünfte, verglichen mit denen der Hühner, in den folgenden Abhandlungen vernachlässigen können. Der Vollständigkeit halber sei erwähnt, dass die Warzenenten eine Ausnahme bilden – sie stammen von den südamerikanischen Moschusenten, der Wildform, ab.

*Dem Gänse-Heinrich wurde im badischen Schwetzingen ein Denkmal gesetzt. In vielen Gegenden Deutschlands war es in den 1950er Jahren noch üblich, Gänse auf die Weide zu führen.*

# Grundsätzliches zum Stallbau

## Behörde und Nachbarbeziehungen

Wer jemals Hühnervögel im Regen hat stehen sehen oder sie bei Minus- oder bei extremen Plusgraden beobachtet hat, sieht, dass sie sich damit nicht abfinden wollen. Dass von diesen Tieren auch weniger Erträge zu erwarten sind, das leuchtet ein; ihre Entwicklung gerät ins Stocken und das weitere Gesundheitsbefinden löst jahreszeitliche Bedenken aus. Solchen Befürchtungen entgegenzuwirken wird baulich kein Problem darstellen. Der Baustoffhandel hält Materialien parat, die, zweckmäßig eingesetzt, in dem Sinne wirksam werden, wie die richtige Kleidung den Menschen hilft, jedem Wetter zu trotzen.

Planen, Bauen, Instandsetzen und Modernisieren stehen synonym stets für Schützen, Beherbergen und Sichern, im weiteren Sinne, um erkannte Nachteile abzuwenden. Der für gute Ratschläge empfängliche Rassegeflügelzüchter wird sich deshalb im Kreise seiner Zuchtfreunde informieren, welche Erkenntnisse sie mit welcher Rasse in welcher Region machten, mit welchen Erfahrungen sie sich auseinandersetzen mussten und welche Empfehlungen sie nutzbringend geben.

Was den Neubau von Geflügelställen betrifft, wird sich der Bauherr bei der örtlichen Baubehörde erkundigen, in welcher Größenordnung und in welcher Weise sein Grundstück bebaut werden darf. In den existierenden Bebauungsplänen wird vorgeschrieben, wie das Bauvorhaben auszusehen hat, Dachform und -neigung sind präzise festgelegt sowie die Stellung auf dem Grundstück, aber auch der Abstand zum Nachbarn. Gelegentlich wird amtlicherseits genauso Einfluss auf die konstruktive Ausführung genommen, d. h. Massiv- oder Leichtbauweise, also Stein oder Holz. Im Rahmen einer Sprechstunde wird man sich im Einzelnen kundig machen, welche Möglichkeiten sich bieten und auf welche Alternativen ausgewichen werden kann.

Technische Hindernisse werden sich wohl nicht ergeben, eher ist es die Behörde selbst, die energisch die Erfüllung von Auflagen verlangt oder gar mit Ablehnung reagiert, weil die Kleintierzucht gerade dort und da nicht oder nur in Einzelfällen begrenzt statthaft ist. Infolgedessen sei dem davon Betroffenen angeraten – sofern möglich, schon vor dem Kauf eines Grundstückes – sich mit den künftigen Nachbarn über solche Bauabsichten zu einigen: und zwar schriftlich. Über den Willen der Kleintierhaltung bestimmt nämlich nicht der Grund- oder Hausbesitzer, sondern letztendlich die Gemeindeverwaltung.

Bau- und zivilrechtliche Angelegenheiten an dieser Stelle auszulegen würde den inhaltlichen Umfang dieses Handbuches sprengen, noch dazu ist das sogenannte Nachbarrecht in den einzelnen Bundesländern unterschiedlich geregelt. Dennoch haben bauliche Mindestforderungen an das Aussehen generell und Bauvorschriften aus nachvollziehbaren Gründen durchaus ihre Berechtigung. Ja, sie kommen unserer Freizeitbeschäftigung, der Kleintierzucht, gelegentlich sogar entgegen. Dabei denken wir gleichermaßen an die Imagepflege, die unserem Hobby ein aufgewertetes Ansehen verleihen soll: Schmucke, gepflegte Ställe auf hohem Niveau errichtet, sind positiv wirkende Anlagen mit Vorzeigecharakter. Beispiele also, die zur Nachahmung empfohlen werden und von Negativerscheinungen ablenken. Die Mitmenschen werden sich nur dann entschließen können, in Wohngebieten oder in nächster Nähe solchen Ansinnen zuzustimmen, wenn Zuchtanlagen nachhaltig attraktiv gehalten werden. Stets Neugier bei den Mitmenschen auszulösen muss das Ziel unserer kleintierzüchterischen Bemühungen sein.

*Idyllisch gelegener Doppelhühnerstall bei Waltraud und Kurt Krüger in Ausleben/ Sachsen-Anhalt. Beachtenswert die großzügigen Fensterflächen und geöffneten Oberlichter zur Belüftung.*

# Bauliche Voraussetzungen

Die Geflügelhaltung ist zwar kein problematisches Unterfangen, dennoch will jeder Schritt, jedes Handanlegen gründlich überlegt sein. Und nachdem wir einen kleinen Einblick in die Bedürfnisse des Geflügels bekommen haben, können nach den theoretischen Einschätzungen für den angehenden Praktiker eigentlich nur noch intelligente Lösungen in Frage kommen. Die Wahl der Baumaterialien, die Konstruktionen sowie die Gestaltung des Stallinneren und die Gestaltung der Ausläufe sind eine Antwort auf die vom Leser wahrscheinlich gestellten Fragen nach dem Warum und Weshalb.

Eigentlich bieten sich für die Unterbringung des Rassegeflügels einige alternative Möglichkeiten an: der Neubau – örtlich erstellt oder durch Kauf eines Fertigprodukts –, die Modernisierung und schließlich das Einstallen in vorhandene Gebäude. Als Orientierungshilfe soll dazu das Neubaukonzept im Vordergrund stehen. Und hier wollen wir im Verlauf des Ratgebers zwischen dem Eigenbau vor Ort und der fachkundigen Anschaffung eines Stalles aus dem Fertigbauprogramm unterscheiden.

Traditionell empfohlen, beanspruchen 3 große bzw. 4 Zwerghühner eine Bodenfläche von einem Quadratmeter. Dazu sei bemerkt, dass ein Stall für das Geflügel, egal für welche Rasse, niemals groß genug sein kann. Diese Empfehlung behält auch dann Gültigkeit, wenn sich auf einer Grundfläche für Stämme mehrere Abteile nebeneinander reihen. Immerhin wird es im Laufe eines Jahres wetterbedingt triste Tage geben, an denen das Federvolk zwangsläufig länger als 24 Stunden im geschlossenen Raum gehalten werden muss. Wenn es dann an Reizauslösern fehlt, an Beschäftigungsmöglichkeiten mangelt, erliegen die Hühner nicht selten der Versuchung des Federfressens. Außerdem steigen infolge von Enge und der daraus resultierenden Zwänge die Anfälligkeiten gegenüber Krankheiten sehr drastisch. Der Ausbruch von Seuchen ist nun mal nicht selten die Folge von Stallüberbelegungen, wie auch das Eierfressen bei Hühnern auf fehlende Legenester zurückgeführt werden kann.

Dies sind Argumente dafür, großzügig zu planen, wo es die Platzverhältnisse zulassen, also großräumig und sinnvoll zu bauen. Die Überlegungen sollten genauso die Bemessung der Fensterflächen beinhalten sowie auch die Ausführung der Umfassungswände, die mithilfe bauphysikalisch hochwertiger Konstruktionen den Schutz sowohl gegen strapazierende Stauhitze als auch gegen zehrende Kälte gewährleisten kann. Licht, Luft und die Trockenheit als Begleiterscheinung des Sonnenscheins sind die in den Tierunterkünften auszugleichenden Elemente, überlebenswichtige Voraussetzungen, echte Garanten, damit die Insassen natürlich gesund bleiben. Wer diese Denkweise beherzigt, baut für die Zukunft und wird auf Dauer sehr viel Freude an der Rassegeflügelzucht haben. Dass Stallbauten heutzutage mit Elektroinstallationen zu erschließen sind, sollte selbstverständlich sein und wird deshalb nur am Rande erwähnt. Wohl dem Züchter, der noch dazu einen Frischwasseranschluss herstellen kann, vielleicht sogar mit der damit in Verbindung stehenden Abwasserführung.

Den Stallbau qualitativ auch dem wirtschaftlich durchdachten Wohnungsbau anzupassen wird sich im Endeffekt positiv auswirken, wenn wir dort ermittelte Erkenntniswerte für unsere Zwecke übernehmen. Auf die Dichtigkeit der zusammengebauten Elemente, wie Wände, Decke, Türen und Fenster, größte Sorgfalt zu lenken ist eine sehr wichtige Vorsichtsmaßnahme. Durch bessere Leitfähigkeit erhöhen feuchte Stellen den großen Wärmeverlust; der Schutz vor Nässe genießt bei allen Baumaßnahmen höchste Priorität. Sogenannte Kältebrücken sind auch im Stallbau zu vermeiden. Das sind Schwachstellen wie: blanke Brettertüren in Wandflächen mit hoher Dämmqualität oder Lüftungsschächte im direkten Dachbereich mit Verzicht auf Dämmmaterial parallel zum Zu- bzw. Abluftkanal, aber auch nur einfach verglaste Fensterflächen und offene Lüftungsklappen zu Zeiten, wenn sie eigentlich geschlossen sein sollten.

Über das effiziente Dämmvermögen der einzelnen Baumaterialien und im harmonischen Konstruktionsverbund im Mittel berechnet, gibt der bislang als K-Wert bezeichnete, nunmehr auf internationalen Standard umgestellte U-Wert vergleichbare Auskünfte. Er gibt die Wärmemenge (in Watt) an, die auf einem Quadratmeter Fläche (Wände und Decke) in einer Stunde bei einem Unterschied der Raum- und Außentemperatur von 1 K (Kelvin = 1 Grad Temperaturdifferenz in °C) entweicht. Für den Stallerbauer sind dies brauchbare Richtwerte, mit denen er in jeder Hinsicht die geeignete und angemessene Auswahl zu treffen in der Lage ist.

## U-Werte-Tabelle

| | |
|---|---|
| Rahmenlose Fenster | 8,1 W |
| Betonrahmenfenster | 5,8 W |
| Einfach verglaste Fenster | 4,5–5,2 W |
| Doppelt verglaste Fenster | 3,1–3,6 W |
| Glasbausteinfensterfläche | 2,5 W |
| Brettertüre, 24 mm dick | 3,6 W |
| Dieselbe Türe, zusätzlich aufgedoppelt mit einer 12-mm-Spanplatte, und dazwischen 50 mm Mineralfasereinlage | 0,58 W |
| Vollziegelmauerwerk, 24 cm, beiderseits verputzt | 1,9 W |
| Gasbeton, 25 cm, beiderseits verputzt | 1,1 W |
| Fachwerk-Ständerwand in Holz, 10 × 10 cm, innen: Feuchtraum-Gipskartonplatten; außen: hölzerne Profilschalung = 28 mm, Hohlraum mit 100 mm dickem Mineralfaser-Dämmmaterial | 0,35 W |

# Nutzung des Sonnenlichts

## Zum Standort der Ställe

Mit der Ausrichtung der Fensterfront gen Süden erreichen wir im Verlaufe eines Jahres bei dieser Gebäudestellung den besten Nutzungswert des Sonnenlichtes. Zudem erwarten wir von der Sonne auch Wärme, die es insbesondere mit dem Abklingen der unwirtlichen Jahreszeit und dem erhofften Beginn des Frühlings einzufangen gilt. Im Freien beeinflussen der Sonnenstand und die Wärmeabgabefähigkeit des Bodens – der Erde – die natürliche Wärme.

Wir erinnern uns: Die Erde ist der drittnächste Planet der Sonne umgeben von Atmosphäre und mit einem Mond. Sie umkreist die Sonne auf einer elliptischen Bahn einmal in einem Jahr und dreht sich in 24 Stunden einmal um sich selbst.

Ungeachtet örtlicher Verhältnisse erleben wir mit dem höchsten Stand der Sonne am 21. Juni dennoch nicht den heißesten und auch nicht den kältesten Tag bei ihrem tiefsten Stand am 21. Dezember, sondern etwa jeweils um vier Wochen versetzt, also Ende Juli viel höhere und in der Regel Ende Januar die niedrigsten Temperaturen. Institutionelle Aufzeichnungen belegen eine mögliche Sonnenscheindauer vom 21. Mai bis 21. Juli von 16 bis 16 3/4 Stunden und vom 21. November bis 21. Januar von 8 1/4 bis 7 1/2 Stunden. Um fast 2 Stunden monatlich ändert sich die Besonnungsdauer während der Monate dazwischen. Tatsächlich aber reduzieren Wolken und Nebel die wirkliche Besonnung um mehr als die Hälfte der oben genannten Zeiten.

Auskunft über den Sonnenstand bzw. den Einfallswinkel ihrer Strahlen und die Dauer der Besonnung gibt die nebenstehende zeichnerische Darstellung mit spezifischer Festlegung der Tag- und Nachtgleiche zum 21. März / 21. September, Frühlings- und Herbstbeginn, der Sommersonnenwende am 21. Juni sowie dem Winteranfang am 21. Dezember.

An der Intensität der Besonnung, aber auch der damit verbundenen Schattenwirkung lassen sich die jahreszeitlichen Situationen einschätzen und vorab bei Grundstückskaufabsichten sowie auch in Planungsfällen sichere Prognosen abgeben. Die Stellung des Gebäudes und seine messbare Erreichbarkeit durch die Sonne wird maßgeblichen Einfluss auf die bauphysikalische Materialauswahl nehmen.

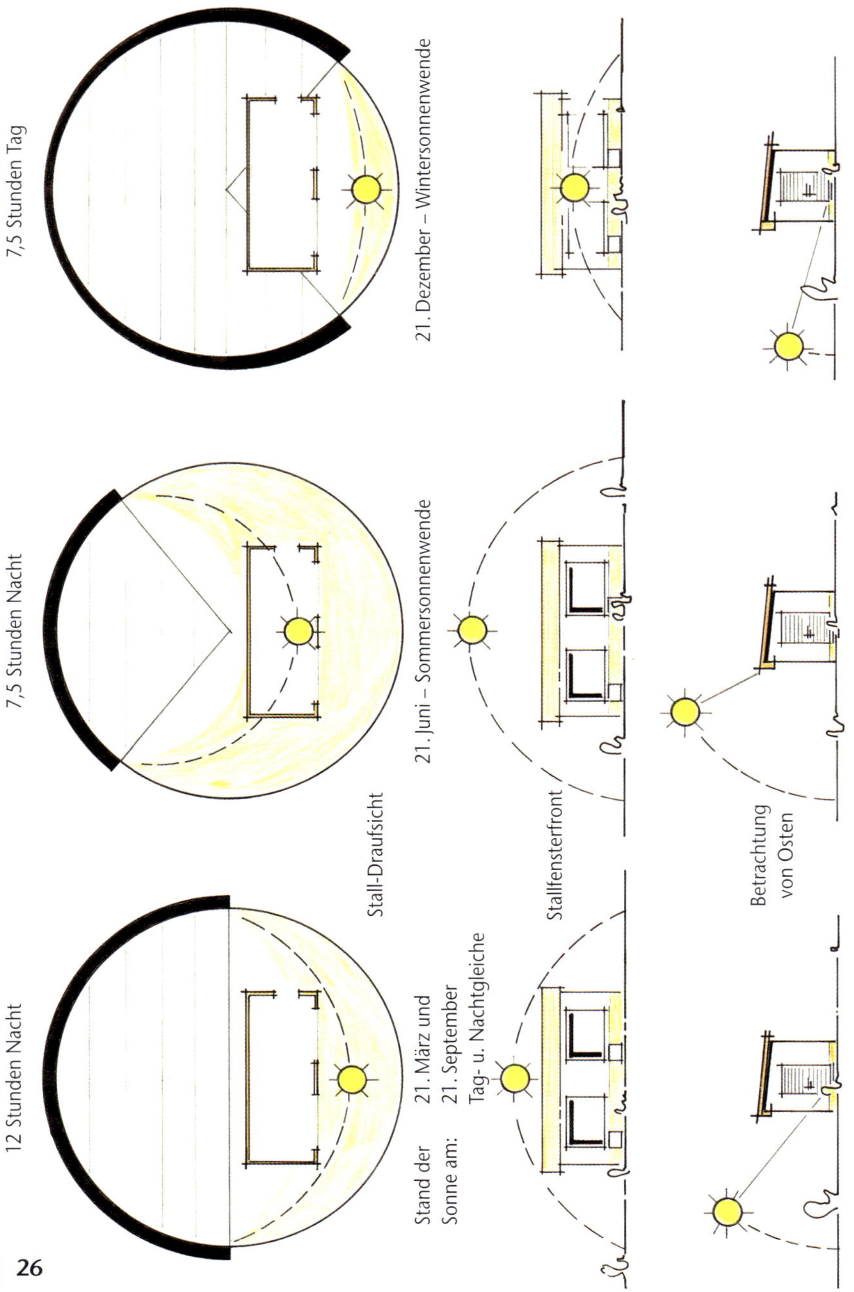


**Ermittlung des Sonnenlichts**
nach H.-B. Fischer – W. Kürthe

# Standort und Baubeginn

Die Stellung des Gebäudes wird von der Grundstückslage bestimmt. Ideal zur maximalen Sonnenausbeute – siehe dazu die Abb. S. 23 – ist die Ausrichtung mit der Fensterfront nach Süden bis Südosten. Jede Abweichung davon verlangt den Einsatz baulicher Maßnahmen wie z. B. einen Vorbau am Schlupfloch gegen die Windrichtung.

Spätestens bei der Planung wissen wir, mit welcher Größenordnung – Rasse, Stämme und Individuenzahl – wir insgesamt zu züchten beabsichtigen. Zu bedenken ist hierbei die separate Haltung einzelner Hähne in Boxen und wie und wo die Küken aufgezogen werden. Entschieden haben wir uns auch für die massive oder leichte Bauweise; die Materialien sind demzufolge vorprogrammiert. Zwei Möglichkeiten mit den Einschränkungen, dass dazu erfahrene und geschickte Hände erforderlich werden, falls ein Eigenbau beabsichtigt ist. Jedenfalls kann der Leser von den folgenden Beschreibungen profitieren, sofern er nur einen geringen Teil der Leistungen selbst übernehmen möchte. Da wäre zum Beispiel die Fundamentierung: das Betonieren der Fundamente und der Bodenplatte in einer Betonqualität nach Statikerangaben, durch einen erfahrenen Baufachmann oder basierend auf den Erfahrungswerten des Betonlieferwerkes.

## Fundamentgründung

Für einen gesunden Beschäftigungswilligen bedeutet es keine Mühe, nach vorliegenden Bauplänen die Erd-, genauer die Grabarbeiten, auszuführen. Hierbei besteht die gesetzliche Verpflichtung, den Humus, den Mutterboden, zu schützen, ihn nach dem Abtragen also anderweitig ertragbringend auszubringen oder vorübergehend zwischenzulagern.

Das grobe Einmessen des Baukörpers geschieht mittels Pflöcken und Schnur, das der Eckpunkte maßgenau durch Anlegen von Holzdielen (-bohlen) oder auch Kanthölzern. Fundamente werden frostfrei gegründet, d. h. die Gräben sind je nach Region zwischen 80 und bis zu 120 Zentimeter tief auszuschachten. Unter Bodenplatten wird der Grund bis auf den „gewachsenen" Boden abgetragen, darauf bauen sich dann die einzelnen Schichten auf; so ein Packlager aus Natursteinen oder ein verdichteter Kiesfilter, einschließlich der Sauberkeitsschicht direkt über dem Erdreich. Bei Frosteinwirkung schützt dieses Polster den eigentlichen Stallboden vor Auffrierungen und Rissbildung. Wieder nach Angabe des Statikers oder auch eines erfahrenen Baufachmannes wird die Betonplatte mit einer Baustahlgewebematte bewehrt. Die Verwendung einer Q- oder R-Matte zur Stabilisierung ist in den meisten Fällen für die zu erwartende Beanspruchung ausreichend. Diese Lagermatten sind handelsüblich 6,00 × 2,50 m groß. Entsprechend dem Bedarf werden sie mit einer schweren Drahtschere (Bolzenschneider) zurechtgeschnitten. Die mit einem Vibrationsrüttler verdichtete Betonoberfläche wird dann mit einem Reibebrett eben gerieben.

Im Zuge des Aushubs – siehe dazu die Zeichnung 6 im Anhang S. 123 – werden die Installationsgräben für die Frisch- und Abwasserleitungen sowie das Erdkabel ausgegraben und ihr Verlauf auf dem Bauplan exakt eingezeichnet. Alle diese Leitungen, bestehend aus widerstandsfähigem PVC-Material, sind zur Vermeidung von Druck mit Sand zu ummanteln. Die herausragenden Enden werden erst später, nach dem Einbringen der Fußbodenkonstruktion, passend abgeschnitten. Über dem Erdkabel wird 30 cm unter dem Geländeniveau ein Signalband aus Kunststoff eingelegt, das bei späteren Grabarbeiten zur Vorsicht mahnt.

Bei größeren Stallgebäuden empfiehlt sich die Installation einer Blitzschutzanlage. Zu diesem Zweck wird parallel zu den Außenkanten das stählerne Erdband für den Anschluss der Ableitungen mit einbetoniert. Partiell eingelassen in den Frischbeton werden die Bodenanker mit Gewinde zur späteren Verschraubung der Fußschwelle von hölzernen Aufbauten.

Nicht alle Grundstücke sind topfeben. Hanglage verlangt an der tiefer liegenden und an den Seiten eine Aufbetonierung bis Bodenplattenniveau. Diese Fundamentgründung ist auszuführen wie vorher beschrieben. Der Freiraum über der schräg verlaufenden Hangfläche kann mit dem Aushubüberschuss aufgefüllt werden, muss jedoch – am besten maschinell – verdichtet werden. Sofern anstelle einer Massivplatte eine Holzbalkenlage den Abschluss über den Fundamenten den eigentlichen Fußboden bildet, ist der Hohlraum darunter über mit Mäusegitter verschlossenen Öffnungen zu entlüften.

Schützend gegen aufsteigende Feuchtigkeit wird je nach Ausführung unter die Holzbalken und auf einer Betondecke für folgende Aufbauten später eine Bitumenpappe gelegt. Im Erdreich befindliche Bauwerksteile werden nach Entfernen der Holzschalung ebenfalls gegen das Eindringen von Feuchtigkeit mit einem Wasser abweisenden Anstrich geschützt, Hohlstellen werden vorher mit feinem Betonmaterial geschlossen.

Jede Bauweise, d. h. der Materialeinsatz, übt regulierenden Einfluss auf das Stallklima aus. Widerstandsfähigkeit gegenüber jedem Witterungseinfluss von außen ist bei geringem Instandhaltungsaufwand eine Mindestforderung. In Wohngegenden kommen zur Vermeidung von Lärmbelästigung noch die Ansprüche des Schallschutzes hinzu. Gegenüber der Nachbarschaft ist ohnehin Fairness angebracht, umso weniger fühlt man sich belästigt.

# Massivbauweise

Der Fachhandel bietet eine große Auswahl geeigneter Baumaterialien an, deren Einsatz nicht schwer fällt, wenn man dabei ihre Dämmeigenschaften berücksichtigt. In der Vergangenheit, und gegenwärtig vorzugsweise eingesetzt, haben sich Hochlochziegel, Kalksand-, aber auch Bimssteine in überzeugender Qualität bewährt. Gasbeton, blocksystematisch im Klebeverfahren verarbeitet, wäre wegen seiner guten Dämmeigenschaften eine bevorzugte, wie im Wohnungsbau verwendete, sehr überzeugende Alternative. Die Außenwandstärke ist gemäß der Norm aus statischen Gründen auf mindestens 24 Zentimeter festgelegt. Im Vergleich zur leichteren Holzbauweise und den dort zu erreichenden Dämmergebnissen lassen es wirtschaftliche Überlegungen geraten erscheinen, die leichtere Bauart evtl. doch vorzuziehen, zusätzlich lässt sich das eigens zur Verwendung kommende Material für den einen und anderen Bauwilligen geschickter bearbeiten.

Je nach Länge und Tiefe des Zuchtanlagegebäudes wird in Einzelfällen auf massive Zwischenwände verzichtet werden können. Werden sie beim geplanten Bauwerk zur Aussteifung notwendig, sind sie standortmäßig – nach den vorgesehenen Stallabteilen eingemessen – flächengünstig zu platzieren.

Die lichte Stallhöhe an der niedrigsten Stelle ab 2,00 m im fertigen Zustand reicht aus, weil sie bei einer Mindestdachneigung ab 10 Grad bezogen auf die Raumtiefe und abhängig von der Dacheindeckung hoch genug ist, um eine günstige Atmosphäre herzustellen. Als einfachste Dachkonstruktion für den Abschluss nach oben hat sich das Pultdach – siehe dazu die Zeichnung 5, S. 122 – erwiesen. Dank der konstruktiv möglichen Längen von Holz und Metall lassen sich die Zwischenräume von Umfassungswand zu Umfassungswand im Gegensatz zu örtlich betonierten Massivdecken für den Selbstbauer problemlos überbrücken. Dass auch hier Dämmmaßnahmen zu erbringen sind, lässt sich denken, werden doch besonders in diesem Bereich an der Deckenunterseite Hitze und Kälte von außen mit den raumklimatischen Zuständen innen bis zur Feuchtigkeitsbildung (Schwitzwasser) sehr auffällig aufeinander treffen. Bauphysikalisch verlangt der Innenausbau durchweg die Anwendung von atmungsaktiven Materialien, denn eine Raumluftqualität ist klimatisch nur dann ausgeglichen, wenn die Luftverhältnisse innen dieselben wie außen sind. Deshalb werden die Mauerwerkswände mit Kalk- bzw. Kalkzementmörtel verputzt; an der Decke kommen bevorzugt Ganzholzelemente (ohne Beschichtung) zum Einsatz, oder Gipskartonplatten in Feuchtraumqualität, die sich freilich anstelle von Putz genauso für senkrechte Flächen eignen. Hierbei verringern großformatige Elemente die Fugenzahl, also die möglichst zu vermeidenden Ritzenanteile, denn wenn sie nicht geschlossen sind, bieten sie Parasiten einen sicheren Unterschlupf. Mit Deckleisten bei Holz und Spachtelmasse lassen sich Plattenstöße und Schlitze leicht schließen und Unebenheiten egalisieren. Bei Neu- und Renovieranstrichen erfüllen wasserlösliche Dispersionsfarben mit ihren fast dauerbeständigen Eigenschaften in dankbarster Weise ihren Zweck. Leicht abwaschbar lassen sie sich zwischendurch oberflächlich reinigen, wenn nicht jedes Jahr eine Auffrischung erfolgen soll. Sprühdesinfektionen beeinträchtigen Dispersionsfarbanstriche keinesfalls.

## Ausbildung des Daches

Die Umfassungswände werden am oberen Abschluss mit einem Ringanker aus Beton und entsprechender Rundstahlbewehrung, = 2 × Durchmesser 14 mm, abgeschlossen. Zur Aufnahme der Dachkonstruktion – siehe dazu die Zeichnungen ab S. 118 – liegen dort mit dem Grund verankert die Pfetten oder Sparren, sozusagen die tragende Unterkonstruktion für den weiteren Dachaufbau, wie Sattel-, Pult-, flach geneigtes oder das gelegentlich problematische Flachdach. Je nach Vorschrift und Wunsch kann sich der Leser – siehe auch dazu die Zeichnungen – an diversen Konstruktionsbeispielen in-

*Das Nachrüsten von bestehenden Gebäuden mit einer Dämmung erfolgt mit dem Aufbringen einer Trennschicht zwischen alt und neu sowie dem Aufbringen einer hölzernen Unterkonstruktion zur Aufnahme der Dämmstoffe, darauf einer senkrechten Schutzschicht gegen Feuchtigkeit, abschließend die Fassadenverkleidung.*

*Holzstall vorbereitet für das Einbringen der Dämmung. Damit wird ein U-Wert erreicht, der ihn im Vergleich zu massiven Bauten gleichwertig macht, bzw. diesen sogar übertrifft.*

formieren, wie er im Detail das Dach zu gestalten bzw. handwerklich auszuführen sich vorgenommen hat.

Mögliche Dacheindeckungen sind:

Dachziegel aus Ton. Sie werden gebrannt und in unterschiedlichen Formen und Farben angeboten. Je nach Dachkonstruktion kommen Doppelfalzziegel und Biberschwänze zum Einsatz.

Betondachsteine werden aus Sand, Zement, Farbpigmenten und Wasser gemischt, ihre Formen sind unterschiedlich; sie sind relativ schwer.

Beide Werkstoffe bieten Lüftungsvariationen wie kaum andere an, sie kommen konstruktiv in sehr wirksamer Weise den praktischen Abluftbestrebungen entgegen.

Dachplatten aus Faserzement sind kleinformatige Schindeln und ergeben beim Eindecken sehr interessante Verlegestrukturen.

Bitumenschindeln zeichnen sich wegen ihrer kaum anspruchsvollen Verarbeitung und Bearbeitung sowie auch des geringen Gewichtes aus. Detaillierte Hinweise zum Verlegen machen es dem ambitionierten Selbstwerker recht leicht, die Arbeiten auszuführen, wobei Dachformen mit sehr geringer Neigung den Arbeitsaufwand erleichtern. Eine Unterkonstruktion aus Spanplatten auf dem Dachgebälk lässt die Gesamtkosten recht günstig erscheinen.

Titanzink- und Kupferblech auf Holzschalung verlangen außer handwerklichen Fähigkeiten auch speziellen Maschinen- und Werkzeugeinsatz. Zur Vermeidung von Trommelgeräuschen bei Regen ist das Verlegen einer Antidröhnunterlage unerlässlich.

Wellplatten in glasfaserverstärkter Kunststoffqualität für Dach und Wand werden speziell im Industriebau und an landwirtschaftlichen Gebäuden eingesetzt. Längen von 4 bis 8 m am Stück und einer Elementnutzbreite von mindestens 1 m reichen über größere Spannweiten hinweg. Lediglich an Holzbalken und Konterkonstruktionen vertikal und horizontal mit Schrauben befestigt, trotzen sie allen Witterungseinflüssen. Eine Anti-Tropf-Beschichtung auf der Innenfläche verhindert entstehendes Kondenswasser unter einschaligen, nicht isolierten Dächern.

Faserzementplatten sind heute frei von gesundheitsschädlichen Bestandteilen. So praktisch sie sind, kommen sie wegen ihres Schwergewichtes doch seltener zum Einsatz.

Zu den vorgenannten Wellenprofilen bieten die Hersteller transparente Formteile passend zu den eigentlichen Profilen an, damit beliebige Helligkeit in das Rauminnere gelangen kann.

Trapezbleche mit und ohne aufkaschierten Dämmstoff, in Abmessungen wie bei den Wellplattenerzeugnissen angeführt, bereichern das vielseitige Dachdecksortiment.

Ohne großen Aufwand zu einem Dach über dem Kopf zu kommen, das bietet ein auf der Balkenunterkonstruktion ruhendes Bretter- oder alternative Spanplattendach mit aufgeklebter Dachpappe. Bei zuverlässiger Verarbeitung und unter Berücksichtigung weniger Finessen aus dem Erfahrungsschatz des Ausführenden kann durchaus von einer langjährigen Haltbarkeit und Dichtigkeit ausgegangen werden.

## Holzbauweise

Mit einigem Mehraufwand lassen sich gegenüber der traditionellen massiven Bauweise durch den Einsatz von Holz in Verbindung mit

*Zum Selbstverlegen geeignet und im Gewicht wesentlich leichter als eine Ziegeleindeckung: Besandete Bitumenschindeln auf Dachpappe und hölzerne Unterkonstruktion, nach Werksangabe verlegt.*

Dämmstoffen aus dem Fachhandel gleich- und letztendlich sogar höhere Dämmwerte erreichen. Übertriebener Aufwand muss freilich nicht das angestrebte Ziel sein, denn das Stallklima, das es von drinnen zu draußen auszubalancieren gilt, hängt nun mal von der Besatzdichte sowie dem Luftaustausch, der Ventilation, ab. Diese funktioniert aber nur, wenn in ausreichendem Maße die viel leichter zu erwärmende Frischluft in die Tierunterkünfte strömen kann.

Waren die Handwerker noch vor überschaubaren Jahren beim Erbringen von Bauleistungen auf ihre erlernten Fähigkeiten angewiesen, stehen heute leicht zu handhabende Maschinen und metallene Verbindungsteile zur Verfügung, die es unter Anleitung einem Do-it-yourself-Handwerker ermöglichen, das sogenannte Fachwerk, das Holzgrundgerüst für Umfassungs- und Zwischenwände, einschließlich des Dachgebälkes zu errichten. Vorteile bieten hier örtlich angesiedelte Baufachmärkte mit ihrem kompetenten Beratungsservice sowie auch dem Verleih von Werkzeugen und Geräten bis hin zum Transportanhänger, die das Selbermachen doch sehr erleichtern.

Das Aufrichten der Holzkonstruktion (Zeichnung Nr. 7, S. 124) beginnt mit dem Einbetonieren der Bodenanker in die vorgesehenen Aussparungen, wenn sie nicht schon zuvor einbetoniert worden sind. Dem schließt sich das Verlegen der unbesandeten, auf Bitumenbasis aufgebauten Schutzpappe gegen aufsteigende Feuchtigkeit an. Vorbeugend gegen Fäulnis und Wurmbefall wird das Bauholz im Tauch-, Spritz- oder Anstrichverfahren schutzimprägniert. Die Schnittstellen sind zuverlässig nachzubehandeln.

Zum Ausfachen, dem Füllen der Leerräume zwischen den Pfosten (Stielen), Riegeln und Schwellen bieten sich etliche Möglichkeiten an: mit Sichtmauerwerk wie Klinkern, Kalksandsteinen u.a., mit nachträglich zu verputzenden Ziegel- und Bimssteinen oder Dämmmaterialien unterschiedlicher Erzeugnisse. Für das sowohl ästhetische als auch praktische Verkleiden stehen dann Putzverfahren sowie Verbretterungen und alternativ Beplankungen, je nach Geschmack und Finanzlage, zur Verfügung. Dem Vorspann unter Stallbau-Ausführungen ist zu entnehmen, welche baulichen Vorkehrungen zu treffen sind, um den künftigen Insassen ausreichend Schutz gegen Witterungseinflüsse zu bieten. Ästhetische Empfindungen werden da gegenüber konstruktiven Notwendigkeiten deutlich in den Hintergrund treten müssen – freilich lässt sich dies entweder durch einen materiellen oder auch finanziellen Mehraufwand ausgleichen.

Wie man sich gegen Kälte mit warmer Kleidung und zusätzlich durch Überziehen von Regenbekleidung gegen Nässe schützt, wird auch die Außenhaut des Stallgebäudes eine dem Wetter trotzende Hülle erhalten. Wo die Bauvorschriften aber Sichtmauerwerk verlangen, beginnt der Schutz eben dahinter, auf der inneren Seite im Stall. Ein Verfahren, das verarbeitungstechnisch keinerlei Umstände bereitet, beim Planen zu Gunsten der nutzbaren Stallfläche aber entsprechend zu berücksichtigen ist.

Höchste Aufmerksamkeit verlangt die Ausführung der Fußpunkte mit dem direkten Zusammentreffen unterschiedlicher Materialien. So sind Holzteile mit einer PVC-Folie oder Bitumenpappe von wasserspeichernden Baustoffen wie dem Zementestrich im Stallbodenbereich zu trennen. Der Langzeitschutz des Bauholzes muss vorrangig und zuverlässig sein.

*Entenstall aus Holz, mit Trapezblechprofil gedeckt. Die mit Feingefühl erfolgte Aufschraubung verhindert das Eindringen von Regenwasser. Der vorbildlich ausgeführte Fußpunkt des linksseitig stehenden Pfostens garantiert langfristige Haltbarkeit. Die Aufbereitung der Bodenfläche durch den Einsatz von Rasen käme den Bedürfnissen der Entenvögel sehr entgegen.*

Wer sich dennoch nicht mit der vereinfachten Holzbauweise abfinden will, hat mit dem Kauf eines kleineren oder größeren Gartenhauses aus der Serienproduktion die Möglichkeit, ein solches zur Nutzung für die Geflügelhaltung um- und auszubauen.

In Anlehnung an die in diesem Buch zu findenden Informationen wird sich der Interessierte leicht einen Überblick verschaffen können, genauso die Detailangaben der hölzernen Fertigstallhersteller auf deren Richtigkeit zu überprüfen und zu entscheiden, auf geeignete Angebote auszuweichen. Kostenmäßig zwar wahrscheinlich teurer, kommt die viel raschere Bauabwicklung so manchem schnell und spät Entscheidenden doch sehr entgegen. Es ist unerlässlich und langfristig sinnvoll, ausgereiften Stallungen ziemlich aller Größenordnungen den Vorzug zu geben. Gegen einen geringen Aufschlag, das wäre Verhandlungssache und -geschick, bieten die Produzenten zur Vorbereitung der Fundamente kostenlose Arbeitspläne und sogar Baugesuchsunterlagen an, die das Baugesuchs- bzw. Genehmigungsverfahren durchaus vereinfachen. Was es bei der Anschaffung solcher Fabrikate zu berücksichtigen gilt, lesen Sie in einem gesonderten Kapitel ab S. 75.

## Alternative Holzbauweise

Die Rassegeflügelzucht oder auch nur die Haltung von Geflügeltieren zum Zeitvertreib mit geringen Erwartungen an die Legeleistung, vielleicht noch an Schlachtware, kann schließlich auch ohne komfortable Baukünste aufzubieten einträgliche Blüten treiben. Nicht selten bedienten und bedienen sich nachweislich sogar begnadete Züchter einfachster Stallbauten ohne jeglichen Dämmschutz, wenn sie nur kleinen Stämmen genügend Platz und die Gelegenheit sich zu vermehren bieten. Hier verbringen die Tiere den einen oder anderen Tag bei ungünstiger Wetterlage, bei Regen finden sie trockenen Unterschlupf und legen hier regelmäßig die Eier ab. Die Versorgung der Tiere wird bei dieser Haltungsweise sicher eine andere sein, nämlich mehrmals am Tage mit dem Ausstreuen des Futters aus der Hand praktiziert, wie es bei der Haushaltung von Geflügel früher einmal üblich war.

Die absolute Leichtbauweise setzt, trotzdem sie sich sehr häufig in vielen Zuchten traditionell bewährt hat, dennoch Fürsorgebereitschaft besonders im Winter bei Minusgraden vor allem dann voraus, wenn mangels eines elektrischen Stromanschlusses ein Tränkenwärmer das Vereisen des Trinkwassers nicht verhindert. Während sich die Züchter in begehbaren Stallungen gewissermaßen rund um die Uhr mit ihren Pfleglingen beschäftigen können, werden sich diese Zuchtfreunde auf Freilandbeobachtungen beschränken müssen.

Ob Mini- oder Superstall, auch hier sind im Regelfall die Mindestanforderungen im Hinblick auf den Tierschutz zu erfüllen. Heute steht die Versorgung und Schutzgebung unter Berücksichtigung unserer Kenntnisse in der Arten- und Rassenkunde im Vordergrund und strebt danach, die Haltung mit den spezifischen Bedürfnissen zu vereinbaren.

# Fenster

*Große Fensterflächen in Geflügelställen bringen Helligkeit und eine lebensbejahende Atmosphäre. Die Tiere fühlen sich wohl; winters und an Regentagen bleibt ihnen die Lebenslust erhalten, noch dazu wenn das Raumklima wie in diesem Stall ihren Ansprüchen gerecht wird.*

Dunkle Stallungen gehören der Vergangenheit an. Schlag- und einbruchsichere Lichtöffnungen können mit transparenten Kunststofferzeugnissen ohne erhebliche Beeinträchtigung der Lichtintensität gefüllt werden. Den Öffnungsgrößen sind fertigungstechnisch heutzutage kaum noch Grenzen gesetzt.

Auf das Raumklima bezogen ist eine Isolierverglasung, auch in Verbindung mit Drahtglas, gegenüber einfachen Verglasungen vorzuziehen. Verbundfenster – sogenannte Doppelfenster – empfehlen sich, solange sie sich konstruktiv nicht verändern und bauphysikalisch mit noch effizienteren Dämmwerten überzeugen. Sie verlieren dann ihre Vorzüge, wenn im Laufe der Jahre durch Schwitzwasserbildung ihre Instandsetzung notwendig wird. Glasbausteine erfüllen gelegentlich dekorative Zwecke. Statische Lasten aufzunehmen sind sie nicht imstande, dafür bieten sie dem Eigentum sicheren Schutz.

Lichteinlässe in einwandiger PVC-Qualität sind widerstandsfähig, büßen aber mit zunehmender Einbaudauer im Aussehen ein. Auch hier bieten Hohlkammerprofile dämmende Vorteile.

Aufgrund ihrer positiven Zweckerfüllung sollten wir uns für isolierverglaste Fensterelemente entscheiden, wie sie in Normgrößen der Serienproduktion üblich sind und auch im Stallfertigbau überwiegend eingesetzt werden. Einflügelige, auch zweiflügelige Kippflügelkonstruktionen mit ausschwenkbarem Oberlicht sorgen für Licht und regulieren die Lüftung. Glasleisten zur Befestigung der Scheiben haben sich gegenüber der Verkittung – weil sie für Hühnervögel zum Anpicken interessant ist – durchgesetzt. Orientiert man sich an traditionellen Erfahrungswerten und an der Ausstattung der Stallbauten des BDRG-eigenen Wissenschaftlichen Geflügelhofes in Rommerskirchen-Sinsteden, so führt der direkte Sonnenlichteintritt in die Ställe bei den Insassen – wie in anderen Veröffentlichungen zuweilen bemerkt – bislang zu keinerlei Kannibalismus-Auffälligkeiten; ein evtl. notwendig werdender Sonnenschutz wurde deshalb nicht erwogen.

# Türen

Wer sich gegen Einbruch schützen muss, wird auf die stabile Ausführung der Abschlusstür samt der Beschläge – Drückergarnitur, Schloss, Bänder und Kloben – nicht verzichten können. Unter Berücksichtigung der raumklimatischen Situation würden Metalltüren, wie sie vor Heizungs- und Öllagerräumen für hohe Sicherheit sorgen, auch hier vollends ihren sichernden Dienst erbringen. Wir bedienen uns im Zugangsbereich zweier Türen, die sich in ihrer Wirkungsweise vorteilhaft ergänzen: einer Abschlusstür mit vollem Blatt (nach außen zu öffnen) sowie einer Rahmentür mit Drahtfüllung (innen angeschlagen), damit zur Unterstützung des Stallklimas anhaltend die Dauerlüftung gewährleistet wird.

In kleinen Ställen – wie in allen anderen natürlich auch – erfüllen nach einer Seite zu öffnende Schiebetüren ihren Zweck, ob als volles Türblatt, drahtbespanntes oder mit transparentem PVC ausgefülltes Rahmentürelement, das soll dem Nutzer überlassen sein. Tiefstreu praktizierende Züchter verfügen zur Verwahrung der Einstreu aus diesem Grunde am Boden über eine Schwelle von nicht unbeträchtlicher Höhe. In Fachbüchern wird darauf ausdrücklich empfehlend hingewiesen. Diese Aufkantung mag vielleicht angebracht sein, in fortgeschrittenem Alter jedoch wird es zunehmend beschwerlicher, dieses Hindernis unfallfrei zu überwinden. Eine Lösung wäre es, bei der Planung des Neubaus das Zugangsniveau gleich um die Einstreudicke höher zu legen.

Als Alternative zu den geschilderten Raumverschlüssen erscheint die Pendeltür als ein sehr praktikables Hemmnis, um die Geflügeltiere diesseits und jenseits in ihre Schranken zu verweisen. Entsprechend stramm eingestellt, gelingt es nur mit körperlicher Kraft, sie in die jeweilige Gehrichtung aufzustoßen.

Drehflügeltüren, in einfachster Konstruktion handwerklich gefertigt, reichen aus, um die Abteile in den Ställen zu verschließen. Türen in den Normgrößen: 62,5; 76; 88,5 und 101 cm in der lichten Wandöffnungsbreite und eine Rahmeneinbauhöhe von 206,5 cm sind gegebene Maße, die zu berücksichtigen sind. Reinigungsarbeiten und der Einsatz eines Schubkarrens werden durch die empfohlene geeignete lichte Durchfahrtsweite deutlich erleichtert.

# Wirtschaftsraum

Zu einer Zuchtanlage gehört – der Standort könnte sich allerdings auch im Wohnhaus befinden – ein Wirtschaftsraum. Jedenfalls ein Raum für den ernsthaften Rassegeflügelzüchter, in dem er Geräte, kurzum Futtermittel samt allem Zubehör unterbringen kann und versichert ist, dass die Transportbehälter in trockener Atmosphäre keinen Schaden nehmen. Vielleicht stehen dort auch die Brutmaschine, das Kükenheim, wie auch eine Schreibunterlage zum Aufzeichnen aller Termine, Vorkommnisse oder eine Wasserstelle mit Becken zur Verfügung, die das Reinigen der Behälter vor Ort erleichtert sowie noch dazu dem Schaufertigmachen der Tiere dient. Sozusagen ein Refugium zum Verweilen während jeder Jahreszeit. Dort befinden sich die Werkzeuge zum Sauberhalten der Stallungen, wahrscheinlich auch die Dressurbehältnisse und rundum alles, was die Rassegeflügelzucht an Ansprüchen an die Organisation stellt. Ein solches Vorbild wird zweifellos Nachahmung finden, und solche positiven Beispiele sind in der Organisation keine Seltenheit.

*Vom Brutei zum Erwachsenwerden beim Seidenhühnerzüchter P. Raisch in Aach bei Freudenstadt/Württ. Von oben: Brutmaschine, Kükenheim und Stall mit Kotschublade aus Metall. Durch den Auslauf gelangen die Tiere ins Freie.*

# Der Einfluss des Lichts

Ohne Licht kein Leben. Ohne Sonne keine Gesundheit. Dort, wo sie nur spärlichen Einlass findet, werden die Sinne erlahmen, die Umwelt mit ihren Reizen wahrnehmen zu können. Neben der Frischluftzufuhr kommt dem Sonnenlicht eine sehr große, die Lebensqualität steigernde Bedeutung zu. Sie optimal auszunutzen, schaffen wir – darauf wurde bereits hingewiesen – mit der Gebäudestellung. Weitere Maßnahmen sind die Fensterflächengestaltung in der Fassade sowie bei sehr tiefen Stallgebäuden in die Dachfläche integrierte Lichtkuppeln oder transparente Dachplatten.

Die Auswirkung der Kraft des Lichts ist besonders bei den Vorbereitungen des Zuchtgeschehens enorm wichtig, während einer Zeit also, in der die Tage gerade am kürzesten sind und nur zögerlich an Länge gewinnen. In der Natur erwacht im Frühling mit zunehmender Sonneneinwirkung neues Leben, explosionsartig setzt die Bereitschaft zur arterhaltenden Vermehrung ein, die es im übertragenen Sinne bei unserem Nutzgeflügel durch künstliche Beleuchtung anzuregen gilt. Die Umgebungstemperatur spielt dabei eine untergeordnete Rolle. Die Wahrnehmung des Lichtes, vom Auge erfasst und weitergeleitet an die Zentren des verzweigten Fortpflanzungssystems im Gehirn, mobilisiert – zwar fingiert – die Lichtintensität und weckt die Frühlingsgefühle. Die dankbare Folge der vorgetäuschten Arglist des Züchters sind die Begattungsfreude der Hähne und die damit einhergehende vorgezogene Legetätigkeit der Hennen.

Die künstliche Tagverlängerung mittels Stallbeleuchtung kann automatisch über Zeitschaltuhren geregelt werden. In gleicher Weise lassen sich genauso in Verbindung mit Dämmerungsschaltern – sogar mit Solarstrom betrieben – die Schieber zu den Ausläufen bedienen. Es ist eine Frage der Installation, diese oder jene Handhabung zu wählen.

Vor dem Installieren geeigneter Beleuchtungskörper holen wir uns den Rat eines versierten Fachmanns, um hier die richtige Wahl zu treffen, denn: Leuchte ist nicht gleich Leuchte. Den Nutzeffekt in Geflügeltier-Unterkünften erfüllen sogenannte Tageslichtlampen bzw. -leuchten aus dem spezialisierten Fachhandel. Angeboten werden sie als Lichtleisten in Kunststoff- und Stahlblechqualität von 15 bis 58 Watt, in Längen von 45 bis 150 cm. Damit kann der Einbau nach Berechnung des Bedarfes ohne großen Aufwand zu betreiben von Meisterhand erfolgen.

# Elektroinstallation und Beleuchtung

Bei einer größeren Zuchtanlage wird – installiert im Vor- oder Wirtschaftsraum – im Hauptverteiler (HVT) das Elektroerdkabel enden, von dem aus dann die einzelnen Leitungen zu den Abnahmestellen führen. In Deutschland unterliegen sämtliche Elektroinstallationen den streng gehandhabten VDE-Vorschriften. Wegen der Gefahren, die davon ausgehen können, wenn Unkundige ihre Kompetenz überschätzen und sich solcher Installationen dennoch annehmen, verzichtet der Autor auf technische Angaben, die womöglich einen Anreiz bieten, die Verwirklichung zu versuchen. Die Ausarbeitung der Elektroinstallationen muss dem lizenzierten Fachmann überlassen bleiben, wie es in der Praxis Tradition hat. Lichtquellen gehören in jeden Stall, des Weiteren genauso Steckdosen. Der Elektroplaner wird entscheiden, ob die Leitungen aus Brandschutz- oder Sicherheitsgründen innerhalb der tragenden Wand- und Deckenelemente, unter Putz oder auf den Flächen verlegt werden können. Wir kennen die Vorteile einer manipulierten Verlängerung des Tages und der wunderbaren Einflussnahme des Lichtes auf die Fortpflanzungsaktivitäten der Tiere. Künstliches Licht erleichtert uns also die Zuchtarbeit. Sogenannte Automatik-Dimmer ersetzen hier den natürlichen Sonnenauf- und -untergang über einen Zeitraum von zehn Minuten bis zu einigen Stunden. Die Montage ist höchst einfach, die Intervalle sind beliebig regulierbar. Separate Stromkreise führen jeweils zu den Steckdosen für Gerätschaften wie automatische Futtertröge, Tränkenwärmer, Frostwächter, Wärmeplatten, Heizstrahler, Durchschlupfverschluss, evtl. Außenbeleuchtung, Warmwasserboiler im Wirtschaftsraum sowie auch für mechanische Lüftungsanlagen, Kükenheime, Brutmaschinen und dergleichen. In speziellen Fällen ist abzuklären, ob ein Potenzialausgleich notwendig wird oder explosionsgeschützte Installationen vorzusehen sind. Auch über die Bereitstellung eines Notstromaggregates sollte zumindest nachgedacht werden; dieses Ersatzgerät wäre dann eine sinnvolle Anschaffung, falls – egal in welcher Größenordnung – Kunstbrut betrieben wird. Selbst wenn kurzzeitige Stromausfälle das Brutgeschehen kaum beeinträchtigen, führt eine längerfristige Unterversorgung unweigerlich zu totalen Schlupfverlusten.

# Stallklima: Einfluss der Frischluft

Die Lebensqualität für Mensch und Tier wird, wie wir wissen, von den herrschenden Bedingungen ihrer jeweiligen Umwelt beeinflusst. Begünstigende Faktoren sind hierbei im Wesentlichen sauerstoffreiche Luft und helles Licht. Ein altes Sprichwort lautet: „Wo die Sonne nicht hinkommt, muss der (Tier-)Arzt kommen." So steht neben der Überbesetzung von Zuchtanlagen, ein weiteres Übel aus der Reihe der Untugenden in der Tierhaltung überhaupt, die Vernachlässigung des Raum-, speziell des Stallklimas.

Wenn auch Laufvögel, haben sowohl die Hühner als auch das Wassergeflügel als Vogelspezies einen gesteigerten Stoffwechsel und aufgrund dessen überdies einen besonders hohen Bedarf an Sauerstoff. Die Versorgung mit Frischluft hat demnach höchste Priorität beim geplanten Beherbergungskomfort. Unzureichend belüftete Tierunterkünfte sind Auslöser befürchteter Seuchen.

Spätestens nach Studium dieses Kapitels wird dem Leser bewusst, welcher Verantwortung er gegenüber seinen Pfleglingen nachzukommen hat und welch geringer Aufwand zu erbringen ist, um den Ansprüchen in der Geflügelhaltung gerecht zu werden. Nämlich im Winter das Wohlsein der Pfleglinge zu sichern und im Sommer die kaum erträgliche Überhitzung zu mildern; eben atmosphärischen Schwankungen auch von einem Tag zum anderen mit baubiologischen Mitteln entgegenzuwirken.

Wenn – wie es lapidar heißt – das Hausgeflügel weitestgehend winterhart ist, so ist es in feuchten Ställen doch der Gefahr sich zu erkälten ausgesetzt. Der „wärmste" Stall wird nämlich gerade dann zum Krankheitshort, wenn die klimatischen Verhältnisse spür- und messbar eindeutig unausgeglichen sind.

Davon ausgehend, dass die Gebäudesubstanz nach allen Seiten bestehende Normen erfüllt und den neuesten Erkenntnissen entspricht, lassen sich die Ursachen der sich ankündigenden Mängel sehr leicht herausfinden und abstellen: Denn das ist die Absicht dieses Buches, mit Ratschlägen korrigierend Abhilfe zu schaffen.

Im menschlichen Organismus Unwohlsein und Luftknappheit hervorrufende oder noch stärkere Probleme auslösende Luft macht sich nicht erst im Herbst bemerkbar oder wenn es im Winter zu spät ist, eine Verbesserung einzuleiten. Der Versuch – in nahezu ausweglosen Situationen mit Technikgeräten das Raumklima zu begünstigen – kommt außerhalb der kritischen Wetterphasen doch noch vor dem Studieren, also: Die Naturgesetze anwenden und wirkungsvoll ausnutzen!

Reichte zeitweilig das Kippen der Fensterflügel und das Öffnen der Lüftungsschieber, im Sommer auch zusätzlich das Aushängen der Fensterflügel für den Luftaustausch, führen angesammelte bzw. vermehrte Kotablagerungen, überwiegend bedingt durch Überbesetzung und unterlassene Beseitigung der Exkremente, sehr bald und zudem beschleunigt zu rapider Luftverschlechterung mit erheblicher Sauerstoffreduzierung. Verlässliche Werte aus der Wirtschaftsgeflügelzucht, mit denen die Rassegeflügelzüchter angemessene Vergleiche ziehen können, orientieren sich an beträchtlichen Kotmengen. Abhängig von Alter und Futteraufnahme beträgt der tägliche Kotabsatz bei Legehennen 175 g und der bei Masthühnern 100 g. Außerdem gibt ein mittelgroßes Rassehuhn durch Atmen pro Nacht bis zu 80 g kohlendioxidhaltige Feuchtigkeit an die Stallluft ab. Zum Überleben benötigt es mehr als 10 $m^3$ reine Frischluft in der Stunde! In lüftungsschwachen Unterkünften reicht eben die nur zögerlich nachströmende Frischluft nicht aus, den in der stehenden Stallluft enthaltenen, durch bakterielle Zersetzungsprozesse entstandenen Ammoniakgehalt abzubauen. Mit seiner ätzenden Wirkung auf die Schleimhäute der Augen und die Atmungsorgane, hinterlässt das zu aggressivem Gas gewordene Luftgemisch auf Dauer schließlich auch sichtbare Spuren sogar an der doch strapazierbaren Bausubstanz.

Hat sich der Tierbestand mit dem Älterwerden der Nachzucht vom Frühjahr bis zum Ende der Zuchtzeit beträchtlich erhöht, dann herrschen zu diesem Zeitpunkt freilich zu erwartende Raumklimaverhältnisse, wie sie bei der Planung des Stallbaus – vermutlich – kaum in Betracht gezogen wurden.

Die Stallluft negativ beeinträchtigende Ursachen sind des Weiteren eine feuchte Einstreu infolge verspritzten Trinkwassers oder eindringende Feuchtigkeit vom Boden oder Dach aufgrund konstruktiver Substanzdefekte am Baukörper. Durch eine Instandsetzung für eine Verbesserung zu sorgen, dürfte je nach Umfang, so lange sich der Schaden noch einigermaßen in Grenzen hält, nicht schwer fallen.

Niederschlag an den Wänden, der Decke und insbesondere an den nachlässig vorbereiteten Fensterflächen ist das Resultat fehlender Konvektion, das Ergebnis unzureichenden Luftaustauschs. Verbrauchte, leichte Luftmengen stauen sich auf, können nicht entweichen und schlagen sich, mangels frischen Nachschubs – um es vereinfacht auszudrücken – mit Schwitzwasserstau nieder. Kämme, Ohrscheiben und Kehllappen – Beine und Füße weniger, weil beim Sitzen auf der Stange vom Gefieder geschützt – sind davon betroffen und nehmen dann erkennbaren Schaden, wenn die Temperaturen weiter in den Gefrierbereich absinken.

Sich selbst und die Tiere vor solchen Schäden zu bewahren, gehört also zur Prophylaxe, zur täglichen Vorbeugung, um jeglichen beeinträchtigenden Einflüssen sofort Einhalt zu gebieten. Das zeichnet nicht nur den Betreuer aus, sondern entspricht auch den wirtschaftlichen Erwägungen.

Die Anschaffung eines Hygrometers sowie die stationäre Platzierung von Thermometern an verschiedenen Standorten der Zuchtanlage sind sehr sinnvolle Investitionen. Sie liefern vergleichsweise sehr aufschlussreiche Daten. Sogar ein günstig positionierter Wetterhahn kann eine zusätzliche Hilfe sein, sich auf die Prognosen der Wetterdienste und der lokal erkenn- und spürbaren Windrichtung einzustellen. Starke Luftströmungen aus Ost oder West veranlassen uns, die Lüftungsschieber, wenn sie nicht automatisch gesteuert werden, gemäß dem Bedarf einzustellen.

Die optimale Luftfeuchtigkeit in Geflügelställen liegt zwischen 50 bis 60 %. Die in Augenschein genommene Fachliteratur äußert sich dazu zwar nicht widersprüchlich, weicht jedoch – speziell bei überwiegender Stallhaltung – im Hinblick auf das Leistungsverhalten, insbesondere bei Wachstum und Legeleistung, nur um einige Prozente davon ab.

In einer sehr unbequemen Situation befinden sich Hühnervögel bei längeren Aufenthalten im Stall während Dauerregentagen und zu Zeiten enormer Schneehöhen. Das sind kalkulierbare Zeiträume, mit denen zu rechnen ist und in denen das Wohlbefinden der Tiere durch den Umstand der Verwahrung in frischluftarmen Räumlichkeiten zum Zwangsaufenthalt mit Aussicht auf eine hoffentlich lebensbejahendere Zukunft wird.

In Ställen üblicher Größe, wie wir sie betreuen, reichen in der Regel im Höhenniveau unterschiedlich angelegte Diagonallüftungen aus, um die Frischluftbedürfnisse zu befriedigen. Lüftung bedeutet Entlüftung und Sauerstoffzufuhr gleichermaßen; natürlich geregelt durch Luftbewegung: Schwerkraftlüftung. Ein physikalischer Prozess, der sich komplizierter anhört, als er verläuft, mit dem wir bereits in der Grundschule konfrontiert worden sind. Die verbrauchte Luft entweicht, frische strömt nach, ein ständiger Austausch, der das Stallklima im angestrebten optimalen Bereich hält.

Begünstigend auf das Stallklima wirkt atmungsaktives Baumaterial, auch eine absorbierende Bodeneinstreu kann den Feuchtigkeitsgehalt reduzieren. Grundsätzlich aber ist die Individuenanzahl zu normalisieren und der Stallhygiene peinliche Aufmerksamkeit zu schenken, dann funktioniert die Zirkulation der gesunden Raumluft auch so, wie sie konzipiert wurde.

# Lüftung

Von den negativen Einflüssen des vorangegangenen Themas sicherlich beeindruckt, wird der Geflügelbetreuer bereitwillig auf Vorschläge eingehen, den atmosphärischen Verhältnissen absolute Bedeutung beizumessen. Und nicht nur das, sondern in ungünstigen Ausnahmefällen von Grund auf zu sanieren.

Der Luftaustausch basiert auf dem Prinzip der Schwerkraft. Aufgrund der Temperaturunterschiede zwischen der verbrauchten und der nachfließenden Frischluft entsteht Zirkulation, der Luftaustausch. In der Schule wurde uns die Funktionsweise mittels einer Kerze an der Kellertür anschaulich demonstriert. In Bodennähe zeigt die Flamme zum Rauminneren, in der Mitte brennt der Docht senkrecht und oben unter dem Sturz weist die Flamme in Richtung der entweichenden, verbrauchten Luft nach außen. Ein natürlicher Vorgang, den wir bautechnisch nutzen wollen und der systematisch leicht nachzuvollziehen ist.

Die raumklimatischen Gegebenheiten sind dort intakt, wo es in Geflügelställen und deren naher und weiterer Umgebung nicht nach Geflügel „riecht“. Bei der Ursachenfindung, wenn „dem nicht so ist“, wie der Volksmund formuliert, haben wir uns bereits beim Thema Stallklima ausgelassen.

*Die Qualität des Stallklimas wird sehr häufig unterschätzt. Sie nimmt Einfluss auf die Gesundheit der Bewohner. Hier entweicht die verbrauchte Luft durch die Dachkonstruktion. Mittels der Schieber über der Fensterfläche wird die Frischluftzufuhr geregelt.*

Wer die Hinweise in den vorbereitenden Bauprogrammen der eigentlichen Stallbaukapitel befolgt hat und sie konstruktiv verwirklichte, wird die Kapazitäten bewältigen, wie sie in einer Hobby-Rassegeflügelzucht anfallen.

Auf Basis der Zwangslüftung mit dem Einsatz von absaugenden Ventilatoren – wie sie im Wohnungsbau als „Badlüfter" zu finden sind – lassen sich bei einfachster Handhabung zufriedenstellende Klimawerte erzielen, wo ein ständiger Frischluftnachschub gesichert ist. Mit einem zusätzlich beim Bau installierten Leitsystem zur richtungweisenden Frischluftzufuhr können die individuellen, sensiblen Ansprüche sogar noch optimiert werden.

Der Einbau von Lüftungselementen sollte sich der Einfachheit halber auf die Wand beschränken. Obschon wirksamer, stellen Dachdurchdringungen einen Risikofaktor dar, den es nicht lohnt einzugehen. Das Ausweichen auf seitliche Außenwandflächen für die ins Freie führenden Installationen senkt die Baumängelquote.

*Eine Alternative: Entlüftungsschlitz im Dachvorsprung zur Deckenabluft.*

# Stallheizung

Die deutschsprachigen Länder vom Norden bis zum Süden sind unter Einbeziehung der Regionen im Osten und Westen – und darüber hinaus – in Klimazonen eingeteilt. Diese geben Auskunft über jährliche Niederschlagsmengen, Schneereichtum u. v. a. m. Weil unsere Hühner, auch die Zwerge, niedrige Temperaturen aushalten, stellt sich aus Verantwortung gegenüber den uns anvertrauten Kreaturen die Frage, ob sie in einigen Hochlagen Deutschlands mit kalten Wintern widerstandsfähig genug sind, dort ohne Stallheizung auszukommen.

Unter Berücksichtigung bisher erteilter Ratschläge wird man darauf verzichten können, es sei denn, unsere besondere Vorsorge gilt den erwarteten Bruteiern. Und diese ist dann auch berechtigt. Erfahrungsgemäß sollten sie Temperaturen unter 5 °C über einen längeren Zeitraum nicht ausgesetzt bleiben. Aus diesem Grunde nun mit großem Aufwand eine professionelle Heizung zu installieren, wäre zu kostspielig und in diesem Ausmaß unangemessen. Hier würden vom Handel angebotene Frostwächter – in wenig genutzten Räumen vieler Haushalte eingesetzt – hilfreiche Dienste leisten. Ihre thermostatisch geregelten Kapazitäten reichen aus, in der Nähe der Nester angebracht, die Mindesttemperaturen im sicheren Bereich zu halten. Diese Prophylaxe käme ebenso auch mancher Kampfhuhnrasse zugute, deren Federkleid, verglichen mit dem anderer Artgenossen, eben doch nicht alle Körperpartien so üppig be-

***Frostwächter (notfalls mehrere) mit geringem Stromverbrauch reichen aus, die Stalltemperatur über 0 °C zu halten.***

*„Brikettglucke", wie sie auch heute noch verwendet wird.*

deckt und die demnach so anfällig sind wie das sprichwörtliche „rohe Ei."

Der hin und wieder befürwortete Einsatz einer Fußbodenheizung stellt den Planer – einen gründlich ausgebildeten Fachmann – vor kein technisches Problem, den Auftraggeber jedoch vor ein Wagnis, ob er wohl nicht durch Verweichlichung seines Stammes die Widerstandskraft eher schwächt, statt durch Abhärtung die Vitalität seiner Tiere auf dem Wege zu Schönheit und Leistung zu fördern. Das Argument, Heizungssysteme dieser Art würden die Bodeneinstreu trocken halten, wird nicht überzeugend zu begründen sein.

In Aufzuchtställen wird man sich mit traditionellen Heizplatten behelfen oder unter Beachtung des vorbeugenden Brandschutzes eine stromunabhängige Brikettglucke einsetzen. Wer sich dennoch gegen starke Frosteinwirkungen schützen will, kann auf elektrische Stromzufuhr nicht verzichten. Das ist dann die wirksamste Energiequelle für den Einsatz von Tränkenwärmern, Wärmestrahlern und den oben erwähnten Frostwächter.

# Einstreu

Was hat die Einstreu mit dem Neubau oder der Sanierung eines Geflügelstalles zu tun? Sehr viel sogar. Die Einstreu thematisch mit ihren zweckerfüllenden Eigenschaften lediglich als Bodenbelag zu behandeln, hieße geringschätzig damit umzugehen. Vielmehr ist ihre optimale Wahl für die anhaltende Qualitätssicherung des Stallklimas von besonderer Bedeutung.

Die Praxis bedient sich – auf Erfahrungen gestützt – etlicher Substanzen, um den Stallboden für die Tiere bekömmlich, aber auch zur bequemen Untergrundreinigung vorzurichten. Dabei geht es darum, die Befriedigung des Scharrverhaltens der Hühnervögel zu ermöglichen und dem Wassergeflügel eine trockene Auflage anzubieten. Die Züchter denken vorsorglich auch an warme Extremitäten der Insassen. Damit zeigen sie in denkbar fürsorglicher Weise ein hohes Maß an Verantwortung und beeinflussen mit der Einstreuwahl auffallend das Stallklima. Je höher der Aufsaugewert des Grundstoffes, desto besser sind die Aussichten, den Feuchtigkeitsgehalt in der Stallluft zu minimieren. Wird der Kot sofort gebunden und der Niederschlag rasch absorbiert, können sich bei regelmäßigen Hygienemaßnahmen ätzende Gase erst gar nicht entwickeln, d. h. die Raumluft schädigen.

*Hobelspäne aus Tannenholz als Bodenbelag für schwarze Orpington.*

In den letzten Jahren wurden die Geflügelzüchter bei der Suche nach einem hygroskopischen – vom Stoff her Feuchtigkeit an sich ziehend –, höchst wirksamen Material wirklich belohnt, das wirtschaftlich betrachtet zusätzlich noch die Kasse nicht zu stark belaset. In einer Lage bis zu 5 cm zunächst aufgeschüttet, kommen bisher verwendete Bodenschüttungen keinesfalls an die positiven Eigenschaften der jetzt durchgehend positiv diskutierten Hanfeinstreu heran. Ein Material, von dem bislang nichts über Nachteile zu hören ist und dessen Einsatz der Verfasser nach bestandenem Eigenversuch wärmstens empfiehlt. Mit-

*Hanf-Einstreu mit überzeugenden Werten und bedeutender Wirtschaftlichkeit.*

teilenswert auch deshalb, weil mit den ermittelten Vorzügen das Stallklima gewissermaßen auf natürlichem Wege wesentlich verbessert wird. Vom Hanfrohstoff – seit 1996 in Deutschland wieder zum Anbau genehmigt – werden die holzigen Pflanzenanteile, die Hanfschäben, als Grundstoff der Einstreu mechanisch entfasert, sorgfältig gereinigt und entstaubt. Dieser speziell nicht nur für Geflügeltiere geschaffene Bodenbelag zeichnet sich, verglichen mit traditionell verwendeten Materialien, substanziell schon aufgrund seiner bis zu 500-prozentigen Saugfähigkeit im Verhältnis zu seinem Eigengewicht, im positiven Sinne sehr deutlich aus. Er ist – sehr wichtig! – staubfrei und geruchsbindend und verrottet in kürzester Zeit zu einem wertvollen Dünger. Durch herbizid- und fungizidfreien Anbau kommt das Geflügel bei diesem Naturprodukt nicht mit den als bedenklich eingeschätzten Schadstoffen in nahen Kontakt.

Pro 100 kg Einstreu beträgt das Aufsaugevermögen bei Hobelspänen 145 kg Feuchtigkeit, bei Weizen-, Roggen- und Haferstroh dagegen zwischen 257 und 275 kg. Torfmull mit etwas mehr als 400 kg Aufsaugekapazität wäre eine bemerkenswerte Alternative, die jedoch wegen der Staubanteile und Kosten in Stallungen eher nicht eingestreut wird. Zu bemerken wäre, und das trifft für die Einstreu in Wassergeflügelställen zu, dass Stroh die Feuchtigkeit nur aufsaugt, wenn es in Häckselform, bis maximal 10 cm lang, eingebracht wird. Merkwürdig scheint, dass Sand oder gar Kies in etwas feinerer Körnung das Stallklima negativ beeinflusst, dagegen in Volieren den Tieren umso besser annehmbare Umweltreize bietet.

# Sitzstangen

Das Verlangen zum Aufbaumen während der Ruhe- und Schlafzeiten ist den Hühnervögeln – wie bereits geschildert – eigen geblieben. Die anatomische Ausbildung ihrer Füße – eigentlich Scharrfüße – befähigt sie, mit ihren Zehen zum Festhalten die Sitzunterlage zu umklammern. Somit sichern sie sich gegen das Lösen, falls starke Stürme oder natürliche Feinde, wie in der Natur Schleichkatzen und auch Baummarder, nach ihrem Leben trachten sollten.

Mit ausreichendem Freiraum nach oben angeordnet, soll der Abstand zwischen den Sitzstangen und dem Kotbrett (20 cm und mehr) hoch genug sein, damit die Schwanzfedern, auch bei Haltung von langschwänzigen Hühnerrassen, nicht auf dem abgesetzten Kot aufliegen oder in Ausnahmefällen nicht von nächtlichen Peinigern wie Ratten und Mäuse beschädigt und angenagt werden können; eine Belästigung, die heutzutage in der Geflügelhaltung niemals vorkommen darf.

*Abnehmbares Sitzstangenoberteil auf lose liegender Unterkonstruktion. Kot-Tisch aus hölzerner Mehrschichtplatte zum Herausnehmen. Rück- und Seitenwände wurden mit einer strapazierfähigen Holztafel beplankt, wie sie im Bauhandwerk für Schalungsarbeiten eingesetzt wird. Würde die senkrechte Fuge in der Ecke noch dauerelastisch geschlossen, wird ein Festsetzen von Parasiten unmöglich.*

Je nach Rasse benötigen 5 große und entsprechend mehr Zwerghühner 1 m Sitzstangenlänge. Auf einem Höhenniveau ausgerichtet, beträgt der Abstand zwischen der Stallwand und der ersten Sitzstange mindestens 30 cm, von dieser ausgehend zu jeder weiteren – von Achse zu Achse gemessen – 35 cm. Das Kotbrett ragt mit einem Randstreifen von 25 cm Breite über die erste beziehungsweise letzte Sitzstange hinaus.

Holz ist nicht gleich Holz. Wer die Sitzstangen zur gründlichen Reinigung mit scharfer Klinge abschabt, anschließend mit kochend heißem Wasser schrubbt und sie dann noch mit einem chemischen Desinfektionsmittel behandelt, sollte an solche Beanspruchungen angepasste Sitzstangen mindestens in Buchenholz-Qualität einbauen. Man sollte diese zwar fixieren, was hinderlich beim Putzen des Kotbrettes ist, sie sollten jedoch schnell lösbar zum zeitweiligen Beiseitelegen sein.

Seit die Menschen versuchen in den Geflügelbeständen der Ektoparasitenplage Herr zu werden, ersannen sie die unterschiedlichsten Methoden, die winzigen, im Gefieder sitzenden Schädlinge loszuwerden, sie sich mithilfe von Distanzlagerungen der Sitzstangen fortan überhaupt vom Leibe zu halten. Die antiquarische Fachliteratur zeigt erstaunliche Konstruktionen, wie die Hühnerhalter mittels Abstandhalterungen, aber auch mit Flüssigkeitsfallen die Verbindung zu den Sitzstangen unterbrechen sollten, um die Milben am Überlaufen zu hindern.

Mittlerweile ist die tüftelnde Züchterschaft nicht untätig geblieben. Trotz moderner Bekämpfungsmöglichkeiten griff der eine und andere Bastler unter ihnen doch zur Selbsthilfe und konstruierte – zum Nachbauen empfohlen – durch Halbierung und Ausfräsen zum Hohlraum auf gesamter Sitzstangenlänge eine Milbenfalle. Ober- und Unterteil miteinander verschraubt, enthält die Hohlkammer einen Aluganpuder, ein Pestizid. Einen Millimeter dicke Zwischenstücke halten eine Sitzstangenlängsseite für das Einschlüpfen der Milben spaltweit offen. Damit der Puder bei Luftzug nicht ausgeblasen wird, ist die Gegenseite nicht durchgehend geschlitzt. An den Kopfenden der Sitzstangen ist die Öffnung dauerelastisch verschlossen. Von Zeit zu Zeit wird der staubartige Inhalt nachgefüllt.

Ohne irgendwelche Einbußen hinnehmen zu müssen, wird von der schulmäßigen Sitzstangenmethode, und das nicht ohne Grund, gelegentlich abgewichen. So muss ihr Fehlen nicht gleich kritisiert werden, wenn ersatzweise Pritschen aus Kunststoff als Nächtigungsplatz bereitgestellt sind. Vornehmlich an der Stallwand platziert oder raummittig an der Decke schaukelähnlich befestigt, nennen die Befürworter erstaunliche Gründe dafür, auf Dauer diese Praxis zu betreiben. Im Wesentlichen sind es hygienische Argumente, in denen sie für die Tiere Vorteile sehen.

**Platzbedarf auf Sitzstangen:**

| | |
|---|---|
| Puten: | 2 Individuen pro Meter |
| Perlhühner: | 5 Individuen pro Meter |
| Zwerghühner: | 5–7 Individuen pro Meter |
| Hühner: | 5 Individuen pro Meter |

Die Aufsitzbreite der Sitzstangen richtet sich nach der Fußgröße und damit nach der Greifweite, wenn das Tier mit der Hinterzehe die Sitzstange umfasst. Das sind bei Zwerghühnern etwa 3 cm, bei den großen Verwandten bis 7 cm Sitzstangenbreite. Runde Sitzmöglichkeiten sind ebenso ungeeignet wie rechteckige, deren Kanten nicht gebrochen – leicht abgerundet – der Fußanatomie angepasst sind; eine Notwendigkeit, um das Wohlbefinden der Tiere zu fördern. Siehe dazu Zeichnung 28, S. 145.

# Das Kotbrett

Möglichst fugenlos aus einem Stück geschnitten und stark genug gegen Durchbiegen bemessen, soll es die Exkremente aufnehmen, die von den Tieren während ihres Aufenthaltes in der Nacht dort abgesetzt werden. Und das sind keine geringen Mengen.

Obwohl wir weitestgehend auf die Verarbeitung von Metall- oder PVC-Erzeugnissen im Stallinnern verzichten wollen, ist – bei funktionierender Lüftung – die Verwendung dieser Materialien dann sinnvoll, wenn sie, der großen Spannweite wegen, einzelne, von Wand zu Wand reichende Bretter oder Dielen zur Erleichterung der Reinigungsarbeiten überdecken sollen. Weil Fugen beim Abkratzen der Exkremente sehr hinderlich sind, würde die ebene Fläche das Handhaben vereinfachen.

Das Kotbrett, auch Kot-Tisch genannt, befindet sich praktischerweise an der Stallrückwand, der von der Fensterfront aus betrachtet gegenüberliegenden Wandseite. Etwa in Tischhöhe oder höher angebracht, wenn der Raum darunter genutzt werden soll, kann diese Fläche mit der Einstreu, die auch am Boden Verwendung findet, bedeckt werden. So mancher plädiert dafür, dass sich das Kotbrett nach vorne etwas neigt. An dieser Stelle sollen die Exkremente vorübergehend durch die Einstreu gebunden werden, bis die nächste Reinigung erfolgt.

Zur Reinhaltung der Laufwerkzeuge eignen sich mit einem Gitter abgedeckte, sogenannte Kotbunker; sie verhindern außerdem den direkten Kontakt der Tiere mit den Fäkalien. Eine Methode, die sehr einfach den Abtransport ermöglicht, indem dieser Bunker in Form von Schubladen ausgelegt ist.

Material: übliches, im Baugewerbe verwendetes Massivholz, Mehrschichtplatten, kein Holzspanplattenmaterial.

# Nester

Reichte den Ahnen der Haushühner, umgeben von dichter Vegetation, eine im Boden ausgescharrte Mulde für das Bebrüten der Gelege, richten die Menschen den Nachkommen als Auswirkung der Domestizierung notwendig, praktische Unterschlüpfe ein, in denen sie – im vermeintlichen Schutz der Sicher- und Abgeschiedenheit – statt der für den Arterhalt erforderlichen Anzahl, nun möglichst viele Eier ablegen sollen.

Nester sind Bestandteile eines jeden Geflügelstalls. In Hühnerherbergen finden wir Familien-, Einzel- und Fallnester; Letztere früher als Fallennest bezeichnet, weil sie eben in der zu Kontrollzwecken ausgebildeten Falle vorübergehend ein Individuum „gefangen" halten. Einzelnester sind gang und gäbe in Stallungen für die Hühnerartigen und das Wassergeflügel.

Die ernsthaften Züchter großer Hühner und auch von Zwerghühnern haben sich nicht ohne Grund auf die kontrollierbaren Fallnester eingestellt. Nur in diesen, mit einem selbstschließenden Mechanismus versehenen Separees haben sie die Ursprungsgarantie für die dort ab-

*Im Freien längerfristig platzierte Nester für Enten: Nach Westen (statt Osten) und mit negativem Gefälle ausgerichtet. Trotz der fürsorglich mit Daunen geschützten Entengelege werden es bei nicht nach oben gesicherten Ausläufen Elstern und Krähen leicht haben, sich der Eier zu bemächtigen. Beschädigungen durch Schlagregen sind des Weiteren zu erwarten. Ebenso wird der hölzerne Korpus durch die Nässe beträchtlichen Schaden nehmen.*

*Gebräuchliche Holznester im Wissenschaftlichen Geflügelhof in Rommerskirchen-Sinsteden.*

*Fallnest aus der Serienproduktion auf Wandkonsole.*

gelegten Eier. Legestellen wie Körbe, Obst- und Weinkisten – alles Vorrichtungen, die ihren Zweck erfüllen – sind längst durch tiergerechte Eigenbauten ersetzt worden oder an ihrer Stelle haben fabrikmäßig gefertigte Konstruktionen einen Platz gefunden. Was den Eigenbau solcher Fallnester betrifft, ist es wohl vernünftig, den zwar nicht problematischen, jedoch zweiteiligen Verschluss bis zum regelgerechten Funktionieren zunächst mit etwas Geduld auszuprobieren. Wobei nachher das Gelingen durch den berechtigten Stolz über das Vollbrachte jeden anfänglichen Misserfolg verdrängen wird.

Die zum Eigenbau entschlossenen Leser werden im zeichnerischen Teil detaillierte Angaben erhalten, um Nestbauvorhaben zu realisieren. Der Korpus wird aus üblichem Bauholz mit gehobelten Oberflächen gefertigt. Auf vier, besser drei Hennen wird ein Nest veranschlagt, deshalb sind die Einheiten aus Platzgründen in Batterien zusammengefasst; nebeneinander mehrere, auch in zwei und drei Etagen übereinander. Die pultdachförmige Abdeckung über der obersten Einheit verhindert das Aufsitzen fluggewandter Stallinsassen. Holzspanplattenmaterial – auch kunststoffbeschichtet, nur in Ausnahmefällen – wird aus bekannten Gründen nur dann zum Einsatz kommen können, wenn die raumklimatischen Verhältnisse es zulassen. Sämtliche Metallteile wie Scharniere, Riegel, Winkel und ähnliche Beschläge sind in gegen Oxydation (Rosten) geschützter Qualität auszuwählen.

# Das Staubbad

Ein Ausdruck für das Wohlbefinden aller Vögel ist die Gefiederpflege – ein Komfortverhalten, wie es die Wissenschaft vermittelt. Dabei werden sämtliche Gefiederabschnitte mit dem Schnabel aufgesucht. Wenn sie ungestört sind, wenden sie für die außer Reichweite liegenden Fluren doppelt so viel Zeit auf wie für jene, die sie ohne akrobatische Halswendungen und Kopfdrehen erreichen. Dem Wohlbefinden zuträglich sind also auch Ruhephasen, in denen unsere Pfleglinge ihr Dasein nach Hühnervogelart ausleben wollen und hoffentlich die passenden Möglichkeiten dazu vorfinden, um dies pfleglichst zu tun. Schutz vor Stress ist eine Voraussetzung für glückliche Hühner, die auch möglichst viele Eier legen sollen.

Bei der Auswahl der Staubbad- und nicht irreführend der Sandbadeinstreu ist in erster Linie auf die Feinheit des Materials zu achten. Je feiner, desto besser – schließlich sollen die Substrate mit ihrer geringsten Korngröße durch das gesamte Federkleid hindurchrieseln können. Im Verlaufe ihres Reinigungsvermögens werden die Parasiten samt den abgestorbenen, noch am Körper befindlichen Schuppen aus dem Gefieder gespült, wie es eben nur Feinsubstraten mit ihrem Durch- bzw. Vorbeifluss gelingt. Als die Haushalte noch mit Briketts und Holz befeuert wurden, wurde die Asche davon nicht selten in einer Hühnerauslaufecke zum Baden angeboten. Nass geworden brachte sie allerdings eher Nachteile. Heute leisten sich die Halter aufbereiteten Quarzsand aus dem Baustoffhandel, der mit einer Zugabe von pulverisiertem „Ungezieferbekämpfungsmittel" wahre Wunder bewirkt.

Die Körper- bzw. Gefiederpflege erfährt dann mit dem Staubbaden eine absolute Steigerung der artspezifischen Bedürfniserfüllung. Die Bereitstellung einer Trockenbadestelle für Hühnervögel ist also ein Muss, und zwar das ganze Jahr hindurch. Hühner, denen über Generationen hinweg das Staubbaden verwehrt worden ist, ließen sich sogar von fein gemahlenem Mischfutter verleiten, den Entzug mit einem Bad darin auszugleichen.

Anregungen zum Staubbaden finden die Hühnerartigen genauso in der Stalleinstreu mit feinen Sand- und Staubanteilen oder in trockenen Ausläufen, an lokalen Stellen also, die sich anbieten. Nach vorbereitendem Scharren einer Mulde nehmen sie die Gelegenheit wonniglich wahr, sich geradezu herdenweise zu wälzen, friedfertig dicht nebeneinander zu liegen und zwischendurch beinahe regungslos zu verharren, um nachher beim Aufstehen das Feinmaterial vom Körper durch das Federwerk abfließen zu lassen. Inwieweit beim Schütteln vorhandene Parasiten ausgespült werden, ist noch ungewiss. Hypothetisch jedenfalls soll das Staubbaden der Entfettung des Federwerkes gleichkommen. Diese Art der Körperpflege wollen wir zeitlich nicht dem

Zufall und gerade trockenen Umweltverhältnissen überlassen, sondern eine ständige, nach Belieben aufzusuchende Stelle anbieten, wo die Tiere ihr Badeverlangen stillen können. Und zwar zu allen Jahreszeiten und bei jeder Witterung!

Hier reichen kistenförmige Einrichtungen aus Holz, mit einem Dach versehen, massive Bauten wie auch der Zugang unter aufgestelzten Hütten im Kleinformat, sogar größere, flache Wannen und derlei Zubehör, wenn sie Feuchtigkeit von außen abhalten und über ein Schutzdach verfügen. Über die Ausführung möge sich der Leser im beigefügten Bild- und dem anhängenden Zeichnungsteil informieren.

*Stabil gebautes Staubbad aus Mauersteinen und Dachziegeln mit einem befestigten Vorplatz bei den Jungzüchtern K. und R. Roux in Heimsheim/Württ.*

# Das Schlupfloch – Auslaufklappen

Zum neuralgischen Zentrum im Lebensraum des Rassegeflügels gehört der Stauraum vor dem Stallzutritt, also vor dem Schlupfloch selbst. Der Eingangsbereich zu ihrer Unterkunft ist für die Tiere ein spezieller Ort. Hier versammeln sie sich, wenn Innenfütterung praktiziert wird, in der Hoffnung auf Futter. Der Übergangsraum wird ebenfalls genutzt, um von hier aus ins Freie zu gelangen oder auch in den Schutz des Stalls zurückzukehren, beispielsweise für die Eiablage. Für Glucken stellt sich dort das Wagnis: Kann ich oder soll ich nicht, wenn sie sichernd Ausschau halten, um zu sehen, ob wohl für ihre Küken der Auslauf frei von Gefahren ist.

Das Schlupfloch wird weit höher als die Fußbodenebene angelegt, damit – wie es die Erfahrung aus der Praxis zeigt – ausreichend Freiraum für eine dicke Lage Einstreu vorhanden ist. Eine außen notwendige Lauframpe, die Hühnerleiter, hat den Vorteil, dass die Tiere bei Regen und Schnee auf dem Weg ins Trockene die Nässe von den Füßen verlieren.

In diesem Zusammenhang sei darauf hingewiesen, wie ein zeitweilig Schatten spendendes vorgezogenes Hauptdach an der Vorderfront den Vorplatz – wiederum ein beliebter Aufenthaltsort der Geflügeltiere – einigermaßen vor Niederschlag schützt. Deshalb empfiehlt es sich, diesen Randstreifen direkt vor dem Stall in Form eines Steinpflasters oder auch eines Holzdielensteges zu befestigen. Eine Maßnahme, um das Geflügel, seiner Umwelt angepasst, trocken und mit künstlich eingesetzter Finesse sauber zu halten.

Zur Vermeidung von Zugluft wird man vor der Schlupföffnung nicht auf einen schutzgebenden Vorbau verzichten wollen. Dieser ein- oder beidseitig bzw. auch wechselseitig verschließbar gestaltete Ein-

*Hühnerleiter mit bequem begehbarem Sprossenabstand.*

gang hat noch einen praktischen Nutzen für den Züchter, wenn er ein Tier, das hier einen Ausweg sucht, einfangen möchte.

Mit einem transparenten Vorhang versehen schützen schmale, herabhängende PVC-Streifen (um einige Zentimeter an den einzelnen Rändern überdeckte Lamellen) vor Winddruck und wehren Spatzen ab – zunächst, bis sie die Scheu davor abgelegt haben und mit Frechheit später doch ein und aus gehen – und sich an das Hühnerfutter heranmachen; es sei denn, der Behang ist zu starr, um ihn mit Sperlingskraft beiseite zu stemmen.

*Windschutzkasten aus widerstandsfähigem Material.*

**Durchlauf-/Öffnungsgrößen (Ca.-Maße):**

| | |
|---|---|
| Puten: | 45 × 70 cm |
| Perlhühner: | 25 × 30 cm |
| Hühner: | 35 × 50 cm |
| Zwerghühner: | 30 × 35 cm |
| Enten: | 30 × 40 cm |
| Gänse: | 45 × 70 cm |

*Stallöffnung mit Außentürchen und Vorhangstreifen innen zur Spatzenabwehr.*

*Elektrischer Stallverschluss mit verbliebenem, nicht unnötigem Türchen.*

# Der Laufgang

Schleusen werden erforderlich, wo aufgrund von Abteilungen nicht jeder Auslauf direkt zum Stall führt. Mit einfachen Mitteln wird es dennoch möglich, die Geflügeltiere durch Korridore unabhängig voneinander separat von einer zur anderen Bewegungs- bzw. Aufenthaltsfläche laufen zu lassen. Aus Verpaarungsgründen wird man auch verhindern wollen, dass sich Hähne jener Hennen bedienen, die für sie eigentlich nicht vorgesehen sind.

Ein optimaler Werkstoff zur Fertigung eines Laufganges für Geflügeltiere ist das an anderer Stelle bereits erwähnte Punktschweißgitter. Seine Anfertigung geht mit geringem Aufwand und genauso wenigen Handgriffen in einfachster Weise vonstatten: Es reichen eine feste Unterlage zum Auflegen der 2,00 × 1,00 m großen Drahtmatte und als Werkzeuge zwei Schraubzwingen sowie eine Beißzange zum Durchzwicken der Drahtstäbe. Mittels eines Brettes fixieren wir die gewünschte Kante und biegen die Gitterstäbe jeweils in die vorgesehene Richtung. Zwar stabil, aber trotzdem leicht verformbar, lassen sich die Flanken jeweils winkelrecht exakt aufbiegen und die nicht benötigten Teilstücke abschneiden. Mehrere Elemente miteinander verbunden ergeben einen gefälligen Gang für das Geflügel in passenden Durchgangsgrößen. Werden sie nicht mehr benötigt, können die rechtwinkligen Gebilde gestapelt und aufbewahrt werden. In verzinktem Zustand widerstehen sie jedem Wetter und rosten nicht.

*Laufgang aus dem im Text beschriebenen Gitter. Durch solche Korridore erreichen die Tiere ungehindert die Wechselausläufe oder nach der getrennten Geschlechterhaltung ihre jeweiligen Nutzflächen.*

# Der Gesellschaftsstall

Eine kluge Einrichtung ist der Gesellschaftsstall, ein Raum ohne feste Einbauten, der sich variabel, im Verhältnis von Platzbedarf und Größe des oder der Stämme nur für die Zeit des Bruteiersammelns beliebig einteilen lässt.

Halb- oder raumhohe Gitterelemente zum Ein- und Aushängen an stabilen Pfosten fixiert, lassen sich leicht anfertigen, die übrige Zeit seitlich lagern und eben nur kurz- und auch längerfristig, vielleicht auch zum Abteilen der Ausläufe, bei Bedarf einsetzen. Später wieder ausgebaut, kann die gesamte Stallfläche von allen verbliebenen und neu hinzugekommenen Tieren genutzt werden. Die zahlenmäßig reduzierten Versorgungsstellen verringern schließlich spürbar den Zeitaufwand für die Pflegemaßnahmen.

Vor der Anfertigung der Wechselrahmenelemente wird sich der Erbauer bei der Maßfestlegung am Flugvermögen seiner Rasse orientieren und prüfen, ob sie dann abgesperrt nach nebenan fliegen wollen und können. Bei schweren Rassen werden halbhohe Abtrennungen oder auch niedrige ausreichen, während bei fluggewandten eine Absicherung bis zur Decke unerlässlich ist, soll doch die Abstammungsgarantie der Nachzucht gewährleistet sein.

Sofern die Trenngitter die Größe von 2,00 × 1,00 m nicht überschreiten, reichen Holzrahmenquerschnitte von 24 × 48 mm aus, die stabil genug sind, um daran das Gitter mit Schlaufen (Krampen) zu befestigen. Werden sie im Freien aufbewahrt, ist zu entscheiden, ob sie doch mit einem Schutzanstrich versehen werden sollen.

Im Gesellschaftsstall entspricht die Einrichtung der üblichen Ausstattung von Hühnerställen und der Individuenzahl, die darin untergebracht werden soll.

*Gesellschaftsstall in der Gemeinschaftszuchtanlage von Heimsheim/Württ. bei Horst Schwämmle. An der Wand hängend die derzeit nicht benötigten Abteil-Elemente. Nach der Zusammenstellung der Stämme erfolgt der Einbau.*

# Der Hahnenstall – die Hahnenbox

Die Rivalität der Individuen untereinander und noch mehr die der Hähne bedarf der gezielten Aufmerksamkeit des Züchters. Die Verletzungsgefahr bei Auseinandersetzungen ist zu groß, als dass wir die Folgen leichtfertig riskieren sollten. Eine noch bessere Vorsichtsmaßnahme anstelle der die Sicht behindernden Hahnenbrille ist die Separathaltung der Hähne. Bei begrenzt vorhandener Anzahl solcher Unterkünfte wird man sich rechtzeitig von überzähligen Futterverwertern trennen.

Die Einzelboxen sind mit einer Sitzstange, Trinkgefäß, Futternapf und Mineralbehälter ausgestattet. Eine Bodenfläche von mindestens einem Quadratmeter wird erfahrungsgemäß ausreichen. Eine vorgelagerte Voliere in gleicher Größe mit Bepflanzung bringt den Hähnen tagsüber dankbar angenommene Abwechslung. Bei einer feinsandigen Einstreu dürfte sich ein regelrechtes Staubbad erübrigen.

Es bleibt dem Züchter vorbehalten, inwieweit er den Konfliktbereich am Boden bis Augenhöhe nicht einsehbar verschalt oder zur Vermeidung der Verletzungsgefahr nur mit einem engmaschigen Gewebe sichert. So mancher beschafft sich mit Schilfrohrmatten oder stabiler Folie ein preiswertes Hindernis.

Wer über relativ wenig Platz verfügt, wird zu Zeiten der Extrahaltung von Hähnen mit ähnlichen Abteilen wie im Kapitel „Gesellschaftsstall“ verfahren und in dieser Form eine vereinfachte Lösung finden.

Hahnenboxen, wie sie in der Praxis sehr häufig genügen, sind über dem Schlafplatz im Stall angeordnete Behältnisse. Mit schnellen Handgriffen kann vorübergehend eine Herberge entstehen: Der

*Leicht erreichbare und bedienbare Einzelhahnenbox, platzsparend über dem Schlafraum eingebaut.*

Boden – eine fugenlose Plattform oder Holztafel – wird in Schulter- bis Kopfhöhe angebracht, die Vorderfront mit Flügeltüren versehen und zur Abtrennung an der Rückwand sowie am vorderen Abschluss befestigt.

*Herangewachsene Italiener- und Moderne Englische Zwergkämpfer-Hähne in vorbildlichen Einzelausläufen mit jahreszeitlich passender Vegetation ausgestattet bei Günter Wesch, Mannheim-Seckenheim.*

*Einzelunterkünfte in Massivbauweise für Hamburger Hühner bei Werner Schmitt in Bobenheim am Rhein.*

# Schallschutz

Empfindliche Mitmenschen in der Nachbarschaft – und das sind nicht wenige, wie es die Erfahrung lehrt – nehmen oft Anstoß an der Tierhaltung. Abgesehen von Geruchs- und ästhetischen Belästigungen fühlen sie sich besonders in den frühen Morgenstunden vom Hähnekrähen und dem später einsetzenden Hühnergackern gestört. Tagsüber nicht selten auch vom Geschrei der Perlhühner, dem Kollern der Puter und den Lautäußerungen der Enten und Gänse. Solche Beeinträchtigungen wird man freilich nicht eindämmen können. Verständnis aufbringen müssen wir jedoch für Ruhestörungen während der Morgendämmerung in Wohngebieten, indem wir vorbeugend bereits jegliche mögliche Einwände berücksichtigende Luftschallschutzmaßnahmen vorsehen. Hierbei ist insbesondere auf die Dichtigkeit der Fenster und Türen zu achten.

Bautechnisch lässt sich der Geräuschpegel nur durch Gewichtsmasse auf ein Mindestmaß mildern. Selbst wenn Stallungen mit Hilfsmitteln nachgerüstet werden, sind deshalb kaum befriedigende Ergebnisse zu erzielen. Will man exakt nach baufachlichen Richtlinien verfahren, so ist die Ausstattung mit allen Details mit hohen Kosten verbunden. Problematisch ist das Abschotten der Lüftungsöffnungen, denn auf die Zufuhr von Sauerstoff können die Stallinsassen nicht verzichten. Hier wird man eine Überbelegung des Stalles vermeiden müssen. Ein Ratschlag, der sowieso vielerorts beherzigt werden sollte. Nicht nur den Nachbarn zuliebe – die Tiere danken es uns mit ihrem sichtbaren Wohlbefinden.

*Schallschutzwand zum Nachbargrundstück aus waagrecht angeordneten Trapezblechprofilen; eine technische Möglichkeit, in Verbindung mit dekorativer Bepflanzung den Lärm zu mindern und zumindest auch optisch von der Geräuschkulisse abzulenken.*

# Anstriche

War es früher üblich – zumindest gab es solche Empfehlungen – die Ställe alljährlich im Frühjahr und Herbst mit Kalkfarbe zu streichen, können wir uns im Zeitalter der kaum noch überschaubaren Angebotsfülle vieler, längere Zeiträume überstehende Farbqualitäten bedienen. Allerdings war das Kalken, wie man es nannte, gleichzeitig ein sich jährlich wiederholender Akt des wirklich angebrachten Desinfizierens. Nach wie vor plädiere ich dafür, deckende, fungizide Anstriche auf wasserlöslicher Dispersionsbasis sowohl innen als auch außen aufzubringen. Und zwar so verarbeitet, wie der Fachhandel einschlägig damit wirbt, und nicht wie von Billiganbietern empfohlen. Aus reiner Sparsamkeit sollten die Verarbeitungsvorschriften nicht umgangen werden; man würde sich sonst selbst schädigen. Wasserlösliche Farben lassen sich auf Holz, Metall und massiven Untergründen wie Mauerwerk, Mörtelputz und Beton verwenden.

Zu renovierende Untergründe – dazu gehören Lasur- und sogenannte Ölfarbanstriche – sind entsprechend den Verarbeitungshinweisen vorzubereiten. In solchen Fällen nachträglich unansehnliche Flächen mit wasserlöslichen Farben zu behandeln, führt zu keinem dauerhaften Ergebnis. Die Wiederholung von vorangegangenen Erstanstrichen wird dringend angeraten.

Falls es um Reparaturen an der massiven Bausubstanz geht, sollten kundige Fachleute befragt werden. Nur sie sind befähigt, die Schadenssituation gemäß ihrem vorliegenden Umfang zu beurteilen. Der Baufachmarkt hält für alle notwendig werdenden Ausbesserungen am Substanzbestand vielseitig anwendbare Reparaturmörtel mit Gewährleistungsgarantie bereit. Wo die Stahlbewehrung an zerbröckelnden Betonteilen bereits sichtbar geworden ist, sind schließlich baukosmetisch versierte Spezialisten zu Rate zu ziehen.

Werden Holzteile dem extremen Einfluss der Witterung ausgesetzt, sind sie vorbeugend durch eine Imprägnierung zu schützen. Finden sie Gelegenheit nach dem Nasswerden auf natürlichem Wege zu trocknen, sind sie auf Jahre hinaus vor Fäulnisbildung geschützt. Von Fäulnis betroffene Holzteile werden bis zum gesunden Kern abgetragen, die Flanken der zu sanierenden Teile gründlich gereinigt und alle Schnitt- und neuen Flächen sind mit einem Schutzanstrich zu versehen, wobei zu überlegen ist, schadhafte Teile gleich komplett durch neue zu ersetzen.

Außenanstriche haben zwei Funktionen zu erfüllen: Schutz zu geben gegen Verrottung und weiterhin das Äußere der Bausubstanz harmonisch der Umgebung anzupassen. Der Trend zu farblich kontrastierenden Farbtönen hat in den letzten Jahren, wahrscheinlich an skandinavischen Vorbildern orientiert, auch in Mitteleuropa zuge-

*Der Winter zeigt uns, worauf und explizit an welche Stellen größte Aufmerksamkeit zu verwenden ist, um das Material vorbeugend zu schützen. Auf dem Bild sind es die Schnittflächen des Holzes, die bei langer Schneeverweildauer empfindlich beeinträchtigt werden. Satte Anstriche vor allem dort, in überschaubaren Abständen aufgebracht, wirken sich besonders werterhaltend aus.*

nommen. Bei der äußerlichen Farbgebung machen nicht selten Behörden von ihrem Mitspracherecht Gebrauch. Wo es nicht Pflicht ist, werden Stallungen selbstredend der Umgebung unauffällig angepasst. Um einzeln stehende Gebäude nicht sonderlich in das Blickfeld zu setzen, werden sie, mit einem dunklen Anstrich versehen, kaum „auffällig" wahrzunehmen sein, hingegen lenken helle Farben besonders die ungewollte Aufmerksamkeit auf sich.

Raue Grundflächen haben den Nachteil, dass sie sehr viel Flüssigkeit aufnehmen, bringen jedoch den Vorteil mit, dass die Farbstoffe tief eindringen können. So werden ungehobelte Holzteile, nur mit dem Schwingschleifer behandelt, in der Optik zwar unterlegen sein, benötigen zeitlich jedoch erst viel später eine Renovierung.

Die Entscheidung, deckende Anstriche oder Lasuren im Außenbereich zu wählen, sollte einem neutralen Fachberater überlassen werden. Aber nur zu leicht neigen Fachberater dazu, eigene Produkte, wohl wissend um die ungeeignete Anwendung, ins Gespräch zu bringen.

# Verlegen von Fußbodenplatten

Die Suche nach Optimallösungen gehört zu den Privilegien der Geflügelzüchter, denn selten sind ihre Stallungen oder Einrichtungen von längerfristigem Bestand. Bauliche Modernisierungen, Verbesserungen der Umwelt für die Tiere sind überall anzutreffende, sich wiederholende, günstigstenfalls begrüßenswerte Prozesse. Dazu zählt das Ausstatten der Ställe mit „fußwarmen" Böden. Sind es ausgebrochene Massivuntergründe oder unebene Holzböden, die zu begradigen sind, wird man auf stallklimatisch Einfluss nehmende hölzerne Bodenplatten ausweichen und im Zuge der Sanierung darüber hinausgehend eine isolierende Dämmung einbringen.

Bei einem massiven Untergrund, das kann ein Betonboden sein oder in Mörtel oder Sand verlegte Mauerziegel, wird man nicht umhin kommen, die Oberfläche zu säubern und gegen aufsteigende Feuchtigkeit mit einer Isolierpappe zu belegen. Sie wird in 1 m breiten und 20 m langen Rollen im Fachhandel unbesandet angeboten. Darauf liegen die vorgebohrten und mittels Dübel und Holzschrauben mit dem festen Untergrund befestigten Lagerhölzer (imprägnierte Rahmenschenkel: 4 × 4 oder 4 × 6 cm), die eigentliche Konstruktion zur Aufnahme der Bodenfläche. Der gut sortierte Fachhandel bietet hier eine reichliche Auswahl an Formaten und Plattenstärken an. Mit Nut und Feder versehen und verleimt, lassen sie sich mit nur wenig Fugenanteilen ziemlich lückenlos in- bzw. aneinanderfügen. Bei einer Plattenstärke von 24 mm werden die Lagerhölzer in einem größeren Abstand verlegt werden können als bei wesentlich dünneren. Die sogenannten Verlegeplatten in Holzspanplattenausführung sind für diese Zwecke speziell chemisch vorbehandelt, heutzutage werden aber keine bedenklichen Mittel mehr verwendet. Die Hersteller weisen in ihrer Werbung ausdrücklich darauf hin.

*Holzteile – die Unterkonstruktion für die aufliegenden Holzspanplatten – über einem Massivboden sind gegen Feuchtigkeit zu schützen.*

Das Verlegen der Platten fällt einem handwerklich Geschickten nicht schwer. Die Elemente, zunächst mit Nägeln geheftet, werden lose verlegt, auf der Oberfläche der Verlauf der Unterkonstruktion angezeichnet und in gleichen Abständen die Schraubenlöcher vorgebohrt, um sie dann mit Spaxschrauben zu befestigen. Beim Vorbohren wird das vertiefte Eindringen, das Versenken der Schrauben berücksichtigt, damit die Metallköpfe überkittet werden können bzw. nicht wie ein Widerstand hervorstehen. Senkrechte, auf dem Boden stehende Bauteile wie Stützen oder dergleichen werden eingemessen und mit einer Stichsäge ausgeschnitten. Die Dehnfugen (1,5 cm breit) an den Wandanschlüssen sind mit Leisten abzudecken. Zur Vermeidung von Fäulnisschäden ist eine funktionierende Zirkulation innerhalb der Unterkonstruktion unbedingt anzustreben. Das Einbringen von Isoliermitteln auf Hartschaumbasis zwischen den Lagerhölzern erhöht die dämmende Wirkung um ein Vielfaches. Ein deckender Anstrich, wie er im Hausbau als Oberflächenbeschichtung in Heizungs- und Öllagerräumen üblich ist, wird auch in Ställen ausreichenden Schutz vor Nässe geben.

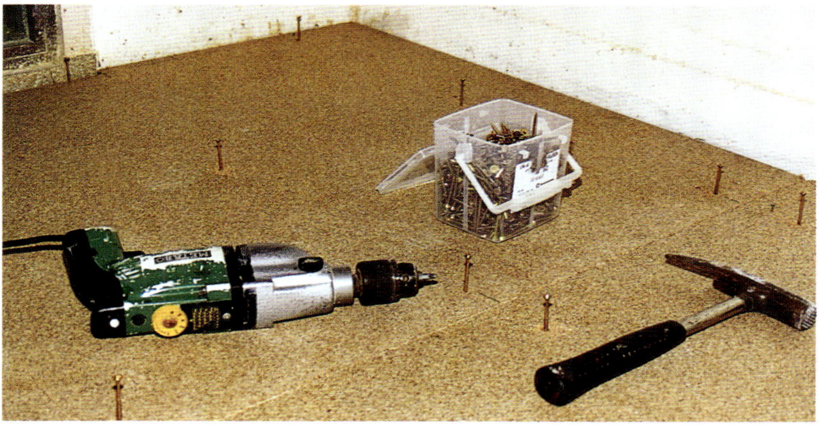

*Spaxschrauben (nicht nageln!) werden, um spätere Hindernisse beim Reinigen des Bodens mit dem Schaber zu vermeiden, in vorgebohrten Löchern versenkt eingedreht.*

# Regenwasserschutz – Dachrinnen und Ablaufrohre

In einem gesonderten Kapitel erfahren wir, wie wichtig für die Trockenhaltung der Stalleinstreu die Vorplatzgestaltung ist. Und weil Niederschlag, abgesehen von seitlichem Schlagregen, stets von oben kommt, wird er gleich an den Dachenden, den Traufen, über Rinnen und Fallrohre abgefangen. Wie das Regen- oder Schmelzwasser im Winter – sofern überhaupt vorhanden – in das örtliche Kanalsystem abgeleitet werden kann, ist den lokalen Gegebenheiten anzupassen.

Bevorzugt wird Regenwasser zum Gießen verwendet, demzufolge lässt es sich mengenmäßig in Fässern und Tankanlagen sammeln und aufbewahren.

*Kostbares Regenwasser mithilfe einer Regenwasserklappe sammeln.*

Spritzwasser an Gebäuden ohne Dachrinnen richtet neben der Bodendurchnässung sehr bald sicht- und anfänglich substanziell unsichtbare Schäden an. Unansehnlich werden zunächst die Flanken in Bodennähe, wo das Wasser auf das Erdreich plätschert und mit Schmutz vermischt an die aufragenden Wände spritzt – schließlich Verunreinigungen hinterlässt. Fehlt es dort an schützenden Anstrichen, wird verbliebene Nässe bei Holz für Fäulnis, an Putz und Mauerwerk für Abplatzungen nach Frosteinwirkung sorgen.

Wo an Stallungen, beispielsweise auf der rückwärtigen Seite eine Dachrinne fehlt, kann ein Randstreifen entlang der Außenwand, mit faustgroßen Kieselsteinen tief genug ausgelegt, die Verschmutzungen minimie-

*Teilansicht des Wissenschaftlichen Geflügelhofes im Bruno-Dürigen-Institut von Rommerskirchen-Sinsteden.*

ren und die herabfallenden Wassermengen wie durch eine Filterschicht aufnehmen. Übrigens halten solche Streifen – die frei von allem Grün und Moos sein müssen – Insekten von lästigen Hausbesuchen ab.

Im Zuge von Klimaveränderungen mit registrierten Niederschlägen in bisher ungeahnter Menge sind die halb- und kastenförmigen Dachrinnen im Maß groß genug zu dimensionieren, um die Mengen zu bewältigen. Das trifft genauso auf die Ablaufrohre zu und vor allen Dingen auf die Grundleitungen. An Material stehen Ausführungen aus Kupfer, Zink und strapazierfähigem Kunststoff zur Verfügung; letztere Qualität wird insbesondere in Baumärkten mit Verarbeitungshinweisen angeboten, die dem geschickten Handwerker seine Arbeit erleichtern können. In die Ablaufrohre sehr leicht installiert werden können Entnahmestellen, Umleitungen für das Gießwasser in bereitstehende Behälter. Birnenförmige Laubkörbe, in die Ablauföffnungen der Dachrinnen gesteckt, verhindern das Verstopfen der Grundleitung. Regelmäßige Reinigungen, das Entfernen des einliegenden Laubes jedes Jahr im Spätherbst sind hierbei unerlässlich.

# Die Voliere

Die Tiere in ihrem Bewegungsraum zwangsläufig einzugrenzen wird sehr oft in Wohngebieten notwendig, vielleicht auch an solchen Plätzen, wo man sich gleichzeitig der Rassetaubenzucht widmet. Eine kombinierte Haltungsweise, gegen die es grundsätzlich nichts einzuwenden gibt, kann dennoch in bestimmten Bereichen aufgrund der Konkurrenz zu Störungen führen.

Auf Dauer betrachtet, sind Holzkonstruktionen bei regelmäßiger Auffrischung der Anstriche bezüglich der Lebensdauer gegenüber solchen aus Metall nicht im Nachteil. Das beweist die über dreißig Jahre ohne sichtbaren Substanzverlust bestehende Zuchtanlage des Verfassers. In exponierter Lage – ca. 750 m über NN – im nördlichen Schwarzwald

*Voliere im Freilandauslauf als Separee für die Jungtiere ab Kükenalter. Am Holzpfosten zu sehen die Befestigung mit Metallwinkel. Der direkte Kontakt mit dem Erdboden wird sich auf die Haltbarkeit des Holzrahmens sehr nachteilig auswirken.*

*Voliere für Küken aus Holz und mit Maschendrahtbespannung.*

gelegen, hat sie den Orkan „Lothar“ Ende 1999 und danach noch weitere Sturmattacken im Herbst der folgenden Jahre bis heute doch schadlos überstanden. Die im Folgenden angegebenen Materialien, Holzmaße und Spannweiten haben sich in der Praxis auch bei extremem Schneereichtum bewährt.

*Überdecken eines Kaltscharr-Raumes oder eines begrenzten Auslaufs (Voliere) mit transparentem Wellenprofil (Rollenware) auf Holzlatten (24 x 48 mm) und Sparren (24 x 100 mm). Vor dem Einbringen der Regenrinne sind sämtliche Holzteile zu behandeln (imprägnieren und streichen), dann folgt als Unterlage eine Bitumenpappe. Besonders im Traufbereich sind die punktuellen Befestigungsabstände nicht weiter als 35 bis 40 cm zu wählen.*

# Fertigung

Die Grundkonstruktion bauen wir vor Ort entweder in einem Stück oder fertigen jeweils Einzelelemente, die dann miteinander zu einem Bauwerk verschraubt werden. Verwendet wird das übliche Bauholz in Nadelholzqualität, wie es ein Zimmermann genauso im Wohnungsbau einsetzt. Die Baumärkte bieten es in ausgezeichneter Qualität und in verschiedenen Abmessungen und unterschiedlichen, auf den Bedarf ausgerichteten Längen an. Wirtschaftlichen Überlegungen zufolge werden wir die Gesamthöhe der Elemente von 2,05 m deshalb nicht überschreiten, weil die Metallbespannung in einen Meter breiten Rollen zur Verfügung steht; Netze, auch nach Wunsch der Kunden gefertigt, können durchaus an andere Höhen angepasst werden, die aus welchen Gründen auch immer gewünscht werden. Zur Stabilisierung des Volierenaufbaues wird man am Boden nicht auf eine massive Gründung in Form einer Rabattenausbildung verzichten. Dort verankert, sind sie gegen Schneedruck fixiert und des Weiteren bieten sie, tief in den Bodengrund reichend, Schutz vor grabenden Vierbeinern.

## Volierenbaumaterialien

**Holzbauweise:**
Rahmenelemente in Nadelholz 4 × 6 cm, Zwischenpfosten 4 × 4 cm, Deckenrahmen bei einer stützenfreien Spannweite von 3,00 m = 4 × 6 cm im Hochformat aufliegend. Rundhölzer, seltener verwendet, dennoch geeignet, möglichst mit gleichmäßigem Durchmesser, im Mittel 6 cm. Als Querriegel in der Höhenmitte zum Befestigen der Bespannbahnen eignen sich Dachlatten im Format 24 × 48 mm. Sämtliche Holzteile werden nach dem Zuschnitt und vor dem Zusammenbau mindestens einmal, stumpfe Verbindungsstellen mehrere Male, gestrichen.

**Metallbauweise in Stahl und Leichtmetall:**
Vierkanthohlprofile, quadratisch und rechteckig (auch rund), 30 × 30 mm, 40 × 40 mm und 30 × 50 mm mit entsprechenden Wandstärken; T-Profile und verzinkte Rohre, deren Endstücke gegen Eindringen von Wasser mit PVC-Kappen zu versehen sind, stellen Alternativen dar. Stahlteile, verzinkt oder mit Rostschutzfarbe behandelt, sowie Leichtmetall in diversen Farbvarianten eloxiert, bedürfen auch auf Dauer keinerlei Pflegemaßnahmen.

**Bespannung:**
Verzinktes Sechseckgeflecht, als Kaninchenstalldraht bekannt und im Handel mit unterschiedlichen Maschenweiten als Rollenware mit Län-

gen von 200 m angeboten, ist eine beliebte Bespannung. Die Durchlassweite unter dreiviertel Zoll verhindert den Zugang für Sperlinge und Mäuse. Stanzgitter, stabile Rollenware, verzinkt und in Edelstahl, ist, ohne sie zu spannen, sehr einfach zu verarbeiten, Maschenweiten gibt es ab einem Quadratzentimeter und größer werdend. Maschendraht mit geringer Durchlassweite, verzinkt und kunststoffummantelt, in verschiedenen Breiten als Rollenware, wird aber wegen seines Gewichtes seltener eingesetzt, ist von sehr langer Lebensdauer, wie im Kapitel „Zäune" beschrieben. Punktschweißgitter, verzinkt, wird vom Fliesenlegerhandwerk bei fehlender statischer Beanspruchung teilweise verwendet. Die Außenmaße betragen 2,00 × 1,00 m, der Stababstand beträgt 5 × 5 cm, an den beiden Längsrandzonen 5 × 10 cm. Wellengitter aus Stahldraht in verschiedenen Abmessungen eignet sich für stabile Konstruktionen, wobei die eigentliche Unterkonstruktion dann schwächer ausfallen kann. Kunststoffgitter, unverrottbar, in verschiedenen Farben, Maschenweiten und Bahnbreiten, ist im Fachhandel zu beziehen. Wegen der auffälligen Farbgebung werden sie wohl selten eingesetzt. Die Bespannung wird mit Schlaufen (Krampen) 4 × 16 mm und 4 × 20 mm befestigt oder mit Holzleisten verschraubt bzw. genagelt. Eine Bespannung auf Metall wird mit Leisten aus gleichem Material oder alternativ mit verzinktem Draht bzw. mit Kunststoffschnüren in Spiralwicklung befestigt.

**Überdachung:**
Sie wird dort von Vorteil sein, wo man den Tieren während regen- und schneereicher Zeiträume außerhalb des Stalles dennoch genügend Auslauf bieten möchte. Für Ausstellungen bestimmte Kandidaten können sich auf dem mit Sand bedeckten Boden im Trockenen aufhalten und verschmutzen nicht in den Freilandausläufen.

Für den Wetterschutz hält der Fachhandel passende Erzeugnisse bereit, die sich für den Eigenbau sehr gut eignen. Einbauanleitungen vom Hersteller ermöglichen die Montage transparenter Wellplatten aus schlagzähem Acrylglas in Längen von 2,00 bis 6,00 m, 104,5 cm Breite per Einzelstück und einer Dicke von ca. 1,5 mm. Wesentlich preisgünstiger – und als Rollenware in Bahnen großflächig am Stück erhältlich – bewährt sich ein Polyesterwellfabrikat aus Kunststoff mit einer Lichtdurchlässigkeit – je nach Einfärbung – von 85 bis 92 %. Zur Vermeidung von starken Hitzestaus kommen Hohlkammerpaneele, mit Nut und Feder ausgestattet, zum Einsatz. In Längen von 200, 250 und 300 × 20 cm Breite und 16 mm Dicke erfüllen sie ihren praktischen Zweck. Brauchbar für Dächer mit geringer Neigung ab 5 Grad = 9 cm auf einen Meter und senkrecht an Wänden sind auch lichtdurchlässige Wellenprofilelemente mit großen Maßeinheiten. Von Zeit zu Zeit ist eine Reinigung zu empfehlen; großer Aufwand wird vermieden, wenn man dem Wasser ein (handelsübliches) Putzmittel zugibt.

# Fertigen eines Rahmens

Rahmen oder einfache Flügeltüren, mit und ohne Füllung wie beispielsweise aus Draht oder auch Rahmen in handlichen Größen fertigen wir aus Dachlatten (24 × 48 mm). Die Schenkel werden aufgeschnitten oder an den Enden stirnseitig zur jeweiligen Überblattung und zur weiteren Verarbeitung auf Gehrung gesägt, mit Tischlerleim verklebt und – damit das Stirnholz nicht splittert – zur Sicherung mit gestauchten Nägeln, besser mit Holz- oder Spaxschrauben zum Zusammenpressen unter Zuhilfenahme von Schraubzwingen oder eines

*Holzstück in Gehrungslade und Handsäge (Fuchsschwanz).*

*Die Rahmenbespannung mit Sechseckgeflecht (im Volksmund: Kaninchenstalldraht) wird vor dem Befestigen mit Schlaufen (Krampen) durch Schraubzwingen und Nägel fixiert.*

*Handgesägte Rahmenholzenden, die mit einer elektrischen Kapp- und Gehrungssäge exakter ausgearbeitet werden können.*

Rahmenspanners miteinander verbunden. Offene Fugen können mit Holzkitt geschlossen werden; nach der Verleimung werden die Eckverbindungen mit Schleifpapier egalisiert. Danach erhält das Holzwerk zumindest auf der Drahtseite einen Anstrich. Das verwendete Geflecht, der sogenannte Kaninchenstalldraht, muss im Gegensatz zum Punktschweißgitter mittels Schraubzwingen und/oder Drahtstiften gespannt werden. Die Befestigung erfolgt mit Schlaufen (Krampen). Präzise Holzschnitte erreicht man bei der Bearbeitung mit der Tischkreis- bzw. einer Kapp- und Gehrungssäge. Zusätzlich aufgeschraubte Metallwinkel stabilisieren diejenigen Elemente, die in starkem Maße beansprucht werden.

# Der Fertigbau-Geflügelstall

Der Geflügelstall als Fertigprodukt, vom Handel bezogen, kommt dem Geflügelhalter zugute, der weder Zeit für den Selbstbau hat oder dem das Geschick fehlt, um selbst Hand anzulegen. Dafür wird er Kosten auf sich nehmen müssen – alles hat seinen Preis. Und wenn es nur der Korpus als solcher ist, um dann zumindest nach eigenem Ermessen den Innenausbau selbst herzurichten. Es gibt vielerlei Möglichkeiten, die am Ende doch ein gefälliges Bauwerk entstehen lassen.

Im Vorwort habe ich auf die solide Ausführung der auf dem „Wissenschaftlichen Geflügelhof" stehenden Ställe hingewiesen, dürfen wir doch davon ausgehen, dass sich die Konkurrenz bemüht, beim Bau von Geflügelställen den tatsächlichen Anforderungen voll nachzukommen. Im Detail aufgeschlüsselt beschrieben, enthalten die Prospekte der Hersteller sämtliche, für den Käufer wichtige Einzelheiten, die ihn – oder auch nicht – überzeugen, sich für dieses oder jenes Angebot näher zu interessieren. Die eigentlichen Anregungen holen wir uns auf großen Rassegeflügelausstellungen, wo die Fachindustrie präsent ist. Dort können Vergleiche sehr hilfreich sein, oder eine Befragung des Herstellers über die Wirkungsweise der Lüftung oder über Möglichkeiten, wie sich der Baukörper ohne größeren Aufwand später noch erweitern lässt.

Anhand von Bauplänen und -beschreibungen wird sich der Interessent eingehend informieren, bis er sich, möglichst mit dem Rat eines Baufachmannes, zum Kauf entschließt. Auf Messen und Ausstellungen gezeigte Ställe verkörpern überwiegend Glanz und Gloria. Echte Spitzenleistungen, Präzisionsarbeit mit ausgesuchten Bauteilen, liebevoll nach Meisterart zusammengebaut, erreichen des Öfteren nicht immer die Kundschaft; vor gelegentlichen Qualitätsabstrichen wird gewarnt. Eine Referenzliste sollte deshalb in jedem Falle Grundlage des Angebotes sein. Und weil man nur einmal baut, aber wahrscheinlich einoder gar mehrmals erweitert, wie es bei Kleintierzüchtern als erwiesene Tradition gilt, suchen wir einige Besitzer der angebotenen Ställe auf und befragen sie nach ihren Erfahrungen. Dort erkennen wir unter Berücksichtigung von Pflegeaufwand und persönlicher, individueller Nachlässigkeit, ob eine solche Serienproduktion substanziell gelitten oder sich je nach regionalem Standort bewährt hat. Wir werden hören, welche Details zu verbessern sind oder was in welcher Ausführung im Voraus zur Funktionsverbesserung konstruktiv zu ändern ist. Aus Schaden wird man bekanntlich klug, wie der Volksmund zu berichten weiß.

Ein Besuch in der Fertigungshalle wird vor und nach dem Kaufvertragsabschluss angeraten. Was für Ausstellungen, Messen und sogar bei ständigen oder vorübergehenden Musterschauen fein säuberlich mit nicht rostenden Verbindungsteilen verbunden ist, wird am Fließband nicht selten zusammengetackert oder genagelt. Vertrauen ist gut, Kontrolle stets kein Nachteil.

Diese modernen Verarbeitungsmethoden gefährden nicht die Stabilität, werden den Käufer bei der Anlieferung jedoch enttäuschen. Eine Nachbesserung erscheint nicht sinnvoll, Wertminderung wird zur Streitfrage, keinesfalls wird es einen Austausch werksneuer Teile geben, auch wenn gerichtlich ein Rechtsstreit vorangegangen ist. Die Unzufriedenheit bleibt auf Seiten des Kunden, der Ärger genauso, wenn es um Garantieleistungen geht. Die sogenannten Gewährleistungsfristen müssen in jedem Bauvertrag enthalten sein. Das sind vertragliche Vereinbarungen unter Zugrundelegung der „Verdingungsordnung für Bauleistungen" (VOB), sie betragen dort zwei Jahre und nach dem nicht erst neuerdings modifizierten „Bürgerlichen Gesetzbuch" (BGB) fünf Jahre. Während dieses Zeitraums entstehende Bauschäden werden der Lieferfirma sofort schriftlich mitgeteilt. Bleiben ihrerseits Reaktionen aus, folgt inhaltlich derselbe Hinweis, jedoch diesmal mit angemessener Terminsetzung per Einschreiben mit Rückantwortschein. Wurden oder werden anlässlich einer Zusammenkunft persönliche Absprachen getroffen, wird das Protokoll im Wortlaut – das stichwortartig auch handschriftlich sein kann – von beiden Parteien unterschrieben. Sind Mängel behoben worden, läuft die Instandsetzung ebenso lange über den Rahmen der vereinbarten Gewährleistungsfrist für das gesamte Bauvorhaben hinaus.

Hierbei wird freilich unterschieden, inwieweit die reklamierten Schäden substanziell einer generellen Behebung bedürfen. Wenn die auf Schwerkraft beruhende Stalllüftung nicht ausreicht, dann wird vermutlich der ungünstige, der Lieferfirma nicht vorab bekannte Standort die Ursache dafür sein, oder die Unkenntnis des Betreibers den Ausschlag für diese und jene Ursache gegeben haben. Wenn sich aber die Profilschalung an der Außenfläche löst, sich die Deckenkonstruktion oder der Fußboden verselbstständigen, dann ist Gefahr im Verzug, die auf konstruktive Fehlerquellen hinweist und selbstverständlich einer Korrektur bedarf. Seriöse Firmen werden sich auch dann noch großzügig zeigen, wenn ein akuter Mangel nach Ablauf der Garantiefrist erst sichtbar wird. Immerhin haften sie für ihr Produkt, und welcher Unternehmer lässt sich schon Fahrlässigkeit nachsagen.

Bei Vertragsabschluss achten Sie auf Folgendes:

- Absicherung des Baukörpers gegen aufsteigende Feuchtigkeit.
- Verschraubungen der Bauteile, insbesondere der Fassadenaußenverkleidung, mit nicht rostenden Materialien.
- Außenanstriche nach den Verarbeitungsvorschriften des Farbherstellers ausgeführt – deckende Farbanstriche haben sich gegenüber feinen Lasuren durchgesetzt.

*Hochqualitativer Kleinstall aus Holz, versehen mit Wärmedämmung, Isolierverglasung und ausgestattet mit einer regulierbaren Lüftungsöffnung.*

Verzichten Sie aus Ersparnisgründen nicht auf Ergänzungen bzw. Komplettierungen von Dachrinnen und dergleichen. Nachträgliche Installationen verlangen meistens Änderungen an der baulichen Substanz und führen zu Gewährleistungseinschränkungen.

Wenn Fenster- und Türflügel in ihren Funktionen gehindert sind, d. h. nur schwer zu schließen sind, ist das einwandfrei ein Zeichen mangelnder Ausrichtung der waagrechten und lotrechten Bauelemente.

Achten Sie bei der Montage darauf, dass Schnittstellen am Bauholz sofort einen Imprägnieranstrich, einen vorbeugenden Schutzanstrich gegen Witterungseinflüsse, erhalten.

Vereinbaren Sie, dass die konstruktiven Verschraubungen an den Korpuselementen, letztmalig bei der Schlussabnahme – mit Beendigung der Gewährleistungsfrist (nach 2 bzw. 5 Jahren) – nachgezogen werden.

Übrigens sollten Sie auf die Bauabwicklung vor Ort keinen Einfluss nehmen. Selbst wenn Sie meinen, mitmischen oder behilflich sein zu müssen. Das bezieht sich vor allem auf die Inanspruchnahme oder die Bereitstellung von Abladehilfen wie Kleinkränen oder Gabelstaplern, wenn diese Maschinen – je nach Vereinbarung – nachträglich zu bezahlen sind. Guten Willens hat schon so mancher Bauherr tief in die eigene Tasche greifen müssen – davor sollen Sie bewahrt werden.

Es ist von den Geflügelstalllieferanten nicht unfair, wenn sie die Fertigteile ab Oberkante der Aufstellfläche liefern. Zum einen kennen sie die Geländegegebenheiten nicht und zum anderen liegt es in der Hand des Bauherren, dafür den Grund und Boden nach bestem Wissen und Gewissen zur Beherbergung seiner künftigen Pfleglinge vorzubereiten. In gemeinsamer Abstimmung aber wird es zur Leistung des Vertragspartners gehören, zur Vorbereitung des Untergrundes ausgearbeitete Detailpläne zu liefern. Daraus geht hervor, wie die Bodenplatte aus Beton, die Streifen- oder Blockfundamente für eine Balkenlage zur Aufnahme des Bauwerks samt der Verankerung gegen Sturmeinwirkung anzulegen sind. Hilfreich kann die bauliche Begleitung eines ortsansässigen Architekten sein, noch dazu, wenn dieses Bauvorhaben evtl. anzeigepflichtig ist oder bei der Behörde sogar zur Baugenehmigung vorab ein Baugesuch einzureichen ist.

Außer dem Baustoff Holz sind Fertigbauelemente aus Stahlbeton auf dem Markt gleichermaßen vorhanden. Zum Selbstbauen vom Hersteller angeliefert, erfreuen sie sich zunehmender Beliebtheit. Substanziell widerstandsfähig, von der Masse (Gewicht) her schallhemmend, sehr günstig und mit mineralischem Isoliermaterial vervollkommnet, sind sie letztlich doch konkurrenzfähig.

*Kleiner Jungtierstall auf Stelzen im Wissenschaftlichen Geflügelhof Rommerskirchen-Sinsteden.*

# Ausläufe

Eine Grundvoraussetzung für die Haltung und Zucht von Rassegeflügel ist neben den baulichen Maßnahmen die zum artspezifisch ausgestatteten Lebensraum gehörenden Ausläufe: Das können überdachte oder nicht überdachte Volieren sein und schließlich sind die der Natur näher stehenden Biotope vorzuziehen, unterschiedlich strukturiert sowohl für Hühner als auch die Wassergeflügelarten. Das Einrichten solcher Lebensräume, gemessen an der Umwelt ihrer Ahnen, verlangt nicht nur eine geschickte, sondern auch eine glückliche Hand, wie sie den Landschaftsgärtner zum Erfolg führt.

Eintönige „Hühnergärten" und ähnlich ausgebildete Anlagen, wie wir sie noch immer vorfinden, sollten längst der Vergangenheit angehören. Kein Wunder, wenn sich die Betreiber dieser unzumutbaren Anlagen der Missgunst ihrer Nachbarn sicher sein können, die obendrein kaum ihre Schadenfreude verbergen müssen, weil Züchter oder Halter mit Tieren in derartigen Gettos selten Erfolge aufweisen werden. Weder Leistung noch Schönheit werden sich in reizlosen Verliesen entfalten können. Je „glücklicher" sich unser Geflügel fühlt und dies auch zeigt, umso schöner und leistungsfähiger wird es das unter Beweis stellen. Vorbilder liefert uns die Natur selbst. Nachempfundene Lebensräume im verkleinerten Maßstabe auf beengter Fläche nachzubilden, fällt demnach nicht schwer.

Wo größere Flächen genutzt werden, sprechen wir nicht selten von einer Auslaufhaltung, die, individuell beurteilt, etliche Vorzüge bietet. Voraussetzung dafür ist ein gut gepflegter Boden von mindestens 10 Quadratmetern je Tier bei Hühnern, 30 Quadratmetern bei Puten, und beispielsweise eine mit Gräsern und Klee bewachsene Grünfläche, durchsetzt mitunter von wild wachsenden Blütenständen mit Heilkräutereigenschaften. Diese Vielfalt stillt eben nicht nur den Hunger

 *Brahmas, Chabo und Ko Shamo beim Verfasser.*

*Gänse im Zoologischen Garten Berlin.*

oder regt den Appetit an, sondern verfeinert genauso den Geschmack der Eier und, wenn die Tiere dann irgendwann geschlachtet werden, die Qualität ihres Fleisches. Löwenzahn gehört dazu. Eine Pracht, wenn er zum Blühen kommt. Die oben genannten Maßeinheiten können zu Gunsten der Individuen erfahrungsgemäß überschritten und für Zwerghühner durchaus unterschritten werden.

Nur durchweg abwechslungsreich angelegte Ausläufe fördern das Wohlbefinden der Geflügeltiere, deshalb darf es weder an Unterschlupfmöglichkeiten fehlen, noch an Schatten spendendem Baumbestand mangeln. Ein Sichtschutz entlang der Zäune zwischen den Ausläufen, das können Brennnesseln oder auch Topinamburstauden sein, beides vitaminreiche Kost, die liebend gerne aufgenommen wird, wirkt beruhigend auf die Insassen und regt zu gegebener Zeit auch hier den Appetit an.

Für ein Staubbad bzw. eine Wasserstelle im Auslauf zu sorgen, ist uns Verpflichtung, um den Bewegungsraum im Freien mit Wohlfühlkomfort zu komplettieren. Dass sich eine derartige Fülle von auflockernden, für die Tiere reizauslösenden Elemente en miniature bündeln lassen, beweisen geschickt modellierte Zuchtanlagen; Prestigeeinrichtungen sozusagen, die sich wärmstens empfehlen und aus deren vorbildlicher Zucht Rassetiere in höchster Qualität hervorgehen. Gewiss ist der Erfolg so groß, weil hier Fauna und Flora samt einer sinnvoll gestalteten Topografie das lebensbestimmende Umweltangebot ökologisch in hohem Maße anbieten.

Neu angelegte Ausläufe benötigen Jahre, bis der Bewuchs das gewünschte Niveau erreicht, da sich Bäume und Buschwerk doch sehr differenziert entwickeln. Fehlt es zwischenzeitlich an Schattenspendern, wird man sich währenddessen um Ersatz bemühen, um dieses Defizit

*Bronzeputen bei W. Fröhlich (†) in Schwann/Württ.*

auszugleichen, damit das Geflügel an außerordentlichen Hitzetagen und bei hohen Ozonwerten oder zusätzlich durch intensive Sonnenbestrahlung, organisch keinen Schaden nimmt. Eine weitere Vorsichtsmaßnahme gilt neben anderen Beeinträchtigungen zum Schutz der Gefiederfarben und nicht zu vernachlässigen dem des Trinkwassers, damit es nichts von seiner geschmacklichen Frische einbüßt.

Bei der Wahl der Bepflanzung wird man die erreichbare Endwuchshöhe bedenken müssen. In dem in den einzelnen Bundesländern wahrscheinlich nur gering abweichenden Nachbarrecht ist vorgeschrieben, welche Abstände von Büschen und Bäumen zur Grundstücksgrenze einzuhalten ist und welche Höhe – wegen der Beeinträchtigung des Lichteinfalles bzw. Wegnahme von Sonneneinwirkung – weder unter- noch überschritten werden darf. Sträucher wie Flieder, Hibiskus und Forsythie, im Abstand von 3 Metern gesetzt, sind sehr bald genauso hoch gewachsen. Holunder oder Haselsträucher sind ebenfalls geeignet und selbstverständlich als ertragreiche Obstbäume beliebt – die Tiere werden sich später am Fallobst erfreuen; nicht selten suchen sie tagsüber auf den Zweigen dort sogar ein Plätzchen zum Dösen. Immergrünes Buschwerk neben Nadelgehölzen gibt Zuchtanlagen außerdem ein attraktives Aussehen. Rassegeflügelzucht muss Neugier auslösen, das ist ein angestrebtes Ziel der Organisation.

Die Stammabstände der Bäume zueinander richten sich im Auslauf natürlich nach der vorhanden Flächen- bzw. Grundstücksgröße. Damit sich Rasenmäharbeiten bequem ausführen lassen, sei empfohlen, den oben genannten Richtwert einzuhalten.

Als Unterstand für Tränken – evtl. auch für Futtertröge und Mineralbehälter, damit ihr Inhalt bei Niederschlägen nicht nass wird, eignen sich zwei auf dem Boden stehende, zu einem Satteldach gegenübergestellte Tafeln aus widerstandsfähigem Material wie Holz, Blech oder Kunststoff. Sie werden mit einem hölzernen First versehen, auf dem Hennen und Hähne zeitweise sehr gerne aufbaumen. Schatten spenden ausladende Sonnenschirme sowie über Gestelle gehängte PVC-Planen und Tücher, nicht zuletzt Schilfrohrmatten, die, gegen Wind befestigt, den Tieren zu einem gewissen Wohlbefinden verhelfen, wenn sie sich darunter aufhalten.

Dem versierten Tierpfleger entgehen in seinem Revier keine Auffälligkeiten, deshalb wird er entstehende Schäden in einem frühen Stadium nicht größer werden lassen. In den Ausläufen fällt der Blick zuerst auf den Boden, und so ist eine kahl werdende Grasnarbe durch Nachsäen schnellstens wieder zu schließen. Nicht selten sind es Maulwurfhügel, an denen sich das Hühnervolk gütlich tut. Ähnlich werden feuchte Stellen bei Enten und Gänsen sehr schnell zu großflächigen sumpfigen Stellen, wenn sie nicht spontan eingegrenzt werden.

Gute Dienste leisten hier aufliegende Drahtgewebe oder strapazierfähige Netze, die mit Bodenankern befestigt werden und die das nachwachsende Gras schützen. An solchen Stellen lagerndes Gestrüpp, Zweige oder eine zeitlich begrenzte Absperrung können den gleichen Zweck erfüllen. Frisch gesetzte Bäume sind in gleicher Weise abzuschirmen.

Wo von Vorteilen die Rede ist, dürfen die Nachteile nicht verschwiegen werden. Das können im Bezug auf die freizügige Geflügelhaltung die Ansteckungsgefahren durch verschiedene Krankheiten sein, ausgelöst durch unterlassene Hygienemaßnahmen, wie wir sie in den Ställen und Scharrräumen, quasi im gesamten Lebensraum, notwendigerweise sorgfältig anwenden müssen. Ihre Häufigkeit wird bestimmt durch die individuelle Besetzung nach dem Leitmotiv: „Enge

*Vielseitig strukturierte Ausläufe fördern das Wohlbefinden des Geflügels. Auf dem Bild Orpington bei R. Lawall in Flonheim, Rheinland-Pfalz.*

*Rasengitter aus Kunststoff schonen den Untergrund vor Überbeanspruchung.*

*Bis zum Dichtwerden der Grasnarbe verhindern Metallgitter das Aufscharren des Bodens.*

bringt Zwänge", durch Vermeidung von Überbesetzung mit ihren sehr oft unterschätzten Gefahren.

Um diesem so häufig auftretendem Übel zu begegnen, handelt der Geflügelhalter, sprich Rassegeflügelzüchter, klugerweise mit drastischem Reduzieren seiner Bestände und beginnt mit der Aufteilung großer Gehege in Parzellen. Sozusagen in Vorsorge, zur Schonung der einzelnen Abteilungen, werden sie nur wechselweise genutzt. Schmale und insbesondere sehr lange Gevierte werden von Hühnern ohnehin nicht unendlich beweidet, wie aufmerksame Beobachter bereits früher feststellten und Verhaltensforscher bewiesen haben. Hühner bewegen sich in übersichtlichem Gelände stets an den Randzonen der vorhandenen Vegetationen. Freie Flächen suchen sie seltener auf, sie überqueren sie auch nur sehr zögerlich, denn sie fühlen sich nur geborgen, wenn sie sich in Sichtweite ihres Stalles aufhalten. Putenbestände kennen da weniger Ängstlichkeiten. In größeren Herden vereint, unternehmen sie bei räumlich großen Ausflugsmöglichkeiten sogar größere Wanderungen. Mit der Dämmerung schließlich neigen sie dann alsbald dazu, die Nacht in Bäumen zu verbringen. Im Vergleich zu den Hühnervögeln ist das Wassergeflügel eher bereit reizvolle Ziele anzustreben, wenn die Weidefläche möglichst direkt an eine Wasserstelle anschließt. Dabei überwinden sie dank ihrer Merkfähigkeit Distanzen von ca. 1000 Meter ohne menschliche Begleitung mit gewohnter Routine.

Die Aufteilung kann alternativ zu festen Hindernissen wahlweise mit versetzbaren Elementen in Form transportabler Zäune oder gespannter Netze erfolgen, um Verkleinerungen oder Vergrößerungen umzusetzen, beziehungsweise wenn irgendwelche Regelarbeiten anfallen wie das Rasenmähen.

Der optimale Geflügelauslauf weist stets eine feste, den gesamten Boden bedeckende Grasschicht auf. Die verwendete Rasensorte soll tief wurzeln, unempfindlich gegen Belastungen sowie wetterfest sein. Die günstigste Halmlänge beträgt 4 cm, damit das kräftige Untergras nicht an Stabilität verliert. Zur Sicherung von häufig belaufenen Strecken eignen sich Rasengitterelemente aus Kunststoff. Farblich angepasst, stören sie nicht einmal das ästhetisch verwöhnte Auge. Ähnliche Raster in Betonqualität bleiben wegen ihres hohen Gewichts ein dauerndes Risiko; durch Absinken verfehlen sie zumindest in solchen Bereichen ihren eigentlichen Zweck. Es sei denn, sie lagern auf einem bis auf den gewachsenen Boden vorbereiteten Untergrund aus Kies, Splitt oder Mineralbeton.

Der Pflege der Böden, mit oder ohne Bewuchs, sowie der Bäume und Büsche gehört unsere ganze Aufmerksamkeit. Rückschnitte werden sich schon wegen der Dichte des Wuchses und nicht zuletzt im Grenzbereich zu den Grundstücksnachbarn nicht vermeiden lassen. Damit die Grünflächen auf einem ausgewogenen Mittelmaß bleiben und durch den Tierbestand nicht über Gebühr strapaziert werden, wird man die natürliche Vitaminfütterung nie einschränken, insbesondere auf die Delikatessengaben von Obst und Gemüse keinesfalls verzichten.

*Zur Nachahmung empfohlener Freiauslauf für Orpington-Hühner bei Jürgen Heil in Weinheim an der Bergstraße.*

# Zäune

Zäune grenzen nicht nur den Grundbesitz ein, sondern bieten auch Schutz vor ungebetenen Gästen. Und nicht nur das: Sie umschließen die für die Geflügeltiere vorgesehenen Bodenflächen – damit sie zum einen nicht ausbrechen und zum anderen werden so Übergriffe auf Nachbargehege, Gärten und sonstige Anlagen verhindert.

Flugwillen und schließlich das Flugvermögen bestimmen die Zaunhöhe, sollen die Gehegeinsassen die Umzäunung nicht überwinden können. Ein Absichern nach oben dient indessen überwiegend der Abwehr von Beutegreifern aus der Luft. Vorbeugend ist das die sicherste Methode, um den Tierbestand zu allen Zeiten in Sicherheit zu wissen. Gegen schlaue Füchse, Marder und Katzen gilt es gezielt Abwehr zu leisten.

Es kommt auf die finanzielle Bereitschaft des Erbauers an, welches Material er beim Errichten des Zaunes einsetzen will. So vielfältig das Angebot an Maschendraht, Holzwerkstoffen, Metallgittern und Kunststoffnetzen auch ist, so unterschiedlich fallen die Leistungen an, die Konstruktionen zu gründen und zu verbinden, damit sie lange ihren Anforderungen standhalten. Größte Aufmerksamkeit verlangt dabei die Ver- und Bearbeitung der einzelnen Teile, wenn sie sich in der Stabilität unterscheiden, und die Verbindungen aus Holz, Metall und Kunststoffen.

Unser natürlicher Gegner beim Zaunbau ist die Umwelt mit allen ihren Einflüssen. Primär ist Widerstandsfähigkeit ganz oben angesiedelt, soll die Einfriedung von dauerhaftem Bestand sein. Bestehend aus Eck-, Mittel- und Tür-/Torpfosten und den

*Stabiler Maschendrahtzaun in empfohlener Höhe für flugfreudige Hühnerrassen.*

Feldern dazwischen, ausgefüllt mit einem für die Tiere unüberwindbaren Hindernis, ist der Zaun mit dem Erdboden fest zu verbinden. In der Regel wählen wir für die Stützen (Pfosten, Pfeiler) massive Betonfundamente. Angespitzte Holzpfosten, auch wenn sie gegen Fäulnis imprägniert sind, haben, im blanken Boden eingebettet, eine geringere Überlebensdauer als metallene, die mit einem Betonmantel umschlossen sind. Durch diese Ausführung haben sie natürlich einen stabileren Stand, ebenso durch das Gewicht, und sie trotzen Gewalteinwirkungen umso widerstandsfähiger. Eckpfosten werden mit Diagonalstreben in jede Zaunrichtung gesichert. Inwieweit am oberen Ende mittels gekröpften Haltewinkeln, parallel zum Hauptzaun verlaufend, zusätzlich ein- oder mehrreihig zur Absicherung Stacheldraht eingesetzt wird, wäre von Fall zu Fall überlegenswert. Die Industrie hält für Metallfabrikate separate Ergänzungsteile bereit. Eine solche Sicherheitslösung am Boden geschieht durch Bodenanker, die (wie die sogenannten Heringe beim Zelten verwendet werden) in unterschiedlichen Längen und Stärken angeboten werden. Ob es sinnvoll ist, Gitter und Maschendraht im Bodenbereich tief einzugraben, ergibt sich aus der Zahl streunender Tiere in der Nachbarschaft. Übliches Drahtgewebe – egal welche Maschenweite zur Anwendung gelangt – erhält bis zu einer Höhe von einem Meter am oberen und unteren Ende horizontal jeweils einen Spanndraht, bei höheren Konstruktionen empfiehlt sich in der Mitte eine dritte oder auch vierte Reihe zusätzlich. Zur Stabilisierung müssen diese Waagrechten mittels eines oder mehrerer Spannschlösser gegen Lockerungen von Zeit zu Zeit nachgespannt werden.

Beim Zaunbau sollte die Ästhetik keineswegs vernachlässigt werden; schon gar nicht in Wohngebieten, wo es das Gesamtbild aufzuwerten gilt. Zaunanlagen über einen Meter Höhe bedürfen mancherorts der Zustimmung durch die Behörde/Gemeinde. Hier wird auch über die Wahl des Materials bzw. die Gestaltung entscheiden. Eine vorherige Befragung ist angeraten.

Zäune, wenn sie in ihrer Grundkonstruktion sowohl solide als auch stabil angelegt sind, überleben erfahrungsgemäß viele Jahre. Dass die Zwischenfelder von Zeit zu Zeit, d. h. je nach Material zwischenzeitlich zu erneuern sind, versteht sich von selbst.

Als sehr dauerhaft haben sich Befestigungselemente aus Betonpfosten samt einem umlaufenden Fundament erwiesen, ebenso wahlweise auch Pfosten in Stahlqualität – mit oder ohne Kunststoffummantelung. Schließlich kommt es auf die regelmäßige Pflege an, darauf, wie vorgesorgt wird, um die Substanz gegen Wettereinflüsse zu schützen. Betonpfosten benötigen genauso einen Schutzanstrich wie unbeschichtete Stahlstützen und hölzerne Bauteile. Damit diese Regelarbeiten ohne technische Umstände – das Demontieren des eigentlichen Zaunes – leichter zu bewerkstelligen sind, ist im Detail auf die Befestigungen an den Knotenpunkten zu achten.

*Stabile und ästhetisch wirkende Zäune verleihen einer Stallanlage nicht nur ein schmuckes Aussehen.*

**Zaunhöhen:**

| | |
|---|---|
| Puten und Perlhühner: | 2,00 m |
| Zwerghühner und Hühner, je nach Rasse: | 1,00 bis 2,00 m |
| Enten: | 0,60 m bis 1,00 m |
| Gänse: | 1,00 m |

**Zäune aus Metall:**

Nach einer Fluchtschnur ausgerichtet, werden in gleichen Abständen von 2,00 m bis maximal 2,50 m die Fundamentlöcher für die Zaunpfosten ausgehoben. Spaten- und Schaufelbreite geben die Aushubgröße vor, wenn man eine Tiefe bis 80 cm erreichen will. Weil ein konischer, nach unten breiter auslaufender Aushub nicht möglich ist, sollte das Erdloch wenigstens senkrecht ausgestochen sein. Der Fundamentbeton im Mischungsverhältnis 1 : 8 (1 Teil/Schaufel oder Eimer Zement einfachster Güte und 8 gleiche Teile Kies) wird erdfeucht eingebracht, der Pfostenfuß wird damit ummantelt und der Beton mittels eines Stampfers fest verdichtet. Wenn man den so fixierten Pfahl unberührt lässt, wird er seine Position bis zum Festwerden des Betons nicht mehr verändern.

Nach einigen Tagen des Abbindevorganges – so nennt man das Festwerden des Betons – kann die Bespannung erfolgen. Zunächst werden die waagrechten Spanndrähte gezogen, an einem Tür- oder Eckpfosten dann das Ende der Rolle mit einem Bindedraht angebracht, über die gesamte Länge ausgerollt, die Maschen bzw. das Gewebe geordnet und dann mit Halteschlaufen an den Drähten jeweils festgeklemmt. Mittels der Spannschlösser werden die Spanndrähte stramm nachgezogen.

# Aufbaumen

Artspezifisch ist den Hühnervögeln eigen, während ihrer Ruhephasen tagsüber und insbesondere beim Nächtigen mit Vorliebe aufzubaumen. Erfahrungsgemäß binden die Züchter praktisch durch die Fütterung im Stall die Tiere an ihre nächtliche Unterkunft. Um dem Verlangen der Tiere letztendlich entgegenzukommen, soll es tagsüber in den Ausläufen an Aufbaumalternativen nicht fehlen. Das können bockartige Gestelle, leiterförmige Gebilde und sogar Spalierobstbäume mit ausladenden Zweigen sein, die gerne angenommen werden, auf denen sich die Hühner liebend gerne platzieren. Bäume jeglicher Art sind willkommen, Gehölze jeden Wuchses bilden da keine Ausnahme. Das sind natürliche Umweltbestandteile, die eigentlich der Hühnerhaltung am nächsten kommen. Gefällig wirken auch Aufbaumgelegenheiten wie umgestülpte Baumwurzeln mit auskragenden Wurzelarmen.

*Wenn nicht bereitgestellt, suchen Hühnervögel eine Möglichkeit zum Aufbaumen: Moderne Englische Zwerg-Kämpferhähne.*

*Sussex-Hahn auf installierter Sitzstange.*

# Sichtschutz

Tieren sind Hemmungen angeboren, die in Kampfsituationen, beim Erkennen der Unterlegenheit ihrer Artgenossen davon ablassen, die schwächeren Konkurrenten zu attackieren. Ihre Demutsgeste lassen sie durch Ausweichen, Davonlaufen, also Distanzieren, erkennen. Truten strecken dem Stärkeren ihren verwundbaren Hals entgegen und geben damit kund, dass sie die dominierende Überlegenheit respektieren und akzeptieren.

Wo sich Artgenossen jedoch nicht erkennbar für den Widersacher entziehen können, lassen sich blutige Auseinandersetzungen zuweilen nicht unterbinden. Und diese – wie unser Rassegeflügel, das eigentlich mit nicht besonders ausgeprägten Kampfwerkzeugen ausgerüstet ist – verhalten sich, in die Enge getrieben und in eine ausweglose Verteidigungsposition geraten, ziemlich erbarmungslos. Daraus resultieren blutige Verletzungen, zuerst im Kopfbereich, später dann in der Rückenregion, nicht selten mit Todesfolge.

Solche Gefahren lassen sich nicht immer vermeiden – dennoch mit Bepflanzungen und dem Errichten von blickunterbrechenden Hindernissen mindern. Das können Aufbauten mit Schilfrohrmatten, immergrüne, mit Blätterpflanzen berankte Holz- oder Metallgittergestelle und auch Bretterwände sein, die recht dekorativ in die Landschaft eingefügt werden. Auch Pflanzkübel eignen sich, die freilich nicht zum Verzehr der Bepflanzung animieren dürfen.

 *Sichtschutz für die Hühner muss für das menschliche Auge kein Hindernis sein.*

*Windschutz bietende Zaunbepflanzung sowie schattenspendende Sträucher bereichern den strukturierten Lebensraum des Geflügels.*

# Windschutz

Wer von seinen hühnerartigen Geflügeltieren aufmerksam Notiz nimmt, der weiß, wie sie tagsüber in Intervallen ihre Aktivitäten einteilen. Während der Ruhephasen stehen sie gelegentlich vor allem in kühleren Zeiten fast teilnahms- und regungslos in einer sonnigen Ecke oder an windgeschützter Stelle. Solche Flächenabschnitte suchen sie sogar in Volieren auf, weil sie sich von Belästigungen durch Zugluft abwenden wollen. Ein Grund also, gewisse „Windbrecher“ zu installieren, die in das Gesamtbild der Zuchtanlage passen; sei es in Form von künstlichen Aufbauten in verschiedensten Ausführungen oder durch natürliche Hindernisse wie dichter Heckenbewuchs und anderweitige Bepflanzungen.

# Anlegen von Teichen

Das Anlegen von Wasserstellen ist unproblematisch, wenn dazu Ableitungen zur Verfügung stehen. Behördlicherseits sind sie jedoch ab bestimmter Größenordnungen anzuzeigen. Über zu erbringende Genehmigungsunterlagen sind Informationen einzuholen. Eigenverantwortung ist insbesondere dort angesagt, wo sich Kleinkinder in der Nachbarschaft aufhalten. Sicherheitsvorkehrungen wie unüberwindliche Abschrankungen sowie verschließbare Türen werden somit auch zur moralischen Pflicht.

Nicht jeder wird sich den Wunsch nach fließendem Wasser erfüllen können. Das Behälterangebot zum Einrichten von Teichanlagen ist jedoch sehr vielseitig und außerdem preiswert. Auch ist man gestalterisch beim Einsatz von Teichfolien kaum an Maße und Formen gebunden. Ein Nachteil allerdings ist der fehlende Ablauf zum Abführen des verbrauchten Wassers. Das ist zweifellos ein Manko und hindert so manchen, sich der Zucht oder auch der bloßen Haltung von Wassergeflügel zuzuwenden. Und dabei konnte die Wissenschaft bislang auch noch nicht herausfinden, ob der Entzug von Schwimmgelegenheit bei den Hausenten und -gänsen zu veränderten Verhaltensweisen führt. Haltungsvoraussetzung aber ist die Bereitstellung von großvolumigen Trinkwassergefäßen, aus denen die Tiere individuell ausreichend Frischwasser schöpfen und sich damit benetzen können. Ein Bedürfnis, das sie zu ihrem Wohlbefinden befriedigen können müssen. An Bademöglichkeiten sollte es dennoch nicht fehlen, dafür obliegt dem Züchter und Halter die Verantwortung. Schwimmgelegenheiten gehören nun mal zum gewohnten Lebensraum dieser Spezies und verlängern nicht zuletzt deren Lebenserwartung.

*Wassergeflügelteich mit künstlichem Flusszulauf während der Säuberungsphase. Die natürliche Randzone zeugt von guter Pflege des Auslaufes und einem auf die Fläche bezogenen günstigen Tierbesatz.*

Die Auswahl an Kunststoffteichen, -becken und -bassins reicht aus, Wassergeflügelausläufe und

*Strapazierte Randzone, die einer Rekultivierung bedarf.*

Gärten ästhetisch den Landschaftsgegebenheiten anzupassen. Gegen Witterungsunbilden sowieso unempfindlich, ist es wichtig, die vom Hersteller mitgelieferten Einbauvorschriften zu beachten. Mangelnde Sorgfalt führt sehr oft zu Schäden und obendrein zum Verlust der Produkthaftung – der Ersatzleistungen im Schadensfall.

Die Praxis empfiehlt, solche Schwimmbehälter tiefer zu wählen als vielleicht nötig. Hausenten gründeln mit Vorliebe – es gehört zu ihrem artspezifischen Verhalten – und dann lässt sich, an der tiefsten Stelle installiert, die Saugpumpe bequem einsetzen, um dort den verbliebenen Abwassersud aufzunehmen.

Kinderbadewannen zum Aufstellen im Freien, oft sogar mit einem Ablauf samt Verschluss (Stöpsel) versehen, finden wir sehr häufig in solchen Wassergeflügelanlagen, wo sich gegebenenfalls ein Kanalanschluss in unmittelbarer Nähe befindet. Sind die abzuleitenden Wassermengen kontrollierbar, verträgt der davon betroffene Untergrund von Zeit zu Zeit das Ablassen in eine vorgerichtete Drainageleitung bzw. Sickergrube.

Bassins aus üblichem Zinkblech, wie es die Klempner im Baugewerbe verarbeiten, lassen sich in Bedarfsfällen ohne großen Aufwand (für den ausgebildeten Fachmann) in die örtlichen Gegebenheiten einfügen. Vor allem bietet dieses Material die Möglichkeit, einen Ablauf einzubauen. Mit einer Verschlussverlängerung lässt sich der Wasserstand regulieren. Mindestens die Außenwandungen – vorteilhafter auch die inneren – sind mit einem Feuchtigkeitsschutz zu streichen, insbesondere sollte im Bereich der Fälze und Lötnähte mehrmals satt gestrichen werden.

Der Aushub für Wasserstellen ist in jedem Falle zu bewältigen. Es lassen sich selbst großzügige Teiche aus Beton von geschickten Händen in Eigenleistung anlegen. Allerdings sind spätere Nutzungsänderungen, ein Abbruch und die Materialentsorgung heutzutage nicht unproblematisch.

Teiche, egal aus welchem Material, bedürfen einer gründlichen Vorbereitung. Dazu gehören das Abtragen und Sichern der Humusschicht, das Ausgraben auf die erforderliche Wassertiefe einschließlich der Kiesfilter- und Sandbettschicht. Grobe Steine und Wurzelteile sind zu entfernen, Felsspitzen zu begradigen. Jede Druckstelle ist zu vermeiden. Die Wasserlast ist enorm, die auf die Flächen drückt, deshalb sind vor allem darunter liegende Hohlräume strengstens zu vermeiden.

Randzonen, insbesondere an künstlichen Teichen, sind sehr heikle Bereiche. Im Nu sind sie nicht nur unansehnlich geworden, wenn sie keine Zeit hatten fest zu verwachsen und die Gestaltung der Randstreifen der notwendigen Aufmerksamkeit entbehrten. Die Randzeile selbst ist für das Wassergeflügel ein beliebter Aufenthaltsort mit unterschiedlich langer Verweildauer. Dort verharrt es oft stundenlang auf einem Bein stehend und döst vor sich hin. Spritz- und Überlaufwasser bei Regen und herablaufendes Wasser bei der Gefiederpflege verwandeln diese strapazierte Region sehr bald zu einem unschönen Morast, der außerdem durch den Rücklauf das Teichwasser verunreinigt.

Zur Vermeidung von Wasseransammlung und Staunässe sollte der Teichrand baulich massiv mit angrenzender Filterwirkung ausgeführt werden. Durchsickerndes Oberflächenwasser ist demnach aufzufangen, wie es das Beispiel im zeichnerischen Teil (Zeichnung 34, S. 151) zeigt. Zum Abdecken der doch so neuralgischen Flächen haben sich großformatige Schwerbetonplatten und auch Rassengitterelemente aus dem gleichen Material auf entsprechend vorbereitetem Untergrund bewährt. Sie widerstehen aufgrund ihrer Materialzusammensetzung das ganze Jahr hindurch jedem Wettereinfluss.

Teiche schützen wir vor Überschwemmungen – z. B. nach starken Regengüssen – mit eingelegten PVC-Rohren an der festgelegten Oberfläche, die weit in das Gelände reichen und das übertretende Wasser dorthin rückstandslos ableiten.

Frisch- und Abwasser kostet, weil doppelt berechnet, viel Geld. Regenwasser in Zisternen gesammelt ist wesentlich günstiger, obschon die Gemeinden anstreben, auch dafür einen Obolus zu erheben. Jedenfalls bieten sich Entnahme-, Auffang- und Sammelstellen an allen in Teichnähe befindlichen Gebäuden an, um das kostbare Nass zu gewinnen und – wenn auch von Pumpen unterstützt – zum Gebrauchsort zu leiten.

# Das Dränieren von Ausläufen

Wiesen, hauptsächlich in Niederungen in der Nähe von Wasserläufen, sind ideale Lebensräume für das Wassergeflügel; die Hühnerartigen meiden sie eher und halten sich, wie es ihrer Lebensart entspricht, vorzugsweise scharrend auf der Suche nach Fressbarem in den trockenen Randgebieten auf. Außerdem nehmen sie gerne ein Staubbad, und das nicht nur einmal am Tage, wenn sich die Gelegenheit bietet, dieses Komfortverhalten zusammen mit ihren Artgenossen in der sozialen Gemeinschaft auszuleben.

Feuchte Ausläufe oder nasse Böden trockenzulegen ist ein oft geäußerter Wunsch in der Hühnervögelhaltung. Die erforderlichen Schritte dazu sollen deshalb in diesem Kapitel wenigstens grob umrissen werden. Der Grund für relativ feuchte Bodenflächen ist in solchen Gebieten ein hoch stehender Grundwasserspiegel. Ihn abzusenken ist also die Aufgabe, um dieses Problem in den Griff zu bekommen.

Waren es früher stumpf aneinander gereihte Tonrohre und Filterrohre aus Beton, bedienen wir uns nicht erst neuerdings moderner Dränagerohre und -schläuche aus Kunststoff mit hohem Wirkungsgrad. In ausgehobenen Gräben mit entsprechendem Gefälle und einer Grobkies-Ummantelung verlegt, führen sie zu einer Aufnahme- oder auch Sickerstelle das überschüssige Wasser aus dem bisher schwammigen Untergrund weg. Der Wassereintritt erfolgt durch die in der harten PVC-Wand befindlichen Schlitze. Für unsere Zwecke eignet sich der gelbe Dränageschlauch – im Baufachhandel erhältlich und im Garten- sowie Landschaftsbau bevorzugt verwendet –, der dank seiner Querrillen sehr flexibel ist. Man kann ihn in Bögen mit engen Radien verlegen und er ist in Querschnitten von 50, 60, 80, 100 (dem am häufigsten verwendeten) und 200 mm sowie in Rollen von 50 bzw. 200 m Länge lieferbar. Mit Doppelsteckmuffen werden einzelne Abschnitte verbunden. Verschlussstopfen (Enddeckel) verschließen die Schlauchenden, Winkel-, Schräg- und Anschlussstücke sowie rechtwinklige Einlaufböden vereinfachen die Anwendungstechnik dieser Dränageleitung. Großen Gewichtsbelastungen sollen sie allerdings nicht ausgesetzt werden.

Wichtig für die anhaltende Funktionsfähigkeit der Dränage ist die Korngrößenabstimmung der Schlauchumhüllung in den Gräben. Zu verhindern ist das Eindringen feiner Bodenbestandteile aus dem umgebenden Erdreich, die womöglich die Schlauchschlitze verschlammen, also verschließen könnten.

Dränagen sind effektiv wirksam, wenn sie – je nach Feuchtigkeitsgehalt der zu dränierenden Fläche – maßlich in eingemessenen Abständen parallel verlegt und dann letztendlich an die örtliche Kanalisation angeschlossen werden. Alternativ wäre das Enden der Leitungen in einem Versickerungsschacht zu überlegen, der in jedem Falle gerade zum Schutz des Grundwassers der behördlichen Zustimmung bedarf. Dieser Schacht aus vorgefertigten Betonteilen richtet sich in seiner festzulegenden Tiefe wiederum nach den lokalen Gegebenheiten: zum einen nach der Einlaufhöhe und zum anderen schließlich nach dem Stand des Grundwassers.

*Dränageschlauch, geschlitzt, hier 100 mm Durchmesser, wird vom Baustoffhandel in unterschiedlichen Querschnitten und Längen angeboten. Mit der Verbindungsmuffe (T-Stück) können verschiedene Richtungen angeschlossen werden. Der am oberen Bildrand abgebildete Erdschlauch für Frischwasserleitungen ist auch bei Stallanschlüssen des Frostschutzes wegen in ausreichender Tiefe zu verlegen.*

# Schädlingsbekämpfung

Zur Verantwortung der Halter gegenüber ihren Tieren gehört das Fernhalten von Schäden jeglicher Art. Schon deshalb liegen zur Schadensvermeidung vor allem prophylaktische Schutzmaßnahmen im persönlichen Interesse. Beherzigen wir die Ratschläge im Textteil der Baubeschreibungen, sind evtl. doch entstehende Widerwärtigkeiten schon im Voraus eingegrenzt; denn es lassen sich Schädlinge, wie z. B. Mäuse nun mal nicht gänzlich aussperren, selbst wenn wir die Zugänge zur Zuchtanlage ständig geschlossen halten und die Maschenweite der Drahtbespannung bei Volieren auf die geringste Durchlassgröße begrenzen. Trotz größter Vorsicht werden wir auch nicht den Einzug von Spinnen, Milben, Federlingen und ähnlichen Parasiten verhindern können, doch sind wir nicht chancenlos, die Parasiten auf überschaubare Zeiträume hinweg einigermaßen in Schach zu halten.

Helle, lichtdurchflutete Stallungen sowie die ebene und ritzenlose Oberflächengestaltung des Bodens, der Wände und Decke sind Voraussetzung für die unaufwendige Tilgung aller Schädlinge, für deren Bekämpfung die chemische Industrie vielerlei Präparate bereithält. Werden bereits beim Bau finstere Ecken und Unterschlupfmöglichkeiten vermieden, verzichtet man auf unnötiges Lagergut und wird ständig auf Sauberkeit und Ordnung geachtet, werden Schädlinge kaum ungestört ihr Unwesen treiben können.

Eine große Gefahr sind Ratten: Wo eine ist, halten sich noch fünfzig weitere auf, lehrt die Erfahrung. Doch in hellen Räumen ohne Versteckmöglichkeit hält sich dieses lichtscheue Gesindel nicht auf. Am einfachsten hält man die Schädlinge mit den langen Schwänzen fern, indem man unerreichbar für andere Lebewesen punktuell an mehreren Stellen ständig Ratten- und Mäusegift pyramidenförmig in einem Napf angehäuft auslegt und damit nach ihrem Leben trachtet. An der veränderten Anhäufung ist zu erkennen, ob diese Schadnager eingedrungen sind und davon gefressen haben. „Wehret den Anfängen", muss das Motto jedes Geflügelliebhabers lauten.

Dem einen und anderen erscheinen Schlagfallen mit Tötungseffekt zu grausam; anstelle dieser Fangmethode kann auf Lebendfallen ausgewichen werden. Angeboten wird seit einigen Jahren alternativ zu Giften ein chemisches Abwehrmittel in Sprayform. Die Hersteller verbürgen sich für die Wirksamkeit bei gezielter Anwendung: Saugfähige Oberflächen wie Türschwellen und dergleichen werden mit diesem Konzentrat aus naturidentischen Aromastoffen in alkoholischer Lösung eingesprüht. Regelmäßig alle vier Wochen eingesetzt – so die Gebrauchsanweisung – soll es nachhaltig die gefürchteten Nager vertreiben und gleichzeitig ihr Wiedereinwandern in die Zuchtanlage verhindern.

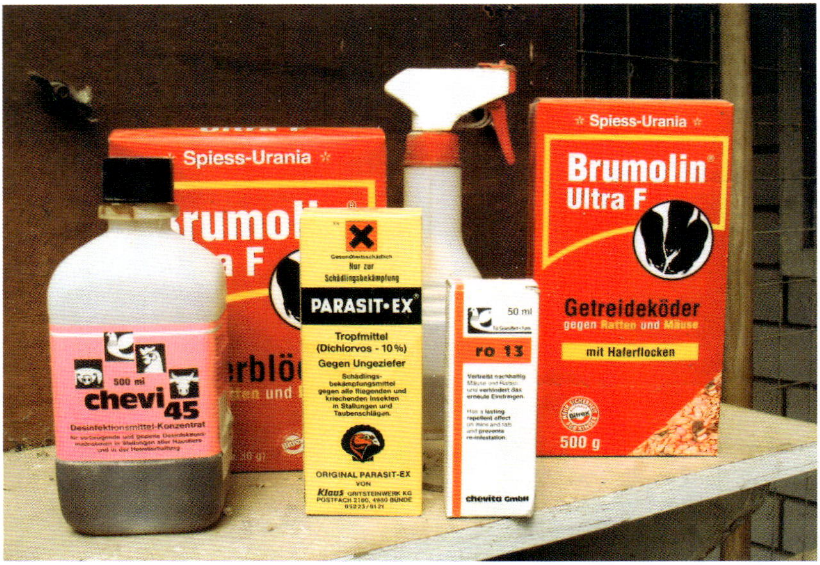


***Bei der Schädlingsbekämpfung können sich die Geflügelhalter auf ein breites Angebot verlassen; Gifte gegen Schadnager und Desinfektionsmittel fehlen in keinem Federtierstall.***

Garantiert vertreibend wirken auch elektrische und teilweise mit Solarenergie betriebene Ultraschallgeräte mit weitreichendem Wirkungsradius. An bestimmten Stellen installiert, werden sie genauso zur Vertreibung sowie dem Fernhalten von Maulwürfen erfolgreich eingesetzt. Ihr Stromverbrauch ist kaum erwähnenswert.

Periodische Reinigungsarbeiten mit gleichzeitiger Desinfektion gehören heutzutage zu den in den Zuchten üblichen Routinehandlungen. Hier kommen aus dem Zubehörhandel sehr vielfältige Geräte zum Einsatz, die ebenfalls nach dem Gebrauch zu reinigen sind und sogleich vorbeugend eine desinfizierende Behandlung erfahren.

Füchse legen auf ihren Beutezügen nicht selten viele Kilometer Wegstrecke zurück, um in Zuchtanlagen dann ihr Unwesen zu treiben. Aber auch Marder und Co. hält nichts davon ab, Meister Reineke nachzueifern. Kaum beschreibbar sind vom Hermelin und aufgrund ihrer Größe vom Mauswiesel angerichtete Bestandsschäden, die sie in Zwerghuhn- und Taubenbeständen anrichten. Die Tiere gegen sie zu schützen, bedarf allergrößter Wachsamkeit, weil sie Schlangen gleich kleinste Öffnungen durchdringen.

# Werkzeuge

Zur Ausführung von Erd- und Betonarbeiten werden folgende Werkzeuge benötigt: Schaufel, Spaten, Kreuzhacke, Bauwinkel, Richtscheit und -schnur, Maurer- und ein schwerer Hammer, Maurerkelle und Wasserwaage. Weitere Handwerkzeuge sind Schwingschleifer, Hand-/Tischkreissäge, Gehrungslade mit Handfeinsäge, Bohrersatz, Bohrmaschine, Fuchsschwanz (Handsäge), Hobel, Rahmenspanner, Schraubzwinge, Kombizange, Schraubendreher und -zieher, Beißzange, Holzstemmeisen, Meterstab, Hammer, Bleistift und Schmiege (Winkelnehmer).

Wer zwar glatte, jedoch keine gehobelten Holzflächen beim Bauen bevorzugen möchte, bedient sich zum Egalisieren der Holzteile eines Schwingschleifers. Wie sich nämlich in der Praxis bestätigt, dringen die Anstriche in einen saugfähigeren Untergrund tiefer ein als in glatte Flächen. Auf Dauer gesehen ist diese schutzgebende Behandlungsmethode für das Holz eine der vorteilhaftesten.

Für den Eigenbauer steht eine sehr vielfältige Auswahl an Bauwinkeln, Lochblechen, Balkenschuhen und Verbindungsteilen aus Metall zur Verfügung, die Konstruktionen – auch ohne Berufsausbildung im baufachlichen Gewerbe – nach Belieben miteinander zu einem Bauwerk zusammenzubringen. Gespür für Machbares und Geschick sind gefragt, um das eine oder andere Projekt zu bewerkstelligen. Zur Befestigung werden Nägel, Holz- oder Spaxschrauben und sogenannte Kammnägel verwendet, die allerdings den Nachteil haben, dass sie im Falle einer Veränderung beim Herausziehen das Holzteil unbrauchbar machen.

*Tierschutzgerechte Geflügeltransportbehälter, denen eine Nachbehandlung mit einem bewährten Lackanstrich vor allem im Innenraum nicht schaden kann.*

## Beiwerk: Versorgungsbehälter, Transportkörbe und Dressurboxen

Sicherlich wird der Leser in diesem Buch zeichnerische Darstellungen von Vorrichtungen vermissen, in denen Futter, Wasser, Mineralien und sonstige Versorgungsmittel den Tieren gereicht werden. Die frühere Fachliteratur richtete dort ihre besondere Aufmerksamkeit darauf, maßlich genau zu beschreiben, welche Behältergrößen anzustreben sind; mittlerweile hat der Fachhandel mit seinen sowohl leichtgewichtigen als auch pflegeleichten Angeboten dieses – aus heutiger Sicht – antiquierte, immerhin handwerklich durchaus berechtigte Zubehör längst überholt. Jetzt bedienen wir uns einer überraschend vielseitigen Auswahl, die sich hygienisch fein säubern lässt und dauerhaft – zu Ungunsten der Händlerschaft – über Generationen hinweg den Beanspruchungen standhält.

*Trinkwasserdom mit heizbarem Untersetzer für die Frostperiode.*

Dass Kunststofferzeugnisse dominieren ist leicht erklärbar: Sie sind preisgünstig zu erstehen, leicht zu handhaben, und schließlich überzeugen sie durch ihre leichte Pflege. Behälter aus Zinkblech sind, was die Haltbarkeit betrifft, noch dauerhafter, bedürfen jedoch stets prüfender Blicke. Lötnähte und Umbördelungen sind sehr anfällig für Rostansätze; bei der Säuberung sind Algenbildungen an diesen Stellen gründlich zu beseitigen. Futternäpfe aus gebranntem Ton sollen mit einer Glasur versehen sein, fehlt sie, so zerbre-

*Futter- und Mineralienraufen in verschiedenen Variationen: Größen und Materialien für jedes Lebensalter in Anpassung an die vorhandene Individuenzahl.*

chen sie leicht und ihre Reinigung wird beschwerlicher. Transportkörbe sind zunehmend durch kistenförmige Behältnisse ersetzt worden. Die Materialkombinationen halten Sprühdesinfektionen stand und sind auch für eine vorherige Säuberung mit Wasser geeignet. Sehr vorteilhaft diesen Verfahren gegenüber ist die Ritzenlosigkeit aufgrund der glatten Flächen. Der Korpusuntergrund bietet kaum noch Unterschlupfmöglichkeiten für Parasiten.

Ausstellungskäfige sind beliebte Dressureinrichtungen für den Rassegeflügelzüchter, vielerorts werden sie zur Brutentwöhnung eingesetzt. Auf einem luftdurchlässigen Boden stehend, erfüllen sie ihren Zweck in wenigen Tagen. Verzinkte Drahtteile und der luftdurchlässige Boden sind im Konkurrenzvergleich sehr ähnlich, hier wird man der handwerklichen Verarbeitung große Beachtung zuteil werden lassen. Böden aus Holzspanplatten sind abzulehnen, metallene Eckverbindungen bieten Stabilität und verhindern weitgehend Transportschäden. Wer sich auf Eigenkonstruktionen verlassen will, wird den Stababstand in einer Durchlassweite wählen und die Näpfe für Wasser und Futter außen anbringen – demzufolge erreichen die Tiere dieses Zubehör von innen und die Aufenthaltsfläche zum Schutze des Bodens bleibt frei von Feuchtigkeit, und Futterreste können sich vor allem nicht mit dem Kot vermischen.

*Auf Dressurbehältnisse und Transportmittel, wie hier abgebildet, wird ein Züchter nicht verzichten können, sie tragen auch dazu bei, die beiderseitige Vertrautheit zu fördern.*

# Renovierungs- und Instandsetzungsmaßnahmen

Wie alles auf Erden, haben die von uns Menschen erdachten, gestalteten und auf unser Dasein ausgerichteten Erzeugnisse nur eine zeitlich begrenzte Lebensdauer. Dazu gehören auch sämtliche in der Natur vorkommende Rohstoffe und die daraus gefertigten Teile. Mit wachem Auge werden wir also ständig unsere Ställe im Auge behalten und sie instand halten.

Soll in Schadensfällen aufgrund des natürlichen Verschleißes der Reparaturaufwand sich nicht in hohen Kosten niederschlagen, sind spontane Renovierungszugriffe die einzige Alternative, noch größere Schadbilder einigermaßen in Grenzen zu halten. Im Rahmen der baulichen Substanzerhaltung werden wir nicht umhin kommen, bei nachlassender Schutzwirkung die Farbanstriche aufzufrischen, die Volierenbespannung oder die Zäune zu erneuern oder auch in Schadensfällen dort, wo seinerzeit beim Neubau ein Baufehler begangen worden ist, zerstörte Teile auszutauschen. Gelegentlich ein aufwendiges Unterfangen, insbesondere wenn sich die Ursachen an nicht sonderlich leicht zugänglichen Konstruktionen befinden. Nur in wenigen Fällen werden substanzielle Beeinträchtigungen plötzlich sichtbar, deshalb wird – wie eingangs erwähnt – eine sofortige Schadenbegrenzung zur grundsätzlichen Forderung, um die Kosten zu beschränken, die doch erheblich zu Buche schlagen!

# Anregungen und Besonderheiten

*Spart Kosten: Verschließbarer Wasserhahn an zentraler Stelle in abgelegenen oder allgemein zugänglichen Gemeinschaftszuchtanlagen zur Vermeidung unbefugter Entnahme.*

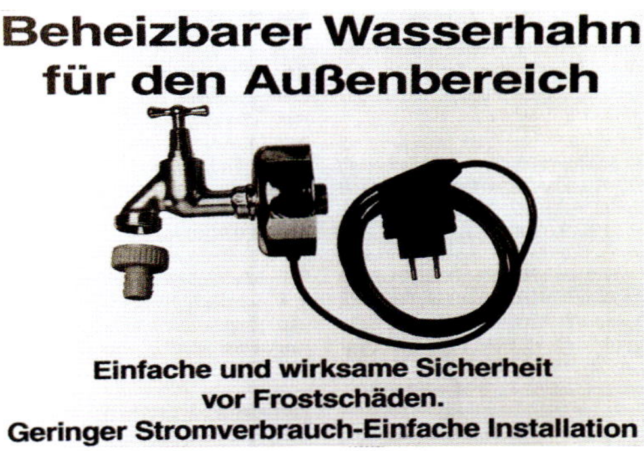


*Nicht alltäglich, teilweise noch unbekannt, doch recht nützlich: der beheizbare Wasserhahn für den Außenbereich.*

Wo es an elektrischem Licht fehlt, wird der Geflügelhalter nicht auf eine lichtstarke Taschenlampe verzichten können, will er noch zur späten Stunde nach dem Rechten schauen; auch auf den Arbeitskittel, der vor Verschmutzungen schützt und infolge dessen auch nicht auf Gummi-Clogs oder Galoschen bzw. Gummistiefel.

Sehr informativ sind Züchterbesuche – man lernt doch nie aus, heißt es, und wenn man wachen Auges durch die Stallungen und Zuchtanlagen wandert, entdeckt man Kleinigkeiten, wie sie doch, wenn auch kopiert, vielerorts willkommene Dienste leisten können. Eine kleine Bildauswahl ist der Beweis dafür.

*Eine Auswahl der im Fachhandel angebotenen Hilfsmittel aus verzinktem Metall zum Verbinden von Holzteilen.*

*Anwendungsbeispiel für metallene Verbindungswinkel: Trapezblech-Dachprofile auf Pfetten sind geeignet für große Spannweiten und hohe Schneebelastungen.*

# Öffentlichkeitsarbeit in der Rassegeflügelzucht

Ein Kompliment allen Geflügelhaltern und Gratulation den Rassegeflügelzüchtern, die sich dort profilieren, wo man sich zeigen kann: auf Ausstellungen durch ihre Erfolge und wenn sich die Möglichkeit in der privaten oder Gemeinschaftszuchtanlage bietet. Repräsentative Beispiele sind ausreichend vorhanden, um sie dem Publikum zu offenbaren und dabei nachhaltig die so vielseitige Rassegeflügelzucht vorzustellen.

Sowohl bei regionalen als auch überregionalen Tierveranstaltungen, die mit wohlklingenden Bezeichnungen die Gäste anlocken, gehören Geflügelinteressierte und solche, die es werden möchten, zum ständigen Kreis der Besucher. Vereine, Kreis- und Landesverbände beteiligen sich nicht selten vor attraktiver Kulisse mit angemessenen Biotopen: Es wird eine harmonierende Tier- und Pflanzenwelt gezeigt, die nicht nur beeindruckt, sondern Anregungen gibt, dieser Freizeitbeschäftigung mit überraschendem Nutzeffekt nachzueifern.

In einigen Bundesländern gehören alljährliche Finanzzuwendungen zur Tradition, die Geflügelzüchter bei der Verteilung dieser Mittel zu berücksichtigen; ein Anreiz also, sich der über 125 Jahre alten Organisation, dem Bund Deutscher Rassegeflügelzüchter, anzuschließen. Lokalschauen von Ortsvereinen sind eine Anlaufstelle, Kontakte mit Gleichgesinnten aufzunehmen. Ihre Mitglieder sind bereit zu informieren und die Funktionäre sind berufen, Ratschläge zur Realisierung kleintierzüchterischer Vorhaben zu erteilen. Der Jugend gehört die Zukunft; des Weiteren erwartet sie ein verblüffend umfangreiches Fachliteraturangebot.

Ein Paradebeispiel für informative Öffentlichkeitsarbeit ist der vom Bund Deutscher Rassegeflügelzüchter e.V. (BDRG) sowohl initiierte als auch betreute Wissenschaftliche Geflügelhof (WGH), der Sitz des Bruno-Dürigen-Instituts.

Mit Unterstützung des Landes Nordrhein-Westfalen im Rheinkreis Neuss, in der Gemeinde Rommerskirchen-Sinsteden errichtet, befinden sich auf dem Areal neben einem Institutsgebäude Musterställe für Wassergeflügel, Hühner und Zwerghühner, eine Teichanlage sowie Rassetaubenschläge.

Diese Einrichtung dient der Wissenschaft zur Erforschung spezifischer Projektaufgaben. Der eigens für das von der Düsseldorfer Universität überwachte Vorhaben gegründete Verein zur Förderung junger Wissenschaftlerinnen und Wissenschaftler in der Rassegeflügel-Forschung e.V. (JUWIRA), ist vornehmlich bei der Finanzierung und Anschaffung von Präzisionsgeräten behilflich. Der dort beschäftigte Mit-

*„Kennst Du das Land, wo die Ideen blühen?" WGH-Leiterin Frau Dr. Inga. Tiemann und Tierpfleger Th. Schwabe können freilich einen der 365 Punkte auf der Deutschlandkarte ausmachen. Bei der Beteiligung an dem von der Bundesregierung ausgeschriebenen Wettbewerb, ging das WGH-Team schließlich als Sieger hervor.*

arbeiterstab ist gern bereit nach Terminvereinbarung fachkundige Führungen durchzuführen. Es werden viele praxisorientierte, für den Halter wertvolle Anregungen gegeben und die Besucherinnen und Besucher erhalten Einblick in die laufenden Studienprojekte.

Wissenschaftlicher Geflügelhof des BDRG

Bruno-Dürigen-Institut

Wissenschaftlicher Geflügelhof des BDRG
Bruno-Dürigen-Institut
41596 Rommerskirchen-Sinsteden
Am Landwirtschaftsmuseum 10
Tel. 02183 / 41 41 15
Fax 02183 / 41 47 10
E-mail: wgh-sinsteden@t-online.de

# Literaturverzeichnis

Baumeister, M./Meyer, H.: Geflügelhaltung als Hobby, Falkenverlag, 1996

Blatt, H.: Der Bau moderner Geflügelställe und Einrichtungen, Verlag Oertel & Spörer, 1981

Fischer, K.: Erfahrungen und Tipps für Züchter von Rassehühnern, Eigenverlag, o. J.

Luttitz, v. H.: Hühner halten, Ulmer Verlag, 1997

Marks, H. / Krebs, W.: Unser Rassegeflügel, Deutscher Landwirtschaftsverlag, 1966

Neufert: Baukonstruktionslehre, Bertelsmann, 1972

Peitz, B. u. L.: Hühner halten, Ulmer Verlag, 1998

Peitz, B. u. L.: Hühner, Ulmer Verlag, o. J.

Pelka: Das Nachbarrecht in Baden-Württemberg, Ulmer Verlag, 2000

Pingel, H.: Die Hausenten, Ziemsen Verlag, o. J.

Römer, R.: Das Was und Wie beim Federvieh, Neumann Verlag, 1952

Schöne, F.: Das Grüne Jahrbuch 2001, Verlag Oertel+Spörer, 2001

Stach, G.: Das Gemeinschaftsleben des Geflügels, Geflügelbörse, 1976

Stach, G.: Instandsetzungsarbeiten an Ställen und Ausläufen, Deutscher Kleintier-Züchter, 1977

Stach, G.: Taubenschläge und Volieren, Oertel+Spörer Verlags-GmbH+Co., 2002

Tüller/Allmendinger: Geflügelställe, Ulmer Verlag, 1990

# Anhang

| Über die Gemeinde | Eingangsvermerk der **Gemeinde** |
|---|---|
| Freudenhain | |
| an die untere Baurechtsbehörde | Eingangsvermerk der **Baurechtsbehörde** |
| Freudenhain | |
| | Aktenzeichen |
| | Zutreffendes bitte ankreuzen [X] oder ausfüllen |

## Antrag auf

## [X] Baugenehmigung (§ 49 LBO)

## [ ] Bauvorbescheid (§ 57 LBO)

Über den Bauantrag kann nur entschieden werden, wenn die aufgrund § 52 LBO in Verbindung mit der Verfahrensverordnung zur LBO notwendigen Angaben im Bauantrag und in den Bauvorlagen enthalten sind. Sind Bauantrag oder Bauvorlagen unvollständig oder weisen sie erhebliche Mängel auf, kann der Bauantrag nach ergebnisloser Fristsetzung zurückgewiesen werden (§ 54 Abs. 1 LBO).

**1. Bauherr**

Name, Vorname bzw. Firma [1]), Anschrift, Telefon [2])

Mettin, Bruno
Taubenweg 10
12345 Freudenhain

**2. Baugrundstück**

Gemeinde, Gemarkung, Flur, Flurstück, Straße, Haus-Nr.

Gemeinde : Freudenhain Flurstück : 58/4
Gemarkung : Hangwiesen, Strasse : Taubenweg 10

**3. Bauvorhaben**

[X] **Errichtung** [ ] **Änderung** [ ] **Nutzungsänderung** [ ] ______

Genaue Bezeichnung des Vorhabens / der mit dem Bauvorbescheid zu klärenden Einzelfragen

Neubau eines Rassegeflügelstalles

1) bitte Ansprechpartner anführen 2) Angabe freiwillig

PRINTO TEXT Gemeindefachverlag 72784 Pfullingen Telefon (07121) 9757-20 Fax 9757-11 Best.-Nr. 675 - 1100/39 6

**Satz 1** Blatt 1 weiß: Baurechtsbehörde Blatt 2 rosa: Gemeinde Blatt 3 blau: Bauherr Blatt 4 gelb: Planverfasser Blatt 5 altgold: Mehrfertigung für die Datenweitergabe

## 4. Planverfasser

**Bauherr** Mettin, Bruno

Name, Vorname, Anschrift, Telefon 2)

VHGW und VZV
Bauplanungsbüro
Mittelstrasse 9
12345 Freudenhain

**Bauvorlageberechtigt**

[X] als Architekt/in nach § 43 Abs. 3 Nr. 1 LBO, Architektenliste Nr. BAWÜ 307/76 XL

[ ] als Innenarchitekt/in nach § 43 Abs. 3 Nr. 2 LBO, Architektenliste Nr.

[ ] als Ingenieur/in der Fachrichtung Bauingenieurwesen nach § 43 Abs. 3 Nr. 3 LBO, Liste der Ingenieurkammer Nr.

[ ] als

mit **Bauvorlageberechtigung** nach

[ ] § 43 Abs. 4 LBO

[ ] § 43 Abs. 5 LBO

[ ] § 77 Abs. 9 LBO i. V. mit Art. 3 LBO ÄndG. 1972

[ ] § 77 Abs. 10 LBO i. V. mit § 53 Abs. 5 S. 2 LBO 1983

## 5. Bautechnische Prüfung

[ ] Das Bauvorhaben bedarf der bautechnischen Prüfung (§ 17 LBOVVO). Die bautechnischen Nachweise (§ 9 LBOVVO) sind angeschlossen bzw. werden nachgereicht.

[X] Das Bauvorhaben bedarf **keiner** bautechnischen Prüfung (§ 18 LBOVVO). Die bautechnische Bestätigung eines qualifizierten Tragwerksplaners nach § 18 LBOVVO ist angeschlossn bzw. wird nachgereicht.

2) Angabe freiwillig

PRINTOTEXT Gemeindefachverlag 72784 Pfullingen Telefon (07121) 9757-20 Fax 9757-11 Best.-Nr. 675 - 1100/39 6

**Satz 2**

Blatt 1 weiß: Baurechtsbehörde
Blatt 2 rosa: Gemeinde
Blatt 3 blau: Bauherr
Blatt 4 gelb: Planverfasser

**6. Bauvorlagen und sonstige Anlagen**
(Die Anzahl der Ausfertigungen ergibt sich aus § 2 Abs. 2 LBOVVO)

**Bauherr** Mettin, Bruno

| | | | |
|---|---|---|---|
| **6.1** | 5 | -fach | Lageplan (§ 4 LBOVVO) vom siehe Fertigungsdatum |
| **6.2** | 5 | -fach | Bauzeichnungen (§ 6 LBOVVO) vom wie vor |
| **6.3** | 5 | -fach | Baubeschreibung (§ 7 LBOVVO) |
| **6.4** | – | -fach | Technische Angaben zu Feuerungsanlagen (§ 7 LBOVVO) |
| **6.5** | – | -fach | Angaben zu gewerblichen Anlagen, die keiner immissionsschutzrechtlichen Genehmigung bedürfen (§ 7 Abs. 2 LBOVVO) |
| **6.6** | – | -fach | Darstellung der Grundstücksentwässerung (§ 8 LBOVVO) – wird bei Bedarf nachgereicht |
| **6.7** | – | -fach | bautechnische Nachweise (§ 9 LBOVVO) oder bautechnische Bestätigung (§ 10 LBOVVO) |
| **6.8** | | -fach | Benennung eines Bauleiters (§ 42 LBO) - Name, Anschrift, Unterschrift - |
| **6.9** | – | -fach | statistischer Erhebungsbogen (für jedes Gebäude getrennt) |
| **6.10** | – | -fach | sonstige Anlagen |

Die Bauvorlagen Nr. 6.6 bis 6.8 können nachgereicht werden; sie sind der Baurechtsbehörde vor Baubeginn vorzulegen. Die Darstellung der Grundstücksentwässerung und die bautechnischen Nachweise sind so rechtzeitig vorzulegen, daß sie noch vor Baubeginn geprüft werden können.

| | Unterschrift, Datum | | Unterschrift, Datum |
|---|---|---|---|
| **Bauherr** | 10.04.2004 | **Planverfasser** | 10.04.2004 |

**Datenschutz-Einwilligungserklärung**

Daten über Bauvorhaben dürfen nur veröffentlicht oder an Dritte zur Veröffentlichung weitergegeben werden, wenn der Bauherr hierzu seine schriftliche Einwilligung erteilt hat. Aus der Verweigerung der Einwilligung entstehen keine rechtlichen Nachteile. Die Nichtabgabe einer Erklärung gilt als Verweigerung.

Als Bauherr bin ich damit einverstanden, daß die Angaben in den Nr. 1 bis 3 zur Veröffentlichung weitergegeben werden.

[X] **ja** [ ] **nein**

[X] an das örtliche Amtsblatt bzw. die örtliche Zeitung

[X] an Verlage für Bautennachweise

Die Gemeinde ist unabhängig von der Einwilligung des Bauherrn zur Bekanntgabe des Bauvorhabens in der Tagesordnung des Gemeinderats oder des zuständigen Ausschusses verpflichtet und zudem berechtigt, über die Sitzung im örtlichen Amtsblatt zu berichten.

| | Unterschrift, Datum |
|---|---|
| **Bauherr** | 10.04.2004 |



**Satz 3** Blatt 1 weiß: Baurechtsbehörde; Blatt 2 rosa: Gemeinde; Blatt 3 blau: Bauherr; Blatt 4 gelb: Planverfasser

## Baubeschreibung für Baumaßnahmen geringeren Umfanges

zum Bauantrag vom 10.04.2004 (Bauherr: Bruno Mettin

| | Angaben des Antragstellers | Bearbeitungsvermerke |
|---|---|---|
| **A) Allgemeine Angaben**<br>1. Art der baulichen Anlage | Neubau eines Rassegeflügelstalles (Hühner u. Zwerghühner) | |
| 2. Zweck der Anlage | Haltung von Geflügeltieren | |
| 3a. Umfang der baulichen Anlage<br><br>3b. Baukosten | siehe dazu die beiliegenden Baugesuchsunterlagen<br><br>ca. 9.500,-- EURO | |
| 4. Stellung der Gebäude und Einrichtung (Lage zur Straße und Orientierung ggfs. gestalterische Absichten) | wie vor | |
| 5. Ausführung | wie vor | |
| 6. Lage des Baugrundstücks | wie vor | |
| **B) Besondere technische Angaben** (Wenn Platz nicht ausreicht, Rückseite verwenden) | keine vorhanden | |

622 11.23 Formularverlag W. Kohlhammer Stuttgart

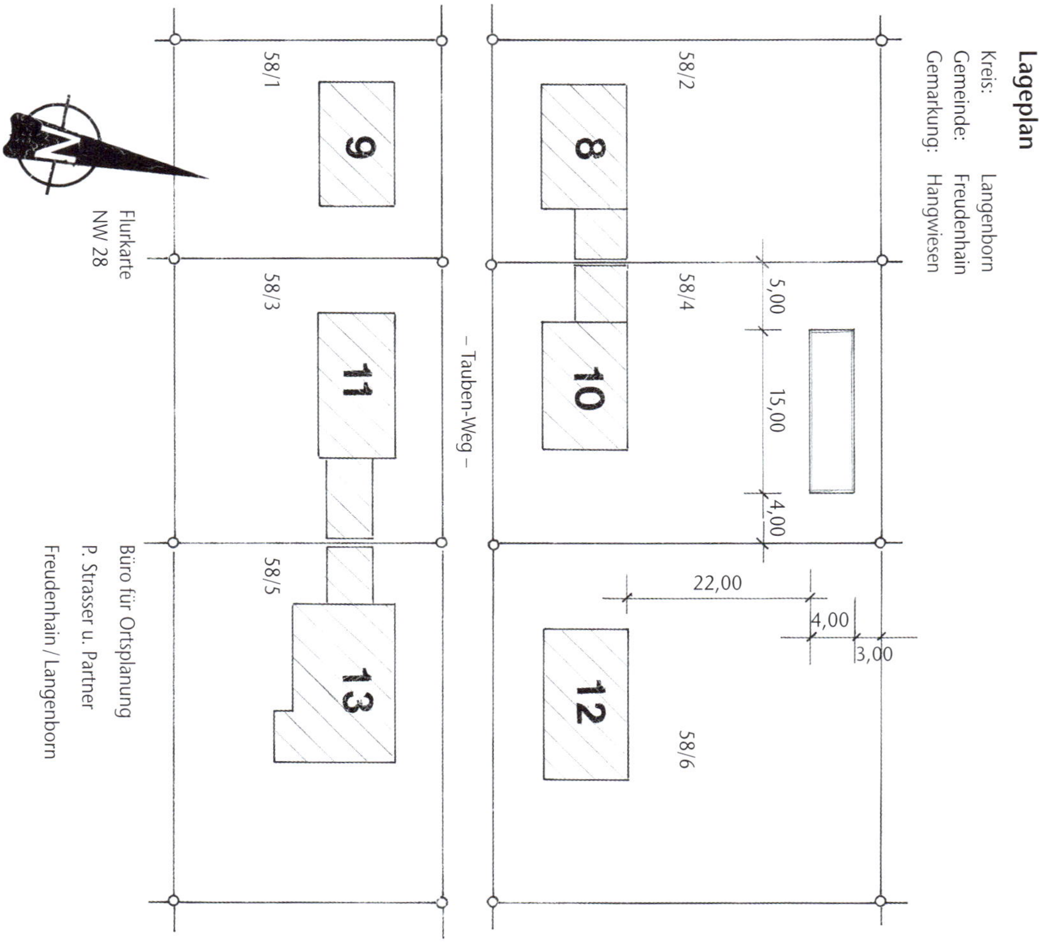
Lageplan
Kreis: Langenborn
Gemeinde: Freudenhain
Gemarkung: Hangwiesen
58/2
58/4
58/6
58/1
58/3
58/5
8
9
10
11
12
13
– Tauben-Weg –
5,00
15,00
4,00
22,00
4,00
3,00
Flurkarte
NW 28
Büro für Ortsplanung
P. Strasser u. Partner
Freudenhain / Langenborn

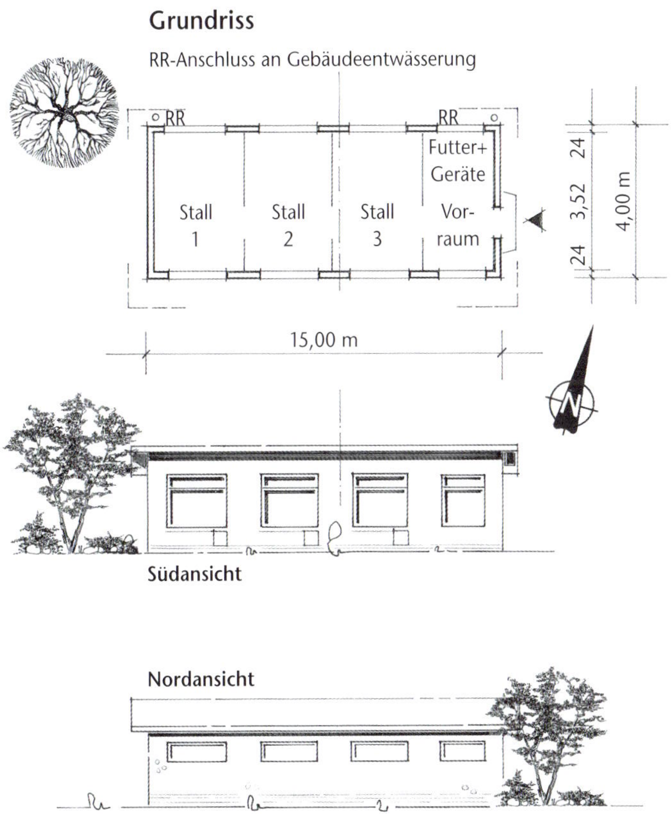


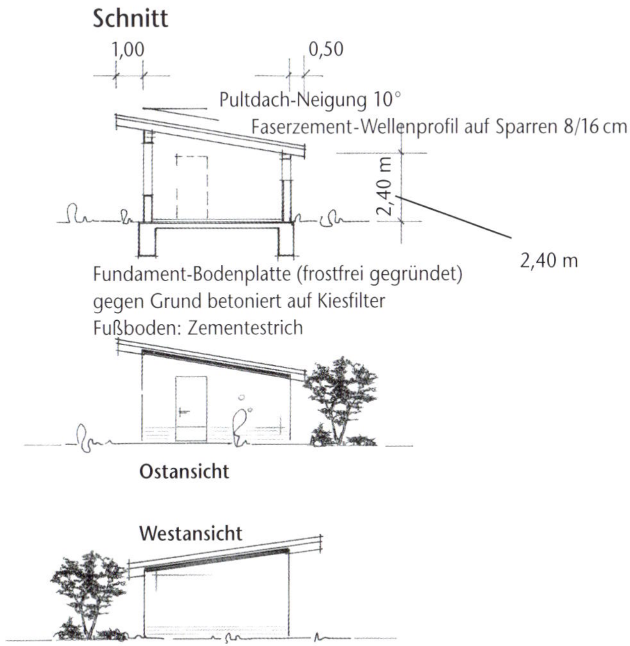


## Baugesuch

– Neubau eines Geflügelstalles –
Bauherr: Bruno Mettin
Taubenweg 10
12345 Freudenhain

## Zeichnung 3

**Gestaltungsvorschlag**
für Geflügelhaltung

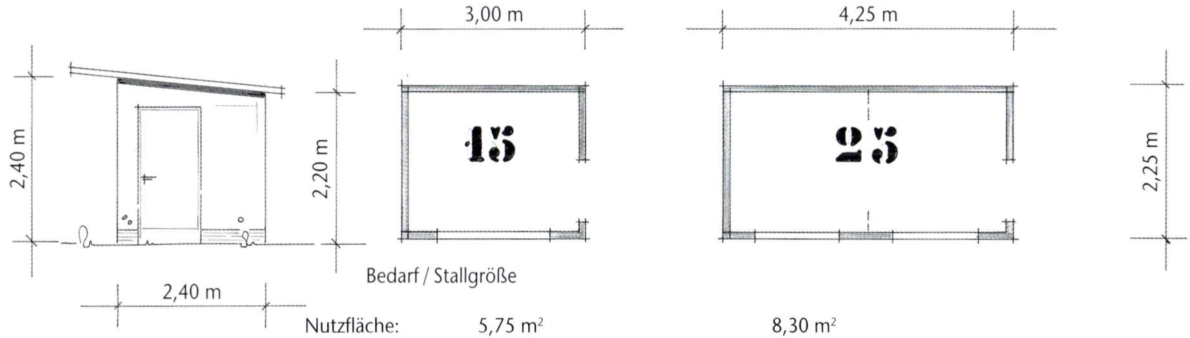


Bedarf / Stallgröße

| | | |
|---|---|---|
| Nutzfläche: | 5,75 m² | 8,30 m² |
| große Hühner: | 15 | 25 |
| Zwerghühner: | 20 | 30 |
| Anzahl d. Nester: | 3–4 Stück | 8–10 Stück |
| Sitzstangenlänge: | 4–6 m | 7–10 m |
| Auslauffläche: | 150 m² | 250 m² |

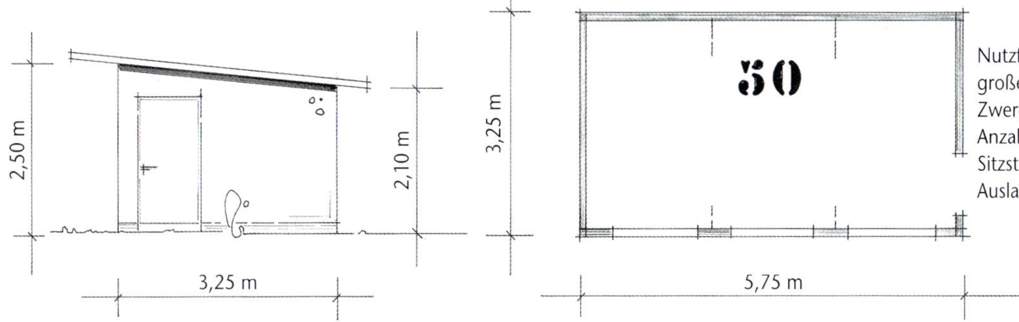


| | |
|---|---|
| Nutzfläche: | 17 m² |
| große Hühner: | 50 |
| Zwerghühner: | 60 |
| Anzahl d. Nester: | 18–22 Stück |
| Sitzstangenlänge: | 12–15 m |
| Auslauffläche: | 500 m² |

**Empfohlene Bedarfsrichtwerte für Hühner und Zwerghühner**

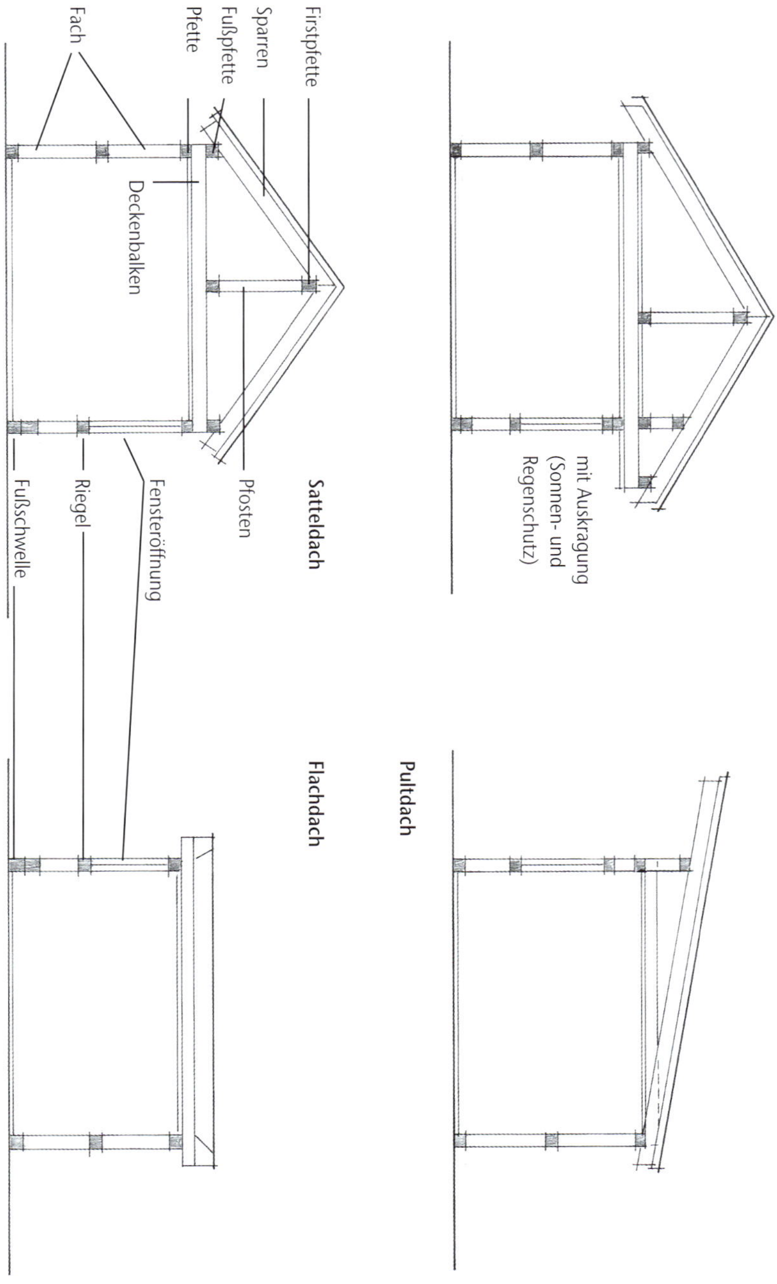


## Dachformen

– Konstruktionen

## Installation von Leitungen – Verlege-Richtmaße –

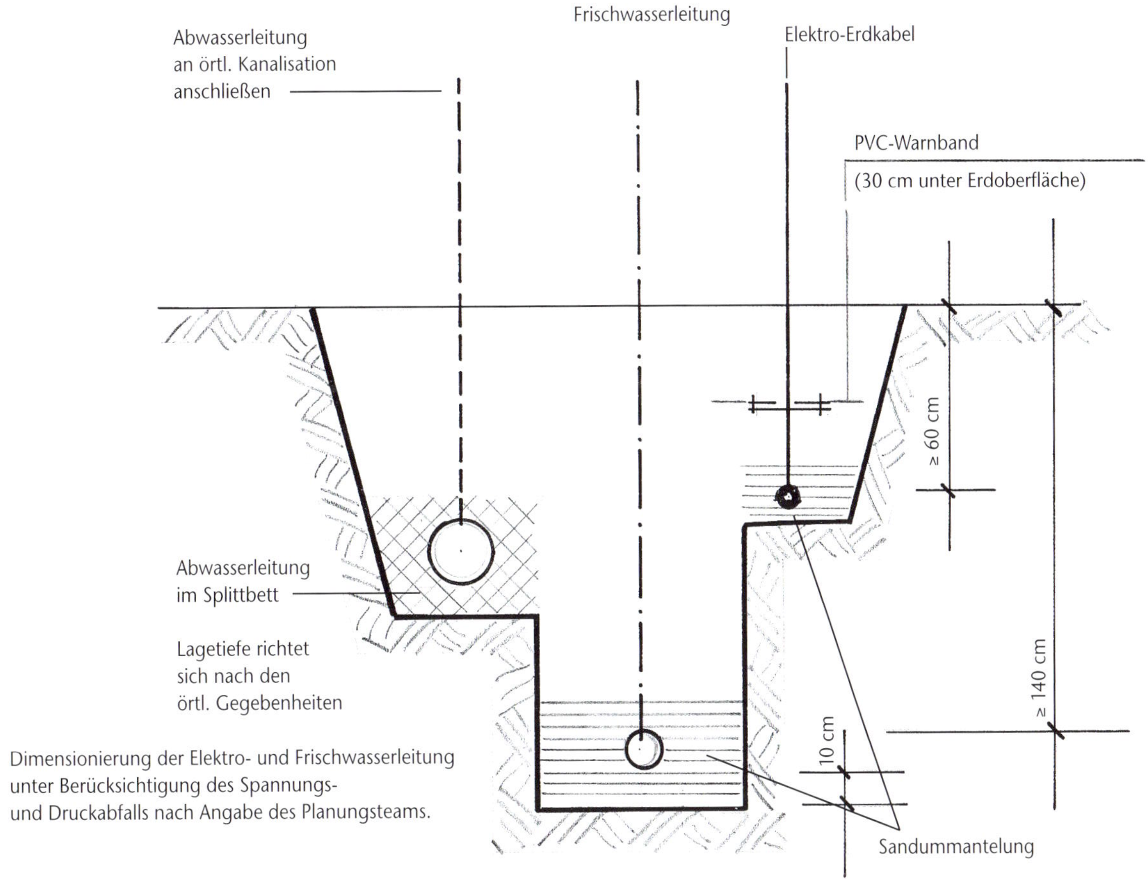

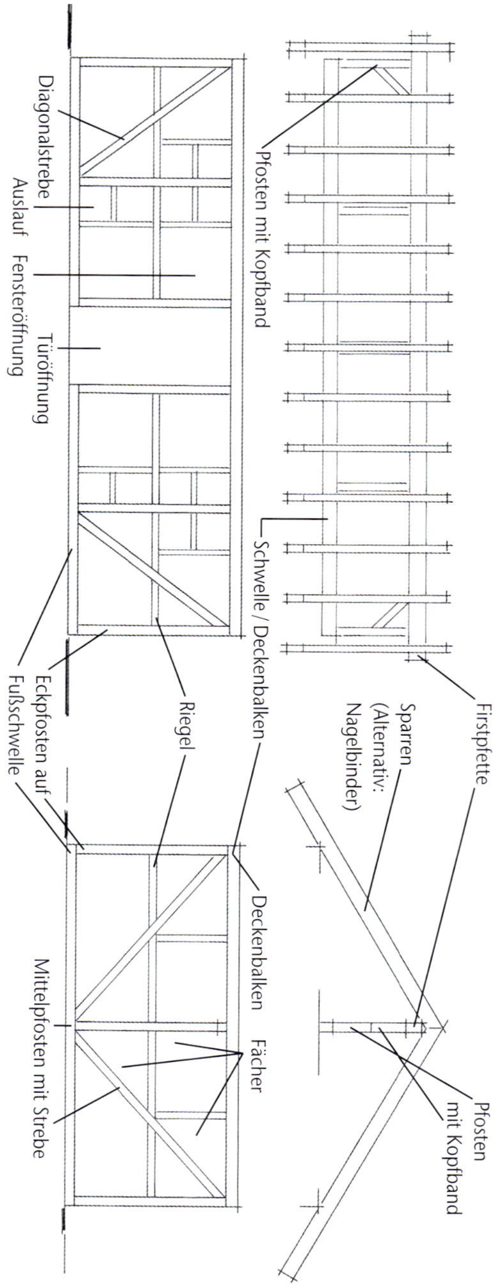


## Geflügelstall in Holzbauweise: Fachwerk

Holzquerschnitte nach
Holzliste des Planers
Holzteile gegen Feuchtigkeit schützen

## Ausbilden der Außenwände

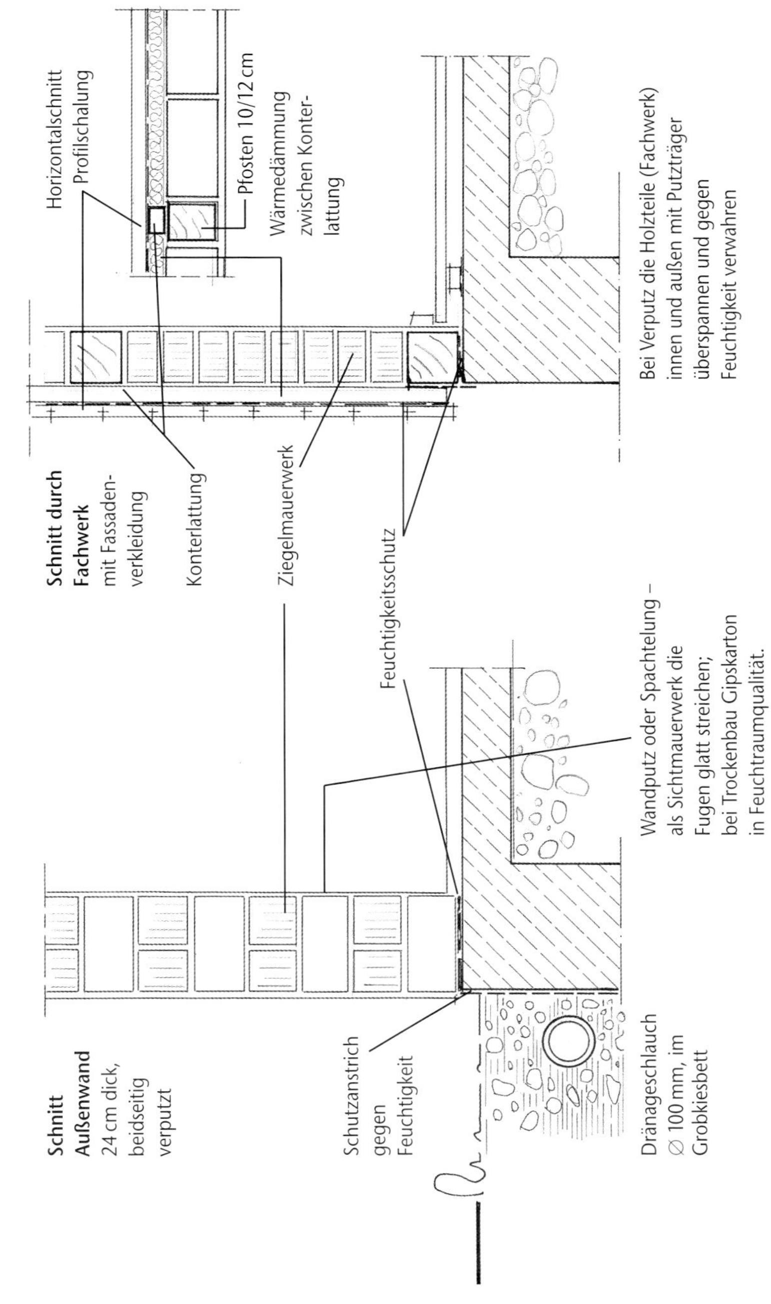

## Schnittschema mit Ausflug für Tauben

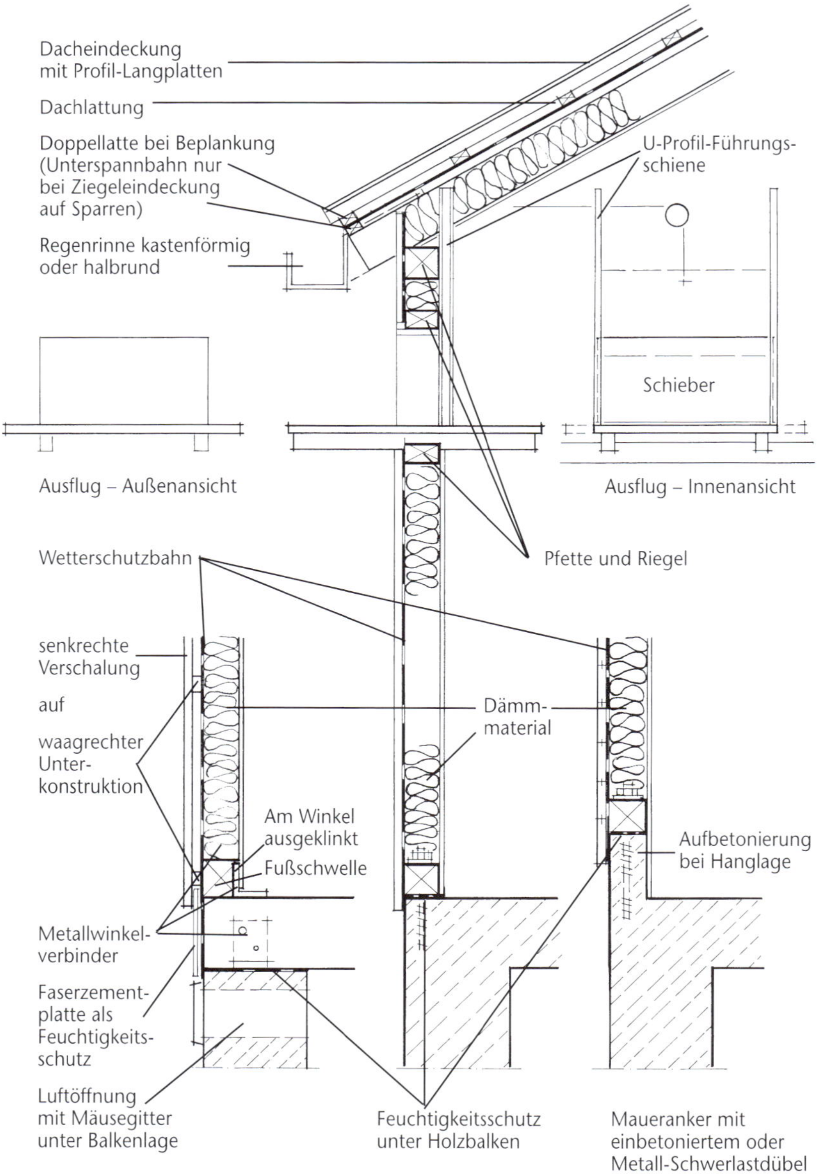

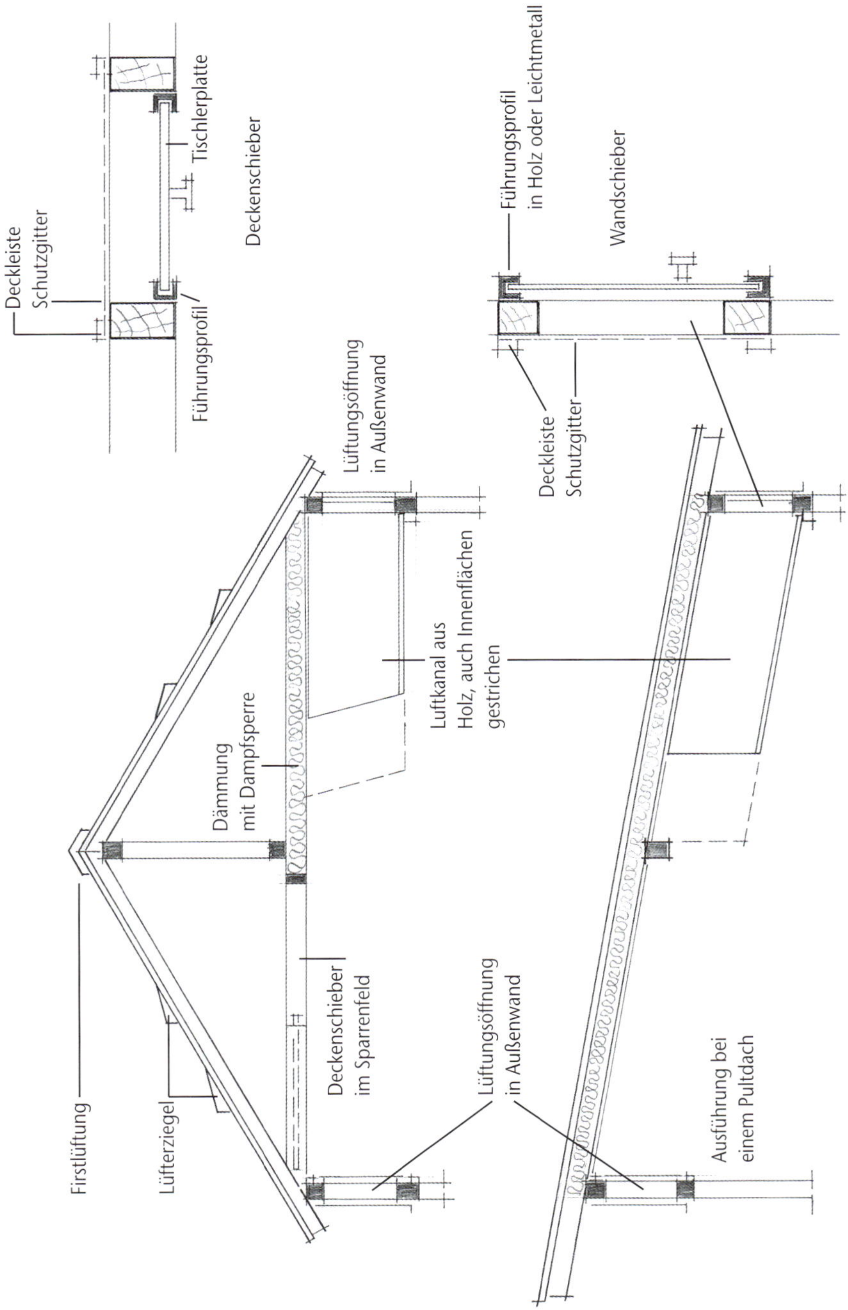


## Zu- und Abluftöffnungen

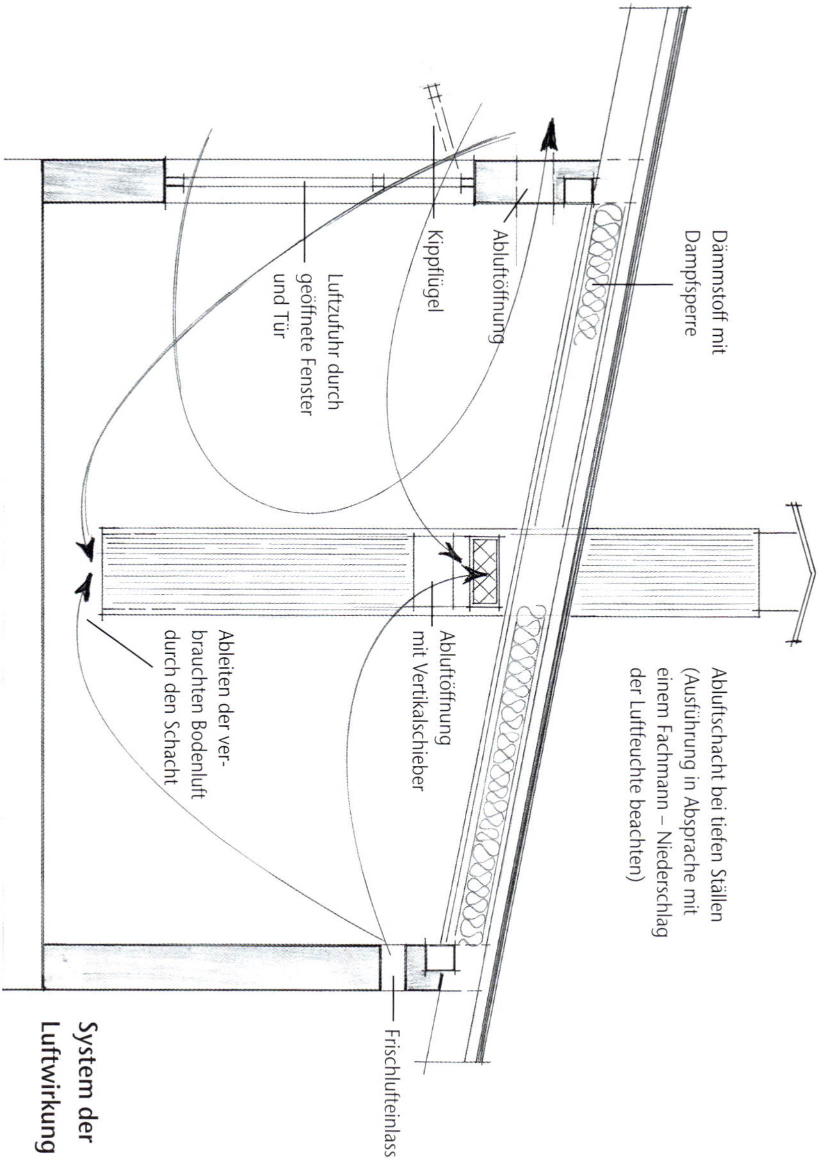


**System der Luftwirkung**

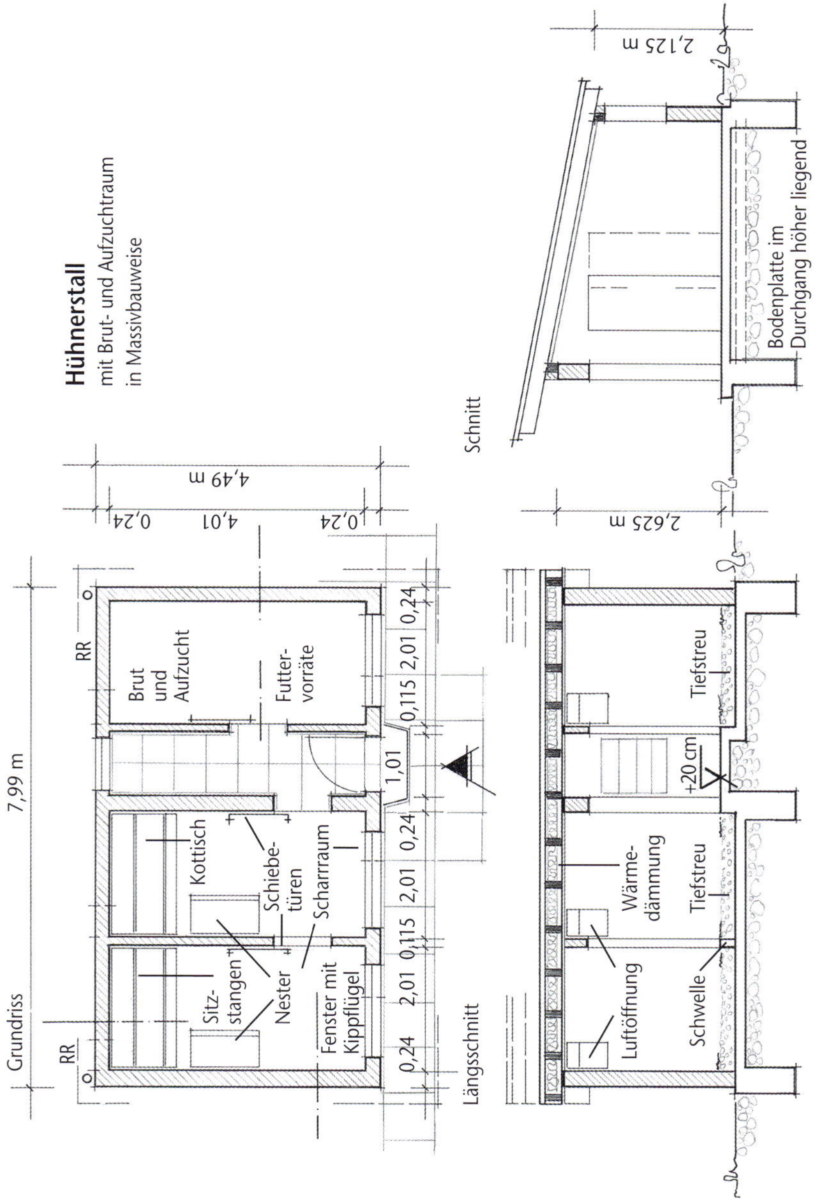
Hühnerstall
mit Brut- und Aufzuchtraum
in Massivbauweise
Grundriss
7,99 m
RR
RR
4,49 m
0,24
4,01
0,24
Brut
und
Aufzucht
Futter-
vorräte
Kottisch
Schiebe-
türen
Scharrraum
Sitz-
stangen
Nester
Fenster mit
Kippflügel
0,24
2,01
0,115
2,01
0,24
1,01
0,115
2,01
0,24
Längsschnitt
Schnitt
2,125 m
2,625 m
Bodenplatte im
Durchgang höher liegend
Tiefstreu
Tiefstreu
+20 cm
Wärme-
dämmung
Luftöffnung
Schwelle

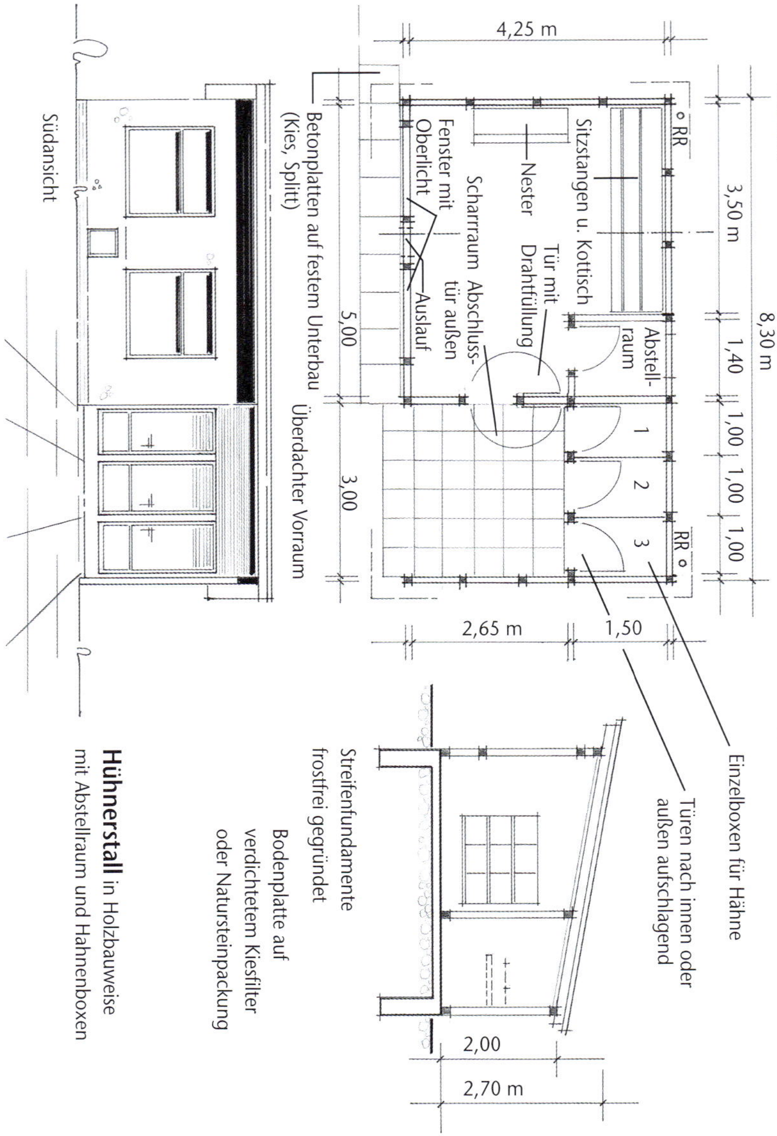


**Hühnerstall** in Holzbauweise mit Abstellraum und Hahnenboxen

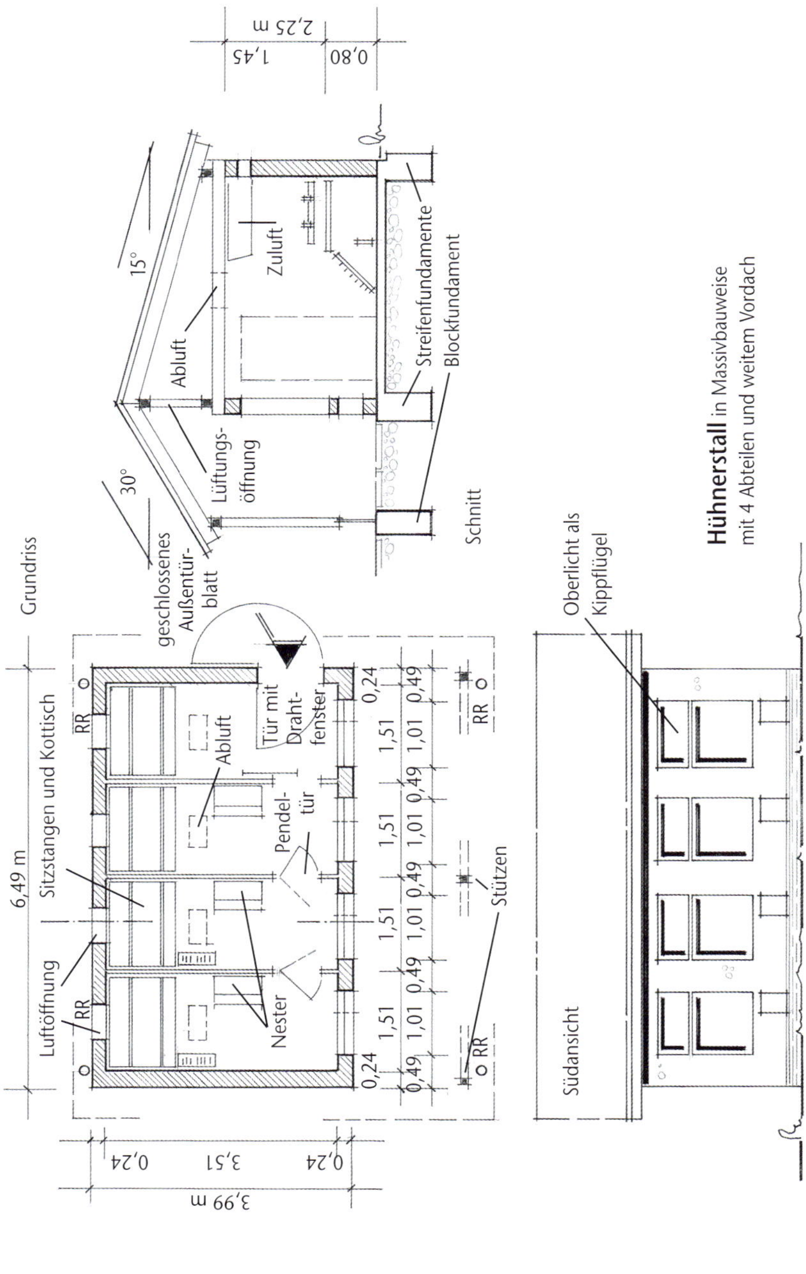


**Hühnerstall** in Massivbauweise
mit 4 Abteilen und weitem Vordach

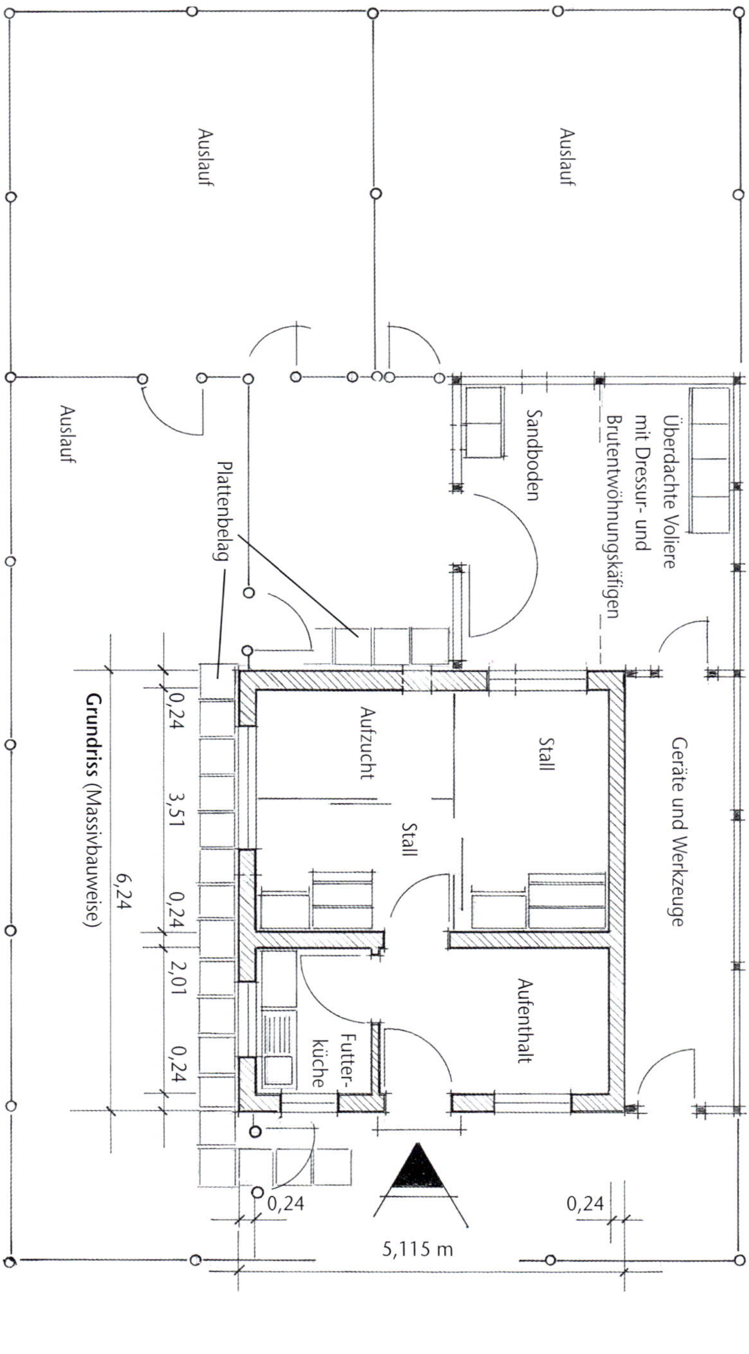


**Geflügelstall** mit Voliere und Ausläufen

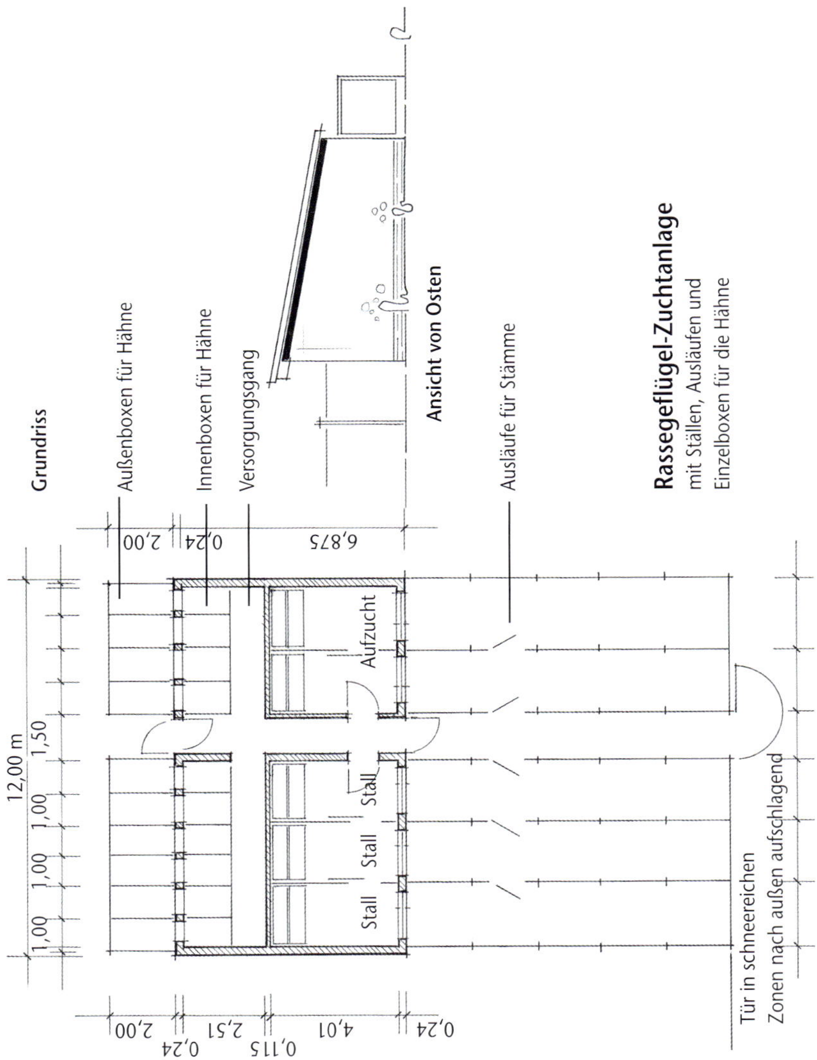
Grundriss
Außenboxen für Hähne
Innenboxen für Hähne
Versorgungsgang
Ansicht von Osten
Auslàufe für Stämme
Rassegeflügel-Zuchtanlage
mit Ställen, Ausläufen und
Einzelboxen für die Hähne
12,00 m
1,00
1,00
1,00
1,50
2,00
0,24
6,875
Aufzucht
Stall
Stall
Stall
Tür in schneereichen
Zonen nach außen aufschlagend
2,00
0,24
2,51
0,115
4,01
0,24

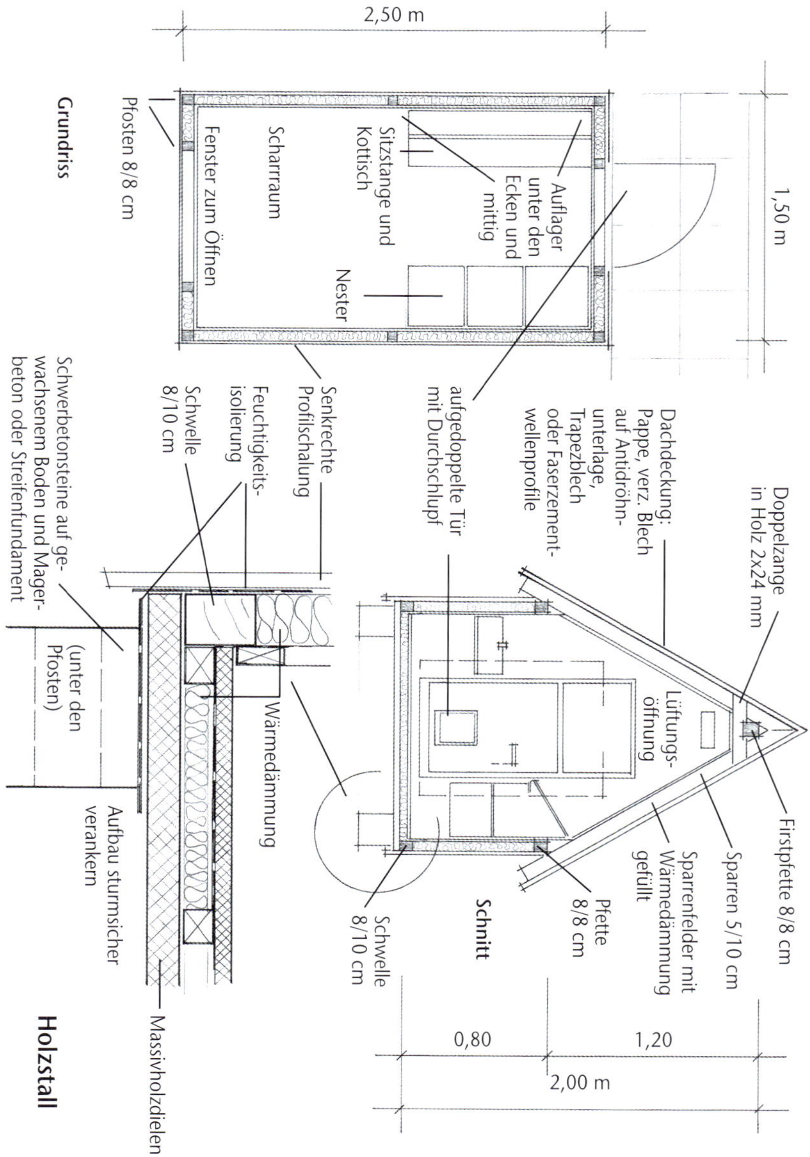
2,50 m
1,50 m
Grundriss
Pfosten 8/8 cm
Fenster zum Öffnen
Scharrraum
Sitzstange und Kottisch
Auflager unter den Ecken und mittig
Nester
Senkrechte Profilschalung
Feuchtigkeits-isolierung
Schwelle 8/10 cm
Schwerbetonsteine auf gewachsenem Boden und Magerbeton oder Streifenfundament
(unter den Pfosten)
Aufbau sturmsicher verankern
Wärmedämmung
Massivholzdielen
Holzstall
Dachdeckung: Pappe, verz. Blech auf Antidröhn-unterlage, Trapezblech oder Faserzement-wellenprofile
aufgedoppelte Tür mit Durchschlupf
Doppelzange in Holz 2x24 mm
Lüftungs-öffnung
Firstpfette 8/8 cm
Sparren 5/10 cm
Sparrenfelder mit Wärmedämmung gefüllt
Pfette 8/8 cm
Schwelle 8/10 cm
Schnitt
0,80
1,20
2,00 m

## Grundriss

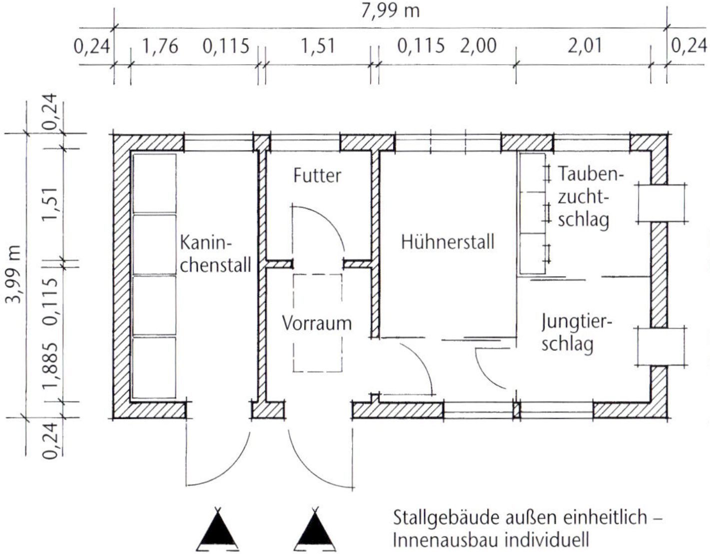


Stallgebäude außen einheitlich –
Innenausbau individuell

## Schnitt

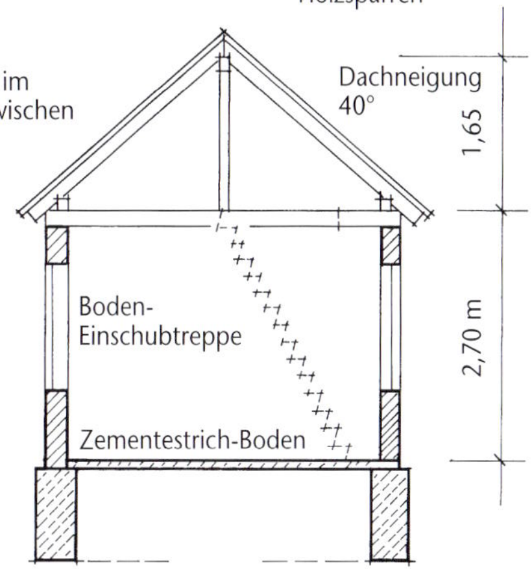


**Kleintierstall** in Massivbauweise
einer Gemeinschaftszuchtanlage
für Rassekaninchen und Rassegeflügel

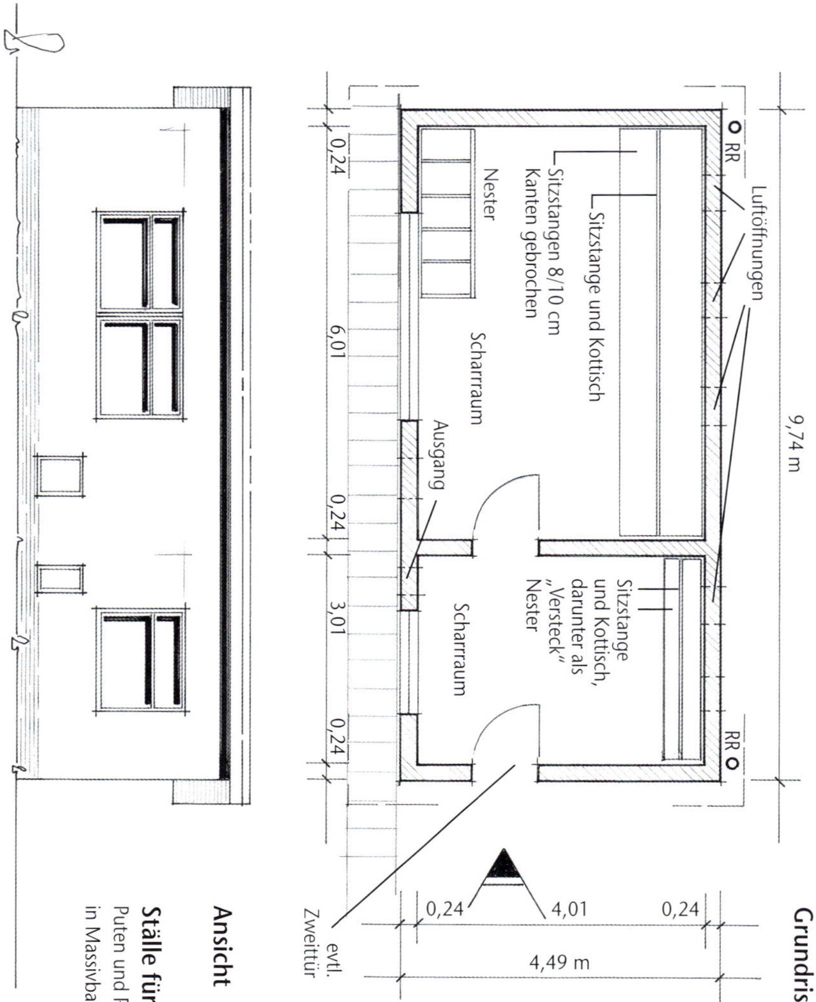


**Ställe für:**
Puten und Perlhühner
in Massivbauweise

**Grundriss** **Wassergeflügel-Stall**

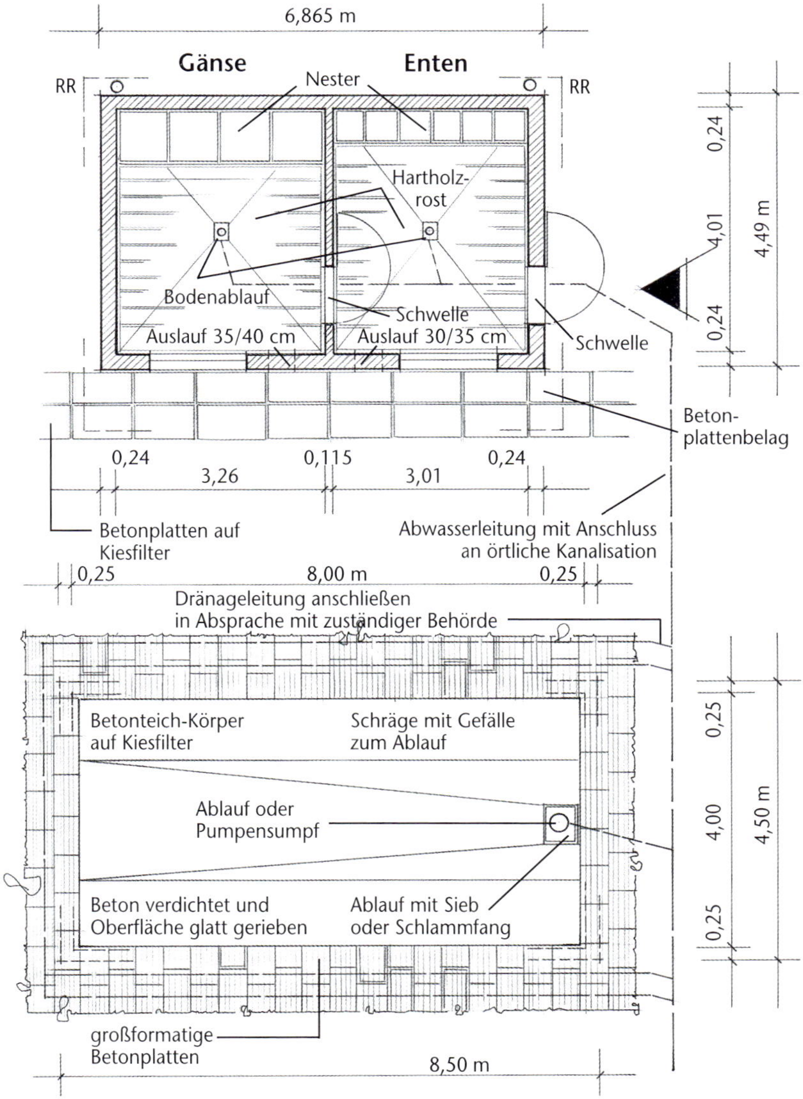


**Künstlich angelegter Teich für Wassergeflügel** **Draufsicht**

## Fachwerk mit Kalksandsteinen
## – Außenisolierung –

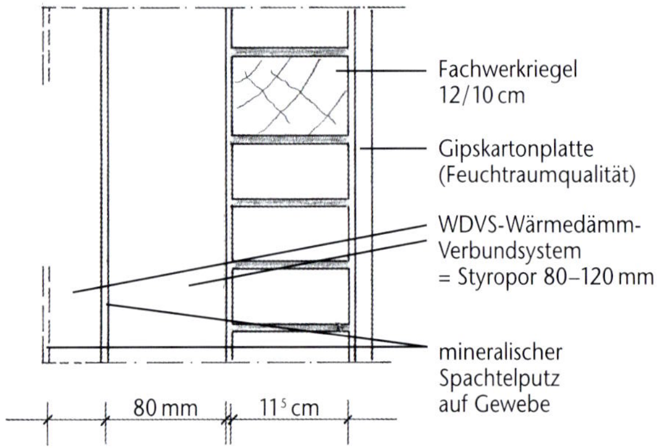


## Massivwand mit Mauerziegeln
## – Innenisolierung –

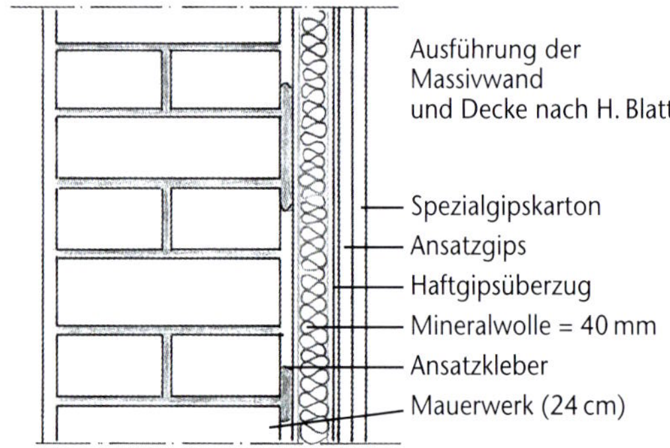


Vertikal-Schnitt

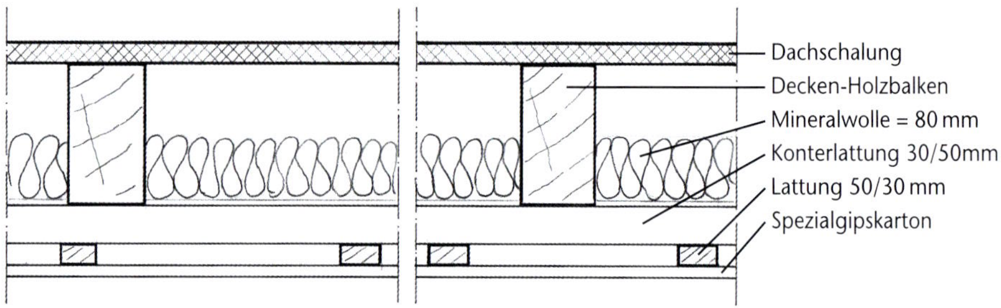


## Schallschutz
## Alternativkonstruktionen
## – innen und außen –

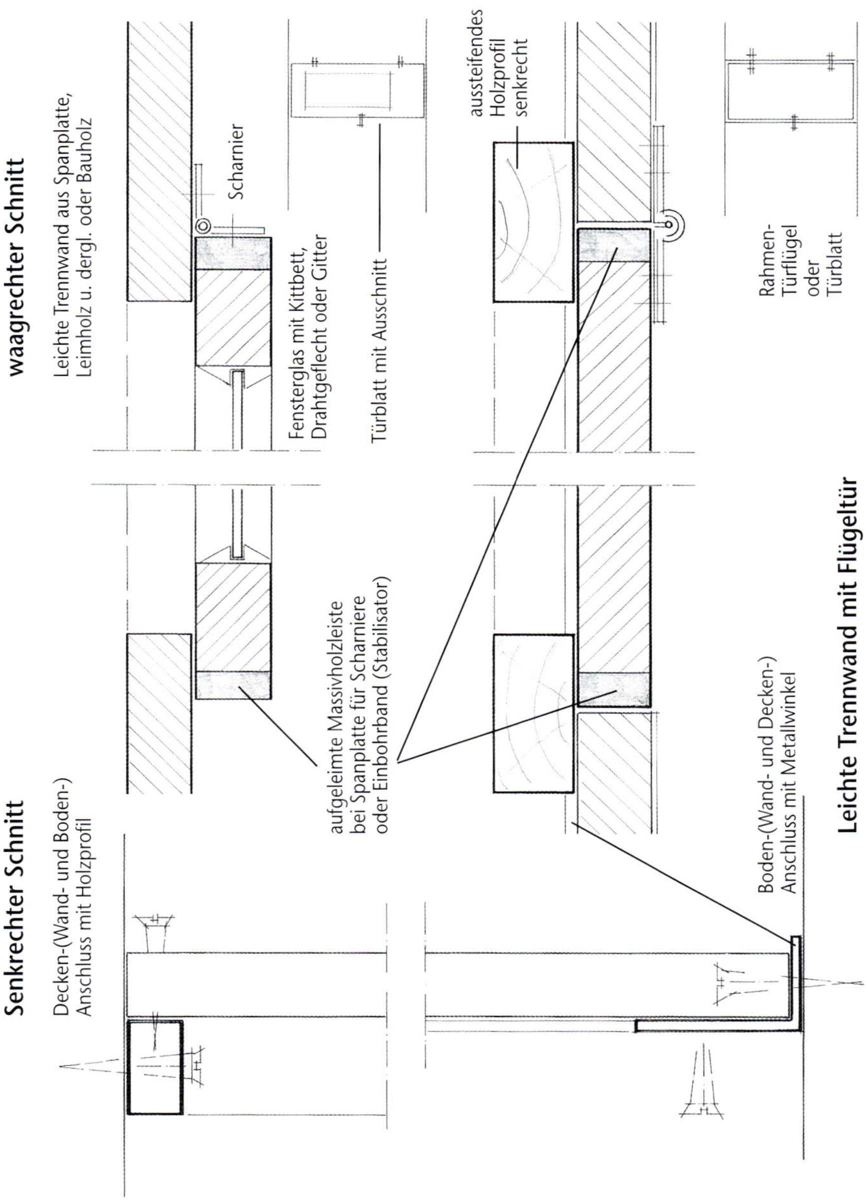
Leichte Trennwand mit Flügeltür
Senkrechter Schnitt
Decken-(Wand- und Boden-)
Anschluss mit Holzprofil
Boden-(Wand- und Decken-)
Anschluss mit Metallwinkel
waagrechter Schnitt
Leichte Trennwand aus Spanplatte,
Leimholz u. dergl. oder Bauholz
Scharnier
Fensterglas mit Kittbett,
Drahtgeflecht oder Gitter
Türblatt mit Ausschnitt
aufgeleimte Massivholzleiste
bei Spanplatte für Scharniere
oder Einbohrband (Stabilisator)
aussteifendes
Holzprofil
senkrecht
Rahmen-
Türflügel
oder
Türblatt

## Lattenrost als Bodenauflage in Wassergeflügel-Ställen

Hartholz:
Buche oder Eiche

darauf Stroheinstreu
gehäckselt, max. 10 cm lang

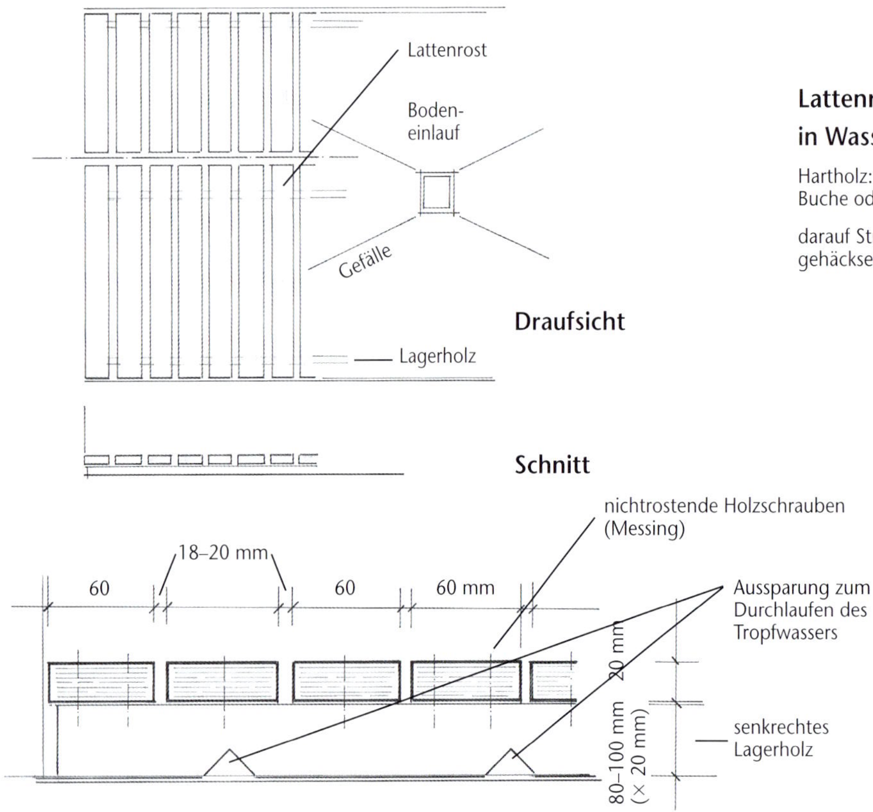

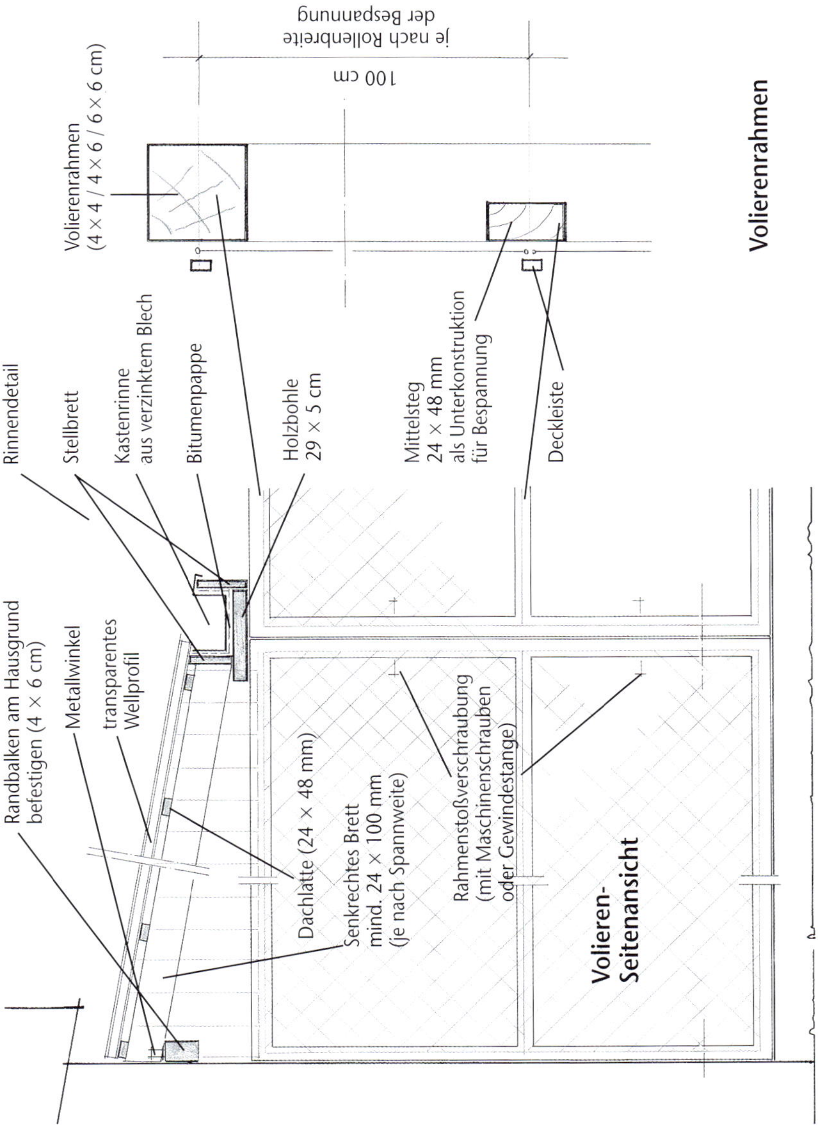

Volierenrahmen
(4 × 4 / 4 × 6 / 6 × 6 cm)
100 cm
je nach Rollenbreite
der Bespannung
Volierenrahmen
Rinnendetail
Stellbrett
Kastenrinne
aus verzinktem Blech
Bitumenpappe
Holzbohle
29 × 5 cm
Mittelsteg
24 × 48 mm
als Unterkonstruktion
für Bespannung
Deckleiste
Randbalken am Hausgrund
befestigen (4 × 6 cm)
Metallwinkel
transparentes
Wellprofil
Dachlatte (24 × 48 mm)
Senkrechtes Brett
mind. 24 × 100 mm
(je nach Spannweite)
Rahmenstoßverschraubung
(mit Maschinenschrauben
oder Gewindestange)
Volieren-
Seitenansicht

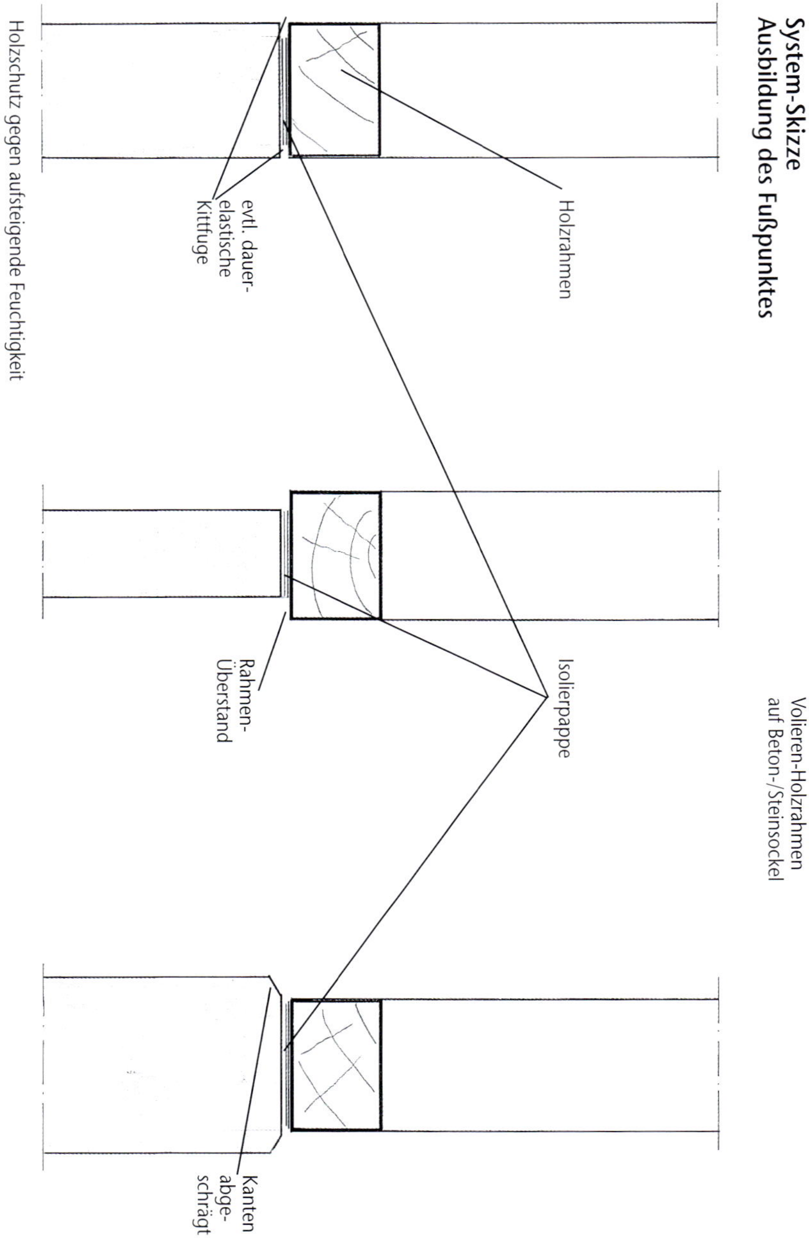
System-Skizze
Ausbildung des Fußpunktes
Holzrahmen
evtl. dauer-
elastische
Kittfuge
Holzschutz gegen aufsteigende Feuchtigkeit
Volieren-Holzrahmen
auf Beton-/Steinsockel
Isolierpappe
Rahmen-
Überstand
Kanten
abge-
schrägt

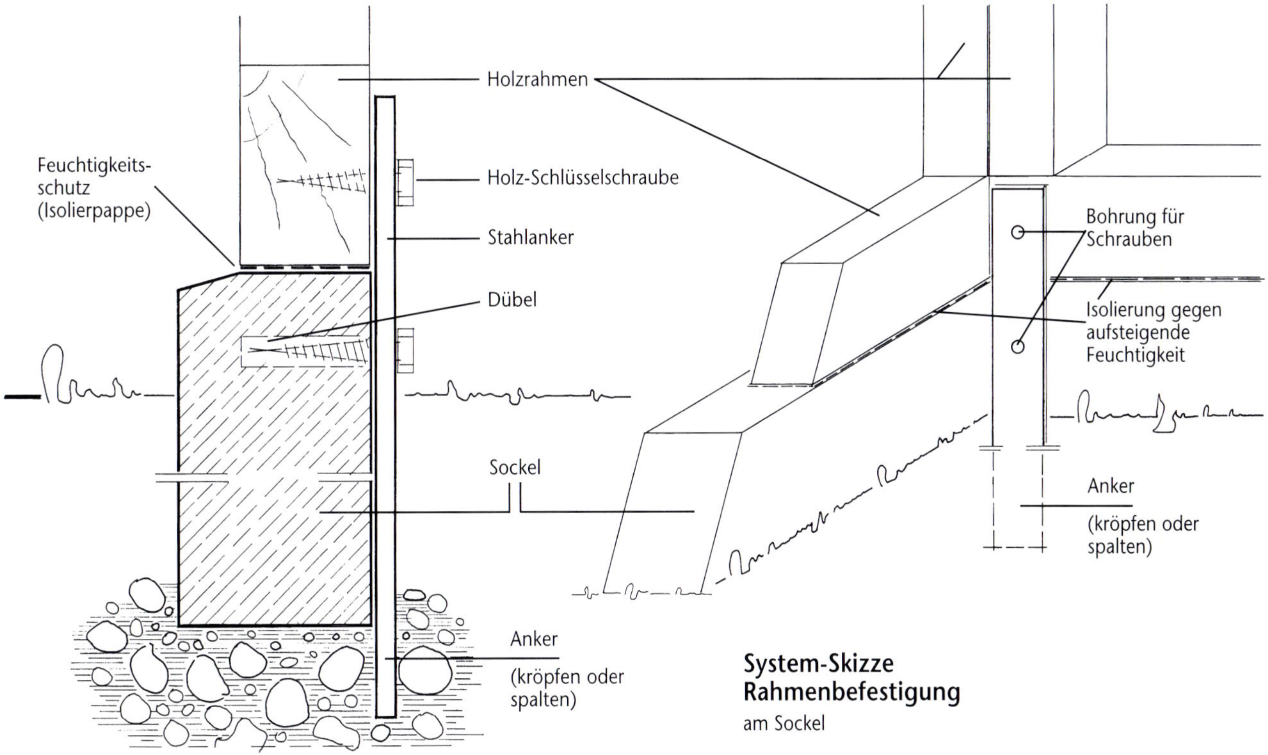
Holzrahmen
Feuchtigkeits-
schutz
(Isolierpappe)
Holz-Schlüsselschraube
Stahlanker
Dübel
Sockel
Anker
(kröpfen oder
spalten)
Bohrung für
Schrauben
Isolierung gegen
aufsteigende
Feuchtigkeit
Anker
(kröpfen oder
spalten)
System-Skizze
Rahmenbefestigung
am Sockel

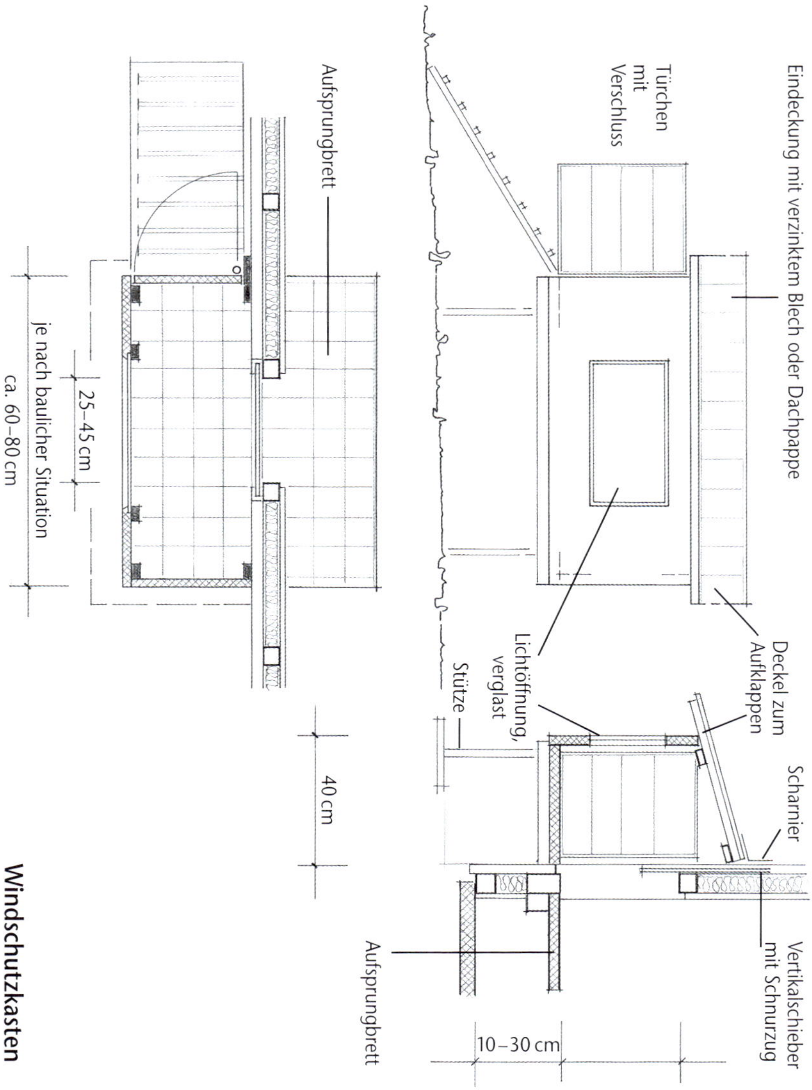


**Windschutzkasten**

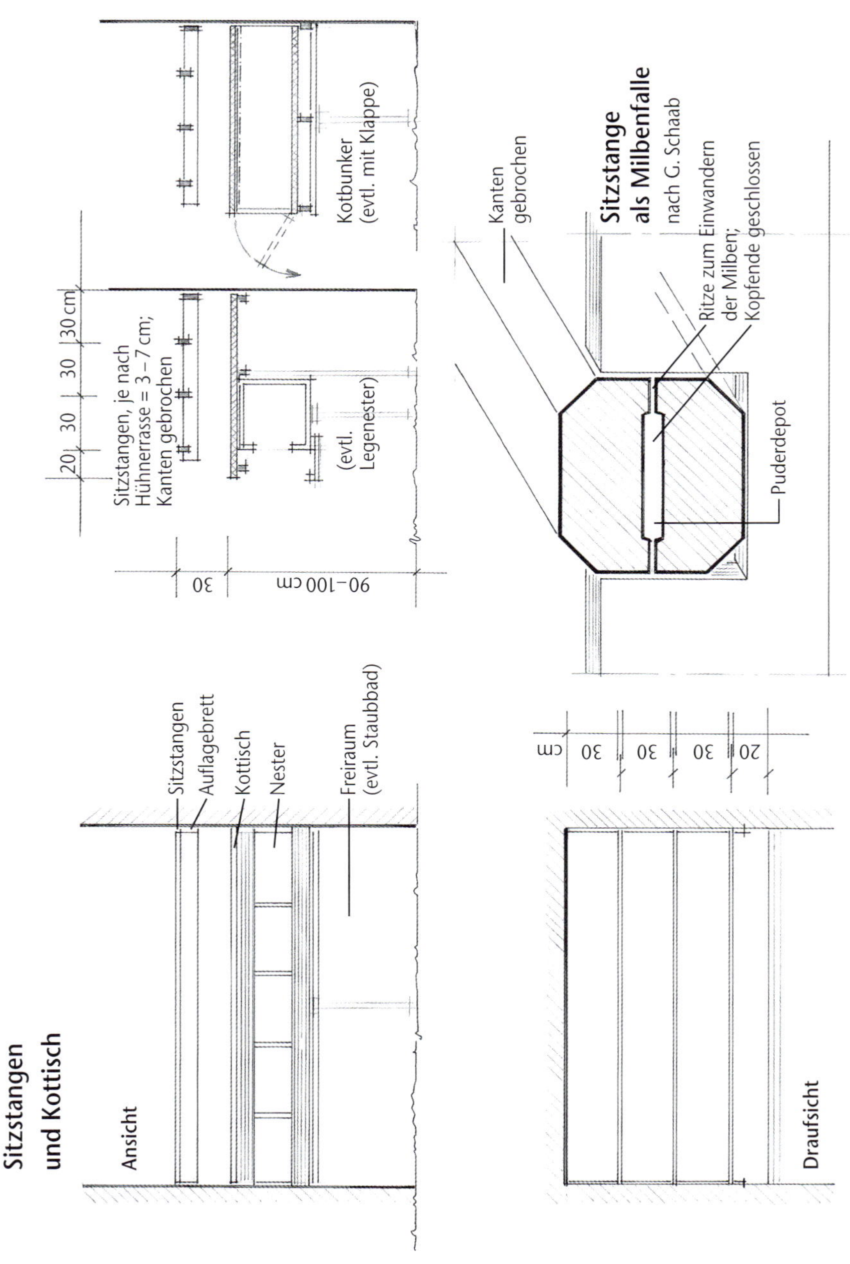
Sitzstangen
und Kottisch
Ansicht
Sitzstangen
Auflagebrett
Kottisch
Nester
Freiraum
(evtl. Staubbad)
20
30
30
30 cm
Sitzstangen, je nach
Hühnerrasse = 3–7 cm;
Kanten gebrochen
(evtl.
Legenester)
30
90–100 cm
Kotbunker
(evtl. mit Klappe)
Kanten
gebrochen
Sitzstange
als Milbenfalle
nach G. Schaab
Ritze zum Einwandern
der Milben;
Kopfende geschlossen
Puderdepot
cm
30
30
30
20
Draufsicht

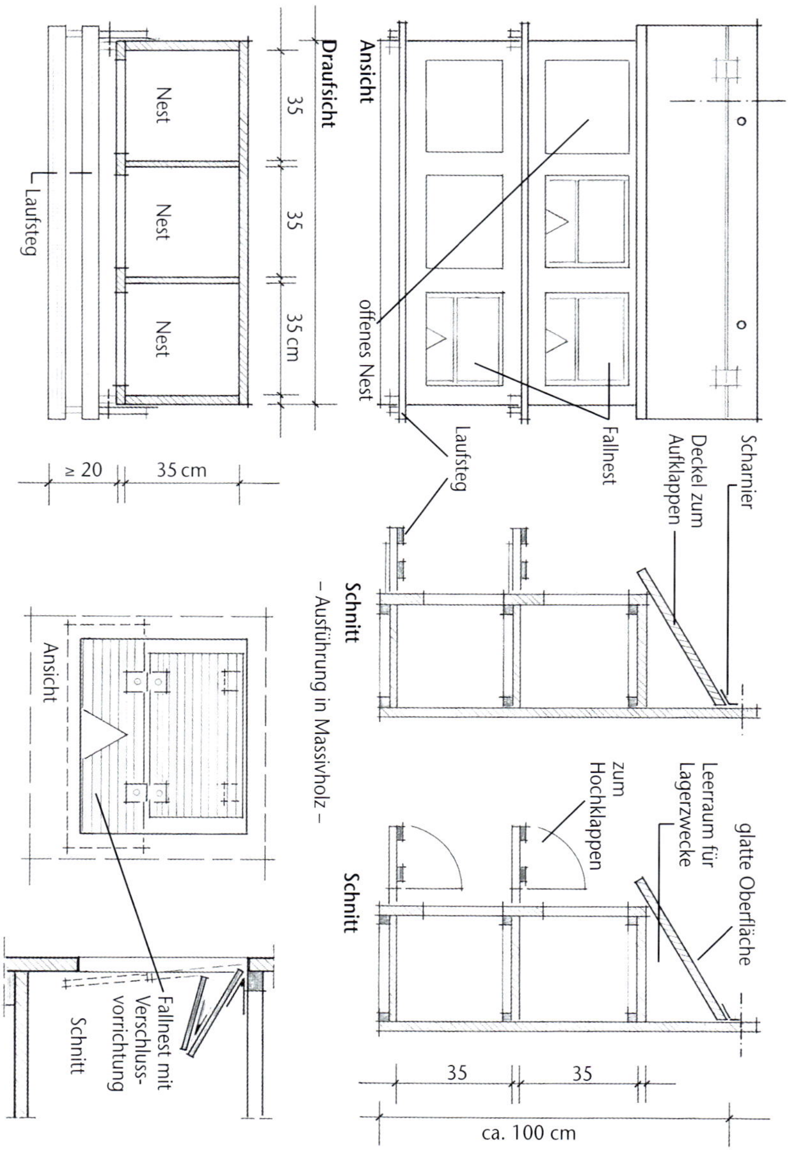


**Legenester – für Hühner und Zwerghühner**

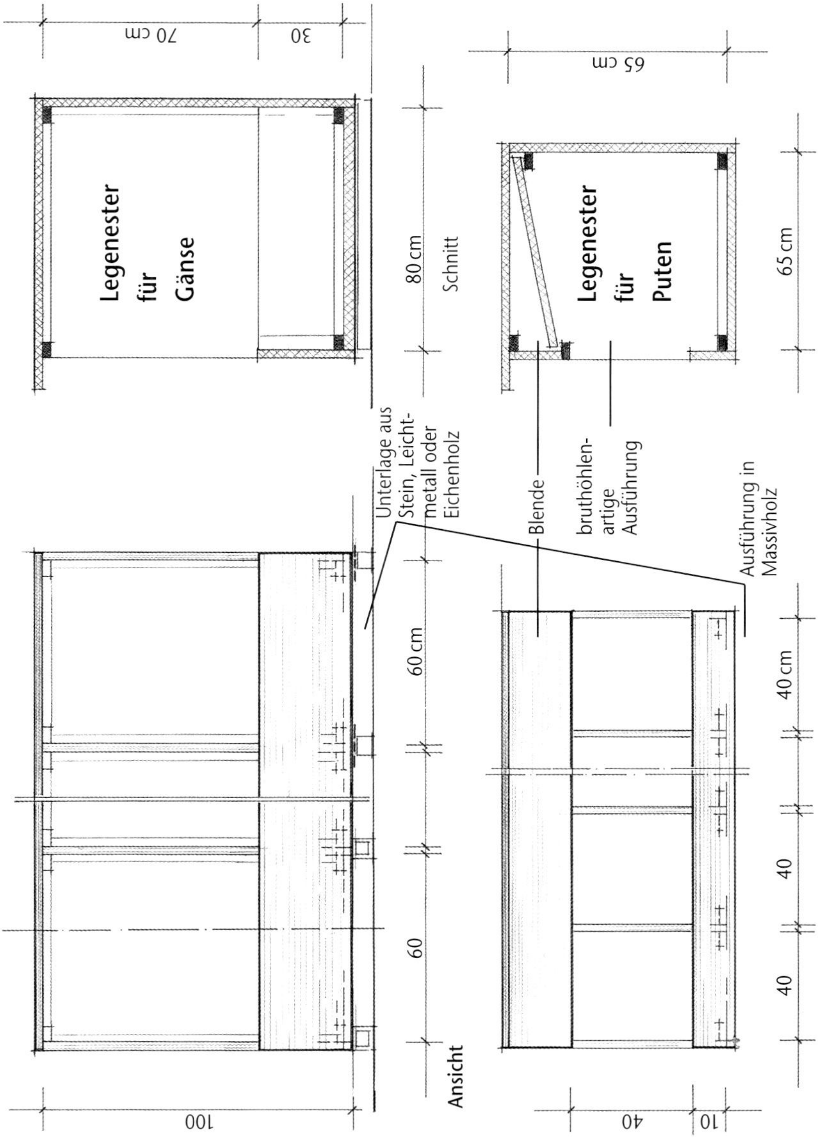
70 cm
30
65 cm
Legenester
für
Gänse
80 cm
Schnitt
Legenester
für
Puten
65 cm
Unterlage aus
Stein, Leicht-
metall oder
Eichenholz
Blende
bruthöhlen-
artige
Ausführung
Ausführung in
Massivholz
60 cm
60
Ansicht
40 cm
40
40
100
40
10

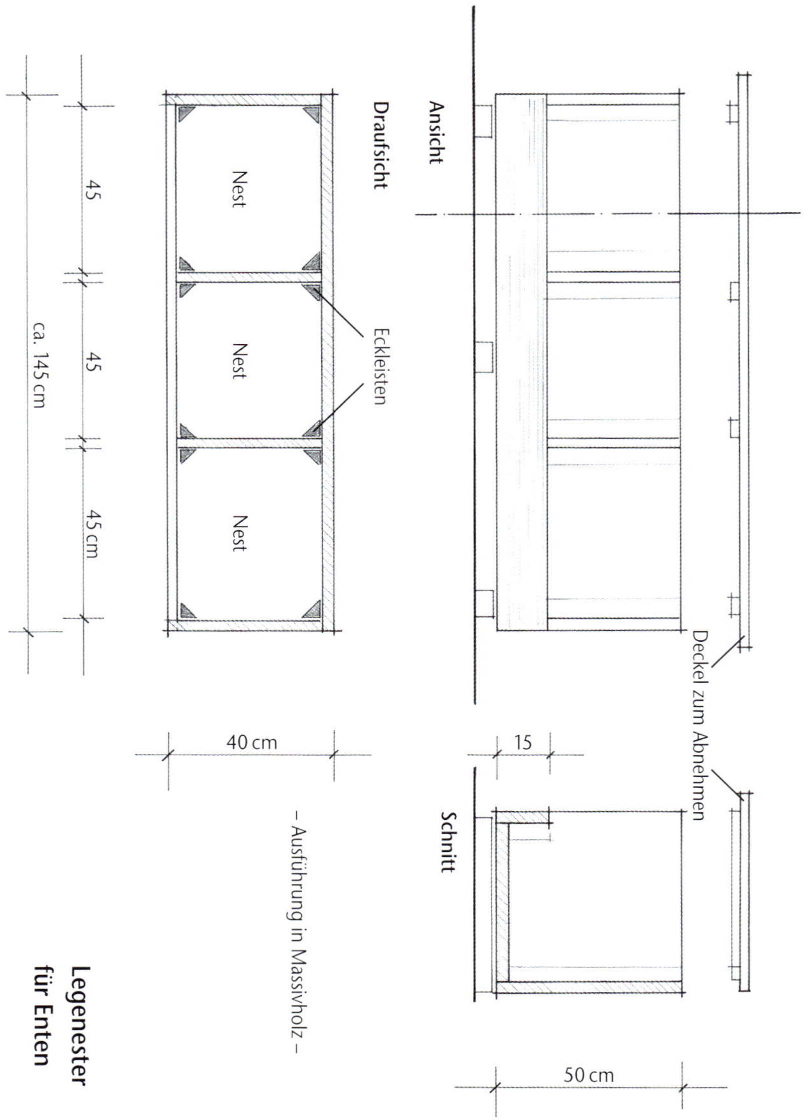
Ansicht
Draufsicht
Nest
Nest
Nest
Eckleisten
45
45
45 cm
ca. 145 cm
40 cm
15
Schnitt
Deckel zum Abnehmen
50 cm
– Ausführung in Massivholz –
Legenester
für Enten

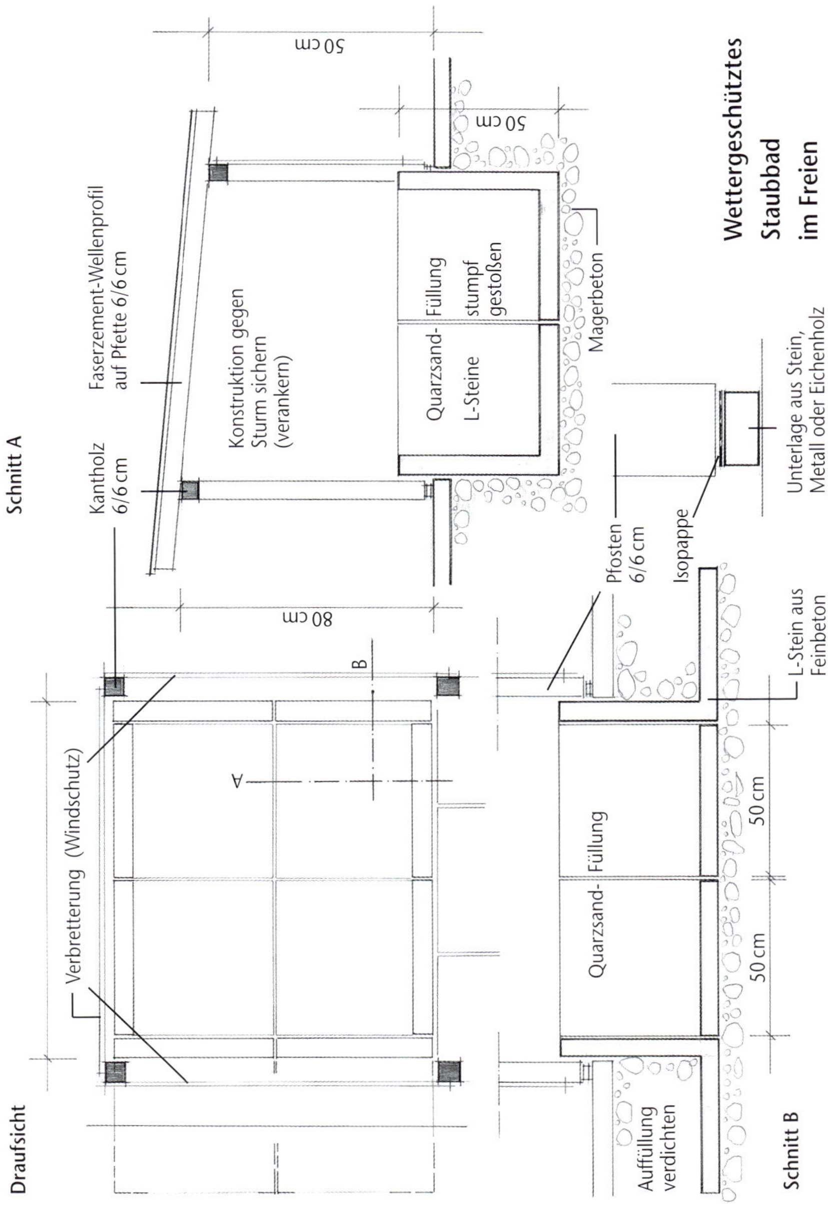
Wettergeschütztes
Staubbad
im Freien
Schnitt A
Kantholz
6/6 cm
Faserzement-Wellenprofil
auf Pfette 6/6 cm
Konstruktion gegen
Sturm sichern
(verankern)
Quarzsand- Füllung
L-Steine
stumpf
gestoßen
Magerbeton
50 cm
50 cm
80 cm
Draufsicht
Verbretterung (Windschutz)
A
B
Schnitt B
Pfosten
6/6 cm
Isopappe
Unterlage aus Stein,
Metall oder Eichenholz
L-Stein aus
Feinbeton
Quarzsand- Füllung
50 cm
50 cm
Auffüllung
verdichten

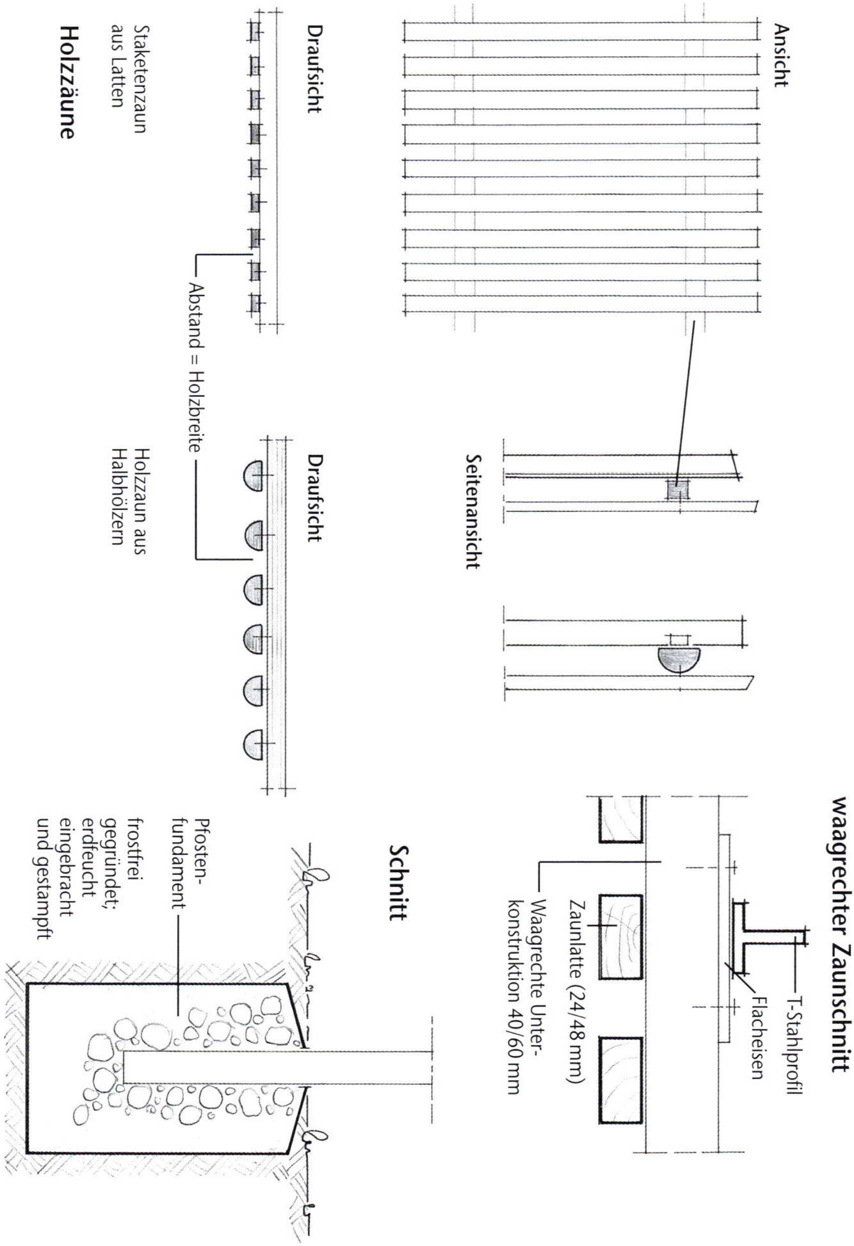
Ansicht
Seitenansicht
Draufsicht
Abstand = Holzbreite
Staketenzaun aus Latten
Draufsicht
Holzzaun aus Halbhölzern
Holzzäune
waagrechter Zaunschnitt
T-Stahlprofil
Flacheisen
Zaunlatte (24/48 mm)
Waagrechte Unterkonstruktion 40/60 mm
Schnitt
Pfostenfundament
frostfrei gegründet; erdfeucht eingebracht und gestampft